Schulte-Zurhausen
Organisation

Organisation

von

Prof. Dr. Manfred Schulte-Zurhausen

2., völlig überarbeitete und erweiterte Auflage

Verlag Franz Vahlen München

Die Deutsche Bibliothek – CIP-Einheitsaufnahme

Schulte-Zurhausen, Manfred:
Organisation / von Manfred Schulte-Zurhausen. – 2., völlig überarb. und erw. Aufl. – München : Vahlen, 1999
ISBN 3-8006-2405-2

ISBN 3 8006 2405 2

Satz: DTP-Vorlagen des Autors
Druck und Bindung: Schätzl-Druck, Donauwörth

Gedruckt auf säurefreiem, alterungsbeständigem Papier
(hergestellt aus chlorfrei gebleichtem Zellstoff)

Vorwort zur 2. Auflage

Das vorliegende Buch und seine prozeßorientierte Sicht der Organisation sind sowohl von den Studierenden der Betriebswirtschaftslehre als auch von der Unternehmenspraxis sehr positiv aufgenommen worden. Somit waren anläßlich der Überarbeitung des Textes keine tiefgreifenden Eingriffe in die Struktur des Werkes notwendig. Wohl aber gab es Gründe für Veränderungen im Detail: Zunächst wurden an verschiedenen Stellen notwendige Verbesserungen und Präzisierungen vorgenommen. Außerdem wurden die Ausführungen zur Gestaltung von Geschäftsprozessen um einige wesentliche Aspekte erweitert. Ferner erfuhr der Text eine Erweiterung um die Netzwerkorganisation - eine Organisationsform, die in den letzten Jahren erheblich an Interesse gewonnen hat.

Der schon für die erste Auflage erhobene Anspruch, sowohl für den Studierenden als auch für den Praktiker eine theoretische Grundlage zu schaffen, wurde konsequent weiterentwickelt. So wurden die Ausführungen zum Projektmanagement gezielter auf das Management von Organisationsprojekten hin ausgerichtet. Hinzu kommt eine Erweiterung um einige Techniken des Organisationsmanagements, die in letzter Zeit für die praktische Organisationsarbeit an Bedeutung gewonnen haben.

Ich danke allen, die mir Anregungen gegeben oder mich sonst unterstützt haben.

Aachen, im November 1998 *Manfred Schulte-Zurhausen*

Vorwort zur 1. Auflage

In den Überlegungen zur Erhaltung und Steigerung der Wettbewerbsfähigkeit spielt in letzter Zeit die Organisation wieder eine tragende Rolle. Infolgedessen wird von Managern verstärkt verlangt, daß sie durch geeignete organisatorische Maßnahmen die Leistungsfähigkeit ihres Verantwortungsbereichs erhalten und steigern.

Dieses Buch verfolgt das Ziel, dieser Entwicklung Rechnung zu tragen und ein solides Basiswissen zu vermitteln, um organisatorische Probleme erkennen und effiziente Lösungen erarbeiten zu können. Neben einem theoretischen Grundwissen über organisatorische Sachverhalte sind hierzu besonders Kenntnisse der Methoden und Techniken des Organisationsmanagements erforderlich. Weiterhin muß die organisatorische Gestaltung in ihren Konzepten und Projekten die Möglichkeiten der verfügbaren Informations- und Kommunikationstechnologien berücksichtigen; aus diesem Grunde werden einzelne Fragestellungen auch unter Informatikaspekten angesprochen.

Stoffauswahl, Gliederung und Darstellung basieren auf Erfahrungen, die der Autor in langjähriger praktischer Organisationsarbeit und Tätigkeit als Hochschullehrer gesammelt hat. Die Wissensvermittlung wird mit Hilfe zahlreicher Grafiken und Tabellen sowie durch eine entsprechende drucktechnische Textgestaltung erleichtert. Zur vertiefenden Erläuterung wichtiger Schlüsselbegriffe wird der Text um zusätzliche, separat dargestellte Zitationen oder Erläuterungen ergänzt.

Nach einer kurzen Erörterung des Organisationsbegriffs wird im ersten Teil ein Überblick über die bedeutsamsten organisationstheoretische Ansätze gegeben, um dem Leser einen Eindruck über die Vielfältigkeit des Phänomens "Organisation" zu vermitteln. Der zweite Teil beinhaltet Fragen der organisatorischen Gestaltung von Arbeitsprozessen; hierbei werden aktuelle Ansätze des Prozeßmanagements berücksichtigt. Die traditionellen Fragestellungen zur Aufbauorganisation werden im dritten Teil (Organisationseinheiten) und im vierten Teil (Leitungsorganisation) angesprochen. Anschließend wird - ausgehend vom Ansatz des Systems Engineering - das methodische Rüstzeug zur organisatorischen Gestaltung vermittelt. Um für die praktische Organisationsarbeit eine brauchbare Hilfestellung geben zu können, werden im fünften Teil die Methoden und im sechsten Teil die Techniken des Organisationsmanagements ausführlicher beschrieben.

Adressaten dieses Buches sind zunächst Studierende der Betriebswirtschaftslehre im Grund- und Hauptstudium, die sich in Organisationsfragen einarbeiten wollen. Es wendet sich aber auch an Praktiker, die für die Lösung von Organisationsproblemen verantwortlich sind und sich hierzu eine theoretische Grundlage verschaffen wollen.

Aachen, im Mai 1995 *Manfred Schulte-Zurhausen*

Inhaltsverzeichnis

2. Teil: Prozeßorganisation

3. Teil: Organisationseinheiten

4. Teil: Leitungsorganisation

1. Teil: Einführung

1. Organisationsbegriffe

Kaum ein anderer Ausdruck weist eine derartige Vielfalt auf wie derjenige der Organisation. Je nach Kontext werden hiermit in der Umgangssprache unterschiedliche Bedeutungen verbunden, je nach Untersuchungsaspekt und Betrachtungsebene hierzu in der Wissenschaft unterschiedliche Definitionen formuliert.

Die mit dem Organisationsbegriff bezeichneten Inhalte lassen sich dabei in drei Kategorien einteilen (*Abb. 1-1*). Zum einen bezieht sich Organisation auf eine **Institution** mit bestimmten Eigenschaften, zum anderen auf bestimmte **Instrumente**, mit deren Hilfe die Ziele dieser Institution erreicht werden sollen. Die dritte, funktionale Sichtweise zielt auf die **Managementfunktion** der Organisationsgestaltung. Die Organisationsgestaltung erlaubt dabei eine Integration der beiden ersten Sichtweisen.

Abb. 1-1: Kategorisierung von Organisationsbegriffen

1.1 Der institutionale Organisationsbegriff

Die erste, institutionale Sichtweise ist vor allem durch die Organisationssoziologie und -psychologie geprägt; sie versteht unter Organisation ein **zielgerichtetes, offenes, soziales System mit einer formalen Struktur** (z.B. *Mayntz* 1963; *Scott* 1987; *Hall* 1982).

Der institutionale Organisationsbegriff zielt demnach auf drei wesentliche Eigenschaften von Organisationen:

1. Organisationen sind **soziale Systeme**; unter einem System ist grundsätzlich eine gegenüber der Umwelt abgegrenzte Gesamtheit von Elementen zu verstehen, die miteinander in Beziehungen stehen (vgl. das Kapitel "Unternehmen als sozio-

technische Systeme"). Die Kennzeichnung von Organisationen als soziale Systeme nimmt somit unmittelbar Bezug auf die menschlichen Elemente. Die Grenze zwischen Organisation und Umwelt ist dabei bewußt festgelegt. Da Organisationen jedoch in einer wechselseitigen Beziehung zu ihrer Umwelt stehen, sind sie als **offene Systeme** zu charakterisieren.

2. Organisationen sind **zielgerichtet**. Diese Ziel- oder auch Zweckorientierung ist im Prinzip auf Dauer angelegt und bezieht sich auf die Verwirklichung eines verbindlich formulierten Organisationszieles. Die Verwirklichung dieses Organisationszieles überschreitet die Leistungsfähigkeit eines einzelnen Individuums. Die zur Zielerreichung notwendigen Arbeiten müssen deswegen auf mehrere Personen verteilt werden, deren Aktivitäten dann wiederum aufeinander abgestimmt (koordiniert) werden müssen. Die Arbeitsteilung und die Koordination als Voraussetzung zur Erreichung bestimmter Ziele ist demnach der eigentliche Grund für die Entstehung von Organisationen.
3. Organisationen weisen eine **formale Struktur** auf. Dies bedeutet, daß die Organisationsmitglieder sich an einer Reihe von Regeln orientieren, um die gestellten Ziele möglichst rational zu erreichen. Diese Organisationsstrukturen steuern und koordinieren das Verhalten der Organisationsmitglieder.

Unternehmen verkörpern nur einen spezifischen Organisationstyp unter vielen möglichen Erscheinungsformen (wie beispielsweise Behörden, Schulen, Kirchen, Parteien, kriminelle Vereinigungen, Betriebe). Bei allen Unterschieden im Detail weisen diese Institutionen jedoch als gemeinsame Merkmale auf, daß sie auf Dauer angelegt sind und sich aus Individuen und Gruppen zusammensetzen, die gemeinsam in Arbeitsteilung ein Ziel anstreben.

Der institutionale Organisationsbegriff dominiert im angelsächsischen Sprachraum; er findet auch eine zunehmende Verbreitung in der deutschen Betriebswirtschaftslehre (z.B. *Kieser/Kubicek* 1991).

1.2 Der instrumentale Organisationsbegriff

Wie oben dargelegt, betrachtet der institutionale Organisationsbegriff Organisationen als soziale Systeme mit einer formalen Struktur. Struktur ist dabei gleichzusetzen mit **Ordnung**; es handelt sich also um eine Ordnung zwischen Elementen (wie Aufgaben, Personen, Sachmittel, Informationen), die miteinander in Beziehung stehen. Diese Ordnung wird wiederum durch ein System von **Regeln** gebildet, die explizit festgelegt sind oder sich informell gebildet haben. Da diese Regeln die Instrumente sind, mit denen die Organisation zu dem wird, was sie ist, ist eine solche Betrachtung der Organisation eine “instrumentale”, der entsprechende Organisationsbegriff also ein instrumentaler Organisationsbegriff.

Der instrumentale Organisationsbegriff umfaßt somit die **Gesamtheit aller generellen expliziten Regelungen**. Diese Regeln beziehen sich vor allem auf die Verteilung von Aufgaben und Kompetenzen (statische Komponente) und auf die Abwicklung der Arbeitsprozesse zur Leistungserstellung und -verwertung (dynamische Komponente). Hierbei ist auch der Einsatz von Sachmitteln und der Austausch von Informationen festzulegen.

Die **Organisationsstrukturen** als System formaler, dauerhafter Regeln sollen das Verhalten aller Mitglieder einer Organisation (im institutionalen Sinne) auf das gemeinsame Ziel ausrichten. Sie legen die Handlungsweisen der Organisationsmitglieder fest und sollen sie damit vorhersagbar machen. Indem sie bestimmte Handlungen vorschreiben und andere für unerwünscht erklären, schränken sie dabei zwangsläufig den Handlungsspielraum der einzelnen Organisationsmitglieder mehr oder weniger stark ein.

In der deutschen betriebswirtschaftlichen Organisationslehre herrscht die instrumentale Sichtweise vor; dabei wird die Organisation als **Mittel zur effizienten Führung** von Unternehmen verstanden. Das Wort "Organisation" läßt sich aus dem griechischen Wort "organon" ableiten; dieser mit "Werkzeug" zu übersetzenden Bedeutung kommt der instrumentale Organisationsbegriff sehr nahe.

Der instrumentale Organisationsbegriff stand stets im Mittelpunkt der betriebswirtschaftlichen Organisationslehre. So kennzeichnet *Nordsieck* Organisation zusammenfassend als "Betriebsstruktur" (*Nordsieck* 1934, S. 15). *Gutenberg* versteht unter Organisation "diejenige Apparatur ..., die die Aufgabe hat, eine durch Planung vorgegebene Ordnung zu realisieren" (*Gutenberg* 1971, S. 236).
Grochla bezeichnet als Organisation "das *System organisatorischer Regeln*, das heißt der personenbezogenen Verhaltensregeln (Verhaltenserwartungen) und der maschinenbezogenen Funktionsregeln (Leistungsanforderungen)" (*Grochla* 1972, S. 12).

Organisationsstrukturen sind im Prinzip auf Dauer angelegt. Dadurch unterscheidet sich die Organisation wesentlich von der **Disposition** (das heißt der fallweisen, punktuellen Einzelentscheidung) sowie von der **Improvisation** (das heißt der vorläufigen und von vornherein befristeten Regelung).

Neben der formalen ist die sogenannte informale (auch informelle) Organisation zu unterscheiden:

- Die **formale Organisation** wird bewußt und rational gestaltet und ist gewöhnlich auch schriftlich fixiert. Organisatorische Regeln sind zunächst einmal formale Regeln, zu deren Einhaltung sich das Organisationsmitglied normalerweise beim Eintritt in die Organisation verpflichtet. Eine Nichtbeachtung der formalen Regeln ist in der Regel mit Sanktionen oder sogar mit dem Ausschluß aus der Organisation verbunden.

- Die **informale Organisation** umfaßt die durch die persönlichen Ziele, Wünsche, Sympathien und Verhaltensweisen der Organisationsmitglieder bestimmten sozialen Strukturen. Sie entsteht aufgrund spontaner, das heißt nicht geplanter Beziehungen zwischen den Mitarbeitern. Informale Gruppen, informale Kommunikation und informale Machtbeziehungen stellen spezielle Ausprägungen der informalen Organisation dar. Die informale Organisation ergänzt und überlagert die formale Organisation; sie kann die formale Organisation unterstützen oder behindern. Häufig werden durch informale Regelungen bestehende Schwächen der formalen Organisation kompensiert.

Das sehr einseitig auf das Verhalten von Personen ausgelegte Organisationsverständnis der betriebswirtschaftlichen Organisationslehre hat in letzter Zeit einige Erweiterungen erfahren (z.B. *Probst* 1993, S. 44 f.). Organisation wird als **Bestandteil der Infrastruktur** eines Unternehmens verstanden, auf deren Grundlage alle Produktivfaktoren im Leistungsverbund zur Erstellung, Verwertung und umweltgerechten Entsorgung eines Produktes beitragen.

1.3 Der funktionale Organisationsbegriff

Werden die organisatorischen Regeln verändert, wird Organisation also im Sinne von organisieren betrachtet, dann liegt die Sichtweise des funktionalen Organisationsbegriffs vor. Der funktionale Organisationsbegriff umfaßt alle Aktivitäten, die im Zusammenhang mit der Planung, der Einführung und der Durchsetzung von organisatorischen Regeln verbunden sind. In diesem Zusammenhang wird dann von **organisatorischer Gestaltung** oder auch **Organisationsgestaltung** als "Mittel zur Schaffung der Organisationsstruktur" (*Grochla* 1982, S. 2) gesprochen. Organisatorische Gestaltung wird dabei als eine von mehreren Funktionen des Managements zu verstanden.

Wenn zwei oder mehr Personen in Arbeitsteilung ein gemeinsames Ziel erreichen wollen, dann ist Arbeitsteilung ebenso erforderlich wie die Koordination der einzelnen Arbeitsteile zu einem ganzheitlichen Ergebnis. Die **Managementfunktion** "Organisation" beinhaltet demnach zwei grundlegende, aber gegensätzliche Aufgaben (*Abb. 1-2*):

1. Aufgrund der begrenzten Arbeitskapazität der Mitarbeiter in der Organisation sind die Arbeitsprozesse zu segmentieren und auf Menschen und Sachmittel zu verteilen (**Arbeitsteilung** oder auch **Differenzierung**).
2. Auf der anderen Seite besteht die Notwendigkeit, die hierbei gebildeten Elemente wieder zusammenzuführen, um die Orientierung aller Elemente auf die übergeordnete Zielsetzung sicherzustellen (**Koordination** oder auch **Integration**).

Diese beiden Aufgaben sind nicht unabhängig voneinander: Je stärker differenziert wird, desto aufwendiger ist die Integration.

Abb. 1-2: Organisation im Spannungsfeld zwischen Arbeitsteilung und Koordination

In der Praxis geht es bei der organisatorischen Gestaltung weniger um die Planung von vollständig neuen Unternehmensstrukturen auf der „grünen Wiese“ (**Neuorganisation**); diese Aufgabe fällt relativ selten an. Es geht vielmehr meistens darum, abgegrenzte Teilbereiche des Unternehmens und einzelne Arbeitsprozesse an veränderte Anforderungen anzupassen. Eine derartige **Reorganisation** beinhaltet die planmäßige Änderung vorhandener Organisationsstrukturen und stellt den Regelfall der praktischen Organisationsarbeit dar. Erfolgreiche Unternehmen zeichnen sich durch besonders häufige Änderungen der Organisation aus. Soll durch organisatorische Änderungen in erster Linie die Effizienz der Arbeitsprozesse gesteigert werden, wird auch von **Rationalisierung** gesprochen.

Immer wieder kommt es zu Problemen, die dadurch gelöst werden, daß bestehende organisatorische Strukturen revidiert oder in Teilbereichen vollkommen neue Strukturen erarbeitet werden müssen. Aus diesem Grunde ist der Vorgang des Organisierens auch keine punktuelle Aufgabe, sondern eine permanente Herausforderung, "das Diagnosefähigkeiten, gestalterische Phantasie und das Vermögen, organisatorische Veränderungen durchzuführen, erfordert. Das ist so gesehen ein gewichtiges

Element im Aufgabenbereich jeder Führungskraft" (vgl. *Steinmann/Schreyögg* 1993, S. 378). Organisatorische Gestaltung ist damit nicht ausschließlich die Aufgabe von Organisationsspezialisten; vielmehr sind alle Angehörigen des Managements davon betroffen, sobald sie die Strukturen in ihren Verantwortungsbereichen verändern.

Organisatorische Gestaltung umfaßt dabei auch Verfahren der **Organisationsentwicklung**. Die Organisationsentwicklung zielt in erster Linie darauf ab, die Einstellungen und Verhaltensweisen der Organisationsmitglieder zu verändern, weniger darauf, formale Organisationsstrukturen zu gestalten. Der in diesem Buch verwendete Begriff der **Organisationsgestaltung** konzentriert sich ausschließlich auf die Gestaltung der formalen Organisationsstrukturen. Der Prozeß des Organisierens selbst umfaßt seinerseits wiederum alle Managementaktivitäten von der Planung über die Organisation und Kontrolle bis zur Personalführung und kann dabei auch Elemente der Organisationsentwicklung aufweisen. Dieser Sachverhalt wird hier als **Organisationsmanagement** bezeichnet.

Organisatorische Effizienz und Effektivität

Im Zusammenhang mit dem instrumentalen und dem funktionalen Organisationsbegriff spielen die Termini Effizienz (efficiency) und die Effektivität (effectiveness) eine zentrale Rolle in der Organisationstheorie und -praxis. Dementsprechend umfangreich und vielfältig ist die Interpretation bei den verschiedenen Autoren.

- Die **Effektivität** bezieht sich darauf, daß in einer Organisation die richtigen Ziele angestrebt und erreicht werden ("doing the right things"). Effektiv ist demnach eine Maßnahme, wenn sie grundsätzlich zur Erreichung eines definierten Zieles geeignet ist.
- Die **Effizienz** beinhaltet den Grad der Zielerreichung und ergibt sich als Differenz zwischen einem angestrebten und einem erreichten Zustand. Sie kennzeichnet den Einsatz der richtigen Mittel zur Erreichung eines vorgegebenen Zieles ("doing things right"). Eine Maßnahme ist demnach effizient, wenn sich mit ihr ein definiertes Ziel möglichst treffsicher erreichen läßt.

Demnach ist die Effizienz der umfassendere Ausdruck: Damit eine Maßnahme effizient ist, muß sie zwangsläufig auch effektiv sein.

Effektivität und Effizienz können sich auf sämtliche Funktionsbereiche und Aspekte einer Organisation beziehen. Von besonderer Bedeutung für die organisatorische Gestaltung sind dabei zwei Aspekte:

- Die **Ressourceneffizienz** beinhaltet den optimalen Einsatz der vorhandenen Ressourcen.
- Die **Prozeßeffizienz** beinhaltet die flexible, fehlerfreie und schnelle Abwicklung der Prozesse zur Leistungserstellung und –verwertung.

Literatur: *Staehle/Grabatin* 1979

2. Organisationstheoretische Ansätze

2.1 Organisationstheorie und organisationstheoretische Ansätze

Die Organisationstheorie gibt es nicht. Sie stellt sich vielmehr als ein Konglomerat vielfältiger und äußerst unterschiedlicher Ansätze dar, die ihren Ursprung in vielen wissenschaftlichen Disziplinen haben. So sind organisationstheoretische Ansätze Forschungsgegenstand der Soziologie, der Psychologie, der Wirtschaftswissenschaft, der Ingenieurwissenschaft, der Politologie und der Pädagogik (vgl. *Ebers* 1981, S. 1 f.).

Organisationstheorien dienen dem Zweck, Organisationen zu erklären und zu verstehen (vgl. *Kieser* 1993a, S. 1). Die verschiedenen Ansätze erfassen jeweils nur bestimmte Aspekte; allen Ansätzen gemeinsam ist lediglich ihr Objektbereich, die Organisationen und ihre langfristige Zielsetzung. Der gemeinsame Objektbereich wird dabei von den Einzelwissenschaften unter verschiedenen, spezifischen Blickrichtungen untersucht. Je nach Disziplin lautet die Problemstellung "wie kann die Organisation effizienter, humaner, rationaler, nützlicher für die Gesellschaft, gefügiger für das Top-Management, demokratischer, oder was auch immer" gemacht werden (*Nystrom/Starbuck* 1977, englisch zitiert bei *Ebers* 1981, S. 2).

Klassische Ansätze	• Bürokratieansatz von Max Weber • Scientific Management • Administrations- und Managementlehre • Betriebswirtschaftliche Organisationslehre
Verhaltensorientierte Ansätze	• Human Relations-Ansatz • Motivationstheoretische Ansätze
Entscheidungsorientierte Ansätze	• Entscheidungslogisch-orientierte Ansätze • Entscheidungsprozeß-orientierte Ansätze
Situative Ansätze	• Analytische Varianten • Pragmatische Varianten
Systemorientierte Ansätze	• Systemtheoretisch-kybernetischer Ansatz • Soziotechnischer Ansatz

Abb. 1-3: Organisationstheoretische Ansätze

Infolgedessen sind die Veröffentlichungen zum Thema "Organisation" kaum noch zu überblicken. Allein die Versuche, eine Ordnung in die Vielfalt der bestehenden Beiträge herzustellen und die einzelnen Ansätze zu systematisieren, sind sehr vielfältig und inhaltlich stark subjektiv geprägt. Es sei hier beispielhaft auf die Arbeiten von *Kieser/Kubicek* (1978), *Remer* (1989), *Hill/Fehlbaum/Ulrich* (1992), *Frese* (1992a und 1992c), *Gomez/Zimmermann* (1992) sowie auf die Unterteilung in *Frese* (1992b) hingewiesen; ein Überblick über weitere Systematisierungsversuche ist u.a. bei *Grochla* (1978, S. 101 ff.) zu finden.

Da eine allgemein anerkannte Systematisierung organisationstheoretischer Ansätze in der Literatur nicht existiert, wird für die weiteren Ausführungen die in *Abbildung 1-3* aufgeführte, willkürlich vorgenommene Einteilung zugrunde gelegt.

2.2 Klassische Ansätze der Organisationstheorie

2.2.1 Bürokratieansatz von Max Weber

Als erster wissenschaftlicher Ansatz, der sich mit organisatorischen Fragen beschäftigt, kann der Bürokratieansatz des deutschen Soziologen *Max Weber* (1864 - 1920) gelten. *Weber* beschreibt in seinem Hauptwerk "Wirtschaft und Gesellschaft" (1972) die von ihm untersuchte Verwaltung anhand einzelner Strukturmerkmale und entwickelt daraus sein Bürokratiemodell. Im Gegensatz zum umgangssprachlichen Bürokratiebegriff im Sinne einer schwerfälligen, ineffizienten Organisation versteht *Weber* unter Bürokratie eine sehr leistungsfähige Organisationsform, die hauptsächlich durch folgende vier Merkmale charakterisiert ist (vgl. *Weber* 1972, S. 125 ff., S. 551 ff.):

- Jedem Organisationsmitglied sind ein fester Aufgabenbereich ("amtliche Pflichten") und die hierzu notwendigen Kompetenzen ("Befehlsgewalt") zugeordnet. Diese spezialisierte Aufgabenerfüllung **(Arbeitsteilung)** wird personenunabhängig und generell vorgenommen. Somit können einzelne Personen ausgetauscht werden, ohne daß Änderungen der Organisationsstruktur erforderlich sind.
- Es besteht ein streng hierarchischer Aufbau (**Amtshierarchie**); die höhere Stelle hat ein Weisungs- und Kontrollrecht gegenüber der untergeordneten Stelle. Die übergeordnete Stelle verfügt dabei aber nicht über das Recht, die "Geschäfte" der unteren Stelle an sich zu ziehen. Die Befehlsgewalten sind hierbei fest verteilt; im Konfliktfalle entscheidet jeweils die nächsthöhere Stelle. Hierbei wird davon ausgegangen, daß die höheren Stellen nicht nur einen größeren Überblick haben, sondern auch über höhere Qualifikationen verfügen. Neben diesem Befehlsweg von oben nach unten ist auch ein fest geregelter Appellationsweg von unten nach oben vorgesehen.
- Ein System von "generellen, mehr oder minder festen und mehr oder minder erschöpfenden, erlernbaren Regeln" in Form von technischen **Regeln und Normen zur Aufgabenerfüllung** (*Weber* 1972, S. 552) bezieht sich auf die zu erfüllenden Leistungen und die Kommunikationswege. Durch den Dienstweg ist dabei festgelegt, welche Stelle mit welchen anderen Stellen kommunizieren darf oder muß.
- Die Aufgabenerfüllung in Bürokratien muß schriftlich in Form von Akten dokumentiert werden. Diese **Aktenmäßigkeit der Verwaltung** erstreckt sich nicht nur auf getroffenen Entscheidungen, sondern auch die individuellen Überlegungen zu einzelnen Fragen. Die Kommunikation zwischen den einzelnen Stelleninhabern erfolgt anhand von Briefen, Formularen, Aktennotizen usw. über den Dienstweg. Die Akten sollen die Kontrolle und Nachvollziehbarkeit aller Vorgänge erleichtern und ermöglichen eine kontinuierliche Weiterführung der Geschäfte bei einem Wechsel der Stelleninhaber.

Weber entwickelt mit diesem Merkmalen nicht ein exaktes Bild der Realität, sondern einen **Idealtypus**: Die ideale Bürokratie entspricht weitestgehend diesen Merkmalen, während in einer wenig bürokratischen Organisation die Merkmale relativ schwach ausgeprägt sind.

Max Webers Bürokratieansatz ist trotz vieler Einwendungen bis zum heutigen Tage ein Höhepunkt der Organisationstheorie geblieben; das Bürokratiemodell hatte und hat die Organisationslehre stark beeinflußt. Es wurde in den USA schon bald zur Erklärung für die formale Organisation herangezogen und ist damit zum festen Bestandteil von Managementwissen geworden. Über den Umweg USA und Großbritannien fand es in Deutschland erst in den sechziger Jahren Eingang in die betriebswirtschaftliche Organisationslehre (vgl. *Staehle* 1989, S. 29). Speziell in großen Unternehmen mit einer ausgeprägten Effizienzorientierung und einem streng hierarchischen Aufbau hat der Bürokratieansatz eine starke Bestätigung gefunden.

2.2.2 Scientific Management

Die **Industrielle Revolution** fand ihren Ausdruck im verstärkten Einsatz von Maschinen, im Übergang von der handwerklichen Fertigung zur standardisierten Massenproduktion sowie in einer stark wachsenden Arbeitsteilung im Produktionsbereich. In den ersten Großunternehmen, die in dieser Zeit in den USA entstanden, versuchte man, mit den Konzepten der vorindustriellen Zeit den neuen Anforderungen gerecht zu werden. Nach wie vor waren es die (Vor-)Arbeiter, die auf der Grundlage ihrer Erfahrungen fast alle Arbeitsvorgänge planten, durchführten und auch die Ergebnisse kontrollierten.

Vor diesem Hintergrund entwickelte der Ingenieur *Frederick Winslow Taylor* (1856 - 1915) den Ansatz des Scientific Management. Er versuchte, die Betriebs- und dabei insbesondere die Produktionsorganisation nach naturwissenschaftlichen und technischen Prinzipien zu gestalten. Ziel war es, sowohl die Produktivität der Arbeiter als auch die Effizienz des Managements zu steigern (*Taylor* 1920, S. 44 f.; vgl. auch *Kieser* 1993c, S. 72 ff.; *Frese* 1992a, S. 37 ff.).

Taylor mußte ein Jurastudium wegen eines schweren Augenleidens aufgeben. Er absolvierte eine Lehre als Mechaniker, erwarb berufsbegleitend ein Ingenieurdiplom und arbeitete sich in einem Stahlunternehmen vom Schlosser zum Chefingenieur hoch. Nach drei Jahren Tätigkeit als General Manager in der Papierindustrie ließ er sich 1893 als freiberuflicher Unternehmensberater nieder. In den folgenden Jahren entwickelte er seine Hauptwerke "Shop Management" (1903) und "The Principles of Scientific Management" (1911). Von 1909 bis 1914 lehrte er Scientific Management in Harvard.

Taylors Managementprinzipien enthalten folgende fünf Komponenten:

- Zunächst wird eine **Trennung der Hand- von der Kopfarbeit** vorgenommen: Das Management übernimmt die Arbeitsplanung und -kontrolle, die Arbeiter konzentrieren sich ausschließlich auf die vorgeplante Ausführung der Arbeit.
- Durch die Trennung von Planung und Ausführung der Arbeit ist die Voraussetzung gegeben, eine systematische Arbeitsplanung unter Anwendung wissenschaftlicher Methoden einzuführen. Hierzu wird die menschliche Arbeit in umfangreichen **Zeitstudien** analysiert und in möglichst kleine Elemente zerlegt. Anschließend werden die Arbeitselemente zu optimalen und hochspezialisierten Arbeitsabläufen zusammengefaßt.
- Eine weitere Komponente der Managementprinzipien besteht im sogenannten **Differential-Lohnsystem**, mit dem *Taylor* einen starken Anreiz zur Überschrei-

tung der normalen Arbeitsleistung schaffen will. Bis zur "Normalleistung" verläuft die Lohnkurve linear unterproportional, oberhalb der 100%-Leistung linear überproportional. Dies führt bei geringen Leistungen zu geringen Lohnzahlungen und bei hohen Leistungen zu hohen Lohnzahlungen. Letztlich werden hierdurch die Arbeiter gezwungen, ihr tägliches Arbeitspensum zu erbringen, wenn sie keine Lohneinbußen in Kauf nehmen wollen.

Bekannt und häufig zitiert ist die Geschichte des Roheisenverladers Schmidt von der Bethlehem Iron Company (beschrieben bei *Taylor* 1913, S. 45 ff.). Zur praktischen Erprobung seiner Leitsätze wählte er den kräftigen Pennsylvanier und erklärte ihm, er könne entsprechend seiner Arbeitsleistung bezahlt werden, müsse aber alle Anweisungen bis ins einzelne genau befolgen. Anstatt wie zuvor täglich 12 1/2 Tonnen Roheisen verlud Schmidt daraufhin täglich bis zu 47 Tonnen auf einen Eisenbahnwagen; sein durchschnittlicher Tagesverdienst stieg dabei von maximal 1,15 $ auf mehr als 1,85 $.

- Bei der **Festlegung des täglichen Arbeitspensums** legt *Taylor* jedoch als "Normalleistung" ("a fair day's work") nicht eine repräsentative Durchschnittsleistung zugrunde, sondern orientiert sich an der Leistung von Spitzenkräften, die für die Tätigkeit besonders geeignet sind. Die zu erbringende Arbeitsleitung wird hinsichtlich der Ergebnisse, der Verfahren und Werkzeuge sowie der Zeiten festgelegt. Die menschliche Arbeit wird somit als gleichwertiger Produktionsfaktor neben dem "Kapital" und "Material" gesehen, der möglichst rationell einzusetzen ist.

- Zur strukturellen Verankerung der Trennung von geistiger und körperlicher Arbeit schlägt *Taylor* das sogenannte **Funktionsmeistersystem** vor. An die Stelle eines Universalmeisters setzt er mehrere spezialisierte Funktionsmeister, die den Arbeitern jeweils auf ihrem Spezialgebiet Weisungen erteilen. Dies führt zu einer Mehrfachunterstellung der Arbeiter, wobei jeder Arbeiter bis zu acht Meistern unterstellt sein kann. *Taylor* sieht für größere Betriebe bis zu acht Funktionsmeister vor, von denen der Arbeitsverteiler, der Unterweisungsmeister und der Zeit- und Kostenmeister die Arbeit im Arbeitsbüro vorbereiten. Weitere vier Meister - der Verrichtungsmeister, der Geschwindigkeitsmeister, der Prüfmeister und der Instandhaltungsmeister - sorgen in der Werkstatt dafür, daß die Arbeiter die Anleitungen verstehen und befolgen. Zusätzlich ist ein Aufsichtsmeister für die Ordnung in der Werkstatt zuständig.

Taylor zielte vornehmlich auf die Leistungssteigerung von Handwerkern in großstädtischen Regionen ab, wo ein breites Rekrutierungsfeld für besonders tüchtige Arbeiter bestand. Jedem einzelnen Arbeiter sollte ein tägliches Pensum an Arbeit vorgeschrieben werden, das er alleine zu erledigen hat. Infolgedessen waren auch die Arbeitsplätze als Einzelarbeitsplätze einzurichten, damit jeder Arbeiter unabhängig von den übrigen sein Pensum erledigen und seine Leistungsfähigkeit entfalten konnte.

Die Zeitstudien *Taylors* wurden von *Frank B. Gilbreth* (1868-1924) um **Bewegungsstudien** ergänzt, um unzweckmäßige oder gar überflüssige Bewegungsabläufe bei der Arbeit erkennen und beseitigen zu können. Die Zeitmessung mit der Stoppuhr lehnte er als nicht genügend exakte Darstellung des Arbeitsablaufes ab. Er hielt die Arbeitsbewegungen in fotografischen Lichtspuraufnahmen und Filmen fest und konnte somit auch schnelle Bewegungsabläufe des Menschen analytisch in seine Elemente zerlegen.

Die Grundsätze der wissenschaftlichen Betriebsführung (**Taylorismus**) stießen im Anfang nicht nur auf den Widerstand der Arbeiter, sondern wurden auch vom Management als zu aufwendig und konfliktträchtig abgelehnt. Mit der Einführung der Massenproduktion haben sie jedoch die Fabrikarbeit revolutioniert und beherrschen teilweise bis heute noch den Arbeitsalltag in vielen Industriebetrieben. Zwar ist aus der Praxis kein Beispiel für die reine Übernahme des Funktionsmeistersystems bekannt; die Zweiteilung in geistig vorbereitende Arbeit (im Büro der Arbeitsvorbereitung) und in praktisch ausführende Arbeit (in der Werkstatt) hat sich jedoch durchgesetzt. Sein Lohnsystem scheiterte am Widerstand der Gewerkschaften und wurde vom Akkordsystem verdrängt. Insbesondere die ausschließliche Orientierung *Taylors* auf eine möglichst hohe Arbeitsleistung und die Beanspruchung des Menschen über eine physisch-psychisch zumutbare Grenze hinaus ist später kritisiert worden. Eine ausführliche Würdigung des Taylorismus nimmt *Vahrenkamp* (1977) in der Einleitung zu *Taylor* (1977) vor.

Taylor und *Gilbreth* gelten als Begründer des **Industrial Engineering**. In Deutschland finden sich ihre Grundgedanken in der Methodenlehre des Arbeitsstudiums des Verbandes für Arbeitsstudien (REFA) wieder. Die Vorgabezeit als Maßstab für die Mengenleistung und die Taktarbeit haben bis heute ihre Aktualität bewahrt. Mit seiner systematischen Personalauswahl auf der Basis von exakt spezifizierten Anforderungsprofilen kann *Taylor* auch als Urheber der modernen **Personalwirtschaft** gesehen werden.

Die Standesorganisation der Ingenieure, der *Verein Deutscher Ingenieure (VDI)* gründete 1921 den *Ausschuß für wirtschaftliche Fertigung* (kurz *AWF* genannt) zur Untersuchung technisch-wirtschaftlicher Probleme. Dieser Ausschuß setzte wiederum einen Unterausschuß für Zeitstudien ein mit der Zielsetzung, "Arbeitszeit zu sparen, die Ermüdung der Arbeiter zu verringern, Konstruktionsfehler festzustellen, Kalkulationselemente zu finden" (*REFA* 1978a, S. 22). Im Jahre 1923 löste sich der *AWF* vom *VDI* und schloß sich dem neugebildeten *Reichskuratorium der deutschen Wirtschaft* (*RKW*, heute *Rationalisierungskuratorium der Deutschen Wirtschaft*) an. Im Jahre 1924 erfolgte die Gründung des *Reichsausschusses für Arbeitszeitermittlung* (kurz *REFA* genannt) mit dem Ziel, alles zu sammeln und zu sichten, was sich auf dem Gebiet des Arbeitszeit- und Zeitstudienwesens in Wissenschaft und Praxis finden läßt, und die Methoden zu vereinheitlichen. Im Jahre 1928 erschien das erste *REFA*-Buch mit den Inhalten "Grundlagen der Arbeitszeitermittlung" und "Kalkulationsmethoden" (vgl. *Pechhold* 1974, S. 50 ff.). In Deutschland wurde der Träger des Arbeitsstudiums jahrzehntelang auch *REFA*-Mann genannt. Heute befaßt sich *REFA* mit der Entwicklung, Anwendung und Verbreitung von Erkenntnissen und Erfahrungen auf dem Gebiet des Arbeitsstudiums, der Betriebsorganisation und verwandter Gebiete. Im Jahre 1977 erfolgte eine Namensänderung in "*REFA - Verband für Arbeitsstudien und Betriebsorganisation*".

Während *Taylor* sich vorrangig mit der Rationalisierung handwerklicher Arbeiten befaßte, setzte *Henry Ford* (1863-1947) die Erkenntnisse Taylors zur rationellen Organisation seiner industriellen Automobilproduktion ein (*Ford* 1923, S. 93). Folgende Gestaltungsprinzipien stellen die wesentlichen Elemente des **Fordismus** dar (vgl. *Staehle* 1989, S. 25; *Kieser* 1993c, S. 82 f.):

- *Ford* übernahm von den Chicagoer Schlachthöfen das Prinzip der **Fließbandfertigung** und ordnete Maschinen und Arbeiter in der Reihenfolge der vorzunehmenden Verrichtungen an. Die zu bearbeitenden Automobile wurden an ihnen vorbeigeführt, wobei die Arbeitsintensität durch die Geschwindigkeit des Bandes bestimmt wurde. War der Automobilbau zuvor noch eine Facharbeit, die eine besondere Qualifikation erforderte, so wurde nunmehr die Tätigkeit in einzelne einfache Verrichtungen ohne besondere Ansprüche an die Qualifikation aufgeteilt.

- Eine hohe **Typisierung der Produkte** (nur ein „Modell T" in nur in schwarzer Farbe) ermöglichten einen höheren Mechanisierungsgrad, eine geringere Lagerhaltung und einen geringeren Aufwand für den Kundendienst als bei anderen Automobilherstellern.
- Eine präzise Fertigung war Voraussetzung für eine **Austauschbarkeit der Teile.** So konnten Anpassungsarbeiten per Hand weitgehend vermieden werden.

Ford trennt ebenso wie *Taylor* Leitung und Ausführung der Arbeit und zerlegte den Arbeitsprozeß noch rigoroser in kleinste Abschnitte. Aber abweichend von *Taylor* gab es weder Akkordarbeit noch Prämienlohn, da die Arbeiter durch den Takt des Fließbandes zu einer bestimmten Arbeitsleistung gezwungen wurden. Die Fließfertigung führte nicht nur zu einer erheblichen Produktivitätssteigerung, sondern auch zu einer Reduktion des hohen Aufwands zur Kontrolle der Arbeiter, der im System von *Taylor* erforderlich ist. So konnte *Ford* durch Einführung der neuen Fertigungsmethoden im Jahre 1913 die Endmontagezeit von 12,5 Stunden auf 90 Minuten verkürzen, den Verkaufspreis seines neuen Modells von 850 $ auf 300 $ senken und dabei den Tageslohn seiner Arbeiter von 2,30 $ auf 5 $ erhöhen.

2.2.3 Administrations- und Managementlehre

Die organisatorisch orientierte Administrations- und Managementlehre wurde in den USA und in Großbritannien entwickelt und läßt sich auf die Arbeiten des Franzosen *Henry Fayol* (1841 - 1925) zurückführen. Sie bildete sich weitgehend zeitgleich zum Scientific Management, hat jedoch in erster Linie Fragen der Aufgaben- und Abteilungsbildung und der Koordination zum Gegenstand. Während sich die Vertreter des Scientific Management hauptsächlich mit Problemen auf der untersten Managementebene auseinandersetzten, befaßte sich die Administrations- und Managementlehre vorwiegend mit Fragen der Verwaltung und Problemen der Unternehmensführung.

Der Übergang von der handwerklichen Fertigung zur standardisierten Massenfertigung führte zu Problemen der Arbeitsverteilung und der Koordination. Die Standardisierung machte die Produkte vergleichbar und hatte einen intensiveren Wettbewerb zur Folge. Der hierdurch entstehende Preisdruck und das gestiegene Kostenbewußtsein des Managements zog die Einführung leistungsfähiger Kostenrechnungssysteme nach sich. Die Unternehmen wurden größer und komplexer, infolgedessen nahmen die Verwaltungsprobleme und die qualitativen und quantitativen Anforderungen an das Management laufend zu.

Fayol war ebenso wie *Taylor* Ingenieur und Praktiker. In seinem Hauptwerk "Administration industrielle et générale" (1916) dokumentierte er seine Überlegungen und persönlichen Erfahrungen als Manager in Form von 14 "Allgemeinen Verwaltungsprinzipien". *Fayol* versteht dabei seine Prinzipien nicht als starre Regeln, sondern als flexible Orientierungshilfen, die erst in Verbindung mit Erfahrung sinnvoll anzuwenden sind. *Fayol* formulierte auch als erster eine systematische und recht vollständige Managementlehre. Dabei stellt er auch einen Katalog von **Managementfunktionen** auf: Vorausplanung, Organisation, Auftragserteilung, Koordination und Kontrolle erkannte er als allgemeine "opérations administratives".

Unter den Prinzipien ist der **Grundsatz der Einheit der Auftragserteilung** besonders hervorzuheben. Dieser Grundsatz besagt, daß eine in der Hierarchie nachgeordnete Stelle jeweils von nur einer übergeordneten Instanz Weisungen erhalten kann.

Die Anwendung dieses Prinzips führt dazu, daß immer nur zwischen zwei hierarchisch aufeinanderfolgenden Einheiten Weisungs- und Informationsbeziehungen bestehen können. Anweisungen und Informationen laufen dabei entlang dem **Instanzenweg** von oben nach unten bzw. entlang dem **Dienstweg** von unten nach oben. Um den Nachteil langer Informationswege über die jeweilige Hierarchie der Vorgesetzten zu vermeiden, läßt *Fayol* jedoch den direkten Kontakt zwischen hierarchisch gleichrangigen Positionen zu.

2.2.4 Betriebswirtschaftliche Organisationslehre

Die betriebswirtschaftliche Organisationslehre als **Teildisziplin der Betriebswirtschaftslehre** ist eine spezifische deutsche Thematik und entwickelte sich zwischen 1930 und 1970. Ganz überwiegend wird unter "Organisation" die Struktur und Ordnung einer gesellschaftlichen Institution verstanden (instrumentaler Organisationsbegriff), unter "organisieren" die Tätigkeit des Strukturierens (funktionaler Organisationsbegriff). Wesentlich ist, daß der klassische Organisationsbegriff nicht die Institution selbst bezeichnet (institutionaler Organisationsbegriff), sondern eine bestimmte Eigenschaft dieser Institution, nämlich die **Strukturierbarkeit**. Unternehmen sind daher keine Organisationen, sondern sie haben eine Organisation. Diese Sichtweise schlägt sich auch in den Titeln der grundlegenden Publikationen nieder wie "Organisation der Unternehmung" (*Kosiol* 1962) oder "Unternehmungsorganisation" (*Grochla* 1972).

Die amerikanische Managementlehre bezeichnet im Gegensatz zur deutschen betriebswirtschaftlichen Organisationslehre die Institution selbst als "Organization". Unternehmen, Verbände, öffentliche Verwaltungen und sonstige Institutionen werden dabei generell gesehen, ohne daß eine grundsätzliche Einengung auf den Aspekt der Strukturierbarkeit vorgenommen wird; überwiegend steht der Mensch im Mittelpunkt der Betrachtungen. In Deutschland wäre dieses Blickfeld eher der Organisationssoziologie und der Organisationspsychologie zuzurechnen und nicht der Betriebswirtschaftslehre. Aus der Sicht der deutschsprachigen betriebswirtschaftlichen Organisationslehre dürfte deshalb das amerikanische "Organization" in der Regel nicht mit "Organisation", sondern müßte mit "Unternehmen" bzw. "Betrieb" übersetzt werden.

Die Arbeiten "Die schaubildliche Erfassung und Untersuchung der Betriebsorganisation" (1932) und "Grundlagen der Organisationslehre" (1934) von *Nordsieck* bildeten die Ausgangsbasis und die Grundlage für eine intensive Auseinandersetzung mit Organisationsfragen aus betriebswirtschaftlicher Sicht. Durch seine Aufteilung der Organisationslehre in eine **Beziehungslehre** und in eine **Ablauflehre** erfolgte eine grundsätzliche Weichenstellung, die sich als Aufbau- und Ablauforganisation ausschließlich im deutschsprachigen Raum sowohl in der Theorie als auch in der Praxis durchgesetzt hat.

- Die **Aufbauorganisation** gliedert das Unternehmen in organisatorische Teileinheiten (Abteilungen, Stellen, Gremien), ordnet ihnen Aufgaben und Kompetenzen zu und sorgt für die Koordination der einzelnen Teileinheiten.
- Gegenstand der **Ablauforganisation** ist der Ablauf des betrieblichen Geschehens, die Ausübung der betrieblichen Funktionen innerhalb der Teileinheiten. Im Mittelpunkt steht hierbei die Arbeit als zielbezogene menschliche Handlung, aber auch die Ausstattung der Teileinheiten mit den zur Aufgabenerfüllung notwendigen Informationen und Sachmitteln.

Die klassische Zweiteilung in Aufbau- und Ablauforganisation beeinflußte fast alle folgenden Arbeiten auf dem Gebiet der deutschsprachigen betriebswirtschaftlichen Organisationslehre. Die Aufteilung ist dabei im Grunde theoretischer Natur; sie wird aus arbeitstechnischen Gründen vorgenommen und soll die gedankliche Auseinandersetzung mit organisatorischen Fragestellungen erleichtern. In der praktischen Organisationsgestaltung sind jedoch aufbau- und ablauforganisatorische Fragen so eng miteinander verflochten, daß eine isolierte Betrachtung nur selten möglich und deshalb auch wenig nützlich ist. Eine Trennung birgt zudem die Gefahr einer unzureichenden Integration beider Aspekte in sich mit der Folge einer ineffizienten Gesamtstruktur.

Im Jahr 1962 veröffentliche *Erich Kosiol* seine Arbeit "Organisation der Unternehmung". *Kosiol* stellt wie *Nordsieck* die **Aufgabe** in den Mittelpunkt seiner Betrachtungen. Unternehmen sind auf die Verwirklichung der Unternehmenszwecke und -ziele ausgerichtet; hierzu müssen Aufgaben und Teilaufgaben erfüllt werden, die sich aus dem Unternehmenszweck ableiten lassen. Dabei versteht *Kosiol* (1962, S. 43) unter Aufgaben generell "Zielsetzungen für zweckbezogene menschliche Handlungen". Die betriebswirtschaftliche Organisationslehre hat in diesem Zusammenhang auch den Begriff des **Aufgabenträgers** geprägt. Hiermit wird eine Person bezeichnet, die nur durch ihre Qualifikation und eine bestimmte Arbeitskapazität gekennzeichnet ist und keine weiteren sozialen oder psychologischen Eigenschaften aufweist. Als wesentliche Instrumente zur organisatorischen Gestaltung wurden die **Aufgabenanalyse und -synthese** entwickelt.

Die Aufgabe der Unternehmung als Ausgangspunkt
"Wer das Gefüge oder Geschehen einer Unternehmung oder eines ihrer Bestandteile oder Teilbereiche organisatorisch erfassen, prüfen oder gestalten will, muß von der jeweils vorliegenden Zwecksetzung ausgehen. Am Anfang aller organisatorischen Betätigung steht daher die *Aufgabe*, die gelöst werden soll und auf die sich, um ihre Erfüllung zu gewährleisten, alle organisatorischen Maßnahmen erstrecken. Die analytische Durchdringung der Aufgabe stellt den Ansatzpunkt jeder organisatorischen Bemühung dar. Organisationsanalyse ist daher in erster Linie *Aufgabenanalyse* als Grundlage aller weiteren Überlegungen."
Quelle: *Kosiol* 1962, S. 41

Eine Fortentwicklung und Erweiterung erfuhr der Ansatz von *Kosiol* durch *Erwin Grochla*. Die Entwicklung der betriebswirtschaftlichen Organisationslehre kann mit der Arbeit von *Grochla* weitgehend als abgeschlossen angesehen werden. Sie ist begrenzt auf den deutschsprachigen Raum und hat aufgrund der fehlenden Kommunikation mit dem Ausland kaum Berücksichtigung in der ausländischen Organisationsdiskussion gefunden (*Lehmann* 1992a, Sp. 1547). Die betriebswirtschaftlichen Organisationslehre wurde dabei nach *Frese* (1992a, S. 248) vor allem durch folgende Einflüsse geprägt:

- Die konzeptionellen Grundlagen der betriebswirtschaftlichen Organisationslehre wurden durch die Arbeiten eines Wissenschaftlers gelegt: Das Grundmodell von *Fritz Nordsieck* stellt das Fundament dar, auf dem die betriebswirtschaftliche Organisationslehre aufgebaut wurde.

- Die betriebswirtschaftliche Organisationslehre ist entscheidend durch die Perspektive des in der Praxis arbeitenden Organisators geprägt worden, dessen Aufgabenschwerpunkte in der Lösung von ablauforganisatorischen Problemstellungen liegen. Die Entwicklung der Organisationslehre in den USA ist dagegen nahezu ausschließlich durch die Behandlung von aufbauorganisatorischen Fragen bestimmt; Organisationsprobleme wurden hier vornehmlich aus der Sicht des Top Managements behandelt.
- Ingenieurwissenschaftliche Beiträge, insbesondere die arbeitswissenschaftliche Analyse von Arbeitsvorgängen, haben das Konzept der Ablauforganisation nachhaltig bestimmt.
- Vor allem nach dem Zweiten Weltkrieg läßt sich ein verstärkter Einfluß der anglo-amerikanischen Managementlehre feststellen, primär bei aufbauorganisatorischen Fragestellungen. Forschungsergebnisse der Sozialwissenschaften wurden dagegen vergleichsweise wenig übernommen.

Die deutschsprachige betriebswirtschaftliche Organisationslehre versteht sich heute zunehmend als wissenschaftliche Disziplin, die Strukturfragen von Betrieben und Unternehmen unter wirtschaftlichen Gesichtspunkten untersucht (*Lehmann* 1992a, Sp. 1548). Die entwickelten Ansätze wollen unmittelbare Gestaltungshilfen und Handlungsempfehlungen für die betriebliche Praxis erarbeiten; aufgrund dieser Anwendungsorientierung werden sie oft auch als **betriebswirtschaftlich-pragmatische Ansätze** bezeichnet. Vorrangiger Objektbereich ist das Unternehmen; die betriebswirtschaftliche Organisationslehre konzentriert sich auf die Entwicklung und Beurteilung von Organisationsstrukturen. Im Vordergrund stehen die Aufgaben in den Unternehmen und die bei der Aufgabendurchführung einzusetzenden Mittel.

2.2.5 Gemeinsamkeiten der klassischen Ansätze

Die vorgestellen organisationstheoretischen Ansätze zielen auf die Formulierung allgemeiner Richtlinien (Prinzipien) zur Gestaltung von effizienten Organisationsstrukturen; das Leitbild für die Organisationsgestaltung ist die reibungslos funktionierende Maschine. Die Ansätze weisen eine Reihe von Gemeinsamkeiten auf, so daß sie zusammen als „klassische Ansätze“ bezeichnet werden können (vgl. *Hill/Fehlbaum/Ulrich* 1989, S. 418 f.; *Schreyögg* 1996, S. 42):

- Die organisatorischen Regelungen bilden das zentrale Instrument, um das Verhalten der Organisationsmitglieder zu steuern.
- Regelabweichung stellen Störungen dar; sie sind durch Kontrolle zu minimieren.
- Die Arbeitsbedingungen sind stabil, so daß sich die Arbeitsanforderungen genau planen und stabile Regelungen zur Arbeitsdurchführung aufstellen lassen.
- Gegenstand der Organisationsgestaltung ist die Optimierung der inneren Strukturen des Arbeitssystems und die Perfektionierung der Leistungserbringung; die Umwelt und damit die Problematik der Situationsabhängigkeit und Anpassungsfähigkeit wird vernachlässigt.
- Hierarchische Beziehungen stehen im Vordergrund; die Beziehungsart „Anordnung - Gehorsam“ dominiert.

- Die Mitarbeiter willigen per Arbeitsvertrag in die vorgegebene Ordnung ein. Individuelle Verhaltensweisen, menschliche Bedürfnisse und Gruppenbeziehungen sind für die Leistung einer Organisation nicht nur bedeutungslos, sondern sogar störend und deshalb möglichst zu vermeiden.

Der Verdienst der klassischen Ansätze liegt in erster Linie darin, daß sie die formalen Elemente und Instrumente der Organisation begrifflich geklärt, mögliche Organisationsstrukturen typisiert sowie verschiedene Techniken für die praktische Organisationsarbeit entwickelt haben.

2.3 Verhaltensorientierte Ansätze der Organisationstheorie

Während die klassischen Ansätze die formale Organisation erforschen und gestalten, rücken in den verhaltensorientierten Ansätzen die **informale** Organisation und informale Gruppen in den Mittelpunkt. Bei diesen soziologisch orientierten Ansätzen stehen menschliche Handlungen und Interaktionen im Vordergrund und - bis auf wenige Ausnahmen - nur einzelne Eigenschaften von Organisationsstrukturen (vgl. *Kieser/Kubicek* 1992, S. 40). Verhaltensweisen von Individuen und Gruppen, die nicht durch Regeln bestimmt sind, stellen den Schwerpunkt der Arbeiten dar.

2.3.1 Human Relations-Ansatz

Ursprung des Human Relations-Ansatz sind die *Hawthorne-Experimente*, in denen ganz im Sinne des Scientific-Management zunächst der Einfluß äußerer Arbeitsbedingungen auf die Arbeitsleistung untersucht werden sollte. Es zeigte sich jedoch, daß die aus der informellen Organisation, dem "Betriebsklima", herrührenden Einflüsse wesentlich bedeutsamer waren (*Roethlisberger* 1954).

Ende der zwanziger Jahre wurden in den Hawthorne-Werken der *American Telephone and Telegraph Company (AT&T)* zwei Gruppen von Arbeiterinnen beobachtet. Durch ergonomische Experimente wollte man herausfinden, welche Faktoren der Arbeitsgestaltung zu hohen Leistungen führen. Während in der ersten Gruppe die Arbeitsbedingungen bezüglich Beleuchtung und Pausengestaltung konstant gehalten wurden, veränderte man sie partiell in der zweiten Gruppe. Im Laufe der Untersuchungen stiegen jedoch in beiden Gruppen die Leistungen. Weiterhin steigerte sich noch nach Rückkehr zu den ursprünglichen Arbeitsbedingungen die Leistung. Dieses zunächst nicht erklärbare Ergebnis lenkte die Aufmerksamkeit der Forscher auf beobachtete soziale Veränderungen während der Experimente innerhalb der Arbeitsgruppen und deren Auswirkungen auf die Arbeitsmotivation. Die Leistungssteigerung wurde damit erklärt, daß das Interesse der Forscher für die Arbeiter und die im Versuchsverlauf intensivierten zwischenmenschlichen Kontakte das soziale Klima in der Gruppe verbessert und die Arbeitszufriedenheit ihrer Mitglieder erhöht hatte.

In der Folge entstand die Human Relations-Bewegung , in welcher der Mensch nicht mehr wie im Scientific Management unter rein technischen Gesichtspunkten wie Geräte und Maschinen angesehen wird, sondern als soziales Wesen, das nach eigenen Gesetzen "funktioniert" (vgl. *Krüger/Röhr* 1981, S. 95 ff.). Die Kernaussage des Human Relation-Ansatzes läuft darauf hinaus, daß eine positive Einstellung gegenüber der Arbeit, den Mitgliedern der Arbeitsgruppe und dem Vorgesetzten zu einer hohen Zufriedenheit führt. Diese Zufriedenheit bewirkt dann wiederum eine hohe Arbeitsleistung. Eine zentrale Aufgabe des Vorgesetzten liegt infolgedessen darin, durch kooperatives Führungsverhalten für ein angenehmes Arbeitsklima zu sorgen und das Ausmaß und die Häufigkeit von Konflikten möglichst gering zu halten.

Die Hawthorne-Untersuchungen bildeten den Anstoß für zahlreiche empirische Studien in der sozialwissenschaftlichen Organisationsforschung. Die untersuchten Menschen wurden dabei jedoch nicht über die Ziele der Untersuchung informiert und auch nicht an der Planung und Durchführung der Untersuchungen aktiv beteiligt, sondern ausschließlich als Forschungsobjekte angesehen. Die Hawthorne-Studien genügten aus heutiger Sicht bei weitem nicht den wissenschaftstheoretischen und methodischen Anforderungen an empirische Forschungen. In neuerer Zeit werden zudem die betrachteten Menschen stärker an der Planung und Durchführung der Untersuchung beteiligt. Demnach ist aus heutiger Sicht der Human Relations-Ansatz für die Organisationsforschung nahezu bedeutungslos geworden. "Für manche Managementpraktiker dient der Ansatz lediglich noch der ideologischen Rechtfertigung einer harmonisierenden Betrachtung unterschiedlicher Interessengruppen in Organisationen" (*Krüger/Röhr* 1981, S. 102).

2.3.2 Motivationstheoretische Ansätze

Im Anschluß an die Human Relations-Bewegung entwickelte sich eine sozialwissenschaftliche Forschungsrichtung, die das **menschlichen Verhalten** in und von Organisationen (organizational behavior) zum Gegenstand hat. Aus der Erkenntnis, daß zwischen der Zufriedenheit des Menschen und der Produktivität kein direkter, automatischer Zusammenhang besteht, wird die Forschung auf alle menschlichen Bedürfnisse erweitert und der Zusammenhang zwischen Motivation bzw. Frustration, Zufriedenheit und Leistung untersucht.

Die unter der Bezeichnung **Human Resources** zusammengefaßten neueren Ansätze betrachten die Arbeitspersonen als Potential an Fertigkeiten und Fähigkeiten, das es zu fördern und weiterzuentwickeln gilt. Die Arbeit soll ihre Fähigkeiten herausfordern und Raum für eigene Entscheidungen und Selbstverantwortung bieten. Als Vertreter der motivationstheoretischen Ansätze sind vor allem *Maslow*, *McGregor* und *Herzberg* zu nennen.

(1) Bedürfnispyramide von Maslow

Maslow entwickelte ein Konzept der Hierarchie der Bedürfnisse und klassifiziert die handlungsbestimmenden Motive des Menschen entsprechend *Abbildung 1-4* in einem **Fünf-Stufen-Schema** *(Maslow* 1954). In dieser Pyramide sind jeweils Gruppen von Bedürfnissen zusammengefaßt, deren Wirkungen auf die Arbeitsmotivation herausgestellt werden:

- **Physiologische Bedürfnisse** dienen allein der Selbsterhaltung; sie haben keine Auswirkung auf die Arbeitsmotivation.
- **Sicherheitsbedürfnisse** schlagen sich nieder im Wunsch nach Arbeitsplatzsicherung und Einkommenserhaltung.
- **Soziale Bedürfnisse** können durch die Zugehörigkeit zu einer Arbeitsgruppe befriedigt werden.
- Bedürfnisse nach **Anerkennung** lassen die Mitarbeiter nach guten Arbeitsergebnissen streben.

- Die Bedürfnisse nach **Selbstverwirklichung** stehen auf der höchsten Stufe der Bedürfnishierarchie; sie werden wirksam, wenn Menschen ihre eigenen Vorstellungen mit den Arbeitsanforderungen kombinieren können.

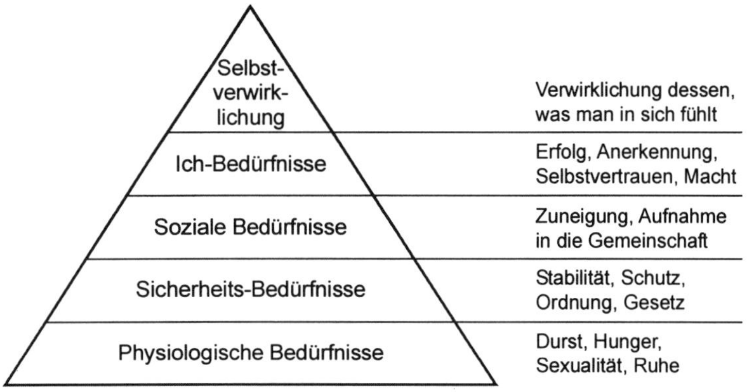

Abb. 1-4: Die Bedürfnispyramide von Maslow (1954, S. 35 ff.)

Die hierarchische Ordnung dieser Bedürfnisse soll ausdrücken, daß Bedürfnisse höherer Ordnung erst entstehen bzw. bewußt werden, wenn die Bedürfnisse niedrigerer Ordnung weitgehend befriedigt sind. Nach *Maslows* Vorstellung befindet sich der Mensch zu jedem Zeitpunkt seines Lebens auf einer bestimmten Ebene der Bedürfnishierarchie. Die Bedürfnisse, die befriedigt sind, liegen auf den unteren Ebenen und sind nicht mehr verhaltensrelevant. Sein Verhalten wird nur von den darüberliegenden Bedürfnissen gesteuert; dabei dominiert die jeweils nächsthöhere Stufe der Bedürfnishierarchie.

Der Ansatz von *Maslow* wurde stark kritisiert (z.B. *Conrad* 1983, S. 260 ff.); insbesondere für die höheren Bedürfnisse wurde eine allgemeingültige Rangordnung als unzulässig betrachtet. Weitgehende Einigkeit besteht doch mit der Aussage, daß befriedigten Bedürfnissen nach einer gewissen Zeit keine Motivationswirkung mehr zukommt.

(2) X-Y-Theorie von McGregor

McGregor untersuchte vier unterschiedliche Führungskonzepte auf Motivation und Leistung und stellt seine X-Y-Theorie auf (*McGregor* 1960). Er geht dabei von der Annahme aus, daß jede Führungsentscheidung durch ein Menschenbild geprägt wird.

Menschenbilder beschreiben die Auffassung des Vorgesetzten über die Persönlichkeit seiner Untergebenen bzw. Mitarbeiter und ihr Verhalten. Er liefert mit seinen Theorien X und Y zwei extreme, stark simplifizierte **Menschenbilder**; diese zeichnen sich durch die in *Abbildung 1-5* aufgeführten Grundannahmen aus.

Das Menschenbild der Theorie X entspricht den grundlegenden Annahmen des Taylorismus, während die Theorie Y demgegenüber als Idealtyp ein Menschenbild beschreibt, nach dem der arbeitende Mensch nach möglichst großer Selbstverwirklichung strebt. *McGregors* Kernaussage läuft darauf hinaus, daß traditionelle Organisations- und Führungsprinzipien, die auf die Befriedigung materieller Bedürfnisse hinzielen (Theorie X), von falschen Annahmen über die Bedürfnisstruktur des Menschen ausgehen und deshalb unfähig sind, die Mitarbeiter zu motivieren. In modernen Industriegesellschaften muß vielmehr davon ausgegangen werden, daß die Menschen die Befriedigung sozialer und ideeller Bedürfnisse anstreben (Theorie Y). Es ist deshalb die Aufgabe des Managements, entsprechende Bedingungen zu schaffen, unter denen die Mitarbeiter gleichzeitig ihre persönlichen Ziele als auch die Organisationsziele am besten erreichen.

Theorie X	**Theorie Y**
1. Der Durchschnittsmensch hat eine angeborene Abneigung gegen Arbeit und versucht, ihr soweit wie möglich aus dem Weg zu gehen. 2. Um ihn zu bewegen, einen produktiven Beitrag zur Erreichung der Organisationsziele zu leisten, muß er zumeist gezwungen, gelenkt und kontrolliert werden. 3. Der Mensch möchte gerne geführt werden; er vermeidet es, Verantwortung zu übernehmen, hat wenig Ehrgeiz und ein ausgeprägtes Sicherheitsbedürfnis.	1. Der Durchschnittsmensch hat keine angeborene Abneigung gegen Arbeit; es hängt von den Bedingungen ab, ob er Arbeit als Quelle der Zufriedenheit oder der Strafe erkennt. 2. Wenn der Mensch sich mit den Organisationszielen identifiziert, so unterwirft er sich der Selbstkontrolle und entwickelt Initiative. Externe Kontrollen sind unnötig. 3. Die wichtigsten Arbeitsanreize sind das Streben nach Anerkennung und Selbstverwirklichung. 4. Der Mensch sucht bei entsprechender Anleitung und unter geeigneten Bedingungen eigene Verantwortung. 5. Die zur Lösung von organisatorischen Problemen erforderlichen Veranlagungen sind weit verbreitet und nicht nur hier und da anzutreffen. 6. Die intellektuellen Fähigkeiten, über die der Durchschnittsmensch verfügt, werden in industriellen Organisationen nur zum Teil genutzt.

Abb. 1-5: Die X-Y-Theorie von McGregor (1960, S. 33 ff.)

McGregor gibt keine konkreten Bedingungen an, unter denen die Annahmen seiner beiden Theorien gelten. Seine Aussage läßt sich deshalb in ihrer allgemeinen, undifferenzierten Form nicht aufrechterhalten. Anzumerken bleibt, daß insbesondere aus der Theorie X das Phänomen der sich selbst erfüllenden Prophezeiung entstehen kann (vgl. *Hub* 1982, S. 57).

(3) Zweifaktoren-Theorie von Herzberg

Herzberg geht davon aus, daß der **Arbeitsinhalt** selbst die Motivation maßgeblich bestimmt. Im Gegensatz zu *Maslows* Ansatz ist seine Zweifaktoren-Theorie der Arbeitszufriedenheit (*Herzberg/Mausner/Snyderman* 1959) auf der Basis empirischer Untersuchungen entwickelt worden. Diese Theorie stellt Arbeitszufriedenheit und Unzufriedenheit mit der Arbeit als zwei voneinander unabhängige Dimensionen dar. In der sogenannten *Pittsburgh*-Studie fand *Herzberg* Faktoren, die das Kontinuum "Arbeitszufriedenheit - keine Zufriedenheit" und andere Faktoren, die das Kontinuum "keine Unzufriedenheit - Zufriedenheit" beeinflussen (*Abb. 1-6*):

- **Hygienefaktoren** (dissatisfiers) entstammen der Arbeitsumwelt (job context) und verhindern Unzufriedenheit, stellen aber keine Zufriedenheit her; sie werden von den Arbeitspersonen als selbstverständlich angesehen.
- **Motivatoren** (satisfiers) sind wesentlich durch die Gestaltung der Arbeitsinhalte (job content) bestimmt. Nur sie sind für das Entstehen von Arbeitszufriedenheit verantwortlich und dazu geeignet, eine aktivierende Wirkung auf die Arbeitspersonen auszuüben.

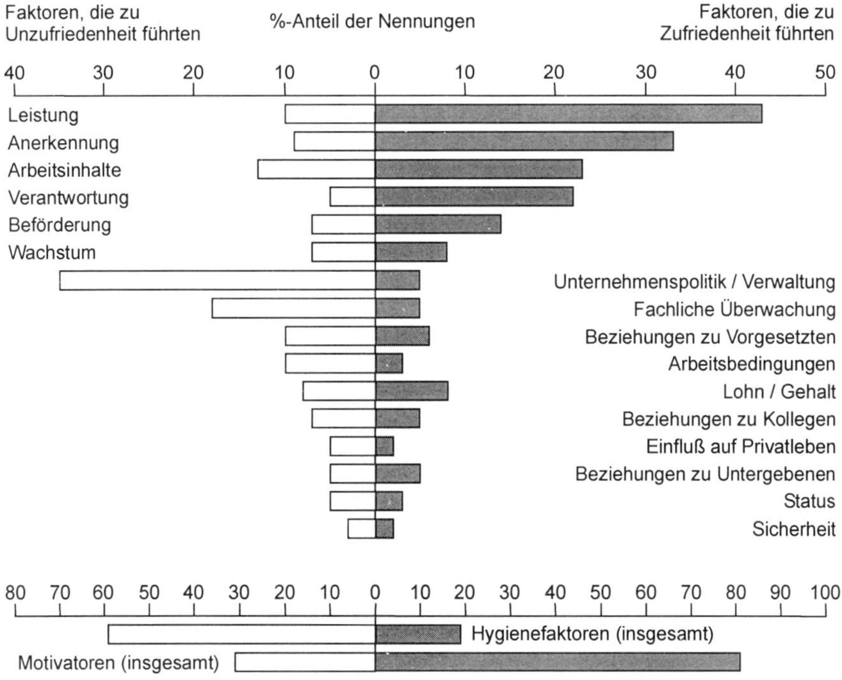

Abb. 1-6: Motivatoren und Hygienefaktoren nach Herzberg
Quelle: nach Herzberg/Mausner/Snyderman (1959, S. 81)

Die Entlohnung nimmt eine Sonderstellung ein, da sie nach *Herzberg* kurzfristig zu einer höheren Zufriedenheit beitragen kann, aber alleine keine dauerhafte Motivationswirkung entwickelt. Sie zählt deshalb zu den Hygienefaktoren

Herzberg folgert hieraus, daß zur Motivation der Menschen in Unternehmen nur solche Maßnahmen geeignet sind, die mit der Arbeit selbst zusammenhängen. Allein ein befriedigendes Ausmaß an Motivatoren führt zu Arbeitszufriedenheit, während ein befriedigendes Ausmaß an Hygienefaktoren lediglich Unzufriedenheit mit der Arbeit verhindert. Nur durch eine entsprechende Gestaltung der **Arbeitsaufgabe** kann Zufriedenheit erreicht werden; sie muß den einzelnen herausfordern und ihm die Gelegenheit zur Anerkennung und Bestätigung der eigenen Leistung ermöglichen. Maßnahmen, die dagegen eher die **Arbeitsbedingungen** berühren (wie beispielsweise Arbeitszeitverkürzung, Lohn- und Gehaltserhöhungen, Partizipation an Entscheidungen), zielen lediglich auf Hygienefaktoren.

Herzbergs Aussagen konnten empirisch nicht weiter bestätigt werden. Sie erklären allerdings sehr plausibel die allgemeine Erfahrung, daß unterschiedliche Motive eine ungleiche Wirkungen haben können.

2.3.3 Bedeutung der Motivationstheorien für die Organisationsgestaltung

Die Berücksichtigung des Menschen bei der organisatorischen Gestaltung erfordert Kenntnisse über das Verhalten des Menschen, besonders über seine Motive. Zur Erklärung wurden die oben beschriebenen verschiedene Motivationstheorien entwickelt.

Die von *Maslow* in seinem bekannten Modell beschriebene Struktur der Bedürfnisse des arbeitenden Menschen und die Einteilung in fünf Ebenen ist sicherlich nur mit Einschränkungen als richtig anzusehen; sie wurde von vielen Motivationstheoretikern auch stark kritisiert. Sie vermittelt jedoch einen groben Einblick in die verschiedenen Bedürfnisse des Menschen. Die Einteilung macht deutlich, daß die Motivation des Menschen nicht ausschließlich auf ökonomischen Faktoren beruht.

Für die organisatorische Gestaltung lassen sich aus der Bedürfnispyramide durchaus Ansatzpunkte für Motivationsmaßnahmen ableiten (*Abb. 1-7*). Exemplarisch läßt sich die dritte Ebene ihrer Klassifikation nennen. Zwischenmenschliche Kontakte sowie ein Zugehörigkeitsgefühl lassen sich kaum über finanzielle Anreize befriedigen. Erst wenn den Mitarbeitern die Zeit, die Räumlichkeiten sowie ein fester Arbeitsplatz zur Verfügung gestellt wird, kommt es zu Interaktionen zwischen ihnen. Wird dieser Aspekt bei der Organisationsgestaltung erkannt und aufgegriffen, so trägt dies zu einer höheren Zufriedenheit der Arbeitspersonen bei.

Abb. 1-7: Bedürfnisse nach Maslow (1954, S. 35 ff.) und organisatorische Gestaltungsaspekte (Beispiele)

Herzberg kommt in seiner Motivationstheorie zu dem Schluß, daß in erster Linie solche Faktoren langfristig motivierend wirken, die sich auf den Arbeitsinhalt beziehen.

Eine aus den Motivationstheorien abgeleitete **bedürfnisorientierte Arbeitsgestaltung** berücksichtigt gleichermaßen die Individual- und Organisationsziele. Ausgangspunkt hierbei ist eine an den Bedürfnissen des Menschen ausgerichtete Gestaltung des Arbeitsinhaltes. In diesem Kontext können nach *Hackmann u.a.* (1975)

fünf bedürfnisrelevante Dimensionen unterscheiden werden (vgl. *Steinmann/ Schreyögg* 1993, S. 488 f.):

- Die **Aufgabenvielfalt** als Ausmaß, in dem die Ausführung einer Arbeit unterschiedliche Fähigkeiten und Fertigkeiten verlangt;
- der **Ganzheitscharakter** der Aufgabe als Ausmaß, in dem die Tätigkeit die Erstellung eines in sich abgeschlossenen Arbeitsergebnisses beinhaltet;
- die **Autonomie** des Handelns als Ausmaß, in dem die Arbeit der Arbeitsperson Unabhängigkeit und einen zeitlichen und sachlichen Spielraum bei der Ausführung läßt;
- die **Rückkopplung** als das Ausmaß an Informationen, das die Arbeitsperson über die Ergebnisse ihrer Arbeit erhält;
- der **Bedeutungsgehalt** der Aufgabe als Ausmaß, in dem die Tätigkeit einen bedeutsamen oder wahrnehmbaren Nutzen für andere innerhalb oder außerhalb der Organisation hat.

Die ersten vier dieser Dimensionen lassen sich mehr oder weniger stark durch organisatorische Gestaltungsmaßnahmen beeinflussen.

2.4 Entscheidungsorientierte Ansätze der Organisationstheorie

Zu den entscheidungsorientierten Ansätzen werden alle Beiträge gezählt, die sich mit der Frage der Entscheidung in organisatorischen Systemen befassen und sich zumindest zu einem größeren Teil mit organisatorischen Problemen auseinandersetzen (vgl. *Grochla* 1978, S.165 f.). Dabei handelt es sich zum einen um entscheidungslogisch-orientierte Ansätze, die "Kalküle für die Gestaltung von Organisationen" entwerfen (*Kieser/Kubicek* 1992, S. 43), zum anderen um die Gruppe der entscheidungsprozeß-orientierten Beiträge, die den Entscheidungsprozeß selbst behandeln.

2.4.1 Entscheidungslogisch-orientierte Ansätze

Die Gruppe der entscheidungslogisch-orientierten Beiträge versucht, organisatorische Gestaltungsprobleme mit Hilfe von mathematischen Algorithmen oder in Form von verbalen Entscheidungsmodellen zu lösen. Eine Reihe von Beiträgen versucht, unter Anwendung von Methoden des **Operations Research** (wie zum Beispiel mit Hilfe der Linearen Optimierung oder unter Anwendung von Warteschlangenmodellen) organisatorische Strukturen zu optimieren. Der Einsatz von Computern ermöglicht es, unzählige Alternativen durchzurechnen. Das Ergebnis sind konkrete Verfahren zur "optimalen" Entscheidung zwischen alternativen Ausprägungen der Organisationsstruktur.

Die mathematischen Verfahren weisen als große Schwäche auf, daß sie in der Regel nur wenige Variablen mit bestimmten Nebenbedingungen berücksichtigen. Die Modelle müssen, um überhaupt anwendbar zu sein, stark vereinfachende Annahmen treffen. Die Ergebnisse sind auch immer nur so gut wie die Annahmen und Daten, die in die Entscheidungsmodelle eingehen.

Entscheidungslogische Beiträge zur Gestaltung von Leitungsstrukturen beschäftigen sich beispielsweise mit der Größe der Leitungsspanne, der Anzahl der Hierarchieebenen oder mit der Gestaltung der Kommunikationsstrukturen. Sie dienen dabei allenfalls dazu, Teilbereiche zu optimieren oder in einer komplexen Entscheidungssituation zu einzelnen Entscheidungskriterien Tendenzaussagen abzuleiten. Arbeiten zur Gestaltung der Prozeßstrukturen befassen sich beispielsweise mit Problemstellungen aus der Logistik oder der Fertigungsorganisation. Hierbei sind eine Reihe von Verfahren entwickelt worden, die abgegrenzte Entscheidungsprobleme algorithmisch lösen.

2.4.2 Entscheidungsprozeß-orientierte Ansätze

Die Vertreter der entscheidungsprozeß-orientierten Ansätze sehen in Organisationen Systeme, in denen Entscheidungen getroffen und koordiniert werden müssen. Das Entscheidungsverhalten wird dabei wesentlich durch die Organisationsstruktur beeinflußt (*March/Simon* 1958). Durch eine entsprechende Gestaltung des Entscheidungsumfeldes können die Organisationsmitglieder in die Lage versetzt werden, Entscheidungen rationeller zu treffen.

2.5 Situative Ansätze der Organisationstheorie

Mitte der 60er Jahre entwickelte sich in den USA und England mit dem situativen Ansatz (contingency approach, situational approach) eine neue Forschungsrichtung (vgl. hierzu *Staehle* 1989, S. 44 ff.; *Ebers* 1992, Sp. 1817 ff.; *Frese* 1992a, S. 112 ff.; *Hill/Fehlbaum/Ulrich* 1992, S. 401 ff.; *Kieser/Kubicek* 1992, S. 47 ff.). Der situative Ansatz faßt in seinem Konzept die positiven Aspekte vorhandener Beiträge zusammen und greift bei seinen Definitionen und Überlegungen auf bereits vorhandene Ansätze zurück. Er entstand aus der Kritik am Bürokratieansatz und der klassischen Organisationslehre schlechthin. In der kritischen Auseinandersetzung mit dem Idealtyp der Bürokratie nach *Max Weber* wurde die Frage diskutiert, ob die Merkmale der Bürokratie in der Realität stets gemeinsam und in identischer Ausprägung auftreten oder ob Unterschiede und Abstufungen denkbar sind und welche Faktoren die Unterschiede erklären. Es wurde argumentiert, daß es keine allgemeingültigen Organisationsprinzipien geben könne, die für alle Organisationen gleichermaßen gelten.

Unter dem situativen Ansatz werden alle Beiträge zusammengefaßt, die Unterschiede zwischen den realen Organisationsstrukturen auf Unterschiede in der Situation (im Kontext) zurückführen, in denen sich die jeweilig Organisation befindet. Ziel ist nicht die Aufstellung allgemeingültiger Organisationsprinzipien oder fakultativer Organisationsformen, sondern die Aufdeckung der Wirkungszusammenhänge zwischen der Organisationsstruktur, dem Verhalten der Organisationsmitglieder, der Effizienz der Organisation und der jeweils spezifischen Situation. Die Zusammenhänge werden auf der Basis empirischer Forschung interpretiert. Zwei Grundthesen kennzeichnen die Beiträge des situativen Ansatzes:

1. Unterschiedliche Organisationsstrukturen und unterschiedliche Verhaltensweisen der Organisationsmitglieder sind auf Unterschiede der Situation zurückzuführen, in der sich die Unternehmen befinden.
2. Organisationsstrukturen und Verhaltensweisen sind je nach Situation unterschiedlich effizient.

Der situative Ansatz formuliert seine Aussagen nicht in Form von generell gültigen Organisationsprinzipien, sondern als **Bedingtheitsaussagen**. Es gibt daher keine generell optimale Form der Organisation. Zur Erfassung und Beschreibung von Organisationsstrukturen werden auch keine Organisationstypen mehr gebildet, sondern die Merkmale der Organisationsstruktur werden als **Variablen** mit unterschiedlichen Ausprägungen definiert.

Kieser/Kubicek (1992, S. 55 ff.) unterscheiden die Beiträge des situativen Ansatzes in analytische und pragmatische Varianten. Bei den **analytischen Varianten** geht es um die Verfolgung eines theoretischen Wissenschaftszieles; erkenntnisleitend sind „Warum-Fragen" (wie beispielsweise „Warum unterscheiden sich die Organisationsstrukturen verschiedener Unternehmen voneinander?"). Die aus der Beantwortung dieser Fragen gewonnenen Aussagen werden Theorien genannt. Bei den **pragmatischen Varianten** geht es um die Formulierung von Gestaltungsmöglichkeiten oder Gestaltungsempfehlungen und um deren Begründung; erkenntnisleitend sind „Wie-Fragen" (beispielsweise „Wie kann man Organisationsstrukturen gestalten, so daß sie den Anforderungen der Situation gerecht werden?"). Die Antworten auf diese Fragen richten sich an diejenigen, die Probleme der organisatorische Gestaltung zu lösen haben.

2.5.1 Analytische Varianten

In den analytischen Varianten des situativen Ansatzes werden die Strukturvariablen der Organisation als abhängige Größen und die Situationsvariablen als unabhängige Größen aufgefaßt. Relevante Situationselemente sind all diejenigen Faktoren, die zur Erklärung von Unterschieden in den empirisch untersuchten Organisationsstrukturen beitragen. Die Wirkungsmechanismen werden hierbei nicht direkt untersucht, sondern bestenfalls nachträglich interpretiert. In einer Erweiterung werden zusätzlich die Auswirkungen der Organisationsstruktur auf das Verhalten der Organisationsmitglieder und auf die Zielerreichung bzw. Effizienz erfaßt. Es ergibt sich damit das in *Abbildung 1-8* wiedergegebene erweiterte Grundmodell.

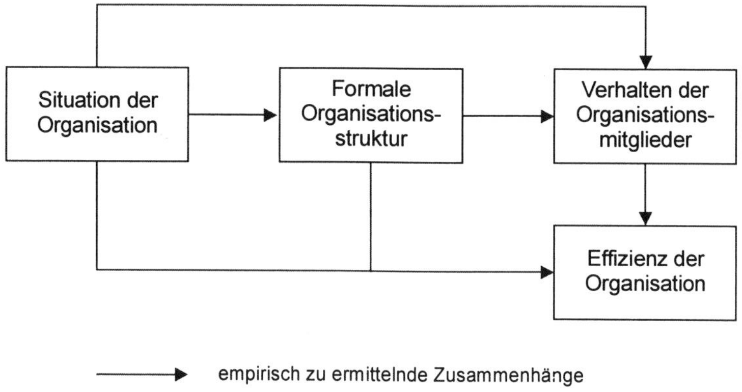

Abb. 1-8: Das erweiterte Grundmodell der analytischen Variante des situativen Ansatzes
Quelle: Kieser/Kubicek 1992, S. 57

Das Programm der vergleichenden Organisationsforschung wird durch folgende drei Fragestellungen gekennzeichnet (*Kubicek/Kieser* 1980, Sp. 1535):

1. Wie lassen sich reale Organisationsstrukturen beschreiben und messen?
2. Durch welche situativen Größen lassen sich die Unterschiede zwischen den realen Organisationsstrukturen erklären?
3. Wie wirken sich die situativen Größen sowie die Organisationsstruktur auf das Verhalten der Organisationsmitglieder und auf die Effizienz der Organisation aus?

In empirischen Untersuchungen werden nun diejenigen Ausprägungen der Situationsvariablen (auch Kontextvariablen) identifiziert, die mit bestimmten Ausprägungen der Strukturvariablen korrelieren. Bei der Festlegung von Strukturvariablen konnte dabei auf die Beschreibungsmerkmale von *Webers* Bürokratiemodell zurückgegriffen werden. Somit liegt hier eine relativ einheitliche Vorstellung darüber vor, was unter "Organisationsstruktur" zu verstehen ist. Für die Auswahl der relevanten Situationsvariablen fehlte dagegen eine derartige Basis, so daß den verschiedenen Untersuchungen im Laufe der Zeit eine Vielzahl von **Situationsvariablen** zugrundegelegt wurde.

Dimensionen der internen Situation	Dimensionen der externen Situation
Gegenwartsbezogene Faktoren: • Leistungsprogramm • Größe • Fertigungstechnologie • Informationstechnologie • Rechtsform und Eigentumsverhältnisse	**Aufgabenspezifische Umwelt:** • Konkurrenzverhältnisse • Kundenstruktur • Technologische Dynamik
Vergangenheitsbezogene Faktoren: • Alter der Organisation • Art der Gründung • Entwicklungsstadium der Organisation	**Globale Umwelt:** • Gesellschaftlich-kulturelle Bedingungen

Abb. 1-9: Hauptkomponenten der Situation von Unternehmen

- Bereits *Weber* hatte darauf hingewiesen, daß das Ausmaß der Bürokratisierung mit der **Größe der Organisation** zunimmt (1972, S. 825). Große Organisationen stehen einer anderen Situation gegenüber als kleine; sie benötigen dementspre chend auch eine andere Organisationsstruktur. Hieran knüpft eine Reihe von Untersuchungen an (z.B. *Pugh/Hickson u.a.* 1968; *Blau/Schoenherr* 1971; *Child* 1972).

- In *Woodwards* Arbeiten - wie auch in mehreren Replikationen - wird der Einfluß der **Fertigungstechnologie** auf die Organisation analysiert, wobei die Autorin neun Technologiestufen von der Einzelfertigung über die Massenfertigung bis kontinuierlichen Fließfertigung unterscheidet und den Einfluß zum Beispiel auf den Anteil indirekt produktiver Stellen, auf die Leistungsspanne der Meister, auf die Anzahl der Hierarchieebenen usw. untersucht (*Woodward* 1965).

- Die Frage nach dem Zusammenhang zwischen **Umwelt** und Organisationsstruktur nimmt eine zentrale Stellung ein. Eine Vielzahl von Untersuchungen befaßt sich mit der Umwelt und mit dem Einfluß der Umwelt auf die Organisationsstruktur. Hierbei wurden verschiedene methodische Ansätze zur Operationalisierung des Umweltbegriffs entwickelt (z.B. *Lawrence/Lorsch* 1967; *Khandwalla* 1972; *Duncan* 1974).

Die Übersicht in *Abbildung 1-9* gibt die Unterscheidung in Hauptkomponenten der Situation von Unternehmen wieder, wie sie von *Kieser/Kubicek* (1992, S. 209) zusammengefaßt werden.

2.5.2 Pragmatische Varianten

Bei den pragmatischen oder auch handlungsbezogenen Varianten geht es um die Auswahl der Strukturvariante, die der Situation des Unternehmens am besten entspricht, die den besten "Fit" mit der Situation aufweist (*Kieser/Kubicek* 1992, S. 60 f.). Es wird hierbei von einem Organisationsgestalter ausgegangen, der bestimmte Gestaltungsziele verfolgt und die hierfür am besten geeignete Strukturalternative auswählen möchte. Die Organisationsstruktur ist hierbei als Gestaltungsparameter zu verstehen, mit dessen Hilfe bestimmte, den verfolgten Zielen entsprechende Wirkungen angestrebt werden. Bei der organisatorischen Gestaltung sind die Strukturvariablen so zu wählen, daß Konsistenz mit den situativen Bedingungen des Unternehmens besteht. Die *Abbildung 1-10* zeigt ein entsprechendes Grundmodell des pragmatischen Ansatzes.

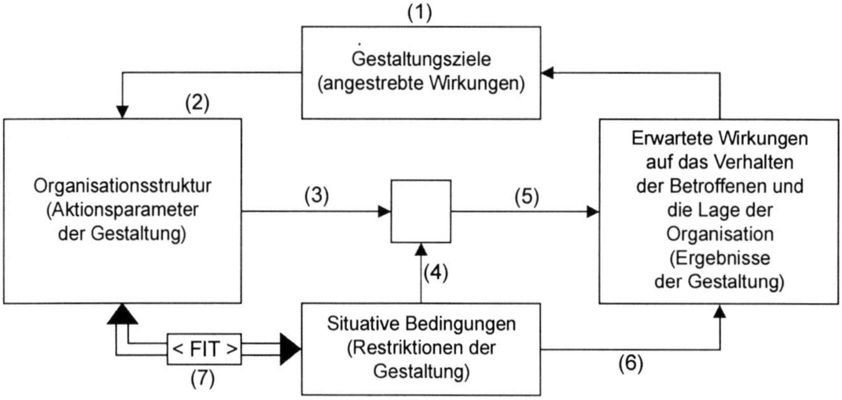

Abb. 1-10: Das pragmatische Grundmodell des situativen Ansatzes
Quelle: Kieser/Kubicek 1992, S. 60

1. Das pragmatische Grundmodell setzt an den Gestaltungszielen an, die auch als angestrebte Wirkungen in Form bestimmter Verhaltensweisen der Organisationsmitglieder verstanden werden können.
2. Diese Wirkungen sollen durch eine geeignete Organisationsstruktur herbeigeführt werden.
3. Die Organisationsstruktur beinhaltet Vorgaben und Erwartungen für die betroffenen Organisationsmitglieder und schreibt bestimmte Verhaltensweisen vor.

4. Die Aufgaben, die Organisationsmitglieder zu erfüllen haben, werden jedoch wesentlich durch die situativen Bedingungen bestimmt, unter denen das Unternehmen arbeitet. Von diesen situativen Bedingungen gehen ebenfalls Anforderungen aus.
5. Die erwarteten Wirkungen organisatorischer Regelungen auf das Verhalten der Organisationsmitglieder wird als Kombination von Struktur- und Situationseffekten begriffen.
6. Darüber hinaus gehen auch direkte, von der Organisationsstruktur unabhängige Verhaltensanforderungen von den situativen Bedingungen aus.
7. Wenn in einer konkreten Situation das tatsächliche bzw. erwartete Verhalten der Organisationsmitglieder von den angestrebten Wirkungen abweicht, so wird vermutet, daß die Organisationsstruktur nicht situationsgerecht gestaltet ist, daß eine Diskrepanz zwischen den organisatorischen Vorgaben und den situativen Bedingungen vorliegt. Der "Fit" zwischen Struktur und Situation ist wieder herzustellen, indem die Struktur an die Situation und/oder die Situation an die bestehende Struktur angepaßt wird.

Im folgenden Beispiel geht es um den Vertriebsbereich eines Unternehmens. Das Gestaltungsziel für den Vertrieb liegt in der Erreichung von möglichst hohen Umsätzen und von zufriedenen Kunden. Zur Erreichung dieses Zieles müssen die Außendienstmitarbeiter im Vertrieb flexibel und schnell auch auf individuelle Kundenwünsche reagieren können (erwartete Wirkungen). Die situativen Bedingungen werden vor allem durch die Nachfrage- und Wettbewerbssituation gekennzeichnet (zum Beispiel mehrere Wettbewerber mit ähnlichen Produkten, leicht wachsendes Nachfragevolumen, sowohl Groß- als auch Kleinkunden). Eine situationsgerechte Organisationsstruktur müßte den Vertriebsmitarbeitern einen relativ großen Entscheidungsspielraum bei der Angebotsgestaltung einräumen und für die Ausnahmefälle eine schnelle Kommunikation ermöglichen. Die Entscheidungsspielräume werden dabei normalerweise um so stärker genutzt, je intensiver ein Kunde auch durch einen Wettbewerber akquiriert wird (Kombination von situativer Bedingung und Organisationsstruktur). Weiterhin reagieren die Außendienstmitarbeiter auf die Wünsche von Stammkunden meistens sehr viel flexibler als auf die Wünsche von Gelegenheitskunden (von der Organisationsstruktur unabhängiges, ausschließlich durch die Situation beeinflußtes Verhalten). Würde den Außendienstmitarbeitern bei der beschriebenen Situation ein nur geringer Entscheidungsspielraum eingeräumt werden, so dürften mittelfristig die Umsätze zugunsten der Wettbewerber zurückgehen (Diskrepanz zwischen festgestellter und angestrebter Wirkung). Die Entsprechung (der Fit) könnte dann auf zweierlei Weise wieder hergestellt werden: Durch geeignete Marketingmaßnahmen (wie zum Beispiel eine zweckmäßige Preisgestaltung oder eine Produktdifferenzierung) wird die Situation der Struktur angepaßt oder durch Erweiterung des Entscheidungsspielraums der Außendienstmitarbeiter die Struktur der Situation.

Das beschriebene Grundmodell der organisatorischen Gestaltung ist in der Literatur zur organisatorischen Gestaltung weit verbreitet (z.B. *Hill/Fehlbaum/ Ulrich* 1992; *Grochla* 1982; *Schanz* 1982; *Mintzberg* 1983). Es handelt sich dabei jedoch um ein formales Modell, das inhaltlich durch konkrete Ziele und durch relevante Situationsfaktoren ausgefüllt werden muß. Aufgabe der Organisationsforschung ist es, die als relevant anzusehenden Situationsvariablen festzulegen, die hiermit korrespondierenden Ausprägungen der Strukturvariablen zu ermitteln und daraus Schlußfolgerungen für die organisatorische Gestaltung zu ziehen (vgl. *Kieser/ Kubicek* 1992, S. 62).

2.5.3 Dimensionen der Organisationsstruktur

Im Rahmen der situativen Ansätze werden Merkmale der Organisationsstruktur als **Dimensionen** aufgefaßt (vgl. *Abb. 1-9*). Seitdem ist es üblich geworden, die Organisationsstruktur als Konstellation von Regelungen darzustellen, die sich auf einige wenige Dimensionen zurückführen lassen. Bei der Ableitung dieser Dimensionen bezog man sich weitgehend auf das Bürokratiemodell von *Max Weber*. Die in *Abbildung 1-11* aufgeführten Hauptdimensionen haben sich - mit mehr oder weniger starken Modifikationen - auf breiter Ebene durchgesetzt (z.B. *Pugh u.a.* 1968; *Grochla* 1972; *Hoffmann* 1980; *Hill/Fehlbaum/Ulrich* 1989; *Kieser/Kubicek* 1992).

Dimension	Bedeutung
Spezialisierung	Grad, in dem Tätigkeiten auf unterschiedliche spezialisierte Stellen verteilt sind
Standardisierung	Grad, in dem Verhaltensweisen der Arbeitspersonen durch Routineverfahren festgelegt sind
Formalisierung	Ausmaß von schriftlich fixierten Regeln, Verfahren, Anweisungen und schriftlicher Kommunikation
Konfiguration	äußere Form des Stellengefüges, in erster Linie bestimmt durch die Zahl der Hierarchieebenen
Zentralisierung	Ausmaß der Entscheidungskompetenzen an der Spitze der Hierarchie
Partizipation	Grad der Beteiligung von Mitarbeitern an Leitungsaufgaben

Abb. 1-11: Dimensionen der Organisationsstruktur

2.6 Systemorientierte Ansätze der Organisationstheorie

Der Begriff des Systems und das Systemkonzept sind in der Organisationstheorie weit verbreitet; bei einer groben Klassifizierung können dabei der mehr technisch-naturwissenschaftlich geprägte systemtheoretisch-kybernetische Ansatz und der vornehmlich von Sozialpsychologen entwickelte soziotechnische Ansatz unterschieden werden.

2.6.1 Systemtheoretisch-kybernetischer Ansatz

Systemtheorie und Kybernetik sind jüngere disziplinübergreifende Wissenschaften, die fast alle heute bestehenden Einzelwissenschaften stark beeinflußt haben und nicht nur für das Erkennen und Beschreiben, sondern auch für das Lösen von organisatorischen Problemen von besonderer Bedeutung sind (vgl. hierzu auch *Chestnut* 1973; *Forrester* 1972; *Gomez* 1981; *Lehmann* 1992).

Die **Systemtheorie** geht auf den "new approach to the unity of science" des österreichischen Biologen *Ludwig van Bertalanffy* (1901 - 1972) zurück. Die von ihm begründete *Theorie der offenen Systeme* (*van Bertalanffy* 1951) wurde insbesondere in den Naturwissenschaften weiterentwickelt und dient zur Erklärung von Prozessen des Wachstums, der Anpassung und Selbstregulation.

Die **Kybernetik** als Wissenschaft von der Steuerung und Regelung von Systemen wurde von dem Amerikaner *Norbert Wiener* (1894 - 1964) begründet. Die Systemstrukturen und das Systemverhalten werden auf elementare Steuerungs- und Regelungsmechanismen zurückgeführt.

Beiden übergreifenden Wissenschaften liegen Denkweisen zugrunde, die oft als ganzheitliches Denken bzw. Lenkung von Systemen charakterisiert werden. Mit ihrem Gedankengut können Systeme sowohl unter statischen Gesichtspunkten (Systemstruktur) als auch unter dynamischen Aspekten (Systemverhalten) erfaßt und gestaltet werden (vgl. *Lehmann* 1992b, Sp. 1839). Folgende **Systemaspekte** stehen dabei im Vordergrund (vgl. *Ashby* 1956; *Wieser* 1959):

- Die **Selbstregelung** beinhaltet die Fähigkeit, ohne Lenkung von außen einen vorgegebenen Sollwert einzuhalten.
- Als **Anpassungsfähigkeit** wird die Befähigung verstanden, die Sollwerte einer veränderten Umwelt anzupassen.
- Unter **Lernfähigkeit** wird das Vermögen verstanden, aus Erfahrungen zu lernen und Konsequenzen für zukünftiges Verhalten abzuleiten.
- Die **Selbstorganisation** beinhaltet die Verbesserung oder Erhaltung der internen Struktur aus dem System selbst heraus.
- Unter **Automatisierbarkeit** wird die Möglichkeit verstanden, daß der Mensch weder permanent noch zu festgelegten Zeitpunkten in das System einzugreifen braucht.

Die systemtheorisch-kybernetischen Ansätze der Organisationstheorie versuchen, Organisationen kybernetisch zu interpretieren. Im Bereich der Organisations- und Managementtheorie nehmen vor allem die Vertreter des *St. Galler Systemansatzes* bezug auf die Systemtheorie und Kybernetik (vgl. *Malik* 1984). Kernpunkt ist der Gedanke, daß soziale Systeme über die Fähigkeit zur **Selbstorganisation** verfügen und hierbei ihre Verhaltensregeln weiterentwickeln. Während in der klassischen Organisationslehre die Strukturen das Ergebnis planmäßigen, rationalen Handelns sind (Fremdorganisation), entstehen nach den Erkenntnissen der Systemtheorie und Kybernetik die Strukturen von selbst. Es bilden sich Verhaltensregeln heraus, die niemand bewußt aufgestellt und in Kraft gesetzt hat.

Die betriebswirtschaftliche Organisationslehre erfaßt diese beiden Aspekte der Bildung von Organisationsstrukturen durch das Gegensatzpaar formale und informale Organisation. Sie stellt aber die rational geplante, formale Organisation in den Vordergrund, während die informale Organisation die formale ergänzt - eher störend als unterstützend. In der Sicht der Systemtheorie und Kybernetik verschieben sich jedoch die Gewichte dieser beiden Aspekte: Nicht die durch Pläne und Vorschriften des Managements fixierten Unternehmensstrukturen, sondern die durch das Verhalten der Organisationsmitglieder laufend sich neu bildenden und verändernden Strukturen stehen im Vordergrund. Die Fähigkeit zur Selbstorganisation stellt eine natürliche Eigenschaft eines sozialen Systems dar. Das bewußte, planmäßige Organisieren dient allenfalls als notwendige Ergänzung oder Korrektur. Die Fähigkeit des Menschen zur Selbstorganisation ist jedoch nicht so weit entwickelt, daß sie den Ansprüchen gerecht werden, die an große, komplexe Unternehmen gestellt werden. Aus diesem Grunde kann auf das planmäßige Organisieren durch das Management beziehungsweise den von ihnen beauftragten Fachleuten nicht ganz verzichtet werden. Dabei sollen jedoch sinnvolle Strukturen entworfen werden, welche die dauerhafte Selbsterhaltung des Unternehmens unter wechselnden Umweltbedingungen sowie eine effiziente Leistungserstellung ermöglichen (vgl. *Ulrich* 1985, S. 10).

2.6.2 Soziotechnischer Ansatz

Das Konzept der soziotechnischen Systeme wurde Anfang der 50er Jahre durch *Eric Trist* begründet. Es war sein Anliegen, die demotivierende Arbeitsteilung zu reduzieren; die Abkehr vom Primat der Technik (der Mensch hatte sich als Verlängerung der Maschinen den technologischen Vorgaben anzupassen) sollte die Chance bieten, die Arbeit menschlicher zu gestalten und gleichzeitig die Leistung zu steigern.

Der soziotechnische Ansatz betrachtet - in der Sprache der Systemtheorie ausgedrückt - Organisationen als offene, dynamische Systeme, deren Primäraufgabe die Transformation von Input (Material, Energie, Information) in Output (Produkte, Dienstleistungen, Know-how) darstellt. Mensch und Arbeit, Organisation und Technik werden dabei grundsätzlich als gleichgewichtig angesehen. Eine optimale Gesamtleistung derartiger **Arbeitssysteme** kann nur dann erreicht werden, wenn die technischen und sozialen Subsysteme gleichzeitig und integrativ optimiert werden (joint optimization). Einige **Grundsätze** zur bestmöglichen Gestaltung von Arbeitssystemen lauten dabei (vgl. *Trist* 1990, S. 12 ff.):

- Ein Arbeitssystem ist als ein funktionierendes Ganzes anzusehen, das eine Reihe aufeinander abgestimmter Aktivitäten umfaßt. Das Arbeitssystem und nicht die einzelnen Arbeitstätigkeiten, in die es zerlegt werden kann, ist die Grundeinheit.
- Dementsprechend rückt die Arbeitsgruppe in den Mittelpunkt, nicht mehr der einzelne Stelleninhaber. Die Gruppenarbeit fördert das Bedürfnis nach sozialen Kontakten, aber auch nach flexiblem Einsatz.
- Das System reguliert sich intern durch die Gruppe; die Mitarbeiter werden nicht von außen durch Vorgesetzte beaufsichtigt.
- Die Mitarbeiter handeln mehr in vereinbarten Entscheidungsspielräumen, weniger nach Vorschrift.

Das soziotechnische Konzept entstand im Zusammenhang mit Untersuchungen, die das Londoner *Tavistock Institut of Human Relations* im britischen Kohlebergbau durchführte. Die Einführung von automatischen Kohle-Fräs- bzw. Hobelmaschinen war mit einer weitgehenden Spezialisierung der menschlichen Arbeit verbunden. Es gab dabei nur eine Förderschicht pro Tag; in den anderen beiden Schichten wurde das Flöz vorbereitet und das Geräte ausgewechselt. Koordination und Kontrolle wurde an eine Oberaufsicht abgegeben. Abweichend von dieser Arbeitsorganisation wurde in einer Grube das Konzept der "integrated task teams" erprobt: Relativ autonome Gruppen von 20 bis 25 Arbeitern führten alle Arbeiten in einer Schicht aus. Die Gruppen dürfen sich dabei ihre Arbeit selbst einteilen. Alle Gruppenmitglieder waren erfahren in allen Arbeiten und erhielten auch den gleichen Tageslohn. Produktivität und Arbeitszufriedenheit in diesen Gruppen waren ungewöhnlich und gleichbleibend hoch (*Trist* u.a. 1963).

2.6.3 Selbstorganisation versus Fremdorganisation

Dem Ansatz der Selbstorganisation stand lange Zeit der traditionelle Ansatz der Fremdorganisation diametral gegenüber. Im klassischen Ansatz wird Selbstorganisation bestritten oder als relativ geringes, möglichst zu beseitigendes Problem angesehen. In den systemorientierten Ansätzen erfolgt eine Gewichtsverlagerung: Die Selbstorganisation gilt nicht mehr länger als eine Störung in sonst „sauberen“ Organisationen, sondern wird zu einem wichtigen Träger der organisatorischen Gestaltung aufgewertet. Somit wird die Tatsache berücksichtigt, daß in allen Organisationen autonome und ungeplante Strukturentwicklungen stattfinden und auf diese spontanen Organisationsleistungen auch nicht verzichtet werden kann. Häufig werden dabei die im Rahmen der Selbstorganisation entwickelten Strukturen nachträglich formal festgeschrieben. In *Abbildung 1-12* erfolgt eine Gegenüberstellung der klassischen Sichtweise zu wesentlichen Merkmalen der Selbstorganisation.

„Klassische" Organisation	Selbstorganisation
Selbstorganisation „stört" die bestehende Ordnung	Selbstorganisation hat zentrale Gestaltungsträgerschaft
Ordnung entsteht im wesentlichen durch bewußtes Gestalten	Ordnung in Systemen entsteht aus den zirkulären Prozessen im System, dies schließt bewußte Gestaltungshandlungen einzelner ein
Organisationen sollen in einem optimalen Zustand stabil sein (stationäres Gleichgewicht)	Organisationen sollen sich analog der Umgebung dynamisch entwickeln (Fließgleichgewicht)
Änderungen werden durch eine rationale Problemlösung erarbeitet und von außen eingeführt	Änderungen werden (ggf. aufgrund von Einflüssen aus der Umwelt) vom System selbst mehr oder weniger systematisch generiert
Organisatoren organisieren	Organisatoren helfen organisieren
Der Organisator ist ein Spezialist, der Probleme löst, Strukturen entwirft und einführt	Der Organisator ist ein Generalist, ein integrativer Problembearbeiter, der Spezialisten integriert und koordiniert
Das System ist durch Regeln beschrieben	Regeln sind entweder Soll-Vorstellungen oder Beschreibungen wichtiger Merkmalsausprägungen des Systems zu einem Zeitpunkt in der Vergangenheit
Organisation ist die Ordnung der Strukturen	Organisation ist die Ordnung der Prozesse
Professionalisierung durch Spezialisierung	Flexibilisierung durch Redundanz

Abb. 1-12: Gegenüberstellung wesentlicher Merkmale „klassischer Organisation" zu Selbstorganisation
Quelle: Grap 1998, S. 32

Die Konsequenzen aus diesem Schwerpunktwechsel sind beträchtlich - vor allem für Organisatoren und Manager (vgl. *Grap* 1998, S. 33 ff.). Insbesondere verlieren Überlegungen zu optimalen Strukturen und Abläufen ihre dominante Bedeutung. Eine etablierte organisatorische Lösung ist nicht auf ein anderes System übertragbar, selbst nicht in demselben Unternehmen. Zentrale Aussagen der Ansätze zur Selbstorganisation sind vielmehr, daß

- in einem System ständig autonome strukturbildende oder –verändernde Prozesse ablaufen;

- Systeme, deren Strukturen und Beziehungen derartige Prozesse unterstützen, anpassungsfähiger sind und ein höheres Potential zur Komplexitätsbewältigung aufweisen als andere, und
- Organisatoren die Selbstorganisation beachten oder - besser noch – nutzen sollten.

Es ist nicht mehr die Aufgabe der Organisatoren, alleine die Probleme anderer zu lösen. Ihre Rolle besteht vielmehr darin, als **Change Agents** andere Personen in die Lage zu versetzen, ihre Probleme selbst zu definieren und effektiver und effizienter anzugehen. Der Organisator organisiert nicht mehr, er moderiert. An das Organisationsmanagement und die eingesetzten Methoden und Techniken wird dabei die Anforderung gestellt, die organisatorischen Entwicklungsprozesse in Gang zu setzen, zu moderieren, an den gesetzten Zielen auszurichten und über einen längeren Zeitraum aufrecht zu erhalten. Damit ergibt sich insgesamt ein Fokuswechsel vom instrumentalen auf den funktionalen Organisationsbegriff.

2.7 Bedeutung der organisationstheoretischen Ansätze

Derzeit kann kein einzelner theoretischer Ansatz der Organisationsforschung beanspruchen, die gesamte Komplexität der Beschreibung und Gestaltung von Organisationsstrukturen abzubilden und zu erklären. Es handelt sich vielmehr um **Partialanalysen**; die Stärke der Organisationsforschung liegt deshalb eher in ihrer konzeptuellen und methodischen Vielfalt. Eine Integration der verschiedenen Ansätze und die Entwicklung eines umfassendes Theoriegebäudes dürfte ein aussichtsloses Unterfangen darstellen, die Entwicklung einer geschlossenen Organisationstheorie ein nicht realistisches Ziel. Die unterschiedlichen Ansätze können lediglich bruchstückhafte Hilfestellung zum Verständnis von Organisationen oder zur Lösung einzelner organisatorischer Problemstellungen bieten. Bei der Lösung komplexer organisatorischer Probleme genügt es nicht, sich auf einen einzelnen Ansatz zu versteifen. Es ist vielmehr notwendig, die verfügbaren Erkenntnisse so gut wie eben möglich zu nutzen - aus welcher Disziplin und aus welchem Ansatz auch immer sie stammen.

- Eine Organisation als Objektbereich der organisatorischen Gestaltung kann in Anlehnung an den **systemorientierten Ansatz** als soziotechnisches System betrachtet werden; der Prozeß der Organisationsgestaltung wird dabei durch die Anwendung des Systemdenkens und durch die Erkenntnisse zur Selbstorganisation besonders stark unterstützt.
- Zur vergleichenden Beschreibung der Strukturen verschiedener Organisationen können Merkmale (Dimensionen) herangezogen werden, die von Vertretern des **situativen Ansatzes** formuliert worden sind.
- Die **betriebswirtschaftliche Organisationslehre** stellt ein (Begriffs-)Instrumentarium zur Beschreibung organisatorischer Sachverhalte zur Verfügung.
- Die **verhaltensorientierten Ansätze** unterstreichen die Bedeutung der menschlichen Dimension bei der organisatorischen Gestaltung.
- Die Aufgabe der organisatorischen Gestaltung liegt in der Suche nach optimalen organisatorischen Problemlösungen. Hierbei können problembezogen einzelne Erkenntnisse aus den **entscheidungsorientierten Ansätzen** genutzt werden.

3. Unternehmen als soziotechnische Systeme

Aufgrund der sehr hohen Komplexität von organisatorischen Strukturen hat der systemtheoretisch-kybernetische Ansatz mit seiner generalisierten, abstrakten Betrachtungs- und Denkweise eine besondere Bedeutung für die Organisationsgestaltung. Die Anwendung des Systemdenkens erleichtert die Beherrschung organisierter soziotechnischer Systeme.

3.1 Grundbegriffe des Systemdenkens

Das Systemkonzept beinhaltet ein Hilfsmittel zur Beschreibung und Erklärung komplexer Sachverhalte und Zusammenhänge. Es umfaßt insbesondere eine disziplinübergreifende, einheitliche Terminologie, eine ganzheitliche Denkensweise in Wirkungszusammenhängen sowie Modelle und Methoden zur Erklärung vielschichtiger Situationen und Sachverhalte. Die Anwendung des Systemdenkens zwingt dazu, komplizierte Problemstellungen abzugrenzen und zu strukturieren, damit sie besser überschaubar und lösbar sind. Der Systemansatz erlaubt dabei eine interdisziplinäre Betrachtungsweise und die gleichzeitige Berücksichtigung unterschiedlichster Einflußgrößen.

Das Systemdenken kam ursprünglich vor allem bei der Beschreibung und Lösung von naturwissenschaftlichen und technischen Fragestellungen zur Anwendung. Die allgemeinen Grundbegriffe und Strukturmodelle des Systemansatzes können jedoch auch für nichttechnische Fragestellungen übernommen werden. Es ist in erster Linie *Hans Ulrich* zu verdanken, der im Jahre 1968 in seinem Buch "Die Unternehmung als produktives soziales System" das Systemdenken auch auf die Betriebswirtschaftslehre übertragen hat.

Eine handlungsorientierte Operationalisierung des Systemansatzes zur Lösung betrieblicher Problemstellungen wurde von *Daenzer/Huber* (1992) vorgenommen. Hierfür wurde der amerikanische Begriff des **Systems Engineering** (Systemtechnik) übernommen, da dieser "wie kein zweiter zum Ausdruck (bringt), daß - auf der Basis einer ganzheitlichen (System)-Betrachtung - nach sachgerechten, realisierbaren und operationalen Lösungen gestrebt wird" (*Daenzer/Huber* 1992, S. X f.). Die Methoden, Vorgehensweisen und Verfahren des Systems Engineering können dabei auch bei der Gestaltung von organisatorischen Systemen sehr hilfreich sein, so beispielsweise zur Abgrenzung und Analyse des Gestaltungsbereiches oder zur systematischen Entwicklung von organisatorischen Lösungen.

Stark vereinfacht können Systeme entsprechend der *Abbildung 1-13* mit einigen wenigen Grundbegriffen beschrieben werden (vgl. u.a. *Ulrich* 1970, S. 105 ff.; *Daenzer/Huber* 1992, S. 4 ff.). Ganz allgemein besteht ein System aus Elementen und Beziehungen; darüber hinaus ist es von seiner Umwelt abzugrenzen, um überhaupt als System definiert werden zu können.

Ein System ist eine gegenüber der Umwelt abgegrenzte Gesamtheit von Elementen, die durch Beziehungen miteinander verknüpft sind.

Die Begriffsbestimmungen des Systemdenkens sind dabei rein formaler Natur und müssen je nach Disziplin und Untersuchungsgegenstand mit Inhalt gefüllt werden. Systeme werden immer **problembezogen** durch Übereinkunft der Beteiligten definiert.

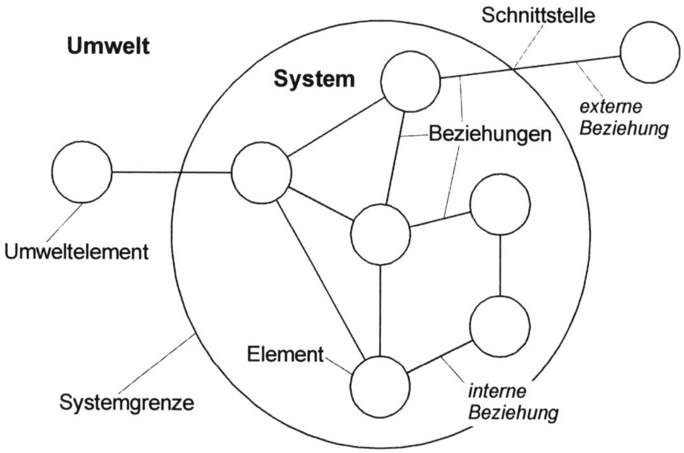

Abb. 1-13: Grundbegriffe zur Systemdefinition

(1) Elemente und Beziehungen

Als **Elemente** werden die einzelnen Teile eines Systems verstanden, die nicht mehr weiter zerlegt werden. Die Zerlegung ist dabei eine Frage der Zweckmäßigkeit. Elemente stellen somit die kleinsten betrachteten Einheiten dar, deren interne Struktur nicht mehr weiter interessiert.

Beziehungen (Relationen) sind Verbindungen zwischen den Elementen. In dynamischen Systemen, wie es Organisationen darstellen, bewirken die Beziehungen, daß die Aktivitäten der einzelnen Elemente eines Systems nicht unabhängig voneinander sind, sondern sich gegenseitig in ihrem Verhalten beeinflussen. Das Verhalten des Systems als Gesamtheit der Elemente und Beziehungen ist somit vom Verhalten aller seiner Elemente abhängig.

(2) Strukturen und Prozesse

Das im Zeitablauf relativ konstante Beziehungs- und Anordnungsmuster eines Systems repräsentiert seine **Struktur**. Durch die Struktur wird die Position der einzelnen Elemente im System bestimmt und damit auch ihre Wirkungsmöglichkeiten. In künstlichen Systemen kann die Struktur bewußt beeinflußt oder gestaltet werden; wenn man ein bestimmtes Systemverhalten erreichen will, muß man dem System eine bestimmte Struktur geben.

Eine Reihe zusammenhängender Aktivitäten von Elementen bezeichnet man als **Prozeß**. Durch die Aktivitäten der Systemelemente werden Eingangsgrößen in Ausgangsgrößen transformiert. Die zeitliche Abfolge zusammenhängender Aktivitäten stellt die Struktur des Prozesses (Prozeßstruktur) dar, die in künstlichen Systemen ebenfalls beeinflußt und gestaltet werden kann.

Prozeß und Struktur sind eng miteinander verwandt, so daß keine scharfen Grenzen gezogen werden können. So ist Struktur Voraussetzung für Prozesse, während andererseits durch die Prozesse auch Änderungen der Struktur verursacht werden können.

(3) Teilsysteme und Untersysteme

Elemente können ihrerseits wiederum als System betrachtet werden, indem man Elemente auf tieferer Ebene bildet und diese durch Beziehungen miteinander verknüpft; man spricht hier von einem **Untersystem** (*Abb. 1-14*). Die Zusammenfassung mehrerer Systeme zu einem umfassenderen System ergibt ein **Übersystem**. Untergliedert man ein System über mehrere Stufen, so ergibt sich eine **Systemhierarchie**: Übersystem - System - Untersystem.

Jedes System läßt sich unter ganz bestimmten **Aspekten** betrachten; dadurch treten bestimmte Eigenschaften (Merkmale von Elementen und Beziehungen) in den Vordergrund. Elemente und Beziehungen, die unter einem ganz bestimmten Aspekt zusammengefaßt werden, heißen **Teilsysteme**. Die Strukturen eines Systems können je nach Fragestellung oder Sichtweise geordnet werden. Die Konzentration auf bestimmte Aspekte bei gleichzeitiger Vernachlässigung aller übrigen Aspekte ermöglicht die Konzentration auf das Wesentliche einer bestimmten Problemstellung. Die verschiedenen Strukturen der einzelnen Teilsysteme überlagern sich und wirken auch aufeinander ein. Sowohl Teil- als auch Untersysteme werden häufig auch als **Subsysteme** bezeichnet.

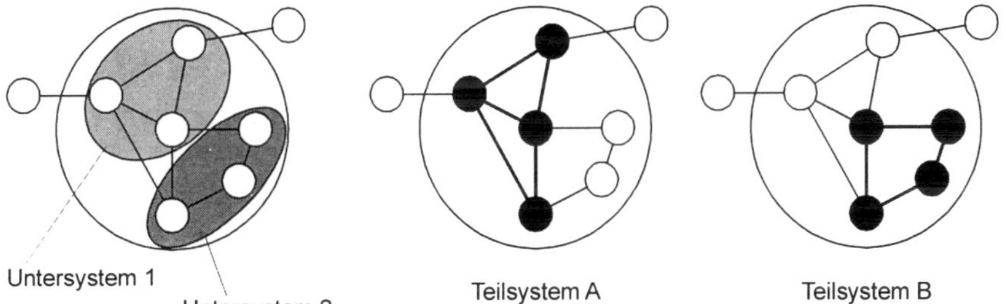

Abb. 1-14: Untersysteme und Teilsysteme

(4) Geschlossene und offene Systeme

Jedes Element, jedes Untersystem und das gesamte System kann durch seine **Systemgrenze** von seiner Umgebung (Umwelt) abgegrenzt und durch seinen **Input** (Eingang), seinen **Output** (Ausgang) und seine **Funktion** beschrieben werden. Ein System ohne Eingangs- und Ausgangsgrößen wird als **geschlossenes System** bezeichnet, andernfalls handelt es sich um ein **offenes System**.

Die Übergänge an den Nahtstellen zwischen den einzelnen Untersystemen oder zwischen dem System und seiner Umwelt werden als **Schnittstellen** bezeichnet; hier werden die Beziehungen "zerschnitten".

Beziehungen zwischen dem System und seiner Umwelt werden als **externe** Systembeziehungen bezeichnet. Eine **interne** Systembeziehung zwischen einzelnen Systemelementen liegt vor, wenn der Output eines Elements zum Input eines anderen Elements wird.

3.2 Das System Unternehmen

Ein Unternehmen kann in Anlehnung an den instrumentalen Organisationsbegriff als zweckorientiertes, offenes, dynamisches, soziotechnisches System gekennzeichnet werden (*Abb. 1-15*):

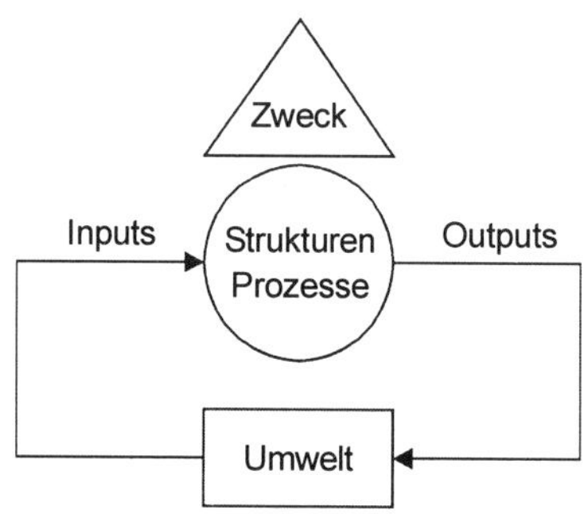

Abb. 1-15: Elemente des Systemansatzes

- **Zweckorientiert**, weil es durch seine Aktivitäten eine Funktion im Interesse der Umwelt ausübt; es wird ein Output erwartet, den das Unternehmen seiner Umwelt als Systemleistung zur Verfügung stellt.
- **Offen**, weil einzelne Elemente mit der Umwelt des Unternehmens in Verbindung stehen, indem sie Ressourcen (Inputs) aus seiner Umwelt beziehen, sie in Produkte (Güter oder Dienstleistungen) transformieren und als Output wieder an die Umwelt abgeben.
- **Dynamisch**, weil durch das Zusammenwirken von Systemelementen Aktivitäten ausgelöst werden, mit denen der Input in den Output umgewandelt wird (Transformationsprozesse). Unabhängig von der Größe des Unternehmens geht es immer um die Umwandlung von Inputs in Outputs; Inputs verursachen Kosten, Outputs schaffen Erlöse.
- **Soziotechnisch**, weil die Durchführung der betrieblichen Prozesse durch personelle (soziale) Handlungen in Kombination mit technischen Sachmitteln (Werkzeuge, Maschinen und Vorrichtungen) erfolgt.

Organisieren heißt strukturieren; Organisationsgestaltung bedeutet das Schaffen von Strukturen. Die Organisationsstruktur des Systems Unternehmen umfaßt dabei die Gesamtheit aller formellen Regeln, die der Arbeitsteilung, der Steuerung der betrieblichen Prozesse sowie des Verhaltens der daran beteiligten Menschen dienen. Die Organisationsstruktur stellt somit ein Teilsystem des Unternehmens dar.

Die Bestimmung der Einheiten, die als **Elemente** eines Systems zu betrachten sind, hängt dabei von der jeweiligen organisatorischen Aufgabenstellung ab. Die betriebswirtschaftliche Organisationslehre sieht Aufgaben, Menschen, Informationen und Sachmittel als kleinste Bestandteile der Unternehmensorganisation (vgl. *Grochla* 1972, S. 16; *Krüger* 1993, S. 13).

Bezüglich der **Beziehungen** zwischen den Systemelementen in Organisationen hat sich eine generelle Unterscheidung in materielle und informationelle Beziehungen durchgesetzt (vgl. *Grochla* 1972, S. 76):

- **Materielle** Beziehungen konkretisieren sich im Austausch körperlicher Objekte zwischen den Systemelementen.
- **Informationelle** Beziehungen beinhalten den Austausch von Informationen.

Energetische Beziehungen sind in erster Linie für die Untersuchung technischer Systeme von Interesse; für organisatorische Fragestellungen sind sie in der Regel von untergeordneter Bedeutung oder nicht relevant. Leitungsbeziehungen stellen eine besondere Form von Kommunikationsbeziehungen dar und sind deshalb den informationellen Beziehungen zuzuordnen.

Im Rahmen der organisatorischen Gestaltung sind die Elemente so miteinander zu verknüpfen, daß die betrieblichen Prozesse zielgerecht und effizient durchgeführt werden können. Eine hierzu erforderliche Zerlegung des Systems Unternehmen in ganz bestimmte **Subsysteme** (Teil- und Untersysteme) kann nur problembezogen vorgenommen werden. Systemgrenzen sind bei der praktischen Organisationsgestaltung nur selten vorgegeben; die problemorientierte Festlegung der Systemgrenzen ist deshalb eine wesentliche Teilaufgabe bei der Organisationsgestaltung. Hierbei kann zwischen funktionalen und strukturellen Untersystemen zu unterschieden werden:

- **Strukturelle** Untersysteme einer Organisation sind konkrete Organisationseinheiten wie beispielsweise Abteilungen oder Gruppen von Stellen.
- **Funktionale** Untersysteme sind gedankliche Zusammenfassungen von bestimmten Teilaufgaben, die innerhalb einer Organisation zu erfüllen sind. So unterscheidet beispielsweise *Bleicher* (1970, S. 168 ff.) zwischen dem Operationssystem (mit dem Erzeugungs-, Finanz- und Informationssystem), dem Innovationssystem (zur Anpassung an Umweltveränderungen) und dem Politiksystem (zur Bestimmung des Verhaltens der Organisation).

Die Klassifikation der **Unternehmensumwelt** kann auf verschiedenen Abstraktionsebenen und nach unterschiedlichen Kriterien erfolgen. In der Literatur beschränkt man sich auf die sogenannte Aufgabenumwelt mit den vier großen Umweltsystemen (*Dill* 1958) Kunden (customers, clients), Lieferanten (suppliers), Wettbewerber und Konkurrenten (competitors) sowie öffentliche Verwaltungen und Behörden (regulatory agencies).

4. Das Analyse-Synthese-Konzept

Das Analyse-Synthese-Konzept hat einen hohen Stellenwert in der traditionellen betriebswirtschaftlichen Organisationslehre und wurde von *Kosiol* (1962) umfassend dargestellt. Das Konzept beschreibt in groben Zügen die Organisationsarbeit und verdeutlicht die beiden Dimensionen Ablauf- und Aufbauorganisation (*Abb. 1-16*). Aufgrund seiner hohen Bedeutung innerhalb der betriebswirtschaftlichen Organisationslehre wird das Analyse-Synthese-Konzept im folgenden in seinen wesentlichen Merkmalen beschrieben.

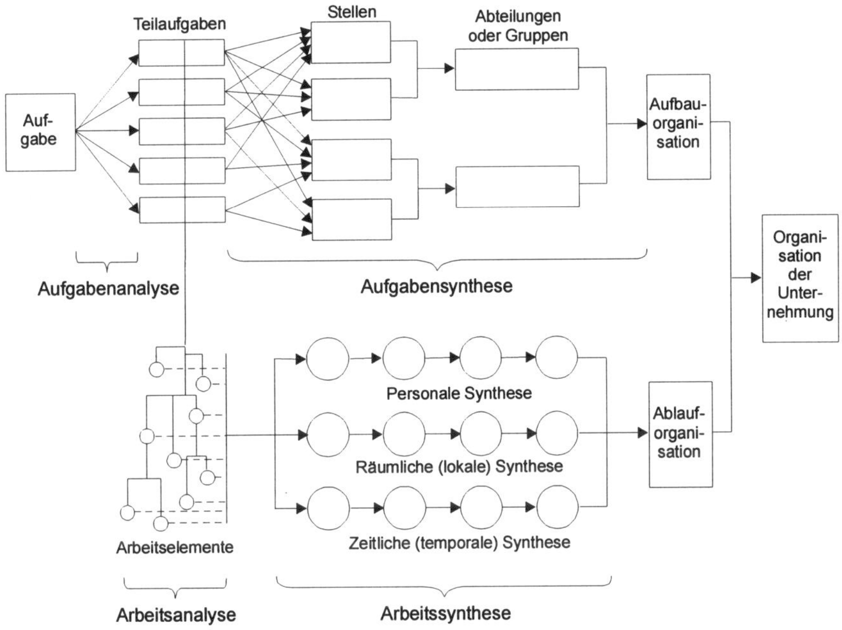

Abb. 1-16: Modell organisatorischer Gestaltung
Quelle: nach Bleicher 1991, S. 49

4.1 Aufgabenanalyse und -synthese

Die traditionelle deutschsprachige betriebswirtschaftlichen Organisationslehre stellt die **Aufgabe** in den Mittelpunkt ihrer Betrachtungen. Neben der Definition der Aufgabe als Handlungsziele (*Kosiol* 1962, S. 43) läßt sich eine Aufgabe auch allgemein als "Aufforderung zum wiederholten Handeln" (*Bleicher* 1991, S. 35) bzw. als "Verpflichtung, Verrichtungen an Objekten durchzuführen" (*Krüger* 1992, Sp. 223) umschreiben. In der angelsächsischen Literatur entspricht der Ausdruck "task" weitgehend diesem Aufgabenbegriff.

Als wesentliche Instrumente zur organisatorischen Gestaltung wurden die **Aufgabenanalyse** und die **Aufgabensynthese** von *Krüger* (1980) zur Anwendungsreife entwickelt. *Schmidt* (1989, S. 181 ff.) und *REFA* (1985c, S. 13 ff.) beschreiben die praktische Anwendung der Aufgabenanalyse und -synthese.

4.1.1 Die Aufgabenanalyse

Damit die Gesamtaufgabe eines Unternehmens geordnet erfüllt werden kann, muß sie zunächst inhaltlich definiert, geordnet und in verteilungsfähige Teilaufgaben zerlegt werden. Dieser Vorgang wird als Aufgabenanalyse bezeichnet.

> *Die Aufgabenanalyse beinhaltet das geordnete Zerlegen einer Oberaufgabe in Teilaufgaben.*

Die Teilaufgaben lassen sich dabei nach *Kosiol* (1962, S. 49 ff.) anhand folgender **Gliederungskriterien** aus der jeweiligen Oberaufgabe ableiten:

- Das Merkmal **Verrichtung** beschreibt die Art der Leistung, die zu erbringen ist. Sie konkretisiert sich in durchzuführenden Veränderungen am Objekt.
- Das Merkmal **Objekt**, auf das sich die Verrichtungen beziehen, kann sowohl materieller als auch informationeller Art sein.
- Die Gliederung der Aufgabe nach dem **Rang** trennt Entscheidungs- und Ausführungsaufgaben. Diese Trennung ist von Bedeutung, wenn in der anschließenden Aufgabensynthese eine personelle Trennung von Entscheidung und Ausführung vorgenommen werden soll. Mit der Aufgabenanalyse nach dem Merkmal Rang wird die Gestaltung von hierarchischen Beziehungen vorbereitet.
- Bei der Gliederung nach **Phasen** wird zwischen Teilaufgaben der Planung, der Realisation und der Kontrolle unterschieden.
- Unter dem Gesichtspunkt der **Zweckbeziehung** wird nach primären und sekundären Teilaufgaben differenziert. Primäre Teilaufgaben werden unmittelbar aus dem Leistungsprogramm des Unternehmens abgeleitet. Sekundäre Teilaufgaben werden durch die primären Aufgaben mittelbar hervorgerufen. Sekundäre Teilaufgaben haben eine unterstützende Funktion; ohne sie wäre die Erfüllung der primären Teilaufgaben nicht möglich. Primäre Teilaufgaben werden bisweilen auch als Zweckaufgaben, die sekundären als Verwaltungsaufgaben bezeichnet.

Das klassische Verfahren der Aufgabenanalyse wird - ausgehend von der Gesamtaufgabe des Unternehmens - stufenweise durchgeführt, wobei mit jeder weiteren Gliederungsstufe eine immer feinere Beschreibung und Gliederung der ursprünglichen Gesamtaufgabe erfolgt. Auf einer **Analysestufe** wird immer nur nach einem Gliederungsmerkmal analysiert. Während hierbei beliebig oft nach den Merkmalen Verrichtung oder Objekt gegliedert werden kann, ist eine mehrfache Anwendung der einzelnen Merkmale Rang, Phase und Zweckbeziehung nicht möglich. Eine eindeutige Verfahrensvorschrift, in welcher Reihenfolge die fünf Merkmale anzuwenden sind, existiert nicht.

Mit der Ableitung verteilungsfähiger Teilaufgaben ist die Aufgabenanalyse beendet. Das Ergebnis wird im **Aufgabengliederungsplan** dokumentiert, der einen Überblick über die vorhandenen und zu verteilenden Einzelaufgaben liefert (*Abb. 1-17*).

Aufgabenanalyse MARKETING und VERTRIEB		
Marktforschung	Absatzmöglichkeiten analysieren	
	Konkurrenten analysieren	
Absatzprogrammplanung	Life cycle untersuchen	
	Substitutionsprodukte ermitteln	
	Sortiment planen	
Absatzmengenplanung	Zeitreihen untersuchen	
	Absatzmengen prognostizieren	
Werbung / Verkaufsförderung	Werbeträger analysieren	
	Werbemaßnahmen konzipieren	
	Werbemaßnahmen durchführen	
Auftragsbearbeitung	Aufträge erfassen	schriftliche Aufträge erfassen
		mündliche Aufträge erfassen
	Aufträge prüfen	Vollständigkeit prüfen
		Bonität prüfen
		Lieferfähigkeit prüfen
	Auftrag bestätigen	
	Rechnung erstellen	
Versand	Versand disponieren	Transportmittel planen
		Versandpapiere erstellen
		Route planen
	Versand durchführen	
Reklamationsbearbeitung		
Vertriebscontrolling	Deckungsbeitragsrechnung durchführen	
	Vertriebsergebnisrechnung durchführen	

Abb. 1-17: Beispiel eines Aufgabengliederungsplans

4.1.2 Die Aufgabensynthese

In der Aufgabensynthese werden in der Aufgabenanalyse abgeleiteten Teilaufgaben anhand bestimmter Merkmale so zusammengefaßt, daß sie Aufgabenträgern übertragen werden können.

Die Aufgabensynthese beinhaltet die Zusammenfassung der durch die Aufgabenanalyse gewonnenen Teilaufgaben zu verteilungsfähigen Aufgabenkomplexen.

Neben den in der Aufgabenanalyse bereits verwendeten Gliederungsmerkmalen werden hierbei zusätzlich die Merkmale Aufgabenträger, Sachmittel, Raum und Zeit herangezogen (*Kosiol* 1962, S. 82 ff.).

- Die Person des **Aufgabenträgers** wird zum Merkmal der Zusammenfassung verschiedener Teilaufgaben, wenn die besondere Eignung und Sachkenntnis der zur Verfügung stehenden Personen ausgenutzt werden soll.

- Bei der Synthese nach dem **Sachmittel** handelt es sich um einen Sonderfall der Stellenbildung nach dem Funktionsprinzip, da die meisten Sachmittel auf eine bestimmte Funktion spezialisiert sind.
- Eine Aufgabensynthese nach **Raum** oder **Zeit** spielt nur selten eine Rolle.

Die **Zentralisation** bzw. **Dezentralisation** von Teilaufgaben in Hinblick auf diese Merkmale stellt dabei das Grundprinzip der Aufgabensynthese dar. Zentralisation (Dezentralisation) bedeutet dabei Zusammenfassung (Trennung) von Teilaufgaben, die hinsichtlich eines Merkmals gleichartig sind. Bei der Zentralisation nach einem bestimmten Merkmal sind alle anderen Merkmale untergeordnet; die Zentralisation nach einem Merkmal (zum Beispiel nach Objekten) bedeutet gleichzeitig die Dezentralisation nach allen übrigen Merkmalen (*Kosiol* 1962, S. 81). Als Folge ergibt sich eine spezifische Form der **Arbeitsteilung**.

Die Fragestellung Zentralisation - Dezentralisation wird in der deutsch- und englischsprachigen Organisations- und Managementliteratur ausführlich diskutiert. Dabei überwiegt die globale Gegenüberstellung von Vor- und Nachteilen (vgl. u.a. *Grochla* 1972, S. 58 ff.; *Schwarz* 1983, S. 55 ff.; *Bühner* 1992, S. 105 ff.; *Bleicher* 1992, S. 48 ff.). "Über die Wörter "Zentralisierung" und "Dezentralisierung" ist von dem Tage an heftig herumgestritten worden, an dem sich jemand die Mühe gemacht hat, über Organisation zu schreiben. Dennoch bleibt die Thematik wahrscheinlich die wohl konfuseste in der Organisationstheorie. Die Begriffe werden auf so unterschiedliche Weise benutzt, daß sie beinahe aufgehört haben, eine nützliche Bedeutung zu haben" (*Mintzberg* 1979, S. 181). Da die Zentralisierung nach einem Merkmal immer die Dezentralisierung nach allen anderen Merkmalen mit sich führt, genügt es tatsächlich, lediglich einen der beiden Begriffe zu benutzen.

Ziele einer Zentralisation und Dezentralisation sind die durch eine Aufgabenverteilung entstehenden Organisationseinheiten. Die Zusammenfassung von Teilaufgaben zu personenbezogenen Aufgaben vollzieht sich als **Stellenbildung**, die Zusammenfassung von Stellen zu größeren Einheiten als **Abteilungsbildung**. Die Bildung und Verknüpfung dieser organisatorischen Einheiten stellt die eigentliche organisatorische (Aufbau-)Strukturierung dar. Die Aufgabensynthese ist im Vergleich zur Aufgabenanalyse kaum standardisiert. Persönliche Erfahrung und Intuition sind hierbei wichtige Einflußgrößen.

Eine detaillierte Beschreibung der Aufgabensynthese mit anschaulichen Beispielen zu jedem Synthesemerkmal ist bei *Bleicher* (1991, S. 49 ff.) zu finden.

4.2 Arbeitsanalyse und -synthese

Mit der anschließenden **Arbeitsanalyse und Arbeitssynthese** findet der Übergang von der Aufbau- zur Ablauforganisation statt. Der Übergang von der Aufgaben- zur Arbeitsanalyse ist dabei nicht absolut fixierbar, sondern grundsätzlich entsprechend den Erfordernissen seitens der Unternehmung und den Eigenschaften der untersuchten Aufgaben vorzunehmen. Der Übergang ist prinzipiell immer da zu sehen, wo die Frage nach dem Aufgabeninhalt (was) in die Frage nach der Aufgabenerfüllung (wie) übergeht (vgl. *Wittlage* 1989, S. 204).

4.2.1 Die Arbeitsanalyse

Die im Rahmen der Aufgabenanalyse ermittelten Teilaufgaben niedrigster Ordnung, die **Elementaraufgaben**, bilden den Ausgangspunkt für die Arbeitsanalyse (*Abb. 1-18*); sie stellen als **Arbeitsgänge** die Arbeitsteile höchster Ordnung der Arbeitsanalyse dar. Durch eine sukzessive Zerlegung dieser Arbeitsteile kommt man zu den Arbeitsteilen niedrigster Ordnung, den **Gangelementen**. Wie bei der Aufgabenanalyse kann hierbei nach den Gesichtspunkten Objekt, Verrichtung, Rang, Phase und Zweckbeziehung gegliedert werden. Die Anzahl der Gliederungsstufen, wie sie in der Literatur vorgeschlagen werden, ist dabei sehr unterschiedlich. So schlägt beispielsweise *Wittlage* (1989, S. 206) eine dreistufige Gliederung vor, während *Nordsieck* (1934, S. 40 ff.) sieben Stufen in seinem Aufgabengliederungsplan unterscheidet.

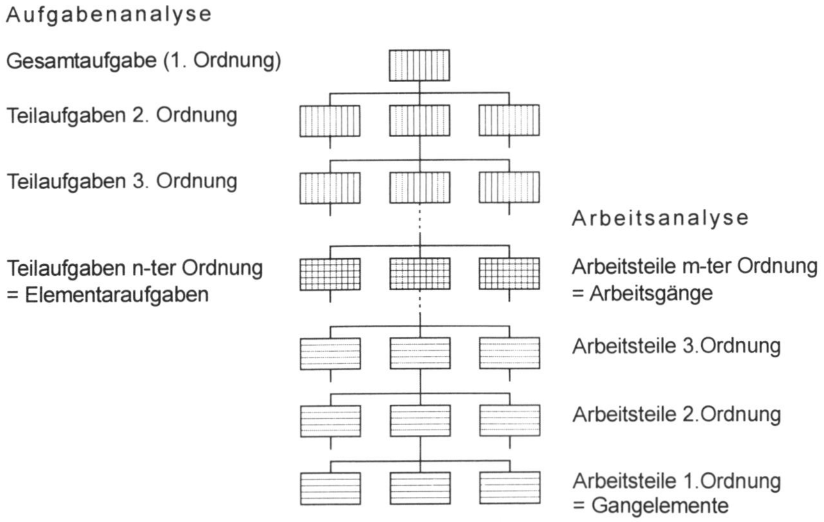

Abb. 1-18: Zusammenhang zwischen Aufgaben- und Arbeitsanalyse

4.2.2 Die Arbeitssynthese

Die Gestaltung der **Arbeitsprozesse** (häufig auch als Prozesse der Aufgabenerfüllung bezeichnet) vollzieht sich in der Arbeitssynthese. Diese nimmt *Kosiol* unter drei Gesichtspunkten vor (1962, S. 212 ff.):

1. Bei der **personalen Synthese** werden in einem ersten Schritt die Elementararbeiten zu Arbeitsgängen zusammengefaßt. Der Arbeitsgang oder auch eine gewisse Anzahl von Arbeitsgängen werden dabei unter dem Gesichtspunkt gebildet, sie einer Arbeitsperson übertragen zu können. In einem zweiten Schritt wird die Arbeitsmenge (Arbeitspensum) bestimmt, die bei optimalem Leistungsvermögen von Mensch und Sachmittel einer Person zugeteilt werden kann. "So entspricht der synthetischen Bildung von Aufgaben und ihrer Verteilung auf Aufgabenträger die synthetische Bildung von Arbeitsgängen und ihre Verteilung auf Arbeitssubjekte (Arbeitsverteilung). Die Funktion eines Aufgabenträgers besteht aus den zu seiner Aufgabe (Stellenaufgabe) gehörigen Arbeitsgängen" (*Kosiol* 1962, S. 211).

2. Die **temporale Synthese** stimmt die Leistung der einzelnen Arbeitspersonen so aufeinander ab, daß für jedes Arbeitsobjekt die optimale Durchlaufzeit erreicht wird. Die Reihung von Arbeitsgängen zu Arbeitsgangfolgen, die Taktbestimmung für jede Arbeitsgangfolge sowie die Abstimmung der Durchschnittstakte mehrerer Arbeitsgangfolgen sind Teilprobleme der zeitlichen Synthese. Als Gestaltungsziel gilt hierbei die Minimierung der Lagerbestände, die als "organisatorische Lagerbestände" infolge der Leistungsabstimmung zwischen den einzelnen Arbeitsgangfolgen entstehen. "Nur bei niedrigsten organisatorischen Lagerbeständen kann jedes Produkt die höchste Durchlaufgeschwindigkeit erreichen, die unter den gegebenen Umständen möglich ist" (*Kosiol* 1962, S. 215).

3. Im Rahmen der **lokale Synthese** wird über die räumliche Anordnung und die Ausstattung der Arbeitsplätze entschieden. Die räumliche Anordnung soll vor allem dem Ziel einer Minimierung der innerbetrieblichen Transportwege genügen. Die quantitative und qualitative Sachmittelausstattung erfolgt unter dem Gesichtspunkt, daß alle Arbeitsplätze in jedem Zeitpunkt ihr geplantes Leistungspotential anbieten können. Arbeitswissenschaftlichen Erkenntnissen soll dabei "im weitesten Umfange Rechnung getragen werden, um die Leistungskraft der menschlichen Arbeitsträger in einer Unternehmung zu erhalten" (*Kosiol* 1962, S. 238 f.).

Die **Ergonomie** als Teilgebiet der **Arbeitswissenschaft** befaßt sich mit der Ermittlung von Grundlagen einer menschbezogenen Arbeitsgestaltung. Sie schafft die Voraussetzungen für eine Anpassung der Arbeit an den Menschen und umgekehrt des Menschen an die Arbeit. Insbesondere *REFA* (z.B. 1985 a, S. 161 ff.) hat sich intensiv mit ergonomischen Fragestellungen auseinandergesetzt.

Die personale, temporale und lokale Synthese sind nur partielle Aspekte des einheitlichen Tatbestandes der Arbeitssynthese; sie beeinflussen sich gegenseitig. "Der Arbeitsprozeß als Gegenstand gestaltender Synthese zeigt sich damit als ein Komplex wechselseitiger Beziehungen" (*Kosiol* 1962, S. 212) zwischen diesen Aspekten.

4.3 Stellenwert des Analyse-Synthese-Konzeptes

Die **Eignung** des traditionellen Analyse-Synthese-Konzeptes für die praktische Organisationsgestaltung ist nicht unumstritten:

- Die vorgenommene Trennung in Aufbau- und Ablauforganisation ist nicht eindeutig möglich (vgl. hierzu auch *Bellmann* 1989, S. 77 ff.).
- Aufgrund der fehlenden Verbindlichkeit der Methodik sind die Ergebnisse der Analyse um so subjektiver, je größer die Anzahl der Analysestufen ist. Unterschiedliche Anwendungsreihenfolgen der Analysemerkmale führen zu verschiedenen Gliederungsplänen mit differierenden Teilaufgaben bzw. Arbeitsteilen auf der untersten Gliederungsebene.
- Diese Kritik gilt analog auch für die Synthese: In der praktischen Anwendung sind bei gleicher Ausgangslage infolge der unvollständig beschriebenen Methode nicht die gleichen Ergebnisse verbürgt (vgl. *Berg* 1980, S. 45).

Die **Relevanz** des Analyse-Synthese-Konzeptes für die praktische Organisationsarbeit ist darin sehen, daß mit Hilfe einer Aufgabenanalyse vorhandene Aufgabenkomplexe systematisch und übersichtlich erfaßt und beschrieben werden können.

5. Prozeßorientierung versus Funktionsorientierung

Die zentrale Aufgabe der Organisationsgestaltung besteht darin, die Gesamtaufgabe einer Organisation im Rahmen der **Arbeitsteilung** auf die Organisationsmitglieder zu verteilen und ihre **Koordination** sicherzustellen.

Das klassische Analyse-Synthese-Konzept hat dabei als Ausgangspunkt die Bildung von Teilaufgaben und ihre Verteilung auf Stellen und Abteilungen. Hierauf aufbauend werden die aufbauorganisatorischen Probleme der Koordination gelöst. Dabei mißt *Kosiol* der Aufbauorganisation eine wesentlich größere Bedeutung als dem Ablauf zu. So kennzeichnet er die Arbeitsanalyse "als eine *verlängerte erfüllungsbezogene Aufgabenanalyse*" (*Kosiol* 1962, S. 189). Bereits mit der Aufgabensynthese - also der Arbeitsanalyse vorgelagert - erfolgt die **Hierarchiebildung**, indem formale Über- und Unterordnungen zwischen den Stellen festgelegt werden. Bei der Ablauforganisation handelt es sich lediglich um eine "zusätzliche, in Einzelheiten gehende *raumzeitliche Strukturierung*" (*Kosiol* 1962, S. 187). Als verbleibende Gestaltungsziele der Ablauforganisation wird vor allem die optimale **Auslastung** aller Stellen und die Erreichung der kürzesten **Durchlaufzeit** aller Bearbeitungsobjekte gesehen. Die Ablauforganisation ist demnach der Aufbauorganisation nachgelagert, der Grad der Arbeitsteilung für die Ablauforganisation durch die Aufbauorganisation vorgegeben. Die Hierarchiebildung orientiert sich ausschließlich an den Ergebnissen der Aufgabenanalyse. Darüber hinaus steht bei der Stellenbildung gemäß dem klassischen Analyse- und Synthesekonzept eine starke Arbeitsteilung im Vordergrund. Die Merkmale der Synthese (mit Ausnahme des Merkmals "Objekt") führen zu einer **funktionalen Spezialisierung** der zu bildenden Stellen.

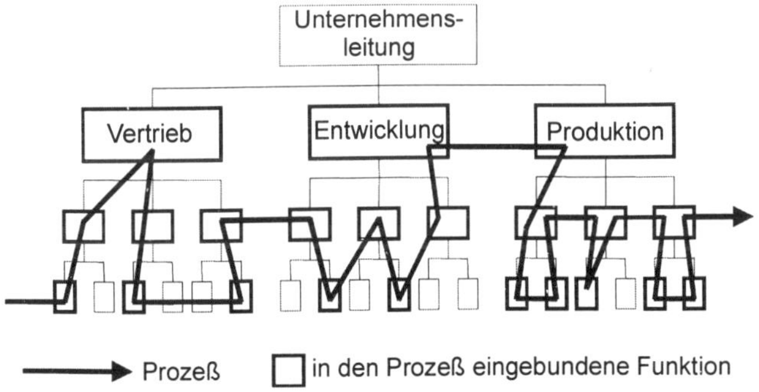

Abb. 1-19: Prozeßabwicklung bei einer funktionalen Arbeitsteilung

Bei einer Anwendung des klassischen Ansatzes wird vollkommen vernachlässigt, daß die Abläufe von Geschäftsprozessen in der Regel **stellenübergreifend** sind. Die Auftragsabwicklung vom Angebot zur Rechnungsstellung, die Bereitstellung eines Kredites von der Anfrage bis zur Auszahlung, der Material- und Informationsfluß von der Kundenbestellung über die Produktion bis zur Auslieferung beispielsweise stellen **Prozesse** dar, die als ganzes gesehen und gestaltet werden sollten. Diese Prozesse durchziehen die nach dem traditionellen Organisationsansatz geschaffenen

Funktionen (*Abb. 1-19*). Die Geschäftsprozesse werden in zahlreiche Arbeitsschritte zerlegt, die von verschiedenen Personen und Abteilungen ausgeführt werden. Dies zieht eine intensive Abstimmung und Kontrolle nach sich. Eine fehlende Abstimmung führt zu Mehrfach- oder Nacharbeiten, so daß Dysfunktionen entstehen, das heißt nicht wertschöpfende Funktionen.

Entscheidend für die Wettbewerbsfähigkeit von Unternehmen ist auch nicht so sehr die optimale Ausführung einzelner betrieblicher Aufgaben, sondern eher die schnelle und kostengünstige Abwicklung kompletter **Geschäftsprozesse**. Deshalb lösen sich neuere Konzepte der Organisationsgestaltung von dem traditionellen Ansatz und berücksichtigen, daß die organisatorische Gestaltung und damit auch die Hierarchiebildung von den abzuwickelnden Geschäftsprozessen auszugehen hat. *Gaitanides* spricht in diesem Zusammenhang von einer **prozeßorientierten Organisationsgestaltung**, "in der die Stellen- und Abteilungsbildung unter Berücksichtigung spezifischer Erfordernisse des Ablaufes betrieblicher Prozesse im Rahmen der Leistungserstellung und -verwertung konzipiert werden" (*Gaitanides* 1983, S. 62). Während die traditionelle, aufgabenorientierte Vorgehensweise der Organisationsgestaltung im Rahmen einer Aufgabensynthese bei gleichartigen Verrichtungen ansetzt, die dann in der Regel zu Funktionsbereichen zusammengefaßt werden, geht die prozeßorientierte Vorgehensweise dagegen von zusammenhängenden Abläufen aus, die als ganzes möglichst optimal gestaltet werden.

Unter den vielen modernen Organisationskonzepten, die seit einigen Jahren verstärkt in der Praxis umgesetzt werden, lassen sich folgende Gemeinsamkeiten herausarbeiten:

- Im Vordergrund steht die Bildung von prozeß- und ablauforientierten Strukturen. Die Prozeßorientierung hat vor allem zum Ziel, den markt- und kundenseitigen Forderungen nach einer hohen Reaktionsfähigkeit gerecht zu werden.
- Im engen Zusammenhang mit der Prozeßorientierung steht die Bildung überschaubarer und transparenter Organisationseinheiten.
- Dies ist vor allem mit der Schaffung einfach zu koordinierender Verantwortungsbereiche verbunden, denen ganzheitliche Aufgabenkomplexe mit entsprechenden Kompetenzen zugeordnet sind.
- Nicht zuletzt wird das Ziel verfolgt, Schnittstellen entlang der betrieblichen Prozesse weitestgehend zu vermeiden.

Der weitere Aufbau dieses Buches lehnt sich konsequent am Ansatz einer derartigen prozeßorientierten Organisationsgestaltung an (*Abb. 1-20*). Die hierarchischen Über- und Unterordnungen der Stellen werden dabei fürs erste ignoriert. Statt dessen werden zunächst im Rahmen der **Prozeßorganisation** die einzelnen Prozesse der Leistungserstellung und –verwertung analysiert und strukturiert. Erst im Anschluß und hierauf aufbauend erfolgt innerhalb der Stellen- und Abteilungsbildung die Zuordnung der Aktivitäten und Aufgaben zu **Organisationseinheiten**. In einem weiteren Schritt werden die Beziehungen zwischen den organisatorischen Einheiten gestaltet, indem die **Leitungsorganisation** festgelegt wird.

Der Prozeß der organisatorische Gestaltung sollte möglichst effektiv und effizient abgewickelt werden; hierzu leistet ein konsequent praktiziertes **Organisationsmanagement** - vor allem die Orientierung an einem geeigneten Vorgehensmodell und die Anwendung von Methoden des Projektmanagements - einen wertvollen Beitrag.

Das Organisationsmanagement selbst kann wiederum durch geeignete **Organisationstechniken** wirkungsvoll unterstützt werden.

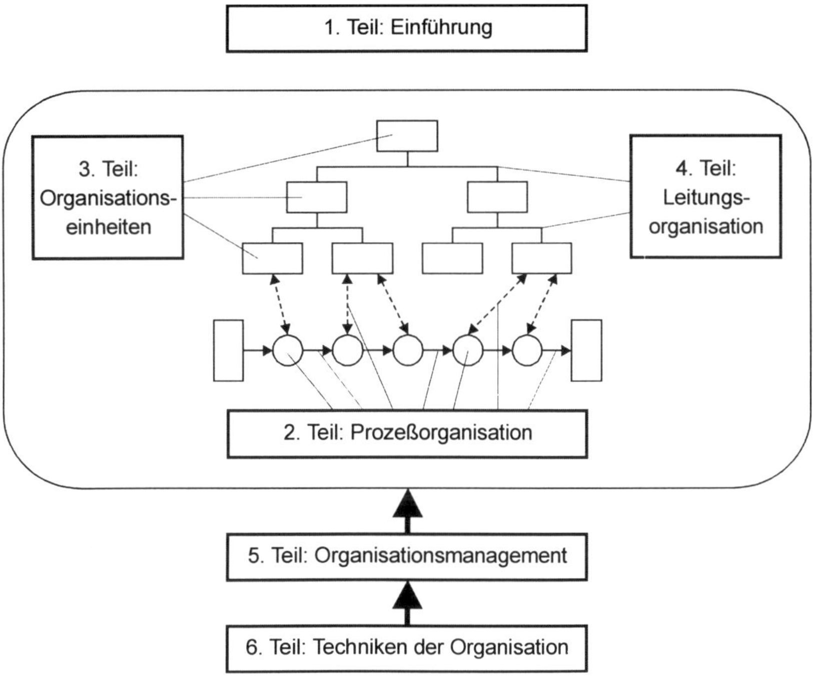

Abb. 1-20: Aufbau des Buches

2. Teil: Prozeßorganisation

1. Grundfragen der Prozeßorganisation

Die Mehrzahl der deutschsprachigen Autoren folgt trotz der heftigen Kritik der von *Kosiol* geprägten Einteilung in Aufbau- und Ablauforganisation. Im angelsächsischen Sprachraum hat dagegen der Prozeßbegriff eine größere Verbreitung gefunden. Spätestens seit *Michael Porter* die Wertschöpfungskette als bestimmenden Ansatzpunkt für Restrukturierungen aufzeigte, hat sich das Denken in Prozessen zunehmend durchgesetzt.

1.1 Begriff des Prozesses

Unter einem Prozeß kann allgemein eine Folge logisch zusammenhängender Aktivitäten verstanden werden, die innerhalb einer Zeitspanne nach bestimmten Regeln durchgeführt werden. Ein Prozeß wird von einem Ereignis gestartet, hat eine definierte Eingabe und eine definierte Ausgabe. Innerhalb des Prozesses erfolgt ein definierter Wertzuwachs, indem durch die Kombination von Einsatzgütern ein Produkt oder eine Dienstleistung oder ein Teil davon erstellt wird und als Prozeßergebnis weitergeleitet wird (vgl. *Striening* 1989, S. 150; *Haist/Fromm* 1991, S. 53).

> *Ein Prozeß beinhaltet die Erstellung einer Leistung oder die Veränderung eines Objektes durch eine Folge logisch zusammenhängender Aktivitäten.*

Bei einem Prozeß handelt sich demnach um eine inhaltlich abgeschlossene Vorgangskette. Die Definition dessen, was unter einem Prozeß zu verstehen ist, entspricht dabei der subjektiven Problemsicht des Organisators. Ein Prozeß kann als in sich abgeschlossen gelten, wenn er im Zusammenhang mit der Erstellung und Verwertung betrieblicher Leistungen steht, und der Organisator ihn isoliert von vor-, neben- oder nachgeordneten Vorgängen betrachten will (*Gaitanides* 1983, S. 65). Die Spannweite reicht demnach von der Durchführung einer spezialisierten Teilaufgabe bis hin zur Abwicklung der gesamten Aufgabe einer Organisation. Die zeitlich limitierte, einmalige Abwicklung der Aktivitäten eines Prozesses wird üblicherweise als **Auftrag** bezeichnet.

1.2 Allgemeine Merkmale von Arbeitsprozessen

Der Systemansatz bietet eine allgemeingültige Darstellungsweise für die Struktur verschiedenster Phänomene. Zu gestaltende Systeme, in deren Mittelpunkt die menschliche Arbeit steht, werden üblicherweise als **Arbeitssysteme** bezeichnet. Aufgrund der Allgemeinheit des Systemansatzes impliziert der Begriff des Arbeitssystems zunächst keine spezielle Betrachtungsebene; es können sowohl Teile eines einzelnen Arbeitsplatzes als auch ein ganzes Unternehmen hierunter verstanden werden. Die sich in einem Arbeitssystem abspielenden Vorgänge, die zur Erreichung vorgegebener Aufgaben und Ziele dienen, sollen hier mit dem Begriff des **Arbeitsprozesses** bezeichnet werden (vgl. auch *Kosiol* 1962, S. 185 f.).

Ein Arbeitsprozeß kann gemäß *Abbildung 2-1* durch folgende Merkmale gekennzeichnet werden (vgl. hierzu auch *REFA* 1978a, S. 68; *REFA* 1993, S. 118 ff.):

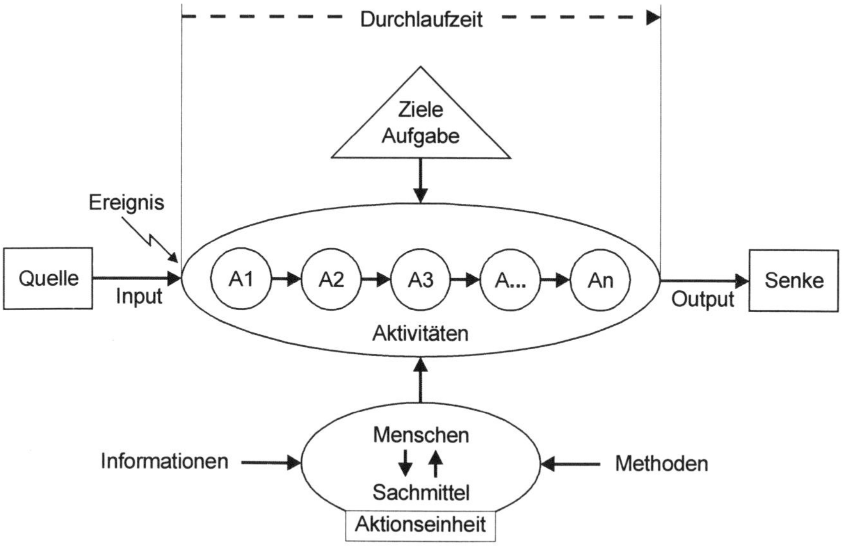

Abb. 2-1: Elemente eines Arbeitssystems

- Ein Prozeß beinhaltet die Transformation von **Inputs** (auch Eingaben genannt) in einen definierten **Output** (auch Ausgabe oder Ergebnis).
- Ein Prozeß hat immer eine bestimmte **Aufgabe** und ist auf die Erreichung von **Zielen** ausgerichtet.
- Die Transformation des Inputs in den Output erfolgt in einer Sequenz von **Aktivitäten**, die inhaltlich miteinander verknüpft sind.
- Ein Prozeß wird durch ein **Ereignis** angestoßen. Unter einem Ereignis wird eine neue Situation verstanden. Ein Ereignis kann externer Natur sein, wenn der Prozeß durch einen Prozeßinput ausgelöst wird, oder zeitlicher Natur, wenn er durch das Erreichen eines bestimmten Zeitpunktes initiiert wird. Wenn alle Prozeßaktivitäten durchgeführt sind, steht das Arbeitssystem solange still, bis das entsprechende Ereignis erneut oder ein anderes Ereignis eintritt.
- Ein Prozeß wird durch sogenannte **Aktionsträger** (auch Arbeitsträger) vollzogen, die als **Menschen** (Arbeitspersonen) und **Sachmittel** (Betriebsmittel) entweder allein oder kombiniert in Aktion treten. Die Erfüllung einer Prozeßaufgabe an einem Objekt durch die Aktionsträger wird allgemein als **Arbeit** bezeichnet, das bearbeitete Objekt dann auch als **Arbeitsobjekt**.
- Ein Prozeß hat immer mindestens eine **Quelle** (Sender, Lieferant), aus welcher der Input stammt, und mindestens eine **Senke** (Empfänger, Kunde), an die das Prozeßergebnis weitergereicht wird.

- Die Aktivitäten werden nach mehr oder weniger vorgegebenen **Methoden** durchgeführt; eine Methode beinhaltet die Regeln zur Durchführung des Arbeitsprozesses durch die Aktionsträger. Während eine Arbeitsmethode darlegt, in welcher Art und Weise der Mensch bei der Ausführung des Arbeitsablaufes beteiligt sein soll, beschreibt die **Arbeitsweise**, wie die individuelle Ausführung der Arbeit gemäß der Arbeitsmethode ist.
- Die Aktionsträger benötigen zur Durchführung der Aktivitäten spezielles Wissen, zum einen **Methoden**wissen und zum anderen **Informationen**, die in der Regel in gespeicherter Form vorliegen.
- Prozesse vollziehen sich in einem Zeitrahmen, der sogenannten **Durchlaufzeit**. Die Durchlaufzeit umfaßt innerhalb eines Prozesses die gesamte Zeitspanne eines einzelnen Auftrags von der Eingangsschnittstelle bis zur Ausgangsschnittstelle. Prozesse starten und enden zu bestimmten Zeitpunkten und sind somit zeitlich befristet. Als Startzeitpunkt gilt der Termin, zu dem die Aktionsträger erstmalig aktiv werden, der Endzeitpunkt wird durch die Übergabe des vollständigen und fehlerfreien Outputs an die Senke bestimmt.

Ein Prozeß ist demnach immer **zweckbezogen**, das heißt der Output ist vorher definiert, und er ist - mittelbar oder unmittelbar - **kundenbezogen**. Die Prozeßelemente Menschen, Sachmittel, Methoden und Informationen stellen die erforderlichen **Ressourcen** zur Leistungserstellung und -verwertung dar. Mit Ausnahme der reinen Handarbeit wird der Aktionsträger immer durch Menschen in Zusammenwirken mit Sachmitteln dargestellt. Durch die gegenseitige sachliche und räumliche Zuordnung von Menschen und Sachmitteln werden **Aktionseinheiten** gebildet. Eine Aktionseinheit stellt die kleinste produktive Einheit in einem Arbeitsprozeß dar, die meist für einen längeren Zeitraum beibehalten wird (*Küpper* 1982, S. 13). Jede Aktionseinheit besitzt eine bestimmte qualitative und quantitative **Kapazität**, welche als Outputmenge zum Ausdruck kommt, die von der Aktionseinheit in einem bestimmten Zeitraum erstellt werden kann. Den Standort der Aktionseinheit sowie deren konkrete räumliche Gestaltung bezeichnet man allgemein als **Arbeitsplatz**.

Auf die für die Organisationsgestaltung relevanten Elemente eines Arbeitssystems wird im nächsten Kapitel noch detaillierter eingegangen.

1.3 Arten von Prozessen

Arbeitsprozesse können nach verschiedenen Gesichtspunkten differenziert werden. Für die organisatorische Gestaltung von Prozessen sind vor allem die drei nachfolgend beschriebenen Differenzierungen relevant (*Abb. 2-2*).

(1) Materielle und informationelle Prozesse

Betriebliche Leistungen treten als materielle Güter, als immaterielle Güter oder als Kombination von beiden auf. Entsprechend der jeweiligen Schwerpunktsetzung soll im folgenden zwischen materiellen und informationellen Prozessen unterschieden werden:

- **Materielle Prozesse** beinhalten schwerpunktmäßig körperliche Vorgänge an physisch real existierenden Objekten; sie konkretisieren sich in der Bearbeitung und in dem Transport körperlicher Gegenstände. Materielle Prozesse werden in der Regel durch die zugrundeliegende Technologie definiert und lassen sind deshalb relativ unproblematisch strukturieren.

- **Informationelle Prozesse** (oder auch Informationsprozesse) erstrecken sich primär auf den Austausch und die Verarbeitung von Informationen. Aus praktischen Gründen wird auch die Handhabung von materiellen Informationsträgern (wie beispielsweise Akten, Formulare oder Disketten) dieser Gruppe zugerechnet.

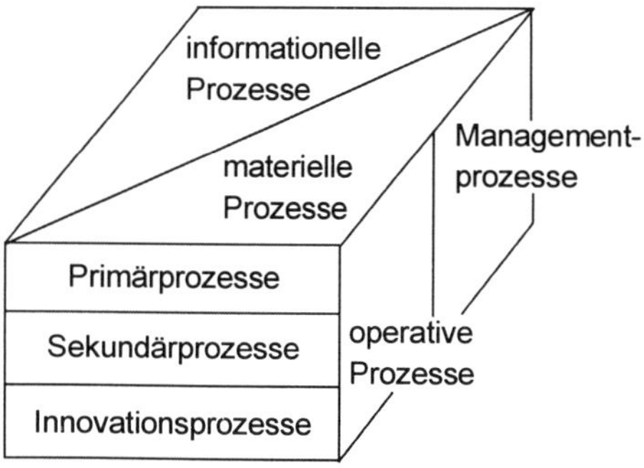

Abb. 2-2: Prozeßarten

Dienstleistungsprozesse können sowohl materieller Art (beispielsweise eine Instandsetzung) als auch informationeller Art sein (wie zum Beispiel eine Beratungsleistung). Da materielle Prozesse stets auch mit der Verarbeitung von Informationen verbunden sind, kann nur selten eine eindeutige Abgrenzung vorgenommen werden. So ist zum Beispiel ein innerbetrieblicher Transportprozeß zunächst auf die Bewegung von materiellen Gütern ausgerichtet; er wird allerdings auch von Informationen begleitet. Unterschiede zwischen materiellen und informationellen Prozessen sind jedoch vor allem in Hinblick auf die Verlaufsrichtung der Prozeßketten festzustellen: Materielle Prozeßketten sind in Form von Güterströmen linear ausgerichtet; sie beginnen bei der Beschaffung der Inputgüter und enden beim Absatz. Die Informationsströme der informationellen Prozeßketten sind dagegen vielfach verzweigt und weisen in alle Richtungen; ihre Struktur verläuft eher netzwerkartig.

Prozesse werden oft auch unterteilt in Produktions- und Büroprozesse. **Produktionsprozesse** betreffen die Herstellung materieller Produkte, während **Büroprozesse** sich mit der Abwicklung von Verwaltungs- und Büroaufgaben beschäftigen. Büroprozesse können Produktionsprozesse direkt oder indirekt unterstützen, sie können aber auch zur Erstellung von immateriellen Produkten dienen. Dabei ist das Büro nicht unter räumlichen Aspekten zu sehen, sondern vielmehr als gedankliche (virtuelle) Zusammenfassung von kaufmännisch oder technisch orientierten informationellen Prozessen. Managementprozesse werden dabei weitgehend ausgeschlossen. Mangels einer einheitlichen und aussagekräftigen Definition des Bürobegriffs soll dieser hier nicht weiter verwendet werden.

(2) Managementprozesse und operative Prozesse

In Anlehnung an *Hill/Fehlbaum/Ulrich* (1989, S. 26) kann weiterhin zwischen operativen Prozessen und Managementprozessen unterschieden werden:

- **Operative Prozesse** dienen der eigentlichen Leistungserstellung; ihr Output kann sowohl materieller Art (beispielsweise die Leistungen von Handwerks- und Industriebetrieben, von Transport- und Handelsbetrieben) als auch informationeller

Art sein, wenn die Information ein eigenes zu vermarktendes Produkt darstellt (beispielsweise Produkte von Versicherungen oder Beratungsunternehmen).

- **Managementprozesse** erstrecken sich auf die Planung und Kontrolle von Zielen und Maßnahmen, auf die Mitarbeiterführung und auf die Gestaltung der Organisationsstrukturen.

(3) Primär-, Sekundär- und Innovationsprozesse

Die Unterscheidung in Primär-, Sekundär- und Innovationsprozesse lehnt sich an die Systematik von *Porter* (1992, S. 66 ff.) an:

- **Primärprozesse** tragen bei gegebenem Bestand an Potentialfaktoren als Marktprozesse unmittelbar zu Erstellung, Vermarktung und Betreuung eines Produktes oder einer Dienstleistung bei; sie sind an der Wertschöpfung direkt beteiligt. Hierzu zählen beispielsweise die Fertigung und Montage, die Qualitätssicherung, das innerbetriebliche Transport- und Lagerwesen, der Verkauf und das Erbringen von Kundendienstleistungen.
- **Sekundärprozesse** sind Infrastrukturprozesse, welche die Betriebsbereitschaft sicherstellen und die kontinuierliche Ausführung der Primärprozesse unterstützen, insbesondere die Beschaffung bzw. Bereitstellung und Pflege der Potentialfaktoren. Hierzu gehören beispielsweise die Wartung und Instandsetzung von Fertigungsanlagen, die Einstellung, Aus- und Weiterbildung von Mitarbeitern oder der Betrieb eines Rechenzentrums.
- **Innovationsprozesse** haben die Entwicklung und Einführung von qualitativ neuartigen Produkten (Produktinnovation), neuartigen Verfahren (Prozeßinnovation) oder neuen Strukturen (Strukturinnovation) zum Gegenstand. Sie sind demnach nicht nur auf technologische Forschungs- und Entwicklungsprozesse begrenzt, sondern erstrecken sich auch auf neuartige Verfahren im administrativen Bereich.

Die Aktivitäten der primären und der sekundären Prozesse weisen hohe Interdependenzen auf. So erhöht beispielsweise die Verwendung eines besseren Rohstoffs die Herstellkosten, senkt aber gleichzeitig den Aufwand für die Wartung im Rahmen des Kundendienstes.

1.4 Prozeßketten und Geschäftsprozesse

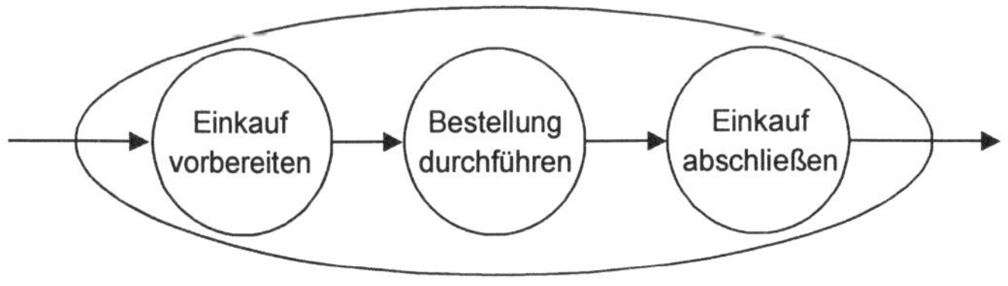

Abb. 2-3: Geschäftsprozeß als Prozeßkette

Die Aktivitäten und Prozesse in einem Unternehmen sind nicht beliebig miteinander verknüpft, sondern aus funktionalen Gründen ablaufmäßig miteinander verbunden. Die ablaufmäßige Verbindung mehrerer funktional miteinander verbundenen Prozesse wird als **Prozeßkette** bezeichnet (*Abb. 2-3*). Eine prozeßorientierte Organisationsgestaltung geht dabei von sogenannten Geschäftsprozessen aus. In einem **Geschäftsprozeß** sind alle Aktivitäten, die

- zur Erstellung und Vermarktung eines Produktes oder einer spezifischen Dienstleistung,
- zur Steuerung und Verwaltung von Ressourcen,
- zur Beeinflussung der Umwelt (Kunden, Lieferanten, Öffentlichkeit)

erforderlich sind, miteinander in Form einer Prozeßkette verknüpft. Einige typische Geschäftsprozesse sind in *Abbildung 2-4* aufgeführt.

> *Unter einem Geschäftsprozeß ist eine Kette von funktional zusammenhängenden Aktivitäten zu verstehen, die zu einem inhaltlich abgeschlossenen Ergebnis führen.*

Das Ergebnis eines Geschäftsprozesses kann beispielsweise eine Bestellung, eine Rechnung, ein lagerfähiges Zwischenprodukt, eine vollständig erbrachte Dienstleistung, ein verkaufsfähiges Fertigprodukt, eine Verkaufsergebnisrechnung oder ein Jahresabschluß sein. So startet beispielsweise der Geschäftsprozeß "Einkauf" mit der Definition des Einkaufsbedarfs und endet mit dem Anstoß zur Bezahlung der Lieferantenrechnung, nachdem die Leistung erbracht ist. Einzelne Autoren (z.B. *Bullinger u.a.* 1993, S. 228; *Gaitanides u.a.* 1994, S. 166) begrenzen den Begriff des Geschäftsprozesses auf die primären Prozesse, die zur Leistungserstellung und -verwertung vollzogen werden müssen.

Geschäftsprozesse
• Systematische Untersuchung von Teilmärkten • Auftragsbearbeitung vom Angebot bis zur Auslieferung • Beschaffung von Roh-, Hilfs- und Betriebsstoffen • Produktentwicklung von der Produktidee bis zum Produktionsbeginn • Produktion von der Vorfertigung bis zur Endmontage • Physischer Materialfluß vom Lieferanten bis zum Kunden • Geschäftsfeldplanung einschließlich Budgetierung • Organisationsgestaltung von der Vorstudie bis zur Einführung

Abb. 2-4: Geschäftsprozesse in einem Industrieunternehmen (Beispiele)

1.5 Das Wertkettenmodell von Porter

Die verschiedenen technischen und ökonomischen Aktivitäten, die in einem Unternehmen ausgeführt werden, werden nicht selten in Form einer Wertschöpfungskette (auch Wertkette oder Wertekette) dargestellt. Der amerikanische Wirtschaftswissenschaftler *Michael E. Porter* hat ein sehr allgemein gehaltenes Wertkettenmodell entwickelt, das im folgenden kurz vorgestellt werden soll (*Porter* 1992, S. 59 ff.).

Die Wertkette (value chain) zeigt den Gesamtwert an, den die Abnehmer für die vom Unternehmen erbrachte Leistung zu zahlen bereit sind. Sie setzt sich nach *Porter* aus den Wertaktivitäten und der Gewinnspanne zusammen. Wertaktivitäten sind die physisch und technologisch voneinander unterscheidbaren Aktivitäten. *Porter* unterteilt die Wertaktivitäten in zwei allgemeine Typen, die primären und die sekundären Aktivitäten (*Abb. 2-5*).

Abb. 2-5: Das Modell einer Wertkette nach Porter
Quelle: nach Porter 1992, S. 62

(1) Primäre Aktivitäten

Die primären Aktivitäten befassen sich mit der eigentlichen Herstellung von Produkten sowie deren Verkauf und Übermittlung an den Abnehmer.

- Die **Eingangslogistik** umfaßt alle Aktivitäten des Eingangs, der Lagerung und der internen Bereitstellung von Betriebsmitteln und Werkstoffen.
- Unter **Operationen** sind die Aktivitäten der Transformation der Inputgüter in Endprodukte zusammengefaßt (zum Beispiel Fertigung und Montage, Zwischenlagerung, Verpackung, Instandhaltung der Betriebsmittel, Qualitätskontrolle).
- **Marketing und Vertrieb** bezieht sich auf alle Aktivitäten zur Vorbereitung, Förderung und Durchführung des Absatzes der Endprodukte (zum Beispiel Werbung, Verkaufsförderung, Planung der Absatzkanäle, Preisfestsetzung).
- Unter **Ausgangslogistik** werden alle Aktivitäten der Sammlung, Lagerung und Distribution der Endprodukte verstanden.
- Der **Kundendienst** umfaßt alle Aktivitäten zur Förderung des Einsatzes oder der Werterhaltung der verkauften Produkte (beispielsweise Installation, Schulung, Wartung, Ersatzteillieferungen und Produktanpassungen).

(2) Sekundäre Aktivitäten

Die sekundären (oder auch unterstützenden) Aktivitäten beinhalten Versorgungs- und Steuerungsfunktionen hinsichtlich der primären Aktivitäten. Sie können sowohl mit ganz bestimmten primären Aktivitäten zusammenhängen als auch die gesamte Kette unterstützen. Während die primären Aktivitäten innerhalb dieser Gruppen von Branche zu Branche variieren, sind die sekundären Aktivitäten weitgehend branchenunabhängig.

- Mit **Beschaffung** werden alle Aktivitäten bezeichnet, die auf den Einkauf der in der Wertkette verwendeten Inputs gerichtet sind. Da jede der primären Wertaktivitäten Inputs benötigt, ist die Beschaffung als Querschnittsfunktion definiert.
- Die **Technologieentwicklung** umfaßt Aktivitäten zur Produkt- und Verfahrensverbesserung. Hierzu sind beispielsweise die Forschung und Entwicklung oder die Verbesserung der Arbeitsabläufe und Sachmittel zu zählen.

- Die **Personalwirtschaft** faßt alle Aktivitäten zusammen, die im Zusammenhang mit dem Management der Ressource Mensch stehen (zum Beispiel Einstellung, Aus- und Weiterbildung, Entlohnung jedweder Art von Personal).
- Zur **Unternehmensinfrastruktur** gehören alle zentrale Aktivitäten, die sich auf das Geschäftsfeld als Ganzes beziehen (zum Beispiel die Unternehmensleitung, das Controlling, die Finanzwirtschaft, die Klärung von Rechtsfragen). Im Gegensatz zu den anderen unterstützenden Aktivitäten läßt sich die Unternehmensinfrastruktur nicht den einzelnen primären Aktivitäten zuordnen, sondern nur übergreifend der ganzen Wertkette. Diesen Sachverhalt bringen die gestrichelten Linien in der *Abbildung 2-5* zum Ausdruck.

Die Wertkette stellt eine Formalisierung der im Unternehmen vorliegenden Prozeßstrukturen dar, wobei der Schwerpunkt auf den operativen Prozessen liegt. Jedes Geschäftsfeld eines Unternehmens hat seine eigene spezifische Wertkette, die mehr oder weniger von den Wertketten der anderen Geschäftsfelder abweicht. Die Wertketten eines Unternehmens sind wiederum eingebunden in eine unternehmensübergreifende Wertkette, in die zusätzlich die Lieferanten und Abnehmer mit eingebunden sind.

Porter hat die Wertkette als ein analytisches Instrument zur Ermittlung von Wettbewerbsvorteilen entwickelt. Danach besteht ein Unternehmen aus einer Menge von Aktivitäten zur Entwicklung, zur Produktion, zum Vertrieb, zur Distribution und zur Wartung von Produkten und Dienstleistungen. Eine Wertkette umfaßt alle Tätigkeiten des Unternehmens in einem Marktsegment für ein bestimmtes Produkt oder eine Produktgruppe. Jedes dieser Geschäftsfelder hat eine typische Wertkette, die in der Regel von denen der anderen Geschäftsfelder eines Unternehmens etwas abweicht. Der Gesamtwert ist dabei derjenige Betrag, den die Abnehmer für das erstellte Produkt zu zahlen bereit sind. Die Wertkettentheorie sieht das Unternehmen als eine Ansammlung voneinander unterscheidbarer, aber miteinander verbundener Aktivitäten, die jeweils einen Teil zur Wertschöpfung beitragen. Der Aufwand zur Durchführung aller Aktivitäten legt die Gesamtkosten der Wertkette fest; die Gewinnspanne ergibt sich aus dem Unterschied zwischen dem Gesamtwert und der Summe der Kosten. Die Art und Weise, wie ein Unternehmen jede einzelne Aktivität ausführt, entscheidet darüber, ob es kostengünstiger oder kostenintensiver als seine Konkurrenten arbeitet. Die Ausführung jeder einzelnen Aktivität entscheidet aber auch darüber, was sie zur Befriedigung der Abnehmerbedürfnisse und damit zur Differenzierung gegenüber den Konkurrenten beiträgt. Ein Unternehmen erlangt nun einen Wettbewerbsvorteil, wenn es die Aktivitäten seiner Wertkette entweder kostengünstiger oder besser als die Wettbewerber durchführt. Die Wertkette kann demnach genau auf eine Strategie für ein strategisches Geschäftsfeld zugeschnitten werden.

Die Vorteilhaftigkeit einer Anwendung des Konzeptes der Wertkette auf die Gestaltung der Organisationsstruktur hebt *Porter* deutlich hervor. "Ein Unternehmen, das seine Organisationsstruktur an der Wertkette orientiert, ist leichter imstande, sich Wettbewerbsvorteile zu verschaffen und sie zu behaupten" (*Porter* 1992, S. 92). Es ist nicht davon auszugehen, daß es für einzelne Branchen jeweils ein "Standard-Wertkette" gibt; es ist aber wohl anzunehmen, daß sich für bestimmte Branchensituationen typisierbare Wertketten aufstellen lassen. Die von *Porter* vorgeschlagene Aufteilung der Aktivitäten, ihre Reihenfolge und die Zuordnung der sekundären Aktivitäten ist dabei nicht zwingend. "Man sollte die Wertkette deshalb nicht als unverrückbares Prinzip, sondern vielmehr als je nach Bedarf variierbare Check-Liste für den Analytiker betrachten, anhand derer er prüfen kann, ob er an alle potentiell relevanten Bereiche und deren Verknüpfungsökonomien gedacht hat" (*Steinmann/Schreyögg* 1993, S. 178). So wurde die von Porter entwickelte Darstellungsform der Wertkette auch schon vielfältig modifiziert (z.B. *Lassmann* 1992, S. 92 ff.; *Biervert u.a.* 1992, S. 42 ff.).

1.6 Organisierbarkeit von Prozessen

Prozesse zu organisieren heißt, sie so zu gestalten, daß der Prozeßoutput den gestellten Anforderungen entspricht.

> *Die Prozeßorganisation umfaßt die dauerhafte Strukturierung von Arbeitsprozessen unter der Zielsetzung, das geforderte Prozeßergebnis möglichst effizient zu erstellen.*

Nach *Kosiol* (1962, S. 31) sind nur **Wiederholungsvorgänge** strukturierbar und damit organisierbar, wobei der Begriffsinhalt der Wiederholung nicht zu eng aufgefaßt werden darf. Tätigkeiten, die zwar im einzelnen ständig wechseln, aber immer wiederkehrende Gemeinsamkeiten, Übereinstimmungen und Ähnlichkeiten aufweisen, erfüllen auch den Tatbestand der organisatorischen Wiederholung. Der repetitive Charakter eines Prozesses bleibt auch dann gewahrt, wenn aufgrund wechselnder Outputmerkmale oder Auftragsmengen die Durchlaufzeiten unterschiedlich sind. Wesentlich für die Organisierbarkeit ist, daß immer wieder dieselbe Folge von Aktivitäten durchzuführen ist. Derartige Prozesse lassen sich weitgehend standardisieren, so daß bei gleicher Ausgangssituation auch ein gleichartiges Ergebnis erwartet werden kann.

Die Einschränkung der Wiederholbarkeit hat zur Folge, daß **Managementprozesse** ausgeschlossen werden können. Sie finden zudem hauptsächlich in den Köpfen der Manager statt und entziehen sich somit der organisatorischen Gestaltung. Managementprozesse sind in erster Linie Problemlösungs- und Entscheidungsprozesse; der Ablauf derartiger Entscheidungsprozesse wird in der Literatur meist idealtypisch in **Phasen** dargestellt. Eine allgemeine Effizienzsteigerung der Managementprozesse kann vor allem dadurch erreicht werden, daß die Kommunikationsfähigkeiten und das Führungsverhalten der Manager durch **Schulungen** verbessert werden.

Innovationsprozesse weisen die Eigenschaft auf, daß sie erstmalig zu vollziehen sind. Es gibt keine spezifischen Erfahrungen über Art, Umfang, Dauer, Folge und Verknüpfung der Aktivitäten. Vielfach ist sogar der Output nicht exakt bestimmbar, die Kapazitäten der Aktionseinheiten und damit auch der Zeitbedarf sind kaum abschätzbar (vgl. *Hauschildt* 1993, S. 278). Diese Unsicherheiten lassen eine dauerhafte Strukturierung nicht zu. Es gehört vielmehr zum wesentlichen Bestandteil eines Innovationsprozesses, sich selbst zu strukturieren. Es kann lediglich ein grober Rahmen bezüglich der zu durchlaufenden Entwicklungsschritte vorgegeben werden, indem eine Gliederung des Prozesses in einzelne **Stufen** und **Phasen** vorgenommen wird. Details müssen für jeden Einzelfall separat festgelegt werden, so daß bei Innovationsprozessen für die beteiligten Mitarbeiter große Handlungsspielräume verbleiben. Außerdem können Innovationsprozesse mit Hilfe der Methoden und Techniken des **Projektmanagements** wirkungsvoll geplant und gesteuert werden.

So hat auch der Prozeß der organisatorischen Gestaltung häufig innovative Problemstellungen zum Gegenstand und ist demnach zu den Innovationsprozessen zu zählen. Im 5. Teil "Organisationsmanagement" wird ein allgemeines Prozeßmodell zur Abwicklung organisatorischer Innovationsprozesse vorgestellt. Weiterhin wird beschrieben, wie der Prozeß der organisatorischen Gestaltung unter Anwendung des Projektmanagement-Konzeptes effizient geplant und gesteuert werden kann.

2. Elemente eines Arbeitssystems

Im folgenden werden die in *Abbildung 2-1* aufgeführten Elemente eines Arbeitssystems eingehender beschrieben und dabei einzelne, für die organisatorische Gestaltung besonders relevante Gesichtspunkte herausgestellt.

2.1 Prozeßinput und -output

Der **Input** (Eingabe) eines Prozesses besteht aus materiellen Gegenständen oder aus Informationen, die im Sinne der Prozeßaufgabe in ihrem Zustand, ihrer Form oder ihrer Lage verändert werden sollen. Prozeßeingaben können beispielsweise Rohstoffe, Halbzeuge, Zeichnungen, Telefonanrufe, Kundenwünsche, Daten oder Formulare sein.

Der **Output** (Ergebnis, Ausgabe) eines Prozesses besteht im allgemeinen aus materiellen oder immateriellen Produkten, die im Sinne der Prozeßaufgabe erstellt oder verändert wurden. Ein Prozeß kann in mehreren Varianten abgewickelt werden und Outputs in unterschiedlichen Erscheinungsformen hervorbringen.

Ein Prozeß wird immer durch ein oder mehrere **Ereignisse** angestoßen; er erzeugt andererseits Ergebnisse (Output), die ihrerseits wiederum auch Ereignisse darstellen und Folgeprozesse anstoßen können.

2.2 Prozeßsenken und -quellen

Ein Prozeß, aber auch jede einzelne Aktivität benötigt mindestens eine Quelle, die den Input liefert, und eine Senke, an die das Ergebnis weitergeleitet wird. Dies können nicht nur unternehmensexterne Lieferanten und Kunden sein, sondern ebenso vor- und nachgelagerte Prozesse und Aktivitäten. Das sogenannte NOAC-Prinzip (Next Operation as Customer) impliziert, daß ein nachgelagerter Prozeßschritt als Kunde des vorgelagerten Prozeßschrittes zu betrachten ist. In diesem Zusammenhang wird auch von internen und externen Kunden- und Lieferantenbeziehungen gesprochen.

- **Interne** Prozeßquellen und -senken befinden sich als jeweils nach- bzw. vorgelagerte Prozesse in einer Prozeßkette, die innerhalb der Systemgrenzen abgewickelt wird. So kann ein bestimmter Prozeß sowohl interner Kunde eines vorgelagerten Prozesses als auch gleichzeitig interner Lieferant eines nachfolgenden Prozesses sein.
- **Externe** Prozeßkunden und -lieferanten liegen außerhalb der Unternehmensgrenzen und sind Geschäftspartner auf dem Absatz- und Beschaffungsmarkt.

Der Kontakt zu den Quellen und Senken eines Prozesses vollzieht sich über **Schnittstellen**. Somit läßt sich ein Unternehmen als komplexes, offenes System von Prozessen darstellen, die eine Vielfalt von Beziehungen zwischen internen und externen

Lieferanten und Kunden enthalten. Jeder Prozeß füllt dabei drei verschiedene Rollen aus: Erstens erhält der betrachtete Prozeß als Kunde eines vorangegangenen Prozesses materielle und/oder informationelle Leistungen. Zweitens ist der Prozeß Verarbeiter und erbringt auf der Grundlage des erhaltenen Inputs eine mehr oder weniger große Wertschöpfung. Und drittens gibt der Prozeß als Lieferant die erstellte Prozeßleistung an den nachfolgenden Prozeß weiter. Die Koordination zwischen den Schnittstellen zweier aufeinanderfolgender Prozesse erfolgt durch die **Leistungsspezifikation**, in der neben den Anforderungen des jeweiligen Kunden an die Prozeßleistung auch die Verantwortungen exakt festgelegt werden. In *Abbildung 2-6* ist dieser Sachverhalt noch einmal zusammenfassend dargestellt.

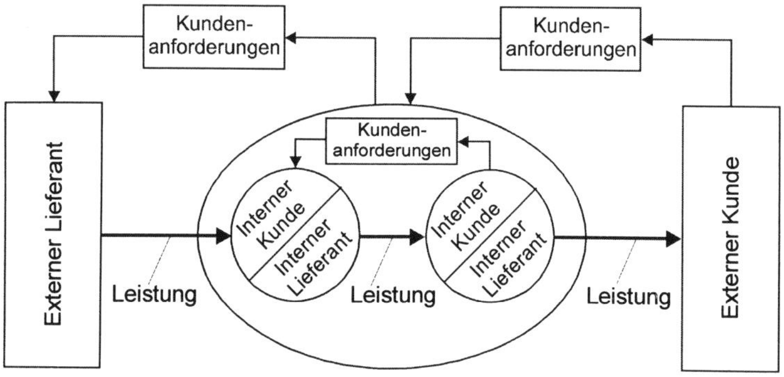

Abb. 2-6: Prozeßschnittstellen

2.3 Prozeßaktivitäten

Aktivitäten stellen den Kern der Prozeßabwicklung dar; synonym werden auch die Begriffe „Tätigkeit" und „Verrichtung" verwendet. Aktivitäten sind in der Sprache der Organisation Verrichtungen an Objekten (*Kosiol* 1962, S. 49 ff.):

- **Verrichtungen** sind unterschiedliche Tätigkeiten.
- **Objekte** sind materielle oder immaterielle Gegenstände, auf die sich diese Tätigkeiten beziehen.

Aktivitäten werden demnach grammatikalisch korrekt immer durch Subjekt und Prädikat beschrieben.

Aktivitäten verändern den Input zum Output.

Aktivitäten werden in Erfüllung der vorgegebenen Prozeßaufgabe durchgeführt. Die einzelnen Aktivitäten eines Arbeitsprozesses sind inhaltlich miteinander verknüpft und folgen aufeinander; das schließt nicht aus, daß einzelne Aktivitäten parallel durchgeführt werden können oder sich wiederholen.

2.4 Menschen

2.4.1 Die Stellung des Menschen im Unternehmen

Lange Zeit orientierte sich die Organisationsgestaltung an dem Grundgedanken, mit organisatorischen Strukturen das menschliche Verhalten zu kanalisieren und unerwünschte Handlungen zu verhindern. So verwendet die traditionelle betriebswirtschaftliche Organisationslehre den Begriff des **Aufgabenträgers**. Der Mensch wird dabei weitgehend durch Berufsbilder standardisiert; seine Qualifikation zur Aufgabenerfüllung und seine quantitative Arbeitskapazität stehen hier im Vordergrund. Die sozialen und psychologischen Eigenschaften werden als "informale" Phänomene nicht weiter berücksichtigt, sondern als spezielles Objekt der Organisationssoziologie und -psychologie gesehen.

Eine Organisation muß als jedoch als zweckbestimmter Zusammenschluß von Menschen gesehen werden, die nicht nur ihre Arbeitskraft in die Organisation einbringen, sondern ihre gesamte Person. Eine Reduzierung des Menschen auf die Funktion des Aufgaben- oder Rollenträgers stellt die ökonomisch-technische Dimension einseitig in den Vordergrund und übersieht diesen sozialen und personellen Aspekt. Das **Verhältnis** von Mensch und Organisation kann dabei als wechselseitige Zweck-Mittel-Beziehung gekennzeichnet werden:

- Einerseits ist der Mensch als Aktionsträger ein wesentliches Element zur Erreichung der Organisationsziele, andererseits dient die Organisation auch zur Bedürfnisbefriedigung der in ihr arbeitenden Menschen.
- Einerseits nimmt der Mensch mit seinen Bedürfnissen, Erwartungen und Verhaltensweisen Einfluß auf die Organisationsgestaltung, andererseits wird er selbst in seinen Erwartungen und Verhaltensweisen auch durch eine gegebene Organisationsstruktur beeinflußt.

Da der Mensch gleichzeitig Subjekt und Objekt in einer Organisation ist, besteht ein Spannungsverhältnis zwischen der zweckrationalen, ökonomisch-technischen und der sozial-personellen Dimension (vgl. hierzu u.a. *Jakob* 1980, S. 30; *Hill/ Fehlbaum/Ulrich* 1981, S. 56 ff.; *Frese* 1988, S. 142 ff.; *Voßbein* 1989, S. 62 ff.; *Krüger* 1993, S. 299). Die notwendige Konsequenz aus dieser ambivalenten Stellung ist die deutliche **Berücksichtigung** des Menschen, indem

1. die jeweils betroffenen Mitarbeiter **aktiv** in den Prozeß der Organisationsgestaltung miteinbezogen werden;
2. die Bedürfnisse der betroffenen Mitarbeiter bei der Formulierung von Zielen für die Organisationsgestaltung ausdrücklich mit berücksichtigt werden. Die **sozialen Ziele** sind somit als eigenständige Zielkategorie neben den ökonomischen und funktionalen Zielen zu sehen.

2.4.2 Die menschliche Arbeitsleistung

Mit dem Einsatz von Menschen in Arbeitssystemen ist die Anforderung verbunden, einerseits seine sozialen Bedürfnisse, andererseits sein individuelles Leistungsangebot zu berücksichtigen. Dabei besteht zwischen diesen beiden Größen ein enger Zusammenhang, beispielsweise wenn durch die Einführung von Arbeitsgruppen ein verbessertes Betriebsklima und damit eine erhöhte Motivation verbunden ist, die zu einer Leistungserhöhung führen kann.

Die menschliche Arbeitsleistung ist ein äußerst vielschichtiger Komplex, dem sich viele wissenschaftliche Disziplinen widmen. Bei der Planung der menschlichen Arbeit geht es auch darum, daß der Mensch eine möglichst große Leistung erreichen kann, ohne dabei gesundheitlichen Schaden zu erleiden. Die Gesundheit beinhaltet dabei nicht nur die körperliche und seelisch-geistige Unversehrtheit, sondern auch das soziale Wohlbefinden.

Die Leistungen, die Menschen erbringen können, differieren stark. Es treten nicht nur zwischen einzelnen Personen Unterschiede auf, sondern auch bei den Einzelpersonen selbst. Die Höhe der jeweils individuell erbrachten Leistung eines Menschen hängt von seiner Leistungsfähigkeit, seiner Leistungsbereitschaft, den Leistungsanforderungen sowie den Leistungsbedingungen ab (*Abb. 2-7*):

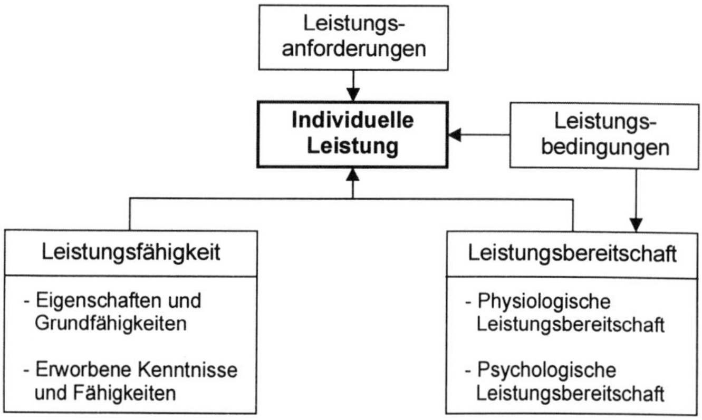

Abb. 2-7: Das individuelle Leistungsangebot des Menschen

- Die **Leistungsfähigkeit** des Menschen beinhaltet diejenige Leistung, die ein Mensch auszuüben fähig ist; es handelt sich um das Leistungspotential im Sinne einer theoretischen Obergrenze. Sie umfaßt sowohl die kurzfristige Fähigkeit, Spitzenleistungen zu erbringen, als auch die langfristige Dauerleistungsfähigkeit. Sie hängt von grundlegenden Eigenschaften der einzelnen Person (Alter, Konstitution, Gesundheitszustand) sowie von erworbenen Kenntnissen und Fähigkeiten ab.

- Die **Leistungsbereitschaft** kennzeichnet, in welchem Ausmaß ein Mensch unter gegebenen Bedingungen bereit und in der Lage ist, seine Fähigkeiten einzusetzen und sein Leistungspotential auszuschöpfen. Die Leistungsbereitschaft ist einerseits bedingt durch die Leistungsdisposition, welche physiologische Gegebenheiten umfaßt. Dazu spielen auch psychologische Momente eine ausschlaggebende Rolle - insbesondere der Leistungswille. Da sich der Leistungswille und der physiologische Zustand gegenseitig beeinflussen, ist eine saubere Trennung dieser beiden Größen nicht möglich.

- Es hängt auch von den jeweiligen **Leistungsanforderungen** ab, ob und inwieweit eine vorhandene Leistungsfähigkeit und Leistungsbereitschaft tatsächlich zu einer verwertbaren Leistung führen. Liegen die Anforderungen einer Prozeßaufgabe unter der Leistungsfähigkeit des Menschen, so wird höchstens der Teil des vorhandenen Leistungspotentials ausgeschöpft, mit dem den Anforderungen entsprochen wird. Ebenso bewirkt eine Anforderung, die über der Leistungsfähigkeit des Menschen liegt, negative Auswirkungen auf die Leistungsbereitschaft. Die Leistungsanforderungen an den Menschen haben dabei nicht nur eine zeit- und mengenmäßige Dimension, sondern erstrecken sich auch auf die Qualität der Arbeitsergebnisse.

- Die **Leistungsbedingungen** beeinflussen sowohl direkt als auch indirekt die Leistung des arbeitenden Menschen. So können eine ergonomisch ungünstige Arbeitsplatzgestaltung oder unzureichende Sachmittel sowohl zu einer geringen Effizienz bei der Umsetzung der menschlichen Leistungsfähigkeit als auch zu einer Reduktion der Leistungsbereitschaft infolge vorzeitiger Ermüdung führen.

Wenn eine bestimmte Arbeitsleistung erbracht werden soll, bestimmen alle aufgeführten Dimensionen, welche Personen hierfür vorgesehen werden und wie der Arbeitsprozeß gestaltet werden muß. Da die aufgeführten Merkmale sowohl leistungssteigernd als auch leistungsmindernd wirken können, müssen sie gemeinsam betrachtet werden, um zu bestimmen, welche Leistung von einer bestimmten Person erbracht werden kann (vgl. hierzu *Luczak* 1993, S. 32 f.).

2.5 Methoden

Durch Methoden wird das Vorgehen bei der Durchführung der Prozeßaktivitäten geregelt. Als **Transformationsregeln** beschreiben sie die notwendigen Schritte, um von einem gegebenen Input-Zustand eines Objektes zum angestrebten Output-Zustand zu gelangen.

In einer engen begrifflichen Beziehung zu den Methoden stehen Technologien. Eine **Technologie** faßt die verwendeten Sachmittel einerseits und die Methoden und Verfahren zur Umwandlung des Inputs in den Output andererseits zusammen (vgl. *Jakob* 1980, S. 46). Werden Prozesse mit realen technischen Sachmitteln durchgeführt und beherrscht, so liegt die Anwendung einer bestimmten Prozeßtechnologie vor. Produktionstechnologien beinhalten in erster Linie die Verfahren und Sachmittel zur Bearbeitung und Umwandlung von materiellen Gütern, während Informations- und Kommunikationstechnologien bei den Aktivitäten der Informationsverarbeitung angewendet werden.

2.6 Informationen

2.6.1 Begriffliche Grundlagen

In der Umgangssprache wird unter einer Information das **Wissen** über Sachverhalte und Vorgänge verstanden. Nach der in der Betriebswirtschaftslehre weit verbreiteten Definition ist eine Information "zweckorientiertes Wissen, wobei der Zweck in der Vorbereitung des Handelns liegt" (*Wittmann* 1980, Sp. 894). In dieser pragmatischen Betrachtung sind Informationen begrifflich von den Nachrichten (semantische Ebene) und den Zeichen (syntaktische Ebene) zu unterscheiden (*Abb. 2-8*):

- **Zeichen** dienen in bestimmter Kombination als Mittel zur Darstellung und Übermittlung von Nachrichten. Zeichen sind Elemente eines Zeichenvorrates und können beispielsweise als Ziffern, Buchstaben, Symbole oder Töne vorkommen.
- Unter einer **Nachricht** ist eine nach festen sprachlichen Regeln gebildete Zusammenstellung von Zeichen mit einer bestimmten Bedeutung zu verstehen; sie beinhaltet eine Mitteilung über einen bestimmten Sachverhalt. Es spielt dabei keine Rolle, ob die Aussage richtig oder falsch, neu oder veraltet ist. Nachrichten können formatiert als Daten, nichtformatiert als Text, in Sprachform und in Bildform dargestellt werden.
- Eine **Information** ist eine Nachricht besonderer Art: Sie muß für den Empfänger zweckdienlich sein und für ihn etwas Neues enthalten. Der Wissenszuwachs für den Empfänger wird als **Informationsgehalt** einer Nachricht bezeichnet; er hängt vom Vorwissen des Empfängers ab, vom Umfang der Nachricht und von der Redundanz innerhalb der Nachricht. Als Redundanz wird der Teil einer Nachricht bezeichnet, der wiederholt in ihr enthalten ist und deshalb keinen Neuigkeitswert hat. Der **Informationswert** einer Nachricht ergibt sich aus dem Nutzenzuwachs für den Empfänger durch den Erhalt der Information.

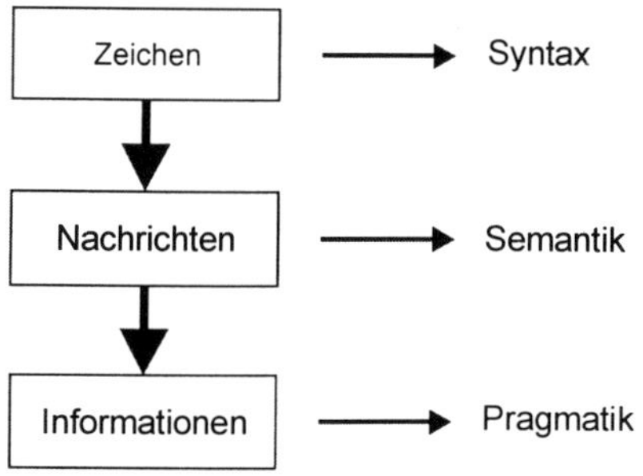

Abb. 2-8: Zusammenhänge zwischen Zeichen, Nachrichten und Informationen

Mit **Syntax** bezeichnet man die Regeln, nach denen Zeichen zu Wörtern und Sätzen einer Sprache aneinandergereiht werden dürfen. Unter **Semantik** versteht man die Lehre von der inhaltlichen Bedeutung einer Sprache, während die **Pragmatik** die Beziehungen zwischen Zeichen, Wörtern und Sätzen einer Sprache mit dem interpretierenden Menschen untersucht. Informationen sind demnach Zeichenfolgen, die aus einem Zeichenvorrat nach bestimmten Regeln erzeugt werden (Syntax), die eine bestimmte Bedeutung haben (Semantik) und die vom Sender bzw. Empfänger der Information in bestimmter Weise inhaltlich interpretiert werden (Pragmatik) (vgl. *Schwarze* 1991, S. 39 f.).

Im Sinne der obigen Abgrenzung der Informationstheorie müßte man eher allgemein von Zeichen- oder Nachrichten reden und dürfte nur in bestimmten Fällen von Informationen sprechen. Da hier eine mangelnde Unterscheidung keine Mißverständnisse nach sich zieht, soll die gebräuchliche Bezeichnung "Information" weiter verwendet werden.

Mit **Kommunikation** wird der Prozeß der wechselseitigen Abgabe, Übermittlung und Aufnahme von Nachrichten zwischen Menschen und/oder technischen Systemen bezeichnet. Kommunikation ist immer dann erforderlich, wenn der Ort des Informationsanfalls und der Ort des Informationsbedarfes nicht identisch sind. Die Nachrichten werden auf verschiedenen Wegen (Kommunikationskanälen) und mit verschiedenen Mitteln (Kommunikationsmedien) weitergeleitet und empfangen.

Bezüglich der Kommunikationswege innerhalb einer Organisation wird zwischen der vertikalen und der horizontalen Kommunikation unterschieden:

- **Vertikale Kommunikation** erfolgt zwischen Stelleninhabern unterschiedlicher Hierarchieebenen. Es handelt sich in der Regel um einen Informationsaustausch über formelle Wege, die organisatorisch institutionalisiert sind, und der Koordination und Kontrolle aller Teile eines Unternehmens dient.
- **Horizontale Kommunikation** erfolgt zwischen Stelleninhabern mit gleichem Rang. Oft sind die horizontalen Informationswege informell, aber trotzdem erwünscht. Durch kürzere Informationswege - ohne den Umweg über übergeordnete Instanzen - ermöglichen sie einen schnelleren Informationsfluß. Außerdem dienen sie der Befriedigung des Informationsbedürfnisses der Mitarbeiter.

2.6.2 Klassifikation von Informationen

Bezüglich ihrer Aufgabe im Transformationsprozeß kann in Anlehnung an entsprechende Klassifikationen im Bereich der Wirtschaftsinformatik (vgl. z.B. *Hansen* 1986, S. 102 f.; *Stahlknecht* 1991, S. 164) zwischen folgenden Informationsarten unterschieden werden:

- **Stamminformationen** sind zustandsorientierte Informationen, die der Identifizierung, Klassifizierung und Beschreibung von Sachverhalten dienen. Sie stehen unverändert über einen längeren Zeitraum zur Verfügung und können auch als feste Informationen bezeichnet werden.
- **Änderungsinformationen** sind prozeßorientierte Informationen, die fallweise zu einer Änderung der Stamminformationen führen.
- **Bestandsinformationen** sind zustandsorientierte Informationen, welche die betriebliche Mengen- und Wertestruktur ausweisen. Sie unterliegen einer laufenden Änderung.
- **Bewegungsinformationen** sind prozeßorientierte Informationen, die als Input in die Geschäftsprozesse einfließen und dort zu einer Änderung der Bestandsinformationen führen.

Stamminformationen sind beispielsweise in einem Prozeß "Auftragsabwicklung" der Name und die Adresse eines Kunden, in einem Prozeß "Teilefertigung" eine Stückliste oder ein Arbeitsplan. Änderungsinformationen sind dagegen Angaben, die eine Veränderung der Kundenadresse oder einer Stücklistenposition bewirken. Bestandsinformationen kennzeichnen beispielsweise den Kontenstand eines Kunden in der Debitorenbuchhaltung oder den verfügbaren Lagerbestand eines Rohstoffes. Ein konkreter Kundenauftrag bzw. eine Fertigungsauftrag stellen Bewegungsinformationen dar, die den Geschäftsprozeß "Auftragsabwicklung" bzw. "Teilefertigung" anstoßen und in diesen Prozessen letztendlich bis hin zur Produktlieferung und Rechungsstellung weiterverarbeitet werden.

Die prozeßorientierten Änderungs- und Bewegungsinformationen gehen als Input in die Prozesse ein, werden als **Bearbeitungsobjekt** durch die Prozeßaktivitäten transformiert und verlassen abschließend als Prozeßoutput das System. Die zustandsorientierten Stamm- und Bestandsinformationen dagegen sind Bestandteile der **Prozeßinfrastruktur**. Sie werden ähnlich wie die Aktionsträger zur eigentlichen Prozeßabwicklung benötigt und in vielfältiger Form aufbewahrt (beispielsweise auf Karteikarten, in Zeichnungen und Stücklisten oder auf Magnetplatten). Sie werden deshalb auch **Speicherinformationen** genannt. Die Aktualisierung von Stamminformationen erfolgt in der Regel durch eigenständige Geschäftsprozesse, die als sekundäre Prozesse nicht in einem direkten Zusammenhang mit der betrieblichen Leistungserstellung stehen.

2.6.3 Informationsangebot, -nachfrage und -bedarf

Die in den Unternehmen vorzufindende Informationssituation stellt sich entsprechend *Abbildung 2-9* dar (vgl. u.a. *Berthel* 1992, Sp. 875 f). Das **Informationsangebot** besteht aus Informationen, die in Dokumenten, Datenbanken, Archiven usw. gespeichert sind. Weiterhin zählen hierzu die Informationen, die durch unterschiedliche unternehmensinterne und -externe Quellen zugeliefert werden. Diesem Angebot steht als **Informationsnachfrage** eine subjektive, von den einzelnen Menschen gewünschte Informationsmenge gegenüber. Die für die Prozeßabwicklung tatsächlich erforderlichen Informationen hängen dabei in erster Linie von der jeweiligen Aufgabenstellung, den zugrundeliegenden Zielen und den Rahmenbedingungen ab; sie werden als **Informationsbedarf** bezeichnet.

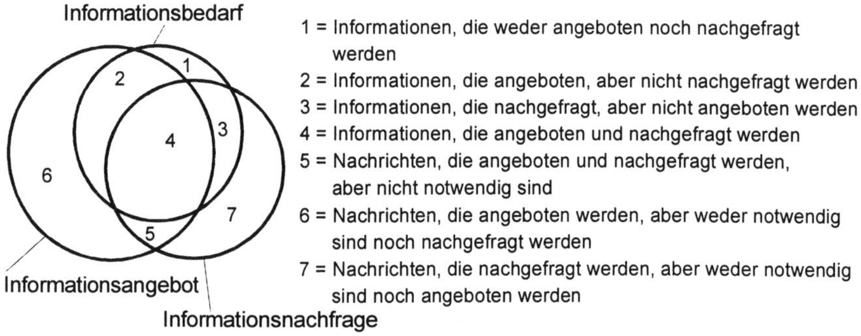

Abb. 2-9: Informationsangebot, -nachfrage und -bedarf

Der Umfang dieser drei Größen kann höchst unterschiedlich sein. Es ist dabei durchaus denkbar, daß eine breite Nachfrage auch bei einem großen Angebot weitgehend ungedeckt bleibt. Diese als "Mangel im Überfluß" (*Berthel* 1992, Sp. 876) bezeichnete Situation ergibt sich daraus, daß zwar Informationen unterschiedlichster Art vorhanden sind, die für eine Aufgabe benötigten Informationen jedoch nicht vorliegen und aus den vorhandenen Informationen mühevoll und zeitaufwendig herausgefiltert werden müssen. Die Qualität betrieblicher Informationssysteme ist deshalb vor allem dadurch gekennzeichnet, inwieweit Informationsangebot, Informationsnachfrage und Informationsbedarf zur Deckung gebracht werden. Ein idealer Zustand würde aus der Kongruenz aller drei Kreise in der obigen Abbildung bestehen.

Der **Informationsgrad** kann formal als Quotient dargestellt werden:

$$\text{Informationsgrad} = \frac{\text{von einer Arbeitsperson verwendete Informationen}}{\text{für eine Aufgabe erforderliche Informationen}}.$$

Ein Wert kleiner 1 bedeutet, daß für eine Entscheidung weniger Informationen zur Verfügung stehen als benötigt werden. Das ist in der Praxis fast ohne Ausnahme der Normalfall. Die Zielvorstellungen von organisatorischen Gestaltungsmaßnahmen liegt deshalb oft darin, diesen Wert in Richtung 1 zu verbessern. Dabei ist zu berücksichtigen, daß die notwendigen Informationen auch zur richtigen Zeit verfügbar sein müssen. Dieses Steuerungsproblem ist vorrangig eine Frage der Gestaltung der Kommunikationsprozesse.

2.6.4 Bedeutung der Informationen für die Organisationsgestaltung

Die Bedeutung der Information als organisatorisches Gestaltungselement ist in den letzten beiden Jahrzehnten deutlich gestiegen. Dementsprechend wird die Information zunehmend als eigenständiger **Produktionsfaktor** aufgefaßt, der gezielt eingesetzt und mit den anderen Produktionsfaktoren optimal kombiniert werden muß (vgl. *Scheer* 1990, S. 4). Die Auffassung der Information als Produktionsfaktor geht von der Erkenntnis aus, daß

- Informationen die Grundlagen für Entscheidungen bilden und damit in allen Unternehmensbereichen benötigt werden;
- sämtliche Prozesse in einen Unternehmen durch Informationsbeziehungen miteinander verknüpft sind und eine reibungslose Abwicklung der Prozesse in starkem Maße von der Gestaltung der Informations- und Kommunikationssysteme abhängt;
- Informationen aus unterschiedlichen internen und externen Quellen beschafft werden müssen;
- die Sammlung, Verarbeitung, Speicherung und Übertragung von Informationen mit teilweise erheblichen Kosten verbunden ist.

Aufgrund dieser hohen Bedeutung der Information fordert *Schwarze*, die Betriebswirtschaftslehre um eine Funktionenlehre der "Informationswirtschaft" zu erweitern (*Schwarze* 1990, S. 105). Durch *Scheer* wurde eine lebhafte Diskussion über eine *EDV-orientierte Betriebswirtschaftslehre* ausgelöst, deren Erkenntnisobjekt die gegenseitigen Wirkungen zwischen Informationstechnologie und Betriebswirtschaft ist (vgl. *Scheer* 1990, S. 5 ff.).

2.7 Sachmittel

2.7.1 Sachmittel als Aktionsträger

Unter dem Begriff Sachmittel werden hier alle **materiellen Hilfsmittel** zur Prozeßabwicklung verstanden. Sachmittel (auch Betriebsmittel) entlasten durch ihren Einsatz den Menschen oder dienen zur Verbesserung seiner Leistung. Sie reichen von Bürohilfsmitteln und -einrichtungen bis zu EDV-Systemen, von einfachen Werkzeugen bis zu Werkzeugmaschinen, von Handkarren bis zu fahrerlosen Transportsystemen.

Schon immer hat der Mensch Hilfsmittel benutzt, um seine Ziele zu erreichen. Die Entwicklung der letzten Jahrzehnte hat jedoch Sachmittel hervorgebracht, die selbständig Aktivitäten ausführen und sich selbst steuern und überwachen können. Der Einbeziehung derartiger automatischer Sachmitteln hat zur Veränderung der Unternehmen als soziale Systeme zu soziotechnischen Systemen (oder auch Mensch-Maschine-Systemen) geführt.

Will man die Sachmittel hinsichtlich der Arbeitsteilung zwischen Mensch und Sachmittel klassifizieren, so kann die in *Abbildung 2-10* dargestellte Skala der Technisierungsstufen herangezogen werden. Zur Kennzeichnung der Technisierung unterscheidet diese auf *Gutenberg* (1951, S. 91 ff.) zurückgehende Skala drei Formen des Zusammenwirkens von Menschen und Sachmitteln. In der ersten Stufe wird das Sachmittel vom Menschen geführt, in der zweiten Stufe wird die Führung auf einen Mechanismus übertragen. In der dritten Stufe übernimmt der Mechanismus auch die Prozeßsteuerung; der Mensch hat lediglich eine Überwachungs- und Bedienungsfunktion. Bei der ersten Technisierungsstufe stellt ausschließlich der Mensch die Aktionseinheit dar, während bei den übrigen zwei Technisierungsstufen von einer kombinierten Aktionseinheit mit Mensch und Sachmittel als Aktionsträger gesprochen werden muß.

Die Prozeßaktivität "Schreiben eines Briefes" beispielsweise erfolgt manuell mit einem Kugelschreiber, mechanisiert mit einer Schreibmaschine und automatisiert über ein Textverarbeitungssystem mit Spracheingabe, das auch automatisch einen Umbruch vornimmt.

	Technisierungsstufe		
Funktionen	**manuelle Ausführung**	**mechanisierte Ausführung**	**automatisierte Ausführung**
Einwirkung	Mensch	Sachmittel	Sachmittel
Steuerung	Mensch	Mensch	Sachmittel
Überwachung	Mensch	Mensch	Mensch

Abb. 2-10: Funktionsteilung zwischen Mensch und Sachmittel

Die Leistungen der automatisierten Sachmittel sind für eine Reihe von Aktivitäten denen des Menschen gleichwertig oder sogar überlegen. Konsequenterweise werden sie daher auch zusammen mit dem Menschen als Aktionsträger angesehen. Im Unterschied zum Menschen als Aktionsträger benötigen automatisierte Sachmittel sehr detaillierte Programme als Vorgabe. Abgesehen von technischen Störungen ist ihr Leistungsvermögen dabei exakt prognostizierbar; sie verfügen allerdings über keine Kreativität und können somit nicht für Veränderungen sorgen.

2.7.2 Bedeutung der Sachmittel für die Organisationsgestaltung

Da Sachmittel als Aktionsträger auf eine bestimmte Art der Zuarbeit angewiesen sind, nach genauen Regeln bedient werden müssen und teilweise eine bestimmte Weiterverarbeitung verlangen, sind die entsprechenden technischen Bedingungen und Regeln bei der Organisationsgestaltung mit zu berücksichtigen. Die Organisation materieller Prozesse wurde schon immer unter besonderer Berücksichtigung der technischen Hilfsmittel vorgenommen; sie war und ist deshalb nach wie vor eine Domäne der ingenieurwissenschaftlich orientierten Betriebsorganisation. Der informationelle Aspekt wird hierbei durch die sogenannten **C-Technologien** (vor allem Computer Aided Design, Computer Aided Engineering, Computer Aided Quality und Computer Aided Planning) unterstützt. Die durchgehende EDV-Unterstützung des Prozeßablaufes von der Produktentwicklung über Funktionen der Arbeitsvorbereitung, der betriebswirtschaftlichen Planungs- und Dispositionsfunktionen bis in zur Fertigung und Montage wird als Computer Integrated Manufacturing (CIM) bezeichnet (vgl. *Scheer* 1990).

Auch die Abwicklung der überwiegend informationellen Prozesse wird in letzter Zeit sowohl im Ausführungs- als auch im Managementbereich verstärkt durch Sachmittel der Informations- und Kommunikationstechnik unterstützt. Anhand der Wertkette von *Porter* kann dargelegt werden, wie diese Technologien inzwischen den gesamten Wertschöpfungsprozeß eines Unternehmens durchdringen (*Abb. 2-11*).

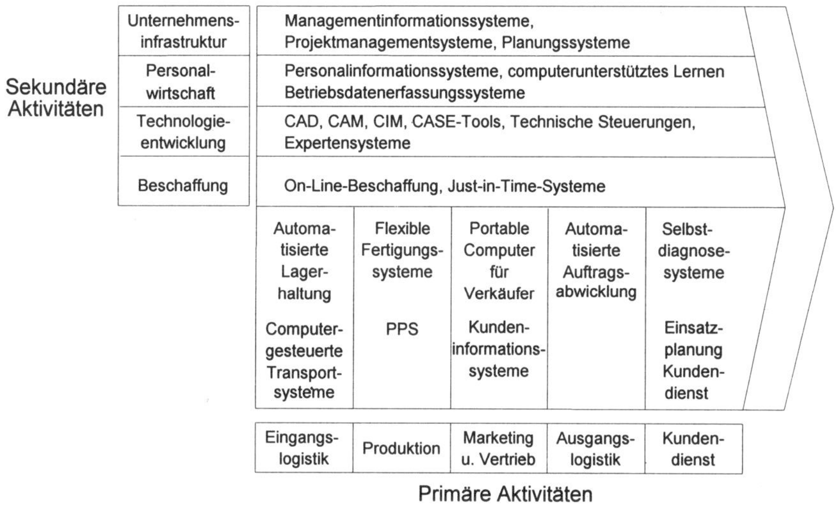

Abb. 2-11: Durchdringung der Wertschöpfungskette durch die Informations- und Kommunikationstechnologie
Quelle: nach Porter/Millar 1986, S. 29

Der verstärkte Einsatz dieser Techniken hat dazu geführt, daß der Sachmittelaspekt auch für die praktische Organisationsarbeit einen hohen Stellenwert erhalten hat. Die zunehmende Integration von Prozeßschritten, die durch Datenbanken und Kommunikationssysteme ermöglicht wird, zieht ihrerseits wiederum eine starke Prozeßorientierung der Organisationsgestaltung nach sich (vgl. hierzu insbesondere *Scheer* 1994). Aufgrund der damit verbundenen erforderlichen technischen Spezialkenntnisse besteht allerdings in der betriebswirtschaftlichen Organisationsforschung die Tendenz, den Sachmittelaspekt auszuklammern (vgl. *Witte* 1989, S. 30).

In den vergangenen Jahrzehnten engte die Informationstechnologie den Spielraum der Organisationsgestaltung eher ein. Heute setzt der effiziente Einsatz von Informations- und Kommunikationssystemen dagegen passende organisatorische Strukturen voraus. In vielen Unternehmen hat sich dieser Wandel in der Zusammenfassung der ursprünglich getrennten Bereiche Datenverarbeitung und Organisation zu einem Verantwortungsbereich Organisation/Informatik niedergeschlagen. Dies ist sinnvoll, da "bei einer organisatorischen Trennung von Organisationsabteilung und Datenverarbeitung Konflikte entstehen, weil jedes neue Anwendungssystem in der Datenverarbeitung die Unternehmensorganisation verändert" (*Martiny/Klotz* 1989, S. 58).

Mitte der 60er Jahre fand EDV-Wissen mit der **Wirtschaftsinformatik** (Betriebsinformatik) Eingang in die Betriebswirtschaftslehre. Als anwendungsorientierte Wissenschaft beschäftigt sich die Wirtschaftsinformatik mit dem Aufbau, der Arbeitsweise und der Gestaltung betrieblicher Kommunikations- und Informationssysteme. Ihre Hauptaufgabe liegt "in der Entwicklung von Konzepten zur Integration aller betrieblichen Daten und Arbeitsabläufe unter Einbezug aller kaufmännischen und technischen Arbeitsplätze und zunehmend der außerbetrieblichen Umwelt (Lieferanten, Kunden usw.)" (*Stahlknecht* 1991, S. 4). Sämtliche die Informationsversorgung eines Unternehmens betreffenden Führungsaufgaben werden dabei unter dem Begriff des **Informationsmanagements** zusammengefaßt. Diese Sichtweise bedeutet einen grundlegenden Wandel der klassischen Datenverarbeitung: Statt einer fast ausschließlich technisch orientierten Funktion erstreckt sich das Aufgabenfeld nun auch auf organisatorische und personalwirtschaftliche Fragen.

2.8 Aufgaben und Ziele

2.8.1 Begriffliche Grundlagen

Organisationssysteme sind definitionsgemäß zielorientiert. Die in diesem Zusammenhang in der Literatur geführte Diskussion über den Zielbegriff wird dadurch erschwert, daß Worte wie Zweck, Aufgabe, Motiv, Norm und Vision mit ähnlichen oder gar gleichen Inhalten belegt werden wie der Zielbegriff. Weder Fach- noch Umgangssprache sind hier konsistent (vgl. *Hamel* 1992, Sp. 2635). Dies trifft in ähnlicher Weise auch für die Worte goal, aim, objectiv, end, norm und mission der englischen Sprache zu. Da jeder Autor in der Wahl seiner Begriffe frei ist, kommt es vor, daß für den gleichen Sachverhalt verschiedene Begriffe und für unterschiedliche Sachverhalte der gleiche Begriff verwendet werden. Innerhalb der Betriebswirtschaftslehre gibt es keine Institutionen oder Konventionen, die Begriffsinhalte festlegen. Somit ist auch hier eine Festlegung der Zielbegriffe, wie sie in dieser Arbeit verwendet werden sollen, nicht zu vermeiden.

Eine Reihe von Autoren der betriebswirtschaftlichen Organisationslehre nehmen eine grundsätzliche Differenzierung des Zielbegriffs vor, indem sie zwischen Sach- und Formalzielen unterscheiden (z.B. *Grochla* 1972, S. 38 ff.; *Hamel* 1992, Sp. 2638 f.; *Frese* 1988, S. 175):

- **Sachziele** bilden den konkreten Gegenstandsbereich des Handelns im Unternehmen ab. Sie beschreiben das sachliche Leistungsprogramm des Unternehmens, das heißt die zu erstellenden und auf dem Markt abzusetzenden Leistungen (Güter und/oder Dienstleistungen). Das generelle Sachziel eines Unternehmens, die unternehmerische Aufgabe, kann sich dabei auf eine einzige Leistung, aber auch auf eine ganze Palette ähnlicher oder unterschiedlicher Leistungen erstrecken. Das oberste Sachziel eines Unternehmens ist als "Unternehmenszweck" in der jeweiligen Satzung regelmäßig aufgeführt und wird auch als Gegenstand des Unternehmens in das Handelsregister eingetragen.

- **Formalziele** beschreiben die angestrebte Qualität der verfolgten Sachziele. Sie erlauben eine Bewertung unterschiedlicher Handlungsalternativen zur Erreichung eines Sachzieles.

Um sprachlich bedingte Mißverständnisse zu vermeiden, soll hier nicht weiter von Sachzielen, sondern von **Aufgaben** im Sinne einer zu erbringenden Soll-Leistung gesprochen werden (vgl. *Hill/Fehlbaum/Ulrich* 1989, 122 f.; *Bleicher* 1992, S. 35). Wie bereits im Zusammenhang mit dem Analyse-Synthese-Konzept von *Kosiol* ausgeführt, enthalten Aufgaben die Aufforderung, eine Veränderung von Objekten durch Verrichtungen (Aktivitäten) vorzunehmen. Aufgaben sind demnach immer **tätigkeitsorientiert**. Der Terminus Ziel bezieht sich ausschließlich auf Kriterien, die angestrebte Zustände beschreiben. Ziele sind demnach immer **ergebnisorientiert**.

Ein Ziel beschreibt einen zukünftig anzustrebenden Zustand.

Der Prozeßbegriff unterscheidet sich vom Aufgabenbegriff darin, daß ein Prozeß die einzelnen Aktivitäten zur Aufgabenerfüllung beinhaltet. Eine Aufgabe hat einen dauerhaften Charakter und kann grundsätzlich nur an Menschen übertragen werden. Die Aufgabe kennzeichnet den Zweck des Arbeitssystems. Sie kann jedoch in Abhängigkeit von der Einsatzkombination der Prozeßelemente Methode, Sachmittel und Mensch durchaus auf unterschiedlichen, alternativen Wegen erfüllt werden. So lassen sich zwar aus einer Aufgabe die notwendigen Aktivitäten ableiten, jedoch kann aus den Aktivitäten eines Prozesses keine Aussage über die zugrundeliegenden Aufgaben getroffen werden (vgl. *Hill/Fehlbaum/Ulrich* 1989, S. 123).

Eine Aufgabe beinhaltet die dauerhafte Verpflichtung zur Erbringung einer Soll-Leistung.

2.8.2 Ziele von Arbeitsprozessen

Ziele spielen in der prozeßorientierten Organisationsgestaltung eine wesentliche Rolle. Während der klassische funktionsorientierte Ansatz einen hohen Aufwand betreibt, um Arbeitsinhalte sehr detailliert zu analysieren und kleinste Arbeitsgangelemente zu beschreiben, legen prozeßorientierte Ansätze eher den Schwerpunkt auf die Festsetzung von Zielen. Die Mittel und Wege zur Erreichung der Ziele können dann - in gewissen Grenzen - von den Mitarbeitern selbst getroffen werden (vgl. u.a. *Rommel u.a.* 1993, S. 164 ff.; *Bösenberg/Metzen* 1993, S. 84 ff.).

Die Aufgabe der organisatorischen Prozeßgestaltung liegt dann darin, die einzelnen Elemente eines Prozesses so zu strukturieren, daß sie räumlich und zeitlich aufeinander abgestimmt sind und die gesetzten Prozeßziele möglichst effizient erreichen. Als generelle, allgemeingültige Zielkriterien und damit auch als Kriterium für die Prozeßeffizienz sind sowohl für materielle als auch für informationelle Prozesse die Prozeßdurchlaufzeit, die Qualität des Prozeßergebnisses und die Prozeßkosten von Bedeutung.

(1) Prozeßqualität

Die Qualität ist kein absolutes, allgemeingültiges Maß. Ein Produkt oder eine Leistung ist dann qualitativ, wenn es die jeweiligen Anforderungen der Kunden durch entsprechende Eigenschaften bzw. Merkmale erfüllt. Ausschlaggebend sind demnach die zwei Aspekte: Die Kundenorientierung und die Anforderungserfüllung.

- Die **Kundenorientierung** beinhaltet nicht nur die Orientierung an die Anforderungen der Endabnehmer eines Produktes oder einer Dienstleistung, sondern ebenso die Anforderungen des unmittelbaren Prozeßkunden (vgl. *Abb. 2-6*). Kunden sind deshalb nicht nur die externen Marktkunden; vielmehr ist jeder nachfolgende Teilprozeß als Kunde des vorhergehenden Teilprozesses zu betrachten. Die Anforderungen der externen Marktkunden wie auch der internen Kunden sind zu erfüllen, um die Qualität des Endproduktes von Anfang an sicherzustellen. Um diese Anforderungen erfüllen zu können, müssen sie zunächst identifiziert werden und als Leistungsspezifikation (Outputspezifikation) vorgegeben werden.

- Die **Anforderungserfüllung** bedeutet, daß von den identifizierten Kundenwünschen keine Abweichungen zugelassen werden. Je mehr das erreichte Prozeßergebnis der Leistungsspezifikation entspricht, desto höher ist die Prozeßqualität.

Anforderungen bestehen aus objektiven Kriterien für die sachlichen Produktmerkmale sowie aus individuellen, subjektiven Wünschen an das gesamte Produkt. Das Produkt muß auf der einen Seite die objektiv beurteilbare Mängelfreiheit aufweisen. Die uneingeschränkte technisch-funktionale Gebrauchstauglichkeit im Sinne des "fitness-for-use" (*Juran* 1993, S. 21) bezeichnet seine **objektive Qualität**.

Die **subjektive Qualität** verlangt weitaus mehr, indem sie an den Wünschen des Abnehmers ansetzt und somit über die bloße Funktionsfähigkeit des Produktes hinausgeht. Ist "fitness-for-use" erreicht, muß das Produkt oder die Dienstleistung einer Vielzahl von individuellen Bedürfnissen genügen. Dies setzt die Kenntnis der Kundenbedürfnisse voraus, um sie dann treffend in Produktmerkmale "übersetzen" zu können. Die Orientierung an den Bedürfnissen der Kunden von Anfang an gewährleistet die Herstellung eines Produktes, das vom Endabnehmer gewünscht und somit nachgefragt wird. Auf diese Weise können beispielsweise "Fehlentwicklungen" oder "Overengineering" verhindert werden. Diese Leistungen sind zwar technisch einwandfrei, erfüllen aber nicht die Anforderungen (vgl. *Abb. 2-12*).

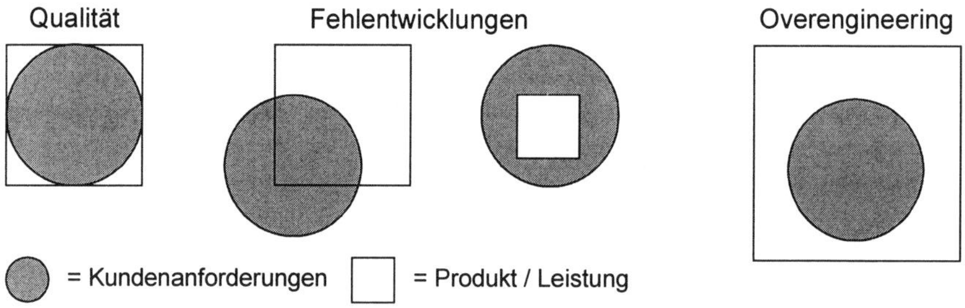

Abb. 2-12: Qualität als Erfüllung von Kundenanforderungen
Quelle: in Anlehnung an Teboul (1991, S. 37)

Die Prozeßqualität beinhaltet somit die Eignung des Prozeßergebnisses zur Erfüllung aller an sie gerichteten kundenbezogenen Erwartungen.

(2) Durchlaufzeit

Die Durchlaufzeit umfaßt die gesamte Zeitspanne eines Vorgangs bzw. eines Auftrags von der Eingangsschnittstelle bis zur Ausgangsschnittstelle. Der zugrundeliegenden Prozeß endet dabei zeitlich nicht bereits mit der letzten durchgeführten Aktivität, sondern erst mit der Übergabe an den Folgeprozeß bzw. an den externen Kunden.

Eine genaue Kenntnis der Durchlaufzeit ist sowohl für materielle als auch für informationelle Prozesse von Bedeutung. Zu hohe Durchlaufzeiten sind nicht nur mit erhöhten Kosten (vor allem Kosten der Kapitalbindung) verbunden, sondern können auch zu gravierenden Wettbewerbsnachteilen infolge einer geringeren Kundenzufriedenheit führen. Aus diesem Grunde spielen die Durchlaufzeiten im Rahmen der Prozeßorganisation eine tragende Rolle.

Die Durchlaufzeit sowohl von informationellen als auch von materiellen Prozessen setzt sich im wesentlichen aus drei Komponenten zusammen (*Abb. 2-13*):

- Die **Durchführungszeit** beinhaltet den Zeitaufwand, der notwendig ist, um den eigentlichen Transfer der Inputs in den Output vorzunehmen. Zur Durchführungszeit gehören **Ausführungszeiten**, in denen eine direkte Wertschöpfung vorgenommen wird, sowie **Rüstzeiten**.
- Die **Transferzeit** umfaßt die Zeit, die notwendig ist, um das Prozeßergebnis an den Prozeßkunden zu übermitteln.
- Die **Liegezeit** beinhaltet alle Zeiten, in denen ein Vorgang unbearbeitet innerhalb des Prozesses verweilt.

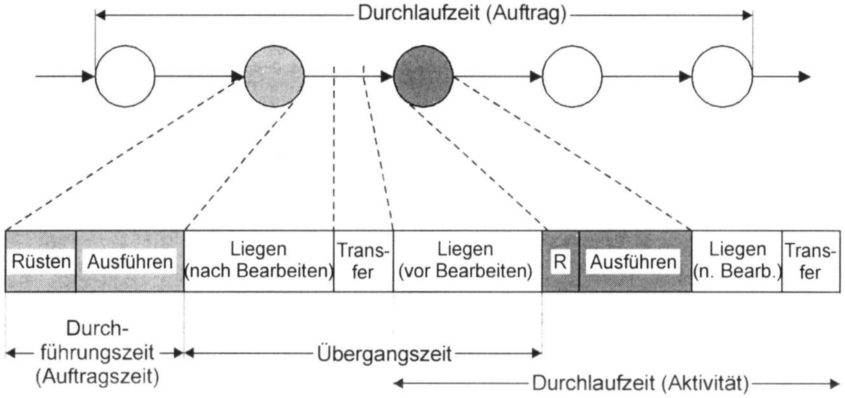

Abb. 2-13: Durchlaufzeitanteile eines Prozesses

Die Durchlaufzeit stellt eine geeignete Meßgröße zur Beurteilung der Qualität eines Prozesses dar: Je besser die einzelnen Teilprozesse einer Prozeßkette aufeinander abgestimmt sind, desto mehr können Rüst- und Liegezeiten vermieden werden. So kann eine Analyse der Durchlaufzeiten wichtige Hinweise auf organisatorische Schwachstellen geben, insbesondere hinsichtlich der Koordination der einzelnen Teilprozesse. Die Durchlaufzeit kann weiterhin als Meßgröße für die Flexibilität gewertet werden: Je kleiner die Durchlaufzeit ist, desto schneller kann auf eine veränderte Nachfragesituation reagiert werden.

Stommel/Kunz (1973) haben in einer als repräsentativ anzusehenden Untersuchung in einem metallverarbeitenden Betrieb mit Einzel- und Kleinserienfertigung festgestellt, daß die eigentliche Bearbeitungszeit nur 10 % der Durchlaufzeit ausmachte, während ca. 75 % der Durchlaufzeit durch Liegezeiten *vor* der Bearbeitung bedingt waren. Die Transport, Kontroll- und Störzeiten machten demgegenüber weniger als 10 % der Durchlaufzeit aus. Auch nach *Wildemann* (1992, S. 17) beträgt in der Regel der Wertschöpfungsanteil im Verhältnis zur Liegezeit innerhalb der Durchlaufzeit etwa 10 %. Durch die Realisierung von Just-in-Time-Konzepten kann nach seinen Erfahrungen die Durchlaufzeit in der Regel um 60 % reduziert werden.

(3) Prozeßkosten

Die Kosten eines Prozesses errechnen sich aus der Addition der Kosten seiner Aktivitäten. Um für eine effiziente Prozeßsteuerung die notwendige Kostentransparenz herzustellen, ergibt sich die Notwendigkeit einer **Prozeßkostenrechnung**. Die Prozeßkostenrechnung wurde entwickelt, um die Transparenz in den Gemeinkostenbereichen zu erhöhen und eine verursachungsgerechtere Verteilung der Gemeinkosten auf die Produkte und Dienstleistungen zu ermöglichen (vgl. u.a. *Franz* 1990; *Coenenberg/Fischer* 1991; *Glaser* 1992).

Im Vordergrund der Prozeßkostenrechnung steht die zu erbringende Leistung eines Prozesses. Die einzelnen Prozesse führen, sofern sie einen repetitiven Charakter haben, zu mehr oder weniger homogenen Prozeßergebnissen. Für diese Prozeßergebnisse werden Bezugsgrößen formuliert, deren Höhe die Kosten der Aktivitäten bestimmen. So ist beispielsweise für den Prozeß "Kundenaufträge abwickeln" als Maßgröße die "Anzahl der Kundenauftragspositionen" geeignet. Anschließend werden für eine bestimmte Leistung (beispielsweise 5.000 Kundenauftragspositionen pro Jahr) die Kosten ermittelt. Alle zur Erbringung der Leistung eingesetzten Ressourcen (Personal, Raum und Gebäude, Kosten der Datenverarbeitung und des Managements) werden kostenmäßig berücksichtigt. Die Prozeßkostenrechnung unterscheidet hierbei zwischen **leistungsmengeninduzierten** Kosten, die in Bezug auf die Leistungsmenge veränderlich sind, und **leistungsmengenneutrale** Kosten, die in Bezug auf die zugrundeliegende Maßgröße unveränderlich sind. Leistungsmengenneutral sind alle Ressourcen, die nur indirekt mit der Leistungserstellung in Verbindung stehen (beispielsweise die Kosten des Vertriebsleiters). Die leistungsmengenneutralen Kosten sind über geeignete Verteilungschlüssel möglichst verursachungsgerecht den Prozessen zuzuordnen.

Bei der Prozeßkostenrechnung wird auf die Ergebnisse der Kostenarten- und der Kostenstellenrechnung zurückgegriffen, indem die auf Kostenstellen kontierten Kosten den in den Kostenstellen abgewickelten Teilprozessen zugeordnet werden. Aus den Leistungsmengen und den auf die Teilprozesse verteilten Kostenarten wird ein **Prozeßkostensatz** ermittelt, der die Höhe der für eine einmalige Prozeßdurchführung anfallenden Kosten beschreibt. Durch die Bewertung der einzelnen Teilprozesse mit den ermittelten Prozeßkostensätzen lassen sich die Kosten für den gesamten Geschäftsprozeß aufsummieren.

Der wesentliche Unterschied der Prozeßkostenrechnung zu den herkömmlichen Verfahren der Kostenrechnung liegt darin, daß alle eingesetzten Ressourcen auf Vollkostenbasis verursachungsgerecht den Prozeßoutputs zugeordnet werden. Hierbei können auch Kosten berücksichtigt werden, die unmittelbar durch die Effizienz eines Prozesses beeinflußt werden, wie beispielsweise Kapitalbindungs- und Lagerhaltungskosten. Nicht wertsteigernde Prozeßaktivitäten und ineffiziente Prozeßabläufe lassen sich durch die Ermittlung ihrer Prozeßkosten identifizieren, so daß anschließend Maßnahmen zu ihrer Eliminierung bzw. zur Effizienzsteigerung eingeleitet werden können. Als notwendige Voraussetzung einer Prozeßkostenrechnung müssen jedoch für alle Produkte und Dienstleistungen die Prozeßstrukturen ermittelt und dargestellt worden sein.

3. Gestaltung von Geschäftsprozessen

3.1 Vorgehensmodell zur Prozeßgestaltung

Der Ansatz, eine strukturierte Folge von Aktivitäten festzulegen, bei denen ein spezifiziertes Ergebnis für den Kunden erstellt wird, geht auf die Qualitätsbewegung zurück. Das Denken in Prozessen hebt in erster Linie auf das Erreichen bestimmter Resultate ab; als entscheidender Faktor für die Leistungsfähigkeit einer Organisation wird nicht die optimale Ausführung einzelner Funktionen, sondern die ganzer Funktionsfolgen gesehen.

Für die Organisation von materiellen Fertigungs- und Montageprozessen ist das Prozeßdenken nicht neu; diese wurden schon immer unter Ablaufgesichtspunkten nach einheitlichen, bewährten Methoden entworfen und einem permanenten Verbesserungsprozeß unterzogen. Informationelle Prozesse, insbesondere Sekundärprozesse hingegen wurden bisher eher intuitiv gestaltet; das Ergebnis des Organisationsprozesses basierte weitgehend auf den Erfahrungen der damit beauftragten Personen. Stellenbeschreibungen statt Prozeßbeschreibungen standen im Vordergrund. Eine systematische Analyse und Strukturierung wurde oft mit dem Argument abgelehnt, daß informationelle Prozesse kreative Denkprozesse seien, die nur schwer erfaßt und organisiert werden könnten. Außerdem erschwere die Heterogenität der informationellen Prozesse eine prozessuale Betrachtungsweise. In der Realität weisen jedoch viele Informationsverarbeitungsprozesse einen hohen Anteil an repetitiven und damit auch organisierbaren Aktivitäten auf, so beispielsweise in der Kostenrechnung, in der Buchhaltung oder in der Auftragsbearbeitung. Einzelne Abschnitte dieser Prozesse werden auch bereits rationell per EDV und damit im Detail prozeßorientiert abgewickelt. Es handelt sich hierbei aber in der Regel nur um einzelne Aktivitäten.

Merkmale	**Fertigung**	**Verwaltung**
Gesamt-Prozeßverantwortung	vorhanden	unklar
Prozeß-Definition	eindeutig	unklar / fraktioniert
Schnittstellen-Identifikation	definiert	unklar
Ein-/ Ausgabe Beziehungen	quantifiziert	verbal
Dokumentation / Arbeitsanweisungen	präzise	unvollständig
Meßpunkte	festgelegt	nicht / selten vorhanden
statistische Messungen	regelmäßig	nicht / selten vorhanden
Korrekturen / Modifikation	präventiv / planvoll	reaktiv / sporadisch

Abb. 2-14: Vergleich der Situationen im Fertigungs- und Verwaltungsbereich
Quelle: Striening 1989, S. 153

Ein empirischer Vergleich der Prozeßabwicklung im Fertigungs- und Verwaltungsbereich zeigt auf, daß die informationellen Prozesse noch ein hohes Verbesserungspotential aufweisen (*Abb. 2-14*; vgl. *Striening* 1989, S. 148 ff.). Dieses läßt sich durch eine prozeßorientierte Organisationsgestaltung erschließen, indem das im Fertigungsbereich bewährte Gedankengut auf informationelle Prozesse übertragen wird.

Die Gestaltung von Geschäftsprozessen wird im anglo-amerikanischen als "Business Process Management" bezeichnet, im Gegensatz zum "Business Management", das die eigentliche Abwicklung der Geschäftsprozesse beinhaltet. Die Reorganisation einer funktionsorientierten Organisationsstruktur zu einer prozeßorientierten Struktur wird mit "Business Process Reengineering" (oder oft kurz Business Reengineering) benannt. Bei einer derartigen prozeßorientierten Organisationsgestaltung wird davon ausgegangen, daß eine optimale Zielerreichung hinsichtlich Durchlaufzeiten, Kosten und Qualität nur durch eine ganzheitliche Betrachtung der kompletten Prozeßketten erreicht wird (vgl. hierzu *Striening* 1988; *Haist/Fromm* 1991; *Sempf* 1993; *IBM Deutschland* 1993; *Gaitanides u.a.* 1994). Von der optimalen Gestaltung der Geschäftsprozesse hängt die interne und externe Reaktionsgeschwindigkeit ab; zur Erreichung dieser Zielsetzung werden sie durch geeignete Informations- und Kommunikationstechnologien unterstützt.

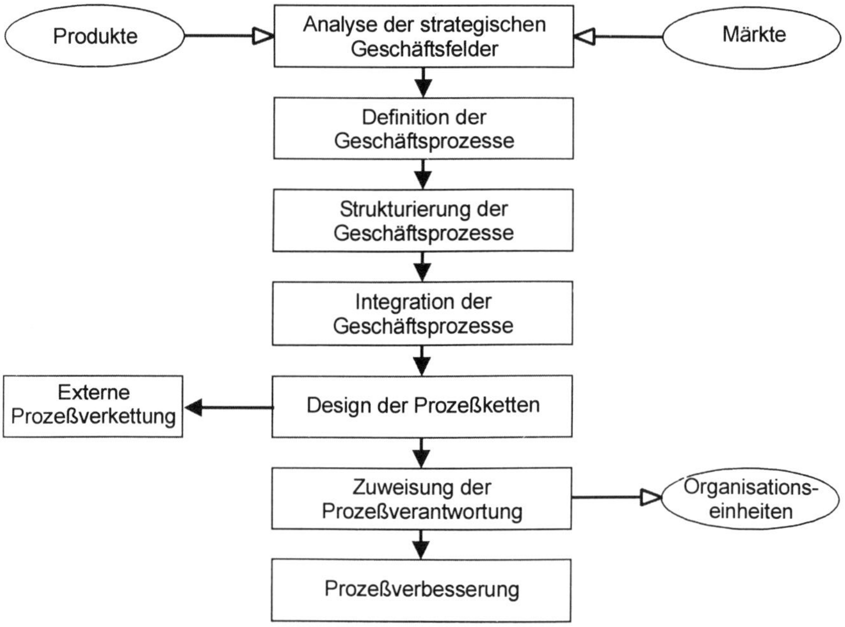

Abb. 2-15: Vorgehensschritte zur Gestaltung von Geschäftsprozessen

Vorschläge zum Vorgehen bei der Prozeßgestaltung kommen vorrangig aus der Beratungs- und Unternehmenspraxis. Sie weisen ebenso wie die ersten wissenschaftlichen Beiträge eine nur geringe Übereinstimmung auf. Das hier beschriebene Vorgehensmodell zur Analyse und Gestaltung von Geschäftsprozessen beinhaltet die Schritte gemäß *Abbildung 2-15.* Ausgehend vom Leistungsprogramm des Unternehmens werden die Anforderungen an die Abwicklung der Geschäftsprozesse definiert, um sie anschließend zu strukturieren und zu gestalten. Aus der Strukturierung resultieren geschlossene Teil- und Elementarprozesse, die dann von einzelnen Organisationseinheiten durchgeführt und geleitet werden können. Die einzelnen Prozesse werden dann von Zeit zu Zeit auf Verbesserungsmöglichkeiten überprüft und gegebenenfalls modifiziert.

3.2 Analyse der strategischen Geschäftsfelder

Eine prozeßorientierte Organisationsgestaltung gründet auf dem Gedanken, daß sich die Anforderungen seitens des Markt- und Wettbewerbsumfeldes in der internen Unternehmensorganisation widerspiegeln müssen. Bevor diese jedoch näher beschrieben werden können, ist das vorgeschaltete Problem der Segmentierung von Geschäftsfeldern zu lösen (vgl. hierzu u.a. *Dunst* 1979, S. 56 ff.; *Henzler* 1978; *Hinterhuber* 1978, S. 425 ff.; *Szyperski/Winand* 1979; *Gerl/Roventa* 1981, S. 843 ff.; *Link* 1985; *Winand/Mußhoff* 1989, Sp. 580 ff.).

3.2.1 Merkmale von strategischen Geschäftsfeldern

An einer gewissen Größenordnung basieren die meisten Unternehmen auf mehr als nur einem Produkt; der Unternehmenszweck ist gewöhnlich in eine ganze Palette von Geschäftsaktivitäten (businesses) unterteilt. Um die Komplexität der strategischen Planung zu vereinfachen, werden die einzelnen Produktlinien nach bestimmten Kriterien zu relativ autarken Segmenten, den strategischen Geschäftsfeldern (SGF) zusammengefaßt. Somit müssen einzelne strategische Fragestellungen nicht mehr für das Unternehmen als Ganzes, sondern können spezifisch für einzelne Geschäftsfelder gestellt und beantwortet werden.

- Bezüglich der **Unternehmensumwelt** können für jedes einzeln Geschäftsfeld die Chancen und Risiken analysiert sowie Zielvorstellungen und daraus resultierende Strategien für den jeweiligen Produkt- und Marktbereich formuliert werden.
- Bezogen auf die **Unternehmensstruktur** können geschäftsfeldspezifisch die Stärken und Schwächen analysiert, Ziele formuliert und Strategien für die Ressourcen und für die Führung und Organisation entwickelt werden.

Andere Begriffe für strategische Geschäftsfelder sind "strategisches Segment", "Strategic Business Area" oder "Strategic Sector". Hiervon zu unterscheiden ist die "strategische Geschäftseinheit" (SGE) oder auch "Strategic Business Unit". In der Literatur werden diese Begriffe häufig synonym verwendet. Es bestehen zwar enge inhaltliche Beziehungen zwischen strategischen Geschäftsfeldern und strategischen Geschäftseinheiten, sie unterscheiden sich aber trotzdem substantiell. Bei der hier erforderlichen Unterscheidung von strategischen Geschäftsfeldern und strategischen Geschäftseinheiten wird von einer Zweistufigkeit der Segmentierung ausgegangen: In einer ersten Stufe nimmt die Unternehmung eine gedankliche Auseinandersetzung mit ihrer Umwelt vor; hieraus resultiert die Einteilung in Umweltsegmente bzw. strategische Geschäftsfelder. Dieser strukturunabhängigen Außensegmentierung folgt dann in einer zweiten Stufe die Innensegmentierung, die gegebenenfalls zur Bildung von strategischen Geschäftseinheiten führt. Die Einteilung der Umwelt in strategische Geschäftsfelder bildet somit die Basis für die Einteilung des Unternehmens in strategische Geschäftseinheiten. Erst wenn ein strategisches Geschäftsfeld definiert ist, kann eine strategische Geschäftseinheit als Gegenstück im Bereich der Innensegmentierung geschaffen werden (vgl. hierzu die Ausführungen zu den strategischen Geschäftseinheiten im 4. Teil).

An die Abgrenzung von strategischen Geschäftsfeldern werden in Theorie und Praxis eine Reihe von Anforderungen gestellt, die zu drei Schwerpunkten gruppiert werden können (vgl. *Winand/Mußhoff* 1989, Sp. 580 f.; *Szyperski/Winand* 1979, S. 197 f.):

1. Das strategische Geschäftsfeld muß eine eigene **Marktaufgabe** erfüllen, indem es ein konkretes Kunden- bzw. Anwenderproblem löst. Das Geschäftsfeld entsteht durch die Zusammenfassung von Produkt/Markt-Kombinationen zu einer relativ autonomen Einheit mit eigenen Chancen und Risiken.
2. Die strategischen Entscheidungen für die Realisierung der strategischen Pläne hinsichtlich Forschung und Entwicklung, Produktion und Marketing müssen relativ unabhängig von anderen Geschäftsfeldern getroffen und umgesetzt werden können. Diese **Eigenständigkeit** kann nur erreicht werden, wenn die Geschäftsfelder möglichst homogen sind und untereinander keine Überschneidungen aufweisen.
3. Jedes Geschäftsfeld soll für sich einen eigenständigen Beitrag zum **Erfolgspotential** des Unternehmens liefern, indem es auf seinem Markt Wettbewerbsvorteile erzielt, Synergieeffekte realisiert und effizient geleitet wird.

Ein strategisches Geschäftsfeld ist eine homogene Gruppe von Produkten für eine identifizierbare Gruppe von Kunden, die einen eigenständigen Beitrag zum Unternehmenserfolg liefert.

Das entscheidende Abgrenzungskriterium für die Bildung von strategischen Geschäftsfeldern ist die strategische Unabhängigkeit, also die Möglichkeit, für das betreffende Geschäftsfeld eine eigenständige Wettbewerbsstrategie zu entwickeln. Die Unabhängigkeit muß intern und extern gegeben sein (vgl. *Steinmann/Schreyögg* 1991, S. 137):

- Die **externe Unabhängigkeit** ist erforderlich, da verschiedene Märkte unterschiedliche Strategien erfordern. Dabei ergibt sich die externe Unabhängigkeit vor allem durch die Segmentierung von autonomen Produkt/Markt-Kombinationen mit identifizierten Wettbewerbern.
- Die **interne Unabhängigkeit** soll einen strategiegerechten Einsatz der Ressourcen ermöglichen und eine strategische Erfolgsverantwortlichkeit gewährleisten. Die interne Unabhängigkeit erfordert einen selbständigen Prozeß der Leistungserstellung und wird in erster Linie durch eine Segmentierung nach Ressourcen erreicht.

3.2.2 Segmentierung von Produkt/Markt-Kombinationen

Eine genaue Spezifizierung der Tätigkeitsbereiche des Unternehmens durch Kombination der beiden Elemente "Produkt" und "Markt" bildet den Ausgangspunkt bei der Abgrenzung von strategischen Geschäftsfeldern (*Abb. 2-16*). Die Unternehmensaktivitäten werden dabei gedanklich in mehrere Abschnitte (Segmente) unterteilt. Der klassische Ansatz zur Lösung dieser Problemstellung ist entweder die Orientierung an Produkten (bzw. Produktlinien) und/oder an den Marktsegmenten, wenn gleiche Produkte in unterschiedliche Märkte geliefert werden (vgl. *Hinterhuber* 1984, S. 79).

Produkte	**Marktsegmente** Kinder	Frauen	Berufs-gruppe A	Berufs-gruppe B	alle Privat-kunden	Frei-berufler	Unter-nehmen	Immo-bilien-gesell-schaften
Haftpflicht					■	■	■	■
Hausrat (Standard)					■			
Hausrat (hochsummig)					■			
Wohngebäude					■	■	■	■
Glas					■	■	■	■
Einbruch Diebstahl					■	■	■	■
Leitungswasser					■	■	■	■
Sturm					■	■	■	■
Feuer					■	■	■	■
Risiko-Leben			■		■			
Kapital-Leben					■			
Rechtsschutz					■			
Kraftfahrt					■	■	■	■
Unfall (Festantrag)	■	■	■	■				
Unfall (Baukasten)	■	■	■	■				
Technische Vers.							■	■
Transporte						■	■	

Abb. 2-16: Produkt/Markt-Kombinationen (Beispiel Versicherungsunternehmen)

Bei einer zweidimensionalen Segmentierung werden die Tätigkeitsbereiche des Unternehmens anhand ihrer **Produktkomponente** und ihrer **Marktkomponente** charakterisiert. Die Abgrenzung erfolgt dabei anhand von Kriterien, die eine langfristig stabile Beschreibung der Produkt/Markt-Kombinationen ermöglichen; bei Veränderungen der markt- oder produktbezogenen Kriterien sollen grundsätzlich keine veränderte Abgrenzungen erforderlich werden.

- So beschreibt *Schrello* (1974, S. 5) ein Produkt als eine **Hardware-Software-Service-Kombination**. Die Hardwarekomponente beinhaltet die physische Komponente des Produktes. Sie ist Ausdruck für die produktbezogene Leistungsfähigkeit und Zusammensetzung. Die Softwarekomponente steht begrifflich für Qualität und Quantität der für die Funktionsfähigkeit der Hardwarekomponente erforderlichen Betriebsanweisungen. Die Servicekomponente als drittes Produktmerkmal stellt die mit dem Produkt zusammenhängenden Serviceleistungen des Anbieters dar.
- Hauptabgrenzungsmerkmal für eine Marktdefinition sind die **Kundengruppen**, die im Marketing als Marktsegmente eine zentrale Rolle spielen. Vorhandene und potentielle Kunden werden auf ihre Unterschiede hin untersucht, um so eine differenzierte Marktbearbeitung zu ermöglichen. Um eine segmentspezifische Marktbearbeitung sicherstellen zu können, werden die Marktsegmente so gebildet, daß sie in sich betrachtet möglichst ähnlich oder gleichartig (homogen), im Vergleich zu anderen Segmenten aber möglichst unähnlich oder ungleichartig (heterogen) sind. Zur Abgrenzung dienen neben geographischen und demogra-

phischen Variablen auch psychographische und verhaltensorientierte Größen (siehe hierzu u.a. *Meffert* 1980, S. 215 ff.; *Becker* 1992, S. 222 ff.).

Bei der Beantwortung der Frage, ob sich zwei Produkte so ähnlich sind, daß sie zum gleichen Geschäftsfeld gehören, kann die Identifizierung von Konkurrenten helfen. Gibt es auf dem Markt ernst zu nehmende Konkurrenten, die jeweils nur das eine oder das andere Produkt anbieten, so liegt es nahe, zwei getrennte strategische Geschäftsfelder zu definieren.

3.2.3 Ermittlung der Erfolgsfaktoren

Die grundlegende Zielsetzung bei der Gestaltung der Organisationsstrukturen liegt darin, die den Erfolg eines Unternehmens maßgeblich bestimmenden Faktoren bestmöglich zu unterstützen. Nun kann jede strategische Geschäftseinheit ihre eigenen Erfolgsfaktoren aufweisen; wegen der spezifischen Eigenschaften der Produkt-/Marktsegmente haben die Erfolgsfaktoren ein unterschiedliches Gewicht. In letzter Konsequenz müßte die Organisationsstruktur so gestaltet werden, daß sie für jedes einzelne Geschäftsfeld die Strukturen hinsichtlich der Erfolgsfaktoren optimiert.

Nach dem „Center of Gravity"-Konzept von *Galbraith* (1983, S. 64 ff.) hat jede strategische Geschäftseinheit einen Interessenschwerpunkt (Core Business) innerhalb der Wertschöpfungskette einer Branche. Hinsichtlich der Lage des Interessenschwerpunktes können drei Positionen innerhalb der Branchenwertschöpfungskette unterschieden werden:

- Bei einer **Upstream**-Positionierung werden aus einer Vielzahl von Rohstoffen standardisierte Vor- bzw. Zwischenprodukte (Komponenten und Baugruppen) erstellt. Das Hauptziel für diese Stufe der Wertschöpfungskette ist die mengenmäßige Erfüllung der Kundenwünsche bei einem minimalen Verbrauch an Ressourcen. Weiterhin sind die Forschungskompetenzen zu forcieren, um nicht den Anschluß an das technologisch folgende Standardprodukt zu verlieren.
- Bei einer **Midstream**-Positionierung werden unterschiedliche Zwischenprodukte zu kundenspezifischen Endprodukten kombiniert und verarbeitet. Die Entwicklung verbesserter bzw. neuer Produkte und Dienstleistungen entscheidet über den langfristigen Unternehmenserfolg.
- Bei einer **Downstream**-Positionierung liegt der Schwerpunkt auf den Vertrieb von Produkten und Dienstleistungen an die Endverbraucher. Hier ist die Fokussierung auf die Kundenbedürfnisse, der Einsatz der Marketinginstrumente sowie die effiziente Gestaltung der Distributionskanäle entsprechend den Anforderungen des Marktes von zentraler Bedeutung.

Über die jeweilige Positionierung eines strategischen Geschäftsfeldes innerhalb ihrer Branchenwertschöpfungskette können die wettbewerbsrelevanten Erfolgsfaktoren ermittelt werden. Aus den spezifischen Erfolgsfaktoren wiederum resultieren Anforderungen an die Abwicklung der primären Geschäftsprozesse. Um die Bedeutung zu dokumentieren, bietet es sich an, die einzelnen Anforderungen zu gewichten. Die Möglichkeit einer übersichtlichen Darstellung der marktspezifischen Erfolgsfaktoren bietet die tabellarische Darstellung gemäß *Abbildung 2-17*.

Marktspezifische Erfolgsfaktoren	Strategische Geschäftsfelder			
	SGF 1	SGF 2	SGF 3	SGF 4
1. Preis-/Leistungsverhältnis	XX	XX	XXX	XXX
2. Produktspektrum	XXX	XXX	XX	XX
3. Vertriebs-/Serviceleistung	XX	X	X	X
4. Innovationsfähigkeit	X	XX	X	X
5. Reputation / Image	X	X	XXX	X
6. Kundenbindung	XXX	XX	XX	X

Legende: XXX = besonders wichtig XX = wichtig X = weniger wichtig

Abb. 2-17: Bewertung der marktspezifischen Erfolgsfaktoren (Beispiel)

Das Konzept der **kritischen Erfolgsfaktoren** (KEF bzw. CEF für Critical Success Factor) ist auf *Daniel* (1961) zurückzuführen. Nach Untersuchungen *Daniels* existieren in den meisten Branchen einige wenige Schlüsselfaktoren, die über den Erfolg oder den Mißerfolg der Unternehmen entscheiden. *Anthony u.a.* (1972) wiesen nach, daß kritische Erfolgsfaktoren nicht nur für eine Branche, sondern auch für einzelne Unternehmen analysiert werden können. Gegenstand der Untersuchung von kritischen Erfolgsfaktoren können demnach sowohl Branchen als auch Unternehmen, organisatorische Teilsysteme und einzelne Unternehmensaktivitäten wie strategische Geschäftsfelder sein. Die wettbewerbsrelevanten Erfolgsfaktoren hängen dabei von der Unternehmensumwelt, von unternehmensspezifischen Einflüssen und den persönlichen Vorstellungen der Führungskräfte ab. Sie sind demnach keine standardisierten Größen, die sich beliebig auf andere Unternehmen übertragen lassen, sondern immer unternehmens- und situationsbezogen.

3.2.4 Das Dilemma der strategischen Segmentierung

Die Bildung von strategischen Geschäftsfeldern im Rahmen der strategischen Planung dient nicht nur der Formulierung von spezifischen Marketingstrategien. Sie soll weiterhin auch eine effiziente und eigenverantwortliche Abwicklung der unternehmensinternen Leistungsprozesse ermöglichen. Die Forderung nach einem strategiespezifischen Einsatz der Ressourcen und nach einer strategischen Erfolgsverantwortlichkeit bedeutet für die Segmentierung von Geschäftsfeldern, daß neben den unternehmensexternen zusätzlich auch unternehmensinterne Kriterien berücksichtigt werden müssen. Die einseitige Betrachtungsweise "von innen nach außen" der Marktsegmentierung muß ergänzt werden um eine Blickrichtung von "außen nach innen".

Als wesentliche unternehmensinterne Einflußgröße und somit als weiteres Abgrenzungskriterium sind die erforderlichen **Ressourcen** zur Leistungserstellung und -verwertung (Sachmittel, Humanressourcen, Know-how) zu sehen. Die Produkte sind daraufhin zu untersuchen, ob sie gemeinsame oder unterschiedliche Ressourcen beanspruchen. Vor allem im Bereich der Fertigung spricht für die Zugehörigkeit zum gleichen Geschäftsfeld, wenn Produkte mit den gleichen Anlagen hergestellt werden. Die Berücksichtigung dieses unternehmensinternen Kriteriums "Ressource" zielt auf die Nutzung von Synergie und Erfahrung ab. Gemeinsam genutzte Ressourcen bedeuten eine gemeinsame Erfahrungskurve und daher Kostenvorteile gegenüber der Konkurrenz. Darüber hinaus ist die Berücksichtigung dieses Kriteriums Voraussetzung für die strategische Planung der gemeinsam genutzten Ressourcen.

Erfahrungskurve

Das Konzept der Erfahrungskurve wurde 1966 von der Unternehmensberatungsgesellschaft "Boston Consulting Group" vorgestellt und als Instrument zur Formulierung von Strategien propagiert. Es besagt, daß mit jeder Verdoppelung der kumulierten Menge eines Produktes die inflationsbereinigten Stückkosten potentiell um 20 bis 30 % sinken. Dieser Effekt wird vor allem durch folgende Managementmaßnahmen erreicht:

- **Kostendegression** (economics of scale) durch eine höhere Auslastung der bestehenden und den Aufbau neuer Kapazitäten;
- **Lernprozesse** in der Produktion, das heißt sinkende Fertigungszeiten und Fehlerquoten aufgrund von Übungsgewinnen;
- **Technischer Fortschritt** in Form verbesserter Fertigungstechnologien und Produktverbesserungen;
- **Rationalisierung** durch Substitution von Arbeit durch Maschinen und eine bessere Arbeitsorganisation.

Literatur: *Henderson* (1984)

Die gleichzeitige Berücksichtigung von externen und internen Kriterien zur Bildung von strategischen Geschäftsfeldern führt zum "Dilemma der strategischen Segmentierung" (*Link* 1985, S. 60):

- So erfordert eine große Unterschiedlichkeit der Umwelt bezüglich der Kundenprobleme, der Kundengruppen und der Wettbewerber eine sehr weitgehende Segmentierung, die zu einer hohen Zahl von relativ kleinen Geschäftsfeldern führt.
- Andererseits werden die vorhandenen Ressourcen nicht immer durch ein Geschäftsfeld alleine ausgefüllt; es ist unvermeidlich, daß die Produkte verschiedener Geschäftsfelder bestimmte Ressourcen gemeinsam nutzen. Die Berücksichtigung derartiger Ressourceninterdependenzen erschwert eine saubere Abgrenzung von Geschäftsfeldern und führt zu einer eher kleinen Zahl von relativ großen Geschäftsfeldern.

Dieses Dilemma kann nur einzelfallspezifisch gelöst werden. Für ein Unternehmen ergibt sich die Möglichkeit, entweder die Segmentierung stärker nachfragebezogen vorzunehmen und somit die Geschäftsfelder in die Nähe von Marktsegmenten zu rücken, oder beiden Ansprüchen gerecht zu werden. Eine relativ feine Segmentierung entspricht zwar der Forderung nach einer spezifischen Strategieformulierung, kann aber zur Vernichtung von positiven Synergien oder aufgrund von Interdependenzen zwischen den Geschäftsfeldern zum Verlust der Entscheidungsautonomie führen. Dagegen ermöglicht eine relativ grobe Segmentierung zwar autonome strategische Planungen, aber keine genauen Anpassungen der Strategie an spezielle Gegebenheiten. Die Abgrenzung von Geschäftsfeldern in der Praxis steht also vor dem Problem, dieses Dilemma in einem Kompromiß zwischen einer zu feinen und einer zu groben Segmentierung auflösen zu müssen.

Dieses Dilemma kann durch eine prozeßorientierte Organisationsgestaltung beträchtlich entschärft werden:

1. Die Aggregation von Produkt/Markt-Kombinationen zu Geschäftsfeldern erfolgt zunächst ausschließlich unter **unternehmensexternen** Kriterien mit einer eindeutigen Konkurrenzzuordnung.
2. Auf der Basis der so gebildeten Geschäftsfelder werden die zugehörigen Geschäftsprozesse definiert. Diese werden auf Gemeinsamkeiten untersucht und dann unter **unternehmensinternen** Kriterien möglicherweise ganz oder teilweise zusammengefaßt.
3. Noch verbleibende Ressourceninterdependenzen können explizit berücksichtigt werden, wenn die strategischen Geschäftsfelder - in welcher Form auch immer - als strategische Geschäftseinheiten **organisatorisch** verankert werden, welche dann auch mit der Koordination der Geschäftsfelder betraut werden.

3.3 Definition der Geschäftsprozesse

Bei der prozeßorientierten Organisationsgestaltung wird davon ausgegangen, daß jedes einzelne Geschäftsfeld spezifische Merkmale und Erfolgsfaktoren aufweist, die wiederum jeweils individuelle Geschäftsprozesse nach sich ziehen können; inhaltliche Unterschiede zwischen den einzelnen Geschäftsfeldern führen zu differenzierten Anforderungen an die organisatorische Gestaltung.

3.3.1 Identifikation und Abgrenzung der Geschäftsprozesse

Für jedes abgegrenzte strategische Geschäftsfeld sind zunächst die Geschäftsprozesse zu bestimmen und die jeweiligen Prozeßaufgaben inhaltlich festzulegen. Als Abgrenzungskriterium dürfen dabei nicht die einzelnen betrieblichen Funktionen herangezogen werden; die Prozesse müssen vielmehr **problemorientiert** festgelegt werden (vgl. *Abb. 2-18*). Der konkrete Problembezug führt zur Unterscheidung in primäre und sekundäre Geschäftsprozesse:

- Für **primäre** Geschäftsprozesse ist der Bezug zum externen Kunden signifikant; für jedes strategische Geschäftsfeld lassen sich normalerweise mindestens sechs bis acht primäre Prozeßketten identifizieren, wobei die Anzahl der primären Geschäftsprozesse von der Größe und vom Leistungsprogramm des jeweiligen Geschäftsfeldes abhängt.
- Die **sekundären** Geschäftsprozesse erstrecken sich im wesentlichen auf die Bereitstellung und Verwaltung der erforderlichen Ressourcen; sie sollen die Funktionsfähigkeit der primären Prozesse (Kernprozesse) sichern. Die sekundären Prozesse sind mit den Kernprozessen durch interne Kunden-Lieferanten-Beziehungen verknüpft.
- Ergänzend sind die **Innovationsprozesse** festzulegen, die ihrerseits wiederum Primärprozesse und Sekundärprozesse auslösen können.

Der **Umfang** eines Geschäftsprozesses ergibt sich aus der Anzahl der Teilprozesse und Aktivitäten, die zur Erfüllung der Prozeßaufgabe notwendig sind. Bei der praktischen Organisationsarbeit sollten die Geschäftsprozesse so definiert werden, daß sie einerseits nicht zu umfangreich und komplex sind, andererseits aber auch nicht viele kleine Prozesse entstehen, die dann aufwendig miteinander koordiniert werden müssen.

Abb. 2-18: Primärprozesse in einem Versicherungsunternehmen (Beispiel)

Ein Geschäftsprozeß kann somit durchaus mehrere betriebliche Funktionen umfassen; er schließt auch alle erforderlichen Planungs- und Steuerungsaktivitäten mit ein, die zu seiner Abwicklung erforderlich sind. Diese ganzheitliche Betrachtungsweise darf auch dann nicht aufgegeben werden, wenn nur an einigen Stellen der Prozeßkette organisatorische Veränderungen vorgenommen werden sollen.

Bei der Abgrenzung von Geschäftsprozessen ist zu berücksichtigen, daß diese **selbständig** sind. Selbständig bedeutet dabei, daß die anschließende, ins Detail gehende Prozeßgestaltung sich auf den jeweiligen Geschäftsprozeß beschränken kann und nicht zusätzlich eine nähere Kenntnis über andere Geschäftsprozesse erfordert. Die Selbständigkeit ist ein wichtiges Kriterium bei der Prozeßdefinition, da durch sie der Koordinationsaufwand zwischen Geschäftsprozessen erheblich reduziert wird. Ebenso kann sich für den Fall, daß eine Restrukturierung erforderlich werden sollte, die Reorganisation auf den jeweils betrachteten Geschäftsprozeß beschränken. Letztendlich entscheidet jedoch die subjektive Problemsicht des Organisators über die Definition dessen, was als ein Prozeß abzubilden ist. Die Abgrenzung "setzt kreative und konstruktive Akte voraus und ist mithin nicht immer aus Beobachtungen realer Vorgänge ableitbar" (*Gaitanides* 1983, S. 65).

3.3.2 Ableitung von Zielen und Anforderungen

Das Ergebnis eines Prozesses soll mit den Wünschen und Bedürfnissen seiner Kunden möglichst übereinstimmen; erst bei einer totalen Übereinstimmung ist eine vollkommene Qualität erreicht. In einem nächsten Schritt ist deshalb festzustellen, welche Anforderungen an die primären Prozesse und damit auch an die Organisationsstrukturen gestellt werden, damit die marktspezifischen Erfolgsfaktoren der strategischen Geschäftsfelder möglichst zielsicher erfüllt werden. Zu diesem Zweck werden aus den marktspezifischen Erfolgsfaktoren die für die Primärprozesse geltenden Erfolgsbedingungen abgeleitet, wobei auch hier wiederum eine Gewichtung vorzunehmen ist (*Abb. 2-19*). Die meisten Erfolgsfaktoren können direkt mit einzelnen Geschäftsprozessen in Zusammenhang gebracht werden. Der Erfolgsfaktor "Preis" kann zum Beispiel durch Kostenoptimierung in den Herstellprozessen realisiert werden, der Erfolgsfaktor "Vertriebs- und Serviceleistung" berührt in erster Linie die logistischen Prozesse und den Vertrieb.

Die verschiedenen Geschäftsfelder unterscheiden sich normalerweise in ihren Erfolgsfaktoren voneinander und erfordern deshalb angepaßte Geschäftsprozesse. So kommt beispielsweise dem Erfolgsfaktor "hohe Lieferbereitschaft" bei Standardprodukten, die in großen Serien auf Lager gefertigt werden, eine größere Bedeutung zu als bei Produkten, die kundenspezifisch in Einzelfertigung hergestellt werden.

	Marktspezifische Erfolgsfaktoren					
Prozeßspezifische Erfolgsfaktoren	Preis / Leistung	Produkt-spektrum	Ver-triebs-Service-leistung	Innova-tions-fähigkeit	Reputa-tion / Image	Kunden-bindung
hoher Automatisierungs grad der Herstellung	XXX	XX	X		X	
effiziente Steuerung der Logistik			XXX			X
schnelle Produkt-entwicklungszeiten		XXX		XXX	XXX	XX
hohe Materialverfüg-barkeit			XX			
hohe Sicherheit der Absatzprognosen			XXX		X	
effizientes Qualitätsmanagement	X		X		XXX	XXX
Vertriebs- und Servicesteuerung			XXX	XXX		XXX
hohe Personal-qualifikation			X	XXX	X	

Legende: XXX = besonders zielwirksam XX = zielwirksam X = weniger zielwirksam

Abb. 2-19: Markt- und prozeßspezifische Erfolgsfaktoren

Nach Erfahrungen von *Sempf* (1993, S. 370) werden in den meisten Unternehmen spezifische Unterschiede in den Anforderungen kaum berücksichtigt. So werden durch überwiegend funktional orientierte Bereiche gleichzeitig Massen- und Einzelaufträge, Standard- und Individualprodukte, Handelsware und eigene Produkte bearbeitet.

3.3.3 Spezifizierung der Geschäftsprozesse

Ein Geschäftsprozeß wurde als Kette von logisch zusammenhängenden Aktivitäten definiert, die zu einem inhaltlich abgeschlossenen Ergebnis führen. Für jeden Geschäftsprozeß ist daher zu beschreiben, welche **Leistung** (Output) erstellt wird und welche **Hauptaktivitäten** zur Erstellung dieser Leistung notwendig sind. Die Aktivitäten sind, wenn auch nur vorbereitend, gegeneinander abzugrenzen. Sind beispielsweise unter anderem ein Geschäftsprozeß "Beschaffung von Roh-, Hilfs- und Betriebsstoffen" und ein Geschäftsprozeß "Abwicklung des Zahlungsverkehrs" gebildet worden, so ist zu entscheiden, welcher Prozeß die Zahlungsfreigabe für die Lieferantenrechnungen gibt. Wenn sich eine derartige Entscheidung innerhalb der folgenden Vorgehensschritte nachträglich als unzweckmäßig erweist, so sollte die vorgenommene Aufteilung korrigiert werden.

Zur Ermittlung des Personalbedarfs, aber auch zum Errechnen eines Prozeßkostensatzes je Leistungseinheit bedarf es zusätzlich auch der **Leistungsmengen**. Es ist festzustellen, wieviele Objekte (Aufträge, Produkte, Rechnungen und so weiter) innerhalb eines bestimmten Zeitraums bearbeitet werden sollen. Die Leistungsmenge wird normalerweise als Sollwert für ein Jahr festgelegt und bildet den Maßstab für die Auslastung der Arbeitsplätze. Bei größeren Schwankungen im Jahresverlauf sollten die Leistungsmengen jedoch auf monatlicher Basis ermittelt werden (vgl. *Schulte-Zurhausen* 1982, S. 18 ff.).

Weiterhin sind der **Anfangs**- und der **Endpunkt** der gebildeten Geschäftsprozesse festzulegen. Mit Anfangs- oder Endpunkt sind die jeweils ersten bzw. letzten Aktivitäten eines Geschäftsprozesses gemeint. Dabei ist besonders wichtig, auch die Bedingungen für den **Anstoß** eines Prozesses festzulegen. So ist beispielsweise festzustellen, ob für einen Beschaffungsvorgang eine Bedarfsmeldung aus anderen Prozessen, eine Unterschreitung von Lagerbeständen oder beide Sachverhalte als Auslöser dienen. Weiterhin sollten für jeden Geschäftsprozeß die aus der Strategie des Geschäftsfeldes abgeleiteten prozeßspezifischen Erfolgsfaktoren in operationale **Zielsetzungen** umgesetzt werden. So kann beispielsweise kann die Abgrenzung eines Geschäftsprozeß "Einkauf" wie in *Abbildung 2-20* vorgenommen werden.

Geschäftsprozeß	Beschaffung von Roh-, Hilfs- und Betriebsstoffen (RHB)
Aufgaben	Abwicklung sämtlicher Beschaffungsmaßnahmen für RHB´s
Anstoß	Vorliegen einer Beschaffungsanforderung
Quelle	Produktion
Anfangsaktivität	Prüfung der Beschaffungsanforderung
Endaktivität	Zahlungsanweisung geben
Senke	Finanzbuchhaltung
Hauptaktivitäten	Lieferant auswählen; Preise und Konditionen aushandeln; Bestellmengen festlegen; Bestellung abwickeln und verwalten; Zahlung veranlassen
Zielsetzungen	Erzielung kostengünstiger Einkaufspreise; geringe Lagerhaltungskosten; bedarfsgerechte Bereitstellung der benötigten RHB´s
Leistungsmengen	ca. 1000 Vorfälle pro Jahr

Abb. 2-20: Spezifikation eines Geschäftsprozesses (Beispiel)

3.3.4 Festlegung der Schlüsselprozesse

Wenn sämtliche Geschäftsprozesse eines strategischen Geschäftsfeldes bekannt und grob spezifiziert sind, lassen sich mit Kenntnis der marktspezifischen Erfolgsfaktoren sogenannte **Schlüsselprozesse** ausmachen. Hierbei handelt es sich um die Geschäftsprozesse, die für die Kundenzufriedenheit und somit für den unternehmerischen Erfolg des strategischen Geschäftsfeldes besonders wichtig sind. Durch eine effiziente Gestaltung gerade dieser – in der Regel nur wenigen - Schlüsselprozesse lassen sich die größten Erfolge erzielen. Die weitere Prozeßgestaltung sollte deshalb zunächst für diese erfolgsbestimmenden Geschäftsprozesse vorgenommen werden.

3.4 Strukturierung der Geschäftsprozesse

Geschäftsprozesse sollten möglichst klar strukturiert und beschrieben sein, damit sie problemlos durchgeführt und überwacht werden können. Insbesondere dann, wenn ein Geschäftsprozeß relativ komplex und umfangreich ist und an seiner Durchführung mehrere Personen beteiligt sind, trägt eine saubere und logische Strukturierung dazu bei, daß den Prozeßbeteiligten die Übersicht über den Gesamtprozeß nicht verloren geht.

3.4.1 Prozeßdekomposition

Um die Komplexität zu reduzieren und die Struktur übersichtlich darzustellen, wird ein Geschäftsprozeß schrittweise solange in Teilprozesse zerlegt, bis eine weitere Zerlegung nicht mehr möglich oder notwendig ist. Durch diese schrittweise Prozeßdekomposition entsteht eine **hierarchische Prozeßstruktur**.

Die analytisch kleinsten Teile eines Prozesses werden hier als Elementarprozesse bezeichnet. Ein **Elementarprozeß** weist alle allgemeinen Merkmale eines Prozesses auf; zusätzlich gilt, daß er an einem Arbeitsplatz ohne Unterbrechungen durchgeführt werden kann. Ein Elementarprozeß kann demnach von Anfang bis zum Ende ablaufen, ohne daß zwischendurch Verbindungen zu anderen Prozessen oder Arbeitsplätzen aufgenommen werden müssen. Somit sind für die Prozeßdekomposition mit dem Geschäftsprozeß die Obergrenze und mit dem Elementarprozeß die Untergrenze begrifflich festgelegt.

Zwei grundlegende Fragestellungen sind bei der Prozeßdekomposition zu beantworten: Zum einen die Frage, welche Kriterien bei der Gliederung angewendet werden sollen, und zum anderen, bei welchem Auflösungsniveau die Prozeßdekomposition abzuschließen ist (vgl. hierzu auch *Gaitanides* 1983, S. 75 ff.).

(1) Gliederungskriterien

Die Dekomposition von Arbeitsprozessen entspricht methodisch der Aufgabenanalyse, wobei jedoch als Analysekriterien ausschließlich **Objekt** und **Verrichtung** herangezogen werden. Auf jeder Ebene der Prozeßdekomposition muß eine Entscheidung über die Art der weiteren Gliederung getroffen werden. Aus Gründen der Übersichtlichkeit sollte ein Prozeß in nicht mehr als fünf bis sechs Teilprozesse der nächsten Ebene unterteilt werden. Dabei ist zu entscheiden, welche Teilprozesse instrumental für den übergeordneten Prozeß notwendig sind. Bei materiellen Prozessen ist dies oftmals selbstverständlich, während bei informationellen Prozessen hierzu häufig einige Überlegungen angestellt werden müssen.

(2) Auflösungsniveau

Die zweite Entscheidung umfaßt die Frage nach dem Auflösungsniveau der Prozeßdekomposition. Die Zerlegung könnte theoretisch über viele Ebenen bis hin zu elementaren Verrichtungen vorgenommen werden. So dienen beispielsweise die von

Taylor durchgeführten Bewegungsstudien zur detaillierten Beschreibung von manuellen Arbeitsprozessen.

Für die zu wählende **Auflösungstiefe** gibt es keine eindeutigen Regeln; es hängt in erster Linie von der Art des Prozesses und von der organisatorischen Aufgabenstellung ab:

- Bei der Prozeßauflösung sollte die **Häufigkeit** der Durchführung und die **Bedeutung** der Teilprozesse im Rahmen der gesamten Aktivitäten berücksichtigt werden. Für administrative Routineprozesse mit einer hohen Wiederholhäufigkeit sollte eine eher tiefergehende Gliederung vorgenommen werden, um den Ablauf optimieren und potentielle Probleme erkennen und abbauen zu können. Dagegen sollten nur sehr selten durchzuführende Teilprozesse oder Teilprozesse mit einem geringen Beitrag zur Erfüllung der Gesamtzielsetzung aus Gründen der Wirtschaftlichkeit weniger detailliert beschrieben werden.
- Eine sehr detaillierte Beschreibung der Prozeßabläufe auf der Ebene von Datenelementen und einzelnen Verarbeitungsregeln ist erforderlich, wenn ein Prozeßablauf in einem **EDV-Programm** abgebildet werden soll.
- Die Prozeßdekomposition ist jedoch spätestens dann abzuschließen, wenn ein Teilprozeß die Merkmale eines **Elementarprozesses** erfüllt.

Gaitanides (1983, S. 81) benennt u.a. als Determinante zur Bestimmung der Gliederungstiefe die Interaktionsbeziehungen zwischen Teilprozessen und von Teilprozessen zur Umwelt. So benötigt beispielsweise ein Teilprozeß "Einkaufsabwicklung" eine Materialanforderung aus dem Prozeß "Fertigung". In beiden Prozessen ist die Gliederung mindestens so weit fortzuführen, bis diese Beziehung deutlich wird. Im Prozeß "Fertigung" könnte dieser Teilprozeß "Materialanforderung erstellen und weiterleiten" und im Prozeß "Einkaufsabwicklung" könnte er "Prüfung der Materialanforderung" heißen. Solche benötigten Prozeßinputs oder Prozeßoutputs existieren auch in vielfältiger Form in den Beziehungen zur Umwelt. Beispiele dafür sind Kontoauszüge, Bestellungen oder Rechnungen.

3.4.2 Festlegung der Reihenfolgen

Im Zusammenhang mit der Prozeßstrukturierung ist auch zu entscheiden, in welcher zeitlichen Reihenfolge die einzelnen Teilprozesse und Aktivitäten abgewickelt werden. Die Reihenfolgen werden durch die Input-Output-Beziehungen weitgehend vorgegeben; sie ergeben sich üblicherweise aus sachlogischen Überlegungen oder sind technologisch festgelegt. Variationen der Reihenfolgen sind deshalb meistens gar nicht oder nur sehr begrenzt möglich.

Mit der Festlegung der Input-Output-Beziehungen ist die **Prozeßarchitektur** beschrieben. Anhand der Prozeßarchitektur kann ermittelt werden,

- welche Teilprozesse und Aktivitäten zur Erstellung eines Produktes oder einer Dienstleistung in welcher Reihenfolge abgewickelt werden müssen;
- ob einzelne Aktivitäten so angeordnet sind, daß eine Unterbrechung des Prozeßablaufes herbeigeführt wird;
- ob einzelne Aktivitäten mehrfach verrichtet werden;
- welche Schnittstellen zwischen den einzelnen Teilprozessen definiert sind.

Die Prozeßarchitektur beinhaltet die hierarchische Darstellung aller in einem Geschäftsprozeß enthaltenen Teilprozesse und Aktivitäten sowie ihre Input-Output-Beziehungen.

In *Abbildung 2-21* ist beispielhaft die Prozeßarchitektur für einen Einkaufsprozeß aufgeführt. Zu beachten ist, daß diese Form der Untergliederung nur eine von mehreren Möglichkeiten darstellt. Eine geeignete Numerierung der (Teil-)Prozesse läßt die Interdependenzen und die hierarchische Struktur besser erkennen.

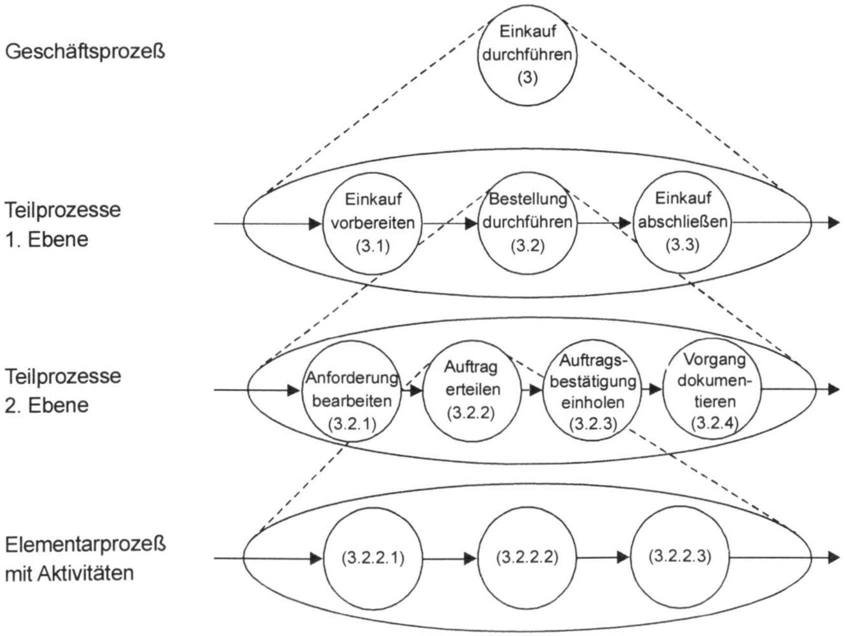

Abb. 2-21: Strukturierung eines Geschäftsprozesses (Beispiel)

Zur Beschreibung der Prozeßabläufe sind verschiedene Analyse- und Dokumentationstechniken entwickelt worden. So ist eine Darstellung der Abläufe über → *Folgepläne* oder mit Hilfe der → *Netzplantechnik* möglich. Die Analyse und grafische Darstellung der Prozeßstrukturen wird insbesondere durch die → *Strukturierte Analyse* unterstützt. Diese Technik wurde in Hinblick auf informationelle Prozesse entwickelt, sie eignet sich aber auch zur Darstellung von materiellen Prozessen. SAP stellt mit Hilfe der EPK-Methode (→ *Ereignisgesteuerte Prozeßkette*) die betrieblichen Abläufe dar.

3.4.3 Ermittlung von Prozeßvarianten

Aus einem scheinbar homogenen Geschäftsprozeß können sich mit zunehmender Detaillierung bei der Prozeßdekomposition mehrere Leistungsvarianten ergeben, die unter Umständen sehr unterschiedlich abgewickelt werden müssen.

Ein Beispiel aus der Versicherungsbranche ist die Schadenbearbeitung im Rahmen einer Hausratversicherung für Privatkunden. Dies ist ein Primärprozeß, der dem strategischen Geschäftsfeld "Hausratversicherungen für Privatkunden" zuzuordnen ist. Bei der Bearbeitung dieses Prozesses können jedoch durch die Höhe der Versicherungssumme oder aus Besonderheiten der Versicherungsgegenstände gravierende Unterschiede auftreten, so daß das Personal für einzelne Prozeßvarianten bestimmte zusätzliche Qualifikationen oder erweiterte Kompetenzen bedarf.

Bei mehreren differierenden Prozeßvarianten besteht die Gefahr, daß die geforderte Transparenz der Prozeßstrukturen verloren geht. Aus diesem Grunde sollte zunächst der **Standardablauf** eines Prozesses festgelegt werden. Die davon abweichenden Prozeßvarianten werden anschließend beschrieben, indem sie zum Standardablauf ins Verhältnis gesetzt und lediglich hinsichtlich ihrer Abweichungen näher dargestellt werden. Der Standardablauf sollte dabei möglichst einfach sein, so daß ein Vergleich zwischen diesem und den Prozeßvarianten leicht deutlich macht, welche Aktivitäten einer Prozeßvariante ihre erhöhte Komplexität ausmacht.

Zur Beschreibung der **Unterschiede** zwischen den Prozeßvarianten und dem Standardablauf sollten Kriterien herangezogen werden, die sich aus den allgemeinen Prozeßmerkmalen ableiten lassen. Die in dieser Hinsicht wichtigsten Merkmale sind in der Regel das prozeßauslösende Ereignis, die anzuwendenden Methoden und die Anforderungen an die Aktionsträger. Es ist zu untersuchen, wie stark diese Merkmale differieren und ob eine individuelle organisatorische Gestaltung der Prozeßvarianten erforderlich ist.

Die einzelnen Varianten eines Prozesses können beispielsweise in drei Kategorien hinsichtlich der Anforderungen an die Mitarbeiterqualifikation unterteilt werden. Wenn jedoch alle Mitarbeiter, die für die Durchführung der Aktivitäten eines Prozesses in Frage kommen, über die Qualifikation sämtlicher Schwierigkeitskategorien verfügen sollen, oder wenn der Geschäftsprozeß als ganzes einer Arbeitsgruppe übergeben werden soll, in der alle notwendigen Qualifikationen vorhanden sind, so ist eine weitere organisatorische Unterscheidung nicht notwendig.

3.5 Integration von Geschäftsprozessen

Für jedes einzelne strategische Geschäftsfeld eines Unternehmens sind bis zu diesem Vorgehensschritt eigene Geschäftsprozeßketten definiert worden. Damit werden inhaltliche und qualitative Unterschiede der Geschäftsfelder, die zu unterschiedlichen Anforderungen an die Prozeßabwicklung führen können, berücksichtigt. Die Geschäftsfelder sind dabei ausschließlich nach unternehmensexternen Kriterien unter Marktgesichtspunkten gebildet worden.

Bei dieser Vorgehensweise einer geschäftsfeldbezogenen Definition der Geschäftsprozesse sind **Redundanzen** unvermeidlich. Die Geschäftsprozesse, die in mehreren Geschäftsfeldern vorkommen, sind deshalb dahingehend zu überprüfen, ob und inwieweit sie sich inhaltlich voneinander unterscheiden und welchen Stellenwert sie innerhalb des Geschäftsfeldes haben. Hierbei sind folgende vier Fälle denkbar (vgl. *Kainz/Walpoth* 1992, S. 51 f.):

- Weitgehend identische Prozesse mit gleichen Zielsetzungen können auf der übergeordneten Unternehmensebene integriert werden. Insbesondere die sekundären Prozesse weisen normalerweise beträchtliche Überschneidungen auf; diese werden zweckmäßigerweise geschäftsfeldübergreifend zusammenfaßt und unter Umständen auch von einer zentralen Organisationseinheit erbracht.
- Prozesse mit einem weitgehend identischen Ablauf können innerhalb der einzelnen Geschäftsfelder einen unterschiedlichen Stellenwert haben oder verschiedene

Zielsetzungen verfolgen. In diesem Fall ist zu überprüfen, ob eine Zusammenführung auf der Unternehmensebene sinnvoll ist.

- Wenn Primärprozesse inhaltlich gar nicht oder nur in kleinen Abschnitten identisch sind, so sind die bestehenden Unterschiede aus den Anforderungen der Geschäftsfelder abgeleitet und begründet. Die Abgrenzung ist somit weiter aufrecht zu erhalten.
- Wenn bei dem Vergleich der primären Geschäftsprozesse viele Gemeinsamkeiten festgestellt werden, sollten die identischen Teilprozesse zusammengelegt werden. In dem Beispiel gemäß *Abbildung 2-22* sind bei der Bildung der Geschäftsfelder zwei Produktgruppen voneinander getrennt worden, von denen im Vergleich deutlich geworden ist, daß sie in einem Geschäftsprozeß viele Gemeinsamkeiten aufweisen und gemeinsame Ressourcen erfordern. Der Prozeß wird für beide Produktgruppen im weiteren Verlauf der Organisationsgestaltung so strukturiert, daß bis zu einem bestimmten Punkt, dem "Variantenbestimmungspunkt" (*Wildemann* 1992, S. 252) alle Aktivitäten identisch ablaufen können. Dieser Punkt, bis zu dem eine Produkt undifferenziert gefertigt werden kann, wird auch als "Konfigurationspunkt" oder "Freeze-point" bezeichnet (*Rommel u.a.* 1993, S. 37 f.); er sollte so weit wie möglich an das Ende der Prozeßkette gelegt werden.

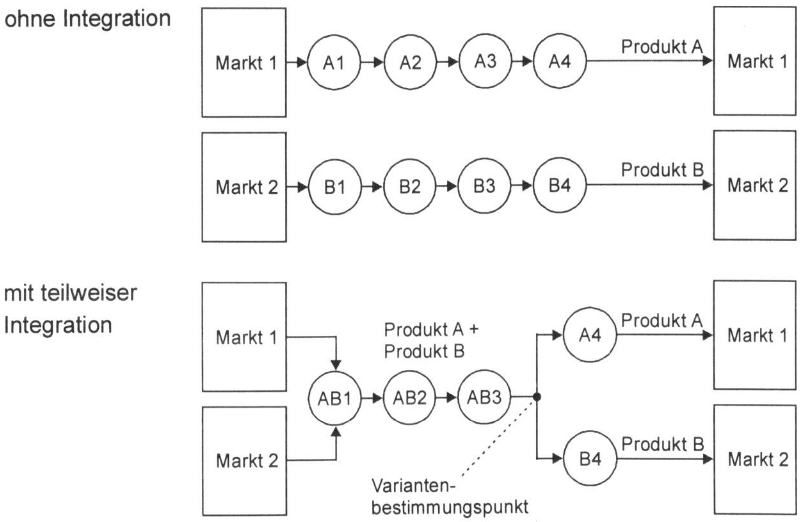

Abb. 2-22: Integration von Prozeßketten

So ist ein Zusammenlegen von einzelnen Teilprozessen immer dann in Erwägung zu ziehen, wenn ein Produkt nach Kundenaufträgen sowohl in einer oder mehreren Standardausführung als auch für bestimmte Kundenkreise nach den Sonderwünschen der Kunden hergestellt wird. Die Auftragsannahme und die kaufmännische Auftragsabwicklung kann für beide Varianten zentral erfolgen. Aufträge, die Standardprodukte betreffen, werden anschließend direkt an einen Herstellungsprozeß mit Seriencharakter weitergeleitet, während die nach Kundenwünschen spezifizierten Aufträge innerhalb einer eigenen Prozeßkette zu Änderungskonstruktionen führen und erst dann in Einzel- oder Kleinserienfertigung hergestellt werden können. Für den Fall, daß Standard- und Sonderprodukte auf gleiche Marktsegmente ausgerichtet sind, sollten auch die Marketing- und Vertriebsaktivitäten organisatorisch zusammengefaßt werden. In diesem Fall sollte zudem geprüft werden, ob auch die strategischen Geschäftsfelder zusammenzulegen sind.

Die Zulieferunternehmen der Automobilindustrie differenzieren ihren Markt oft in die Segmente "Erstausrüster" und "Ersatzteilmarkt". Unterschiedliche Abnehmer (zum einen große Automobilhersteller, zum anderen mittelständische Einbauwerkstätten) führen zu höchst verschiedenen Anforderungen an den Vertrieb und die Vertriebskanäle (zum einen gut planbare Direktbelieferungen in großen Mengen, zum anderen mehr zufällige Lieferungen von Kleinmengen), ggf. auch zu unterschiedlichen geforderten Produktmerkmalen (z.B. spezielle Kennzeichnungen). Zum Zweck einer marktorientierten organisatorischen Gestaltung der Geschäftsprozesse ist deshalb eine Differenzierung in verschiedene Geschäftsfelder angebracht. Sind allerdings die Anforderungen an die internen Prozesse trotz unterschiedlicher Abnehmerkreise weitgehend einheitlich, können auch hier die Synergievorteile gemeinsamer Geschäftsprozesse überwiegen. Eine partielle Differenzierung beispielsweise innerhalb der Vertriebsprozesse erfolgt dann in Form von Prozeßvarianten.

Allgemeingültige Regeln, unter welchen Bedingungen ein Zusammenlegen von einzelnen Prozessen oder gar von ganzen Geschäftsprozessen erfolgen soll, können nicht aufgestellt werden. Die Entscheidung muß situativ in Abhängigkeit von den individuellen Bedingungen getroffen werden. Es sollte jedoch darauf geachtet werden, daß die Komplexität der Prozesse und die Anzahl der Prozeßvarianten durch das Zusammenlegen nicht zu sehr ansteigt.

3.6 Design der Prozeßketten

3.6.1 Ermittlung des Zeitaufwandes

Um für einen Geschäftsprozeß die Vorgabe- und die Durchlaufzeit festlegen und den Personalbedarf ermitteln zu können, ist es zunächst erforderlich, den Zeitbedarf für die Durchführung der einzelnen Teilprozesse und Aktivitäten zu bestimmen. Bei der Ermittlung des Zeitaufwandes wird zwischen Ist-Zeiten und Soll-Zeiten unterschieden:

- **Ist-Zeiten** sind tatsächlich vom Menschen und Sachmittel gebrauchte Zeiten für die Ausführung bestimmter Teilprozesse und Aktivitäten. Diese Zeiten können durch geeignete Erhebungstechniken wie beispielsweise durch eine → *Beobachtung* erhoben werden.
- **Soll-Zeiten** werden normalerweise aus vorhandenen Ist-Zeiten abgeleitet. Sind für bestimmte Prozeßabschnitte jedoch keine Ist-Zeiten verfügbar oder wird auf eine Ermittlung der Ist-Zeiten verzichtet, dann können die Soll-Zeiten auch durch Vergleichen und Schätzen bestimmt werden. Unter Vergleichen versteht man im allgemeinen ein Nebeneinanderstellen von Sachverhalten, um Unterschiede und Gemeinsamkeiten zu erkennen; beim Schätzen hingegen werden quantitative Größen näherungsweise festgelegt.

Die einzelnen Bestandteile der Vorgabe- und Durchlaufzeit sind im Kapitel „Zeitliche Aspekte materieller Prozesse" näher beschrieben. Die hier aufgeführten **Zeitarten** gelten dabei prinzipiell auch für informationelle Prozesse, auch wenn sie dabei nicht immer so deutlich voneinander zu unterscheiden sind wie bei materiellen Prozessen.

3.6.2 Festlegen von Leistungsanforderungen

Jeder Prozeß hat mindestens zwei Schnittstellen: An der Eingangsschnittstelle erhält er die Anforderungen des Prozeßkunden sowie die Ergebnisse möglicherweise vorgeschalteter Prozesse, und an der Ausgangsschnittstelle übergibt er dem Prozeßkunden die vereinbarte Prozeßleistung. Damit eine reibungslose Abwicklung der gesamten Prozeßkette in Hinblick auf die Kundenanforderungen ermöglicht wird, besteht einer der Kernpunkte der prozeßorientierten Organisationsgestaltung darin, den Input und Output zwischen den Lieferanten und Kunden einer Prozeßkette exakt abzustimmen.

<table>
<tr><th colspan="6">Geschäftsprozeß–Vereinbarung</th></tr>
<tr><td colspan="3">Geschäftsprozeß:</td><td colspan="3">Teilprozeß:</td></tr>
<tr><td colspan="3">Lieferant:</td><td colspan="3">Kunde:</td></tr>
<tr><td colspan="4">Gültigkeit der Vereinbarung von:</td><td colspan="2">bis:</td></tr>
<tr><td colspan="6">Beschreibung des Leistungsumfangs:</td></tr>
<tr><td colspan="6">Beschreibung der Schnittstelle:</td></tr>
<tr><td colspan="6">Aufgaben des Lieferanten / Erwartungen des Kunden:</td></tr>
<tr><td colspan="6">Aufgaben des Kunden / Erwartungen des Lieferanten:</td></tr>
<tr><td colspan="6">Prozeß-Kennzahlen (Zielsetzungen):</td></tr>
<tr><td colspan="4">Weitere Angaben auf zusätzlicher Seite?</td><td colspan="2">ja .... nein ....</td></tr>
<tr><td colspan="2">Datum</td><td colspan="2">Unterschrift Lieferant</td><td colspan="2">Unterschrift Kunde</td></tr>
</table>

Abb. 2-23: Geschäftsprozeß-Vereinbarung

Zu diesem Zweck werden an den Schnittstellen zwischen zwei aufeinander folgenden Prozessen Leistungsanforderungen (auch Output-Normen) vereinbart. Diese enthalten Anforderungen hinsichtlich der **Prozeßergebnisse** und beziehen sich auf den Zeitpunkt der Leistungserbringung und den Leistungsumfang. Weiterhin ist der **Zeitbedarf** für die Prozeßdurchführung festzulegen; dabei sind wegen eventueller Streuungen in der Durchlaufzeit Mittelwerte zu wählen.

Leistungsvereinbarungen mit externen Lieferanten werden dabei üblicherweise durch vertragliche Vereinbarungen geregelt. Da häufig auch zwischen internen Kunden und Lieferanten ein ungenaues oder unzureichendes Verständnis über die gegenseitig zu erbringenden Leistungen besteht, sollten auch hier schriftliche Vereinbarungen getroffen werden (*Abb. 2-23*; vgl. hierzu auch *Striening* 1988, S. 208 f.; *Haist/Fromm* 1991, S. 116).

3.6.3 Festlegen von Leistungsmerkmalen und Kontrollpunkten

Anhand von Prozeßkontrollen wird überprüft, ob die Prozeßaktivitäten richtig, vollständig und rechtzeitig durchgeführt werden und ob die tatsächliche Prozeßabwicklung den gestellten Anforderungen entspricht. Neben der Verwirklichung einer vorgegebenen quantitativen Outputleistung muß auch sichergestellt werden, daß die gesetzten Prozeßziele bestmöglich erreicht werden. Als generelle, für alle Prozeßarten gültige Zielkriterien wurden bereits an anderer Stelle die Prozeßdurchlaufzeit, die Qualität des Prozeßergebnisses und die Prozeßkosten genannt.

- Die **quantitative Prozeßleistung** beinhaltet die Anzahl der vollständig bearbeiteten Arbeitsobjekte pro Zeiteinheit und kann normalerweise relativ problemlos definiert und erfaßt werden.
- Die **Durchlaufzeit** eines Prozesses umfaßt die Zeitspanne vom Prozeßbeginn bis zum Zeitpunkt der Übergabe des Prozeßergebnisses an nachfolgende Prozesse (beispielsweise die Zeit von der Einkaufsanforderung bis zur Bestellung beim Lieferanten). Erst die Kenntnis der Durchlaufzeit ermöglicht die Angabe von verbindlichen Fertigstellungsterminen. Damit ein reibungsloser Ablauf gewährleistet ist, müssen vor Beginn der ersten Aktivität alle notwendigen Inputs in der erforderlichen Form zur Verfügung stehen.
- Die **Prozeßqualität** bestimmt signifikant die Kundenzufriedenheit. Sie kann durch die Anzahl der bei der Prozeßdurchführung entstandenen Fehler gemessen werden (beispielsweise durch die Anzahl falsch ausgeführter Lieferungen, fehlerhafter Bestellungen, korrigierter Verträge, fehlerhafter Buchungen, unvollständiger Papiere, korrigierter Rechnungen). Zur Operationalisierung des Qualitätszieles können neben der Fehlerquote auch der für Nacharbeiten erforderliche Zeitaufwand oder die Anzahl der Kundenreklamationen herangezogen werden Die **Prozeßrobustheit** kennzeichnet in diesem Zusammenhang die Fehleranfälligkeit eines Prozesses. Die Fehleranfälligkeit wird durch eine Reihe von Faktoren beeinflußt, so beispielsweise durch die Anzahl der von einem Mitarbeiter durchzuführenden Prozeßaktivitäten. Für die Implementierung robuster Prozesse ist es ausschlaggebend, daß weder Menschen noch Maschinen dauerhaft überlastet werden. Gleichermaßen spielt die Input-Qualität auf die Prozeßrobustheit eine bedeutsame Rolle. In diesem Zusammenhang kann auch von der **Prozeßfähigkeit** gesprochen werden, die ausdrückt, ob ein Prozeß in der Lage ist, die an ihn gestellten Leistungsanforderungen laufend zu erfüllen (vgl. *Pfeiffer* 1993, S. 246)..
- Weiterhin sind die **Prozeßkosten** zu erheben, wobei der gesamte Aufwand zum Erbringen der Prozeßleistung betrachtet wird.

Wenn mehrere Prozeßvarianten vorliegen, deren Durchlaufzeiten und Kosten signifikant voneinander abweichen, sind die Leistungsmerkmale für jede einzelne Prozeßvariante zu definieren.

Der Grad der Erfüllung der Leistungsanforderungen, die **Leistungsfähigkeit** eines Prozesses kann durch aussagefähige Kennzahlen erhoben werden, die speziell für diesen Zweck zu definieren und zu erfassen sind. Die Kennzahlen müssen meßbar und reproduzierbar sein und von allen beteiligten Personen verstanden und akzeptiert werden (vgl. *Masing* 1994, S. 873). Sie dienen als **Kontrollindikatoren** und sind wesentliche Hilfsmittel zur Steuerung des Prozesses, zur Erreichung der gesetzten Ziele und zur frühzeitigen Erkennung von Schwachstellen. Bei der Festlegung derartiger Kennzahlen sollte darauf geachtet werden, daß sie sich auch mit einem vertretbaren Aufwand ermitteln lassen. *Abbildung 2-24* zeigt Beispiele für Kennzahlen.

Prozeß	**Kennzahl**
Entwicklungsprozeß	• Time to market • Einhalten des Lastenheftes • Anzahl Änderungen • Entwicklungskosten •
Produktionsprozeß	• Anzahl Gutteile • Ausschußquote • Durchlaufzeit • Nutzungszeit der Anlagen • Herstellkosten •
Absatzprozeß	• Lieferbereitschaft • Lieferzeit • Anzahl Kundenbeschwerden • Vertriebskosten •

Abb. 2-24: Beispiele für Prozeßkennzahlen

Zur Evaluierung der Leistungsfähigkeit eines Prozesses sollten auch Kennzahlen zur Ermittlung der **Prozeßattraktivität** definiert und erhoben werden. Die Prozeßattraktivität stellt ein Maß für die Motivation der Mitarbeiter und die positiven Auswirkungen der prozeßinternen Zusammenarbeit dar. Attraktive Prozesse werden von den einzelnen Mitarbeitern bezüglich ihrer Zielsetzungen getragen und durch kontinuierliche Prozeßverbesserungen eigenständig weiterentwickelt.

Für die Erfassung der Kennzahlen werden im Prozeßablauf **Kontrollpunkte** festgelegt. Wie in *Abbildung 2-25* dargestellt, beginnt die Prozeßkontrolle mit der Messung der Qualität des Prozeßinputs und endet mit der Messung der Outputqualität. Es wäre jedoch viel zu risikoreich, erst am Ende eines Prozesses nachzuprüfen, ob die vorgegebenen Ziele auch erreicht worden sind. Messungen innerhalb des Prozesses sollen deshalb sicherstellen, daß Abweichungen von den vereinbarten Anforderungen und Zielen frühzeitig erkannt werden können. Deshalb sollten die Meßpunkte durchgängig den gesamten Prozeß erfassen. Insbesondere kritische Teilprozesse und Aktivitäten, die das Prozeßergebnis maßgeblich beeinflussen, sind dabei einer intensiveren Kontrolle zu unterziehen.

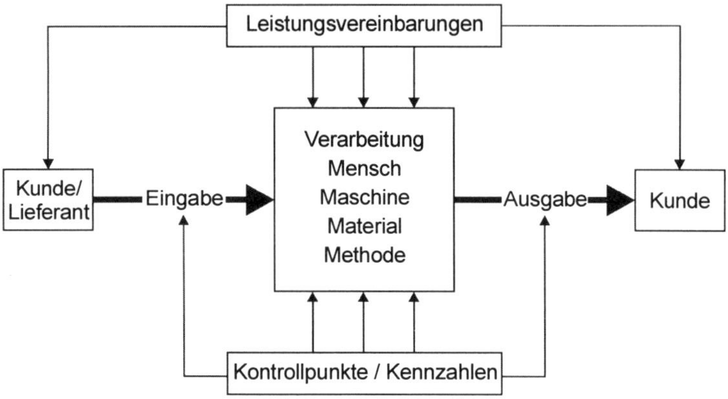

Abb. 2-25: Prinzip der Prozeßkontrolle
Quelle: in Anlehnung an IBM Deutschland 1993, S. 21

Jedes Leistungsmerkmal ist in einem **Prüfplan** mit Kontrollpunkt, Meßzyklus, Prüfmerkmalen und den Prüfmitteln zu beschreiben. Darüber hinaus wird für jeden Kontrollindikator ein Ausgangs- und ein Zielwert festgelegt, der mittelfristig erreicht werden soll. Der Zielwert kann aus externen Leistungsvergleichen (Benchmarking) sowohl innerhalb als auch außerhalb der eigenen Branche resultieren und zielt darauf ab, kontinuierliche **Prozeßverbesserungen** anzustoßen. Prozeßverbesserungen müssen auch eingeleitet werden, wenn die Leistungsvereinbarungen mit dem Prozeßkunden oder die intern vereinbarten Zielvorgaben wiederholt nicht erfüllt werden.

Benchmarking
Benchmarking wird in der Informatik schon lange angewendet, indem mit standardisierten Computerprogrammen die Leistungen verschiedener Hardwaresysteme miteinander verglichen werden. In letzter Zeit wird das Benchmarking auch als ein bedeutsames Managementinstrument zur Sicherung der Wettbewerbsfähigkeit gesehen. Der Leistungsvergleich zwischen Unternehmen ist dabei nicht auf einen Produkt- oder Bilanzvergleich beschränkt, sondern zieht Prozesse, Strategien und Handlungsweisen mit ein. Die eigenen Leistungen werden am Leistungsstand des Spitzenreiters in der eigenen oder in der einer vergleichbaren Branche gemessen. Hierdurch werden Leistungsdefizite in der eigenen Organisation sichtbar. Das Benchmarking soll damit Anstöße geben, bisher für nicht lösbar gehaltene Probleme anzugehen.
Literatur: *Fromm* 1994, S. 121 ff.

3.6.4 Gestaltung der Informationsinfrastruktur

Für die effiziente Abwicklung eines Prozesses sind die hierzu erforderlichen zustandsorientierten Stamm- und Bestandsinformationen (Speicherinformationen) bereitzustellen. Hierfür gilt das logistische Prinzip, daß die richtige Information zum richtigen Zeitpunkt in der richtigen Menge am richtigen Ort in der richtigen Qualität zur Verfügung zu stellen ist. Die zielgerichtete Gestaltung der hierzu erforderlichen

Systeme und sekundären Prozesse stellt eine der Hauptaufgaben des **Informationsmanagements** dar.

Der Begriff des Informationsmanagements (Information Resource Management) ist relativ neu; er betrifft das Leitungshandeln (Management) in einer Organisation in bezug auf die Information und Kommunikation (vgl. *Heinrich/Burgholzer* 1988, S. 6) und erstreckt sich auf alle Aktivitäten, welche die Planung, Steuerung, Durchführung und Kontrolle der Informationsverarbeitung zum Ziel haben. Dabei spielt es keine Rolle, ob die Verarbeitung der Informationen mit oder ohne EDV-Unterstützung erfolgt.

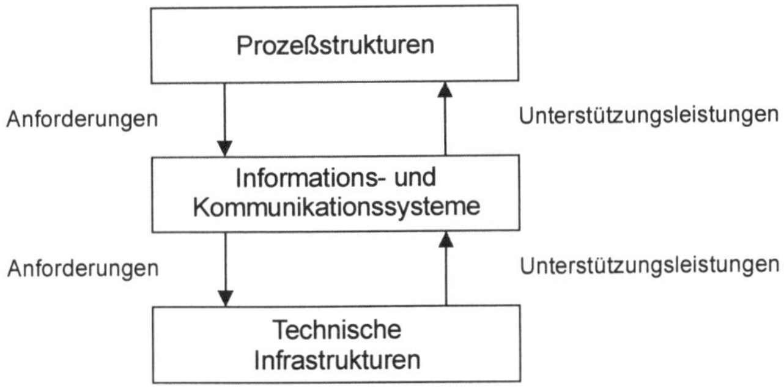

Abb. 2-26: Aufgabenebenen des Informationsmanagements
Quelle: in Anlehnung an Picot/Franck 1993, S. 434

Abbildung 2-26 stellt die **Aufgabenebenen** des Informationsmanagements dar (vgl. *Picot/Franck* 1993, S. 433 f.):

- Auf der Ebene der Prozeßstrukturen wird der Informationsbedarf festgelegt; der objektive Informationsbedarf ergibt sich aus den durchzuführenden Aktivitäten. Daneben muß auch dem subjektiven Informationsbedarf der durchführenden Personen Rechnung getragen werden.
- Ausgehend vom Informationsbedarf werden die Anforderungen an die Ebene der Informations- und Kommunikationssysteme (IuK-Systeme) definiert. IuK-Systeme setzen sich aus personellen, organisatorischen und technischen Elementen zusammen. Die Kombination dieser Elemente bestimmt die Struktur eines Informationssystems.
- Die Gestaltung der IuK-Systeme definiert die Anforderungen an die Ebene der informationstechnischen Infrastrukturen. Hierunter werden die Hard- und Softwarekomponenten verstanden, deren spezifische Eigenschaften für die zu unterstützenden Prozesse normalerweise nicht in Erscheinung treten.

Ausgehend von den festgestellten Informationsbedarfen werden zunächst logisch zusammengehörige Informationen zu Informationsgruppen (auch Datengruppen) zusammengefaßt. Die Informationsgruppen werden den einzelnen Prozessen und Teilprozessen zugeordnet, um darauf aufbauend die zur Deckung des Informationsbedarfes erforderlichen IuK-Systeme zu entwerfen. Ein wichtiges Hilfsmittel bei der Planung der Informationsinfrastruktur ist die **Prozeß-Informations-Matrix**, mit der die Entstehung und die Verwendung von Informationen aufgezeigt werden kann (*Abb. 2-27*). In die Matrix wird für jeden Prozeß eingetragen, ob eine Information neu erstellt (C = created), verändert (R = recreated) oder gebraucht (U = used) wird.

Prozeß \ Informationsgruppe	Kunden	Aufträge	Lieferanten	Produkte	Arbeitspläne	Stücklisten	Kosten	Teilekataloge	Rohmaterialbestände	Fertigfabrikatbestände	Beschäftigte	Verkaufsgebiete	Finanzmittel	Planung	Produktionsvolumen	Anlagen	Offene Bedarfe	Maschinenbelastungen
Unternehmensplanung							U						U	C				
Organisationsplanung														U				
Review und Kontrolle													U	U				
Finanzplanung											U		U	C	U			
Kapitalbeschaffung													C					
Forschung				R								U						
Vorhersage	U			U								U		U				
Design und Entwicklung	U			C		U		C										
Produktspezifikationen			U	R		C		R										
Einkauf			C				U											
Annahme			U						U									
Bestandskontrolle									C	C					U			
Arbeitsablaufplanung				U	U											C		
Terminierung			U	U											C	U		U
Kapazitätsplanung			U		R											R	U	C
Materialbedarfsplanung			U	U		R											C	
Fertigung					C										U		U	U
Gebietsmanagement	C	U		U														
Verkauf	R	U		U								C						
Verkaufsadministration		U										U						
Auftragsbearbeitung	R	C		U														
Versand		R		U						R								
Buchhaltung	U		U								U		U					
Kostenplanung		U	U				C											
Budgetrechnung							U				U		U	U	U			
Personalplanung											C		U					
Anwerbung/Förderung											U							
Entlohnung											U		U					

Abb. 2-27: Prozeß-Informations-Matrix

Zu den Fragen der eigentlichen Gestaltung der betrieblichen IuK-Systeme sei auf die einschlägige Spezialliteratur verwiesen (z.B. *Martin* 1986; *Heinrich/Burgholzer* 1987a und 1987b; *Vetter* 1990; *Scheer* 1994).

3.6.5 Zeitliche und räumliche Gestaltung

Eine weitere Aufgabe der Prozeßorganisation beinhaltet die räumliche und zeitliche Gestaltung der jeweiligen Abläufe. Bei der **zeitlichen Gestaltung** sind vor allem folgende Probleme zu lösen:

- Eine minimale **Durchlaufzeit** der einzelnen Arbeitsobjekte kann durch eine geeignete zeitliche Koordination der einzelnen Aktionsträger innerhalb der Prozeßkette erreicht werden. Hierzu sind im Rahmen der organisatorischen Prozeßgestaltung geeignete Regeln aufzustellen, nach denen die zeitlichen und mengenmäßigen Folgen der jeweils anliegenden Aufträge festgelegt werden. Dabei sind neben der Minimierung der Durchlaufzeiten auch andere Ziele wie beispielsweise optimale Losgrößen oder minimale Terminüberschreitungen angesprochen.

- Die **Auslastung** der Aktionsträger ist zu maximieren. Diese Aufgabe stellt wie die Minimierung der Durchlaufzeit eine traditionelle Zielsetzung der Prozeßorganisation dar.

Hierbei stehen das auftragsbezogene Ziel "minimale Durchlaufzeit der Arbeitsobjekte" und das arbeitsplatzbezogene Ziel "maximale Auslastung der Aktionsträger" in einem Konkurrenzverhältnis zueinander, das als das **Dilemma der Ablauforganisation** bezeichnet wird. In aller Regel bewirkt die Zielsetzung einer maximalen Kapazitätsauslastung bei einem ungleichmäßigen Auftragsanfall längere Durchlaufzeiten, da die Arbeitsobjekte warten müssen, wenn die Menschen oder die Sachmittel zeitweilig überlastet sind.

Die bei der zeitlichen Gestaltung der Prozeßabläufe aufgestellten **Regeln** (wie zum Beispiel Prioritätsregeln) stellen organisatorische Vorgaben für die dispositiven Entscheidungen im Rahmen der alltäglichen Prozeßdurchführung dar. Derartige Regelungen sind insbesondere für materielle Prozesse immer dann erforderlich, wenn betriebswirtschaftliche Planungs- und Steuerungssysteme (ERP-Systeme - Enterprise Resources Planning-Systeme) eingesetzt werden sollen.

Im Zusammenhang mit der **räumlichen Gestaltung** gehört vornehmlich die Lösung der folgenden Problemstellungen:

- Die einzelnen **Arbeitsplätze** sind räumlich anzuordnen und ergonomisch zu gestalten. Insbesondere die Probleme der Arbeitsplatzgestaltung werden dabei durch die Arbeitswissenschaft erörtert und gelöst. Im Vordergrund steht hierbei die Berücksichtigung der Eigenheiten und Fähigkeiten des menschlichen Organismus (vgl. u.a. *Hackstein* 1977; *Luczak* 1993).
- Die räumliche Anordnung der Arbeitsplätze beeinflußt in starkem Maße auch die Länge der **Transportwege**; diese hat wiederum über die Transportzeiten einen unmittelbaren Einfluß auf die Durchlaufzeiten. Eine Minimierung der Transportwege für den Durchlauf der Arbeitsobjekte wäre erreicht, wenn die Anordnung der Arbeitsplätze der Prozeßfolge entsprechen würde. Die räumliche Anordnung der Arbeitsplätze schließt somit Standortprobleme ebenso ein wie die Konzeption der Streckenführung. Der Begriff der **Materialflußgestaltung** beinhaltet eine derartige ganzheitliche Sichtweise, die neben den räumlichen Aspekten auch die zeitlichen Zusammenhänge von Prozeßfolgen berücksichtigt.

Mit Fragen der zeitlichen und räumlichen Arbeitsgestaltung hat sich besonders intensiv *REFA* (1978b; 1978c) auseinandergesetzt. Auf einzelne Aspekte dieser Problemstellungen wird - differenziert nach materiellen und informationellen Prozessen - in den beiden folgenden Kapiteln noch näher eingegangen.

3.6.6 Prozeßdokumentation

In einem nächsten Schritt ist der Geschäftsprozeß im Detail zu beschreiben. Eine klare Prozeßbeschreibung, die exakte Definition der Prozeßgrenzen und der Schnittstellen bietet vor allem den Vorteil, daß die Kunden-Lieferanten-Beziehungen präzise formuliert und somit auch unmißverständlich vereinbart werden können. Die Prozeßdokumentation soll Transparenz bezüglich der Prozeßstrukturen schaffen; sie dient dem einheitlichen Verständnis aller Prozeßbeteiligten über die Inhalte und Ziele eines Prozesses. Durch eine vollständige und umfassende Prozeßdokumentation erübrigen sich auch weitgehend herkömmliche Stellenbeschreibungen.

Um die geforderte Strukturtransparenz herzustellen, sind die Prozeßabläufe grafisch zu visualisieren. Die logische Abfolge der einzelnen Aktivitäten wird zweckmäßigerweise mit Hilfe von → *Folgeplänen* dokumentiert. Hierbei wird die Abfolge der im Gesamt- oder in einem Teilprozeß durchzuführenden Schritte sowie deren Abhängigkeiten und Beziehungen untereinander beschrieben. Daneben gehören die Leistungsvereinbarungen und die Beschreibung der Kennzahlen und Kontrollpunkte. Ebenso werden die im Prozeß eingesetzten Sachmittel, die benötigten Speicherinformationen und die Methoden beschrieben. Weitere Beschreibungsgrößen sind die vorgesehenen Mittel für den Transport von Gütern und die Kommunikationsmedien zur Informationsübertragung.

Der Detaillierungsgrad der Prozeßdokumentation orientiert sich am Auflösungsniveau der Prozeßdekomposition. Jede Prozeßebene sollte mit einem eigenen, spezifischen Detaillierungsgrad beschrieben werden. Der Auflösungsgrad bei der Prozeßdekomposition und damit auch der Detaillierungsgrad bei der Dokumentation hängt in erster Linie davon ab, in welchem Maße den beteiligten Mitarbeitern Spielräume bei der Prozeßabwicklung eingeräumt werden sollen. Wenn ihnen ein eher großer Entscheidungs- und Handlungsspielraum eingeräumt werden soll, genügt eine grobe Prozeßbeschreibung mit Hinweisen auf die einzuräumenden Kompetenzen. Sind dagegen eher repetitive Aktivitäten möglichst effizient durchzuführen, so muß der Prozeß im Detail strukturiert und gestaltet werden; die Prozeßdokumentation sollte dann detaillierte Angaben in Form von Verfahrens- und Arbeitsanweisungen enthalten. Wichtig ist, daß innerhalb einer Ebene der Prozeßdekomposition der Detaillierungsgrad der Beschreibung weitgehend einheitlich ist.

Der Nachweis eines Qualitätsmanagementsystems nach DIN ISO 9000 wird durch eine vollständige Prozeßdokumentation erheblich vereinfacht, da ein zusätzliches Verfassen von Verfahrens- und Arbeitsanweisungen entfallen kann.

3.7 Zuweisung der Prozeßverantwortung

Die Zuweisung der einzelnen Aktivitäten und Prozesse auf eine oder mehrere Personen wird durch die Festlegung von Stellenaufgaben vorgenommen. Diese Zuordnung auf Personen und Organisationseinheiten erfolgt auf der Grundlage der erstellten Prozeßdokumentation und wird in Verbindung mit der **Stellenbildung und -besetzung** durchgeführt. Dabei ist es vorteilhaft, für jeweils komplette, in sich abgeschlossene Abläufe die Durchführungsverantwortung organisatorisch zusammenzufassen und einer Stelle oder Arbeitsgruppe zuzuordnen. Die Zuordnung der Leitungsverantwortung für die Geschäftsprozesse erfolgt im Zusammenhang mit der Festlegung der **Leitungsorganisation**.

Hinsichtlich der Zuordnung der Prozeßverantwortung müssen zwei Fälle unterschieden werden:

- Für die Abwicklung der einzelnen Geschäftsprozesses werden im Rahmen einer prozeßorientierten Stellenbildung **dedizierte Organisationseinheiten** gebildet;

die Aufgabenstrukturen innerhalb der Primärorganisation und die Prozeßstrukturen entsprechen somit einander.

- Der Prozeß verläuft über mehrere Bereiche des Unternehmens. In diesem Fall kann die Gesamtverantwortung für den Geschäftsprozeß durch einen **Prozeßeigner** wahrgenommen werden, der für die Durchlaufzeit, die Qualität und die Kosten des Gesamtprozesses zuständig ist. Bei umfangreichen Prozessen kann der Prozeßeigner auch durch Subprozeßeigner unterstützt werden. Diese verantworten die Durchführung der ihnen zugeordneten Teilprozesse und sind für die Performance und insbesondere für die Erfüllung der Wünsche der internen Kunden verantwortlich. Der Prozeßeigner ist dabei der Sekundärorganisation des Unternehmens zuzuordnen.

Das Konzept des *Business Process Management* von *IBM* sieht eine gestufte Prozeßverantwortung vor. Die Gesamtverantwortung für die Qualität eines Geschäftsprozesses wird vom *Lead Executive* wahrgenommen. Dieser ernennt den *Process Owner*, der den Prozeß zu steuern und permanent zu verbessern hat. Damit ist der Process Owner dem Kunden gegenüber für die Leistung des Gesamtprozesses verantwortlich. Zusammen mit den *Subprocess Ownern*, die für Teile des Prozesses verantwortlich sind, werden die Prozeßziele hinsichtlich Fehlervermeidung, Bearbeitungs- und Durchlaufzeiten sowie der Kosten festgelegt. Die Subprocess Owner sind dem Process Owner gegenüber für die Erreichung der Subprozeßziele verantwortlich (*IBM Deutschland* 1993, S. 8).

Im Kontext mit der Stellenbildung und -besetzung wird auch der erforderliche **Personalbedarf** zur Durchführung der Geschäftsprozesse ermittelt. Hierzu ist der Arbeitsanfall über einen längeren Zeitraum festzustellen und mit der geplanten Arbeitsleistung der Mitarbeiter zu vergleichen. Wenn es aus räumlichen, quantitativen oder aus Gründen der erforderlichen Personalqualifikation nicht möglich ist, daß ein in sich geschlossener Prozeß durch eine einzelne Person abgewickelt wird, sollte geprüft werden, ob er einer Arbeitsgruppe übertragen werden kann. In dieser Arbeitsgruppe können dann Mitarbeiter unterschiedlicher Qualifikation zusammengefaßt werden. Einige Personen aus der Gruppe können dann vorrangig die einfachen Vorgänge bearbeiten, andere wiederum die Geschäftsvorfälle mit einem mittleren Schwierigkeitsgrad, während besonders schwierige Fälle durch speziell ausgebildete oder erfahrene Personen erledigt werden. Damit zwischen den Kunden und dem Unternehmen langfristig ein Vertrauensverhältnis aufgebaut wird, sollte jedoch die Anzahl der Kontaktpersonen für den einzelnen Kunden auf ein Minimum beschränkt werden. Das Konzept des **Fallmanagements** (siehe hierzu auch die Ausführungen zur prozeßorientierten Sekundärorganisation) wird diesem Anspruch besonders gerecht.

3.8 Externe Prozeßverkettung

In die organisatorische Prozeßgestaltung sind auch die relevanten Umsysteme (wie Kunden, Lieferanten, Transporteure oder Banken) mit einzubeziehen; die zwischenbetriebliche Kopplung von Geschäftsprozessen soll hier als externe Prozeßverkettung bezeichnet werden. So wird in den Arbeiten von *Porter* (1989) auf die Notwendigkeit verwiesen, auch die Leistungsbeziehungen zwischen den Unternehmen zu koordinieren. Die Wertketten eines Unternehmens sind in einem Leistungsverbund verknüpft mit den Wertketten seiner Kunden und Lieferanten (*Abb. 2-28*). Einige dieser Verbindungen repräsentieren den physischen Austausch von Gütern, aber bei allen Verbindungen werden Informationen ausgetauscht. So beinhaltet das Konzept des Just-in-Time eine derartige Prozeßverkettung in bezug auf die logistische Steuerung des Warenflusses. Die hierzu notwendigen Kopplung der informationellen Prozesse ist jedoch ohne den Einsatz von EDI nicht wirtschaftlich zu realisieren.

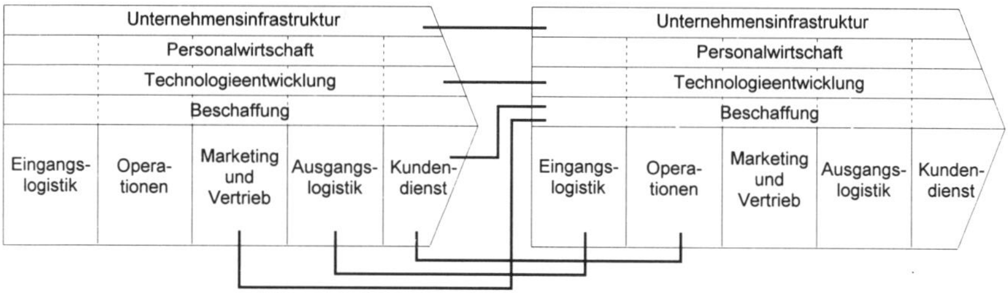

Abb. 2-28: Externe Prozeßverkettung zwischen Unternehmen

Mit dem Begriff "Elektronischer Datenaustausch" bzw. "Electronic Data Interchange" (EDI) wird der automatisierte Austausch genormter, formatierter Daten zwischen zwei oder mehreren Geschäftspartnern bezeichnet. Die Daten werden dabei ohne Medienbruch per Datenfernübertragung vom IuK-System des Senders zum IuK-System des Empfängers übertragen. Eine derartige zwischenbetriebliche Kommunikation ist für eine Vielzahl von Geschäftsprozessen möglich (*Abb. 2-28*); durch den Austausch der Geschäftsdaten per EDI wird eine weitgehend automatisierte, papierlose Abwicklung der Routine-Geschäftsvorfälle bei Lieferanten, Kunden, Banken und Spediteuren erreicht (vgl. *Schulte-Zurhausen* 1994).

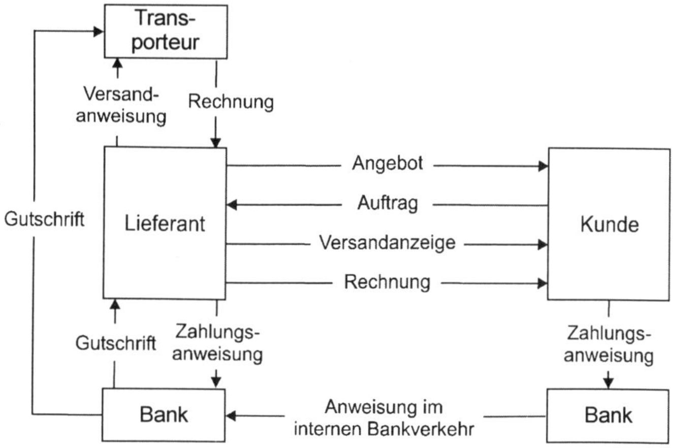

Abb. 2-28: Nachrichten der zwischenbetrieblichen Kommunikation

Eine externe Prozeßverkettung über EDI anstelle konventioneller Formen der Kommunikation bringt für die beteiligten Geschäftspartner erhebliche **Vorteile**:

- Die zwischenbetriebliche Kommunikation erfolgt sehr schnell, da die Daten ohne manuelle Eingriffe übermittelt werden.

- Die beim Empfänger mit der Erfassung von Daten verbundenen Fehlermöglichkeiten werden vermieden, so daß sich die Qualität der Informationsübertragung erhöht.
- Durch die Vermeidung der wiederholten Erfassung bzw. Eingabe und der Ablage derselben Daten lassen sich die Prozeßkosten erheblich reduzieren.
- Die Daten können beim Empfänger unmittelbar nach dem Empfang durch dessen Informationssystem weiterverarbeitet werden; dies trägt erheblich zur Reduzierung der Durchlaufzeiten bei.
- Die schnellere Reaktionsmöglichkeit auf veränderte Situationen - sowohl im Unternehmen als auch auf dem Markt - verschafft bedeutsame Wettbewerbsvorteile.

Der elektronische, unternehmensübergreifende Datenaustausch hat bereits in einigen Branchen die herkömmliche Kommunikation weitgehend abgelöst. Insbesondere bei einer Netzwerkorganisation in Form der **Subunternehmerschaft** ist EDI für die alltägliche Kommunikation stark verbreitet. In einzelnen Wirtschaftssektoren mit einer starken Vernetzung zwischen Kunden und Lieferanten wie beispielsweise in der Automobilzulieferindustrie ist die Anwendung von EDI bereits seit längerem eine Voraussetzung für den Vertragsabschluß.

3.9 Prozeßverbesserung

Nach der prozeßorientierten Implementierung von Organisationsstrukturen besteht die Notwendigkeit, die Prozeßabläufe mehr oder weniger regelmäßig zu überprüfen und gegebenenfalls zu modifizieren. Die Leistung (auch Performance) eines Prozesses kann dabei nur ganzheitlich beurteilt werden, indem alle Kontrollindikatoren - die qualitative Prozeßleistung, die Prozeßdurchlaufzeit, die Qualität des Prozeßergebnisses und die Prozeßkosten - berücksichtigt werden. Sie läßt sich in Form eines Polardiagramms grafisch darstellen, aus dem dann auch Abweichungen zwischen Soll und Ist ersichtlich sind (*Abb. 2-30*).

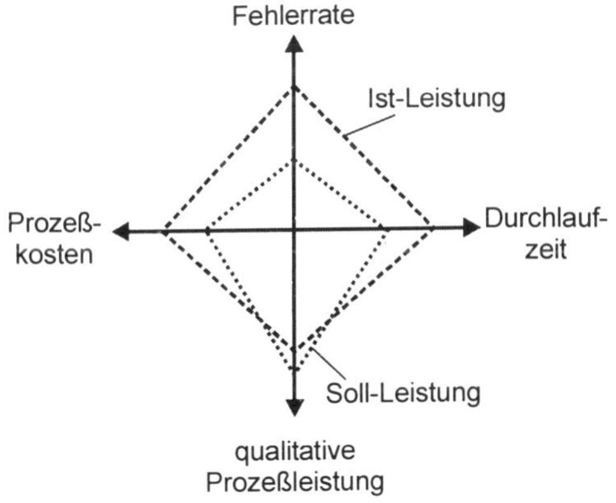

Abb. 2-30: Merkmale der Prozeßleistung

Ausgangspunkt von Prozeßmodifikationen sind häufig **Schwachstellen** im Prozeßablauf, die durch das Prozeßcontrolling im Form von Soll-Ist-Abweichungen erkannt worden sind. Die Entscheidung, ob zu ihrer Beseitigung eher Maßnahmen der kontinuierlichen Verbesserung oder eher eine grundlegende Neugestaltung erforderlich ist, trifft letzten Endes der jeweilige Prozeßeigner.

- Anpassungsmaßnahmen im Rahmen einer **kontinuierlichen Prozeßverbesserung** sollten regelmäßig vorgenommen werden, wenn die anhand der Kontrollindikatoren überprüften Prozeßziele negativ von den vereinbarten Vorgaben abweichen.
- Eine **Prozeßreorganisation** (auch Prozeß-Reengineering) beinhaltet die grundlegende Überarbeitung bestehender Prozeßabläufe. Eine Reorganisation wird grundsätzlich dann erforderlich, wenn die Prozeßleistung dauerhaft nicht mehr den aktuellen Marktanforderungen entspricht oder wenn gravierende Schwachstellen den Prozeßablauf nachhaltig beeinträchtigen. In Abhängigkeit von der jeweiligen Situation sind entweder einzelne Teilprozesse anzupassen oder aber der gesamte Geschäftsprozeß neu zu designen.

Eine Reorganisation beinhaltet ganz allgemein eine einschneidende Veränderung von Organisationsstrukturen; sie wird vor allem dann durchgeführt, wenn eine angestrebte Effizienzsteigerung durch kontinuierliche Verbesserungen in kleinen Schritten nicht mehr gewährleistet werden kann.

Bei der Prozeßreorganisation wird der gesamte Prozeß einschließlich seiner Spezifikation und Leistungsanforderungen in Frage gestellt und vollständig überarbeitet. Dabei werden alle Planungsphasen der **organisatorischen Gestaltung** (siehe 5. Teil „Organisationsmanagement") durchlaufen. Den Ausgangspunkt bildet die bestehende Prozeßdokumentation, die im Rahmen einer Situationsanalyse zunächst kritisch reflektiert wird. Die aufgedeckten Schwachstellen sind bezüglich ihrer Ursachen, ihres Umfangs und ihrer Tragweite zu untersuchen und zu beurteilen. Änderungen hinsichtlich der Prozeßanforderungen werden anschließend in der Phase der Zielformulierung beschrieben. Der Anpassungs- und Änderungsbedarf zur Beseitigung der Schwachstellen und zur Erreichung der gesetzten Ziele wird in der Phase der Lösungssuche erarbeitet. Die entwickelten Lösungen werden schließlich in der Planungsphase der Bewertung hinsichtlich ihrer Wirksamkeit untersucht, bevor die beste Lösung realisiert und eingeführt wird.

Ein Prozeßablauf besteht aus einer Vielzahl von Aktivitäten, die zusammen zum Prozeßergebnis führen. Es sind jedoch nur wenige Aktivitäten, die wirklich den Wert des Prozeßergebnisses erhöhen. Beispiele für **nicht-wertschöpfende Aktivitäten** sind lagern, weiterleiten, kopieren, mehrmals unterschreiben, verteilen, stempeln, sortieren oder mehrfach erfassen. Die Prozeßreorganisation umfaßt in erster Linie eine kritische Durchleuchtung des Prozeßablaufes hinsichtlich dieser nicht-wertschöpfenden Aktivitäten sowie bezüglich der Durchlaufzeiten. Wenn eine Aktivität keine Wertschöpfung erzielt, so ist zunächst zu prüfen, ob sie indirekt im Zusammenwirken mit anderen Aktivitäten eine Wertsteigerung erzielt. Derartige **unterstützende Aktivitäten** sind beispielsweise das Rüsten von Maschinen, das Erstellen von Berichten oder das Weiterleiten von Gütern und Informationen. Diese Aktivitäten sind so weit wie möglich zu reduzieren und kostengünstig zu gestalten. Hat eine nicht-wertschöpfende Aktivität keine derartige unterstützende Funktion, so sollte noch untersucht werden, ob sie aufgrund von **gesetzlichen Vorschriften** erforderlich ist. Wird für eine Aktivität festgestellt, daß sie weder aus gesetzlicher Sicht notwendig ist noch direkt oder indirekt zur Wertschöpfung beiträgt, so ist sie zu eliminieren.

Die Prozeßkosten und -durchlaufzeiten lassen sich vor allem durch die Reduzierung von derartigen nicht-wertschöpfenden Aktivitäten verringern. Aus dem Verhältnis zwischen der produktiven zu den unproduktiven Anteilen der Durchlaufzeit können Rationalisierungsansätze erkannt werden. Die Gesamtkosten eines Prozesses lassen sich relativ einfach bestimmen, sofern eine genaue Zeitermittlung vorgenommen wurde und Daten über die Mengen und Kosten pro Aktionseinheit vorliegen.

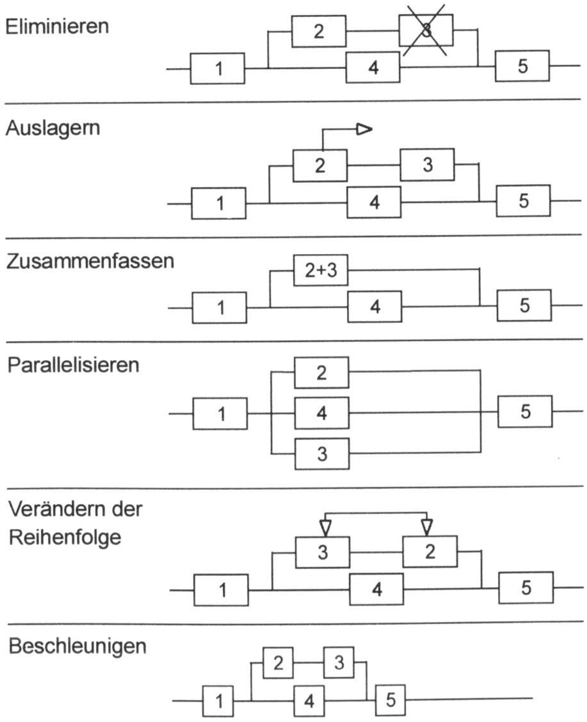

Abb. 2-31: Ansatzpunkte zur Prozeßverbesserung
Quelle: in Anlehnung an Bleicher 1991, S. 196

In *Abbildung 2-31* sind die Maßnahmen zur Prozeßverbesserung im Überblick dargestellt. Um den Ablauf zu beschleunigen, sollten manuell durchgeführte, repetitive Teilprozesse möglichst automatisiert, Redundanzen und Doppelarbeiten eliminiert werden. Weiterhin können Prozesse beschleunigt werden, indem sequentiell angeordnete Aktivitäten parallelisiert werden oder prozeß- und störungsbedingte Transport- und Liegezeiten eliminiert werden. Gegebenenfalls ist auch ein Verschmelzen von Aktivitäten sinnvoll. Weiterhin kann eine Änderung des Prozeßablaufes möglicherweise Engpässe reduzieren oder intransparente Abläufe vereinfachen. Die Maßnahmen der Prozeßverbesserung sind abschließend nach quantitativen und qualitativen Kriterien zu bewerten. Die *Abbildung 2-32* zeigt beispielhaft die Bewertung des verbesserten Teilprozesses „Kaufmännische Auftragsbearbeitung“.

	Ist-Ablauf	Soll-Ablauf
Quantitative Bewertungskriterien		
Anzahl der Aktivitäten insgesamt	20	14
Anzahl der manuellen Aktivitäten -	16	8
Anzahl der EDV-gestützten Aktivitäten	4	6
Anzahl der wertschöpfenden Aktivitäten	14	10
Anzahl der nicht-wertschöpfenden Aktivitäten	6	4
Anzahl der Medienbrüche	4	0
Anzahl der beteiligten Organisationseinheiten	3	2
Durchlaufzeit (Tage)	5	2
Bearbeitungszeit (Minuten pro Auftrag)	45	25
Fehlerrate (%)	3	1
Einsparungen durch Zinsgewinn (€ / Jahr)		50.000
Einsparungen durch Aufwandsreduzierung (€ / Jahr)		100.000
Qualitative Bewertungskriterien		
Kundenzufriedenheit	befriedigend	sehr gut
Mitarbeiterzufriedenheit	befriedigend	gut
Prozeßtransparenz	gut	sehr gut
Grundannahmen:		
Netto-Arbeitszeit: 120 Stunden / Monat Zinssatz: 8 % Umsatz: 50 Mio € / Jahr		

Abb. 2-32: Bewertung von Prozeßverbesserungen

Business Reengineering

Der Begriff des Business Reengineering wurde wesentlich von den beiden amerikanischen Managementberatern Michael Hammer und James Champy geprägt; diese definieren Reengineering als „fundamental rethinking and radical redesign of business processes" (*Hammer/Champy* 1993, S 32). Die Grundidee des Business Reengineering (auch Business Process Reengineering) besteht darin, Unternehmen nicht mehr vertikal nach Funktionen, sondern horizontal nach Prozessen zu gliedern. Dabei sollen durchgängige Prozesse ohne Schnittstellen vom Lieferanten bis zum Kunden gestaltet werden. Business Reengineering greift dabei auf eine Reihe bekannter Konzepte zurück; es sind dies vor allem die Konzepte der Prozeß- bzw. Ablauforganisation, der Wertkette, der Kernkompetenzen sowie der Unternehmenssegmentierung. Das eigentliche Neue des Ansatzes liegt in der Radikalität der Umgestaltung mit dem Ziel, die Kosten, die Qualität, die Kundenzufriedenheit und die Geschwindigkeit deutlich zu verbessern. Ein kritischer Erfolgsfaktor dieser prozeßorientierten Veränderung ist der Einsatz moderner Informations- und Kommunikationstechnik; jeder Mitarbeiter soll auf alle Informationen dezentral zugreifen können. Business Reengineering baut darauf, daß die Umsetzung von oben herab durch ein starkes Top-Management konsequent und schonungslos durchgeführt wird. Es wird sogar empfohlen, dabei das mittlere Management von vornherein auszuschalten. Begründet wird dies mit dem Argument, daß es sich bei Business Reengineering nicht um kleine Verbesserungen, sondern um radikale Änderungen handelt, bei denen das mittlere Management nur im Wege steht.

Literatur: *Hammer/Champy* 1993; *Osterloh/Frost* 1994

4. Organisatorische Aspekte materieller Prozesse

Ein Prozeß wurde definiert als Folge logisch zusammenhängender Aktivitäten zur Erstellung einer Leistung oder zur Veränderung eines Arbeitsobjektes. Materielle Prozesse wurden schon immer ablauforientiert organisiert; eine Prozeßorientierung bei der Organisationsgestaltung stellt deshalb für materielle Prozesse keine neue Denkensweise dar. Im folgenden sollen einige Prinzipien und Beschreibungsgrößen vorgestellt werden, die allgemein für das zeitliche und räumliche Ineinandergreifen von materiellen Teilprozessen und Aktivitäten gelten.

4.1 Räumliche Aspekte materieller Prozesse

Der räumliche Aspekt bei der Organisation materieller Prozesse betrifft vor allem die Anordnung der Arbeitsplätze; diese bestimmt maßgeblich die Länge der Transportwege für die Arbeitsobjekte und damit indirekt auch die Durchlaufzeit. Die räumliche Anordnung der Arbeitsplätze hängt eng mit den Organisationstypen der Fertigung zusammen.

4.1.1 Organisationstypen der Fertigung

Organisationstypen der Fertigung beziehen sich auf spezifische Ausprägungen der Kombination der Prozeßelemente Arbeitsobjekt, Mensch und Sachmittel. In der industriellen Praxis sind dabei eine kaum noch zu überschauende Vielfalt an Organisationstypen anzutreffen (vgl. *Hahn* 1980, Sp. 690 ff.). Im folgenden sollen deshalb nur die elementaren Ausprägungen beschrieben werden. Dabei stellen die **räumliche Anordnung der Arbeitsplätze** zueinander und die **Art des Durchlaufes** der zu bearbeitenden Arbeitsobjekte durch die Fertigung die wesentlichen kennzeichnenden Merkmale dar. Als allgemeine ortsgebundene Organisationstypen sind das Werkbankprinzip, das Werkstattprinzip und das Fließprinzip zu nennen (*Abb. 2-33*).

(1) Werkbankprinzip

Beim Werkbankprinzip haben die Arbeitsplätze in der Regel ganzheitliche Tätigkeitsinhalte. An einer Werkbank werden umfangreiche Arbeitsprozesse von Anfang bis zum Ende von einer Arbeitsperson oder einer Arbeitsgruppe ausgeführt. Zur Durchführung des Arbeitsprozesses muß das Personal gut ausgebildet sein; es muß planen und disponieren können. Die Koordination zu vor- und nachgeschalteten Arbeitsprozessen erfolgt durch die Mitarbeiter, so daß insgesamt ein intensiver Kontakt zu anderen Personen vorhanden ist. Das Werkbankprinzip findet in erster Linie bei handwerklichen Arbeitsprozessen ohne große Unterstützung durch Maschinen seine Anwendung.

	Werkbankprinzip	Werkstattprinzip	Fließprinzip
Ordnungskriterium für räumliche Anordnung	Mensch	Verrichtung	Prozeßfolge
Kopplung zwischen den Arbeitsplätzen	nicht vorhanden	frei	starr ... elastisch
Taktabstimmung zwischen den Arbeitsplätzen	nicht vorhanden	nicht vorhanden	ungefähr ... exakt
Beispiele	Werkzeugbau, Vorrichtungsbau	Dreherei, Bohrerei, Lackiererei	Montage von Automobilen, Fertigung von Elektrogeräten

Abb. 2-33: Organisationstypen der Fertigung

(2) Werkstattprinzip

Bei einer Fertigung nach dem Werkstattprinzip (auch Verrichtungsprinzip) werden die Arbeitsplätze mit gleichen oder ähnlichen Verrichtungen räumlich in einer Werkstatt zusammengefaßt. Die Arbeitsobjekte werden einzeln oder losweise von Werkstatt zu Werkstatt transportiert. Die Organisationsform der Werkstättenfertigung wird gewählt, wenn ein hohes Maß an Flexibilität angestrebt wird, beispielsweise wenn die Art und Anzahl der Arbeitsobjekte häufig wechseln. Auch beim Werkstattprinzip besteht ein enger Kontakt zwischen den Arbeitspersonen.

(3) Fließprinzip

Das Fließprinzip geht auf *Henry Ford* zurück. Hierbei sind die Arbeitsplätze nach dem Bearbeitungsablauf der Arbeitsobjekte angeordnet. Die zu bearbeitenden Gegenstände durchlaufen die einzelnen Arbeitsplätze in dauernder Folge. Die Arbeitspersonen und Maschinen sind stark auf die jeweils durchzuführenden, wenigen Aktivitäten spezialisiert. Eine Mitwirkung der arbeitenden Menschen an der Planung und Kontrolle des Arbeitsprozesses ist nicht oder nur kaum gegeben, so daß das Fließprinzip leicht zu einer monotonen Beschäftigung führt. Nachteilig wirkt sich außerdem die sehr geringe Flexibilität und der hohe Umrüstaufwand aus. Dem stehen auf der anderen Seite kurze Durchlaufzeiten der Arbeitsobjekte gegenüber, da zwischen den Arbeitsplätzen nur sehr kurze Transportwege anfallen und kein ablaufbedingtes Liegen entsteht.

Das Fließprinzip kann in verschiedenen Ausprägungen realisiert werden:

- Bei der **Fließbandfertigung** werden die einzelnen Arbeitsplätze mit Hilfe von Fließbändern starr verbunden. Die Fließbänder ermöglichen einen stetigen, gleichmäßigen Fertigungsfluß. Für die zeitliche Abstimmung sind gleiche Arbeitstakte vorzugeben. Um diesen Takt einhalten zu können, muß der Arbeitsprozeß in so kleine Schritte zerlegt werden, daß die Arbeitsobjekte an den Arbeitsplätzen innerhalb der Taktzeit oder einem Vielfachen der Taktzeit bearbeitet werden können. Dies führt normalerweise zu einer extrem hochgradigen Arbeitszerlegung und Spezialisierung. Die negativen Auswirkungen der hohen Arbeitsteilung auf die Mitarbeiter werden im Zusammenhang mit den grundsätzlichen

Formen der Arbeitsteilung noch ausführlicher dargestellt. Das Fließbandprinzip stellt einen sehr starren Organisationstyp dar, der sehr empfindlich gegenüber allen Störungen ist.

- Bei der **Fließstraßenfertigung** werden die einzelnen Arbeitsplätze durch Pufferstrecken so miteinander verkettet, daß bei kleineren Störungen an einem Arbeitsplatz nicht sofort die gesamte Anlage zum Stillstand kommt. Man bezeichnet dies als lose oder elastische Verkettung im Gegensatz zur starren Verkettung, die keine Zwischenpuffer zur Aufnahme von Arbeitsgegenständen enthält.
- Fehlt zusätzlich auch die genaue zeitliche Abstimmung des Arbeitsprozesses, so spricht man von der **Fließreihe**. Da kein starrer Arbeitstakt mehr vorgegeben ist, können die Arbeitspersonen das Arbeitstempo in gewissen Grenzen selbst bestimmen. Vor den einzelnen Arbeitsplätzen sind kleine Zwischenläger anzulegen, um die unterschiedlichen Bearbeitungszeiten auszugleichen und kleinere Störungen aufzufangen.

(4) Gruppenprinzip

Der Zwang zu kürzeren Durchlaufzeiten auch in der Einzel- und Kleinserienfertigung führte Anfang der 60er Jahre zu Überlegungen, wie die Vorteile des kurzen Durchlaufs bei der Fließfertigung mit der Flexibilität der Werkstättenfertigung verbunden werden können. Den Ansatz hierzu lieferte das Gruppenprinzip, bei dem sogenannte Teilefamilien gebildet werden (vgl. *Opitz* 1965, S. 270 ff.; *Wiendahl* 1983, S. 31 ff.). Darunter versteht man die Zusammenfassung verwandter Teile, die einen ähnlichen Fertigungsprozeß aufweisen, zu Additivserien und deren gemeinsame Fertigung. Da sich die Bearbeitungsoperationen hinsichtlich ihrer Art und Folge nicht wesentlich unterscheiden, wird für die gesamte Teilefamilie ein geschlossener Auftrag gebildet. Zwischen den einzelnen Teilen einer Teilefamilie sind lediglich kleinere Umstellungen notwendig, so daß - verglichen mit der herkömmlichen Werkstättenfertigung - Rüstzeiten reduziert werden. Aufgrund der größeren Stückzahl sind zudem die Voraussetzungen für höher automatisierte Maschinen gegeben.

Ein erster Schritt in diese Richtung war der Einsatz von Bearbeitungszentren, die mehrere Fertigungsverfahren an einer Maschine ermöglichen. Voraussetzung hierzu ist ein automatisierter Werkzeugwechsel. In einem nächsten Schritt wurden flexible Fertigungszentren (auch flexible Fertigungszellen) entwickelt, bei denen nicht nur der Werkzeugwechsel, sondern auch der Werkstückwechsel automatisiert vorgenommen wird. Den augenblicklichen Stand der Entwicklung bilden flexible Fertigungssysteme, die ähnliche Teile in unterschiedlichen Bearbeitungsprozessen in beliebiger Reihenfolge bearbeiten können. Es handelt sich hierbei um mehrere numerisch gesteuerte Werkzeugmaschinen, die über ein gemeinsames Fertigungsleitsystem gesteuert werden und über ein vollautomatisches Fördersystem miteinander gekoppelt sind.

4.1.2 Zuordnung von Organisationstypen und Fertigungstypen

Fertigungsprozesse werden in der Realität in unterschiedlichen Formen durchgeführt. Für die Analyse der auftretenden Fertigungsprozesse ist es sinnvoll, charakteristische Ausprägungen als Fertigungstypen zu unterscheiden. Für die Organisationsgestaltung besonders relevant ist die Typisierung entsprechend *Abbildung 2-34* nach der Homogenität der Produkte und der hieraus resultierenden Häufigkeit der

Wiederholung einzelner Fertigungsprozesse (vgl. u.a. *Küpper* 1979, Sp. 1639; *Corsten* 1990, S. 36 f., *Bestmann* 1992, S. 215 ff.). Die Charakteristika dieser Fertigungstypen bestimmen in weitem Maße die angewendeten Organisationstypen.

Fertigungstyp	Charakteristik	Stückzahlen	Beispiel
Einzelfertigung	individuelle Produkte, Fertigung nur einer Einheit a) einmalige Fertigung b) wiederholte Fertigung	a) 1 b) 2 ... 5	a) Kraftwerksbau b) Schiffsbau
Serienfertigung	individuelle Produkte, Fertigung mehrerer Einheiten a) Kleinserienfertigung b) Großserienfertigung	a) 5 ... 20 b) 20 ... 100	a) Werkzeugmaschinenbau b) Möbel
Sortenfertigung	sehr ähnliche Produkte, Fertigung vieler Einheiten	über 100	Stahlerzeugnisse Textilien
Massenfertigung	gleichartige Produkte, Fertigung sehr vieler Einheiten	über 100	Getränkeflaschen

Abb. 2-34: Fertigungstypen

- Bei der **Einzelfertigung** setzt sich das Produktionsprogramm aus individuellen Produkten zusammen; keines der erzeugten Güter gleicht völlig oder annähernd dem anderen. Dieser Typ ist vor allem in der Investitionsgüterindustrie bei Herstellern großer Produktionsanlagen vorzufinden. Jedes Produkt wird entsprechend den Kundenanforderungen einzeln gefertigt. Hierbei kann wiederum zwischen einmaliger und wiederholter Einzelfertigung differenziert werden. Bei der **einmaligen** Fertigung wird jedes Produkt als Unikat konstruiert und hergestellt. Dagegen wird bei der **wiederholten** Einzelfertigung ein Produkt zwar wiederkehrend gefertigt, jedoch ist die Unterbrechung zwischen den Fertigungszeiten so groß, daß die erforderlichen Fertigungseinrichtungen in dieser Zeit nicht betriebsbereit gehalten, sondern abgebaut werden.

- Bei der **Serienfertigung** besteht wie bei der Einzelfertigung eine nur geringe oder gar keine Übereinstimmung zwischen den einzelnen Produkten. Das gleiche Produkt wird aber nicht wie bei der Einzelfertigung in nur einer Einheit, sondern innerhalb einer Serie in einer begrenzten Stückzahl erzeugt. Die Produkte einer Serie sind demnach homogen. Die Fertigungseinrichtungen müssen nach jedem Erzeugniswechsel umgerüstet werden. Entsprechend der in einer Serie gefertigten Stückzahl wird zwischen **Groß-** und **Kleinserienfertigung** unterschieden.

- Die **Sortenfertigung** weist große Ähnlichkeit mit der Serienfertigung auf. Allerdings sind die einzelnen Produkte nicht mehr so unterschiedlich, daß jedes Erzeugnis einen eigenen Herstellungsprozeß bedingt. Die Produkte sind vielmehr eng verwandt und weisen nur geringfügige Unterschiede hinsichtlich Funktionalität, Abmessungen oder Gestalt auf. Es wird von einem Grunderzeugnis ausgegangen, dessen Varianten mit denselben Fertigungssachmitteln und in fast demselben Herstellungsprozeß gefertigt werden können wie das Grunderzeugnis. Bei einem Sortenwechsel sind lediglich kleinere Umrüstvorgänge erforderlich. Sortenprodukte werden meist in großen Auflagen hergestellt; da die Sortenzusammensetzung über längere Zeit konstant ist, wird sie meist zu einem festen Produktprogramm zusammengefaßt. Sind die Unterschiede zwischen den Produkten nicht gewollt, sondern prozeßbedingt, weil zum Beispiel der Fertigungsprozeß technisch nicht vollkommen beherrscht wird oder weil die Eingangsmaterialien nicht konstant sind, so liegt die Sonderform der **Chargenfertigung** vor.

- Bei der **Massenfertigung** werden gleichartige Erzeugnisse in großen Mengen über eine relativ lange Zeit gefertigt. Der generelle Unterschied zur Serienfertigung liegt darin, daß bei der Serienfertigung eine Auflagenhöhe (Losgröße) festgelegt wird, während dies bei der Massenfertigung nicht der Fall ist. Für jedes Produkt liegen eigene Fertigungseinrichtungen vor; die einzelnen Produkte werden fertigungstechnisch unabhängig voneinander erstellt (Parallelfertigung).

Die Frage, welcher Organisationstyp der Fertigung anzuwenden ist, läßt sich aus der Gegenüberstellung mit den einzelnen Fertigungstypen diskutieren. Aus *Abbildung 2-35* wird deutlich, daß der Organisationstyp im wesentlichen durch die Art der Leistungswiederholung bestimmt wird und mit zunehmender Stückzahl eine immer stärkere Ausrichtung auf das zu fertigende Produkt erfolgt (vgl. hierzu auch *Wiendahl* 1983, S. 36 f.).

	Organisationstypen					
Fertigungstypen	Werkbank	Werkstatt	Gruppen	Fließreihe	Fließstraße	Fließband
Einmalfertigung	■	■				
Wiederholfertigung	■	■	■			
Kleinserienfertigung		■	■			
Sortenfertigung		■	■	■		
Großserienfertigung			■	■	■	
Massenfertigung					■	■

Abb. 2-35: Zuordnung von Fertigungs- und Organisationstypen

4.2 Zeitliche Aspekte materieller Prozesse

Bei der Strukturierung von Prozeßabläufen sind neben räumlichen Aspekten vor allem zeitliche Aspekte von Bedeutung. Insbesondere bei materiellen Prozessen ist die zeitliche Reihenfolge der Aktivitäten normalerweise technologisch vorgegeben. Die Ermittlung und Planung realistischer Zeiten setzt jedoch eine eindeutige Beschreibung des Prozeßablaufes voraus. Hierzu wird der Prozeßablauf in einzelne Ablaufabschnitte unterteilt.

4.2.1 Ablaufarten

Die Abläufe materieller Prozesse sind hauptsächlich durch ein Zusammenwirken von Menschen und Sachmitteln zur Bearbeitung von materiellen Arbeitsobjekten gekennzeichnet. Die Untersuchung des Prozeßablaufes kann für jedes einzelne dieser drei Prozeßelemente unter einem eigenen inhaltlichen und zeitlichen Aspekt vorgenommen werden. Der inhaltliche Aspekt wird allgemeingültig mit Hilfe spezifischer **Ablaufarten** beschrieben; die zu den einzelnen Ablaufarten gehörigen Zeiten werden **Zeitarten** genannt (vgl. *REFA* 1978b, S. 20). Die im folgenden vorgestellte Gliederung der Ablauf- und Zeitarten nach *REFA* ist in der betrieblichen Praxis weit verbreitet.

(1) Ablaufgliederung bezogen auf den Menschen

Die Gliederung der Ablaufarten für den Menschen umfaßt alle Ereignisse, die auftreten können, solange der Mensch im Rahmen eines Arbeits- oder Dienstverhältnisses und der Arbeitszeitordnung dem Unternehmen zur Verfügung steht; die gesetzlichen und vertraglich geregelten Pausen sind dabei eingeschlossen. Bezogen auf den Menschen definiert *REFA* (1978b, S. 26 ff.) die nachfolgend aufgeführten Ablaufarten (*Abb. 2-36*).

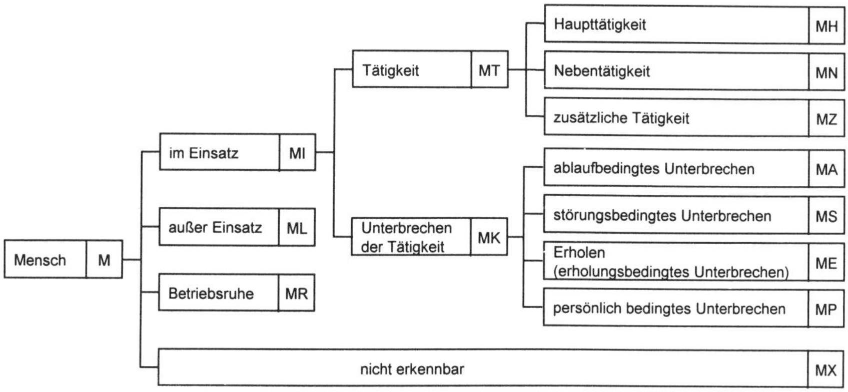

Abb. 2-36: Gliederung der Ablaufarten bezogen auf den Menschen
Quelle: REFA 1978b, S. 25

Eine **Haupttätigkeit** ist eine planmäßige, unmittelbar der Erfüllung der Arbeitsaufgabe dienende Tätigkeit (zum Beispiel das Schreiben eines Briefes, das Bearbeiten eines Werkstückes). Eine **Nebentätigkeit** ist eine planmäßige, nur mittelbar der Erfüllung der Arbeitsaufgabe dienende Tätigkeit (zum Beispiel das Nachlegen von Papier in den Drucker, das planmäßige Holen des Werkstücks aus einem Zwischenlager). Um eine **zusätzliche Tätigkeit** handelt es sich, wenn deren Vorkommen oder Ablauf nicht vorausbestimmt werden kann. Im wesentlichen gibt es vier Ursachen für eine zusätzliche Tätigkeit:

- Organisatorische und technische **Störungen** im Arbeitsablauf - die zusätzliche Tätigkeit besteht dann im Beseitigen der Behinderung (zum Beispiel im Ausführen einer Reparatur, in dem Beseitigen von Graten, im Nacharbeiten);
- die freiwillige oder angeordnete **Mithilfe** bei anderen Personen;
- ein **Mangel an Information** - die zusätzliche Tätigkeit besteht dann im Beschaffen der zur Fortführung des Arbeitsablaufes notwendigen Information (zum Beispiel im Besprechen der Unklarheiten mit anderen Mitarbeitern oder dem Vorgesetzten, im wiederholten Lesen von Arbeitsanweisungen oder Zeichnungen);

- Tätigkeiten **ohne besonderen Auftrag** (zum Beispiel besondere Reinigungsarbeiten, dienstliche Besprechungen allgemeiner Art).

Das **ablaufbedingte Unterbrechen** ist ein planmäßiges Warten des Menschen auf das Ende von Ablaufabschnitten, die beim Sachmittel oder Arbeitsgegenstand selbständig ablaufen. Während des Wartens ist nicht der Mensch, sondern meist das Sachmittel, manchmal aber auch das Arbeitsobjekt zeitbestimmend. Bei Gruppenarbeit kann aber auch während der planmäßigen Tätigkeit eines Gruppenmitgliedes bei einem anderen ein ablaufbedingtes Unterbrechen auftreten (zum Beispiel das Warten auf das nächste Werkstück bei Fließarbeit, Warten auf die Aufbereitung einer Grafik vor dem Drucken). Das **störungsbedingte Unterbrechen** der Tätigkeit ist ein zusätzliches Warten des Menschen infolge von technischen und organisatorischen Störungen sowie Mangel an Informationen. Die Ursache der Unterbrechung wird dabei durch andere Personen beseitigt. Diese Ablaufart kann sich mit "außer Einsatz" überschneiden. **Erholen** beinhaltet ein Unterbrechen der Tätigkeit, um die infolge der Tätigkeit aufgetretene Arbeitsermüdung abzubauen. Ein **persönlich bedingtes Unterbrechen** der Tätigkeit liegt vor, wenn der Mensch seine Tätigkeit unterbricht und die Ursache persönliche Gründe hat. Das persönlich bedingte Unterbrechen ist zum Unterschied zum Erholen nicht arbeitsablaufbedingt (zum Beispiel der Gang zur Toilette, ein Unterbrechung der Tätigkeit durch Privatgespräche mit Kollegen, ein verspäteter Beginn oder ein zu frühes Beenden der Arbeit).

Durch die Ablaufart **nicht erkennbar** wird gekennzeichnet, daß im Rahmen einer Ablaufanalyse nicht eindeutig zu erkennen ist, welcher Ablaufart ein Ablaufabschnitt zuzuordnen ist. Bei der Auswertung der Untersuchung wird man versuchen, diese Ablaufart nach Einholen zusätzlicher Informationen und gegebenenfalls zusammen mit anderen Fachleuten in eine zutreffende Ablaufart zu überführen.

Der Mensch ist **außer Einsatz**, wenn er zur Ausführung von Arbeitstätigkeiten während der festgelegten Arbeitszeit längerfristig nicht zur Verfügung steht (beispielsweise infolge von Krankheit oder Urlaub) oder nicht beschäftigt werden kann (zum Beispiel bei Auftragsmangel).

Unter der **Betriebsruhe** fallen die gesetzlich, tariflich oder betrieblich geregelten Arbeitspausen oder sonstige Anlässe, während derer im Gesamtbetrieb oder in Teilen des Betriebes nicht gearbeitet wird (beispielsweise Kurzarbeit, Betriebsversammlungen oder Feiertage).

(2) Ablaufgliederung bezogen auf das Sachmittel

Die Gliederung der Ablaufarten für Sachmittel (Betriebsmittel) ist der Gliederung für den Menschen sehr ähnlich (*REFA* 1978b, S. 28 ff.). Das erholungsbedingte und das persönliche bedingte Unterbrechen der Nutzung wird dabei jeweils durch den das Sachmittel benutzenden Menschen verursacht (*Abb. 2-37*).

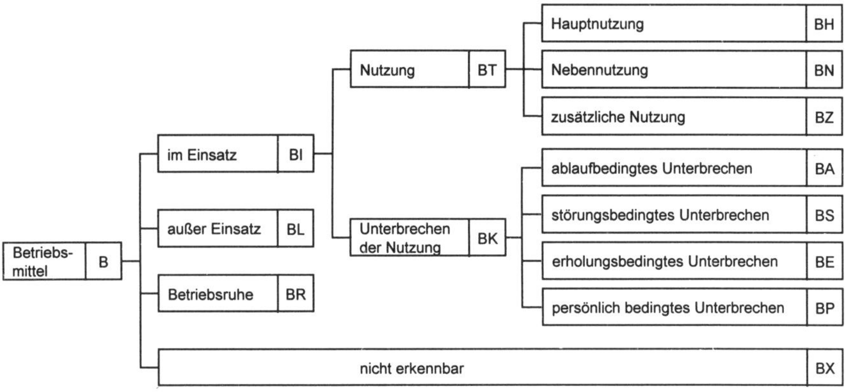

Abb. 2-37: Gliederung der Ablaufarten bezogen auf das Betriebsmittel
Quelle: REFA 1978b, S. 29

(3) Ablaufgliederung bezogen auf das Arbeitsobjekt

Die Gliederung der Ablaufarten bezogen auf das Arbeitsobjekt (Arbeitsgegenstand) umfaßt neben den dem Verändern und Prüfen auch das Liegen und Lagern (*Abb. 2-38*).

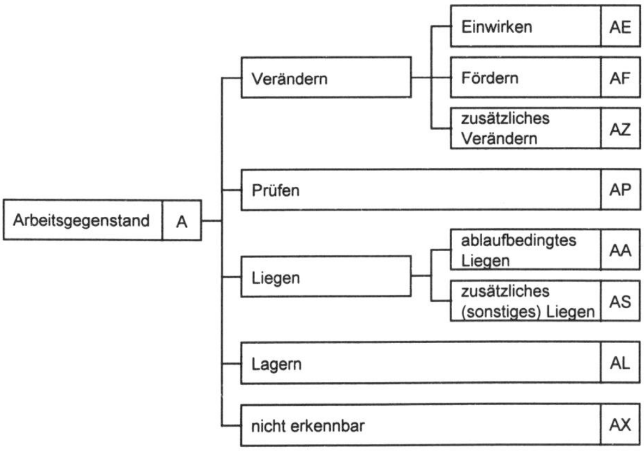

Abb. 2-38: Gliederung der Ablaufarten bezogen auf das Arbeitsobjekt
Quelle: REFA 1978b, S. 33

Das Verändern besteht aus dem **Einwirken** (Form- oder Zustandsveränderung) oder im **Fördern** (Lage- oder Ortsveränderung). Ein **zusätzliches Verändern** besteht im Einwirken oder Fördern, deren Vorkommen oder Verlauf nicht vorausbestimmt werden kann (zum Beispiel nicht vorgesehene Nacharbeit oder Umlagern von schlecht gelagerten Teilen). **Prüfen** ist das Kontrollieren von Arbeitsobjekten im Arbeitsprozeß. **Liegen** entsteht, wenn das Verändern und Prüfen der Arbeitsobjekte ablaufbedingt oder störungsbedingt unterbrochen wird. **Lagern** ist das Liegen in Lagerbereichen (beispielsweise im Wareneingangslager, im Zwischenlager oder im Fertiglager).

4.2.2 Zeitarten

Zu jeder Ablaufart kann eine entsprechende **Zeitart** definiert werden. Diese wird nach *REFA* mit "t_{XX}" gekennzeichnet, wobei der Index XX auf die Ablaufart hinweist. Die Definition der Zeitarten ergibt sich sinngemäß aus der Definition der entsprechenden Ablaufarten; den Zusammenhang zwischen Ablaufarten und Zeitarten zeigt *Abbildung 2-39* beispielhaft für den Menschen. Die einzelnen Zeitarten werden insbesondere zur Ermittlung von Vorgabe- und Durchlaufzeiten benötigt.

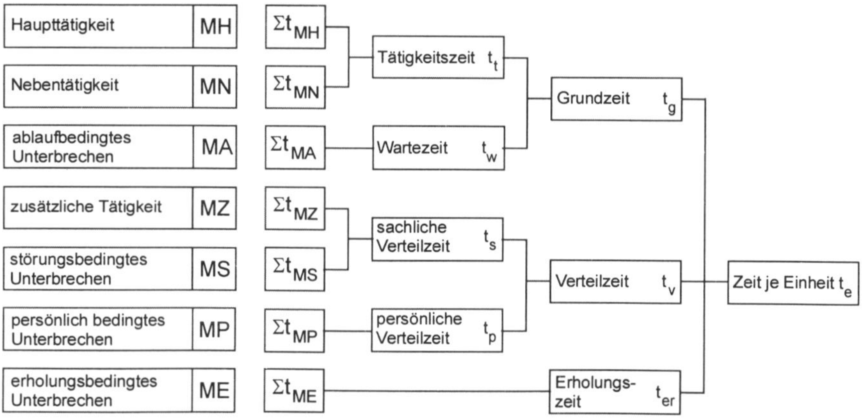

Abb. 2-39: Gliederung der Zeitarten bezogen auf den Menschen
Quelle: nach REFA 1978b, S. 47

(1) Vorgabezeiten

Für Menschen und Sachmittel sind in der betrieblichen Planungspraxis Vorgabezeiten üblich. Vorgabezeiten sind Soll-Zeiten für die von Menschen und Sachmitteln durchzuführenden Arbeitsprozesse. Sie gelten immer für eindeutig abgegrenzte Prozeßabschnitte und definierte Aktionseinheiten. Vorgabezeiten für den Menschen dienen vor allem zwei Zwecken:

- Die Vorgabezeit ist Basis für die Planung des erforderlichen Personalbedarfs und für die Entlohnung.
- Mit Hilfe von Lohn- bzw. Gehaltsstundensätzen kann über die Vorgabezeiten eine Kalkulation für Produkte und Leistungen vorgenommen werden.

Die Vorgabezeit bezogen auf den Menschen wird **Auftragszeit** (T) genannt und enthält Grundzeiten, Erholungszeiten und Verteilzeiten. Die Vorgabezeit für ein Sachmittel heißt **Belegungszeit** (T_{bB}) und enthält Grund- und Verteilzeiten. Diese von *REFA* entwickelte Zeitgliederung (vgl. *REFA* 1978b, S. 41 ff.) eignet sich jedoch nicht nur zur Vorgabe von Soll-Zeiten, sondern auch zur Analyse von Ist-Zeiten. Sie ist deshalb auch für Zeitanalysen bei der organisatorischen Prozeßgestaltung geeignet.

Die zu den einzelnen Ablaufarten gehörenden Zeitarten gehen aus *Abbildung 2-40* hervor. Beziehen sich die Zeitarten auf die Mengeneinheit 1, werden sie durch kleine Buchstaben gekennzeichnet; beziehen sie sich auf größere Mengen, so wird die entsprechende Menge als Index nachgestellt (beispielsweise $t_{e\ 100}$).

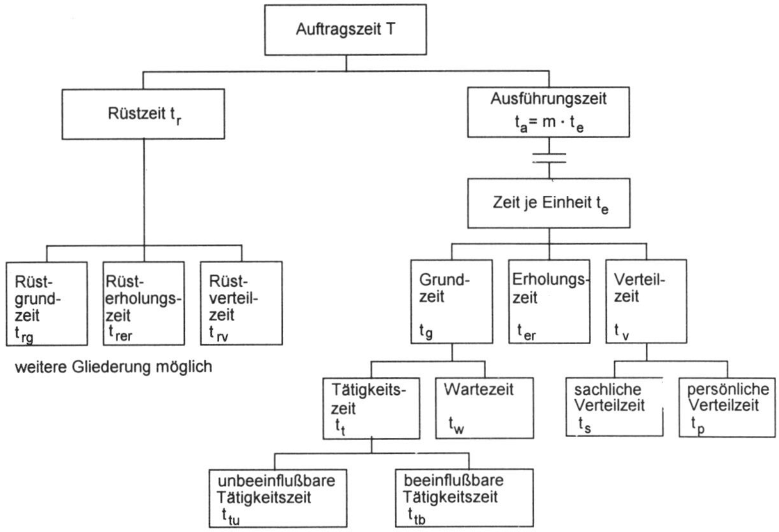

Abb. 2-40: Gliederung der Auftragszeit
Quelle: REFA 1978b, S. 42

Die Gliederung der Auftragszeit ist auf den in der Praxis am häufigsten vorkommenden Fall ausgerichtet, der im Rüsten und im wiederholten Ausführen des gleichen Vorgangs besteht. Falls ein Arbeitsauftrag aus Rüsten und Ausführen einer Menge m besteht, ergibt sich die Auftragszeit zu $T = t_r + m \cdot t_e$.

Die **Zeit je Einheit** t_e ist die Vorgabezeit für die Ausführung eines Ablaufs durch den Menschen. Die **Grundzeit** t_g besteht aus der Summe der Soll-Zeiten für die planmäßige Ausführung von Arbeitsprozessen. Die Grundzeit stellt die reine Arbeitszeit dar, in der eine Wertsteigerung erfolgt. Sie macht im allgemeinen den wesentlichen Anteil an der Vorgabezeit aus. Die Grundzeit setzt sich aus der Tätigkeitszeit t_t und der Wartezeit t_w zusammen. Die **Tätigkeitszeit** t_t besteht aus der Summe der Soll-Zeiten aller Ablaufabschnitte mit der Ablaufart "Haupttätigkeit MH" und "Nebentätigkeit MN", die für die planmäßige Ausführung eines Auftrags durch den Menschen erforderlich sind; sie bezieht sich auf die Mengeneinheit 1. Es kann zweckmäßig sein, die Tätigkeitszeit t_t in eine beeinflußbaren Anteil t_{tb}, der vom menschlichen Leistungsgrad abhängt, und in eine unbeeinflußbaren Anteil t_{tu} aufzuteilen. Die **Wartezeit** t_w besteht aus der Summe der Soll-Zeiten mit der Art "ablaufbedingtes Unterbrechen MA".

Die **Verteilzeit** t_v berücksichtigt unvermeidbare, unregelmäßig auftretende Störungen; sie besteht aus der Summe der Soll-Zeiten aller Ablaufschnitte mit den Ablaufarten MZ, MS und MP. Diese sind - wie oben definiert - zusätzlich zur planmäßigen Ausführung eines Auftrags erforderlich und nicht genau vorausbestimmbar. Die Verteilzeit wird häufig als prozentualer Zuschlag zur Grundzeit ausgewiesen.

Die **Erholungszeit** t_{er} ergibt sich als Summe der Soll-Zeiten, die für das Erholen des Menschen erforderlich sind. Erholungszeiten müssen für den Menschen dann vorgesehen werden, wenn aufgrund hoher Leistungsanforderungen eine ununterbrochene Arbeit zwischen den allgemeinen Arbeitspausen nicht zugemutet werden kann. Ihr Anteil an den Vorgabezeiten hängt von der Höhe und Dauer der Beanspruchung des

Menschen durch den Arbeitsprozeß ab. Die Wartezeit t_w und die störungsbedingten Unterbrechungszeiten t_{MS} können unter gewissen Voraussetzungen für das erholungsbedingte Unterbrechen angerechnet werden. Deshalb wird die in der Vorgabezeit enthaltene Erholungszeit t_{er} häufig auch als Resterholungszeit bezeichnet.

Die **Rüstzeit** t_r ist die Vorgabezeit für das Rüsten innerhalb eines Auftrages durch den Menschen; sie setzt sich wie die Zeit je Einheit t_e zusammen.

Auf die Methoden und Verfahren zur Ermittlung der einzelnen Zeitarten soll hier nicht näher eingegangen werden; sie werden bei *REFA* (1978b) im Detail beschrieben.

(2) Durchlaufzeiten

Wie bereits ausgeführt, setzt sich die Durchlaufzeit von Arbeitsprozessen aus Durchführungszeiten, Zwischenzeiten (Übergangszeiten) und Zusatzzeiten zusammen.

Die **Auftragszeit** wird - wie oben dargestellt - aus der Ausführungszeit und der Rüstzeit gebildet. Anstelle des Begriffs Auftragszeit wird im Zusammenhang mit der Betrachtung von Durchlaufzeitanteilen auch der Begriff **Durchführungszeit** verwendet. Dies gilt insbesondere dann, wenn die betrachteten Zeiten nicht systematisch analysiert und aus Grund-, Erholungs- und Verteilzeiten zusammengesetzt, sondern pauschal ermittelt worden sind (vgl. *REFA* 1985f, S. 23).

Als **Zwischenzeit** wird die Zeit zwischen der Beendigung der letzten Aktivität eines Arbeitsprozesses und dem Beginn der ersten Aktivität des nächstfolgenden Arbeitsprozesses bezeichnet. Sie beinhaltet die Liegezeit nach Bearbeitung, die Transportzeit und die Liegezeit vor Bearbeitung. Zwischenzeiten werden auch **Übergangszeiten** genannt. Zu ihnen zählen die Pufferzeiten im Sinne der Netzplantechnik und die dort beschriebenen Zeitabstände zwischen zwei Vorgängen.

Innerhalb eines Prozesses ist es eine Frage der Zuordnung der Aktivitäten zu den Arbeitsplätzen, ob das Transportieren der Arbeitsobjekte als Nebentätigkeit und damit zur Durchführungszeit gerechnet wird oder als ablaufbedingtes Unterbrechen und damit zur Wartezeit.

Zusatzzeiten treten während des Ablaufs mit unterschiedlicher Dauer und Häufigkeit auf und entstehen im wesentlichen durch zusätzliche Durchführungen und durch längerfristiges störungsbedingtes Unterbrechen. Bei der Planung von Durchlaufzeiten können Zusatzzeiten als Prozentsatz der planmäßigen Durchlaufzeit angegeben werden.

4.2.3 Reihenfolgebestimmung

Wenn mehrere Aufträge zur Bearbeitung anstehen, jedoch die Kapazität der Aktionseinheit eine gleichzeitige Bearbeitung nicht zuläßt, ist es erforderlich, daß sie nacheinander abgearbeitet werden. In diesem Fall sind prozeßorganisatorische Regelungen bezüglich der Reihenfolge der Bearbeitung unvermeidlich. In Abhängigkeit von den geplanten Auftragszeiten (Vorgabezeiten) und den geforderten Fertigstellungszeitpunkten der Aufträge muß festgelegt werden, in welcher Reihenfolge sie zu verarbeiten sind. Dabei sind zwei **Forderungen** zu berücksichtigen:

1. Die **Gesamtdurchlaufzeiten** aller anstehenden Aufträge und damit vor allem die Liegezeiten vor Bearbeitung sind zu minimieren.

2. Die **Fertigstellungstermine** der Aufträge sind einzuhalten. Ein Fertigstellungstermin wird durch die geplante oder geforderte Übergabe des vollständigen und fehlerfreien Produktes an den Endkunden bestimmt.

Zur Erklärung und Lösung dieses Planungsproblems wurden eine Reihe von mathematisch-statistischen Modellen oder Simulationsmodellen entwickelt, denen jedoch für die Praxis keine größere Bedeutung zukommt. Die betriebliche Praxis bedient sich vielmehr vereinfachter **Prioritätsregeln**, die Engpässe situationsbezogen überwinden helfen sollen (vgl. z.B. *Hoch* 1968, S. 271 ff.; *Zäpfel* 1982, S. 273 f.; *Wiendahl* 1983, S. 229 ff.):

- Die **"Kürzeste Operationszeit"**-Regel (kurz KOZ-Regel) sieht vor, daß immer der Auftrag als nächster zu bearbeiten ist, der von allen vorliegenden Aufträgen die geringste Durchführungszeit aufweist. Hierdurch verringert sich die durchschnittliche Wartezeit je Auftrag, so daß die Gesamtdurchlaufzeiten aller anstehenden Aufträge minimiert wird. Es können jedoch nur die Fertigstellungstermine der Aufträge mit kurzen Durchführungszeiten eingehalten werden. Aufträge mit relativ langen Durchführungszeiten werden immer an das Ende einer Auftragsfolge gereiht, was dann Terminverzögerungen nach sich ziehen kann.
- Wenn die **"first-come-first-served"**-Regel (kurz FCFS-Regel; auch first-in-first-out-Regel, kurz FIFO) angewendet wird, erfahren alle Aufträge eine zeitliche Gleichbehandlung. Der Auftrag, der an einem Arbeitsplatz als erster eintrifft, wird auch zuerst verarbeitet. Das Ziel der Termintreue wird durch diese Regelung nicht negativ beeinträchtigt. Da jedoch Aufträge mit kurzen Durchführungszeiten nicht vorrangig bearbeitet werden, steht diese Regel einer Minimierung der Durchlaufzeiten entgegen.
- Nach der **Liefertermin**-Regel wird der Auftrag mit der höchsten Dringlichkeit als erster bearbeitet. Die Dringlichkeit ergibt sich aus dem Fertigstellungstermin abzüglich der noch insgesamt notwendigen Rest-Durchführungszeit. Die Liefertermin-Regel stellt das Ziel der Termintreue in den Vordergrund.

Keine der aufgeführten Prioritätsregeln ist in der Lage, beide oben genannten Forderungen gleichzeitig zu erfüllen. Eine geeignete Kombination von mindestens zwei Regeln scheint daher eher geeignet zu sein, sowohl die Durchlaufzeiten zu senken als auch die Fertigstellungstermine einzuhalten. Die für die Reihenfolgeplanung von materiellen Abläufen formulierten Prioritätsregeln eignen sich grundsätzlich auch für die Gestaltung von informationellen Prozessen.

5. Organisatorische Aspekte informationeller Prozesse

Informationelle Prozesse sind dadurch gekennzeichnet, daß zunächst Informationen als Input empfangen werden. Aus diesen Informationen werden in der Regel in Verbindung mit vorhandenen Speicherinformationen neue Informationen erstellt und gegebenenfalls in Text- oder Bildform dargestellt, um so besser verständlich zu sein. Die neu erstellten Informationen werden als Output an andere Prozesse weitergeleitet und überdies gewöhnlich zu Dokumentationszwecken gespeichert.

5.1 Typisierungen von informationellen Aktivitäten

Eine detaillierte und zugleich allgemeingültige Beschreibung von informationellen Prozessen ist sehr schwierig. In jedem Unternehmen werden derartige Prozesse abgewickelt - gleichgültig, ob es sich um eine Handwerksbetrieb oder um eine Großbank, um ein Touristik- oder ein Industrieunternehmen handelt. Zwar ist der Ablauf eines informationellen Prozesses stets mit den fünf **Grundaktivitäten** Aufnahme, Transformation, Speicherung, Übermittlung und Abgabe von Informationen verbunden, die Einzelschritte und deren Reihenfolge können jedoch je nach Aufgabenstellung stark variieren. Um wichtige Unterschiede bezüglich der informationellen Prozesse herausstellen und Handlungsempfehlungen für die organisatorische und technische Gestaltung geben zu können, werden die Aktivitäten der Informationsverarbeitung in sogenannte **Grundtypen** eingeteilt.

5.1.1 Typisierung nach Szyperski

Der Ansatz von *Szyperski u.a.* (1982, S. 14 ff.) zur Typisierung von informationellen Aktivitäten ist vor allem wegen seines Praxisbezuges in der Folge von mehreren Autoren aufgegriffen und als Basis weiterer Untersuchungen gewählt worden (z.B. *Zangl* 1985, *Meyer* 1986, *Peters* 1989). Ausgehend von der aus der amerikanischen Organisationslehre übernommenen Stellentypologie werden die in *Abbildung 2-41* aufgeführten vier Tätigkeitsgruppen unterschieden:

- **Führungstätigkeiten** sind aus qualitativer Sicht komplexe, kaum programmierbare Tätigkeiten, die meist Einzelaktivitäten darstellen. Sie stehen meistens unter Zeitdruck.
- **Fachtätigkeiten** sind durch überwiegend schlecht strukturierte Arbeiten geprägt, die aufgabenorientiert anfallen und ein hohes Maß an Spezialkenntnissen erfordern. Es dominieren schwierige und innovative Problemstellungen. Fachtätigkeiten erfordern eine weitgehende Selbstorganisation.
- **Sachbearbeitungstätigkeiten** sind stärker strukturiert als die Fachtätigkeiten und treten wiederkehrend auf. Sie fallen vorgangs- beziehungsweise ereignisorientiert an, besitzen einen hohen Anteil an routinisierten Arbeiten und sind insgesamt besser zu organisieren. Im Mittelpunkt steht die Lösung relativ einfacher Probleme, für die weniger Fachwissen erforderlich als bei den Fachtätigkeiten.

- **Unterstützungstätigkeiten** haben keine eigenständigen Aufgaben, sondern entstehen durch Arbeitsteilung der den Führungs-, Fach- und Sachbearbeitungstätigkeiten zugrundeliegenden Aufgaben.

Tätigkeitsgruppe	Tätigkeitsmerkmale
Führungs-tätigkeiten	• Leitung und Motivation von Mitarbeitern • Wahrnehmung repräsentativer Pflichten • Aufbau von Kommunikationsbeziehungen • Aufnahme und Verbreitung von Informationen • Problemlösung und Entscheidungsfindung bei Unsicherheit • Konsensbildung
Fach-tätigkeiten	• Ausführung und Tätigkeiten, bei denen Fachwissen in besonderem Maße erforderlich ist • weitgehende Selbstorganisation der tendenziell schlecht strukturierten Arbeit • Entwicklung von Eigeninitiative • Aufgabenorientierung • 'knowledge-work'
Sach-bearbeitungs-tätigkeiten	• Ausführung und Tätigkeiten, für die weniger Fachwissen notwendig ist, und die in stärkerem Maße als bei den Fachtätigkeiten strukturiert und wiederkehrend sind • vorgangs- oder ereignisorientierte Tätigkeiten
Unter-stützungs-tätigkeiten	• Unterstützung der anderen Gruppen bezüglich der Informationsverarbeitung • Übertragung (Informationsträger-Transport) • Speicherung

Abb. 2-41: Grundtypen der Informationsverarbeitungstätigkeiten
Quelle: nach Szyperski u.a. 1982, S. 3

Die beschriebene Abgrenzung der Grundtypen der Informationsverarbeitungstätigkeiten kann nicht immer eindeutig vollzogen werden. Überschneidungen innerhalb der Tätigkeitsbereiche erschweren eine präzise Zuordnung zu den Grundtypen. Gerade die Fach- und Sachbearbeitungstätigkeiten, aber auch die Sachbearbeitungs- und Unterstützungstätigkeiten weisen starke Überdeckungen auf (vgl. *Szyperski u.a.* 1982, S. 17 ff.).

5.1.2 Typisierung nach Zangl

Zangl (1985, S. 27 ff.) knüpft an die Unterscheidung nach Führungs-, Fach-, Sachbearbeitungs- und Unterstützungstätigkeiten an und kommt weiterführend zu folgenden Unterscheidungsmerkmalen:

- **Schöpferisches Denken** charakterisiert ein Vorgehen, welches nicht geregelt ist und somit nicht zu einem zuvor bestimmten Ergebnis führt.
- **Schematisches Denken** dagegen ist dadurch gekennzeichnet, daß jeder zur Aufgabenerfüllung notwendige Denkschritt jederzeit angegeben werden kann.
- **Organisatorisches Denken** ist als "Bindeglied zwischen dem rein schöpferischen und rein schematischen Denken" (*Zangl* 1985, S. 27) zu verstehen. Es kennzeich-

net Problemlösungsprozesse, die aufgabenbezogen anfallen und flexibles Verhalten erfordern. Sie können weder ausschließlich schöpferisch noch schematisch gelöst werden, sondern benötigen organisatorische Überlegungen und Regelungen.

- **Manuelles Handeln** umfaßt Tätigkeiten wie das Schreiben, das Archivieren oder das Transportieren von Dokumenten.

Eine Zuordnung zu der Typologie von *Szyperski u.a.* kann entsprechend *Abbildung 2-42* vorgenommen werden, wobei die Zeitanteile nicht auf empirischen Untersuchungen beruhen, sondern lediglich Tendenzen widerspiegeln sollen.

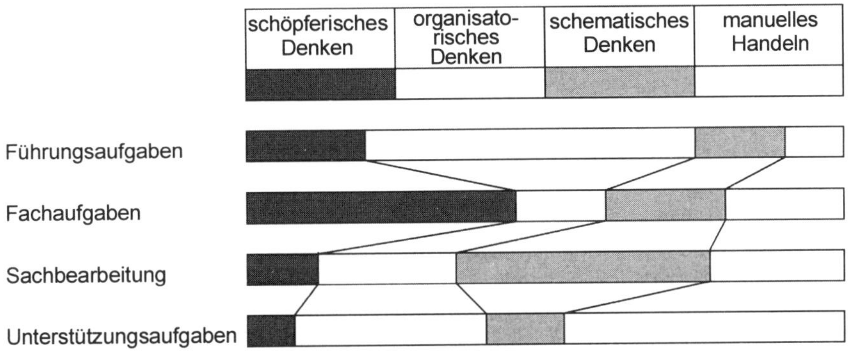

Abb. 2-42: Anteil der Formen der Büroarbeit an den Grundtypen
Quelle: nach Zangl 1985, S. 30

An dieser Stelle ist zu beachten, daß laut *Zangl* sowohl Führungstätigkeiten als auch Unterstützungstätigkeiten zu einem großen Teil organisatorisches Denken beinhalten. Er begründet diese Aussage mit der Feststellung, daß die Unterstützungstätigkeiten ebenfalls Flexibilität erfordern. Fragen, wie zum Beispiel benötigte Unterlagen am schnellsten beschafft werden können, erfordern immer wieder neue Überlegungen und laufen selten schematisiert ab. Insofern ist auch an dieser Stelle organisatorisches Denken erforderlich. Erst wenn sich die Anforderungen immer auf die gleiche Weise wiederholen, etwa bei einem zentralem Schreibdienst, wird man laut *Zangl* überwiegend schematisches Denken vorfinden. Führungstätigkeiten wiederum erfordern Flexibilität beispielsweise in Bezug auf die Verwertung von Informationen. Auch diese Aufgaben können weder rein schöpferisch noch rein schematisch gelöst werden, so daß ebenfalls organisatorisches Denken erforderlich ist. Allerdings unterliegt dieses Denken völlig anderen Anforderungen als das der Unterstützungstätigkeiten (vgl. *Zangl* 1985, S. 27 ff.).

5.1.3 Typisierung nach Picot/Reichwald

Der Typisierungsansatz von *Picot/Reichwald* (1987, S. 61 ff.) setzt primär an der Aufgabenstellung von informationellen Prozessen an. Vor allem in Hinblick auf den Einsatz der Informations- und Kommunikationstechnik werden zur Differenzierung bestimmte Merkmale, wie die Charakteristik der Problemstellung, der Informationsbedarf, der Kooperationsbedarf und der Lösungsweg herangezogen. Anhand dieser Merkmale unterscheiden *Picot/Reichwald* (1987, S. 69 ff.) drei verschiedene Aufgabentypen der Informationsverarbeitung (*Abb. 2-43*):

- Typ 1 ist **einzelfall-orientiert** und gekennzeichnet durch eine nicht formalisierbare Informationsverarbeitung. Die Aufgabenstellung weist einen hohen Komplexitätsgrad und niedrige Planbarkeit auf. Der Informationsbedarf ist kaum oder nicht bekannt, die Kommunikationspartner sind meist nicht vorab bestimmbar, und der Lösungsweg ist offen.

- Typ 2 dagegen ist **sachfall-orientiert** und durch Aufgaben mit wechselnder Problemstruktur gekennzeichnet. Der Ablauf ist an gewisse Regeln und Richtlinien gebunden, deren Anwendung jedoch nicht immer schematisch erfolgt, sondern besonderen Sachverstand erforderlich macht. Der Informationsbedarf ist vorab nicht genau bestimmbar, die Kommunikationspartner wechseln. Die Kommunikationsbeziehungen sind unterschiedlich intensiv. Die Kommunikation erfolgt häufig über gebundene Kommunikationswege, das heißt vielfach schriftlich und unter Einhaltung von Dienstwegen.
- Typ 3 ist **routinefall-orientiert**; die Problemstellungen sind weitgehend gleichbleibend, so daß der Lösungsweg nahezu vollständig formalisiert und standardisiert werden kann. Der Informationsbedarf ist weitgehend bestimmt; die Kommunikation erfolgt in der Regel mit festgelegten Kommunikationspartnern.

	Merkmale der Aufgabenerfüllung			
Aufgabentyp	**Problem-stellung**	**Informations-bedarf**	**Kommunika-tionspartner**	**Lösungsweg**
Typ 1 Einzelfall (nicht formalisierbar)	hohe Komplexität; niedrige Planbarkeit	unbestimmt	wechselnd nicht festgelegt	offen
Typ 2 sachbezogener Fall (teilweise formalisierbar)	mittlere Komplexität, mittlere Planbarkeit	problem-abhängig (un)bestimmt	wechselnd festgelegt	geregelt bis offen
Typ 3 Routinefall (vollständig formalisierbar)	niedrige Komplexität; hohe Planbarkeit	bestimmt	gleich-bleibend festgelegt	festgelegt

Abb. 2-43: Typen von informationellen Prozessen
Quelle: nach Picot/Reichwald 1987, S. 70

Die verschiedenen Typen der Informationsverarbeitungsaufgaben sind auch hier lediglich als Idealtypen zu verstehen, mit denen die grundsätzlichen Zusammenhänge zwischen der Aufgabenstellung und der informationstechnischen Unterstützung verdeutlicht werden sollen. Die Aufgabentypen sind nicht deckungsgleich mit den Aufgaben hierarchischer Ebenen. *Abbildung 2-44* zeigt die Beziehung zwischen der Typologie nach *Picot/Reichwald* und der nach *Szyperski.*

Informations- und Kommunikationssysteme müssen so gestaltet sein, daß sie die individuellen Anforderungen der jeweiligen Aufgaben unterstützen können. Bezogen auf die drei Aufgabentypen ergeben sich folgende Ansprüche an die Informations- und Kommunikationssysteme (*Picot/Reichwald* 1987, S. 73 ff.; *Reichwald* 1991, S. 387 ff):

Tätigkeitstypen	Aufgabentypen: einzelfall-orientiert	Aufgabentypen: sachfall-orientiert	Aufgabentypen: routinefall-orientiert
Leitungstätigkeiten	■	□	□
Fachtätigkeiten	□	■	□
Sachbearbeitungstätigkeiten	□	□	■
Unterstützungstätigkeiten	□ - ■	□ - ■	□ - ■

Legende: ■ = Schwerpunktarbeiten □ = ergänzende Arbeiten

Abb. 2-44: Beziehungen zwischen den Tätigkeitstypen und den Aufgabentypen
Quelle: nach Reichwald 1991, S. 385

- Aufgaben des Typs 1 werden eher **improvisatorisch** abgewickelt und erfordern eine hohe Flexibilität. Für eine optimale Aufgabenerfüllung ist es wichtig, spontan und direkt Informationen austauschen zu können, schnell und unbürokratisch auch mit einer größeren Anzahl kommunizieren zu können. Informationen müssen fallbezogen auf direktem Wege beschafft werden können. Die Kommunikationswege sollten so gestaltet sein, daß ein unmittelbarer Dialog mit verschiedenen Kommunikationspartnern ermöglicht wird.
- Aufgaben vom Typ 2 haben einen eher **administrativen** Charakter; die Kommunikation läuft überwiegend schriftlich auf vorgeschriebenen Dienstwegen ab. Deshalb sollten Informations- und Kommunikationssysteme so gestaltet sein, daß sie die Erstellung von schriftlichen Dokumenten und die schriftliche Kommunikation erleichtern.
- Aufgaben vom Typ 3 haben einen eher **deterministischen** Charakter; sie sind durch die Mensch-Maschine-Kommunikation geprägt. Anforderungen an die Unterstützung durch Informations- und Kommunikationssysteme liegen deshalb in schnellen Antwortzeiten und einer hohen Übertragungssicherheit.

Der grundsätzliche Bedarf an Unterstützung durch Informations- und Kommunikationstechnik stellt sich gemäß *Abbildung 2-45* dar. Insbesondere Aufgaben vom Typ 3 können durch sogenannte **Workflowsysteme** (auch Vorgangsunterstützungs-Systeme) sinnvoll unterstützt werden. Diese dienen zur durchgehenden Automatisierung von Routineabläufen und ermöglichen den Austausch von Daten über Rechnernetze, die verteilte Datenhaltung und einen gemeinsamen Zugriff auf Dokumente. Die Weitergabe von Informationen an nachfolgende Arbeitsplätze, die Wiedervorlage von Vorgängen und ähnliche Aktivitäten werden formalisiert und entweder zu festgesetzten Zeitpunkten oder an bestimmte Ereignisse gekoppelt durchgeführt. Vor einem Einsatz von Workflowsystemen müssen die zu unterstützenden Geschäftsprozesse systematisch analysiert und in einer von der Workflow-Software verständlichen Prozedur abgebildet werden. Dazu müssen die zu unterstützenden Prozesse eindeutig determinierbar und die Entscheidungsregeln klar definierbar sein. Abweichungen hiervon müssen unwahrscheinlich oder stark eingeschränkt sein. Dies schließt selbstverständlich nicht aus, daß aufgrund veränderter Prozeßbedingungen Konfigurationsänderungen möglich sind. Typisch für Workflowsysteme ist die eher aktive Unterstützung der informationellen Prozeßabläufe. Sie bestimmen wesentlich

Art und Zeitpunkt der Interaktionen zwischen den Aktionsträgern und haben neben dieser Leitfunktion vor allem auch Kontrollcharakter.

		Tätigkeitstypen			
EDV-Unterstützung		FÜ	FA	SA	UA
Textverarbeitung	einfach	x		x	
	komplex bis Setzen (DTP)		xxx	xx	xxx
Formularbearbeitung			xx	xxx	x
Individuelle EDV	Tabellenkalkulation	x	xxx	xx	xx
	Programmanwendungen	x	xx	xxx	
Grafiken	Geschäftsgrafik	x	xxx	xx	x
	Zeichnen		xx		
Datenbanken	Gestaltung		xx	xx	
	Benutzung	x	xx	xxx	x
Archiv	persönliche Akten	x	xxx	xx	x
	Abteilungs-/Firmen-Ablagen			xxx	xx
Kommunikation	Telefon	xxx	xxx	xxx	xxx
	Telefax	xxx	xxx	xxx	xx
	E-Mail	xx	xxx	xx	xx

Legende: FÜ = Führungsaufgaben; FA = Fachaufgaben; SA = Sachbearbeitungsaufgaben; UA = Unterstützungsaufgaben

xxx = gering; xx = mittel; x = intensiv

Abb. 2-45: Funktionaler Unterstützungsbedarf der einzelnen Tätigkeitstypen
Quelle: in Anlehnung an Höring 1990, S. 137

5.2 Zielsetzungen für informationelle Prozesse

Als allgemeine Zielsetzungen für die Prozeßabwicklung wurden eine möglichst geringe Durchlaufzeit, eine hohe Outputqualität sowie geringe Prozeßkosten genannt. Für informationelle Prozesse werden diese Ziele im folgenden näher spezifiziert.

(1) Durchlaufzeit

Bezogen auf die Information sind die einzelnen Ablaufelemente eines informationellen Prozesses in *Abbildung 2-46* dargestellt. Die Bedeutung der einzelnen Zeitarten entspricht denen der materiellen Prozesse; ebenso entsprechen die Komponenten der Durchlaufzeit denen der materiellen Prozesse.

Das Hauptziel bei der Gestaltung von informationsverarbeitenden Prozessen ist die Reduzierung der Durchlaufzeit. Durchlaufzeiten sind zu einem großen Teil durch Zeitanteile gekennzeichnet, die keinen Beitrag zur Wertsteigerung beitragen. Vielfach sind nur 10 bis 30 % der Durchlaufzeit wertschöpfende Bearbeitungszeit (*Gartner/Lippolt/Tiemeyer* 1988, S. 17). Die verbleibenden 70 bis 90 % fallen an für

- Rüstzeiten (beispielsweise mehrmaliges Wiedereinarbeiten in einen Vorgang, nachdem erforderliche Informationen erst beschafft werden mußten),
- die Informationsbeschaffung (zum Beispiel Beschaffen von Kundennummern, Preisen, Konditionen, Marktinformationen),
- die Suche und Korrektur von Fehlern,
- Liege- und Transportzeiten sowie
- überflüssige und doppelte Arbeiten.

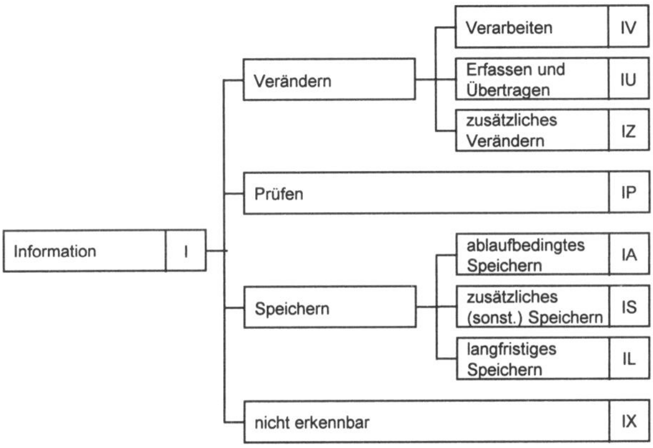

Abb. 2-46: Gliederung der Ablaufarten bezogen auf die Information
Quelle: REFA 1985f, S. 12

Wie bereits im Zusammenhang mit der Prozeßoptimierung angesprochen wurde, sollten diese Zeitanteile, die nicht mit einer Wertsteigerung verbunden sind, vorrangig reduziert oder gar eliminiert werden. Von besonderer Bedeutung ist dabei eine Reduzierung der **Liegezeiten**, da sie den größten Anteil der Durchlaufzeit ausmachen. Weiterhin sollten die **Transportzeiten** in hohem Maße gesenkt werden, da auch sie keine Wertsteigerung eines Vorganges bewirken. Im Idealfall ist die Transportzeit mit der technischen Übertragungsgeschwindigkeit des eingesetzten Systems identisch.

Die **Ausführungszeit** ist erforderlich, um die angestrebte Outputleistung vom Wesen her zu erstellen. Eine Reduzierung der Ausführungszeit hat aufgrund ihres geringen Anteils an der Durchlaufzeit normalerweise nur einen geringen Einfluß auf die gesamte Durchlaufzeitverkürzung. Vor allem durch den Einsatz geeigneter Informations- und Kommunikationsmittel lassen sich Reduzierungen der Zeiten für Nebentätigkeiten erzielen (beispielsweise Abfrage von Informationen aus einer Datenbank statt aus einer Aktenablage, Nutzung von ISDN-Leistungsmerkmalen bei Rückfragen mit dem Prozeßkunden).

Rüstzeiten sind Bestandteil der Durchführungszeit und dienen der Vorbereitung der Informationsverarbeitung. Rüstzeiten können viele Ursachen haben; so wird nach jeder Unterbrechung der Bearbeitung einige Zeit für das Wiedereinarbeiten in den

Vorgang benötigt. Derartige **geistige Rüstzeiten** werden beispielsweise durch Störungen in Form eines Telefonanrufes oder durch Unterbrechungen infolge eines Informationsmangels verursacht. Ebenso entstehen Rüstzeiten durch Vorbereitungstätigkeiten wie zum Beispiel durch das Suchen nach einer Telefonnummer und das Anwählen des Gesprächspartners. Die Rüstzeiten von informationellen Prozessen können vergleichbar mit den materiellen Prozessen durch eine geringere Arbeitsteilung, das heißt durch die geschlossene Bearbeitung umfangreicher Arbeitsprozesse, sowie durch geeignete Sachmittel reduziert werden.

(2) Kosten

Die Kostensituation von informationellen Prozesse wird im wesentlichen durch vier Kostenarten repräsentiert:

- **Gehalts- und Gehaltsnebenkosten** stellen den größten und damit wichtigsten Kostenanteil dar. Bei der Prozeßkostenrechnung werden neben den direkten Kosten auch die Kosten der indirekt an der Leistungserstellung beteiligten Mitarbeiter aus der Verwaltung und aus dem Management berücksichtigt. Sofern innerhalb einer Kostenstelle mehrere Prozesse abgewickelt werden, wird der anteilige Personalaufwand ermittelt; für die einzelnen Prozesse werden entsprechend der Inanspruchnahme der Kostenstelle die Prozeßkostensätze errechnet.
- Den zweiten Kostenblock stellen die **arbeitsplatzbezogenen Kosten** wie anteilige Gebäudekosten, Kosten der Arbeitsplatzausstattung (insbesondere EDV-Technik), Dienstreisen oder Kommunikationskosten dar.
- Die dritte Gruppe bilden **Aufwendungen für Dritte**. Hierbei handelt es sich um Zahlungen an Lieferanten und sonstige am Prozeß beteiligte externe Stellen.
- Einen nicht zu vernachlässigen vierten Kostenblock stellen die **EDV-Systeme und -Anwendungen** dar. Herunter fallen die Kosten für Lizenzen, für Eigenentwicklungen und für die Wartung von EDV-Anwendungen sowie für Rechnerleistungen und Netzwerke. Bei einer integrierten Anwendungssoftware, die von mehreren Prozessen genutzt wird, ist der Kostenanteil für jeden einzelnen Prozeß festzulegen.

In engem Zusammenhang mit dem Ziel einer Minimierung der Durchlaufzeiten steht die Forderung nach möglichst geringen Kosten. Da auch die unproduktiven Zeitanteile der Prozeßabwicklung Kosten verursachen, zieht eine Durchlaufzeitverkürzung auch eine Verringerung der Kosten nach sich. Weiterhin lassen sich durch klare Prozeßstrukturen mit eindeutig beschriebenen Input- und Outputschnittstellen überflüssige oder doppelt ausgeführte Aktivitäten eliminieren und somit die Kosten reduzieren.

(3) Qualität

Insbesondere die sachfall- und einzelfallorientierten Aufgabentypen sind mit Entscheidungen verbunden; die Qualität der Entscheidung hängt in starkem Maße von der Qualität der Informationen ab, die ihr zugrunde liegen. Die Qualität einer Information wird dabei durch mehrere Merkmale bestimmt (vgl. *Meyer* 1986, S.103; *Welge* 1987, S. 33 f.):

- Ein hoher Grad an **Genauigkeit** ist ein wichtiger Qualitätsmaßstab. Die Genauigkeit hängt davon ab, inwieweit sich ein Sachverhalt überhaupt eindeutig beschreiben läßt.

- Unter der **Sicherheit** einer Information wird die Wahrscheinlichkeit ihrer Richtigkeit verstanden. Mit zunehmender Sicherheit steigt der Nutzen für den Empfänger. Die Forderung nach einer hohen Sicherheit kann zu erhöhten Durchlaufzeiten führen, wenn umfangreiche Kontrollaktivitäten zur Sicherung der Qualität erforderlich sind.

- Ein weiterer Aspekt ist die **Aktualität**, das heißt die Schnelligkeit und Rechtzeitigkeit der Bereitstellung von Informationen. Informationen verlieren an Wert, wenn sie nicht zum richtigen Zeitpunkt vorhanden sind. Teilweise hängt der Geschäftserfolg von der rechtzeitigen Verfügbarkeit einer Information ab. Kurze Durchlaufzeiten wirken positiv auf die Aktualität.

- Grundsätzlich sollten die bereitgestellten Informationen möglichst **umfassend** sein und den Informationsbedarf eines Entscheidungsträgers voll abdecken. Durch eine beschränkte Verarbeitungskapazität des Empfängers von Informationen wird jedoch die Quantität begrenzt. Damit die Informationsmenge nicht zu groß wird, sollten Informationen **problemgerecht** aufbereitet sein. Eine sinnvolle Verdichtung von Informationen kann hierzu beitragen.

Die Organisationsstrukturen sind auszulegen, daß eine schnelle, sichere, genaue, umfassende und problemgerechte Bereitstellung aller benötigten Informationen gewährleistet ist.

3. Teil: Organisationseinheiten

1. Arbeitsteilung und Spezialisierung

1.1 Bildung von Organisationseinheiten

Wie bereits im 2. Teil aufgezeigt wurde, werden die im Rahmen der Prozeßorganisation festgelegten Aktivitäten zusammengefaßt, um sie anschließend als Aufgabe einer Stelle oder Arbeitsgruppe zuzuordnen. Der Begriff der **Organisationseinheit** bezeichnet dabei sämtliche organisatorischen Einheiten, die durch die Zuordnung von Aufgaben auf Personen entstehen, und umfaßt alle innerhalb einer Organisation gebildeten Subsysteme wie Bereiche, Abteilungen, Stellen oder Arbeitsgruppen.

Die organisatorische Strukturierungsaufgabe besteht nun darin, diese Organisationseinheiten zweckmäßig zu formieren und zu institutionalisieren. Weiterhin ist sicherzustellen, daß die einzelnen Organisationseinheiten auch koordiniert handeln; hierzu werden zwischen ihnen dauerhafte Beziehungen festgelegt. Dieser Strukturierungsprozeß kann gedanklich in folgende Teilprozesse unterteilt werden (*Abb. 3-1*):

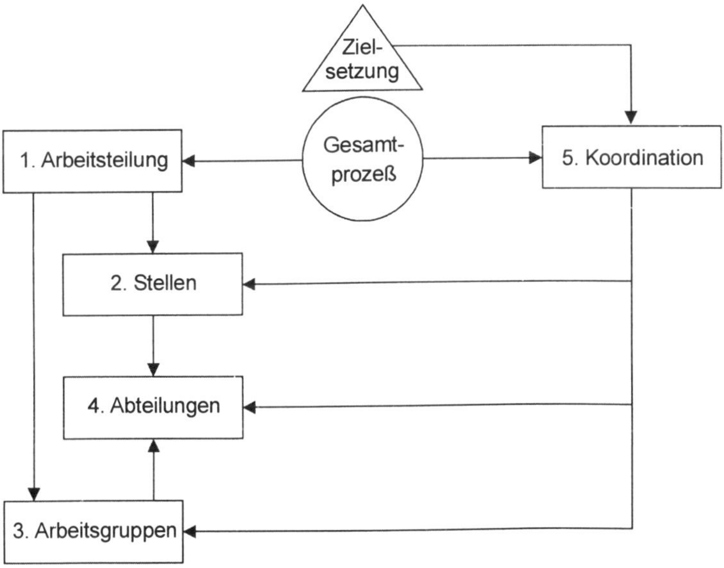

Abb. 3-1: Bildung von Organisationseinheiten

1. Der Gesamtprozeß der Leistungserstellung und -verwertung wird im Rahmen der Prozeßgestaltung in Teil- und Elementarprozesse unterteilt. Je nach gewählter Form der **Arbeitsteilung** entstehen dabei Aufgabenbereiche unterschiedlichen Inhaltes und ungleicher Komplexität.

2. Die so geschaffenen Aufgabenkomplexe werden einzelnen Personen innerhalb der Organisation dauerhaft zugeteilt; hierzu werden **Stellen** als kleinste Organisationseinheiten gebildet.
3. Ein Arbeitskomplex kann auch auf mehrere Personen übertragen werden. **Arbeitsgruppen** werden sowohl für Daueraufgaben als auch für Spezialaufgaben gebildet.
4. Um mehrere Stellen oder einzelne Arbeitsgruppen zu koordinieren, können diese unter einer gemeinsamen Leitungsstelle zu einer **Abteilung** zusammengefaßt werden. Das Kriterium der Zusammenfassung, die Anzahl der zusammenzufassenden Personen sowie die Verteilung von Entscheidungskompetenzen innerhalb der Abteilung stellen die Hauptprobleme bei der Abteilungsbildung dar.
5. Zwischen den einzelnen Tätigkeits- und Entscheidungsbereichen der Organisationseinheiten bestehen Berührungspunkte und Schnittstellen, so daß eine **Koordination** in Hinblick auf die übergeordnete Zielsetzung erforderlich wird. Der Koordinationsbedarf hängt dabei in starkem Maße von den in Schritten 1 bis 4 gewählten organisatorischen Lösungen ab.

1.2 Grundformen der Arbeitsteilung

Bei der Bildung von Organisationseinheiten steht die Arbeitsteilung im Vordergrund. Die Notwendigkeit zur Arbeitsteilung, das heißt zur Übertragung eines Tätigkeitskomplexes auf mehrere Personen und Sachmittel, wächst mit zunehmenden Arbeitsmengen sowie mit zunehmender Arbeitsvielfalt und -komplexität.

Die Arbeitsteilung beinhaltet die Zuteilung von Aufgaben nach Art und Menge auf mehrere Personen.

Gemäß dieser Definition sind zwei Grundformen der Arbeitsteilung zu unterscheiden (*Abb. 3-2*):

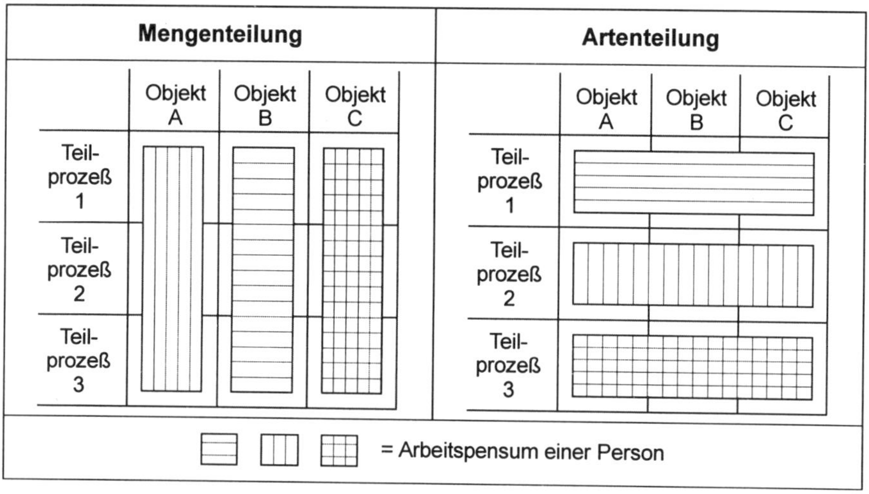

Abb. 3-2: Grundformen der Arbeitsteilung

- Die **Mengenteilung** (auch segmentierende Arbeitsteilung) liegt vor, wenn jeder einzelnen Arbeitsperson aus einem umfangreicheren Arbeitskomplex ein gleichartiges Arbeitspensum zur Erledigung übertragen wird.
- Bei der **Artenteilung** (auch funktionale Arbeitsteilung) erfolgt eine Übertragung von Arbeitspensen unterschiedlicher Art auf spezialisierte Personen.

Die Artenteilung ist stets mit der Zerlegung eines Arbeitsprozesses in nacheinander zu bearbeitende Teilprozesse verbunden; sie hat für die Arbeitspersonen einen kleineren Tätigkeitsbereich zur Folge. Bei der Mengenteilung bleibt dagegen ein Arbeitsprozeß für eine Person weitgehend als Ganzes erhalten. Die Vor- und Nachteile der Artenteilung werden nachfolgend unter dem Begriff der **Spezialisierung** näher erörtert; die Vorteile der Mengenteilung ergeben sich dabei in Negation aus den Nachteilen der Artenteilung und umgekehrt.

Im Vertrieb fallen zum Beispiel im Rahmen der Auftragsbearbeitung die Teilprozesse „Auftragserfassung", „Auftragsprüfung" und „Auftragsbestätigung" an; als Objekte treten drei Varianten von Kundenaufträgen auf. Die größte Spezialisierung liegt vor, wenn ein Sachbearbeiter jeweils nur einen Teilprozeß an einer Auftragsvariante durchführt. Die größte Aufgabenvielfalt besteht dann, wenn ein Sachbearbeiter alle Teilprozesse an allen Auftragsvarianten durchführt. Zwischen diesen beiden Extrempositionen liegt die Mengenteilung mit wechselnden Teilprozessen, jedoch immer an einem Objekt, und die Artenteilung mit wechselnden Objekten, aber ständig gleichem Teilprozeß.

In der Praxis werden neben den reinen Formen der Artenteilung und der Mengenteilung häufig auch Mischformen angewendet. Zunächst werden spezialisierte Stellen gebildet, indem eine Arbeitsteilung nach dem Prinzip der Artenteilung vorgenommen wird. Erst ab einem gewissen quantitativen Arbeitsumfang, der das Leistungsvermögen einer Stelle überschreitet, wird dann eine Mengenteilung vorgenommen und das Arbeitspensum weiter mengenmäßig auf die spezialisierten Stellen verteilt.

Bei der Mengenteilung wird vorausgesetzt, daß sich die Bearbeitungsobjekte nicht wesentlich voneinander unterscheiden und somit die durchzuführenden Teilprozesse für alle Objekte weitgehend identisch sind. Wenn jedoch die Unterschiede zwischen den Objekten so beträchtlich sind, daß deutlich unterschiedliche Teilprozesse erforderlich sind, dann liegt weniger eine Mengenteilung als vielmehr eine **Objektspezialisierung** vor. Bei einer prozeßorientierten Organisationsgestaltung werden diese Unterschiede jedoch schon bei der Definition und Strukturierung der Geschäftsprozesse berücksichtigt, und es werden somit bereits im Vorfeld der Stellenbildung entsprechende organisatorische Abgrenzungen vorgenommen.

1.3 Formen der Spezialisierung

Bei der Artenteilung entstehen Aufgaben unterschiedlicher Art; diese Form der funktionalen Arbeitsteilung wird allgemein auch als Spezialisierung bezeichnet. Hierbei sind zwei generelle Erscheinungsformen zu unterscheiden, die **horizontale** und die **vertikale Spezialisierung** (*Abb. 3-3*).

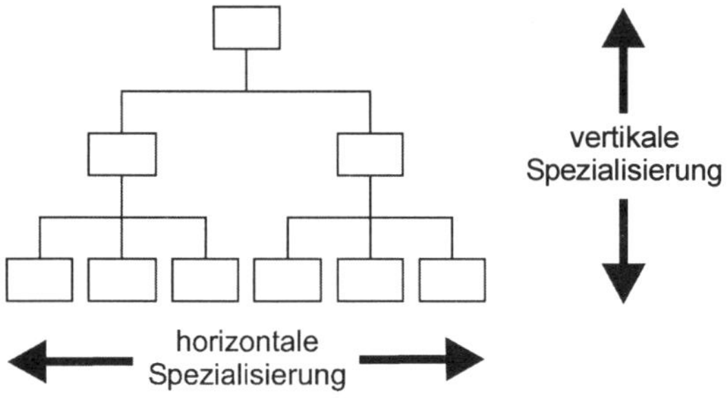

Abb. 3-3: Vertikale und horizontale Spezialisierung

1.3.1 Horizontale Spezialisierung

Mit horizontaler Spezialisierung wird der Umfang der von einer Person wahrzunehmenden Aufgaben gekennzeichnet.

Der eine Extremfall hierbei ist der **Generalist**, der eine Vielzahl unterschiedlicher Aufgaben wahrnimmt; der andere Extremfall ist der **Spezialist**, der immer wieder ein und dieselbe hochspezialisierte Routinearbeit verrichtet. Je enger der Anteil einer Aufgabe an der Gesamtaufgabe ist, desto mehr horizontal spezialisiert ist die durchführende Person. Die **Wiederholhäufigkeit** ist wesentliches Merkmal der horizontalen Spezialisierung. Das Ausmaß des quantitativen Arbeitsinhaltes wird oft auch als **Tätigkeitsspielraum** bezeichnet (*Ulich* 1972).

Das Konzept der horizontalen Spezialisierung geht auf *Taylor* zurück. Während *Taylor* einen hohen Grad der Arbeitsteilung zum Grundprinzip seiner wissenschaftlichen Betriebsführung erhoben hat, wird heute die Arbeitsteilung nicht nur unter ökonomischen, sondern auch unter sozialen Aspekten kritisch beurteilt. Durch eine Spezialisierung auf bestimmte Funktionen wird vor allem eine Vereinfachung der Arbeitsabwicklung angestrebt, um so eine Erhöhung der Produktivität zu erreichen. Dabei wird vor allem von folgenden **wirtschaftlichen Vorteilen** einer Funktionsspezialisierung ausgegangen (vgl. u.a. *Kieser/Kubicek* 1992, S. 78 f.; *Hentze/Brose* 1985, S. 56 f.):

- Hoch spezialisierte Organisationseinheiten, die nur einfache wenige Tätigkeiten durchführen, erfordern nur eine **kurze Anlern- und Einarbeitungszeit**.
- Sie können mit gering qualifizierten Personen besetzt werden, die in ausreichender Zahl und zu einem **geringen Lohn- und Gehaltsniveau** auf dem Arbeitsmarkt verfügbar sind.
- Die Tatsache, daß die einzelne Person permanent die gleichen geistigen und/oder manuellen Tätigkeiten durchführt, führt zu funktionsbezogenen Erfahrungen und Fertigkeiten. Dieser **Übungseffekt** befähigt sie dazu, ihre Aufgaben schneller und präziser durchzuführen, so daß die Quantität und die Qualität der Arbeitsleistung gesteigert werden.
- Es werden **Zeitverluste** beim Wechsel von einer Tätigkeit auf eine andere weitgehend vermieden.

- Jeder Person wird eine eindeutige, abgegrenzte Aufgabe übertragen, deren **Überwachung und Kontrolle** leicht möglich ist.
- Der **Arbeitsplatz** kann so gestaltet werden, daß er der einzelnen spezialisierten Tätigkeit optimal entspricht.

Bereits 1776 beschäftigte sich *Adam Smith* (1723-1790) in seiner "Untersuchung über das Wesen und die Ursachen des Wohlstandes der Nationen" mit den ökonomischen Auswirkungen der Arbeitsteilung. Anhand seines bekannten Stecknadelbeispiels beschreibt er, daß die Arbeitsproduktivität erheblich gesteigert werden kann, wenn komplexe Tätigkeiten zerteilt und auf verschiedene Arbeiter aufgeteilt werden. Die achtzehn Vorgänge zur Herstellung der Nadeln waren in einer Fabrik auf zehn spezialisierte Arbeiter verteilt. Dadurch, daß sich jeder einzelne Arbeiter auf einen bestimmten Arbeitsgang konzentriert, war die Arbeitsgruppe in der Lage, täglich 4.800 Nadeln fertigen. "Hätten sie jedoch alle einzeln und unabhängig voneinander gearbeitet und wär keiner für sein besonderes Geschäft angelernt worden, so hätte gewiß keiner zwanzig, vielleicht nicht eine Nadel täglich machen können" (*Smith* 1905, S. 8).

Insbesondere beim Prinzip der **Fließarbeit** wird auf das tayloristische Konzept zurückgegriffen. Durch Fließarbeit wird ein Höchstmaß an Ressourceneffizienz erreicht; sie wird überwiegend bei der Herstellung von Massenprodukten angewendet. Durch den Einsatz eines Bandes, das sich kontinuierlich oder im Takt bewegt und die Arbeitsobjekte zwischen den Arbeitsplätzen transportiert, entsteht als spezifische Form der Fließarbeit die **Fließbandarbeit**. Derartige organisatorische Gestaltungsmaßnahmen, bei denen durch einen entsprechenden Sachmitteleinsatz dem arbeitenden Menschen keine Alternativen bei der Ausübung seiner Tätigkeit verbleiben, werden häufig nach *Henry Ford* als **Fordismus** gekennzeichnet. *Ford* nutzt die produktivitätssteigernde Wirkung des Fließbandes erstmalig im größeren Umfang bei der Automobilproduktion aus. "Eine wachsende Verteilung und Differenzierung der Handgriffe, ständiger Fluß und Bewegung in der Arbeit - das ist das Wesen der wahren Produktion" (*Ford* 1923, S. 104).

Die Annahmen eines wirtschaftlichen Vorteils der Spezialisierung weisen sich jedoch als nur beschränkt gültig; die Spezialisierung weist auch eine Reihe von **wirtschaftlichen Nachteilen** auf:

- Eine zu enge Aufgabenstellung wird von den Mitarbeiten nicht akzeptiert; sie verlassen das Unternehmen. Die durch die Anwerbung, Auswahl und Einarbeitung neuer Mitarbeiter verursachten Kosten infolge der **Fluktuation** sind oft nicht unerheblich.
- Aufgrund der starken physischen Belastung können die arbeitenden Menschen zudem auch gesundheitliche Schäden erleiden. Der hierdurch bedingte **Absentismus** führt zu einem zusätzlichen Personalbedarf.
- Aufgrund der einseitigen Beanspruchung durch die immer gleichen Verrichtungen entsteht ein Gefühl der Monotonie. Die Monotonie der Arbeit verringert die Konzentration, führt zu starken Ermüdungserscheinungen und zu Fehlleistungen. Der **Bedarf an Erholung** wächst; andererseits sinkt die **Arbeitsqualität** und erhöht sich der **Ausschuß**.
- Die Zahl der Abschnitte im Arbeitsablauf nimmt zu, so daß der Aufwand für den **Transport** zwischen den Abschnitten und für die **Lagerung** vor jedem Abschnitt zunehmen kann.

- Jede Spezialisierung erfordert gleichzeitig koordinierende Maßnahmen, die ihrerseits wiederum **Koordinationskosten** verursachen.

1.3.2 Vertikale Spezialisierung

Mit vertikaler Spezialisierung wird die qualitative Trennung zwischen der Durchführung der Aufgaben einerseits und ihrer Planung und Kontrolle andererseits beschrieben.

Eine vertikale Spezialisierung erfolgt unter der Prämisse, daß die Entscheidung darüber, wie eine bestimmte Arbeit zu verrichten ist, nicht aus Sicht des Ausführenden selbst erfolgen sollte. *Taylor* hat diese Form der Spezialisierung als „Trennung der Hand von der Kopfarbeit" bezeichnet. Besonders bei einer hohen horizontalen Spezialisierung ist die Perspektive der ausführenden Person so stark eingeengt, daß der Gesamtzusammenhang von ihr nicht mehr gesehen werden kann. Die Planung und die Kontrolle ihrer Arbeit wird deshalb einer Führungskraft übertragen oder anhand von Plänen und Programmen vorgenommen, die durch Dritte ausgearbeitet worden sind.

Mit der vertikalen Spezialisierung wird der **Entscheidungs- und Kontrollspielraum** bei der Aufgabendurchführung festgelegt. Je eigenständiger ein Mitarbeiter darüber entscheiden kann, wie und wann er seine Aufgaben durchführt, und je geringer sein Arbeitsverhalten durch Regeln, durch direkte Anweisungen oder durch technische Einrichtungen diktiert wird, desto weniger vertikal spezialisiert ist seine Arbeit.

Das Ausmaß der vertikale Spezialisierung ist dabei in starkem Maße abhängig von der **Komplexität** der Aufgabenstellung (*Abb. 3-4*):

- **Einfache und repetitiven Aufgaben** sind in der Regel mit einer hohen vertikalen Spezialisierung verbunden. Je enger der Tätigkeitsspielraum gefaßt ist, desto weniger Entscheidungs- und Kontrollspielraum verbleibt dem Ausführenden.
- Bei **komplexen Aufgaben** ist es Bestandteil der Aufgabe, daß die damit betraute Person weitgehend selbst über die Art der Aufgabendurchführung entscheidet. Je komplexer eine Tätigkeit ist, desto geringer ist in der Regel der Grad der vertikalen Spezialisierung.

Die Arbeit an einer Montagelinie zum Beispiel wird weitgehend durch den Takt des Fließbandes, durch das Produktionsprogramm, durch Arbeitspläne und Prüfvorschriften und andere fixierte Regelungen sowie durch persönliche Anordnungen des Vorarbeiters bestimmt. Sowohl der Tätigkeitsspielraum als auch der Entscheidungs- und Kontrollspielraum der Montagearbeiter sind sehr stark eingeengt. Ein Geschäftsführer hingegen besitzt weitgehende Entscheidungsspielräume zur Erledigung seiner umfassenden und komplexen Aufgaben.

Spezialisierung ist folglich nicht automatisch mit einer Dequalifizierung der Arbeit verbunden. In Unternehmen gibt es viele Aufgaben, die horizontal hoch spezialisiert sind und gleichzeitig eine hohe Qualifikation erfordern (zum Beispiel Marktforschung, Unternehmensplanung, Controlling). Komplexe Aufgaben, die horizontal, aber nicht vertikal spezialisiert sind, werden gewöhnlich als **professionell** bezeichnet (*Mintzberg* 1992, S. 54), die entsprechenden Mitarbeiter als Experten, Profis oder Professionals.

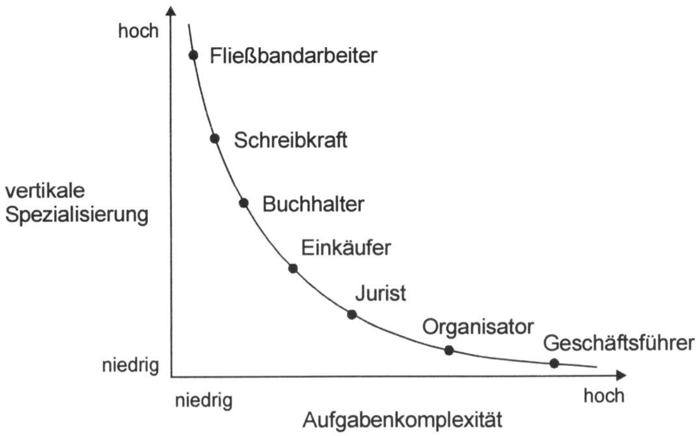

Abb. 3-4: Zusammenhang zwischen vertikaler Spezialisierung und Aufgabenkomplexität

Das Aufgabengliederungsmerkmal "Phase"

Die formale Gliederung nach den Phasen Planung, Durchführung und Kontrolle ist nach *Kosiol* auf jede Aufgabe anwendbar.

Unter **Planung** wird allgemein die systematische gedankliche Vorwegnahme zukünftiger Geschehnisse verstanden. Planungsaufgaben sind vorwiegend informationeller Art. Bei der Planung sind häufig eine Vielzahl betrieblicher Gesichtspunkte zu berücksichtigen und zu koordinieren, so daß sie zweckmäßigerweise von einer spezialisierten Stelle wahrgenommen wird. Dadurch können Spezialkenntnisse und -fähigkeiten, die zur Planung erforderlich sind, besser genutzt werden. Der Planungsprozeß selbst läßt sich weiter untergliedern in die **Entscheidungsvorbereitung** (Planaufstellung) und **Entscheidung** (Planverabschiedung). Die entscheidungsvorbereitenden Tätigkeiten können aus dem Aufgabenspektrum von Leitungsstellen (Instanzen) ausgegliedert und spezialisierten Stellen (Stabsstellen) zugeordnet werden.

Die **Durchführung** (Realisation) beinhaltet die Umsetzung des Geplanten.

Unter **Kontrolle** kann jede Art von Überwachung und Prüfung verstanden werden. Das Geplante (Soll-Werte) wird mit dem Realisierten (Ist-Werte) verglichen und auf Abweichungen untersucht. Kontrolle erfüllt vor allem drei Funktionen:

- Beobachtungsfunktion: Der Vergleich der realisierten mit den geplanten Leistungen und die Analyse der Ursachen von festgestellten Abweichungen bringt Kenntnisse und Erfahrungen für nachfolgende Planungen.
- Beurteilungsfunktion: Anhand von Kontrollen kann beurteilt werden, ob die von den Stelleninhabern realisierten Leistungen qualitativ und/oder quantitativ den Vorgaben entsprechen.
- Präventivfunktion: Allein durch das Bewußtsein, daß Kontrollmaßnahmen existieren, sollen die Stelleninhaber dahin beeinflußt werden, ihr Verhalten an vorgegebenen Zielen und Regeln auszurichten.

Literatur: *Kosiol* 1962, S. 56 ff.; *Müller* 1980, Sp. 1083

1.4 Maßnahmen zur Generalisierung

Eine zu hohe Spezialisierung ist nicht nur unter wirtschaftlichen Gesichtspunkten umstritten; vor allem aus betriebssoziologischer und -psychologischer Sicht sind extreme Formen der Arbeitsteilung stark kritisiert worden (vgl. z.B. *Ullrich* 1979, S. 473 ff.). Die starke Aufteilung des Arbeitsablaufes in sich dauernd wiederholende Arbeitselemente führt zur **Monotonie** und zu psychischen und physischen Ermüdungserscheinungen. Diese negativen Auswirkungen sind - neben anderen Einflußfaktoren - vor allem für eine **Arbeitsunzufriedenheit** verantwortlich zu machen. Bei einer zu starken funktionalen Arbeitsteilung erbringt der Mensch keine abgeschlossene Arbeitsleistung, sondern vollzieht lediglich einzelne Verrichtungen innerhalb eines Arbeitsprozesses. Die Selbstbestimmung über den Arbeitsablauf geht verloren; der Sinnzusammenhang der Tätigkeit innerhalb des gesamten Arbeitsablaufes ist für die Arbeitspersonen durch den ständigen Abbruch unvollendeter Arbeitsprozesse nicht erkennbar. Hierdurch verlieren sie das Interesse an seiner Arbeit und identifizieren sich nicht mehr mit ihr. Aufgrund dieses **Entfremdungseffektes** kann es vor allem zu negativen Konsequenzen hinsichtlich der Arbeitsqualität kommen.

Unter dem Stichwort "**Humanisierung der Arbeit** (HdA)" oder auch "quality of working life" wurde deshalb erstmalig in den 70er Jahren intensiv darüber diskutiert, wie die Arbeitsbedingungen stärker an die Bedürfnisse der Menschen angepaßt werden können. Es sollten nicht nur durch geeignete Maßnahmen die schädlichen Wirkungen der Überspezialisierung reduziert werden, sondern durch den Abbau von monotonen und kurzzyklische Tätigkeiten sollte auch die Arbeitszufriedenheit erhöht werden. Diese Bestrebungen erstreckten sich auf Ausführungsstellen sowohl im Produktionsbereich als auch im Büro- und Verwaltungsbereich.

Die motivationstheoretischen Ansätze von *Maslow*, *Herzberg* und *McGregor* machen deutlich, daß nach tayloristischen Prinzipien gestaltete Arbeitssysteme die Arbeitspersonen kaum motivieren können. Eine effiziente Arbeitsorganisation verlangt die ausdrückliche Berücksichtigung von Mitarbeitermotiven und -interessen.

Um eine bestehende Überspezialisierung abzubauen, bieten sich zwei grundsätzliche Maßnahmen der Generalisierung an:

- Die Erweiterung des **Tätigkeitsspielraumes** (Abwechslungsreichtum) beinhaltet eine quantitative Erweiterung des Arbeitsinhaltes und somit einen Abbau der horizontalen Spezialisierung;
- die Erweiterung des **Entscheidungs- und Kontrollspielraumes** betrifft den qualitativen Aspekt der Arbeit und führt zu einer Reduktion der vertikalen Spezialisierung.

Als konkrete arbeitsorganisatorische Maßnahmen zur Generalisierung sind vor allem der planmäßige Arbeitswechsel, die Arbeitserweiterung, die Arbeitsbereicherung und die teilautonome Gruppenarbeit zu nennen (vgl. *Hahn/Link* 1975, S. 65 ff.; *Rohmert/Weg* 1976, S. 29; *Meine/Pornschlegel* 1982, S. 57 ff.; *Heeg* 1988, S. 78 ff.). Die Konzepte des planmäßigen Arbeitswechsels und der Arbeitserweiterung streben eine Ausweitung des Tätigkeitsspielraumes an, während die Arbeitsbereicherung den Entscheidungs- und Kontrollspielraum vergrößert. Die teilautonome Gruppenarbeit hat eine Erweiterung beider Spielräume zum Ziel (*Abb. 3-5*). Als Resultante von Tätigkeitsspielraum sowie Entscheidungs- und Kontrollspielraum ergibt sich nach *Ulich* (1972) der **Handlungsspielraum**, der oft zur Beurteilung von Maßnahmen der Arbeitsstrukturierung herangezogen wird.

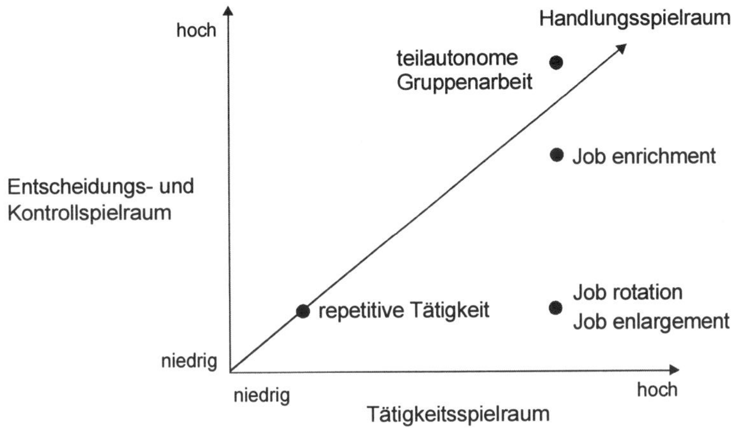

Abb. 3-5: Organisatorische Maßnahmen der Generalisierung

(1) Planmäßiger Arbeitswechsel (Job rotation)

Beim planmäßigen Arbeitswechsel wechseln mehrere Personen in einem vorgegebenen Rhythmus ihre Tätigkeiten und Arbeitsplätze.

Beim planmäßigen Arbeitswechsel (auch systematischer Arbeitsplatzwechsel) wechseln die Arbeitspersonen in einer vorgeschriebenen oder selbstgewählten Zeit- und Reihenfolge ihre **strukturell gleichartigen** Arbeitsaufgaben. Die Arbeitsinhalte werden dabei nicht verändert. Der regelmäßige Arbeitswechsel kann auf verschiedene Art und Weise erfolgen:

- Zum Zwecke der **systematischen Ausbildung** (training on the job) wird in kürzeren Abständen die Tätigkeit gewechselt, um so die verschiedenen Tätigkeiten innerhalb eines umfassenderen Arbeitsprozesses kennenzulernen. Bei der Ausbildung von Managementnachwuchs lernt dieser verschiedene Unternehmensaktivitäten kennen und versteht so die Funktionsweise des Unternehmens besser.
- Innerhalb einer Arbeitsgruppe werden nach einem **festgelegten Verteilungsplan** (zum Beispiel nach einem Wochenplan) regelmäßig die Tätigkeiten gewechselt; im Extremfall entsteht ein Rundum-Wechsel zwischen allen Arbeitsaufgaben.
- Um auf Ausfälle von Personal möglichst rasch reagieren zu können, bilden Unternehmen sogenannte **Springer** aus, die innerhalb eines überschaubaren Bereiches flexibel an mehreren Arbeitsplätzen einsatzfähig sind.

Planmäßiger Arbeitswechsel erweitert den Tätigkeitsspielraum und kann somit die negativen Folgen der horizontalen Arbeitsteilung (einseitige Belastung, Monotonie) mildern. Es wird ein größerer Überblick über das gesamte Arbeitsgeschehen ermöglicht und damit das Verständnis für die Gesamtzusammenhänge erhöht. Weiterhin wird eine größere Flexibilität erreicht, da sich die einzelnen Personen untereinander vertreten können. Darüber hinaus kann infolge des Belastungswechsels auch eine höhere Arbeitsleistung verbunden sein, wenn der Arbeitswechsel gezielt vorgenommen wird.

Da der Entscheidungs- und Kontrollspielraum und damit die vertikale Arbeitsteilung aber weitgehend unverändert bleiben, ergeben sich kaum Möglichkeiten einer Qualifizierung für höherwertige Aufgaben. Der einzelne Mitarbeiter kann auch nicht gestalterischen Einfluß auf den Arbeitsablauf nehmen. Der planmäßige Arbeitswechsel ist jedoch relativ leicht zu realisieren, da er keine Veränderungen im Gesamtablauf eines Arbeitsprozesses erfordert. Da ein planmäßiger Arbeitswechsel keine Reduzierung der Belastung bewirkt und normalerweise auch nicht zu einer höheren Entlohnung führt, wird er als Einzelmaßnahme kaum noch eingesetzt.

(2) Arbeitserweiterung (Job enlargement)

Arbeitserweiterung ist eine Vergrößerung des Arbeitsumfangs durch Zusammenfassung mehrerer strukturell gleichartiger oder ähnlicher Arbeitsaufgaben.

Die Zusammenfassung von strukturell gleichartigen oder ähnlichen Aufgaben besagt, daß das Anforderungsniveau der Stellenaufgabe nicht wesentlich verändert wird. Der häufig benutzte Begriff der horizontalen Arbeitserweiterung deutet auf die rein **quantitative** Vergrößerung der Aufgabe hin. Der qualitative Aspekt der Arbeitsteilung, daß heißt die Trennung der Ausführung von der Entscheidung und Kontrolle wird dadurch nicht beeinflußt. Es werden weiterhin recht einfache, teilweise repetitiv anfallende Aufgaben erfüllt. Bei einer sehr großen Aufgabenerweiterung kann sich jedoch ein Übergang von einer verrichtungsorientierten zu einer objektorientierten Arbeitsteilung ergeben. Die Arbeitserweiterung führt bei einer Fertigung und Montage nach dem Fließprinzip zu höheren Taktzeiten.

Ein Sachbearbeiter im Einkauf, der bisher nur Bestellungen geschrieben hat, ist zukünftig auch für das Einholen von Angeboten, die Terminverfolgung der Bestellungen sowie für die Aktualität der Lieferantenstammdaten zuständig.

Dieses Konzept ist mit mehr Abwechslung sowie mit der Möglichkeit verbunden, zusätzliche - jedoch nicht höherwertige - Qualifikationen zu erwerben. Es wird davon ausgegangen, daß weniger monotone Arbeit und eine höhere Identifizierung mit dem Arbeitsergebnis die Arbeitszufriedenheit und damit auch die Produktivität des Personals erhöht. Bei manuellen Tätigkeiten verringern sich zudem die schädlichen Auswirkungen einer einseitigen Belastung. Die einzelnen Personen haben jedoch auch hier keinen gestaltenden Einfluß auf den Arbeitsablauf. Weiterhin werden keine zusätzlichen Möglichkeiten zur Kommunikation zwischen den Personen geboten.

Im Gegensatz zum planmäßigen Arbeitswechsel sind zusätzliche organisatorische Veränderungen erforderlich. Es müssen zum Beispiel zusätzliche Sachmittel angeschafft und den einzelnen Arbeitsplätzen zugeordnet werden. So ist auch bei Büroarbeiten unter Einsatz von Computern den Mitarbeitern eine erweiterte Benutzerberechtigung einzuräumen.

(3) Arbeitsbereicherung (Job enrichment)

> *Arbeitsbereicherung ist eine Vergrößerung des Arbeitsumfangs durch Zusammenfassung mehrerer strukturell verschiedenartiger Arbeitsaufgaben.*

Bei der Arbeitsbereicherung geht es in erster Linie um eine Erweiterung bestehender Realisationsaufgaben um zugehörige Entscheidungs- und Kontrollaufgaben. Die Fremdkontrolle wird durch die **Selbstkontrolle** ersetzt. Da sowohl der Tätigkeits- als auch der Entscheidungs- und Kontrollspielraum vergrößert werden, bewirkt die Arbeitsbereicherung eine Reduzierung der Arbeitsteilung sowohl in horizontaler als auch in vertikaler Richtung. Tendenziell bedeutet dies eine Umorientierung zu einer mehr ganzheitlichen (integrativen) Arbeitsform. Es sollen hierbei sinnvolle, in sich abgeschlossene und damit überprüfbare Aufgabenkomplexe durchgeführt werden.

Einem Sachbearbeiter im Einkauf wird die Befugnis erteilt, bis zu einem bestimmten Einkaufswert den Lieferanten auszuwählen und bei unzureichender Qualität der gelieferten Ware selbständig die Reklamation abzuwickeln.

Durch die Einbeziehung **dispositiver Aufgaben** werden die Arbeitsinhalte nicht nur quantitativ, sondern auch qualitativ ausgeweitet. Den Arbeitspersonen wird mehr Selbständigkeit und Verantwortung eingeräumt. Da die Anforderungen steigen, ist eine höhere Qualifikation des Personals erforderlich. Unter Umständen ergibt sich hierdurch auch eine Einstufung in höhere Lohn- und Gehaltsgruppen. Es besteht die Möglichkeit, die Planung und Durchführung des Arbeitsablaufes nach den eigenen Bedürfnissen zu gestalten. Das erhöhte Maß an möglicher Selbstbestimmung bewirkt eine stärkere Persönlichkeitsentfaltung und Selbstverwirklichung der Mitarbeiter. Die Aufhebung des tayloristischen Prinzips (Trennung von Denken und Handeln) bedeutet auch eine Auflockerung hierarchischer Strukturen. Gleichzeitig führt die Arbeitsbereicherung zu einer höheren Flexibilität.

Bei der Einführung von organisatorischen Maßnahmen der Arbeitsbereicherung müssen Personen gefunden werden, die bereit und fähig sind, sich für die anspruchsvolleren Aufgaben zu qualifizieren. Die Qualifizierungsmaßnahmen und die Ausstattung der Arbeitsplätze mit den zusätzlich benötigten Sachmitteln können beträchtliche Kosten verursachen. Bei Maßnahmen im Bereich der Produktion kann zudem ein erhöhter Platzbedarf entstehen. Eine erforderliche Höhergruppierung des Personals ist ebenfalls mit zusätzlichen Kosten verbunden.

(4) Teilautonome Gruppenarbeit

> *Bei der teilautonomen Gruppenarbeit wird einer Arbeitsgruppe ein zusammenhängender Aufgabenbereich übertragen und innerhalb der Gruppe in Teilaufgaben aufgeteilt.*

Eine teilautonome (auch selbststeuernde) Arbeitsgruppe ist eine Kleingruppe, der die Verantwortung für einen zusammenhängenden Aufgabenbereich übertragen ist und die über entsprechende Entscheidungs- und Kontrollkompetenzen verfügt. Ihre Mitglieder führen gemeinsam einen umfangreicheren Arbeitsprozeß durch, der meistens Arbeiten mit unterschiedlichen Qualitätsniveaus umfaßt. Der Gruppe ist dabei nicht nur die Ausführung, sondern auch die Planung und Kontrolle der Arbeit übertragen. Über die Art und Weise der Durchführung und die Aufteilung der einzelnen Arbeiten auf die Gruppenmitglieder kann die Gruppe selbständig entscheiden. Zusätzlich nimmt die Gruppe meist auch dispositive Aufgaben wahr.

Eine vollkommene Autonomie der Arbeitsgruppe ist aufgrund der Interdependenzen mit anderen Aufgaben und Teilprozessen nur selten möglich. Der Entscheidungsspielraum einer Gruppe stößt spätestens dann auf Grenzen, wo er den anderer Gruppen tangiert. Weiterhin wird die Autonomie der Gruppe meist durch Plan- und Zeitvorgaben sowie durch Produktions- und Qualitätsziele eingegrenzt.

Insgesamt ergeben sich aus der Gruppenarbeit ähnliche Effekte wie bei der Arbeitsbereicherung. Je nach der Arbeitsteilung, die gruppenintern gewählt wird, ergeben sich für die Gruppenmitglieder sowohl erweiterte als auch bereicherte Arbeitsinhalte. In der Regel erfordert die Mitarbeit in einer Gruppe eine höhere Qualifikation - dies gilt insbesondere, wenn jedes Gruppenmitglied alle anfallenden Tätigkeiten beherrschen soll. Da die Arbeitsgruppe hierdurch in der Lage ist, den Ausfall einzelner Mitglieder aufzufangen, ergeben sich weitere Flexibilitätsvorteile.

Die teilautonome Arbeitsgruppe ist vor allem darauf gerichtet, dem menschlichen Bedürfnis nach sozialen Kontakten und Gruppenzugehörigkeit nachzukommen. Das Konzept geht von der Annahme aus, daß Persönlichkeitsentfaltung und Selbstverwirklichung erst durch kommunikative Selbstbestimmung mit sozialer Verantwortung und Verpflichtung möglich werden. Wenn Arbeitsgruppen sinnvoll in den Prozeß der betrieblichen Leistungserstellung integriert sind, können die Kreativitäts- und Leistungspotentiale des Menschen in hohem Maße ausgeschöpft werden, seine Motivation gefördert und damit schließlich ein wirtschaftlicher Nutzen erzielt werden.

Die Implementierung von teilautonomen Arbeitsgruppen erfordert umfassende Änderungen im Prozeß der Leistungserstellung. Es müssen geeignete Gruppenarbeitsplätze eingerichtet werden; diese sind im Bereich der Produktion möglichst lose miteinander zu verketten. Da die Arbeitsleistungen der einzelnen Gruppenmitglieder nicht mehr eindeutig identifizierbar sind, können Probleme mit der Entlohnung entstehen. Als Lösung bietet sich die Einführung eines Gruppenakkordes an. Weitere Schwierigkeiten können in Form von Konflikten innerhalb der Gruppe entstehen. Deshalb müssen die Gruppenmitglieder nicht nur nach ihrer fachlichen, sondern - soweit dies möglich ist - auch nach ihrer sozialen Eignung ausgewählt werden.

2. Stellenbildung und Stellenbesetzung

Im Zusammenhang mit der Arbeitsteilung stehen die Kriterien im Vordergrund, nach denen ein umfassender Aufgabenkomplex in Teilaufgaben aufgegliedert werden kann. Im Rahmen der Stellenbildung werden die so gewonnenen Teilaufgaben bestimmten Stellen zugeordnet.

> *Eine Stelle bildet die kleinste aufbauorganisatorische Einheit. Sie entsteht durch die dauerhafte Zuordnung von Aufgaben auf eine oder mehrere Personen.*

Die **Stelle** gilt als Grundelement (Basiselement) der Aufbauorganisation. Sie entspricht jedoch auch weitgehend der Aktionseinheit, die im Zusammenhang mit der organisatorischen Gestaltung von Arbeitsprozessen geschaffen werden. Aktionseinheiten können im Gegensatz zu Stellen auch ausschließlich durch automatische Sachmittel gebildet werden, die ohne menschliche Mitwirkung einen Arbeitsprozeß durchführen (vgl. *Grochla* 1976, S. 45).

Die Stelle ist als abstrakte Einheit definiert und von einem konkreten **Arbeitsplatz** als Ort der Funktionserfüllung zu unterscheiden. Die Beziehung zwischen Stelle und Arbeitsplatz kann dabei sehr verschieden sein (vgl. hierzu *Bühner* 1992, S. 64 f.). In der Regel ist jeder Stelle ein Arbeitsplatz zugeordnet, häufig werden aber auch mehrere Stelleninhaber an einem Arbeitsplatz tätig (zum Beispiel bei Gruppenarbeit). Eine Stelle kann aber auch mehrere Arbeitsplätze umfassen (zum Beispiel bei einem Springer), während andererseits auch einzelnen Stellen überhaupt kein örtlich fester Arbeitsplatz zugeordnet ist (beispielsweise bei Kraftfahrern oder Handelsvertretern).

2.1 Merkmale von Stellen

Eine Stelle wird im wesentlichen durch die nachfolgend aufgeführten Merkmale gekennzeichnet.

(1) Stellenaufgabe

Einer Stelle ist ein bestimmter **Aufgabenbereich** zur Ausführung übertragen. Eine Aufgabe ist als Soll-Leistung zu verstehen, die durch den Einsatz von Personen im Hinblick auf eine übergeordnete Gesamtaufgabe zu erfüllen ist. Eine Stelle grenzt somit aufgabenmäßig auf längere Sicht einen bestimmten Zuständigkeitsbereich ab.

Der Begriff der Aufgabe ist von dem der **Funktion** abzugrenzen, der in der Literatur unterschiedlich definiert wird. Unter einer Funktion kann einmal der Anteil an der Erfüllung einer Aufgabe verstanden werden, der auf eine Person oder Personengruppe entfällt (vgl. *Nordsieck* 1955, S. 40; *Kosiol* 1962, S. 45). Funktionen im Sinne von Zuständigkeiten beschreiben demnach den Beitrag einzelner Stellen an der Ausführung einer Aufgabe. Funktionen können aber auch als Aufgaben relativ selbständigen Charakters definiert werden (vgl. *Böhrs* 1963, S. 16), die wiederum in Teilfunktionen zerlegt werden können und als solche dann Aufgaben sind.

(2) Stelleninhaber

Jede Stelle muß durch mindestens eine **Person** als Stelleninhaber besetzt werden. Art und Umfang der Stellenaufgabe hängt in erster Linie vom Leistungsvermögen des Stelleninhabers ab. Bezüglich der Personenanzahl einer Stelle sind folgende Möglichkeiten zu unterscheiden:

1. Die Stelle ist mit genau einer Person besetzt.
2. Die Stelle ist mit zwei oder mehr Personen gleichzeitig besetzt; diese Personen sind untereinander austauschbar (beispielsweise beim Job Sharing).
3. Die Stelle ist mit zwei oder mehr Personen besetzt, die im zeitlichen Nacheinander tätig werden (beispielsweise bei Schichtarbeit).

(3) Dauerhaftigkeit

Stellen werden auf **längere Sicht** festgelegt. Deshalb werden sie üblicherweise nicht auf bestimmte Personen zugeschnitten, sondern auf gedachte Stelleninhaber mit einer normalen Eignung und einem normalen Leistungsvermögen.

(4) Kompetenzen

Kompetenzen sind die einem Stelleninhaber übertragenen formalen **Rechte und Befugnisse**. Sie legitimieren ihn zu den Handlungen, die zur ordnungsgemäßen Erfüllung der Stellenaufgabe notwendig sind.

Mit der Übertragung von Kompetenzen wird gleichzeitig der Handlungsspielraum des Stelleninhabers eingegrenzt. In Anlehnung an *Hill/Fehlbaum/Ulrich* (1989, S. 125 ff.) können dabei in *Abbildung 3-6* aufgeführten Arten von Kompetenzen unterschieden werden.

Durchführungskompetenzen	**Leitungskompetenzen**
• Ausführungskompetenz • Verfügungskompetenz • Antragskompetenz • Entscheidungskompetenz • Vertretungskompetenz	• Fremd-Entscheidungskompetenz • Weisungskompetenz • Kontrollkompetenz

Abb. 3-6: Durchführungs- und Leitungskompetenzen

Durchführungskompetenzen beziehen sich auf die Berechtigung, die Stellenaufgaben ausführen zu können.

- Die **Ausführungskompetenz** beinhaltet das Recht, im Rahmen der übertragenen Aufgabe tätig zu werden und dabei in einem gewissen Ausmaß Arbeitsrhythmus und -methode selbst zu wählen.

- Die **Verfügungskompetenz** beinhaltet das Recht, Arbeitsobjekte, Sachmittel und Informationen anzufordern und darüber zu verfügen.

- Die **Antragskompetenz** beinhaltet das Recht, daß von einer anderen, hierzu befugten Stelle über einen bestimmten Sachverhalt entschieden wird.

- Die **Entscheidungskompetenz** beinhaltet das Recht, verbindliche Entscheidungen zu fällen. Im Innenverhältnis betrifft sie den eigenen Ausführungsbereich (Eigen-Entscheidungskompetenz), im Außenverhältnis als **Vertretungskompetenz** das Recht, das Unternehmen nach außen zu vertreten und verbindliche Rechtsgeschäfte mit Dritten abschließen zu dürfen.

Leitungskompetenzen bestimmen das Verhalten anderer Stellen; sie begründen Vorgesetzten-Mitarbeiter-Verhältnisse, das heißt Über- und Unterordnungsverhältnisse.

- Im Zusammenhang mit den Leitungskompetenzen umfaßt die **Entscheidungskompetenz** das Recht, für andere Stellen verbindliche Entscheidungen zu fällen (Fremd-Entscheidungskompetenz). Die Verteilung der Entscheidungskompetenzen bildet die zentrale Problemstellung bei der organisatorischen Gestaltung der Leitungsbeziehungen.
- **Weisungskompetenzen** beinhalten das Recht, anderen Stellen vorzugeben, welche Aktivitäten im Rahmen der jeweiligen Stellenaufgabe konkret durchzuführen sind. Sie leiten sich unmittelbar aus den (Fremd-)Entscheidungskompetenzen ab, wenn Entscheidungen auch durchgesetzt werden sollen. Damit die Weisungskompetenz begrenzt ist, muß festgelegt werden, wer wem in bezug auf welche Angelegenheiten Anweisungen geben darf.
- Mit der Weisungskompetenz ist gleichzeitig auch die **Kontrollkompetenz** verbunden; sie beinhaltet das Recht, die richtige Ausführung der Anweisungen zu kontrollieren (Fremd-Kontrolle). Die Kontrolle kann sich hierbei als **Ergebniskontrolle** auf den Zustand der Arbeitsergebnisse beschränken; sie kann aber auch als **Verfahrenskontrolle** den Prozeß der Leistungserstellung und -verwertung zum Gegenstand haben.

Jede Stelle ist gekennzeichnet durch Art und Umfang der ihr eingeräumten Kompetenzen. Bei der Verteilung von Kompetenzen gilt der **Grundsatz der Ausschließlichkeit**, der besagt, daß die einer Stelle zugewiesene Kompetenz nicht auch noch von einer anderen Stelle ausgeübt werden darf. Ein Verstoß gegen diesen Grundsatz führt zu Kompetenzüberschneidungen und somit zu Störungen im Arbeitsablauf.

(5) Verantwortung

Verantwortung beinhaltet die Pflicht einer Person, für die richtige Erfüllung einer Aufgabe persönlich Rechenschaft abzulegen. Mit der Zuweisung einer Aufgabe und der zugehörigen Kompetenzen wird der Stelleninhaber gleichzeitig verpflichtet, sie auch richtig wahrzunehmen. Aus dieser Verantwortung resultiert die **Verantwortlichkeit**, das heißt die Haftung und das Geradestehen für fahrlässige oder vorsätzliche Fehler. Ein Stelleninhaber kann dabei jedoch nur für Fehler verantwortlich gemacht werden, die auch in seinem Einflußbereich liegen.

Das **Kongruenzprinzip** als eines der bekanntesten Organisationsgrundsätze besagt, daß Übereinstimmung (Kongruenz) zwischen Aufgabe, Kompetenz und Verantwortung verlangt wird.

2.2 Arten der Stellenbildung

Die Bildung von Stellen kann schwerpunktmäßig in Hinblick auf die **Sache** (ad rem), auf die **Person** (ad personam) oder auf die **Sachmittel** (ad instrumentum) vorgenommen werden. Eine sachorientierte Stellenbildung orientiert sich in der Praxis an den zu erbringenden Funktionen oder am Arbeitsprozeß (*Abb. 3-7*). Darüber hinaus kann die Bildung bestimmter Stellen aufgrund **rechtlicher Normen** erforderlich sein (vgl. *Bühner* 1992, S. 71 ff.; *Bleicher* 1992, S. 48 ff.; *Thom* 1992, Sp. 2321 ff.).

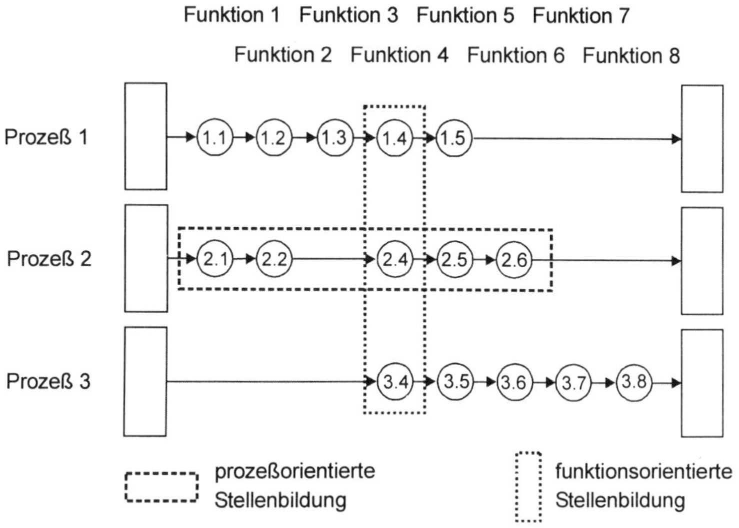

Abb. 3-7: Funktions- und prozeßorientierte Stellenbildung

2.2.1 Funktionsorientierte Stellenbildung

Funktion (lateinisch "functio") bedeutet Verrichtung; bei einer funktionsorientierten Stellenbildung werden vom Stelleninhaber **gleichartige Verrichtungen** durchgeführt. Die Stellenbildung erfolgt abstrahiert von den Personen und Sachmitteln; die Anforderungen der Stelle werden vielmehr auf einen abstrakten, noch zu suchenden Stelleninhaber abgestellt.

Die funktionsorientierte Stellenbildung entspricht der **Artenteilung:** Gleichartige Funktionen auch aus unterschiedlichen Arbeitsprozessen werden zusammengefaßt und einer Stelle zugeordnet. Der Hauptgrund für eine Stellenbildung nach Funktionen liegt in den ökonomischen Vorteilen der **Spezialisierung**. Ungleichartige Funktionen werden organisatorisch getrennt und verschiedenen spezialisierten Organisationseinheiten zugeordnet. Infolge dieser Spezialisierung sind die gebildeten Organisationseinheiten zwangsläufig ungleichartig, stehen jedoch gleichgeordnet nebeneinander. Es ergeben sich Schnittstellen und Abhängigkeiten zwischen den einzelnen Organisationseinheiten; diese Schnittstellen führen zu Unterbrechungen im Arbeitsablauf und verursachen hierdurch vor allem zeitliche Verzögerungen.

Die Fertigung nach dem Werkstattprinzip ist ein typisches Beispiel für diese Form der Spezialisierung; gleichartige Aktivitäten (zum Beispiel Bohren, Drehen, Fräsen) werden jeweils in einer spezialisierten Werkstatt (Bohrerei, Dreherei, Fräserei) zentral durchgeführt, unabhängig davon, ob es sich um einen Serien- oder um einen Versuchsauftrag handelt. Eine Spezialisierung liegt ebenfalls vor, wenn in einem Unternehmen sämtliche Lieferantenangebote durch einen bestimmten Mitarbeiter der Einkaufsabteilung eingeholt werden, unabhängig davon, ob es sich im Rahmen eines Projektes um die einmalige Beschaffung einer teuren Spezialmaschine oder um die wiederholte Beschaffung eines einfachen Hilfsstoffes für die Produktion handelt.

Bei der Bildung von Organisationseinheiten gemäß dem klassischen Analyse-Synthese-Konzept von *Kosiol* steht die vertikale Arbeitsteilung und damit eine funktionsorientierte Stellenbildung im Vordergrund. Alle Merkmale der Synthese mit Ausnahme des Merkmals "Objekt" führen zwangsläufig zu einer Spezialisierung der Organisationseinheiten. Die funktionale Spezialisierung stellt somit eine der markanten Eigenschaften von traditionell organisierten Systemen dar.

In den vergangenen Jahrzehnten, die geprägt waren von tayloristischer Massenproduktion, standen die Vorteile der funktionalen Spezialisierung unübersehbar im Vordergrund. Eine hohe Effizienz infolge der Spezialisierung und die Trennung von Planung und Ausführung waren die dominierenden Gestaltungsprinzipien bei der Arbeitsteilung:

- Eine große Anzahl von repetitiven Tätigkeiten, die an nur wenigen Produkten auszuführen waren, förderte die Ausnutzung von Skalenvorteilen.
- Betriebliche Verwaltungsfunktionen wie beispielsweise die Finanzbuchhaltung oder die Kostenrechnung wurden 1:1 in EDV-Anwendungen umgesetzt; dies führte zu einer rein funktional ausgerichteten Anwendungssoftware. Aufgrund der hohen Kosten für die Informatik und der Komplexität beim Anwendungsmanagement der EDV-Systeme wurden diese Verwaltungsfunktionen zentralisiert, um hierdurch entsprechende Synergieeffekte zu erzielen.
- Eine überwiegend nationale Vermarktung der Produkte erforderte keine Differenzierung in der Angebots- und Vertriebspolitik.

Eine veränderte technologische, ökonomische und gesellschaftliche Situation stellt die funktionale Arbeitsteilung jedoch zunehmend in Frage:

- Viele Märkte sind durch Stagnation oder gar rückläufige Umsatzentwicklung gekennzeichnet; die Globalisierung der Märkte führt zusätzlich zu einer verstärkten Konkurrenz. Die hierdurch bedingte deutliche Wettbewerbsverschärfung hat sich teilweise sogar zu einem ausgeprägten Verdrängungswettbewerb gesteigert. Eine Anpassung an diese Situation erfordert von den Unternehmen eine höhere Flexibilität, kürzere Lieferzeiten und eine geringere Kapitalbindung durch das Umlaufvermögen. Eine hohe funktionale Spezialisierung ist mit einer Vielzahl an Schnittstellen verbunden; diese beeinträchtigen die Anpassungsfähigkeit des Unternehmens an sich ändernde Anforderungen und Aufgaben und erschweren die Abwicklung der Geschäftsprozesse sowohl innerhalb des Unternehmens als auch zwischen dem Unternehmen und seiner Umwelt.
- Bei einer hohen funktionalen Spezialisierung ging den Mitarbeitern die Sinnhaftigkeit ihrer Tätigkeit zunehmend verloren. Die gestiegene Qualifikation der Mitarbeiter sowie das Streben nach Möglichkeiten zur Selbstentfaltung durch Übernahme von qualifizierten Aufgaben mit Ergebnisverantwortung erfordert eine Erweiterung des Aufgabenspektrums für die einzelnen Mitarbeiter.

- Neue Produktionstechnologien ermöglichen eine flexiblere Ressourcennutzung und kleinere wirtschaftliche Losgrößen. Die Ausnutzung von Skalenvorteilen verliert damit an Bedeutung.
- Weiterentwicklungen in der Informatik schafften die Grundlage dafür, daß integrierte betriebliche Informationssysteme auf der Basis von unternehmensweiten Datenbanken genutzt werden können und der Austausch von Geschäftsinformationen mit Lieferanten und Kunden weitgehend automatisiert erfolgen kann. Damit ist die Voraussetzung geschaffen, Geschäftsvorfälle ganzheitlich an einem Arbeitsplatz zu bearbeiten.

Zunehmend werden neue Eigenschaften wie Qualität, Kunden- und Marktorientierung gefordert. Flexible Organisationsstrukturen gehen anstatt von einer tayloristischen Arbeitsteilung eher von einer Ganzheitlichkeit der Leistungsprozesse aus. Entscheidend für die Leistungsfähigkeit von Unternehmen ist nicht mehr die optimale Ausführung einzelner betrieblicher Funktionen, sondern die schnelle und kostengünstige Abwicklung kompletter Geschäftsprozesse. Aus diesem Grunde steht in letzter Zeit zunehmend die **Integration** von zusammengehörigen Aufgaben im Vordergrund praktischer Organisationsarbeit (vgl. hierzu insbesondere *Hammer/Champy* 1993).

Organisatorische Integration beinhaltet die Zusammenfassung von organisatorischen Elementen, zwischen denen Beziehungen bestehen, zu einem übergeordneten System.

2.2.2 Prozeßorientierte Stellenbildung

Ein Prozeß beinhaltet die Erstellung einer Leistung oder die Veränderung eines Objektes durch eine Folge logisch zusammenhängender Aktivitäten. Bei der prozeßorientierten (auch objekt- oder ablauforientierten) Stellenbildung werden Aufgaben, Personen und Sachmittel nach den sachlogischen Bedingungen des Arbeitsablaufes zu einer Stelle zusammengefaßt. Die Stellenbildung entspricht der **Mengenteilung**; sie erfolgt ebenfalls abstrahiert von den Personen und Sachmitteln.

Nach dem Konzept von *Kosiol* wird bei der Stellenbildung auf den in der Aufgabenanalyse ermittelten Teilaufgaben aufgebaut. Für die Zusammenfassung der Teilaufgaben zu stellenbezogenen Aufgabenkomplexen existieren dabei wie bei der Aufgabenanalyse fünf Merkmale (Verrichtung, Objekt, Rang, Phase und Zweckbeziehung), von denen in der praktischen Organisationsgestaltung jedoch lediglich die zwei Merkmale Verrichtung und Objekt Bedeutung besitzen. Die verrichtungsorientierte Stellenbildung ist gleichzusetzen mit der funktionsorientierten Stellenbildung. Bei der Stellenbildung nach Objekten werden ungleichartige Verrichtungen und gleichartige Objekte zusammengefaßt; dabei wird zumeist ein ganzer Vorgang, bestehend aus mehreren Verrichtungen zusammengefaßt; sie entspricht somit der prozeßorientierten Stellenbildung.

Die prozeßorientierte Stellenbildung baut auf den in der Prozeßdekomposition ermittelten Teilprozessen, Elementarprozessen und Aktivitäten auf. Durch die Zerlegung der zu organisierenden Arbeitsprozesse sind **Interdependenzen** aufgedeckt und beschrieben worden; hierbei handelt es sich vor allem um Interdependenzen aufgrund von innerbetrieblichen Leistungsverpflechtungen. Innerbetriebliche Leistungsverpflechtungen zwischen Prozeßstufen liegen vor, wenn der Output eines Teilprozesses handlungsauslösend ist für einen oder mehrere andere Teilprozesse (vgl. *Frese* 1988, S. 190 ff.). Da auch eine prozeßorientierte Stellenbildung häufig mit dem "Durchschneiden" eines umfangreicheren Geschäftsprozesses verbunden ist, sollte eine eventuell erforderliche Trennung dort vorgenommen werden, wo innerhalb des Gesamtprozesses nur lose Beziehungen vorliegen und eine Unterbrechung der Abläufe nur relativ geringe Störungen verursacht. Den internen Abhängigkeiten der einzelnen Aktivitäten eines Prozesses wird somit Rechnung getragen.

Ziel der prozeßorientierten Stellenbildung ist es, daß zwischen den einzelnen Stellen möglichst wenig Beziehungen entstehen und somit eine möglichst hohe Unabhängigkeit der Stellen untereinander erreicht wird. Unabhängigkeit (**Autonomie**) bedeutet hier, daß ein Prozeß zeitlich und inhaltlich nicht auf vorgelagerte Prozesse angewiesen ist. Es sollen möglichst in sich geschlossene Arbeitsprozesse, idealerweise sogar komplette abgeschlossene Geschäftsprozesse von einer Stelle alleinverantwortlich durchgeführt werden. Bei voller Unabhängigkeit der Stelle hängt der Erfolg des Stelleninhabers allein von seinen eigenen Entscheidungen und Handlungen ab; die Einhaltung der Kongruenz von Aufgabe, Kompetenz und Verantwortung ist weitestgehend gewährleistet. Da zwischen den Stellen keine Zwischenleistungen, sondern nur relativ geschlossene Leistungen ausgetauscht werden, reduziert sich der Aufwand für die Abstimmung und die Kontrolle erheblich.

Im Unterschied zur funktionsorientierten Stellenbildung erfolgt bei der prozeßorientierten Stellenbildung ein häufiger Wechsel der Arbeitsinhalte, der längere Bearbeitungs- und Rüstzeiten nach sich zieht. Auf der anderen Seite werden durch die Übertragung abgeschlossener Arbeitsprozesse abwechslungsreiche Tätigkeitsfelder geschaffen, die im Sinne des Job enlargement mit einer erhöhten Arbeitszufriedenheit verbunden sind. Der Nachteil der prozeßorientierten Zusammenfassung von Aufgaben ist vor allem bei manuellen Tätigkeiten darin zu sehen, daß mögliche Spezialisierungsvorteile nicht ausgeschöpft werden. Vorteile liegen insbesondere in der Nutzung spezieller Kenntnisse über die Arbeitsprozesse und die zu bearbeitenden Objekte. Da eine zusammenhängende Folge von Teilprozessen zusammengefaßt wird, werden auch Transport- und Informationswege minimiert. Die prozeßorientierte Stellenbildung ist deshalb in der Regel auch unter Produktivitätsaspekten insgesamt vorteilhafter als die Funktionsspezialisierung, zumal wenn die genaue Kenntnis des gesamten Prozeßablaufes und der Eigenschaften der bearbeiteten Objekte wichtiger ist als die optimale Ausübung der einzelnen Funktionen.

Beziehungsorientierte und merkmalsorientierte Subsystembildung

Die prozeßorientierte Stellenbildung entspricht dem Konzept der beziehungsorientierten Subsystembildung, während die funktionsorientierte Stellenbildung der merkmalsorientierten Subsystembildung entspricht:

- Bei der **merkmalsorientierten** Subsystembildung wird die Ähnlichkeit als generelles Kriterium zur Abgrenzung und Bildung von Aufgabensegmenten verwendet; es gilt die Ähnlichkeitsregel: Fasse möglichst ähnliche Aufgaben zusammen.
- Bei der **beziehungsorientierten** Subsystembildung gilt die Beziehungsregel: Fasse Elemente so zu Subsystemen zusammen, daß die Beziehungen innerhalb der Subsysteme möglichst zahlreich und die Beziehungen zwischen den Subsystemen möglichst gering sind. Dieses Prinzip kann auch als "Übergewicht der inneren Bindung" bezeichnet werden, da hier bei der Bildung von Subsystemen relativ viele Innenbeziehungen und relativ wenige Außenbeziehungen angestrebt werden.

Literatur: *Gagsch* 1980, Sp. 2163 ff.

2.2.3 Sachmittelorientierte Stellenbildung

Neben den Interdependenzen aufgrund innerbetrieblicher Leistungsverpflechtungen sind **Ressourceninterdependenzen** zu unterscheiden. Diese liegen vor, wenn bei der Durchführung unterschiedlicher Teilprozesse auf gemeinsame, knappe Ressourcen zurückgegriffen werden muß. Bei informationellen Prozessen werden in erster Linie gemeinsame Informationen benötigt. Mit der Nutzung von Datenbanken, auf die von allen betroffenen Stellen zugegriffen werden kann, ist das Knappheitsproblem gelöst und somit auch dieses Interdependenzproblem für die Stellenbildung irrelevant. Bei materiellen Prozessen liegen dagegen eher Sachmittelinterdependenzen vor. Steht eine Beseitigung dieser Interdependenzen durch eine geeignete Stellenbildung im Vordergrund, so führt dies zu einer sachmittelorientierten Stellenbildung.

Bei der sachmittelorientierten Stellenbildung erfolgt die Zusammenfassung und Zuordnung von Aufgaben zu Stellen allein nach den technischen Gegebenheiten des Sachmittels. Die sachmittelorientierte Stellenbildung ist nicht für Spezialmaschinen relevant, da diese für jeweils ganz bestimmte wenige Funktionen ausgelegt sind und damit eine funktionale Spezialisierung vorliegt. Unter der sachmittelorientierten Stellenbildung ist vielmehr eine Zusammenfassung von Teilaufgaben zu verstehen, die unabhängig von funktionalen Aspekten allein in Hinblick auf eine universelles Sachmittel vorgenommen wird. Hierdurch soll vor allem das Leistungspotential des Sachmittels ausgeschöpft werden. Insbesondere für kostenintensive Anlagen wird angestrebt, sie möglichst voll auszulasten. Das Kriterium für die Zusammenfassung unterschiedlicher Teilaufgaben ist dabei ihre technische Durchführbarkeit mit dem jeweiligen Sachmittel. Die sachmittelorientierte Stellenbildung tritt mit fortschreitender Automatisierung und Flexibilisierung der Sachmittel immer stärker in den Vordergrund. Die technologische Entwicklung und der Übergang zu neuartigen Sachmitteln bringt dabei zwangsläufig den Zwang zur Reorganisation mit sich.

Durch den Einsatz von Fertigungsrobotern und flexiblen Fertigungssystemen werden die Fertigungsprozesse weitgehend durch das Sachmittel vorgegeben. Die Mitarbeiter werden nicht mehr zur eigentlichen Leistungserstellung benötigt, sondern lediglich zur Überwachung und zur Störfallbehebung. Der Einsatz der EDV führt in zweierlei Hinsicht eine sachmittelorientierte Stellenbildung nach sich: Zum einen werden Stellen zur Bedienung der Hardware eingerichtet (zum Beispiel Operatoren, Systemprogrammierer), zum anderen werden auch die programmierbaren Ausführungsaufgaben im Büro- und Verwaltungsbereich weitgehend automatisiert durchgeführt, so daß beim Menschen zunehmend nur noch Resttätigkeiten verbleiben.

2.2.4 Personenorientierte Stellenbildung

Bei der personenorientierten Stellenbildung erfolgt eine individuelle Zuordnung von Aufgaben entsprechend den Fähigkeiten, Fertigkeiten und Interessen einer **konkreten Person**. Die Stellenaufgaben und der Sachmitteleinsatz werden hierbei auf die jeweilige Person zugeschnitten; dabei kann es auch zu einer Zusammenfassung logisch nicht zusammenhängender Teilaufgaben kommen.

Die personenorientierte Stellenbildung ist vor allem für die Stellen im oberen Leitungsbereich von Unternehmen sowie beim Einsatz von hochqualifizierten Spezialisten von Bedeutung. Die Manager der obersten Leitungsebene gestalten dabei die von ihnen zu besetzende Stelle häufig selbst nach ihren eigenen Vorstellungen. Diese Art der Stellenbildung findet oft in Familienunternehmen ihre Anwendung, wenn mehrere Familienmitglieder an der Unternehmensleitung beteiligt werden sollen.

Eine personenorientierte Stellenbildung kann auch die Schaffung eines individuellen Arbeitsgebietes für Personen mit hervorragenden, insbesondere vielseitigen Fähigkeiten bezwecken. Die speziellen Eigenschaften einer Person sollen sich besser entfalten können als es bei einer funktionsorientierten Stellenbildung möglich wäre. Da sich Mitarbeiter oft auf lange Sicht an ein Unternehmen binden, kann auch die Aufgabenverteilung an die individuellen Eigenschaften einzelner Mitarbeiter langfristig angepaßt werden.

Nachteilig wirkt sich vor allem die starke Bindung der Organisationsstruktur an eine bestimmte Person und damit der Zwang zur Reorganisation bei einem Wechsel des Stelleninhabers aus. Dieser Nachteil wird verstärkt durch die Möglichkeit, daß der Stelleninhaber zur Durchsetzung persönlicher Ziele damit droht, seine individuell zugeschnittenen Stelle aufzugeben. Deshalb gibt *Schwarz* (1983, S. 62) grundsätzlich einer Stellenbildung nach rein sachlichen Gesichtspunkten gegenüber der personenorientierten Stellenbildung den Vorzug. Durch eine zweckmäßige Personalauswahl und durch geeignete Aus- und Weiterbildungsmaßnahmen läßt sich eine Anpassung des Stelleninhabers an die Anforderungen der Stelle erreichen. Dieser Grundsatz ist vor allem gültig für die Stellenbildung auf der Ausführungsebene und der unteren Leitungsebene. Für die mittlere und obere Leitungsebene kann die personenorientierte Stellenbildung als Ausnahme zugelassen werden oder sogar empfohlen werden, wenn ansonsten kein geeigneter Stelleninhaber gefunden werden kann.

In letzter Zeit erfährt jedoch in Theorie und Praxis das Humanpotential eine zunehmend stärkere Bedeutung (vgl. *Gomez/Zimmermann* 1993, S. 35 ff.). Der Mensch als steht als "wertvollste Ressource" im Mittelpunkt. Eine verstärkte Personenorientierung im Rahmen der organisatorischen Gestaltung läßt sich erreichen, indem Motivationsaspekte, Bedürfnisse nach Freiräumen und Anerkennung bei der Stellenbildung stärker berücksichtigt werden und nicht eine ausschließliche Orientierung an den zu erledigenden Aufgaben erfolgt.

2.2.5 Stellenbildung aufgrund rechtlicher Normen

Aufgrund von rechtlichen Normen kann es erforderlich sein, bestimmte Stellen einzurichten und mit geeigneten Stelleninhabern, sog. "**Beauftragten**" zu besetzen (vgl. hierzu auch *Schmidt-Leithoff* 1992). Die Wahrnehmung der Stellenaufgabe durch die Beauftragten kann dabei vollzeitlich oder teilzeitlich geschehen. Wesentliche durch Gesetze und Verordnungen vorgeschriebene Stellen sind in *Abbildung 3-8* aufgeführt.

Stelle	Gesetzliche Grundlage
Betriebsratsmitglieder	§ 1 BetrVG
Jugendvertreter	§ 60 BetrVG
Datenschutzbeauftragte	§§ 28 ff. BDSG
Beauftragte für Arbeitssicherheit	§§ 5 ff. ArbSichG; § 719 RVO
Betriebsärzte	§§ 2 ff. ArbSichG
Schwerbehindertenbeauftragte	§ 25 SchwbG
Strahlenschutzbeauftragte	§§ 29 ff. StrahlenschutzVO
Beauftragte für Gewässerschutz	§ 21a WasserhaushaltG
Beauftragte für den Abfall	§ 11a AbfallbeseitigungG
Immissionsschutzbeauftragte	§§ 53 ff. BImSchG
Frauenbeauftragte	§ 19a FHG NRW; § 23a UG NRW

Abb. 3-8: Gesetzlich vorgeschriebene Stellen
Quelle: nach Bühner 1992, S. 75

2.3 Arten von Stellen

Vor allem in der englischsprachigen Managementlehre wird eine Zweiteilung von Stellen in Linienstellen (line) und unterstützende Stellen (staff) vorgenommen:

- **Linienstellen** sind in der Regel **unmittelbar** mit der Ausführung von betrieblichen Hauptaufgaben betraut, das heißt mit der Abwicklung von Primär- und Innovationsprozessen.
- **Unterstützende Stellen** dienen nur **indirekt** der Erfüllung der Hauptaufgabe; sie führen somit sekundäre Prozesse aus.

	Aufgabenstellung	Kompetenz
Linienstellen		
1. Ausführungsstelle	Ausführung	Teilkompetenz
2. Leitungsstelle	Leitung und Ausführung	Vollkompetenz
Unterstützende Stellen		
3. Stabsstelle	spezialisierte Leitungshilfe	Teilkompetenz
4. Assistenzstelle	fallweise Leitungshilfe	Teilkompetenz
5. Dienstleistungsstelle	zentrale Dienstleistung	Teil- oder Vollkompetenz

Abb. 3-9: Stellenarten

Eine weitere Differenzierung von Stellen kann anhand der ihnen eingeräumten **Kompetenzen** vorgenommen werden; hierbei lassen sich die in *Abbildung 3-9* aufgeführten Stellenarten unterscheiden. Die Merkmale dieser Stellenarten werden in der betriebswirtschaftlichen Organisationsliteratur teilweise sehr ausführlich diskutiert (z.B. *Kosiol* 1962, S. 100 ff.; *Grochla* 1972, S. 62 ff.; *Gaugler* 1980, Sp. 959 ff;

Schwarz 1983, S. 28 ff.; *Weidner* 1984, S. 59 ff.; *Hill/Fehlbaum/Ulrich* 1989, S. 197 ff.; *Wittlage* 1989, S. 102 ff.; *Bühner* 1992, S. 65 ff.).

2.3.1 Ausführungsstellen

Die Aufgaben von Ausführungsstellen betreffen in Industrieunternehmen die Durchführung von Produktion und Vertrieb, in Handelsunternehmen den Einkauf und den Vertrieb, in Versicherungsunternehmen die Kundenbetreuung und Schadensabwicklung, in Hochschulen die Lehre und Forschung.

> *Ausführungsstellen sind Stellen ohne Leitungskompetenzen.*

Ausführungsstellen sind dadurch gekennzeichnet, daß sie keine verbindlichen Weisungen an andere Stellen geben dürfen. Ihre Befugnisse beschränken sich auf die Durchführungskompetenzen. Eingeräumte Entscheidungsspielräume betreffen ausschließlich den eigenen Handlungsbereich im Sinne einer Selbstentscheidung. Aufgrund dieser eingeschränkten Kompetenz kann auch von einer **Teilkompetenz** gesprochen werden.

2.3.2 Leitungsstellen

Wie im Zusammenhang mit der Abteilungsbildung noch näher beschrieben wird, werden mehrere Stellen zu einer Abteilung zusammengefaßt und einer gemeinsamen Stelle, der Leitungsstelle unterstellt.

> *Leitungsstellen sind Stellen mit Fremdentscheidungs-, Weisungs- und Kontrollkompetenzen.*

Wesentliche Kriterien der Leitung sind das Treffen von Fremdentscheidungen, das Umsetzen der Entscheidung in Anordnungen und die Fremdkontrolle der Ausführung. Leitungsstellen (Instanzen) grenzen sich damit gegenüber den Ausführungsstellen ab, die überwiegend mit der Ausführung der getroffenen Entscheidungen zu tun haben.

(1) Kompetenzen

Wie bereits im Zusammenhang mit den allgemeinen Merkmalen einer Stelle erläutert, bestehen **Leitungskompetenzen** aus den Fremdentscheidungs-, den Weisungs- und den Kontrollkompetenzen. Da eine Leitungsstelle auch mehr oder weniger ausgeprägt mit Realisationsaufgaben betraut ist, müssen ihr selbstverständlich auch die zugehörigen Durchführungskompetenzen eingeräumt werden, so daß eine Leitungsstelle auch als eine Stelle mit **Vollkompetenz** bezeichnet werden kann.

Die Leitungsbefugnisse werden allgemein unterteilt in fachliche und disziplinarische Leitungsbefugnisse (*Abb. 3-10*):

- Die **fachlichen Leitungsbefugnisse** beziehen sich auf die Modalitäten der Aufgabendurchführung; aufgrund dieser Befugnisse erteilt die Leitungsstelle die zur Entscheidungsdurchsetzung notwendigen Handlungsanweisungen.
- Die **disziplinarischen Leitungsbefugnisse** beziehen sich auf Umgangs- und Verhaltensnormen; aufgrund dieser Befugnisse hat der Vorgesetzte das Recht,

gegenüber seinen Mitarbeitern Maßnahmen zu ergreifen, um ihr Handeln oder Verhalten zu loben oder zu tadeln.

Fachliche Leitungsbefugnisse	**Disziplinarische Leitungsbefugnisse**
beziehen sich auf • Aufgaben (Objekt / Verrichtung) • Verfahren • Sachmitteleinsatz (Art / Umfang) • Informationen (was ist zu berücksichtigen) • Mitarbeiter (wer soll was tun) • Zeit (bis wann / wie lange) • Ort (wo / wohin / woher) • Menge (wieviel / wie oft)	beziehen sich auf **a) die kurzfristige Mitarbeitersteuerung** • Anwesenheitskontrolle / Pünktlichkeitskontrolle • Regelung von Abwesenheitszeiten, Urlaubszeiten • Regelungen im Rahmen der Gleitzeit • innerbetriebliche Bewilligungsverfahren (z.B. Dienstreisen) • Unterstützung der Mitarbeiter bei betrieblichen Problemen **b) die langfristige Mitarbeiterentwicklung** • Einstellung geeigneter Mitarbeiter • Aus- und Weiterbildungsmaßnahmen • Mitarbeiterbeurteilung / Gehaltsfindung • Beförderungen / Entlassungen

Abb. 3-10: Fachliche und disziplinarische Leitungsbefugnisse (Beispiele)

Bezüglich einer Stelle können beide Arten von Leitungsbefugnissen einer oder auch mehreren Leitungsstellen übertragen sein. Damit Disziplinarfälle mehr aus einer gewissen Distanz heraus und infolgedessen möglichst objektiv behandelt werden, wird häufig auf der untersten Leitungsebene der **Fachvorgesetzte** nicht mit disziplinarischen Weisungsbefugnissen ausgestattet. Stattdessen wird die nächsthöhere Leitungsstelle als **Disziplinarvorgesetzter** vorgesehen. Dieses Prinzip läßt sich nach oben auch für die höheren Leitungsebenen fortsetzen; spätestens auf der Ebene der obersten Unternehmensleitung wären fachliche und disziplinarische Leitungsbefugnisse wieder vereint. Bei einer Trennung der disziplinarischen und der fachlichen Leitungskompetenzen liegt der Fall einer "dualen" oder "differenzierten" Führung vor.

Normalweise gilt das **organisatorische Prinzip**, daß nur die fachlichen Befugnisse geteilt werden dürfen, die disziplinarischen Befugnisse dagegen grundsätzlich in einer Hand bleiben sollen. In Ausnahmefällen wie beispielsweise bei speziellen Formen der Projektorganisation kommt es jedoch durchaus vor, daß die kurzfristigen und die langfristigen disziplinarischen Leitungsbefugnisse getrennt werden: Dem Projektleiter werden als Vorgesetzter auf Zeit sowohl die fachlichen als auch die kurzfristig wirksamen disziplinarischen Leitungsbefugnisse zugeteilt, während die langfristig wirksamen Leitungsbefugnisse beim Vorgesetzten der "Heimatabteilung" des Projektmitarbeiters verbleiben.

(2) Verantwortung

Bezüglich der Verantwortung einer Leitungsstelle ist zwischen der Eigenverantwortung und der Fremdverantwortung zu unterscheiden (vgl. *Bleicher* 1980, Sp. 2284 f.):

- **Eigenverantwortung** als Verantwortung gegenüber Dritten für eigenes Verhalten erstreckt sich bei einem Vorgesetzten auch auf die Qualität der getroffenen Entscheidungen. Er ist damit zwar nicht für jede einzelne Handlung seiner Mitarbeiter verantwortlich, wohl aber für die Arbeitsergebnisse seiner Mitarbeiter und seiner Abteilung.
- **Fremdverantwortung** als Verantwortung gegenüber Dritten für fremdes Verhalten bedeutet, daß der Vorgesetzte auch für das Handeln seiner Mitarbeiter einsteht. Sie kann jedoch nur verlangt werden, sofern eine Einflußnahme auf Entscheidungssachverhalte gegeben ist und der Inhaber der Leitungsstelle seine Auswahl-, Anleitungs-, Informations- und Kontrollaufgaben wahrnehmen konnte.

Der Vorgesetzte trägt stets die Verantwortung dafür, daß seine Entscheidungen und Vorgaben an die Mitarbeiter richtig sind. Aufgrund der ihm übertragenden Aufsichtspflicht ist er weiterhin dafür verantwortlich, daß sowohl seine fallweisen Vorgaben als auch die generellen organisatorischen Regelungen von seinen Mitarbeitern eingehalten werden. Da "oft eine eindeutige Zurechnung von Fehlern zu den einzelnen Stellen nicht möglich ist, können wir davon ausgehen, daß im Zweifel stets auch der Vorgesetzte zur Verantwortung gezogen wird" (*Kieser/Kubicek* 1992, S. 157). Mit der Unterscheidung in Führungsverantwortung (im Sinne von Leitungsverantwortung) und Handlungsverantwortung versucht *Höhn* (1977) dagegen, die Fremdverantwortung einzugrenzen.

Führungsverantwortung des Vorgesetzten

Für Fehler eines Mitarbeiters kann der Vorgesetzte nur verantwortlich gemacht werden, wenn er seine Führungspflichten versäumt, insbesondere wenn er es unterlassen hat,

- den Mitarbeiter mit der notwendigen Sorgfalt auszusuchen oder - falls er keinen Einfluß auf die Auswahl hatte - darauf hinzuweisen, daß die Stelle nicht richtig besetzt ist;
- den Mitarbeiter richtig einzuführen und zu informieren;
- exakt Dienstaufsicht und Erfolgskontrolle über den Mitarbeiter in fachlicher wie führungsmäßiger Hinsicht auszuüben;
- den Mitarbeiter in seinem Verhalten wie in seiner Leistung gegebenenfalls durch entsprechende Kritik zu korrigieren.

Quelle: *Höhn* 1977, S. 11

2.3.3 Stabsstellen

Stabsstellen sind **spezialisierte Leitungshilfsstellen**, durch die in erster Linie Informationsverarbeitungs- und Entscheidungskapazität der Leitungsstellen erhöht werden soll. Der Hauptgrund für die Einrichtung von Stabsstellen ist in einer Überlastung der Leitungsstellen zu sehen. Entweder liegt eine quantitative Überlastung (Ausschöpfung der Arbeitskapazität) oder eine qualitative Überlastung (Ausschöpfung der Wissenskapazität) vor.

Eine Stabsstelle muß immer an eine Leitungsstelle angebunden sein; sie erfüllt dabei Funktionen, die zum Aufgabenbereich der Leitungseinheit gehören, der sie zugeordnet ist. Sie ist im Entscheidungsprozeß entweder in der Phase der Entscheidungsvorbereitung oder in der Kontrollphase beteiligt. Die Entscheidung selbst bleibt der Instanz, die Durchführung den Ausführungsstellen überlassen.

Stabsstellen sind spezialisierte Leitungshilfsstellen mit fachspezifischen Aufgaben und ohne Fremdentscheidungs- und Weisungskompetenzen.

Stabsstellen übernehmen häufig folgende **Aufgaben**:

- Vorbereitung von Entscheidungen durch Ausarbeiten, Bewerten und Präsentation von Entscheidungsalternativen;
- Beschaffung, Auswertung und Weiterleitung von Informationen;
- fachliche Beratung, teilweise auch auf mittleren und unteren Leitungsebenen;
- Unterstützung und Überwachung der Realisierung getroffener Entscheidungen.

Stabsstellen verfügen grundsätzlich über keine Weisungskompetenzen und keine Fremdentscheidungskompetenzen. Ihre Entscheidungsvorlagen werden realisiert, wenn die zugehörige Leitungsstelle sie akzeptiert und ihre Realisierung auch anordnet. Die Verantwortung für die Entscheidungen liegt bei der Leitungsstelle. Dies gilt auch, wenn Empfehlungen des Stabes aufgrund seiner fachlichen Qualifikation von der vorgesetzten Leitungsstelle ohne weiteres übernommen werden und somit de facto die Stabsstelle entscheidet.

Eine Stabsstelle "Unternehmensplanung" kann zum Beispiel Vorlagen für die strategische Planung erarbeiten, in denen denkbare Entwicklungen der Konjunktur untersucht und die Konsequenzen für die einzelnen strategischen Geschäftsfelder dargestellt werden. Vorschläge für mögliche Maßnahmen können auch in der Vorlage enthalten sein. Die Entscheidung über die vorgeschlagenen Maßnahmen bleibt jedoch der Leitungsstelle vorbehalten.

Die Einrichtung von Stabsstellen ist in Organisationslehre und -praxis ein sehr umstrittenes Konzept (vgl. *Staerkle* 1980, Sp. 2102 ff.). Sie sind vor allem dort nützlich, wo das Zusammenwirken von Managern mit Spezialisten zu qualitativ besseren Entscheidungen führt. Probleme im Rahmen dieser Zusammenarbeit sind vor allem dadurch bedingt, daß die Mitarbeiter in den Stabsstellen einerseits eine hohe fachliche Qualifikation aufweisen und Entscheidungen inhaltlich stark beeinflussen können, ihnen andererseits aber keine entsprechenden Kompetenzen und keine Verantwortung eingeräumt werden.

2.3.4 Assistenzstellen

Assistenzstellen sind im Gegensatz zu Stabsstellen **generalisierte Leitungshilfen**. Sie entlasten eine Leitungsstelle mengenmäßig, indem sie vornehmlich Detailarbeiten aus den verschiedenen Tätigkeitsbereichen der Leitungsstelle übernehmen.

Assistenzstellen sind generalisierte Leitungshilfsstellen mit fallweisen Aufgaben ohne Fremdentscheidungs- und Weisungskompetenzen.

Während eine Stabsstelle also mit einer im wesentlichen gleichbleibenden, festumrissenen Daueraufgabe betraut ist, die häufig Spezialkenntnisse erfordert, ist eine Assistenzstelle mit wechselnden Aufgaben beschäftigt. Sie wird fallweise und nur gemäß einem Auftrag der Leitungsstelle aktiv, der sie zugeordnet ist. Die Unterschiedlichkeit der Aufgaben einer Assistenzstelle erfordert als Stelleninhaber den

Generalisten. Assistenz- und Stabsstellen ist gemeinsam, daß sie grundsätzlich keine endgültigen Fremdentscheidungen treffen können und auch keine Weisungskompetenzen haben.

Typische Assistenzstellen sind beispielsweise die Stelle eines Vorstands- oder Geschäftsführungsassistenten oder die Stelle einer Chefsekretärin. Nicht selten werden die Leiter umfangreicher Projekte durch Projektassistenten in ihren Planungs- und Kontrollaufgaben unterstützt.

2.3.5 Dienstleistungsstellen

In großen Unternehmen ist es oftmals sinnvoll, unterstützende Stellen auch mit **Entscheidungskompetenzen** auszustatten. Die so geschaffenen zentralen Dienstleistungsstellen (Servicestellen, Service Center) übernehmen eine Reihe von begrenzten Aufgaben, für die ursprünglich Linienstellen zuständig waren. Ihre Aufgaben beschränken sich somit nicht nur auf reine Beratungsleistungen; Dienstleistungsstellen führen ihre Dienstleistungsfunktionen für die anderen Abteilungen im Unternehmen auch selbständig durch.

Dienstleistungsstellen führen Unterstützungsaufgaben für mehrere Leitungsstellen durch.

Dienstleistungsstellen haben damit den Charakter von Linienstellen. Die häufig anzutreffende Bezeichnungen **Zentralstelle** oder **Zentralabteilung** deuten darauf hin, daß solche Stellen durch Ausgliederung und Zentralisierung eines speziellen Aufgabenkomplexes geschaffen wurden. Es entstehen dadurch Bereiche mit eigenen Entscheidungskompetenzen.

So gibt zum Beispiel der Produktionsbereich an die Personalabteilung die Kompetenz ab, die Einstellung der Mitarbeiter im Produktionsbereich vorzunehmen. Andere typische Aufgabenbereiche von Dienstleistungsstellen sind das Rechnungswesen, die Informatik oder der Einkauf.

Die Übergänge von den Stabsstellen zu den zentralen Dienstleistungsstellen sind fließend. Während bei den Stabsstellen das Schwergewicht auf der Bearbeitung neuartiger Probleme und der fachlichen Beratung ohne Weisungskompetenzen liegt, kann die Aufgabenstellung der zentralen Dienstleistungsstellen eher in der querschnittsartigen, fachlichen Unterstützung und in der Koordination gesehen werden (vgl. *Staerkle* 1980, Sp. 2104). Zum Teil handelt es sich hierbei um frühere Stäbe, deren Funktionen im Laufe der Zeit an Bedeutung gewonnen haben (zum Beispiel Controlling, Organisation oder Personalwesen). Im Unterschied zu einer reinen Stabsstelle, die eine nur beratende Funktionen wahrnimmt, erhalten Dienstleistungsstellen das Recht, Rahmenregelungen oder Richtlinien vorzugeben, um eine einheitliche und wirtschaftliche Abwicklung bestimmter Aufgaben sicherzustellen. Diese **Richtlinienkompetenzen** können erweitert werden, indem die zentralen Dienstleistungsstellen auch fachliche Leitungsbefugnisse in Form von **funktionsbezogenen Weisungskompetenzen** gegenüber den Linienstellen erhalten.

Eine Zentralabteilung Informatik beispielsweise nimmt Richtlinenkompetenzen wahr, wenn sie die Nutzung bestimmter PC-Anwendungssoftware und -hardware verbindlich für alle Abteilungen des Unternehmens vorschreibt.

Im Unterschied zur Stabsstelle werden die Leistungen einer zentralen Dienstleistungsstelle von mehreren Leitungsstellen im Unternehmen beansprucht. Dies führt zu der organisatorischen Fragestellung, welcher übergeordneten Leitungsstelle eine zentrale Dienstleistungsstelle zuzuordnen ist. Hierbei ist vor allem das Problem zu berücksichtigen, daß bei der Zuordnung zu einer bestimmten Leitungsstelle nicht immer eine gleichwertige Berücksichtigung der Anforderungen der übrigen Leitungsstellen gewährleistet ist. Eine gleichmäßige Nutzung durch alle Leitungsstellen kann jedoch erreicht werden, wenn Dienstleistungsstellen möglichst hoch in der Unternehmenshierarchie eingeordnet werden (vgl. *Grochla* 1976, S. 72). Sie sind deshalb sehr oft unmittelbar der obersten Unternehmensleitung unterstellt.

2.4 Ermittlung des Personalbedarfes

Eine Personalbedarfsermittlung ist aus Sicht der organisatorischen Gestaltung nicht nur im Rahmen der Stellenbildung erforderlich. Gewöhnlich werden auch im Rahmen von geplanten Rationalisierungsmaßnahmen die Auswirkungen dieser Maßnahmen auf den quantitativen und qualitativen Personalbedarf untersucht.

Im Rahmen der Personalbedarfsermittlung wird das erforderliche Personal nach Art (qualitativer Personalbedarf) und Anzahl (quantitativer Personalbedarf) ermittelt.

Der Personalbedarf zur Durchführung der Stellenaufgaben hängt von einer Vielzahl interner und externer Einflußgrößen ab, so beispielsweise von den Aufgaben und Abläufen, von den eingesetzten Sachmitteln oder von der Arbeitszeitordnung. Aufgrund dieser Abhängigkeiten kann die Ermittlung des Personalbedarfes immer nur als Näherungsprozeß betrachtet werden. Grundlage des qualitativen Personalbedarfes sind dabei vor allem die inhaltlichen Anforderungen aus den Aufgaben einer Stelle, Grundlage des quantitativen Personalbedarfes die mengenmäßigen und zeitlichen Merkmale der Aufgabenerfüllung.

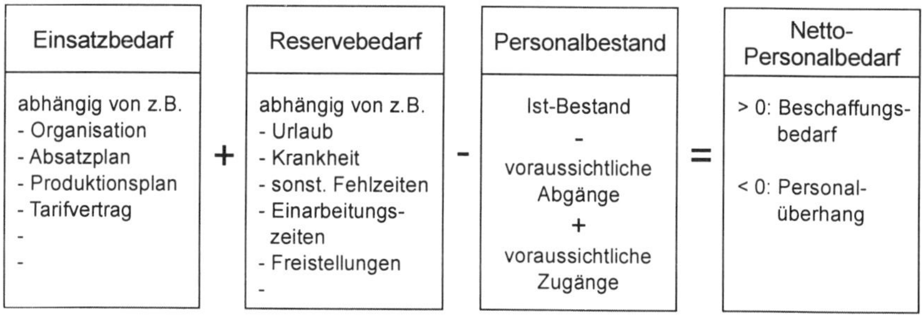

Abb. 3-11: Ermittlung des Personalbedarfes
Quelle: in Anlehnung an RKW 1990, S. 88

In *Abbildung 3-11* sind die wichtigsten Größen der Personalbedarfsermittlung zusammengefaßt. Hierbei fallen Aufgaben des Personal- und des Organisationsmanagements zusammen. Eine typische Organisationsaufgabe ist die Ermittlung des quantitativen Bedarfes, der effektiv und unmittelbar zur Aufgabenerfüllung erforderlich ist (**Einsatzbedarf**), während die Ermittlung des **Reservebedarfes** zu den Aufgaben des Personalmanagements zu zählen ist, ebenso wie die Ermittlung des zu deckenden Personalbedarfes (**Beschaffungsbedarfes**) oder des abzubauenden **Personalüberhanges**.

2.4.1 Quantitative Personalbedarfsermittlung

Abhängig von den jeweiligen Randbedingungen, insbesondere von den zur Verfügung stehenden Informationen können unterschiedliche Methoden zur Bestimmung des quantitativen Personalbedarfes herangezogen werden (vgl. *REFA* 1985c, S. 130 ff.; *RKW* 1990, S. 94 ff.; *Scholz* 1993, S. 182 ff.). Im folgenden sollen zwei in der Praxis etablierte Methoden der quantitativen Personalbedarfsermittlung kurz vorgestellt werden.

(1) Kennzahlenmethode

Die Kennzahlenmethode beruht auf der Voraussetzung, daß zwischen dem Personalbedarf und einer oder mehrerer seiner Bezugsgrößen stabile Beziehungen bestehen. Sie kann sowohl zu einer mehr globalen als auch zu einer detaillierten Bedarfsermittlung verwendet werden. Die Methode baut auf folgender Grundgleichung auf:

Personalbedarf = Arbeitsmenge / Produktivität je Person.

Die Produktivität wird ermittelt, indem eine Outputgröße (wie beispielsweise der Umsatz oder die Produktionsmenge) in Beziehung gesetzt wird zum Input an Arbeitsleistung.

Beispiel: Es soll der Personalbedarf für die Stelle "Auftragsannahme" ermittelt werden. Die Produktivität der Mitarbeiter wird zu 70 Aufträgen pro Person und Tag ermittelt. Bei erwarteten 210 Aufträgen pro Arbeitstag ergibt sich der Personalbedarf rechnerisch zu 210 / 70 = 3 Personen.

Zur Personalbedarfsermittlung werden häufig auch Vorgabezeiten verwendet, die den zeitlichen Arbeitsaufwand für eine bestimmte Outputmenge angeben. Dann ergibt sich obige Gleichung zu

Personalbedarf = Anzahl Aufträge · Auftragszeit / Arbeitszeit je Person.

Beispiel: Die Auftragszeit wurde zu 6 Minuten pro Auftrag ermittelt, die effektive Einsatzzeit der Mitarbeiter zu 7 Stunden pro Arbeitstag und Person. Wenn arbeitstäglich 210 Aufträge bearbeitet werden müssen, ergibt sich der Personalbedarf zu (210 · 6) / (7 · 60) = 3 Personen.

Kennzahlen spielen auch eine Rolle, wenn aufgrund von Erfahrungswerten einzelne Stellentypen zu bestimmten anderen Stellentypen in einem relativ festen Verhältnis stehen.

Beispiel: In einer Verwaltungsabteilung werden pro Sachbearbeiter 0,25 Schreibkräfte benötigt. Bei 8 Sachbearbeitern ergibt sich der Bedarf an Schreibkräften zu 2 Personen.

Die zur Bestimmung des quantitativen Personalbedarfes erforderliche Kenntnis der Arbeitsmengen wird über einen längeren Erfassungszeitraum ermittelt und stellt somit eine Durchschnittsmenge dar. Der Zeitbedarf oder die Produktivität kann anhand von → *Beobachtungen* erfaßt werden. Der über die Kennzahlen ermittelte Einsatzbedarf muß um den Reservebedarf erhöht werden, um den **Brutto-Personalbedarf** zu erhalten.

(2) Rosenkranz-Formel

Im Büro- und Verwaltungsbereich fehlt häufig der direkte Bezug zu einer Outputgröße; statt dessen werden unterschiedliche Geschäftsvorfälle in unterschiedlicher Zahl und mit unterschiedlichen Bearbeitungszeiten erledigt. *Rosenkranz* (1966) hat eine Formel aufgestellt, die mehrere, additiv verknüpfte Kennzahlen verwendet, um so speziell für Bürotätigkeiten den Personalbedarf bestimmen zu können. Der Personalbedarf ergibt sich demnach zu

$$\frac{\sum_{i=1}^{n}(m_i \times t_i)}{T} \times f_{NV} + \frac{t_v}{T} \times \frac{f_{NV}}{f_{TV}}$$

Die Variablen bedeuten:

T = (Brutto-)Arbeitszeit pro Person und Monat (einschließlich Urlaubszeit)

m_i = durchschnittliche Menge von Geschäftsvorfällen der Kategorie i pro Monat

t_i = Zeitbedarf laut Zeitaufnahme für einen Geschäftsvorfall der Kategorie i (Netto-Soll-Bearbeitungszeit; entspricht der Grundzeit nach *REFA*)

t_v = Zeit für Aufgaben ohne Zeitaufnahme (für "Verschiedenes")

f_{NV} = notwendiger Verteilzeitfaktor

f_{TV} = tatsächlicher Verteilzeitfaktor (Quotient aus der Ist-Bearbeitungszeit und t_i).

Der durchschnittliche Zeitbedarf kann mit Hilfe unterschiedlicher Verfahren (beispielsweise mit → *Zeitaufnahmen* oder → *Multimomentaufnahmen*) ermittelt werden. Die Zeit für Verschiedenes berücksichtigt Tätigkeiten, für die keine Zeitermittlung durchgeführt wurde, da der hierzu erforderliche Aufwand nicht zu vertreten ist. Sie kann sowohl von der Menge der Geschäftsvorfälle abhängen als auch davon unabhängig sein. Der notwendige Verteilzeitfaktor berücksichtigt vergessene Arbeiten und Nebenarbeiten, Ermüdung und Ausfall (Urlaub, Krankheit, Feiertage). Erfahrungsgemäß schwankt der Faktor für vergessene Arbeiten und Nebenarbeiten zwischen 1,2 und 1,4; für Ermüdung ist er aufgrund von arbeitswissenschaftlichen Untersuchungen mit 1,12 anzusetzen, während der Faktor für Ausfall konkret anhand der von der Personalwirtschaft erfaßten Zahlen zu berechnen ist.

Der erste Term der Formel bestimmt, wie hoch der Personalbedarf bei dem zugrundegelegten Arbeitsanfall sein müßte. Der zweite Term bringt auf der Grundlage der aktuellen Personalbesetzung eine Korrektur der Verteilzeiten ein.

2.4.2 Qualitative Personalbedarfsermittlung

Zur Beschreibung des qualitativen Personalbedarfes dienen vor allem Berufsklassifikationen und Anforderungsprofile.

(1) Berufsklassifikationen

Anhand von Berufsklassifikationen kann eine mehr oder weniger genaue Beschreibung des qualitativen Personalbedarfes vorgenommen werden. Hier werden die Anforderungen der Stellenaufgabe bestimmten **Berufsgruppen** zugeordnet (etwa Exportkaufmann/-frau oder Maschinenbauingenieur), häufig ergänzt um zusätzliche **Qualifikationsmerkmale** (zum Beispiel spanische Sprachkenntnisse oder CAD-Erfahrung). Bei den Berufsgruppen kann auf standardisierte Berufsklassifikationen zurückgegriffen werden wie beispielsweise auf die *Internationale Standardklassifikation der Berufe* (ISCO) (*Statistisches Bundesamt* 1971).

(2) Anforderungsprofile

Anforderungsprofile enthalten für einzelne **Anforderungsarten** die Höhe der Anforderungen. Diese können fachlicher, physischer, psychischer oder sozialer Art sein; sie können in Festanforderungen, in Mindestanforderungen und in Wünsche unterschieden werden. Den wohl bekanntesten Katalog von Anforderungsmerkmalen stellt das **Genfer Schema** (*Abb. 3-12*) dar, das anläßlich einer internationalen Tagung von Arbeitswissenschaftlern zur Arbeitsbewertung 1950 in Genf vereinbart wurde (vgl. *Gehle* 1950).

Hauptmerkmale	Anforderungsarten
1. Geistige Anforderungen	Fachkenntnisse / Ausbildung / Erfahrung / Denkfähigkeit
2. Körperliche Anforderungen	Geschicklichkeit / Muskelbelastung / Belastung der Sinne und Nerven
3. Verantwortung für ...	Betriebsmittel und Produkte / Sicherheit und Gesundheit anderer / Arbeitsablauf
4. Arbeitsbedingungen	Temperatur / Nässe / Schmutz / Gase, Dämpfe / Lärm, Erschütterung / Blendung, Lichtmangel / Erkältungsgefahr, Arbeit im Freien / Unfallgefährdung

Abb. 3-12: Genfer Schema

Das Genfer Schema umfaßt die Anforderungsarten geistige und körperliche Anforderungen sowie Verantwortung und Arbeitsbedingungen. Es orientiert sich an Stellen für manuelle Durchführungstätigkeiten. Die Übertragung auf Tätigkeiten im Büro- und Verwaltungsbereich erfordert die Einbeziehung weiterer Merkmale zur vollständigen Erfassung der Arbeitsanforderungen, während andere Merkmale an Bedeutung verlieren. Infolgedessen wird dieser Anforderungskatalog in der Praxis unterschiedlich gehandhabt (vgl. *Hentze* 1980, S. 75; *Oechsler* 1992, S. 233 ff.).

2.5 Besetzung der Stellen

Nach der **organisatorischen** Stellenbildung erfolgt die **personalwirtschaftliche** Stellenbesetzung. Soweit es sich nicht um eine Stelle handelt, die auf eine bereits vorhandene Person zugeschnitten ist, ist hierbei das Problem zu lösen, wie das aus den Merkmalen der Stelle resultierende **Anforderungsprofil** mit dem **Fähigkeitsprofil** eines potentiellen Stelleninhabers möglichst gut in Übereinstimmung gebracht werden kann ("the right man at the right place").

Für die Stellenbesetzung werden deshalb nicht nur Informationen über das Anforderungsprofil der Stelle benötigt, sondern auch über das Fähigkeitsprofil des möglichen Stelleninhabers. Zur Erfassung und Aufbereitung von Informationen über Personen sei hier auf die Spezialliteratur des Personalmanagements verwiesen (z.B. *RKW* 1990; *Oechsler* 1992; *Scholz* 1993).

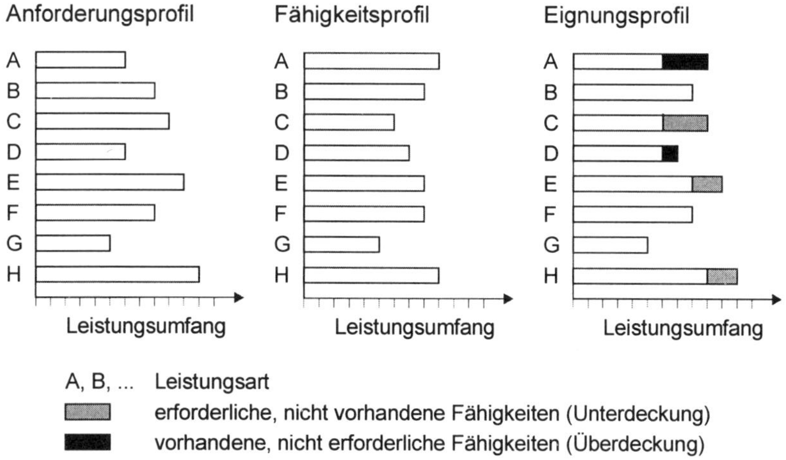

Abb. 3-13: Profilvergleich

Im Rahmen eines **Profilvergleiches** wird das Anforderungsprofil der Stelle mit dem Fähigkeitsprofil des potentiellen Stelleninhabers verglichen und ein **Eignungsprofil** erstellt. Übersteigen die Fähigkeiten die Anforderungen, so liegt eine Überdeckung, im anderen Fall eine Unterdeckung vor (*Abb. 3-13*).

- Im Falle einer **Unterdeckung** ist zu prüfen, ob und inwieweit durch Fort- und Weiterbildungsmaßnahmen die Fähigkeiten an die Stellenanforderungen angepaßt werden können (Anpassung des Menschen an die Arbeit). Alternativ kann eine Verringerung der Stellenanforderungen in Frage kommen und durch organisatorische Maßnahmen eine Anpassung der Arbeit an den Menschen vorgenommen werden.
- Der Fall einer größeren **Überdeckung** ist aus Gründen der Arbeitszufriedenheit und Leistungsmotivation möglichst zu vermeiden.

Eine vollkommene Übereinstimmung zwischen dem Anforderungs- und dem Fähigkeitsprofil ist nur selten gegeben; deshalb geht es bei der Stellenbesetzung normalerweise darum, eine annähernde Deckungsgleichheit zu erreichen.

Aufgrund der vielfältigen Zusammenhänge zwischen Stellenbildung und Stellenbesetzung können diese in der Praxis nicht immer streng in ihrer logischen Reihenfolge abgewickelt werden. Insbesondere bei höher qualifizierten Stellen findet vielmehr ein iterativer Prozeß statt, der viele Merkmale einer personenorientierten Stellenbildung aufweist.

3. Arbeitsgruppen

Gruppenarbeit als neue Form der Arbeitsorganisation wird in den letzten Jahren verstärkt diskutiert und praktiziert; sie ist durch eine starke Verringerung der Arbeitsteilung und durch eine erhöhtes Ausmaß an Koordination durch Selbstabstimmung gekennzeichnet.

3.1 Merkmale von Arbeitsgruppen

3.1.1 Begriff und Merkmale einer Gruppe

Über **Gruppen** ist schon viel geforscht und geschrieben worden (z.B. *Smith* 1973; *Müller/Thomas* 1974; *Sader* 1976). Eine Gruppe läßt sich dabei relativ eng, aber auch sehr weit definieren; für Gruppen in Unternehmen trifft aber eher eine engere Definition zu (vgl. *v. Rosenstil* 1978, S. 240; *v. Rosenstil* 1980, S. 143; *Wiswede* 1992, Sp. 736).

> *Eine Gruppe ist eine begrenzte Anzahl von Menschen, die über einen längeren Zeitraum in relativ häufiger, direkter Interaktion zueinander stehen, durch Rollendifferenzierung und gemeinsame Normen gekennzeichnet sind und die ein Wirgefühl verbindet.*

(1) Personenanzahl

Unter einer Gruppe wird eine nach oben und unten begrenzte Anzahl von Personen verstanden. Die Untergrenze ist bei drei Personen zu sehen, da erst ab dieser Größe spezifische **gruppendynamische Erscheinungen** wie beispielsweise Koalitionsbildungen oder Mehrheitsentscheidungen auftreten können. Die Obergrenze ergibt sich aus der Notwendigkeit der direkten Interaktion: Jeder kann mit jedem in Kontakt treten. Bei mehr als sieben Personen werden zusätzliche organisatorische Maßnahmen zur Führung und Kommunikation innerhalb der Gruppe erforderlich. Empirische Untersuchungen zeigen, daß bei der Bewältigung komplexer Aufgaben bereits ab fünf Gruppenmitgliedern der Produktivitätsgewinn infolge zusätzlicher Personen durch erhöhte Reibungsverluste und Spannungen überkompensiert wird (vgl. *Brandstätter* 1989, S. 505 ff.).

(2) Direkte Interaktion

Unter Interaktion werden die wechselseitigen Beziehungen und Wirkungen zwischen den einzelnen Gruppenmitgliedern (intragruppale Interaktion) und zwischen verschiedenen Gruppen (intergruppale Interaktion) verstanden. Der Kontakt in einer Gruppe erfolgt dabei in erster Linie durch sprachliche **Kommunikation**; jedes Gruppenmitglied muß die Möglichkeit haben, mit jedem anderen Mitglied unmittelbar in Kontakt zu treten und nicht über den Umweg einer zentralen Kontaktperson wie beispielsweise über einen gemeinsamen Vorgesetzten. Die Kommunikationsintensität ist weitgehend abhängig von der Anzahl der Gruppenmitglieder: Je größer die Gruppe ist, desto geringer ist die Wahrscheinlichkeit, daß alle Gruppenmitglieder untereinander intensive Kommunikationsbeziehungen aufbauen können.

(3) Gemeinsame Normen

Gruppennormen beinhalten die **Spielregeln** der Gruppenaktivität; man versteht unter der Gruppennorm "eine von allen Gruppenmitgliedern geteilte Erwartung, wie Mitglieder der Gruppe in bestimmten Situationen denken und handeln sollen" (*v. Rosenstil* 1980, S. 797). Bezüglich ihres Leistungsverhaltens richten sich die Gruppenmitglieder an einer **Normleistung** aus. Demnach überschreiten Gruppenmitglieder selten eine bestimmte Normleistung, auch wenn dies möglich ist. Die Ausrichtung an diesen Normen ist um so größer, je stärker die Gruppenkohäsion ausgeprägt ist (vgl. *Wiswede* 1992, Sp. 749 f.); hierbei wird vielfach angenommen, daß die Gruppenleistung mit zunehmender Gruppenkohäsion steigt.

(4) Rollendifferenzierung

Im Verlauf der Interaktionsbeziehungen bildet sich zwischen den einzelnen Gruppenmitgliedern ein bestimmtes Rollenverhalten heraus. Unter einer Rolle wird in der Organisationspsychologie die **Verhaltenserwartung** verstanden, die einem Gruppenmitglied von den übrigen Mitgliedern der Gruppe entgegengebracht wird. Dabei übernimmt nach kurzer Zeit ein Mitglied die Rolle des Führenden. Bei größeren Gruppen bilden sich gelegentlich zwei Typen von Führern: Der Tüchtigkeitsführer, der durch seinen persönlichen Einsatz die Erhaltung und Steigerung der Gruppeneffizienz verfolgt, und der Beliebtheitsführer, welcher durch seinen persönlichen Einsatz die Pflege und Verbesserung des Gruppenklimas anstrebt. Andere mögliche Rollen sind die des Experten, des Mitläufers oder des Sündenbocks. Derartige Rollenzuweisungen in Gruppen können zu einer vernünftigen Arbeitsteilung führen; sie können aber auch die Kreativität der einzelnen Gruppenmitglieder behindern oder eine große Unzufriedenheit begründen.

(5) Wirgefühl

Die hohe Interaktionsdichte innerhalb der Gruppe und die überschaubare Personenanzahl führen im Allgemeinen dazu, daß sich die Mitglieder mit ihrer Gruppe identifizieren, ihre Rollen akzeptieren und die Spielregeln und Normen der Gruppe weitgehend anerkennen. Es entwickelt sich ein sogenanntes Wirgefühl. Das Wirgefühl entsteht erst aus dem längeren Zusammensein einer überschaubaren Zahl von Menschen; es führt dazu, daß sich die Gruppenmitglieder selbst als Gruppe wahrnehmen und auch so bezeichnen. In diesem Zusammenhang wird auch von **Kohäsion** oder **Gruppenzusammenhalt** gesprochen. Die Gruppenkohäsion hängt stark von der Interaktionshäufigkeit und der Gruppengröße ab: Je kleiner die Gruppe ist, desto größer ist die Interaktionshäufigkeit und damit auch der Gruppenzusammenhalt. Bei wachsender Gruppengröße läßt sich jedoch in aller Regel die Bildung von Untereinheiten beobachten. Diese Cliquen verfügen zwar selber über eine hohe Kohäsion, lassen aber den Zusammenhalt der eigentlichen Gruppe zurückgehen.

(6) Beständigkeit

Eine Gruppe muß über einen **längeren Zeitraum** bestehen, damit - insbesondere bei einer größeren Anzahl an Mitgliedern - eine direkte Kommunikation ermöglicht wird, sich zwischenmenschliche Sympathien aufbauen können und sich eine Gruppenkultur entwickeln kann. Die Entwicklung von Kommunikationsbeziehungen, der gemeinsamen Ziele, der Rollendifferenzierung und der Gruppennormen muß als stetiger Prozeß verstanden werden. Die Strukturen innerhalb der Gruppe und die Beziehungen ihrer Mitglieder zu ihrer Umwelt benötigen Zeit, um sich zu entwickeln und zu verfestigen. Gruppen werden daher als relativ langfristig bestehende Erscheinungen im Betrieb betrachtet.

3.1.2 Effizienz von Gruppenarbeit

Gruppen können tendenziell bessere Ergebnisse erbringen als Einzelpersonen; hierfür werden vor allem folgende Gründe genannt (vgl. u.a. *Hill/Fehlbaum/Ulrich* 1981, S. 86; *Kummer/Spühler/Wyssen* 1985, S. 12.3; *Seidel* 1992, Sp. 716):

- In der Gruppe können die einzelnen Mitglieder ihr Wissen, ihre Erfahrungen und Einstellungen einbringen; die Kenntnisse der Gruppenmitglieder addieren sich, so daß sich ein **synergetischer Effekt** ergibt.
- Das **Risiko von Fehlentscheidungen** wird vermindert, da durch die gegenseitige Interaktion Irrtümer einzelner Mitglieder eher erkannt und korrigiert werden können.
- Durch die Gruppenbildung wird die isolierte Arbeitssituation von Einzelpersonen aufgehoben. Zusätzlich können die Gruppenmitglieder durch die Interaktion bestätigt und bestärkt werden. Von diesen Faktoren geht eine erhebliche Auswirkung auf die **Motivation** aus.
- Die face to face-Situation zwischen den Gruppenmitgliedern ermöglicht die direkte Nutzung von Informationen und Expertenwissen. Geäußerte Gedankengänge vermitteln neue Denkanstöße und fördern somit die **Kreativität**.
- Innerhalb der Gruppe wird normalerweise jedes Gruppenmitglied nach Anerkennung streben; somit werden die Mitglieder um **qualitativ gute Beiträge** bemüht sein. Daneben wird die Gruppe sich bemühen, gegenüber anderen Gruppen in der Organisation möglichst gut zu bestehen.
- Gruppenarbeit ermöglicht eine verstärkte Miteinbeziehung in Entscheidungen. Ist ein Gruppenmitglied an einer Entscheidung beteiligt, so kann durch die Interaktion in den Gruppen eine höhere Identifikation der Mitarbeiter mit Entscheidungen und somit eine bessere **Akzeptanz** erreicht werden.
- Gruppenarbeit zwingt zur Toleranz, zur Einordnung und Anerkennung anderer Meinungen. Hierdurch profitiert das **Arbeitsklima** in der Organisation.

Die Leistung von Gruppen kann aber auch durch eine Reihe von dysfunktionalen Faktoren behindert werden (vgl. *v. Rosenstil* 1988, S. 54 f.; *Seidel* 1992, Sp. 716 f.):

- Anstelle der aufgetragenen Ziele werden **persönliche** Ziele verfolgt. Gruppen können dabei zur persönlichen Selbstdarstellung statt zur sachlichen Arbeit genutzt werden.
- Emotionale **Spannungen** werden auf der Sachebene ausgetragen oder sachliche Gegensätze auf der emotionalen Ebene.
- Die Willensbildung sollte möglichst durch Übereinstimmung (Konsens) zustande kommen. Dies ist oft schwer, sehr zeitaufwendig und manchmal nicht erreichbar.

Wo keine eindeutigen Entscheidungen möglich sind, lebt die Gruppe häufig vom **Kompromiß** oder einigt sich auf den kleinsten gemeinsamen Nenner.

- Die Gruppe hält keine spezifischen **Vorgehensregeln** ein wie beispielsweise eine klare Problem- und Zieldefinition oder eine Trennung der Lösungssuche von der Lösungsbewertung.
- Die **Kommunikation** in der Gruppe ist beeinträchtigt, da die Gruppenmitglieder "unterschiedliche Sprachen" sprechen.
- Die Gruppenleistung kann durch **Gruppen- und Autoritätsdruck** (man paßt sich der Mehrheit oder hierarchisch höherstehenden Gruppenmitgliedern an) oder durch Kompetenzzuschreibungen behindert werden.

Infolgedessen muß festgestellt werden, daß Gruppenleistungen nicht immer effizienter als Individualleistungen sind:

- Bei zerlegbaren Aufgaben ist ein **Leistungsvorteil** der Gruppe gegenüber dem besten Individuum dann am wahrscheinlichsten, wenn sich die Fähigkeiten der Gruppenmitglieder einander ergänzen. Die Gruppenmitglieder müssen dabei in der Lage sein, den jeweiligen Experten in ihrer Gruppe zu erkennen und seinen Vorschlägen zu folgen.
- Ein **Leistungsnachteil** der Gruppe ist dann zu erwarten, wenn die Aufgabenstruktur für Gruppenprozesse ungeeignet ist oder wenn die aufgeführten dysfunktionalen Faktoren die Gruppensituation so stark prägen, daß die individuelle Leistungsfähigkeit der Mitglieder gesenkt oder der Problemlösungsprozeß behindert wird.

3.1.3 Prozeß der Gruppenentwicklung

Wenn mehrere Menschen innerhalb einer Organisation mit der gemeinsamen Bewältigung einer konkreten Aufgabe beauftragt werden, so bilden sie zunächst noch keine Gruppe in dem oben beschriebenen Sinne. Zunächst werden im Zuge der Gruppenbildung verschiedene Phasen durchlaufen, die nach *Tuckman* (1965) als Forming, Storming, Norming und Performing bezeichnet werden (*Abb. 3-14*). Zunächst sind die Gruppenmitglieder unsicher und versuchen, sich näher kennenzulernen und sich zu orientieren. Dann versucht jeder, seinen Status und seine Machtansprüche geltend zu machen und einen Platz innerhalb der "Hackordnung" der Gruppe zu finden. Danach entwickeln sich innerhalb der Gruppe bestimmte Spielregeln, durch deren Einhaltung die Zusammenarbeit der Gruppe geordnet und erleichtert wird. Erst dann kann die volle Energie der Gruppenmitglieder zur Abwicklung der eigentlichen Gruppenaufgabe eingesetzt werden.

<table>
<tr><th colspan="2">1. Forming (Formierungsphase)</th></tr>
<tr><td>Gruppenstruktur:
• Unsicherheit und Angst
• Abhängigkeit von einem Führer (man sucht Schutz bei einem hervortretendem Gruppenmitglied)
• Ausprobieren, welches Verhalten in der Situation akzeptabel ist
• gegenseitiges Abtasten</td><td>Aufgabenverhalten:
• Mitglieder definieren die Aufgaben, die Regeln, die geeigneten Methoden</td></tr>
<tr><th colspan="2">2. Storming (Konfliktphase)</th></tr>
<tr><td>Gruppenstruktur:
• Konflikte zwischen Untergruppen
• Aufstand gegen den Führer
• Polarisierung der Meinungen
• Ablehnung einer Kontrolle durch die Gruppe</td><td>Aufgabenverhalten:
• emotionale Ablehnung der Aufgabenanforderungen</td></tr>
<tr><th colspan="2">3. Norming (Normierungsphase)</th></tr>
<tr><td>Gruppenstruktur:
• Entwicklung von Gruppenkohäsionen, Gruppennormen und gegenseitiger Unterstützung
• Widerstand und Konflikte werden abgebaut oder bereinigt</td><td>Aufgabenverhalten:
• offener Austausch von Meinungen und Gefühlen
• Kooperation entsteht</td></tr>
<tr><th colspan="2">4. Performing (Arbeitsphase)</th></tr>
<tr><td>Gruppenstruktur:
• interpersonelle Probleme sind gelöst
• Gruppenstruktur ist funktional zur Aufgabenerfüllung
• Rollenverhalten ist flexibel und funktional</td><td>Aufgabenverhalten:
• Problemlösungen tauchen auf
• konstruktive Aufgabenbearbeitung
• Energie wird ganz der Aufgabe gewidmet (Hauptarbeitsphase)</td></tr>
</table>

Abb. 3-14: Phasen der Gruppenentwicklung
Quelle: nach Tuckman 1965, S. 396

3.1.4 Arten von Arbeitsgruppen

Der Begriffswirrwar im Kontext "Arbeitsgruppe" ist mittlerweile kaum noch zu durchschauen. Begriffe wie Gremium, Komitee, Ausschuß, Kommission, Sitzung, Besprechung, Kollegium, Konferenz, Task Force, Team, Projektgruppe usw. werden dabei in Theorie und Praxis nur teilweise einheitlich verwendet (vgl. z.B. *Kosiol* 1962, S. 157 ff.; *Bleicher* 1991, S. 125 ff.; *Bühner* 1992, S. 98 ff.).

Eine Arbeitsgruppe ist eine formale Organisationseinheit, bei der mehrere Personen in Form der Gruppenarbeit eine gemeinsame Aufgabe bearbeiten.

Gruppenarbeit wird zwar von Gruppen geleistet; aber nicht jede Gruppe leistet Gruppenarbeit:

- Bei der **Arbeit in Gruppen** werden Menschen zusammengefaßt, um gemeinsam eine Aufgabe oder einen Aufgabenbereich zu erfüllen. Die Rolle des einzelnen in der Gruppe und die Bedeutung der Gruppe für den einzelnen bleibt dabei offen; die aufgeführten Merkmale einer Gruppe sind nur teilweise gegeben. Die gemeinsame Aufgabe wird durch eine **Ansammlung von Einzelkämpfern** erledigt, die zudem in einem kontraproduktiven Konkurrenzverhältnis zueinander stehen können.

- Bei der **Gruppenarbeit** dagegen werden die Gruppenmitglieder zusammengeschlossen, um die gemeinsame Aufgabe auch durch **gemeinsame Anstrengungen** zu lösen. Hierbei werden die individuellen Fähigkeiten und die gegenseitige Einstellung der Gruppenmitglieder überlegt aufeinander abgestimmt mit dem Ziel, daß sich aus ihrem Zusammenwirken (Integration) eine in quantitativer und qualitativer Hinsicht größere Gesamtleistung ergibt als die Summe der isolierten Einzelleistungen.

Typisch für Gruppenarbeit sind mehr oder weniger regelmäßige Besprechungen, in denen die Gruppe Überlegungen anstellt, wie sie ihre gemeinsame Aufgabe angehen soll. Von der Arbeitsgruppe begrifflich abzugrenzen ist die Stellenmehrheit der Abteilung, die unter hierarchischen Gesichtspunkten gebildet wird und in der mehrere Stellen unter einer gemeinsamen Leitungsstelle zusammengefaßt werden. Die Arbeitsorganisation innerhalb einer Abteilung läßt sich - vor allem hinsichtlich der Routineaufgaben - gewöhnlich als Arbeit in Gruppen charakterisieren.

Vorhandene Stellen können sowohl im Planungs- als auch im Durchführungsbereich zu Arbeitsgruppen zusammengefaßt werden. Die Mitglieder haben gemeinsam und gleichberechtigt eine der Gruppe übertragene Aufgabe zu erfüllen. Arbeitsgruppen werden sehr oft gebildet, wenn bestimmte Aufgaben durch die dauerhaften Organisationseinheiten der **Primärorganisation** nicht effizient erfüllt werden können. Die zu diesem Zweck in der Praxis gebildeten hierarchieübergreifenden und hierarchieergänzenden Arbeitsgruppen werden unter dem Begriff der **Sekundärorganisation** zusammengefaßt. Von einer Arbeitsgruppe wird auch gesprochen, wenn mehrere Arbeitspersonen innerhalb der Primärorganisation gemeinsam in Form von **Gruppenarbeit** für die Durchführung einer dauerhaften Aufgabe verantwortlich sind.

Zur systematischen Unterscheidung unterschiedlicher **Formen** von Arbeitsgruppen können verschiedene Merkmale herangezogen werden (*Abb. 3-15*):

- Bezüglich des Aufgabeninhalts können Arbeitsgruppen entweder mit unbefristeten **Daueraufgaben** oder mit befristeten **Sonderaufgaben** betraut sein.

- Sie können entweder **diskontinuierlich** (etwa wöchentlich oder monatlich) oder **kontinuierlich** ohne größere Unterbrechungen ihre Gruppenaufgaben wahrnehmen.

- Die Mitarbeit in den Gruppen erfolgt entweder **teilzeitlich** im Nebenamt oder **vollzeitlich** im Hauptamt.

	Schwerpunkt	Zeitaspekt	Art der Mitarbeit	Zuordnung
1. Ausschuß	Koordination / Problemlösung	befristet und dauerhaft / diskontinuierlich	teilzeitlich	Sekundär-organisation
2. Problemlöse-gruppe	Problemlösung im Durchführungsbereich	befristet und dauerhaft / diskontinuierlich	teilzeitlich	Sekundär-organisation
3. Projektgruppe	Lösung komplexer, neuartiger Probleme	befristet / kontinuierlich	teil- und vollzeitlich	Sekundär-organisation
4. Integrierte Arbeitsgruppe	Durchführungs-aufgaben und Problemlösung	dauerhaft / kontinuierlich	vollzeitlich	Primär-organisation
5. Leitungs-gruppe	Unternehmens-leitung	dauerhaft / kontinuierlich	teil- und vollzeitlich	Primär-organisation

Abb. 3-15: Arten von Arbeitsgruppen

Eine institutionalisierte Arbeitsgruppe, in denen mehrere Personen auf begrenzte Zeit den größten Teil ihrer Arbeitskraft zur Bearbeitung einer Gruppenaufgabe einbringen, wird häufig auch als **Team** bezeichnet (vgl. *Trebesch* 1980, Sp. 2217).

3.1.5 Formale und informale Gruppen

Innerhalb einer formalen oder auch institutionalisierten Gruppe, die hier als Arbeitsgruppe bezeichnet wird, oder auch zwischen mehreren formalen Gruppen können sich sogenannte informale, das sind nicht offiziell (formal) vorgesehene Gruppen bilden. Das Verhalten der Menschen orientiert sich bei den informalen Gruppen an den persönlichen Wünschen und Erwartungen. Wenn die Befriedigung ihrer sozio-emotionalen Bedürfnisse nicht durch die formale Gruppe erfolgen kann, versuchen sie es über informale Gruppen. Die Beziehungen in den informalen Gruppen entstehen spontan und basieren auf persönliche Sympathien und Gemeinsamkeiten. Innerhalb der informalen Gruppe existiert oft eine hohe Gruppenkohärenz, die sich durchaus positiv auf das Leistungsverhalten der Gruppenmitglieder auswirken kann.

Die betriebswirtschaftliche Organisationslehre und die Sozialwissenschaften betrachten Gruppen in Unternehmen jeweils aus einer unterschiedlichen Blickrichtung. Aus Sicht der Sozialwissenschaften sind die informalen Gruppen die soziale Realität, die formalen Gruppen sind dagegen organisatorischer Plan, feststellbar durch das Studium von Dokumenten (beispielsweise von Organisationsplänen oder Sitzungsprotokollen) und durch Befragung. In der Organisationslehre wird der Plan als die formale, die davon abweichende Beziehung als die informale Struktur bezeichnet. Die bewußt geplanten Gruppen können im sozialpsychologischen Sinne jedoch nicht als Gruppen bezeichnet werden (vgl. *v. Rosenstil* 1988, S. 40 f.). Wenn hier dennoch von formalen Arbeitsgruppen gesprochen wird, so in dem Sinne, daß eine formale Gruppe die Merkmale der informalen Gruppe aufweisen soll oder zumindest anstrebt, diese Merkmale zu entwickeln.

3.2 Ausschuß als Arbeitsgruppe

Ein Ausschuß stellt einen formalen Bestandteil der Sekundärorganisation dar, der auf der Grundlage der Primärorganisation zur Erfüllung einer gemeinsamen Ausschußaufgabe gebildet wird; seine Mitglieder werden aus verschiedenen ständigen Organisationseinheiten der Primärorganisation rekrutiert. Die **Arbeitsform** eines Ausschusses ist die **Konferenz** (Sitzung, Besprechung, Tagung). Sie stellt eine Veranstaltung mehrerer Personen dar, die ihre individuellen Erfahrungen, Ideen und Meinungen zu einem gemeinsamen Problem mündlich in Form von Diskussionen austauschen. Bei der Ausschußarbeit steht nicht die Arbeitsteilung, sondern der Gesichtspunkt der Gemeinsamkeit im Vordergrund. Die Arbeitsbeziehung ist "durch die arbeitsmäßige Gemeinsamkeit einer nicht mehr unterteilbaren Aufgabe gekennzeichnet" (*Kosiol* 1980, Sp. 1014). Die Arbeit im Ausschuß erfolgt als "Nebentätigkeit", da sich der hauptamtliche Arbeitsbereich der Mitglieder in einer anderen Organisationseinheit des Unternehmens befindet. Eine derartige Mitgliedschaft in mehreren Subsystemen wird auch als Multisystempositionierung bezeichnet (*Bleicher* 1991, S. 125).

Der von einigen Autoren (z.B. *Frese* 1979, S. 227 ff.; *Schmidt* 1985, S. 106 ff.) vorgenommenen Trennung in befristete Kollegien und unbefristete Ausschüsse wird hier nicht gefolgt, da bis auf dieses zeitliche Merkmal ansonsten keine Unterschiede vorliegen und eine Differenzierung nicht weiter hilfreich ist (vgl. hierzu *Redel* 1982, S. 18). Weiterhin wird hier auch nicht der von *Kosiol* (1962, S. 157) in Abgrenzung von der Ausschußware eingeführte Begriff des Kollegiums verwendet, da dieser in der betrieblichen Praxis nicht sehr gebräuchlich ist und auch im umgangssprachlichen Gebrauch zum Beispiel als Lehrerkollegium mit einem anderen Bedeutungsinhalt belegt ist.

Die Ausschußarbeit ist weiterhin durch folgende **Merkmale** gekennzeichnet (siehe auch *Kosiol* 1962, S. 157 ff.; *Redel* 1982, S. 16 ff.; *Schmidt* 1985, S. 106 ff.):

- Die Ausschußmitglieder treffen **diskontinuierlich** nur zu bestimmten Terminen zusammen; sie sind nur für die Zeit ihrer Mitarbeit in dem Ausschuß von ihren hauptamtlichen Tätigkeiten im Unternehmen befreit. Durch die diskontinuierliche Zusammenarbeit unterscheiden sich Ausschüsse wesentlich von Abteilungen oder Leitungsgruppen, die durch eine hauptamtliche Zusammenarbeit gekennzeichnet sind.

- Die Gruppenarbeit eines Ausschusses kann sowohl zeitlich befristet als auch unbefristet sein. Handelt es sich um Daueraufgaben, so wird ein **unbefristeter** Ausschuß eingerichtet, der in regelmäßigen Abständen tagt. **Befristete** Ausschüsse werden ad hoc vornehmlich zur Ausführung von subsystemübergreifenden und neuartigen Sonderaufgaben gebildet.

- Innerhalb eines Ausschusses besteht keine formale hierarchische Struktur. Vielmehr steht der Gedanke einer **gleichberechtigten** Zusammenarbeit im Vordergrund. Dies schließt jedoch nicht aus, daß ein gegenüber den anderen Gruppenmitgliedern nicht weisungsberechtigter Moderator eingesetzt wird, der neben der internen Koordination des Ausschusses auch die Vertretung nach außen übernehmen kann.

Die Mitglieder eines Ausschusses können sowohl aus einer Abteilung stammen und damit hierarchisch unmittelbar über einen gemeinsamen Vorgesetzten verbunden sein als auch aus unterschiedlichen Abteilungen rekrutiert werden. Der Fall, daß innerhalb einer Leitungsstelle mehrere Personen als Pluralinstanz zusammenarbeiten, wird hier durch die Gruppenart der Leitungsgruppe besonders berücksichtigt.

Ausschüsse werden nach *Kosiol* (1962, S. 161 ff.) zum **Zweck** des Informationsaustausches, der Beratung, der Entscheidung oder der Ausführung eingerichtet:

- Ein **Informationsausschuß** hat unterrichtenden Charakter. Jedes Mitglied bringt sein Wissen in die Konferenz ein und verläßt die Sitzung mit einem um die Information der anderen Mitglieder erhöhten Informationsstand. Dabei können die einzelnen Mitglieder auch einen konkreten Informationsbedarf äußern.
- In einen **Beratungsausschuß** werden entscheidungsreife Vorlagen erarbeitet; gegenüber dem Informationsausschuß findet zusätzlich eine Informationsverarbeitung und Meinungsbildung statt. Die Entscheidungsvorlage ist jedoch weder für die einzelnen Mitglieder des Ausschusses noch für andere Organisationseinheiten verbindlich.
- Ein **Entscheidungsausschuß** diskutiert Lösungsalternativen und trifft vollzugsverbindliche Entscheidungen, die für alle Ausschußmitglieder und für die organisatorischen Einheiten der jeweils nachgeordneten Ebene verbindlich sind. Die Entscheidung ist das Ergebnis eines Prozesses, an dem theoretisch alle Ausschußmitglieder gleichberechtigt teilnehmen. Bei Mitgliedern aus unterschiedlichen hierarchischen Ebenen können jedoch aufgrund dieser Gleichberechtigung Probleme bei der Zusammenarbeit auftreten.
- Ein **Ausführungsausschuß** leitet die Durchführung der beschlossenen Maßnahmen ein und überwacht die Ausführung. Er wird insbesondere dann eingerichtet, wenn Sonderaufgaben mehrere Subsysteme des Unternehmens betreffen und eine Entscheidung nicht von einer einzelnen Organisationseinheit der Primärorganisation umgesetzt werden kann.

Wenn in einem Unternehmen mehrere Ausschüsse unmittelbar an derselben Aufgabe arbeiten, dann können diese entsprechend *Abb. 3-16* entweder in einer bestimmten zeitlichen Beziehung zueinander stehen oder miteinander verschachtelt sein (*Kosiol* 1962, S. 165 ff.). Eine **Verschachtelung** von Ausschüssen liegt vor, wenn in Abhängigkeit von der Aufgabenstellung oder mit fortschreitendem Problemlösungsprozeß eine schrittweise Einengung des mitwirkenden Personenkreises vorgenommen wird.

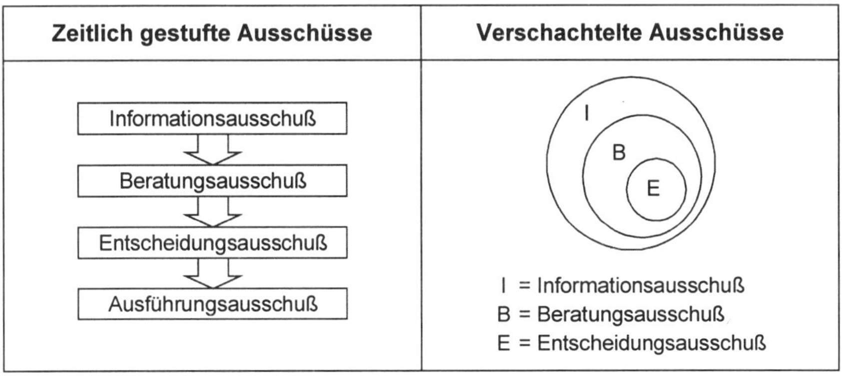

Abb. 3-17: Zeitlich gestufte und verschachtelte Ausschüsse

3.3 Problemlösegruppen

Die Vorteile der Gruppenarbeit lassen sich auch nutzen, wenn in den operativen Bereichen einer Organisation außergewöhnliche Probleme zu lösen sind. Eine zu diesem Zweck eingerichtete Arbeitsgruppe kann sowohl als zeitlich befristete als auch als dauerhafte Organisationseinheiten ausgelegt werden.

3.3.1 Konzept der Problemlösegruppe

Das Konzept der Problemlösegruppe geht von einem Menschenbild aus, das den Menschen gleichzeitig unter drei verschiedenen Aspekten berücksichtigt (*Hill/Fehlbaum/Ulrich* 1981, S. 56 f.):

- Als "**Werkzeuge**" erbringen Menschen Leistungen als Beiträge zur Erreichung der Unternehmensziele, indem sie die von der Unternehmensleitung gegebenen Anweisungen ausführen.
- Als **Bedürfnisträger** werden Menschen von ihren individuellen Bedürfnissen geprägt. Die aus diesen Bedürfnissen abgeleiteten Verhaltensziele sind nicht immer identisch mit den Zielen des Unternehmens.
- Als **Problemlöser** streben Menschen durch mehr oder weniger rationale Denkprozesse die Lösung von Problemen an.

Bei der Gestaltung von Organisationssystemen wird immer von bestimmten Annahmen über das Verhalten seiner Systemmitglieder ausgegangen; die Summe dieser Annahmen ergibt das jeweilige Menschenbild des Organisators. In der klassischen Organisationslehre wird die Mehrzahl der Menschen nur als Werkzeug (Aufgabenträger) und als Bedürfnisträger gesehen. Nur eine kleine Zahl von Menschen (Entscheidungsträger) wird auch als Problemlöser eingesetzt. In letzter Zeit wird verstärkt auch die Kreativität, das Wissen und die Informationen aller Mitarbeiter zur Lösung von Problemen genutzt. Die Erschließung dieses Potentials erfordert Mitarbeiter, die selbständig und eigenverantwortlich für gemeinsame Ziele arbeiten. Die Steigerung der Anforderungen an den Menschen muß mit einer verstärkten Berücksichtigung seiner Bedürfnisse einhergehen. In dieser verstärkten Berücksichtigung des Menschen und seiner Bedürfnisse wird zunehmend eine große Chance zur Sicherung der Wettbewerbsfähigkeit gesehen.

Der Begriff der Problemlösegruppe erfüllt eine Art Klammerfunktion, um die nahezu unüberschaubare Anzahl von Bezeichnungen für Konzepte, die sich mit der Kleingruppenarbeit in der betrieblichen Umwelt beschäftigen, unter einem gemeinsamen Oberbegriff zusammenzufassen. Da trotz unterschiedlicher Namensgebung (wie beispielsweise Werkstattkreis, Vorschlagsgruppen, Lernstatt, Gesprächsgruppe, Werkstattzirkel, Qualitätskreis, Qualitätszirkel, Produktivitätskomitees) die Konzepte im Kern ähnlich sind und sich weitgehend gleicher Elemente und Techniken bedienen, soll im folgenden die Beschreibung der Grundinhalte exemplarisch anhand zweier Konzepte vorgenommen werden:

- Das Konzept des **Qualitätszirkels** hat sich international durchgesetzt und liefert die gedankliche Grundlage für die meisten Kleingruppenkonzepte.
- Beim Konzept der **Lernstatt** handelt es sich um eine eigenständige Entwicklung deutscher Unternehmen.

Qualitätszirkel und Lernstatt finden in erster Linie auf der Durchführungsebene ihre Anwendung, während im Managementbereich eher das **Task Force**-Konzept für die

Lösung von Problemen geeignet ist. Aufgrund seiner großen Ähnlichkeit mit der Projektgruppe soll die Task Force jedoch im Zusammenhang mit dieser Arbeitsgruppe behandelt werden.

3.3.2 Qualitätszirkel als Problemlösegruppe

Mit Qualitätszirkeln (quality circle) wird in erster Linie das Ziel verfolgt, die Leistungsfähigkeit eines Unternehmens durch eine aktive Einbeziehung seiner Mitarbeiter zu steigern. Es sollen hauptsächlich Qualitäts- und Prozeßverbesserungen erreicht werden; darüber hinaus sollen aber auch die sozialen und persönlichen Fähigkeiten der Mitarbeiter entwickelt und die Arbeitszufriedenheit gesteigert werden (vgl. *Domsch* 1985, S. 429 ff.). Der zentrale Gedanke des Qualitätszirkel besteht darin, daß Schwachstellen am ehesten dort erkannt werden, wo sie entstehen, und dann zweckmäßigerweise auch von den betroffenen Personen selbst behoben werden, soweit die Komplexität des Problems dies zuläßt. Dieser Ansatz stützt sich auf zwei Erkenntnisse:

- Die Sachkenntnis und Erfahrung der Mitarbeiter vor Ort fördert oftmals sehr praxisorientierte Lösungsvorschläge.
- Die Mitarbeiter erhalten das Gefühl, daß ihre Meinung gefragt und ihr Wissen gefordert ist; die Akzeptanz von Änderungen ist weitaus höher, wenn die Betroffenen an der Erarbeitung und eventuell sogar an der Realisierung selbst mitgewirkt haben.

Unmittelbar nach Ende des zweiten Weltkriegs wurde in Japan nach Möglichkeiten gesucht, die unterdurchschnittliche Qualität der japanischen Produkte zu verbessern. So wurden aus den USA die Verfahren der statistischen Qualitätskontrolle übernommen. Mitte der 50er Jahre wies *Juran* auf die Notwendigkeit hin, den Mitarbeiter verstärkt in die Qualitätsarbeit einzubinden. Die Qualitätsverantwortung sollte demnach nicht mehr alleine bei den namentlich zuständigen Abteilungen wie "Qualitätssicherung" oder "Qualitätskontrolle" liegen, sondern auf das gesamte Unternehmen ausgedehnt werden. Die ersten Qualitätszirkel wurden 1962 in Japan eingeführt. Die überaus gründliche Vorbereitung der Mitarbeiter und sicher auch das stark ausgeprägte Gruppenbewußtsein, welches der japanischen Gesellschaftsform eigen ist, haben nicht wenig zu dem äußerst großen Erfolg der Qualitätszirkel in diesem Land beigetragen. Die Verbreitung in Nordamerika und Europa erfolgte mit einer Verspätung von mehreren Jahren. Die Arbeit in Qualitätszirkeln wurde in den USA seit Mitte der 70er Jahre erprobt; in Deutschland dauerte es noch bis Anfang der 80er Jahre, bevor erste Unternehmen Versuche mit diesem Konzept unternahmen. Im Gegensatz zu der weitflächigen Verbreitung in Japan, die durch die intensive Vorbereitung der Mitarbeiter stark begünstigt wurde, fanden Qualitätszirkel in den USA und Europa nur in einzelnen Unternehmen genügend Aufmerksamkeit, um auch eingeführt zu werden (vgl. *Deppe* 1990, S. 30 ff.).

Obwohl es durchaus verschiedene Interpretationen von Qualitätszirkeln gibt, lassen sich einige wichtige gemeinsame **Merkmale** bestimmen (vgl. *Strombach* 1984, S. 8 f.; *Heeg* 1988, S. 159 ff.):

- Kern des Qualitätszirkel bildet eine **Kleingruppe** mit - je nach betrieblichen Erfordernissen - vier bis zehn Mitarbeitern. Die Gruppenmitglieder stammen in der Regel aus der gleichen hierarchischen Ebene - meist der Durchführungsebene - und verfügen über eine gemeinsame Erfahrungsgrundlage aus ihrem Arbeitsbereich.
- Die Mitarbeit in den Gruppen ist grundsätzlich **freiwillig**. Freiwilligkeit heißt in diesem Zusammenhang jedoch nicht, daß die Gruppenmitglieder fallweise über

die Teilnahme an den Gruppen entscheiden, sondern daß die Entscheidung für oder gegen die generelle Mitarbeit in solchen Gruppen von jeder Person selbst getroffen wird.

- Grundsätzlich werden Qualitätszirkel **auf Dauer** eingerichtet; sie lösen sich also nicht nach der erfolgreichen Bearbeitung eines Problems auf, sondern wenden sich danach anderen Fragestellungen aus ihrem Arbeitsbereich zu.
- Die so zusammengestellten Qualitätszirkel treffen sich **regelmäßig** (beispielsweise einmal wöchentlich für eine Stunde) zu Arbeitssitzungen, in denen Probleme und Schwachstellen des eigenen Arbeitsbereiches besprochen werden und nach adäquaten Lösungen gesucht wird. Hierbei stehen hauptsächlich Fragen der Produktqualität im Vordergrund; es werden aber auch Fragen der Arbeitssicherheit und Arbeitsplatzgestaltung behandelt. Die Gruppe entscheidet selber darüber, welche Probleme in welcher Reihenfolge bearbeitet werden sollen.
- Die Sitzungen finden **während der Arbeitszeit** oder, wenn die Zirkelmitglieder in Schichten eingebunden sind, gegen Überstundenvergütung nach oder vor der jeweiligen Schicht statt. Diese Regelung ist für die Akzeptanz des Qualitätszirkels bei seinen Mitgliedern von entscheidender Bedeutung. Während entsprechende japanische Konzepte das Engagement der Arbeitnehmer für ihr Unternehmen auch nach der regulären Arbeitszeit und ohne Bezahlung als selbstverständlich ansehen, fühlen sind die Menschen in unserem Kulturkreis weit weniger zu solchem Engagement verpflichtet.
- Die Mitglieder eines Qualitätszirkels können im Rahmen ihrer Kompetenzen die erarbeiteten Lösungen und Verbesserungsvorschläge **eigenverantwortlich** umsetzen. Geht der Vorschlag über den Kompetenz- und Verantwortungsbereich der Gruppe hinaus, muß die Lösung einem übergeordneten Entscheidungsträger präsentiert und durch diesen eine Entscheidung herbeigeführt werden (vgl. *Schubert* 1988, S. 831). Die erarbeiteten Lösungsvorschläge verschwinden somit nicht, wie es beim klassischen betrieblichen Vorschlagswesen der Fall ist, in einer Art Black Box, innerhalb der von Experten für oder gegen den Vorschlag entschieden wird.
- Die Arbeitssitzungen werden von einem **Moderator** begleitet, dessen Aufgabe vor allem darin besteht, den methodischen Rahmen für die Problemlösung zu schaffen. Die Position des Moderators wird in aller Regel vom direkten Vorgesetzten der Gruppenmitglieder eingenommen. Er muß für diese Aufgabe zuvor ausgebildet werden und sollte über ausreichend soziale Fähigkeiten verfügen.
- Die Zirkelarbeit wird von einen **Koordinator** betreut. Dieser hilft den Gruppen auch bei Schwierigkeiten innerhalb der Gruppe oder bei der Umsetzung der erarbeiteten Vorschläge.

Die Arbeitsweise von Qualitätszirkeln ist einem allgemeinen Problemlösungsprozeß sehr ähnlich. Zuerst muß ein Problem ausgewählt werden. Da meistens mehrere Probleme vorliegen, ist zunächst eine Auswahl zu treffen, indem beispielsweise anhand einer → *ABC-Analyse* eine Rangfolge erstellt wird. Ist das Hauptproblem erkannt, können mit Hilfe des → *Brainstorming* die Ursachen ermittelt werden. Eine Strukturierung im Sinne einer Trennung von Haupt- und Nebenursachen kann durch das → *Ursache-Wirkungs-Diagramm* unterstützt werden. Im nächsten Schritt werden Lösungen gesucht und beispielsweise mittels einer → *Nutzwertanalyse* bewertet. Falls nötig können hier auch Personen aus anderen Bereichen hinzugezogen werden. Ist die beste Lösung ausgewählt worden, wird das Ergebnis mit dem Ziel präsentiert, eine Entscheidung herbeizuführen. Nach der Genehmigung durch eine Steuergruppe wird die Lösung durch den Qualitätszirkel eingeführt und der Erfolg überwacht.

3.3.3 Lernstatt als Problemlösegruppe

Parallel zur Bildung der Qualitätszirkel in Japan fand in Deutschland eine Entwicklung statt, die unter dem Begriff der Lernstatt zu subsumieren ist (vgl. *Einsiedler/ Knura* 1984; *BWM AG* 1990). Die Lernstatt hat sich zu einem Gruppenarbeitsmodell entwickelt, in dem sich Mitarbeiter freiwillig mit aktuellen betrieblichen Problemen und ihrer Lösung befassen. Die Zusammensetzung der Lernstattgruppen weicht, was den Kreis der angesprochenen Mitarbeiter und die Freiwilligkeit der Mitarbeit betrifft, nicht von den Grundsätzen des Qualitätszirkel-Konzeptes ab. Es bestehen jedoch zwei wesentliche Unterschiede:

- Die Lernstattgruppen bestehen nur für einen Zeitraum von zwei bis vier Monaten und lösen sich dann wieder auf.
- Die Teilnehmerzahl liegt bei 8 bis maximal 14 Mitgliedern je Gruppe.

Anfang der 70er Jahre wurde das Lernstatt-Konzept in deutschen Unternehmen entwickelt; der Begriff "Lernstatt" setzt sich dabei aus "Lernen" und "Werkstatt" zusammen. Zur damaligen Zeit war der Anteil ausländischer Mitarbeiter im gewerblichen Bereich vieler Großunternehmen extrem hoch, zum Teil machte der Ausländeranteil in bestimmten Produktionsbereichen bis zu 90 Prozent aus. Die Verständigungsprobleme zwischen deutschen und ausländischen Mitarbeitern, aber auch zwischen ausländischen Mitarbeitern unterschiedlicher Herkunft erschwerten den Integrationsprozeß erheblich. Extreme Fluktuation, hohe Fehlzeiten und Qualitätsprobleme waren die Folge (vgl. *Deppe* 1990, S. 82 ff.). Die Einführung der Lernstatt erfolgte erstmalig bei *BMW* aus der Notwendigkeit heraus, ein Instrument für die Integration der zahlreichen ausländischen Mitarbeiter zu schaffen. Die Idee der Lernstatt basiert dabei auf dem Gedanken, daß die Integration von Mitarbeitern in ein Unternehmen stark von Interaktions- und Kommunikationsbeziehungen abhängt. Da die Sprachprobleme der ausländischen Mitarbeiter der notwendigen Kommunikation entgegenstanden, sollten zur Integration dieser Mitarbeiter vorrangig die notwendigen Sprachkenntnisse vermittelt werden. Weiterhin bestand das Ziel darin, die Identifikation der Mitarbeiter mit ihrem Unternehmen zu fördern und ihnen die Abläufe im Unternehmen transparent zu machen. Die enge Zielsetzung, nach der nur die Integration der ausländischen Mitarbeiter betrachtet wurde, wich nach und nach der Forderung, die Lernstatt auch für die deutschen Mitarbeiter zu öffnen, da "Kommunikationsprobleme nicht nur für ausländische Mitarbeiter gegeben waren, sondern ihren deutschen Kollegen auch die betriebliche Integration vielfach fehlte" (*BMW AG* 1990, S. 9).

In *Abbildung 3-18* sind die zentralen **Elemente** eines Lernstattsystems skizziert:

- Die Lernstattgruppen werden von je zwei **Moderatoren**, einem Moderator und einem Co-Moderator, gemeinsam betreut. Die Aufgabe der Moderatoren liegt darin, die Gruppenprozesse anzustoßen und zu steuern; die Festlegung der behandelten Fragestellung und die Problemlösungen selbst sind Aufgabe der Gruppe. Die Doppelbesetzung soll zum einen die klassische Schüler-Lehrer-Situation entschärfen, da die Gruppenmitglieder sich auf zwei Personen in der Runde fixieren müssen, zum anderen die Kontinuität der Gruppenarbeit auch bei Ausfall eines Moderators gewährleisten. Die Moderatoren können sowohl aus dem Kreis der Mitarbeiter als auch aus den Reihen der unmittelbaren Vorgesetzten stammen.
- Unter der Leitung einer übergeordneten **Koordinationsstelle** werden die Moderatoren zu einer **Moderatorenrunde** (auch Supervisionsgruppe) zusammengefaßt und regelmäßig zum Erfahrungsaustausch und zur gegenseitigen Beratung eingeladen. Dabei wird auch die Anwendung von Problemlösungs- und Kreativitätstechniken eingeübt.
- Stoßen die Lernstattgruppen oder auch die Moderatorenrunde bei der Problemlösung an die Grenzen ihrer Möglichkeiten, können sie für spezielle Fragenbereiche

Situationsberater hinzuziehen. Die Situationsberater sind in der Regel Fachleute aus dem eigenen Unternehmen (möglicherweise aus der Entwicklungs-, Personal- oder Organisationsabteilung); sie können aber auch von außen hinzugezogen werden.

- Die **Lernstattzentrale** stimmt als höchste Arbeitsebene des Lernstattsystems die Lernstattaktivitäten mit den Unternehmenszielen ab. Ihr kommt darüber hinaus die Verantwortung für die Planung, Organisation und Kontrolle aller Lernstattaktivitäten zu.

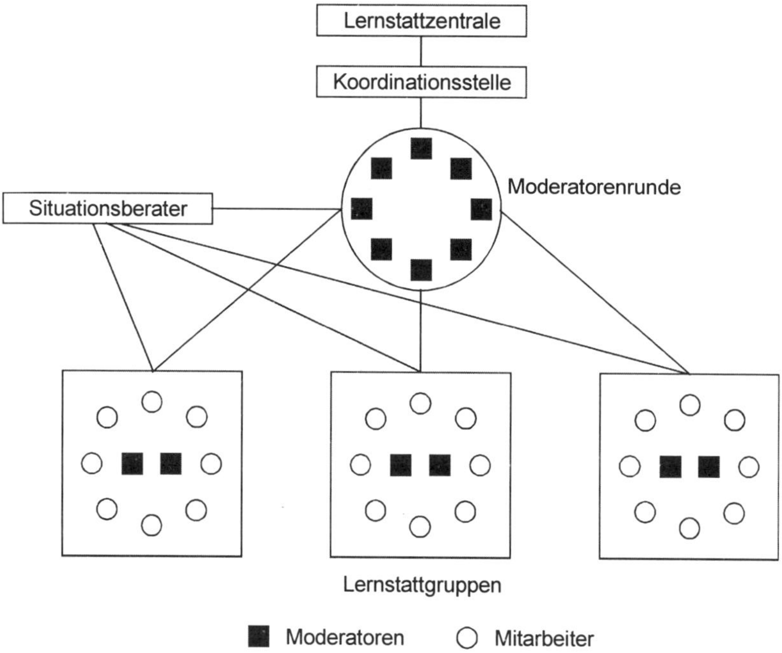

Abb. 3-18: Elemente eines Lernstattsystems

Mögliche **Lernziele** einer Lernstatt sind im breiten Feld der Personal- und Organisationsentwicklung zu finden. Die Auseinandersetzung mit betrieblichen Problemen fördert das Verständnis über die betrieblichen Zusammenhänge sowie eine bessere Kommunikation und Kooperation. Die Mitarbeiter identifizieren sich nachhaltiger mit der eigenen Arbeit und entwickeln verstärkt Eigeninitiative.

3.3.4 Vergleich Lernstatt und Qualitätszirkel

Abbildung 3-19 zeigt eine Gegenüberstellung von Lernstatt und Qualitätszirkel (vgl. *Einsiedler/Knura* 1984, S. 754; *Scholz* 1993, S. 353). Während die Lernstatt beim **Individuum** selbst ansetzt, steht beim Qualitätszirkel die Verbesserung sowohl der **Qualität** als auch der **Produktivität** im Vordergrund. Die Lernstatt ist primär ein Programm, das auf die Entwicklung von sozialen Fähigkeiten, insbesondere auf das Kommunikations-, Konflikt-, Gruppenverhalten seiner Mitglieder ausgerichtet ist. Ein Qualitätszirkel ist dagegen stärker auf konkret umsetzbare Ergebnisse abgestellt. Während die Qualitätszirkel dem japanischen Gruppendenken entsprechen, spiegelt das Konzept der Lernstatt eher abendländischen Individualismus wider. Nicht das Arbeiten in einer entwickelten Gruppe, sondern die Entwicklung der Persönlichkeit durch Lernprozesse und eine bessere Kooperation dieser Persönlichkeiten stehen bei der Lernstatt im Mittelpunkt. Die Verbesserung der Arbeitsergebnisse stellt bei beiden Konzepten nur ein Ziel unter mehreren dar.

	Qualitätszirkel	**Lernstatt**
Aufgabenstellung	• vorgegeben, zum Teil selbst gestellt	• frei gewählt
Durchführung	• stark strukturiert	• weniger stark strukturiert
Gruppen-zusammensetzung	• homogen mit gleichen Arbeitsaufgaben	• gleiche oder bewußt unterschiedliche Arbeitserfahrungen
Voraussetzungen	• hohes Engagement der Mitarbeiter bereits vorhanden • Problembewußtsein	• Neugier auf die Lernstatt und hieraus Engagement • Bereitschaft zum Arbeiten in Gruppen
Zeitbezug	• dauerhaft	• zeitlich begrenzt
Zielhierarchie	• Verbesserung der Arbeitsergebnisse • Verbesserung der Zusammenarbeit • Mitarbeiterqualifikation und -motivation • Lernaspekt	• Mitarbeiterqualifikation (Lernaspekt) und -motivation • Verbesserung der Zusammenarbeit • Verbesserung der Arbeitsergebnisse • Vermittlung der Unternehmenskultur

Abb. 3-19: Vergleich von Qualitätszirkel und Lernstatt

3.3.5 Problemlösegruppen im Büro- und Verwaltungsbereich

Problemlösegruppen und betriebliche Kleingruppenkonzepte werden in aller Regel dem gewerblichen Arbeitsbereich eines Unternehmens zugeordnet. So werden Qualitätszirkel vor allem im Produktionsbereich eingeführt; im Büro und Verwaltungsbereich sind sie nicht sehr verbreitet. Während *Weltz/Bollinger/Ortmann* (1989, S. 86 ff.) die Meinung vertreten, daß Qualitätsgruppen in Büro und Verwaltung keine großen Erfolgsaussichten haben und dies u.a. damit begründen, daß bisher durchweg schlechte Erfahrungen gemacht wurden, berichten andere Autoren von positiven Ergebnissen (vgl. u.a. *Peters* 1986, S. 90 ff; *Hoff* 1986, S. 81 ff.). Die ablehnende Haltung gegenüber Qualitätszirkeln im Bürobereich beruht auf der Annahme, daß hier Qualitätsdefizite vor allem durch fehlende und diffuse Zielvorgaben und durch zu komplexe Zuständigkeits- und Ablaufstrukturen entstehen; diese Mängel seien durch Qualitätszirkel nicht zu beseitigen.

Dorr und *Flocken* hingegen glauben, daß der Qualitätszirkel-Ansatz auch im Verwaltungs- und Dienstleistungsbereich durchführbar ist. Denkbare Ziele der Arbeit im Verwaltungsbereich wäre vor allem die Optimierung der Büroorganisation und von Verwaltungsabläufen. Das Aufgabenspektrum für Qualitätszirkel reicht von einer Verbesserung des Kundenkontaktes bis hin zur Organisationsentwicklung durch fortwährende Diagnose und Verbesserung der Aufbau- und Ablauforganisation sowie der Motivation und des Betriebsklimas (vgl. *Dorr/Flocken* 1992, S. 114).

Auch *BMW* (1990, S. 50) will seine Lernstatt nicht auf den Fertigungsbereich beschränkt sehen. Im Verwaltungs- und Entwicklungsbereich erwachsen neue Aufgabenstellungen und Themen, die

- aus den immer stärker verzweigten Aufgaben bei der Entwicklung eines neuen Produkts bis zur Serienreife anfallen,
- sich in den Konstruktionsbüros aus der Einführung von CAD/CIM ergeben,
- aus der ständigen Veränderung und Verbesserung der neuen Kommunikationstechnologien herrühren.

Die Arbeit von Problemlösegruppen im Büro- und Verwaltungsbereich wird allerdings dadurch erschwert, daß die Arbeitsprozesse normalerweise weniger eindeutig und präzise beschrieben werden können als dies im Fertigungsbereich der Fall ist.

Die Mitarbeiter einer der Japanischen Großbank mit 13.000 Mitarbeitern arbeiten seit 1977 in weit über 2.000 Qualitätszirkel an der Verbesserung der Büroarbeit. Dabei werden Themengebiete wie "Verringerung der Anzahl fehlerhafter Listen, Verbesserung des Postlaufs, Verbesserung des Gedächtnisses für Kundennamen, Senkung der Energiekosten, ..." (*Imai* 1992, S. 132) und einige mehr behandelt.

Bereits 1983 wurden im Verwaltungsbereich der *Siemens AG* Qualitätsgruppen installiert. Die Gruppenmitglieder waren Mitarbeiter aus fünf Funktionsbereichen, darunter Abteilungen wie Servicezentrum und Ausbildungszentrum. Obwohl die Schnittstellen bei *Siemens* eindeutig festgelegt waren, schlichen sich innerhalb der festgelegten Arbeitsabläufe aus verschiedenen Gründen immer wieder Fehler ein. Die Gruppen hatten nun die Aufgabe, die Ursachen für diese Fehler bereits an der Quelle zu beseitigen. Die Gruppen haben sich freiwillig gebildet und sich die Themen eigenständig ausgewählt, zum Beispiel die Verbesserung von Arbeitsabläufen, die Verbesserung von Durchlaufzeiten, die Beseitigung von Softwarefehlern bei EDV-unterstützten Vorgängen oder die Beschleunigung des Informationsflusses (vgl. *Hoff* 1986, S. 85 ff.).

3.4 Projektgruppen

Projekte werden weitestgehend in Form der Gruppenarbeit abgewickelt. Die Gruppenmitglieder bleiben nur solange zusammen, wie es für die Erfüllung einer bestimmten, einmaligen Aufgabe erforderlich ist.

3.4.1 Merkmale eines Projektes

Der Begriff des Projektes beinhaltet die verschiedensten Vorhaben in Unternehmen und Behörden, die durch folgende Eigenschaften gekennzeichnet sind (vgl. z.B. *Schröder* 1970, S. 15 ff.; *Hegi* 1971, S. 383; *Brand* 1974, S. 1; *DIN 69 901* 1980, S. 1 f.):

- Projekte sind stets **zielorientiert;** durch die Beschreibung der Projektaufgabe oder des Projektobjektes wird ein definiertes Resultat vorgegeben. Das Projekt hat einen definierten Anfang und einen durch die Zielerreichung sachlich definierten Abschluß. Ein Projekt ist somit inhaltlich und zeitlich **begrenzt**; es liegen definierte Anfangs- und Endzeitpunkte sowie eine Begrenzung der Aufgabenstellung sowie der Ressourcen vor.

- Die zu lösende Aufgabe ist in gewissem Sinne **außergewöhnlich** und liegt außerhalb der betrieblichen Routine; die spezifische Bedingungen sind für das jeweilige Unternehmen **relativ neu**. Projekte enthalten viele vorab nur schwer bestimmbare Aktivitäten. Häufig wirkt ein Projekt verändernd und ist mit einem hohen Grad betrieblicher Innovation verbunden. Insgesamt ergibt sich daraus meistens ein relativ hohes Risiko.
- Es liegt ein hoher **Schwierigkeitsgrad** nach Art und Umfang vor. Der große Umfang macht eine Unterteilung der Projektaufgabe in Teilaufgaben erforderlich. Die **interdependenten Teilaufgaben** können sowohl untereinander als auch mit projektfremden Aufgaben um die Zuteilung verschiedener Ressourcen konkurrieren.
- Projekte erfordern eine **interdisziplinäre Zusammenarbeit** von Spezialisten aus verschiedenen Bereichen, die ihr relevantes Fachwissen einbringen. Häufig ist auch eine Zusammenarbeit mit verschiedenen Stellen außerhalb des eigenen Unternehmens erforderlich.

Ein Projekt ist ein neuartiges, komplexes und zielorientiertes Vorhaben, das die interdisziplinäre Zusammenarbeit mehrerer Fachleute erfordert.

Der Projektbegriff ist dabei grundsätzlich unabhängig vom Aufgabeninhalt: Projekte können sowohl für technische und wirtschaftliche Problemstellungen als auch für organisatorische Fragestellungen definiert werden. Typische Beispiele für Projekte sind in *Abbildung 5-42* aufgeführt.

Die Charakter von Projektaufgaben macht es erforderlich, daß ein Projektvorhaben strukturiert, geplant und kontrolliert wird. Auf der anderen Seite wird in Projekten etwas Neuartiges bearbeitet, so daß eine hohe Unsicherheit bezüglich der Teilaufgaben, der Durchführungszeiten und der Kosten sowie ein hohes Risiko eines Fehlschlages besteht. Aus dieser Zwangslage heraus, tendenziell Unplanbares zu planen, werden zunehmend Methoden und Techniken angewendet, mit denen die durch die Aufgabenstellung bedingte Komplexität beherrscht werden kann und Unsicherheiten abgebaut werden sollen. Da die organisatorische Gestaltung von Prozessen zur Leistungserstellung und -verwertung in der Regel alle aufgeführten Merkmale eines Projektes erfüllt, kommen zunehmend auch bei Organisationsprojekten diese Methoden und Techniken des **Projektmanagements** zum Tragen.

3.4.2 Struktur einer Projektgruppe

Die personelle Zusammensetzung der Projektgruppe hängt vor allem vom Charakter der **Projektaufgabe** ab. Die Mitglieder werden üblicherweise entsprechend ihrer Fachkompetenz von ihren Vorgesetzten benannt. Sie arbeiten oftmals hauptamtlich in der Projektgruppe und kehren dann nach Beendigung der Projektaufgabe in ihre ursprüngliche oder auch in eine neue Position der Primärorganisation zurück. Aufgrund dieses full time-Charakters kann bei einer derartigen Projektgruppe auch von einem **Team** gesprochen werden. Dagegen werden bei kleineren Aufgabenstellungen die Projektmitarbeiter gewöhnlich nur teilzeitlich für das Projekt abgestellt.

Die Projektgruppe muß auch während der Projektabwicklung nicht zwangsläufig in einer festen Konfiguration bestehen bleiben; je nach Aufgabenstellung können zeitweilig zusätzliche Experten aufgenommen oder Untergruppen gebildet werden. Die zusätzlichen hinzugezogenen Experten können dabei durchaus nebenamtlich und teilzeitlich in der Projektgruppe mitarbeiten.

Da die Gruppenmitglieder unterschiedliche Abteilungen, unterschiedliche hierarchische Ebenen und unterschiedliches Wissen repräsentieren, unterliegen Projektgruppen einer internen Strukturierung, die sich in Rollen- und Aufgabenverteilungen niederschlägt. Von besonderer Bedeutung ist die Gestaltung der Kommunikationsstrukturen innerhalb der Projektgruppe und zu den externen Organisationseinheiten der Primärorganisation. Die Mitglieder einer Projektgruppe dabei können intern einem **Projektleiter** unterstellt sein. Der Projektleiter ist mit bestimmten Kompetenzen und Verantwortlichkeiten hinsichtlich der Projektdurchführung auszustatten, die jedoch sehr unterschiedlich festgelegt werden können. Es kann jedoch auch auf eine interne Hierarchie und eine damit verbundene Leitungsfunktion eines Gruppenmitgliedes verzichtet werden. Statt dessen wird die Projektgruppe durch einen **Projektkoordinator** moderiert und gesteuert.

3.4.3 Das Task Force-Konzept

Eine besondere Ausprägung findet der Projektgedanke im Task Force-Konzept (vgl. *Irle* 1971, S. 218 ff; *Bendixen* 1980, Sp. 2234 f.). Sobald jemand im Unternehmen ein Problem entdeckt, hat er die Aufgabe, alle relevanten Organisationseinheiten darüber zu informieren und zur Problemlösung eine **vorläufige Arbeitsgruppe** zusammenzustellen. Zu dieser Problemlösegruppe werden durch den Entdecker des Problems speziell diejenigen eingeladen, die in der betreffenden Angelegenheit für sachkundig gehalten werden. Die nur vorläufig konstituierte Task Force berät auf ihrer ersten Sitzung über das Problem und entscheidet, ob es weiter verfolgt werden soll. Bei einer Negativentscheidung löst sich die Task Force wieder auf; im anderen Falle bestimmt die Task Force die weitere Vorgehensweise und die **endgültige** Zusammensetzung der Gruppe. Sie bedarf zur inhaltlichen Bearbeitung des Problems und für ihre Entscheidungen keiner weiteren Autorisierung durch eine übergeordnete Instanz. Durch dieses Übergehen von Zuständigkeits- und Abteilungsgrenzen sollen formale hierarchische Abhängigkeiten vermieden werden. Die Mitglieder der Task Force arbeiten gemeinsam, auf freiwilliger Basis und zeitlich begrenzt an einem Problem, ohne jedoch aus ihrer angestammten Organisationseinheit herausgelöst zu werden. Die Dokumentation des Problemlösungsprozesses ist in der Regel formlos und oft nur bescheiden. Mit der Entscheidung für eine Problemlösung und der Bestimmung einer Leitungsstelle, die für deren Realisierung zuständig ist, löst sich die Task Force wieder auf.

Das Task Force-Konzept wird vornehmlich dahingehend kritisiert, daß auch unbedeutende Fragestellungen oder Scheinprobleme zur Bildung einer Task Force führen können. Durch die Einführung von besonderen Selektionsstellen, die anstelle der beteiligten und betroffenen Personen über die Relevanz eines Problems befinden, kann die Anzahl der Task Forces in einem Unternehmen jedoch begrenzt werden.

So berichten *Peters* und *Watermann* (1991, S. 158) von einem 600-Millionen-Dollar-Unternehmen, in dem sie 325 offiziell bestehende Task Forces zählten. Von diesen Task Forces hatte während der letzten drei Jahre keine einzige ihren Auftrag abgeschlossen und war aufgelöst worden. Dagegen besteht bei den von den beiden ehemaligen McKinsey-Beratern als besonders erfolgreich identifizierten Unternehmen eine Task Force für nur kurze Zeit. "Dieses Merkmal ist unerläßlich. ... Den beispielhaften Unternehmen ist die Vorstellung einer Task force, die älter wird als sechs Monate, ein Greuel." (*Peters/Watermann* 1991, S. 160).

3.5 Integrierte Arbeitsgruppen

Bei den Konzepten, die als Problemlösegruppen vorrangig die Lösung von Einzelproblemen zum Ziel haben, ergänzt die Gruppenarbeit die Einzelarbeit. Bei der normalen Arbeitsorganisation in Gruppen ersetzt die Gruppenarbeit die Einzelarbeit. Von einer **integrierten Gruppenarbeit** (*Bühner/Pharao* 1993, S. 46) soll gesprochen werden, wenn beide Aspekte der Gruppenarbeit gleichzeitig praktiziert werden.

Schon Anfang der 70er Jahre startete Volvo mit ersten Versuchen, in der Produktion der Gruppenarbeit einzuführen. Versuche in deutschen Automobilfabriken folgten, man nahm jedoch aus Kostengründen wieder Abstand von der Gruppenfertigung. Erst mit der Übernahme japanischer Erfolgskonzepte Anfang der 90er Jahre wurde in Deutschland das fast in Vergessenheit geratene Konzept der teilautonomen Arbeitsgruppen als *Volvoismus* wieder verstärkt diskutiert. Während das japanische Gruppenarbeitskonzept die Beschäftigten vor allem unter dem Gesichtspunkt der Arbeitsproduktivität mit einbezieht, legte das schwedische Modell sein Gewicht in erster Linie auf eine Arbeitshumanisierung (vgl. *Stürzl* 1993, S. 77). Bei der Suche nach einem Mittelweg setzte sich die Erkenntnis durch, daß Gruppenarbeit zugleich einen Produktivitätsfortschritt und eine Verbesserung der Arbeitsbedingungen ermöglichen kann.

Im Vergleich zu den zuvor behandelten Formen der Gruppenarbeit wirken die integrierten Arbeitsgruppen nicht nur zur Problemlösung, sondern vor allem auch im betrieblichen Alltag dauerhaft als Gruppe zusammen; sie sind demnach fester Bestandteil der Primärorganisation. Sie erfüllen dabei folgende drei Funktionen auf einmal (vgl. *Bühner/Pharao* 1993, S. 46; *Stürzl* 1993, S. 78 ff.; *Grün* 1993, S. 50 ff.):

1. Sie erfüllen eine **Produktionsfunktion**. Es gibt eine gemeinsame Arbeitsaufgabe für die Gruppe; die Gruppenmitglieder haben diese möglichst effizient auszuführen und die vorgegebenen Ziele zu erreichen. Die Gruppe der Mitarbeiter besitzt zusammen alle Fähigkeiten, die für die Abwicklung eines umfangreicheren Arbeitsprozesses erforderlich ist. Um einseitige Belastungen und Monotonie zu vermeiden, können die Arbeiten im Wechsel erledigt werden (Job rotation). Die integrierte Arbeitsgruppe ist dabei vergleichbar mit der **teilautonomen Arbeitsgruppe**; die Autonomie bezieht sich in beiden Fällen auf gruppeninterne Regelungen wie beispielsweise die Festlegung der internen Aufgabenverteilung, die Pausenregelung und die Urlaubsplanung, die Mitgestaltung der Arbeitsinhalte, der Arbeitsbedingungen und der Arbeitsplätze oder den Wechsel von Tätigkeiten und die Einarbeitung neuer Mitarbeiter.

2. Sie erfüllen eine **Problemlösefunktion**. Von den Gruppenmitgliedern wird erwartet, daß sie auftretende Probleme im Arbeitsablauf weitestgehend selbst lösen und somit im Sinne des **Kaizen-Prinzips** zu einer permanenten Verbesserung des Arbeitsprozesses beitragen. Eine selbständige Qualitätskontrolle und geeignete Maßnahmen zur Verbesserung der Produkt- und Prozeßqualität sollen Ausschuß und Nacharbeit reduzieren.

3. Sie haben eine **Qualifikationsfunktion**. Die Gruppenmitglieder haben ihre Kenntnisse und Fähigkeiten laufend zu erweitern, um innerhalb der Gruppe an mehreren Arbeitsplätzen einsetzbar zu sein und dem technischen Fortschritt folgen zu können. Der laufende Arbeitswechsel bietet als training on the job die Möglichkeit der individuellen Weiterentwicklung, indem sich die Gruppenmitglieder gegenseitig in ihrem Qualifizierungsprozeß unterstützen.

Der Arbeitsplatz ist damit nicht mehr nur ein reiner **Produktionsort**, sondern auch ein **Problemlösungs- und Lernort**. Viele der klassischen Managementfunktionen wie planen, Probleme lösen, Entscheidungen treffen, koordinieren, organisieren und kontrollieren wird in weiten Teilen von der Gruppe wahrgenommen. Eine integrierte Arbeitsgruppe besteht aus ca. 3 bis 15 Personen, die eine geschlossene Aufgabenstellung von Anfang bis Ende ohne eine formelle Leitungsstelle bearbeitet. Dabei sollen die Gruppenmitglieder möglichst alle anfallenden Arbeiten beherrschen, um einen planmäßigen Arbeitswechsel oder gegenseitige Hilfe zu ermöglichen. Jede Gruppe wählt einen Gruppensprecher, der die Gruppe nach innen koordiniert und nach außen vertritt. Er handelt im Auftrag der Gruppe, hat aber keine Weisungsbefugnisse. Entscheidungen über Belange der Gruppe (beispielsweise über die Einteilung der Arbeit und der Pausen) werden in regelmäßigen Gruppensitzungen gemeinsam getroffen, wobei alle Gruppenmitglieder gleichberechtigt sind.

Die Form der integrierten Gruppenarbeit kann grundsätzlich nicht nur im Produktionsbereich, sondern auch im Büro- und Verwaltungsbereich erfolgen. So schlagen *Hammer/Champy* (1993, S. 73 ff.) im Zusammenhang mit dem Konzept des Business Reengineering sogenannte **Caseteams** vor. In den Fällen, wo es nicht möglich ist, daß einzelne Personen einen komplizierten Geschäftsprozeß eigenständig abwikkeln, wird die Verantwortung für den Prozeß als Ganzes einer Gruppe übergeben. Da der Geschäftsprozeß nicht fragmentiert und mehreren Organisationseinheiten zur Durchführung übertragen wird, entfällt die Notwendigkeit einer stellen- und abteilungsübergreifenden Koordination.

Kaizen

In direkter Übersetzung bedeutet Kaizen "Verbesserung". Von seinem Grundgedanken her strebt Kaizen nach der Verbesserung um der Verbesserung willen. Im Zusammenhang mit der Philosophie des Total Quality Management beinhaltet das Kaizen-Konzept eine fortwährende Verbesserung aller Unternehmensprozesse. Dahinter steht der Grundgedanke, daß eine kontinuierliche Verbesserung der Produktqualität nur erreicht werden kann durch eine kontinuierliche Verbesserung aller Arbeitsprozesse, die auf irgend eine Weise am Entstehen des Produktes beteiligt sind - angefangen von der Produktidee über die Fertigung bis hin zur Vermarktung und zur Pflege der Kundenbeziehungen. Das Bemühen um eine ständige Qualitätsverbesserung muß deshalb das gesamte Unternehmen erfassen und alle Mitarbeiter von der Durchführungsebene bis hin zur obersten Unternehmensleitung mit einbeziehen. Jeder einzelne muß dazu motiviert werden, Qualität als wichtigen Bestandteil seiner täglichen Arbeit anzusehen. In bezug auf die Fertigung bedeutet kontinuierliche Verbesserung vor allem, daß die Veränderlichkeit und Toleranzen der Produkte und der Dienstleistungen ständig reduziert werden muß, um hohe Qualität zu niedrigen Kosten zu erlangen.

Einer der wichtigsten Voraussetzungen für Kaizen ist neben der funktionsübergreifenden Zusammenarbeit und der prozeßorientierten Sichtweise auch die Verbesserung der sozialen und technischen Fähigkeiten der Mitarbeiter. Jeder Mitarbeiter soll ohne Angst vor negativen Auswirkungen auf sein Ansehen oder seine berufliche Entwicklung Probleme erkennen, thematisieren und lösen können. Deutlichster Ausdruck des Kaizen-Systems ist ein ausgeprägtes Vorschlagswesen, das die Mitarbeiter dazu ermuntert, ständig über die Verbesserung ihres Arbeitsplatzes und des Umfeldes nachzudenken. Wo die Fähigkeiten des einzelnen zur Verbesserung der Qualität nicht mehr ausreichen, werden Arbeitsgruppen wie Qualitätszirkel gebildet.

Literatur: *Imai* 1992

Von der stärkeren Beteiligung der Mitarbeiter und ihrer größeren Verantwortung werden unter anderem Motivationseffekte, effizientere Arbeitsabläufe, eine verbesserte Instandhaltung der Produktionsanlagen und letztlich eine erhöhte Qualität der Produkte bei gleichem oder geringerem Aufwand erwartet. Die Organisationsform der Gruppenarbeit birgt jedoch auch Gefahren in sich. So wie erweiterte Arbeitsinhalte einerseits die Belastungen durch Monotonie und Unterforderung abbauen können, so können andererseits zu viele kreative Arbeiten in einer zu knappen Zeit die Mitarbeiter allgemein überfordern und Streß erzeugen. Außerdem muß bei der Umstellung von einer tayloristischen Arbeitsorganisation auf Gruppenarbeit das Personal sorgfältig darauf vorbereitet werden. Insbesondere sind Maßnahmen zum Erwerb von sozialer Kompetenz erforderlich; die Gruppenmitglieder können sich nicht in einer Arbeitsgruppe selbst organisieren, wenn ihnen die soziale Kompetenz fehlt. Ebenso besteht die Gefahr, daß einzelne Personen von der Gruppe ausgegrenzt werden, wenn sich beispielsweise das Arbeitstempo in der Gruppe nach den leistungsstärksten Mitglieder richtet und die leistungsschwächeren Mitglieder vernachlässigt.

3.6 Leitungsgruppen im Unternehmen

Eine Leitungsstelle kann grundsätzlich als **Singularinstanz** mit nur einer einzelnen Person (unipersonale Leitungsstelle) oder als **Pluralinstanz** mit einer Gruppe von Managern (multipersonale Leitungsstelle) besetzt sein (z.B. *Kosiol* 1962, S. 116 ff.; *Seidel/Redel* 1987, S. 22 f.).

Singularinstanz	Pluralinstanz	
Beschlußfassung: • Direktorialprinzip	**Aufgabenverteilung:** • Gesamtkollegialität • Ressortkollegialität • Mischformen	**Beschlußfassung:** • Direktorialprinzip • Kollegialprinzip - Primatkollegialität - Abstimmungskollegialität - Kassationskollegialität

Abb. 3-20: Gestaltungsmöglichkeiten für die Organisation von Leitungsstellen

Im Falle der Pluralinstanz stellt sich zum einen das Problem, wie die Aufgaben und Kompetenzen innerhalb der Leitungsgruppe zugewiesen werden, zum anderen, welche formellen Regelungen bei der Beschlußfassung gelten sollen (*Abb. 3-20*).

3.6.1 Gründe für die Einrichtung von Leitungsgruppen

Leitungsgruppen werden insbesondere für die oberste Unternehmensleitung eingerichtet; hierfür gibt es mehrere Gründe:

- Die **Qualität** der Leitung steigt; zum einen wird davon ausgegangen, daß Gruppenentscheidungen besser sind als Einzelentscheidungen, zum anderen wird die Überlastung einer Einzelperson verhindert.
- Probleme bei der **Nachfolge** und **Stellvertretung** für die Stelleninhaber sind leichter lösbar.

- Für verschiedene Unternehmensformen ist **gesetzlich vorgesehen**, daß ihre Leitung von einer Leitungsgruppe ausgeübt wird. So sieht zum Beispiel § 77 Abs. 1 AktG vor, daß die Vorstandsmitglieder nur gemeinschaftlich zur Geschäftsführung befugt sind.
- Zur besseren **Kontrolle** der obersten Unternehmensleitung wird diese als Leitungsgruppe vorgesehen. Die bessere Kontrolle erfolgt hierbei zum einen in Form der gegenseitigen Kontrolle der Mitglieder, zum anderen aber auch durch zu diesem Zweck vom Aufsichtsorgan in die Unternehmensleitung entsandte Kontrolleure.

Nachteilig wirkt sich aus, daß der Zeitaufwand bei der Willensbildung in der Regel größer ist und damit nicht so schnell reagiert werden kann wie bei einer Singularinstanz. Weiterhin muß eine klare Verantwortungsregelung gefunden werden.

3.6.2 Zuweisung der Aufgaben und Kompetenzen

Die Aufgaben- und Kompetenzaufteilung in Leitungsgruppen kann auf dreierlei Weise vorgenommen werden (vgl. *Rühli* 1973, S. 133 f.; *Schmidt* 1985, S. 204 ff.; *Seidel/Redel* 1987, S. 22).

(1) Gesamtkollegialität

Bei einer Gesamtkollegialität erfüllen die Mitglieder der Leitungsgruppe alle Aufgaben gemeinschaftlich. Eine Aufgaben- und Kompetenzaufteilung wird nicht vorgenommen. Die Mitglieder der Leitungsgruppe besitzen als Einzelpersonen keine Weisungsbefugnisse; ihre Beschlüsse werden als gemeinschaftliche Entscheidung gefaßt.

(2) Ressortkollegialität

Bei einer Ressortkollegialität ist jedes Mitglied für einen bestimmten Bereich zuständig, etwa für einen Funktions- oder Geschäftsbereich. Die Mitglieder der obersten Unternehmensleitung sind häufig in Personalunion gleichzeitig Leiter einer nachgeordneten Abteilung des Unternehmens. Innerhalb ihres zugewiesenen, abgegrenzten Kompetenzbereiches erfüllen die einzelnen Mitglieder die Aufgaben praktisch allein. Es ist jedoch festgelegt, welche bereichsübergreifenden Entscheidungen von der Leitungsgruppe gemeinsam getroffen werden müssen.

Der Ressortkollegialität liegt der Gedanke zugrunde, daß die einzelnen Teilbereiche des Unternehmens bei der Willensbildung der obersten Unternehmensleitung direkt vertreten sind. Auf oberster Ebene wird ein Interessenausgleich zwischen den Bereichen vorgenommen; die gesamtunternehmerische Koordination wird hierdurch erleichtert. Es muß jedoch dabei in Kauf genommen werden, daß es innerhalb der Leitungsgruppe vermehrt zu Konflikten kommt, wenn sich Ressortinteressen und Gesamtinteressen widersprechen. Das Bereichsdenken kann Entscheidungen verzögern oder zu unbefriedigenden Kompromissen führen. Es besteht weiterhin die Gefahr, daß durchsetzungsfähige Mitglieder einseitig ihre Ressortinteressen durchsetzen. Außerdem kann die hohe Arbeitsteilung bei der reinen Ressortkollegialität leicht dazu führen, daß die Leitungsgruppe unkoordiniert handelt.

(3) Mischformen

Aus den genannten Nachteilen der Ressortkollegialität werden häufig Mischformen realisiert. Hierbei werden einzelne Aufgaben gemeinsam, andere durch eine einzelne Mitglieder, durch Arbeitsgruppen oder durch den Vorsitzenden der Leitungsgruppe erledigt. Dabei ist normalerweise der Vorsitzende der Leitungsgruppe - der Vorstandsvorsitzende beziehungsweise der Vorsitzende der Geschäftsführung - ressortfrei, so daß er als "neutrales" Mitglied der Leitungsgruppe ausgleichend und koordinierend wirken kann. Diese Regelung bewirkt außerdem eine Entlastung des Vorsitzenden.

3.6.3 Formelle Regelung der Beschlußfassung

Besteht eine Leitungsstelle aus mehreren Personen, die gemeinschaftlich zur Geschäftsführung befugt sind, so tauchen die Probleme der gemeinsamen Willensbildung auf. Zur organisatorischen Regelung dieser Probleme werden gemäß *Abbildung 3-21* das **Direktorialprinzip** und das **Kollegialprinzip** unterschieden (vgl. z.B. *Rühli* 1973, S. 134 ff.; *Seidel/Redel* 1987, S. 22 f.).

	Besondere Rechte des Vorsitzenden	**Rechte der übrigen Mitglieder**
Direktorialprinzip		
reine Form	Alleinentscheidungsrecht	Beratungs- und Antragsrecht
abgeschwächte Form	Entscheidungsrecht	bedingtes Vetorecht
Kollegialprinzip		
Primatkollegialität	Stimmenausschlag	Stimmrecht
Abstimmungskollegialität	keine besonderen Rechte	Stimmrecht
Kassationskollegialität	keine besonderen Rechte	Stimm- und Vetorecht

Abb. 3-21: Regelungen der Beschlußfassung innerhalb einer Leitungsgruppe

(1) Direktorialprinzip

Beim **reinen** Direktorialprinzip verfügt der Vorsitzende über ein **Alleinentscheidungsrecht** und kann gegen den Willen aller übrigen Mitglieder eine endgültige Entscheidung treffen. Der Vorsitzende ist aber verpflichtet, die Argumente der anderen Mitglieder zur Kenntnis zu nehmen und gestellte Anträge zu behandeln. Beim Direktorialprinzip in **abgeschwächter Form** wird einer qualifizierten Mehrheit oder den von einer Entscheidung betroffenen Mitgliedern ein **Vetorecht** eingeräumt. So kann der Vorstandsvorsitzende beziehungsweise der Vorstandssprecher einer Aktiengesellschaft zwar die Gesellschaft allein vertreten und Leitungsentscheidungen treffen, jedoch nicht gegen die Mehrheit der Mitglieder (§ 77 Abs. 1 AktG).

(2) Kollegialprinzip

Das Kollegialprinzip umfaßt drei Formen:

- Bei der **Primatkollegialität** gibt der Vorsitzende bei Stimmengleichheit den Ausschlag.
- Bei der **Abstimmungskollegialität** werden Entscheidungen mit einfacher oder qualifizierter Mehrheit gefällt.
- Bei der **Kassationskollegialität** wird Konsens verlangt; alle Beschlüsse werden einstimmig gefällt.

Zwischen den aufgeführten Möglichkeiten sind Kombinationen oder Differenzierungen für bestimmte Abstimmungssachverhalte möglich.

Eine Gegenüberstellung des Kollegial- und Direktorialprinzips (*Abb. 3-22*) zeigt, daß die Vorteile des einen Prinzips jeweils als Nachteile des anderen Prinzips zu verstehen sind.

Vorteile des Direktorialprinzips	Vorteile des Kollegialprinzips
• einheitliche Willensbildung und Entscheidungsfindung; keine Gefahr fauler Kompromisse • klare Verantwortungsregelung • geringerer Zeitaufwand bei der Willensbildung • dadurch schnellere Entscheidungen und höhere Flexibilität • Beschlußfähigkeit bleibt auch bei Abwesenheit von anderen Mitgliedern der Leitungsgruppe gewahrt • geringere Gefahr des Auseinanderfallens der Leitungsgruppe	• Entscheidungen werden auf einer breiteren Informationsbasis getroffen • dadurch positiver Einfluß auf die Entscheidungsqualität • Förderung der kollegialen Zusammenarbeit • Verhinderung einer zu starken Belastung einzelner Personen • keine Machtkonzentration • Erleichterung der Stellvertretung und der Nachfolge

Abb. 3-22: Gegenüberstellung von Direktorial- und Kollegialprinzip
Quelle: nach Seidel/Redel 1987, S. 23

4. Abteilungsbildung

Die einzelnen Organisationseinheiten der Primärorganisation stehen nicht unverbunden nebeneinander, sondern werden anhand bestimmter Kriterien geordnet und zu Abteilungen zusammengefaßt.

4.1 Kriterien bei der Abteilungsbildung

4.1.1 Gründe für die Abteilungsbildung

Die Bildung von Abteilungen (departments) ist in erster Linie ein Mittel zur **Koordination**; sie kann dabei unter zwei Aspekten gesehen werden (vgl. *Kieser/Kubicek* 1992, S. 84 ff.; *Vahs* 1997, S. 82 f.) (*Abb. 3-23*):

- Die Abteilungsbildung erfolgt von oben nach unten als **Delegationsprozeß** (Top-down-approach). Mit zunehmendem Wachstum eines Unternehmens reicht die Kapazität der Unternehmensleitung als alleinige Leitungsstelle nicht mehr aus, um alle Aktivitäten zu planen, zu koordinieren und zu kontrollieren. Aus diesem Grunde werden zwischen der Unternehmensleitung und der Ausführungsebene sogenannte Abteilungen als weitere Leitungseinheiten eingeschoben. Es erfolgt eine Entlastung der (nun obersten) Unternehmensleitung, indem ein Teil ihrer Entscheidungs- und Weisungsaufgaben dauerhaft an die nachgeordneten Leitungsstellen delegiert wird.
- Die Abteilungsbildung erfolgt auf dem umgekehrten Weg als **Zusammenfassung** mehrerer Stellen unter einer gemeinsamen Leitung (Bottom-up-approach). Durch die Zusammenfassung von Stellen zu Abteilungen entstehen relativ geschlossene Verantwortungsbereiche, so daß sich die Koordination zwischen den einzelnen Stellen vereinfacht. Abstimmungsprobleme zwischen den Stellen innerhalb einer Abteilung werden dabei von der Leitungsstelle gelöst, die für die Abteilung verantwortlich ist. Abstimmungsprobleme zwischen den Stellen aus verschiedenen Abteilungen können unter den Leitungsstellen gelöst werden, welche die jeweiligen Abteilungen repräsentieren.

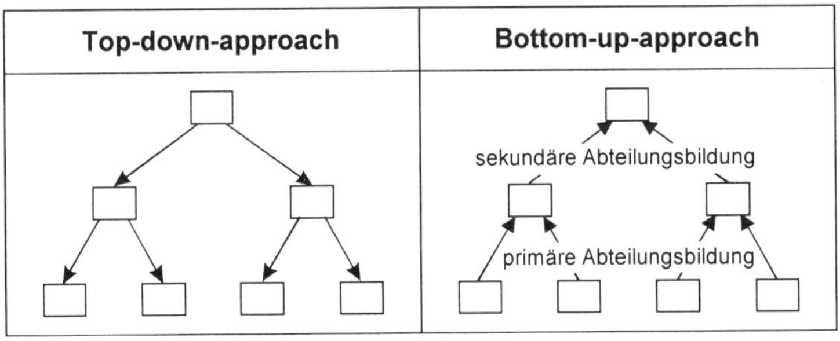

Abb. 3-23: Aspekte der Abteilungsbildung

Auch die Zusammenfassung von Abteilungen zu größeren Einheiten (etwa zu Hauptabteilungen) wird unter dem Begriff Abteilung subsumiert. So bezeichnet *Kosiol* die Zusammenfassung von **Ausführungsstellen** unter einer Leitungsstelle als **primäre**, die Zusammenfassung von **Abteilungen** unter einer gemeinsamen Leitungsstelle als **sekundäre** Abteilungsbildung (*Kosiol* 1962, S. 175).

Unter einer Abteilung ist eine unbefristete Zusammenfassung von Organisationseinheiten unter einer gemeinsamen Leitungsstelle zu verstehen.

Mit der Abteilungsbildung entsteht eine **Hierarchie** der Organisationseinheiten. Die Leitungsstellen werden häufig auf Dauer mit jeweils einer Person, dem **Abteilungsleiter** besetzt. Die Leitung einer Abteilung kann aber auch durch mehrere Personen erfolgen - entweder gemeinsam oder abwechselnd.

Durch die Abteilungsbildung werden auch die formalen **Kommunikationsbeziehungen** weitgehend festgelegt:

- **Horizontale Kommunikation** beinhaltet den Informationsaustausch zwischen Einheiten auf der gleichen organisatorischen Ebene; sie vollzieht sich schwerpunktmäßig innerhalb der Abteilungen sowie zwischen den Abteilungsleitern einer Hierarchieebene.
- **Vertikale Kommunikation** findet zwischen Organisationseinheiten statt, die in einer hierarchischen Beziehung zueinander stehen, das heißt zwischen über- und untergeordneten Ebenen. Dabei kommt innerhalb einer Abteilung dem jeweiligen Vorgesetzten die Funktion zu, Informationen zu sammeln und weiterzuleiten.

Die Kommunikationsbeziehungen zwischen unter- und übergeordneten Stellen werden im Zusammenhang mit den verschiedenen **Leitungssystemen** näher erläutert.

4.1.2 Organisationsprinzipien bei der Abteilungsbildung

Bei der Abteilungsbildung sind im wesentlichen zwei Organisationsprinzipien zu beachten:

- Das **Homogenitätsprinzip** besagt, daß in einer Abteilung solche Stellen zusammengefaßt werden, deren Aufgaben eine hohe Zusammengehörigkeit aufweisen. Ziel ist es hierbei, die erforderliche abteilungsübergreifende Koordination zu minimieren. Die Abteilungen sollen deshalb ihren Aufgabenbereich so autonom wie möglich und damit weitgehend unabhängig von anderen Abteilungen wahrnehmen können.
- Das **Beherrschbarkeitsprinzip** besagt, daß nur so viele Stellen zu einer Abteilung zusammengefaßt werden sollen, daß der Abteilungsleiter seinen Leitungsaufgaben noch nachkommen kann. Bei einer Überlastung des Abteilungsleiters ist ansonsten eine differenziertere Abteilungsbildung notwendig.

4.1.3 Delegationskriterien bei der Abteilungsbildung

Der Grad der Delegation von Entscheidungsaufgaben von der obersten Unternehmensleitung zu nachgeordneten Leitungseinheiten **(Top-down-approach)** hängt in erster Linie davon ab, welche Bedeutung die jeweilige Entscheidung für das Unternehmen hat. *Kosiol* (1962, S. 121) unterscheidet diesbezüglich zwischen Gesamt- und Bereichsentscheidungen:

- **Gesamtentscheidungen** wirken sich auf das gesamte Unternehmen aus; sie werden stets von der obersten Unternehmensleitung getroffen.
- **Bereichsentscheidungen** stammen aus einem Teilbereich des Unternehmens. Da sie jedoch oft in ihrer Wirkung nicht auf die einzelnen Bereiche beschränkt bleiben, sondern auch andere Bereiche erheblich tangieren können, ist eine weitere Differenzierung erforderlich:
  - **Reine** Bereichsentscheidungen berühren nur einen einzelnen Bereich; sie können deshalb dezentral vom Verantwortlichen des betroffenen Bereiches getroffen werden.
  - **Übergreifende** Bereichsentscheidungen wirken auf andere Bereiche über. Hier hängt es von der Relevanz der Entscheidung ab, von welcher Leitungsebene sie getroffen werden muß.
  - **Umgreifende** Bereichsentscheidungen ziehen andere Bereiche oder sogar das gesamte Unternehmen mit ein. Sie sind deshalb nicht delegierbar, auch wenn es sich um situative Entscheidungen handelt.

Eine Gesamtentscheidung ist beispielsweise eine Entscheidung über den Standort eines Betriebes oder die Rechtsform des Unternehmens. Eine umgreifende Bereichsentscheidung wäre die Entscheidung über eine neue Produkt/Markt-Kombination. Die Entscheidung über eine allgemeine Preiserhöhung betrifft zwar zunächst den Vertriebsbereich, hat jedoch eine übergreifende Wirkung und eine hohe Relevanz und muß deshalb zentral getroffen werden.

4.1.4 Gruppierungskriterien bei der Abteilungsbildung

Zur Gruppierung von Stellen zu Abteilungen **(Bottom-up-approach)** können wie bei der Stellenbildung unterschiedliche Kriterien herangezogen werden.

(1) Abteilungsbildung nach Funktionen

Stellen können so zu Abteilungen zusammengefaßt werden, daß die zusammengefaßten Stellen gleiche oder verwandte Funktionen ausüben (*Abb. 3-24*). Diese Spezialisierung bedeutet dann innerhalb der Abteilungen eine weitgehend gleichartige Personalqualifikation und die Anwendung ähnlicher Methoden und Sachmittel.

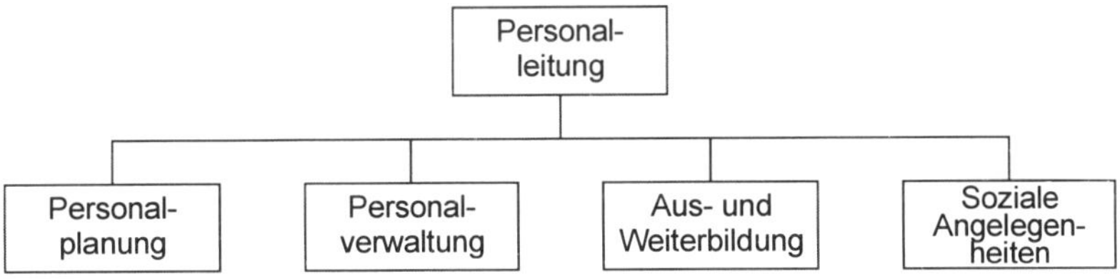

Abb. 3-24: Abteilungsbildung nach Funktionen (Beispiel Personalbereich)

(2) Abteilungsbildung nach Produkten

Bei der Gruppierung nach Produkten oder Dienstleistungen (*Abb. 3-25*) werden diejenigen Stellen zusammengefaßt, die sich mit denselben Produkten oder Dienstleistungen beschäftigen. Innerhalb der so geschaffenen Abteilungen kann es wiederum Unterabteilungen geben, die nach anderen Kriterien (zum Beispiel nach Funktionen) gebildet worden sind.

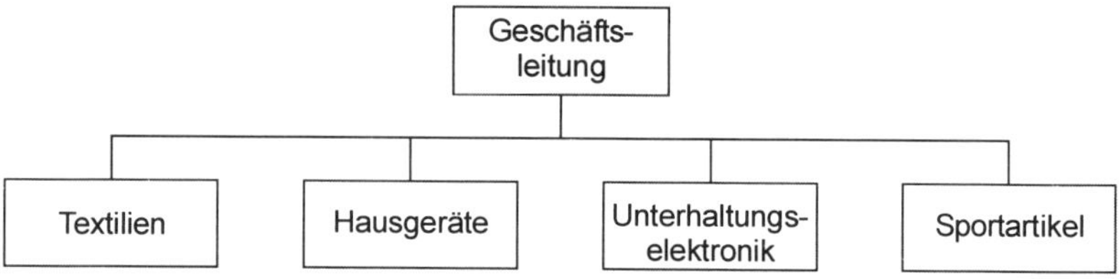

Abb. 3-25: Abteilungsbildung nach Produkten (Beispiel Warenhaus)

(3) Abteilungsbildung nach Kundengruppen

Eine Gruppierung von Stellen nach Kundenmerkmalen (*Abb. 3-26*) erfolgt insbesondere dann, wenn ein Unternehmen es mit verschiedenen Gruppen von Kunden zu tun hat. So kann eine Bank nach Privatkunden für das breite Kundengeschäft, nach Anlagemanagement für die wohlhabenden Privatkunden und nach Firmen und Körperschaften für das Geschäft mit Unternehmen segmentiert werden.

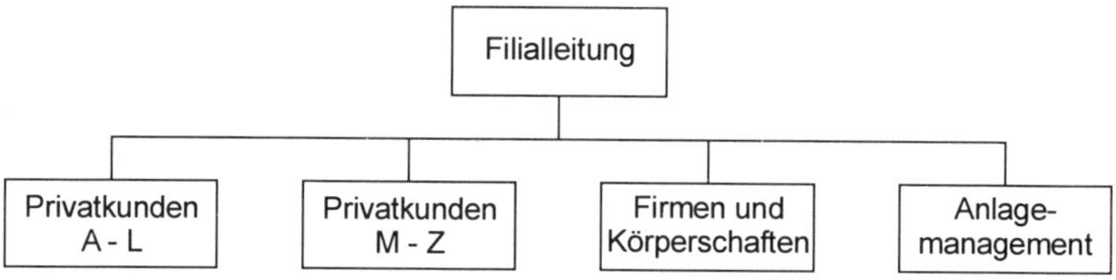

Abb. 3-26: Abteilungsbildung nach Kundengruppen (Beispiel Bank)

(4) Abteilungsbildung nach Regionen

Bei der Abteilungsbildung nach Regionen (*Abb. 3-27*) wird nach räumlichen Betätigungsfeldern segmentiert. Diese können sich sowohl auf die Aktivitäten im Absatzbereich (etwa die Werbung neuer Kunden) als auch im Produktionsbereich (zum Beispiel die Schadensregulierung) beziehen.

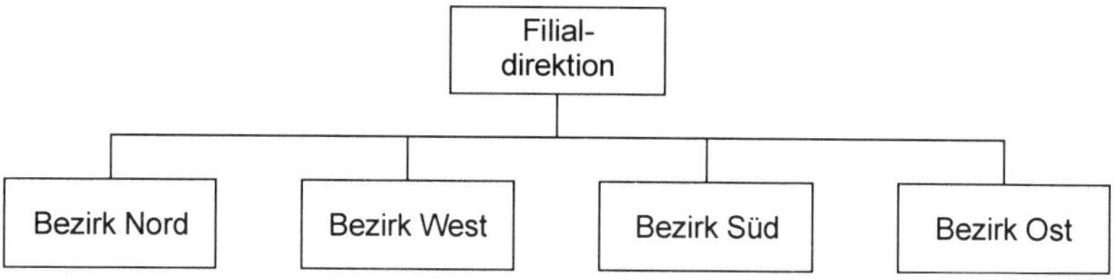

Abb. 3-27: Abteilungsbildung nach Regionen (Beispiel Versicherung)

4.1.5 Die Leitungsspanne

Die Größe einer Abteilung wird vornehmlich durch die Leitungsspanne der jeweiligen Instanz bestimmt.

> *Die Leitungsspanne beinhaltet die Anzahl der einer Leitungsstelle unmittelbar unterstellten Personen.*

Nur mittelbar unterstellte Mitarbeiter werden im allgemeinen nicht in die Leitungsspanne mit eingerechnet. Statt des Terminus Leitungsspanne werden auch die Begriffe **Kontrollspanne** (span of control) oder vereinzelt Subordinationsspanne verwendet.

In der Praxis liegt die Leitungsspanne zwischen 1 und 90 Personen (*Woodward* 1965, S. 32). Ein Anliegen der klassischen Organisationstheorie bestand darin, Aussagen über die **maximale** und die **optimale** Leitungsspanne zu treffen (z.B. *Urwick* 1935). Die in der Literatur zu findenden Zahlenwerte schwanken dabei erheblich: Unter Berufung auf praktische Erfahrungen werden Werte zwischen 6 und 40 Personen genannt (vgl. *Schneider* 1972, S. 128 f.). Es bestand aber Einigkeit dahingehend, daß die Leitungsspanne eher klein sein müßte.

Im allgemeinen nimmt die Leitungsspanne in der Hierarchie von unten nach oben ab; als besonders problematisch ist deshalb der Versuch zu werten, eine für alle Leitungsebenen einheitliche optimale oder maximale Leitungsspanne festzulegen. Denn hiermit wird unterstellt, daß die besonderen Merkmale der Aufgaben und der Mitarbeiter keinen Einfluß auf die Leitungsspanne haben. In der Realität kann jedoch die Leitungsspanne von Leitungsebene zu Leitungsebene und innerhalb einer Leitungsebene zwischen den einzelnen Abteilungen beachtlich schwanken.

Die Leitungsspanne darf gemäß dem Beherrschbarkeitsprinzip nur so groß sein, daß jeder Vorgesetzte den ihm unterstellten Bereich zufriedenstellend koordinieren und kontrollieren kann. Eine zunehmende Leitungsspanne belastet den Vorgesetzten stärker mit Leitungs- und Führungsaufgaben. Wird die Anzahl der direkt unterstellten Mitarbeiter zu groß, so führt dies zu einer qualitativen und quantitativen Überlastung des Vorgesetzten. Die maximale Leitungsspanne hängt dabei von situativen Einflußgrößen ab, die sich im wesentlichen auf zwei **Haupteinflußgrößen** zurückführen lassen:

- Auf der einen Seite wird die Leitungsspanne durch die qualitative und quantitative **Leitungskapazität** des Vorgesetzten begrenzt. Die quantitative Kapazität wird in erster Linie durch die dem Vorgesetzten für Leitungsaufgaben zur Verfügung stehende Arbeitszeit bestimmt, die qualitative Kapazität vornehmlich durch seine Persönlichkeit.
- Auf der anderen Seite wird die Leitungsspanne dadurch begrenzt, wie häufig und wie lange die einzelnen Mitarbeiter ihren Vorgesetzten in Anspruch nehmen, das heißt durch die **Nutzung der Leitungsbeziehungen.**

Diese beiden Haupteinflußgrößen hängen wiederum, wie in *Abbildung 3-28* aufgeführt, von einer Reihe anderer Faktoren ab (vgl. u.a. *Ulrich* 1961, S. 254; *Udell* 1967, S. 425 ff.; *Bleicher* 1969, Sp. 1532 ff.; *Mintzberg* 1979, S. 139 ff.; *Seidel/Redel* 1987, S. 71 f.; *Hill/Fehlbaum/Ulrich* 1989, S. 222).

Nutzung der Leitungsbeziehungen	Leitungskapazität des Vorgesetzten
Aufgabenmerkmale	
↓ steigende Komplexität ↑ zunehmende Gleichartigkeit ↑ gute Überwachbarkeit ↓ zunehmende Änderungshäufigkeit ↓ hohe Interdependenzen zwischen den Stellenaufgaben	↓ steigende Belastung durch Fachaufgaben ↓ hohes Risiko der Entscheidungen
Merkmale der Mitarbeiter	**Merkmale des Vorgesetzten**
↑ hohe fachliche Qualifikation ↑ mehr Selbständigkeit und Leistungsorientierung	↑ hohe fachliche Qualifikation ↑ hohe Führungsqualifikation
Führungsstil des Vorgesetzten	
↑ Partizipation an Entscheidungen des Vorgesetzten	↓ Partizipation der Mitarbeiter an Entscheidungen
Informationstechnische Sachmittel	
↑ automatisierte Entscheidungen / Entscheidungsunterstützung durch Planungssysteme	↑ schriftliche statt mündlicher Kommunikation ↑ Einsatz von Management-Informationssystemen
Organisatorische Maßnahmen	
↑ hohe Standardisierung ↑ umfangreiche Übernahme von Aufgaben, Verantwortung und Kompetenzen ↑ Selbstabstimmung in Arbeitsgruppen	↑ hohe Standardisierung ↑ umfangreiche Delegation von Aufgaben, Verantwortung und Kompetenzen ↑ Einrichtung von Leitungshilfsstellen ↓ große räumliche Distanz der Arbeitsplätze
Legende: ↑ = tendenziell größere Leitungsspanne ↓ = tendenziell kleinere Leitungsspanne	

Abb. 3-28: Einflußgrößen auf die Leitungsspanne

Folgende **Determinanten** der Leitungsspanne können dabei besonders ausgemacht werden:

- Eine wesentliche Einflußgröße der Leistungsspanne stellen die **Merkmale der Aufgaben** dar, die von den unterstellten Mitarbeitern durchzuführen sind. So lassen beispielsweise schematische und repetitive Tätigkeiten relativ hohe Leitungsspannen zu. Die unteren Hierarchieebenen haben einen höheren Anteil an Routineaufgaben, so daß tendenziell die Leitungsspanne nach unten zunimmt.
- Die persönliche **Qualifikation** von Vorgesetzten und Mitarbeitern beeinflußt die Leitungsspanne. Unselbständige Mitarbeiter, die fachlich leicht überfordert sind,

beanspruchen ihren Vorgesetzten weitaus intensiver als selbständige, hochqualifizierte Mitarbeiter. Seitens des Vorgesetzten können unklare oder widersprüchliche Anweisungen zu Rückfragen führen und nachträgliche Korrekturen erfordern. Damit ist zwangsläufig eine Minderung der Effizienz und eine Vermehrung der Arbeitsbelastung verbunden, was wiederum durch eine Verkleinerung der Leitungsspanne kompensiert werden kann.

- Der **Führungsstil** des Vorgesetzten, hier insbesondere die Einbeziehung von Mitarbeitern in die Entscheidungsfindung, erfordert - abhängig vom Partizipationsgrad - mehr oder weniger Zeit zur Information und Anhörung der Mitarbeiter sowie zur Diskussion und Beratung mit den Mitarbeitern. Hierdurch wird zwangsläufig die zeitliche Arbeitskapazität des Vorgesetzten stark in Anspruch genommen. Auf der anderen Seite vermindert die Partizipation nachträgliche Rückfragen seitens der Mitarbeiter, entlastet demnach den Vorgesetzten.
- In dem Maße, wie sich ein Vorgesetzter zur Durchführung seiner Leitungstätigkeiten durch informationstechnische **Sachmittel** wie zum Beispiel durch Management-Informationssysteme oder durch elektronische Kommunikationssysteme unterstützen läßt, kann er eine größere Anzahl an Mitarbeitern leiten.

Die Situationsumstände, welche die Leitungsspanne bestimmen, können ihrerseits wiederum durch **organisatorische** und **personelle Maßnahmen** beeinflußt werden:

- Die Koordination durch persönliche Weisungen stellt nur einen von mehreren möglichen Koordinationsmechanismen dar, die untereinander bis zu einem gewissen Maße austauschbar sind. So können Teile des Aufgabenbereiches eines Vorgesetzten durch feste Vorschriften und Regeln institutionalisiert werden. Ebenso können Entscheidungs- und Kontrollkompetenzen an die Mitarbeiter delegiert werden. Ferner kann die Koordination durch persönliche Weisungen durch die gegenseitige Abstimmung innerhalb der Mitarbeiter ersetzt werden.
- Auch die Leitungskapazität des Vorgesetzten kann erhöht werden, indem durch Fort- und Weiterbildungsmaßnahmen seine Management- und Arbeitstechniken sowie seine Kenntnisse über das fachliche Aufgabengebiet verbessert werden.

4.2 Delegation und Partizipation

Die Festlegung einer geeigneten Leitungsspanne wird von vielfältigen Faktoren beeinflußt, die ihrerseits - wie beispielsweise die Standardisierung, die Delegation und die Partizipation - selbst organisatorische Gestaltungsgrößen darstellen. Delegation und Partizipation umfassen dabei besondere organisatorische Aspekte in Hinblick auf die Durchführung von Entscheidungsaufgaben innerhalb einer Abteilung.

4.2.1 Delegation von Aufgaben

Hinter dem Begriff der Delegation steht die Annahme, daß grundsätzlich nur die oberste Unternehmensleitung die Befugnis hat, Entscheidungen zu treffen. Von einer gewissen Unternehmensgröße ist sie jedoch aufgrund ihrer begrenzten Leitungskapazität dazu nicht mehr in der Lage, so daß gemäß dem Top-down-approach eine Übertragung von Leitungsaufgaben an andere Stellen unumgänglich wird.

Delegation beinhaltet die dauerhafte Übertragung von Entscheidungsaufgaben sowie zugehöriger Kompetenzen und Verantwortung an hierarchisch nachgeordnete Stellen.

Die Übertragung von Entscheidungsaufgaben sowie zugehöriger Kompetenzen und Verantwortung erfolgt in der Hierarchie normalerweise von oben nach unten. Da mit Kompetenzen auch Verantwortung verbunden ist, wird mit der Delegation auch Verantwortung übertragen. Die dabei entstehende Frage, ob und inwieweit der delegierende Vorgesetzte von seiner Verantwortung befreit wird, ist bereits im Zusammenhang mit den Merkmalen einer Leitungsstelle angesprochen worden.

4.2.2 Zentralisation von Entscheidungen

In einem engen Zusammenhang mit der Delegation steht die Verteilung der Entscheidungen innerhalb der Stellenhierarchie eines Unternehmens. Mit dem Begriff der **Entscheidungsdezentralisation** wird umschrieben, daß Entscheidungskompetenzen tendenziell auf die unteren Hierarchieebenen und damit auf mehrere dezentrale Stellen verteilt sind. Umgekehrt beinhaltet die **Entscheidungszentralisation** die Tendenz zur Konzentration von Entscheidungsaufgaben auf den oberen Hierarchieebenen. Während sich die Partizipation auf die Verteilung von Entscheidungsaufgaben zwischen zwei in einer hierarchischen Verbindung stehenden Stellen bezieht, umfaßt die Entscheidungs(de)zentralisation die gesamte Hierarchie.

- Ein extrem **zentralisiertes** Unternehmen würde deshalb beinhalten, daß alle Entscheidungsbefugnisse bei der obersten Unternehmensleitung liegen und die übrigen Stellen keine Entscheidungskompetenzen haben.
- Als **dezentralisiert** wird ein Unternehmen bezeichnet, in dem die Entscheidungsbefugnisse auf viele Stellen verteilt sind; den Stellen auf den mittleren und unteren Hierarchieebenen ist ein relativ großer Entscheidungsspielraum eingeräumt.

Eine völlige Zentralisation oder Dezentralisation von Entscheidungen ist in der Unternehmenspraxis nicht erreichbar. Auch bei einer extremen Entscheidungsdezentralisation werden bestimmte Entscheidungen bei der obersten Unternehmensleitung verbleiben müssen; ebenso werden auch bei einer extremen Zentralisation bestimmte Routineentscheidungen nur auf der Ausführungsebene getroffen. Ein Unternehmen kann jedoch als um so stärker dezentralisiert gelten, je mehr Entscheidungsbefugnisse offiziell auf die unteren Hierarchieebenen verteilt sind, je wichtiger die auf den unteren Ebenen getroffenen Entscheidungen sind, je größer die Auswirkungen der Entscheidungen sind und je weniger Abstimmung mit übergeordneten Stellen gefordert wird (vgl. *Dale* 1952, S. 107). Umfangreiche **Stabsabteilungen** sind ein Indiz für eine tendenzielle Entscheidungszentralisation, da hier die Linienstellen bei einer Überlastung ihren Stab erweitert haben anstatt Kompetenzen zu delegieren.

Das **Subsidiaritätsprinzip** besagt, daß Aufgaben grundsätzlich von der jeweils untersten Ebene gelöst werden sollten, die dazu noch imstande ist. Übergeordnete Ebenen greifen nur in Ausnahmefällen ein; sie nehmen ansonsten nur noch diejenigen Aufgaben wahr, welche die unteren Stellen nicht mehr aus eigener Kraft bewältigen können (vgl. *Seidel/Redel* 1987, S. 39). Die Anwendung dieses Grundsatzes setzt jedoch voraus, daß für jede Stelle und für alle Leitungsebenen die nicht delegierbaren Aufgaben und Kompetenzen bekannt sind. Folgende **Kriterien** sollen nach

Drucker (1956, S. 248 ff.) bei der Delegation berücksichtigt werden (vgl. hierzu auch *Hill/Fehlbaum/Ulrich* 1981, S. 228 f.):

- Entscheidungen mit kurzer **zeitlicher Reichweite** können auf tiefere Hierarchieebenen delegiert werden als solche mit langer Reichweite.
- Je vielfältiger die **Auswirkungen** einer Entscheidung **auf andere Bereiche** oder gar auf das gesamte Unternehmen sind, um so weniger ist sie delegierbar (vgl. hierzu auch *Kosiol* 1962, S. 121).
- Entscheidungen mit direkten **Auswirkungen für die Mitarbeiter** sind hierarchisch höher zu treffen als rein sachtechnische Entscheidungen.
- Je größer das **Risiko** und je unsicherer die Entscheidungssituation ist, desto weniger ist eine Entscheidung delegierbar.
- **Routinefälle** verlangen keine echten Entscheidungen mehr und sind nach dem Prinzip des Management by Exception an untergeordnete Stellen zu delegieren. Die Toleranzgrenzen zwischen Routine- und Ausnahmeentscheidungen sind dabei sauber zu definieren.

Der Begriff der Delegation ist in Managementkreisen sehr geläufig; er wird dabei jedoch häufig im Sinne einer vorläufigen Übertragung von Aufgaben verwendet. **Ad-hoc-Delegation** ist notwendig, wenn neuartige Aufgaben anfallen, für die noch keine geregelten Zuständigkeiten bestehen (vgl. *Neuberger* 1977, S. 55 f.). Streng zu unterscheiden von der Delegation dauerhafter Aufgaben ist die Erteilung eines einmaligen Auftrags, wie sie alltäglich vorkommt.

Die wesentlichen Vor- und Nachteile der Delegation sind in *Abbildung 3-29* schematisch zusammengefaßt (vgl. *Schmidt* 1985, S. 223 f.; *Hill/Fehlbaum/Ulrich* 1989, S. 232 f.; *Wittlage* 1989, S. 99).

Delegation	
Vorteile	• qualitative und quantitative Entlastung der übergeordneten Stellen • weniger Stabsstellen • weniger Kommunikationsaufwand • Konzentration der obersten Unternehmensleitung auf strategische Aspekte • Entscheidungen dort, wo Folgen unmittelbar wirksam werden • schnellere Entscheidungen • Ausnutzung von vorhandenen Fähigkeiten der Mitarbeitern • bessere Entfaltungsmöglichkeiten der Mitarbeiter, dadurch höhere Motivation und Arbeitszufriedenheit • Managementnachwuchs kann frühzeitig Entscheidungen trainieren
Nachteile	• höherer Bedarf an qualifizierten Mitarbeitern • erhöhter Koordinationsaufwand • erhöhtes Konfliktpotential • vermehrte Ergebniskontrolle notwendig • Gefahr wenig abgestimmter Entscheidungen • Gefahr der Überforderung einzelner, hierdurch Frustration und Demotivation • erhöhter Streß durch Verantwortung

Abb. 3-29: Bewertung der Delegation

4.2.3 Partizipation an Entscheidungen

Partizipation bedeutet, daß bei Entscheidungen, die in den Aufgaben- oder Delegationsbereich einer Stelle fallen, noch andere Stellen beteiligt werden. In Abgrenzung zur Mitbestimmung, welche mehr die formale, rechtlich abgesicherte Teilnahme an Entscheidungsprozessen kennzeichnet, steht der Terminus Partizipation eher für die gesetzlich nicht vorgeschriebenen Formen der Teilnahme.

Unter Partizipation wird die Teilnahme der Betroffenen an den Prozessen der Willensbildung und Entscheidung übergeordneter Hierarchieebenen verstanden.

Im angelsächsischen Sprachgebrauch werden die Begriffe Partizipation und Kooperation praktisch gleichgesetzt. Der Begriff der Partizipation ist gemäß obiger Definition jedoch auf hierarchische Organisationsstrukturen begrenzt. Für die Entscheidungsbeteiligung hierarchisch *gleichgestellter* oder autonomer Personen in einer Gruppe kann hingehen eher der Begriff der Kooperation verwendet werden. Im engeren betriebswirtschaftlichen Sinne umfaßt der Kooperationsbegriff die Zusammenarbeit zwischen wirtschaftlich selbständigen Unternehmen.

Delegation und Partizipation sind streng voneinander zu unterscheiden: Delegation führt, wie bereits dargelegt, zu einer **hierarchischen Differenzierung** von Kompetenzen, die von den jeweiligen Stelleninhabern selbständig in eigenem Namen wahrgenommen werden. Bei der Partizipation handelt es sich dagegen um eine gemeinsame Ausübung von Kompetenzen durch mehrere Personen auf unterschiedlichen Hierarchieebenen. In der Regel geht es um eine **Beteiligung der Mitarbeiter** an Entscheidungen, die in den Aufgabenbereich (und damit auch in den Kompetenz- und Verantwortungsbereich) des unmittelbaren Vorgesetzten fallen und von denen sie unmittelbar betroffen sind (vgl. *Seidel/Redel* 1987, S. 36; *Hill/Fehlbaum/Ulrich* 1989, S. 235).

Die wesentlichen Vor- und Nachteile der Partizipation sind in *Abbildung 3-30* schematisch zusammengefaßt (vgl. *Schmidt* 1985, S. 226; *Hill/Fehlbaum/Ulrich* 1989, S. 260 f.).

Partizipation	
Vorteile	• verbesserte Kommunikation infolge des direkten, sofortigen Informationsaustausches • höhere Motivation durch Identifikation • bessere Entscheidungsfindung und Ergebnisse aufgrund einer größeren Wissens- und Erfahrungsbasis • Möglichkeit zur frühzeitigen Offenlegung und Lösung von Konflikten • Ausrichtung auf gemeinsame Ziele • höhere Motivation durch Identifikation mit den Leitungszielen
Nachteile	• höherer Zeitaufwand von Gruppenentscheidungen, ggf. Verzögerungen • Abhängigkeit von der Gruppe; Verlust von Eigeninitiative • Suchen nach Kompromissen • geringeres individuelles Verantwortungsbewußtsein, dadurch höhere Risikobereitschaft in der Gruppe

Abb. 3-30: Bewertung der Partizipation

4.3 Führung und Führungskonzepte

Partizipation ist ein Instrument der Führung. Während bei der Leitung eher die **Sache** im Vordergrund steht (vor allem Aufgaben und Arbeitsprozesse), ist Führung eher unter dem Gesichtspunkt des **Menschen** zu sehen. Führungsmaßnahmen dienen dazu, die Leistungsbereitschaft und die Motivation der Mitarbeiter zu fördern. Eine Führungspersönlichkeit ist dadurch charakterisiert, daß sie ihren Willen bei anderen Personen nicht durchsetzt, sondern sie vielmehr dazu bringt, das sie das wollen, was er erreichen möchte.

Führung beinhaltet die zielgerichtete Verhaltensbeeinflussung von Menschen durch Menschen innerhalb einer Gruppe.

Führung ist neben anderen Formen lediglich eine Form der Verhaltensbeeinflussung.

4.3.1 Modelle zum Führungsverhalten

Führungsbeziehungen sind mit den Leitungsbeziehungen insofern verknüpft, daß es sich einmal um den **personenbezogenen** Aspekt (Führungsaufgabe), einmal um den **sachbezogenen** Aspekt (Leitungsaufgabe) der Beziehungen zwischen Vorgesetzten und Mitarbeitern handelt. Diese beiden Aspekte haben *Blake* und *Mouton* miteinander im sogenannten **Verhaltensgitter** (managerial grids) kombiniert.

Alle Verhaltensweisen sind situationsabhängig. Somit gibt es auch keinen allgemein gültigen Zusammenhang zwischen dem Leistungsverhalten einer Gruppe und dem Führungsverhalten des Vorgesetzten, sondern es bestehen in unterschiedlichen Situationen auch unterschiedliche Zusammenhänge. So haben *Vroom* und *Yetton* (1973) ein situatives Entscheidungsmodell entworfen, das fünf mögliche Verhaltensmuster des Vorgesetzten beschreibt. Die Skala reicht dabei von der autoritären Alleinentscheidung bis zur Problemlösung und Entscheidung in der Gruppe. Anhand von sieben diagnostischen Fragen zur Entscheidungssituation des Vorgesetzten wird die Problemsituation analysiert und einer von insgesamt 14 Problemtypen zugeordnet. Für jeden Problemtyp wird dann angegeben, welche Entscheidungsstile zulässig sind. Eine ausführliche Beschreibung des Führungsmodells von *Vroom/Yetton* ist bei *Frese* (1992a, S. 336 ff.) zu finden.

Die Auseinandersetzung mit der Führung als dem Prozeß der Verhaltensbeeinflussung (*Staehle* 1989, S. 303) bildet einen Schwerpunkt der **Sozialpsychologie**. Ihre Aussagen beziehen sich weitgehend auf Führungsverhalten in Kleingruppen (Mikroperspektive); in letzter Zeit richtet sich das Forschungsinteresse zusätzlich auf die Organisationskultur als Führungskonzept (Makroperspektive) (vgl. *Frese* 1992a, S. 322).

Verhaltensgitter nach *Blake* und *Mouton*

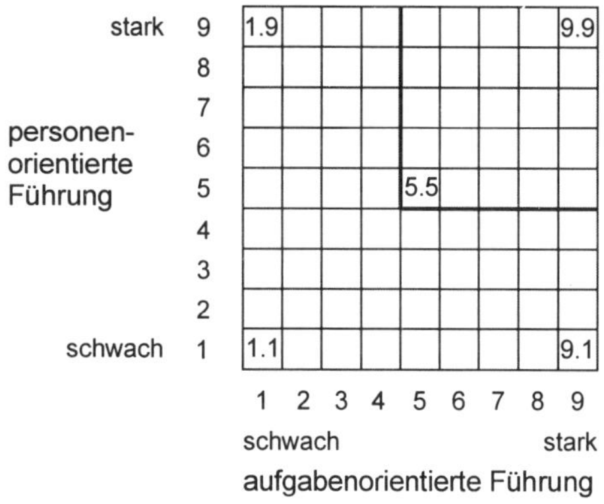

Das Verhaltensgitter nach *Blake* und *Mouton* beruht auf den Forschungsergebnissen der *Ohio State University*. In einer aufwendigen empirischen Untersuchung wurden Verhaltensdimensionen ermittelt, mit denen sich Führungsverhalten beschreiben läßt. Zwei Faktoren zeigten sich durchgehend auch in anderen Untersuchungen als bedeutsam:

- Consideration (auch Mitarbeiterorientierung oder "concern for people") und
- Initiating structure (auch Aufgabenorientierung oder "concern for production").

Da beide Dimensionen statistisch voneinander unabhängig sind, sollen sie in jeweils verschiedenen Ausprägungen beliebig miteinander kombiniert werden können. Die beiden Dimensionen werden durch zwei Skalen grafisch veranschaulicht; jede der beiden Skalen wird dabei neunfach unterteilt, so daß sich theoretisch 81 verschiedene Verhaltensformen ableiten lassen. Hiervon füllen *Blake* und *Mouton* fünf Felder mit Inhalt; vier Verhaltensformen stellen extreme Ausprägungen dar, während der fünfte eine mittlere Position einnimmt:

- Verhaltensform 1.1: Geringstmögliche Einwirkung auf die Arbeitsleistung und auf die Menschen ergibt einen fast führungslosen Zustand.
- Verhaltensform 1.9: Sorgfältige Beachtung der zwischenmenschlichen Beziehungen führt zu einer bequemen und freundlichen Atmosphäre und zu einem entsprechenden Arbeitstempo.
- Verhaltensform 9.1: Wirksame Arbeitsleistung wird erzielt, ohne daß viel Rücksicht auf die zwischenmenschlichen Beziehungen genommen wird.
- Verhaltensform 9.9: Hohe Arbeitsleistung von begeisterten Mitarbeitern. Verfolgung des gemeinsamen Zieles führt zu gutem Verhalten.
- Verhaltensform 5.5: Genügende Arbeitsleistung möglich durch das Ausbalancieren der zur Arbeitsleistung notwendigen Aufgabenstrukturierung und der Beachtung zwischenmenschlicher Beziehungen.

Das Konzept hat nicht nur einen **deskriptiven**, sondern auch einen **normativen** Charakter. Die 9.9-Verhaltensform gilt als optimal, die Verhaltensformen im Bereich 5.9, 5.5, 9.5 und 9.9 als erstrebenswert.

Quelle: *Blake/Mouton* 1968, S. 33

Führung
Führung ist eine spezifische Art der Kommunikation in Gruppen. Ihr Hauptmerkmal besteht darin, daß ein Gruppenmitglied versucht, die anderen Gruppenmitglieder in eine bestimmte Richtung zu beeinflussen. Diese dominante Einflußnahme kann dann als Führung bezeichnet werden, • wenn die Einflußnahme auf die Bildung und die Erreichung von Zielen gerichtet ist, mit denen sich die übrigen Gruppenmitglieder identifizieren; • wenn sich die Gruppenmitglieder von dem durch die Einflußnahme bewirkten Gruppenverhalten einen starken positiven Beitrag zur Erreichung der gemeinsamen Ziele versprechen. Wenn beide Kriterien erfüllt sind, dann besitzt dieses Gruppenmitglied personenspezifische und/oder aufgabenspezifische Autorität und wird als Führer akzeptiert. Die Gruppenmitglieder folgen dem Führer motiviert (weil von ihnen selbst angestrebte Ziele betroffen sind) und emotional verpflichtet (weil die Einflußnahme des Führers als richtig empfunden wird). In Unternehmen ist die Situation dadurch gekennzeichnet, daß die einzelnen formalen Gruppen unter ihren Mitgliedern einen offiziell ernannten Vorgesetzten haben, dessen Aufgabe u.a. darin besteht, die übrigen Mitglieder der Gruppe zu leiten und zu kontrollieren. In solchen Gruppen ist also eine positionsspezifische Rollenverteilung vorgegeben. Es ist die Leitungsaufgabe des Vorgesetzten, für eine anforderungsgerechte Erfüllung der Aufgaben in seiner Gruppe zu sorgen. Dazu muß er Einfluß auf das Verhalten seiner Mitarbeiter ausüben, indem er ihnen Ziele setzt, Entscheidungen trifft und die Ausführung dieser Entscheidungen durchsetzt. Der Vorgesetzte kann dabei versuchen, aufgrund seiner positionsspezifischen Autorität - das heißt aufgrund seiner Leitungsbefugnisse oder mit Sanktionen - seine Gruppe entsprechend zu beeinflussen. Ein Vorgesetzter, der sich ausschließlich auf seine offiziellen Rechte abstützt, wird jedoch bei seinen Mitarbeitern eine nur geringe Akzeptanz finden. Die Mitarbeiter folgen ihm weder motiviert noch emotional verpflichtet. Er muß deshalb bemüht sein, nicht nur die Rolle des Vorgesetzten der Gruppe, sondern auch die des Führers zu übernehmen. Die Akzeptanz des Vorgesetzten als Führer hängt dabei u.a. davon ab, ob die Mitarbeitergruppe die von ihm vertretenen Zielsetzungen bezüglich der zu erfüllenden Aufgaben als ihre eigenen Ziele anerkennt und sich damit identifiziert. Die Identifikation der Mitarbeiter mit den vom Vorgesetzten vertretenen Zielen hängt wiederum stark von seinem Verhalten ab. Anstatt die Zielsetzungen vorzugeben und die erforderlichen Maßnahmen selbst zu bestimmen, kann er seine Mitarbeiter an den Entscheidungen beteiligen, um hierdurch die Akzeptanz seitens der Mitarbeiter zu fördern. Das Ausmaß dieser Beteiligung von Mitarbeitern an Entscheidungen, für die der Vorgesetzte die Verantwortung trägt, wird dabei als Partizipation bezeichnet.
Quelle: *Hill/Fehlbaum/Ulrich* 1989, S. 104 ff.

4.3.2 Führungsstile als Verhaltensmuster

Ein Führungsstil ist das langfristig stabile Verhaltensmuster eines Vorgesetzten gegenüber seinen Mitarbeitern bei der Ausübung seiner Leitungsaufgaben.

Ein Führungsstil kennzeichnet die Art und Weise, wie ein Vorgesetzter mit seinen Mitarbeitern umgeht, das heißt wie er Entscheidungen trifft und diese den Mitarbeitern anordnet. Auch wenn Führungsverhalten situativ ist, so erleben die Geführten das Führungsverhalten langfristig doch als einen ganzheitlichen Führungsstil.

In der Führungsliteratur sind eine Reihe von Führungsstiltheorien zu finden. Autoritärer und demokratischer Führungsstil werden dabei meist als Extrempunkte eines

Kontinuums aufgefaßt. Unter dem Aspekt der Partizipation ist die sogenannte **Kontinuum-Theorie** von *Tannenbaum/Schmidt* (1958) formuliert worden, die in der amerikanischen Managementliteratur eine große Verbreitung gefunden hat (vgl. *Abb. 3-31*).

Autoritärer Führungsstil <——————> Demokratischer Führungsstil						
Entscheidungsspielraum des Vorgesetzten						Entscheidungsspielraum der Gruppe
Vorges. entscheidet allein und ordnet an	Vorges. ordnet an und begründet seine Entscheidung	Vorges. schlägt Ideen vor und gestattet Fragen	Vorges. entscheidet vorläufig, holt Meinungen ein und entscheidet endgültig	Vorges. zeigt das Problem auf, die Gruppe schlägt Lösungen vor, Vorges. entscheidet	Vorges. zeigt das Problem auf und legt den Entscheidungsspielraum fest; Gruppe entscheidet	Gruppe entscheidet autonom, Vorges. fungiert als Koordinator
autoritär	patriarchalisch	informierend	beratend	kooperativ	partizipativ	demokratisch

Abb. 3-31: Kontinuum der Führungsstile
Quelle: nach Tannenbaum/Schmidt (1958), S. 96

Die Bedeutung der Kontinuum-Theorie liegt vor allem darin, daß alternative Führungsstile aufgezeigt und in eine logische Ordnung gebracht werden.

4.3.3 Konzepte zur Mitarbeiterführung

Vor allem in den 70er Jahren wurden in großer Zahl Führungskonzepte (auch Führungsmodelle, Managementprinzipien, Managementkonzeptionen) formuliert, vorwiegend als „Management by ..." (zum Beispiel Management by Breakthrough, by Communication, by Delegation, by Decisions Rules, by Exception, by Motivation, by Objectives, by Partizipation, by Results, by Screening Around, by Walking Around). Sie gründen sich weitgehend aus Erfahrungen von Praktikern und sind meist schlagwortartig aufgestellt, ohne daß die Anwendungsbedingungen detailliert angegeben werden. Sie stehen dabei teilweise in einem offensichtlichen Widerspruch zueinander; die gleichzeitige Befolgung mehrerer Konzepte unterschiedlichen Inhalts ist nur möglich, wenn diese sich zueinander neutral oder komplementär verhalten.

Ein Führungskonzept stellt eine System von Empfehlungen dar, wie sich ein Vorgesetzter gegenüber seinen Mitarbeitern bei der Ausübung seiner Leitungsaufgaben verhalten soll.

Im folgenden sollen beispielhaft zwei klassische Führungskonzepte beschrieben werden, die auch heute noch von praktischer Relevanz sind. Es handelt sich um die Konzepte des Management by Exception und des Management by Objectives.

(1) Management by Exception

Das vor allem von *Drucker* (1956) vertretene Prinzip des Management by Exception (MbE, Führung nach dem Ausnahmeprinzip) besagt, daß die Durchführung aller Normalfälle und die damit verbundene Verantwortung an die Mitarbeiter delegiert werden (*Abb. 3-32*). Der Vorgesetzte greift nur bei größeren Ergebnisabweichungen oder in unvorhergesehenen Ausnahmefällen ein.

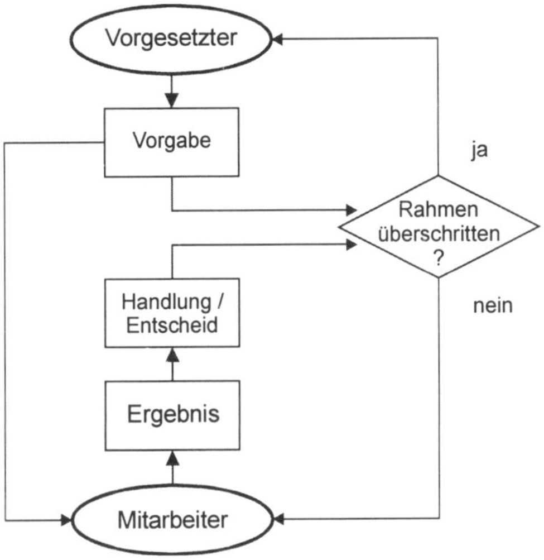

Abb. 3-32: Das Konzept des Management by Exception

Das Prinzip geht von zwei Annahmen aus:

- Die Vorgesetzten sind so stark mit Ausführungsaufgaben belastet, daß ihnen nur noch wenig Zeit für Leitungsaufgaben verbleibt. Ihre Überlastung ist auf eine mangelnde Delegationsbereitschaft sowie auf eine zeitaufwendige Überwachung der Mitarbeiter zurückzuführen.
- Wenn den Mitarbeitern eine größere Selbständigkeit eingeräumt wird, wächst die Effizienz bei der Arbeit.

Für die Anwendung des Management by Exception ist es erforderlich, daß der Handlungsspielraum der Mitarbeiter genau festgelegt wird. Es müssen Standards und Toleranzen bestimmt werden, anhand derer sich die Ausnahmesituationen identifizieren lassen. Die Behandlung der Ausnahmefälle erfordert weiterhin entsprechend ausgestaltete Informationsbeziehungen zwischen Vorgesetzten und Mitarbeitern, damit die Kontrollinformationen zuverlässig weitergeleitet werden können. Da die Ausnahmefälle zum größten Teil durch negative Abweichungen begründet sind, ergibt sich eine einseitige Betonung unangenehmer Ereignisse. Dies führt zwangsläufig zu unerwünschten Auswirkungen auf das Verhalten der betroffenen Mitarbeiter und zu Versuchen, Informationen zu manipulieren (vgl. *Frese* 1979, S. 118).

Die Grundidee des Management by Exception, daß ein Vorgesetzter Aufgaben an seine Mitarbeiter delegiert, kann als allgemeines Führungsprinzip angesehen werden. Den Anspruch eines eigenständigen Führungskonzeptes kann es dagegen nicht erfüllen; eine ausschließliche Beschränkung auf diesen Ansatz ist daher für einen Vorgesetzten nur wenig hilfreich.

Management by Exception	
Vorteile	• Entlastung der Leitungsstellen von Routinevorgängen
Nachteile	• aufwendige Festlegungen zur Identifikation der Ausnahmefälle • geringe Motivation der Mitarbeiter durch die Beschränkung auf Normalfälle
Anwendung	• allgemeines Führungsprinzip

Abb. 3-33: Bewertung des Management by Exception

(2) Management by Objectives

Das von *Odiorne* (1965) publizierte Führungskonzept des Management by Objectives (MbO, Führung durch Zielvereinbarung) beinhaltet einen Ansatz, der sowohl betriebliche als auch persönliche Ziele berücksichtigt. Es beruht auf der generellen Annahme, daß durch eine Führung über Ziele die Initiative, Kreativität und Flexibilität der Mitarbeiter gefördert werden.

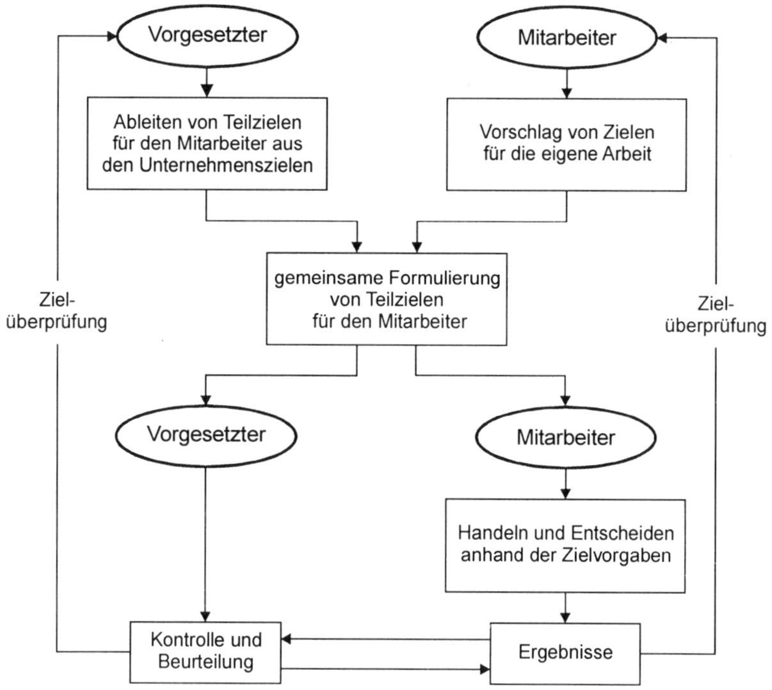

Abb. 3-34: Das Konzept des Management by Objectives

Der Vorgesetzte und sein ihm zugeordneter Mitarbeiter legen gemeinsam die Ziele des Mitarbeiters fest und erarbeiten Kriterien zur Beurteilung der Zielerreichung (*Abb. 3-34*). Die Ziele sollen dem Leistungsvermögen des Mitarbeiters entsprechen und innerhalb der vereinbarten Planperiode auch realistisch erreichbar sein. Die Forderung nach klaren Zielvorgaben wird insbesondere durch eine Quantifizierung der Ziele erfüllt. Am Ende der vereinbarten Periode schätzen der Vorgesetzte und sein Mitarbeiter ab, inwieweit die gesteckten Ziele erreicht wurden. Die Beurteilung soll dabei zunächst einmal von dem Betroffenen selbst vorgenommen werden, da dieser im Falle einer Zielabweichung in der Regel auch die Gründe hierfür kennt. Bei der Abweichungsanalyse soll er auch über seine persönlichen Stärken und Schwächen reflektieren. In einem anschließenden Beurteilungsgespräch mit dem Vorgesetzten wird gemeinsam über das erzielte Ergebnis, über die Selbstbeurteilung und über die mögliche weitere Entwicklung diskutiert. Daran anschließend zeigt der Vorgesetzte auf, welche Verbesserungsmöglichkeiten aus seiner Sicht bestehen, und legt zusammen mit dem Mitarbeiter die Ziele für die nächste Planperiode fest.

Das Management by Objectives betont die Beteiligung der Betroffenen an der Zielvorgabe. Dem Mitarbeiter wird bei der Wahl der Mittel, um diese Ziele zu erreichen, eine weitgehende Freiheit gelassen. Die Partizipation der Mitarbeiter, die eindeutige Festlegung der erwarteten Leistung und der breite Entscheidungs- und Kontrollspielraum stellen wirksame Instrumente zur Förderung der **Motivation** dar. Die klare Zielvorgabe erleichtert zugleich auch die Kontrolle durch den Vorgesetzten.

Innerhalb der Unternehmenshierarchie erfolgt dabei der Prozeß der Zielvereinbarung in einem **Kaskaden-Verfahren**: Ausgehend von den Vereinbarungen der obersten Unternehmensleitung mit den ihr direkt unterstellten Managern wiederholt sich der beschriebene Prozeß bis hin zu den unteren Hierarchieebenen. Das Zielsystem des Unternehmens wird auf diese Weise schrittweise konkretisiert und in Form von Teilzielen von den Mitarbeitern akzeptiert; die Zielvorgaben zweier Hierarchieebenen stehen dabei in einer Mittel-Zweck-Beziehung zueinander. Die Zielvereinbarung hängt somit ab von den Unternehmenszielen und von der Einschätzung der betroffenen Mitarbeiter über das, was sie für erreichbar halten.

Der Anwendungsbereich des Management by Objectives ist jedoch eng begrenzt. Auf der einen Seite ist es mit aufsteigender Hierarchieebene zunehmend schwieriger, klare und präzise Ziele zu formulieren. Auf der anderen Seite ist es dort nicht einsetzbar, wo der Spielraum für die selbständige Entscheidung über die Maßnahmen zur Zielerreichung zu eng ist. Das Konzept des Management by Objectives verliert somit für die unteren Hierarchieebenen und für Stellen mit überwiegend Routineaufgaben an Bedeutung.

Management by Objectives	
Vorteile	• eindeutige Festlegung von Leistungserwartungen • erleichterte Möglichkeit der Kontrolle • hohe Motivationswirkung, insbesondere infolge der Partizipation und der Selbstkontrolle
Nachteile	• aufwendiger Prozeß der Zielformulierung und -quantifizierung
Anwendung	• im mittleren Managementbereich • bei Aufgaben mit einem ausreichenden Entscheidungs- und Kontrollspielraum

Abb. 3-35: Bewertung des Management by Objectives

5. Koordination der Organisationseinheiten

Die Frage, wie die aus der Arbeitsteilung resultierenden gegenseitigen Abhängigkeiten zwischen den Organisationseinheiten berücksichtigt werden sollen, bildet ein Kernproblem des Organisationsmanagements. Die Organisation (im instrumentalen Sinne) stellt dabei neben dem Planungs- und Kontrollsystem eines Unternehmens das grundlegende Instrument der Koordination dar.

5.1 Notwendigkeit der Koordination

5.1.1 Begriff der Koordination

Ein Koordinationsbedarf ergibt sich aus der Arbeitsteilung. Der Zweck eines Unternehmens besteht darin, Güter und Dienstleistungen zu erstellen und am Markt abzusetzen. Die hierzu notwendigen Aktivitäten werden auf mehrere Personen verteilt; die auszuführenden Einzelaktivitäten erstrecken sich zum einen auf die Durchführung operativer Tätigkeiten, zum anderen auf das Treffen von Entscheidungen. Ein Bedarf an Koordination ergibt sich dann, wenn zwischen verschiedenen Tätigkeits- und Entscheidungsbereichen **Schnittstellen** (Berührungspunkte) und **Interdependenzen** (Abhängigkeiten) bestehen. Die Aktivitäten der einzelnen Personen müssen auf das gemeinsame Ziel hin abgestimmt werden, sie sind zu koordinieren. Der Koordinationsbedarf ist dabei um so höher, je größer die Zahl der spezialisierten Organisationseinheiten ist und je komplexer die Interdependenzen zwischen diesen Einheiten sind (vgl. hierzu *Seidel/Redel* 1987, S. 81 ff.; *Frese* 1988, S. 200 ff.; *Kieser/Kubicek* 1992, S. 95 ff.; *Rühli* 1992, Sp. 1164 ff.).

Koordination beinhaltet die Abstimmung von Einzelaktivitäten in Hinblick auf ein übergeordnetes Gesamtziel.

5.1.2 Arten von Interdependenzen

Es lassen sich gedanklich drei Ausprägungen an Interdependenzen unterscheiden (vgl. *Thompson* 1967, S. 54 f.; *Frese* 1988, S. 190 ff.; *Laßmann* 1992, S. 46 ff.).

(1) Interdependenzen aufgrund innerbetrieblicher Leistungsverflechtungen

Eine innerbetriebliche Leistungsverflechtung liegt vor, wenn das Arbeitsergebnis einer Organisationseinheit zum Input einer anderen Einheit wird. Die Vorleistungen bestimmen wesentlich die Leistungsqualität der nachfolgenden Arbeitsprozesse.

- **Sequentielle** Interdependenzen entstehen, wenn innerhalb eines Geschäftsprozesses die einzelnen aufeinander folgenden Aktivitäten durch mehrere Organisationseinheiten abgewickelt werden. Die Organisationseinheiten sind im Prozeß der betrieblichen Leistungserstellung hintereinander geschaltet, so daß der Output der vorgelagerten Einheit den Input der nachgelagerten Einheit bildet. Ein typisches Beispiel für eine derartige innerbetriebliche Leistungsverflechtung sind die Beziehungen zwischen den Beschaffungs-, Produktions- und Absatzaktivitäten eines Unternehmens.

- **Reziproke** Interdependenzen liegen vor, wenn die Arbeitsprozesse sich gegenseitig bedingen und zwischen zwei oder mehreren Einheiten ein gegenseitiger Austausch von Leistungen vorgenommen wird, so beispielsweise bei der Produktentwicklung zwischen dem Forschungs- und Entwicklungsbereich, der Produktion und dem Absatzbereich.

(2) Ressourceninterdependenzen

Ressourceninterdependenzen treten auf, wenn mehrere Organisationseinheiten gemeinsam eine begrenzte Menge von Ressourcen nutzen wie beispielsweise bei einer kollektiven Inanspruchnahme von Fertigungsanlagen oder von spezialisierten Arbeitskräften. Sie müssen sich dahingehend abstimmen, welche Einheit wann in welchem Umfang eine bestimmte Ressource in Anspruch nehmen kann. In der Regel liegen in jedem Unternehmen zumindest bezüglich der finanziellen Mittel Ressourceninterdependenzen vor.

(3) Marktinterdependenzen

(Absatz-)Marktinterdependenzen liegen zum einen vor, wenn die auf ein bestimmtes Marktsegment ausgerichteten Absatzaktivitäten die auf ein anderes Segment ausgerichteten Absatzaktivitäten beeinflussen. Aus Sicht des Marketing handelt es sich hierbei um sogenannte Ausstrahlungseffekte (vgl. *Becker* 1992, S. 605). Marktinterdependenzen werden zum anderen auch dadurch verursacht, daß verschiedene Funktionsbereiche eines Unternehmens ihre Aktivitäten auf dasselbe Marktsegment ausrichten. Sie entstehen zum Beispiel wenn während der Angebotsabwicklung neben dem Absatzbereich auch der Forschungs- und Entwicklungsbereich mit dem Kunden zur Lösung spezieller technischer Probleme in Kontakt steht (vgl. *Hüsch* 1991, S. 68).

5.1.3 Schnittstellen als Problemfelder

Die Berührungspunkte zwischen den verschiedenen Tätigkeits- und Entscheidungsbereichen werden als Schnittstellen bezeichnet. Schnittstellen entstehen zwangsläufig aus einer funktionalen Arbeitsteilung, wo keine autonomen Teilbereiche gebildet werden, sondern Bereiche mit vielfältigen, mehr oder weniger starken Interdependenzen. Durch diese Interdependenzen entstehen Berührungspunkte zwischen den Tätigkeitsbereichen; Schnittstellen sind folglich durch die Existenz von Interdependenzen begründet. Schnittstellen lassen sich dabei vor allem als **Problemfelder** zwischen den Tätigkeitsbereichen des Unternehmens verstehen (vgl. *Leumann* 1979, S. 63). Typische organisatorische **Schnittstellenprobleme** an den Abteilungsgrenzen bestehen darin, daß Informationen fehlen, daß die Prozeßabwicklung zu lange dauert oder daß die Verantwortlichkeiten nicht eindeutig geregelt sind.

In *Abbildung 3-36* sind einige typische Entscheidungsprobleme an den Schnittstellen beispielhaft illustriert. Die Maßnahmen und organisatorischen Regelungen zur Beseitigung dieser Problemfelder werden oft unter dem Begriff des **Schnittstellenmanagement** zusammengefaßt.

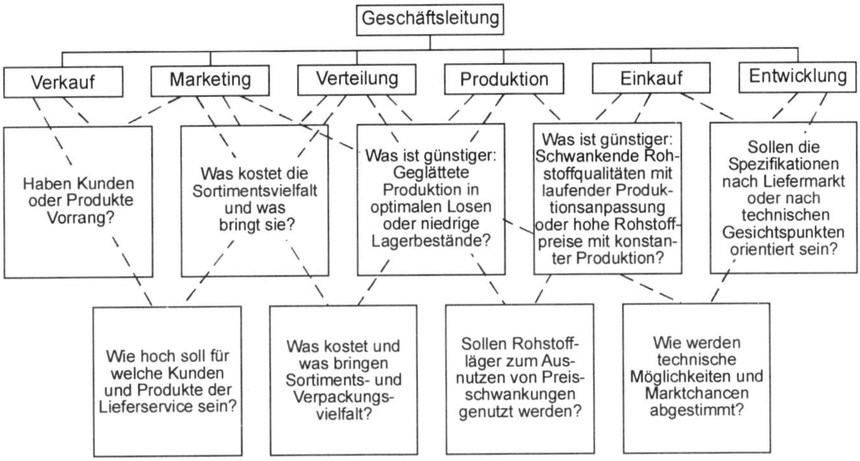

Abb. 3-36: Typische Fragen an den wichtigsten Schnittstellen
Quelle: Groeben 1978, S. 121

Schnittstellenprobleme werden durch typische Verhaltensmuster der Mitarbeiter und spezifische Kostenarten als Folge mangelnder Koordination zwischen den Tätigkeitsbereichen sichtbar (vgl. *Freimuth* 1986, S. 236 f.; *Hüsch* 1991, S. 63):

- Es erfolgt eine gegenseitige Schuldzuweisungen und Abwehr von Kritik anstelle gemeinsamer Problemsuche.
- Problemlösungen werden einseitig durchgesetzt, nicht gemeinsam erarbeitet.
- Informationen zur Abstimmung werden zurückgehalten, verzögert oder verfälscht.
- Es werden kurzfristige Problemlösungen und Ad-hoc-Entscheidungen durchgesetzt.
- Es entstehen hohe Kosten durch Ausschuß als Folge einer unabgestimmten Qualitätsstrategie.
- Es fallen erhöhte Kosten an infolge langer Durchlaufzeiten, unwirtschaftlicher Losgrößen und häufiger Umrüstungen und aufgrund einer hohen Kapitalbindung durch Lagerhaltung.

5.1.4 Grundsätzliche Maßnahmen der Koordination

Der **Bedarf an Koordination** infolge von Interdependenzen und Schnittstellen hängt insbesondere von folgenden Einflußgrößen ab (vgl. *Rühli* 1992, Sp. 1165):

- Je höher der **Grad der Arbeitsteilung** ist, das heißt je mehr ein Geschäftsprozeß in einzelne Arbeitsschritte differenziert wird und diese dann verschiedenen Organisationseinheiten zugeordnet werden, desto größer ist der Abstimmungsbedarf.
- Je komplexer und intensiver die **Beziehungen** zwischen den getrennten Arbeitsschritten und je stärker die gegenseitigen **Abhängigkeiten** sind, desto mehr Absprachen oder Vorgaben sind notwendig.

- Je größer die zu **überwindenden Distanzen** in räumlicher, zeitlicher, sachlicher und menschlicher Hinsicht sind, desto größer ist der Bedarf an Koordination.
- Bei umfangreichen, variablen oder unstrukturierten **Problemen** fällt ein erhöhter Koordinationsbedarf an.

Tendenziell erzeugen reziproke Interdependenzen den größten Koordinationsbedarf. Die geschilderten Interdependenzen können grundsätzlich auf zweierlei Weise behandelt werden (*Abb. 3-37*):

- Der Koordinationsbedarf wird durch geeignete Maßnahmen **reduziert** (passive Koordination).
- Der Koordinationsbedarf wird durch geeignete Maßnahmen **abgedeckt** (aktive Koordination).

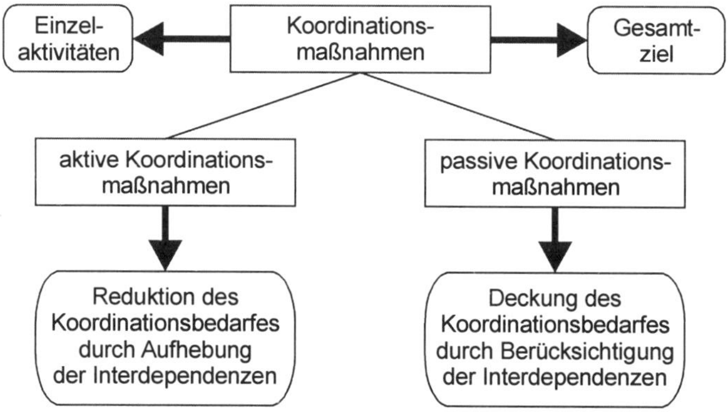

Abb. 3-37: Grundsätzliche Koordinationsmaßnahmen

5.2 Reduktion des Koordinationsbedarfes

In der Literatur werden verschiedene Maßnahmen zur Reduktion des Koordinationsbedarfes diskutiert (vgl. u.a. *Emery* 1969, S. 21 ff.; *Poensgen* 1980, Sp. 1131 f.; *Kieser/Kubicek* 1992, S. 102 f.). Die am häufigsten genannten passiven Koordinationsmaßnahmen werden im folgenden kurz dargestellt.

(1) Flexible Ressourcen

Ein Bereich ist für Stockungen und Leistungsschwankungen in anderen Bereichen um so anfälliger, je geringer die Flexibilität der eingesetzten Menschen, Maschinen und Verfahren ist. Durch den Einsatz möglichst universell verwendbarer Ressourcen sinkt diese Abhängigkeit und somit die Notwendigkeit zur Koordination.

(2) Reserveressourcen

Derselbe Effekt wird erreicht durch Reserveressourcen. Reserven können einerseits gebildet werden durch die Vorhaltung zusätzlicher Ressourcen oder durch die Möglichkeit einer zusätzlichen zeitlichen Nutzung vorhandener Ressourcen (etwa durch Überstunden oder höhere Maschinenlaufzeiten). Wenn zusätzliche Ressourcen und

Zeit benötigt werden, um einen geringeren Koordinationsbedarf zu erreichen, wird von **organisatorischem Schlupf** (organisatorischer Überschuß, slack) gesprochen.

(3) Puffer

Mit der Einrichtung von Puffern können zwei aufeinanderfolgende Teilprozesse entkoppelt werden. Als typisches Beispiel läßt sich die Bildung von Zwischenlagern nennen. So dienen Fertigwarenlager dazu, Diskrepanzen und Schwankungen zwischen Produktion und Absatz auszugleichen. Von Pufferung kann auch gesprochen werden, wenn bei der Bearbeitung eines Vorgangs die zeitlichen Abstände zwischen dem Ende eines Teilprozesses und dem Beginn der nächstfolgenden Teilprozesse so großzügig bemessen sind, daß eine Terminüberschreitung beim ersten Teilprozeß auch ohne zusätzlichen Koordinationsaufwand keine Auswirkung auf die folgenden Teilprozesse hat. Derartige zeitliche Puffer (Schlupfzeiten) werden wie die Reserveressourcen als organisatorischer Schlupf bezeichnet.

(4) Standards und Bandbreiten

Bei der Festlegung von Standards oder Bandbreiten werden Bereiche definiert, innerhalb derer Schwankungen der Leistung zugelassen werden, ohne daß Koordinationsmaßnahmen notwendig sind. Nur wenn der Standard nicht erreicht wird beziehungsweise die Bandbreite nach oben oder unten überschritten wird, ist eine Abstimmung notwendig. Das Management by Exception stellt eine derartige Maßnahme zur Reduktion des Koordinationsbedarfes dar.

(5) Autonome Stellen und Abteilungen

Durch eine geeignete Verteilung der Arbeitsprozesse auf Stellen und Abteilungen kann erreicht werden, daß sich zwischen den Organisationseinheiten der Abstimmungsbedarf weitgehend erübrigt. Eine derartige Reduktion des Koordinationsbedarfes wird vor allem dadurch erreicht, daß die Bildung der Organisationseinheiten nicht funktionsorientiert (Funktionsspezialisierung oder Artenteilung), sondern prozeßorientiert vorgenommen wird (Objektspezialisierung oder Mengenteilung). In gleicher Weise reduziert die Bildung von relativ autonomen Geschäftsbereichen die Interdependenzen und damit den Koordinationsbedarf.

(6) Verringerte Leistungsanforderungen

Der Koordinationsbedarf ist auch abhängig von der Leistung, die von den Organisationseinheiten zu erbringen ist. Der Koordinationsbedarf kann gesenkt werden, wenn die Ansprüche an die Leistung verringert werden. Soll eine hohe Produktivität erreicht werden, so sind die einzelnen Organisationseinheiten besser aufeinander abzustimmen als wenn eine relativ geringe Ressourcen- und Prozeßeffizienz akzeptiert wird. So sinkt zum Beispiel der Koordinationsbedarf im Fertigungs- und Beschaffungsbereich, wenn häufigere Überschreitungen der Liefertermine und höhere Materialbestände zugelassen werden. Die Verringerung der Ansprüche an die Leistungsfähigkeit der Organisationseinheiten kann dann sinnvoll sein, wenn der Leistungsrückgang weniger gravierend ist als der Aufwand, der zur Deckung des höheren Koordinationsbedarfes entsteht.

5.3 Deckung des Koordinationsbedarfes

Normalerweise ist es nicht möglich und auch nicht wirtschaftlich, den Koordinationsbedarf durch geeignete passive Koordinationsmaßnahmen dermaßen zu reduzieren, daß die Interdependenzen gänzlich aufgehoben sind. Somit ist es erforderlich, durch zusätzliche aktive Koordinationsmaßnahmen die verbleibenden Interdependenzen zu berücksichtigen und den noch vorhandenen Koordinationsbedarf zu dekken.

5.3.1 Aspekte der aktiven Koordination

Die Abstimmung interdependenter Aktivitäten kann auf verschiedene Art und Weise erfolgen. Prinzipiell kann die aktive Koordination hinsichtlich des zeitlichen Aspektes als Voraus- oder Feedbackkoordination (*Kieser/Kubicek* 1992, S. 100 ff.) und unter hierarchischen Gesichtspunkten als vertikale oder horizontale Koordination erfolgen (*Abb. 3-38;* vgl. *Frese* 1979, S. 106 ff.).

Hierarchischer Aspekt	**Zeitlicher Aspekt**
• vertikale Koordination • horizontale Koordination	• Vorauskoordination • Ad-hoc-Koordination

Abb. 3-38: Aspekte der aktiven Koordination

(1) Vertikale und horizontale Koordination

Die Unterscheidung in vertikale und horizontale Koordination bezieht sich auf die Stelle, durch die eine Koordinationsentscheidung getroffen wird:

- Die **vertikale** (hierarchische) Koordination beruht auf einer direkten Über- und Unterordnung zwischen zwei oder mehr organisatorischen Einheiten. Eine erforderliche Koordinationsentscheidung wird durch die gemeinsame Leitungsstelle der zu koordinierenden Organisationseinheiten getroffen.
- **Horizontale** Koordination bedeutet Abstimmung zwischen zwei gleichrangigen Organisationseinheiten. Sie vollzieht sich in der Form, daß sich die betroffenen Organisationseinheiten gegenseitig über koordinationsrelevante Ereignisse und Entscheidungen informieren oder Schnittstellenprobleme gemeinsam lösen.

(2) Vorauskoordination und Ad-hoc-Koordination

Koordination erfolgt einmal als vorausschauende Abstimmung und zum anderen als kurzfristige Reaktion auf Ereignisse:

- Im Rahmen der **Vorauskoordination** werden koordinierende Entscheidungen längerfristig im voraus getroffen. Instrumente der Vorauskoordination sind einerseits Standardisierung und andererseits Planung. Bei der **Planung** werden globale Ziele des Unternehmens schrittweise solange konkretisiert, bis aufeinander abgestimmte, konkrete Maßnahmen vorliegen. Im Rahmen der **Standardisierung** werden Sachverhalte, die sich in gleicher oder ähnlicher Form häufig wiederholen, durch organisatorischen Regelungen dauerhaft festgelegt.

- Eine **Ad-hoc-Koordination** ist erforderlich, wenn in einer bestimmten Situation weder ein geeignetes standardisiertes Verfahren zur Verfügung steht noch aus einem Plan zu ersehen ist, welche Maßnahmen einzuleiten sind. Sie ist meistens dann notwendig, wenn neu aufgetauchte Probleme situationsgerecht bewältigt werden müssen. Die Koordination kann dabei als kurzfristige Entscheidung sowohl vertikal als auch horizontal erfolgen.

5.3.2 Instrumente der aktiven Koordination

Der Koordinationsbedarf wird zum einen durch das Ausmaß der Arbeitsteilung und Spezialisierung bestimmt, zum anderen durch die Gesamtheit aller passiven Koordinationsmaßnahmen, die den Koordinationsbedarf reduzieren. Zur Deckung des verbleibenden Koordinationsbedarfes können verschiedene Instrumente eingesetzt werden, die als grundlegende Strukturelemente anzusehen sind, "als Leim, der die Organisation zusammenhält" (*Mintzberg* 1991, S. 113). Diese aktiven Koordinationsinstrumente werden in der Literatur recht unterschiedlich systematisiert. Einen Überblick hierzu ist bei *Seidel/Redel* (1987, S. 91) zu finden. Hier soll weitgehend auf den Ansätzen von *Kieser/Kubicek* (1992) und *Mintzberg* (1979) aufgebaut werden:

- Die Koordination durch persönliche Weisungen und durch gegenseitige Abstimmung beruhen auf unmittelbaren Kommunikationsprozessen zwischen den beteiligten Personen und können deshalb als **personenorientierte Koordinationsinstrumente** bezeichnet werden.
- Die Koordination durch Standardisierung beruht dagegen auf Festlegungen, deren Urheber oft nicht unmittelbar identifiziert werden können. Sie werden von den betroffenen Personen eher als Ergebnisse institutionalisierter Entscheidungsprozesse erfahren. Man bezeichnet sie daher als unpersönliche oder **technokratische Koordinationsinstrumente** (vgl. *Kieser/Kubicek* 1992, S. 104; *Khandwalla* 1975, S. 140 ff.).

Die eingesetzten Koordinationsmaßnahmen determinieren in starkem Maße den Grad der **Entscheidungszentralisation** in einem Unternehmen. Entscheidungszentralisation beinhaltet die Tendenz zur Konzentration von Entscheidungsaufgaben, während Entscheidungsdezentralisation eine generelle Tendenz zur Verteilung von Entscheidungsaufgaben kennzeichnet. In *Abbildung 3-39* ist aufgeführt, ob die einzelnen Koordinationsinstrumente eher zu einer Zentralisation oder Dezentralisation von Entscheidungsbefugnissen führen.

Das Ausmaß der Zentralisation von Entscheidungen steht offensichtlich sowohl mit der Aufgabenverteilung innerhalb der hierarchischen Organisationsstruktur eines Unternehmens als auch mit den Koordinationsinstrumenten in einer engen Beziehung. Die einzelnen organisatorischen Gestaltungsparameter bilden ein integriertes System, in dem alle Parameter wechselseitig miteinander verbunden sind. Verändert man nur einen dieser Parameter, so bedeutet dies unweigerlich auch Veränderungen bei allen anderen Gestaltungsparametern (vgl. *Mintzberg* 1992, S. 136).

Abb. 3-39: Instrumente der aktiven Koordination
Quelle: in Anlehnung an Mintzberg 1992, S. 152

Sowohl die personenorientierten als auch die technokratischen Koordinationsinstrumente beruhen auf **formalen organisatorischen Regelungen**. Daneben gibt es auch Koordinationsmechanismen, die nicht Bestandteil der formalen Organisationsstruktur sind. Insbesondere durch die Koordinationswirkung der **Unternehmenskultur** können die formalen Koordinationsinstrumente ergänzt oder auch ersetzt werden.

5.4 Koordination durch persönliche Weisungen

Eine Koordination durch persönliche Weisungen erfolgt durch die Leitungsstelle des von der Koordinationsentscheidung betroffenen Bereiches.

Die Koordination durch persönliche Weisungen bedeutet eine **vertikale Koordination durch Vorgesetzte** (coordination by hierarchy). Sie setzt formale Über- und Unterordnungsbeziehungen voraus. Im Rahmen der Abteilungsbildung werden entsprechende Leitungsstellen eingerichtet, die mit Entscheidungs- und Weisungsbefugnissen ausgestattet sind und somit Koordinationsaufgaben wahrnehmen können. Hierbei werden die abzustimmenden Sachverhalte solange in der Hierarchie nach oben weitergeleitet, bis die für die zu koordinierenden Bereiche gemeinsame Leitungsstelle erreicht ist. Dies ist in letzter Instanz die oberste Unternehmensleitung. Daneben können auch zentrale Dienstleistungsstellen mit fachlich begrenzten Weisungsbefugnissen anderen Stellen persönliche Anordnungen erteilen (laterale Koordination).

Die Abteilungsbildung ermöglicht es, Stellen mit besonders intensivem Koordinationsbedarf zusammenzufassen. Im einzelnen gibt es unterschiedliche Konfigurationen zwischen den Vorgesetzten und den Mitarbeitern. Diese Konfigurationen werden allgemein als **Leitungssysteme** bezeichnet. Durch die Organisationsstruktur wird jedoch lediglich der Rahmen geschaffen, in dem die Kommunikationsprozesse zum Zweck der Koordination ablaufen. Die detaillierte Gestaltung der Koordinationsprozesse selbst bleibt den einzelnen Personen überlassen, welche die Entscheidungen fällen und weiterleiten.

Die Abstimmungsprobleme äußern sich - wie oben gezeigt - in vielen Fällen als Konflikt, so daß die Einrichtung von Leitungsstellen auch als Instrument zur Konfliktlösung und Konfliktbegrenzung betrachtet werden kann. Es wird hierbei festgelegt, wer über strittige Problemfälle zu entscheiden hat (vgl. *Steinmann/Schreyögg* 1993, S. 396).

Die Trennung der Durchführungs- von den Entscheidungsaufgaben ist ein wesentliches Merkmal der traditionellen **tayloristischen Arbeitsteilung**; die Koordination erfolgt hier vornehmlich durch persönliche Weisungen. Das Fällen von Entscheidungen zur Koordination ist den Managern vorbehalten, die über einen besseren Informationsstand und damit Überblick verfügen als die nachrangigen Mitarbeiter in der Organisation; infolgedessen können sie auch bessere Entscheidungen treffen.

5.5 Koordination durch Selbstabstimmung

Eine Koordination durch Selbstabstimmung erfolgt durch die Gruppe der von der Koordinationsentscheidung betroffenen Personen.

Die Stelleninhaber, deren Aktivitäten voneinander abhängig sind, stimmen selbst ihre Handlungen aufeinander ab. Die Koordination durch Selbstabstimmung (Selbstkoordination, self coordination) erfolgt als **horizontale Koordination** auf der Grundlage einer nichthierarchischen Kommunikation und durch eine direkte Kontaktaufnahme. Die Koordinationsentscheidungen werden dabei als **Gruppenentscheidungen** getroffen.

Die Selbstabstimmung wird in der Literatur unterschiedlich gesehen: So sprechen *Kieser/Kubicek* nur dann von einer Koordination durch Selbstabstimmung, wenn die Gruppenentscheidungen offiziell vorgesehen sind und die Entscheidungen für alle Gruppenmitglieder auch verbindlich sind. Sie ist zu unterscheiden von einem unverbindlichen Informationsaustausch, der als informale Kommunikation allein zur Sicherung eines guten persönlichen Verhältnisses zwischen den Mitarbeitern vorgenommen wird (*Kieser/Kubicek* 1991, S. 107). *Laux/Liermann* (1983, S. 116) charakterisieren die Selbstabstimmung dahingehend, daß zwischen den Entscheidungsträgern zwar ein sukzessiver wechselseitiger Informationsaustausch erfolgt, die Entscheidungen selbst aber eigenständig durch Einzelpersonen erfolgt. Gruppenentscheidungen werden ausdrücklich nicht unter dem Koordinationsprinzip der Selbstentscheidung erfaßt. *Mintzberg* (1992, S. 19) versteht unter der gegenseitigen Abstimmung die Koordinierung von Arbeitsabläufen über informelle Kommunikation.

Damit die Gruppenmitglieder aktiv an den Entscheidungen teilnehmen können, müssen sie über die Probleme und die Konsequenzen der Gruppenentscheidungen informiert sein. Dies setzt wiederum voraus, daß zwischen den Gruppenmitgliedern gute soziale Beziehungen, Offenheit und ein gegenseitiges Vertrauen existiert. Auftretende Konflikte können bei der Selbstabstimmung den Entscheidungsprozeß behindern und blockieren.

Die Selbstabstimmung kann völlig der Eigeninitiative der Stelleninhaber überlassen sein; sie kann aber auch durch organisatorische Regelungen unterstützt werden. Es sind folgende **Arten der Selbstabstimmung** zu unterscheiden (vgl. *Seidel/Redel* 1987, S. 92 f.; *Kieser/Kubicek* 1991, S. 107 ff.):

1. Eine **Selbstabstimmung nach eigenem Ermessen** der Betroffenen kann einerseits als informelle Kommunikation erfolgen (*Mintzberg* 1992, S. 19). Sie wird aber auch vorgenommen, wenn die Einhaltung eines hierarchischen Dienstweges nicht streng vorgeschrieben ist und die Kommunikation über *Fayol*'sche Brücken

vorgenommen wird. Während im ersten Fall die Koordination offiziell nicht vorgesehen ist, erfolgt sie im zweiten Fall formell sanktioniert.

2. Bei der **themenspezifischen Selbstabstimmung** ist für bestimmte Stellen festgelegt, bei welchen Problemen eine Abstimmung mit anderen Stellen zu erfolgen hat. Da die Selbstabstimmung zur Pflicht wird und nicht mehr dem Ermessen der Betroffenen überlassen bleibt, reduziert sich das Risiko, daß notwendige Abstimmungen unterbleiben.

3. Die Selbstabstimmung kann auch als **institutionalisierte Selbstabstimmung** in Arbeitsgruppen, hier vor allem in Ausschüssen vorgenommen werden. In der angelsächsischen Literatur wird diese coordination by committees als gleichrangig neben der coordination by hierarchy eingeordnet. Die Mitglieder einer derartigen Arbeitsgruppe können dabei unterschiedlichen Abteilungen angehören und somit nicht in einer direkten hierarchischen Beziehungen zueinander stehen. Die Arbeitsgruppe kann aber auch aus mehreren Stellen einer Abteilung gebildet werden, die zueinander in einer hierarchischer Beziehungen stehen. Die sonst übliche hierarchische Kommunikation zwischen den Vorgesetzten und ihren Mitarbeitern wird dabei zeitweilig enthierarchisiert.

Eine vollkommene Aufhebung der hierarchischer Strukturen würde bedeuten, daß sämtliche Koordinationsentscheidungen durch die Gruppe der davon betroffenen Personen getroffen werden. Leitungsaufgaben werden dabei nicht durch einen spezialisierten Stelleninhaber wahrgenommen, sondern durch die Versammlung aller Mitarbeiter der jeweiligen Organisationseinheit. Eine solche totale Selbstabstimmung, bei der es keine auf Koordinationsaufgaben spezialisierte Stellen gibt, muß - abgesehen vielleicht von kooperativ geführten Kleinunternehmen - am hierzu erforderlichen Zeitaufwand und an der hierzu notwendigen Qualifikation aller Mitarbeiter scheitern.

5.6 Koordination durch Standardisierung

Standardisierung bedeutet die Festlegung von Verhaltensvorschriften.

5.6.1 Gegenstand der Standardisierung

Die Lösung von Problemstellungen, die sich gleich oder ähnlich wiederholen, lassen sich **routinisieren** und damit organisatorisch **standardisieren**. Die Standardisierung kann sich auf die Arbeitsprozesse, die Arbeitsergebnisse und die Fähigkeiten der ausführenden Mitarbeiter beziehen (vgl. *Mintzberg* 1992, S. 19 ff.).

(1) Standardisierung von Arbeitsprozessen

Das in größeren Unternehmen wohl am häufigsten eingesetzte Koordinationsinstrument sind Regeln und Programme. **Regeln** sind generelle Verfahrensrichtlinien; **Programme** beziehen sich auf bestimmte Situationen und stellen eine objektivierte Folge von Instruktionen dar, die als generelle Handlungsanweisung für Menschen oder Maschinen dienen kann (vgl. *Simon* 1966, S. 75; *Kieser/Kubicek* 1992, S. 110 ff.).

Regeln und Programme nehmen Abstimmungsprobleme vorweg, indem für wiederholt auftretende Probleme bereits vorab Verfahren zu ihrer Lösung vorgegeben werden. Die Prozesse werden hierbei **spezifiziert** (das heißt detailliert beschrieben) und

generalisiert (das heißt unabhängig von einzelnen Personen und Ereignissen dauerhaft geregelt) (vgl. *Hill/Fehlbaum/Ulrich* 1989, S. 266). Sie können mündlich vorgegeben sein; meist sind sie jedoch schriftlich fixiert und damit **formalisiert**. Eine koordinierende Wirkung wird erreicht, wenn Programme nicht auf einzelne Tätigkeiten, sondern auf die Tätigkeiten mehrerer Organisationseinheiten bezogen sind. Diese werden angehalten, die ihnen zugewiesenen Aufgaben in einer bestimmten Art und Weise und nach bestimmten Methoden und Verfahren durchzuführen. Die persönlichen Anordnungen der Leitungsstelle können sich dabei auf kurze Anweisungen beschränken, indem sie anordnen, daß nach einem bestimmten Programm zu verfahren ist. Persönliche Weisungen können sogar ganz ersetzt werden, indem Programme einmalig verbindlich vorgegeben werden und ihre Anwendung vom Auftreten bestimmter Ereignisse abhängig gemacht wird (vgl. *Kieser/Kubicek* 1991, S. 111).

Durch die Standardisierung wird den Mitarbeitern ein bestimmtes Arbeitsverhalten im Detail vorgeschrieben; hierdurch bleibt es ihnen erspart, nach eigenen Lösungen zu suchen. Da bei einer Standardisierung von Arbeitsprozessen normalerweise wohldurchdachte, optimierte Lösungen zur Anwendung kommen, kann durch die Standardisierung eine sehr hohe **Effizienz** erreicht werden. Da gleichartige Fälle auch immer gleich behandelt werden, wird zudem ein hohes Maß an **Berechenbarkeit** erzielt.

Eine Produktion in Form der Fließfertigung koordiniert die einzelnen Arbeiter durch die Anordnung der Arbeitsplätze und den Takt des Fließbandes. Im Büro- und Verwaltungsbereich kann durch ein hochentwickeltes Formularwesen eine starke Koordinationswirkung erreicht werden. Die Festlegung von Bestellpunkten und -mengen im Bereich der Beschaffung, das Vorschreiben von bestimmten Algorithmen zur Ermittlung von Fertigungslosgrößen, Regeln zur Gewährung von Skonti und Zahlungszielen im Verkauf sind weitere Beispiele für eine Koordination durch Standardisierung.

Die Standardisierung der Arbeitsprozesse reduziert die Komplexität ihrer Durchführung erheblich und führt mit zunehmender Wiederholung zur Routine. Eine teilweise oder vollständige **Programmierbarkeit** ist notwendige Voraussetzung zur Automatisierung von Arbeitsprozessen. Die materiellen Prozesse der Leistungserstellung und -verwertung sind im allgemeinen leicht standardisierbar und bilden den traditionellen Bereich der Arbeitsorganisation. Die organisatorische Gestaltung ist dabei stark von den technologischen Bedingungen abhängig.

Operative informationelle Prozesse werden, wenn sie ein hohes Maß an Standardisierbarkeit aufweisen, mit Hilfe der Informationstechnik abgewickelt. So werden innerhalb einer **integrierten Anwendungssoftware** (*Abb. 3-40*) verschiedene Funktionsbereiche eines Unternehmens unter einer durchgängigen Benutzung von festgelegten betriebswirtschaftlichen Methoden und Verfahren abgebildet. Die Programmstruktur dieser Software entspricht dabei nicht der konventionellen, funktionalen Arbeitsteilung; die Software besteht vielmehr aus mehreren Modulen, die miteinander kommunizieren und jeweils bestimmte Teile eines Geschäftsprozesses abbilden. Die einzelnen Module greifen auf einen gemeinsamen Datenbestand zu, der funktionsübergreifend definiert ist; die gemeinsame Nutzung derselben Daten durch mehrere betriebliche Funktionen wird als **Datenintegration** bezeichnet. Durch den Einsatz derartiger integrierter Software werden vor allem organisatorische Schnittstellenprobleme innerhalb eines zusammengehörigen Arbeitsablaufes vermieden. Sie ermöglicht die ganzheitliche, integrative Abwicklung von Aufgabenkomplexen, auch wenn diese kompetenzmäßig in verschiedenen Abteilungen angesiedelt sind. In der Software eingebaute Kontrollmechanismen verhindern, daß die Mitarbeiter ihre Aufgabenbereiche und Kompetenzen überschreiten. Der Einsatz von integrierter Anwendungssoftware kann somit zur Überwindung der Nachteile einer tayloristischen Arbeitsteilung beitragen.

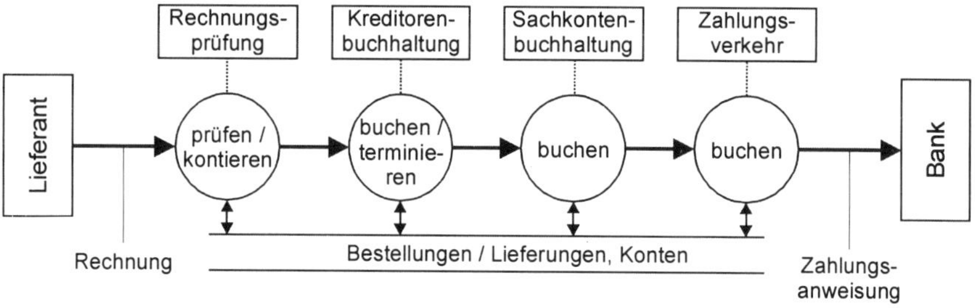

Abb. 3-40: Prozeßkoordination durch integrierte Anwendungssoftware

Durch den Einsatz moderner Datenbanktechnologie wird zudem die Bildung von **autonomen Stellen** unterstützt, wenn in Form von komplexen Transaktionen alle Aktivitäten eines informationellen Arbeitsprozesses für eine Objektgruppe durchgeführt werden. Diese mit der Datenintegration einhergehende **Funktionsintegration** ermöglicht es oftmals, im Wege der Arbeitsteilung getrennte Prozeßaktivitäten an einem Arbeitsplatz zusammenzufassen. Somit können durch eine einzelne Organisationseinheit ganze Geschäftsprozesse zusammenhängend abgewickelt werden. Es liegt deshalb nahe, den Koordinationsbedarf zu reduzieren, indem eine funktionsorientierte Arbeitsteilung zugunsten einer prozeßorientierten Arbeitsteilung aufgegeben wird.

Auch für nicht standardisierbare informationelle Arbeitsprozesse mit einem hohen Entscheidungs- und -kontrollspielraum führt der Einsatz informationstechnischer Sachmittel zu größeren Aufgabenbereichen. So werden an den Arbeitsplätzen Minicomputer mit benutzerfreundlicher Anwendungssoftware der Individuellen Datenverarbeitung installiert, mit der alle zur Abwicklung eines Geschäftsprozesses notwendigen Informationen unmittelbar abgerufen werden können. Entscheidungen können damit wesentlich rascher getroffen werden; der Zeitbedarf zur Abwicklung eines Geschäftsprozesses wird drastisch reduziert.

Seit Beginn der 90er Jahre wird zunehmend eine Standardisierung von Arbeitsprozessen vorgenommen, indem Organisationen **Qualitätsmanagementsysteme** nach *DIN ISO 9000* einführen. Hierbei werden Arbeitsabläufe durch Verfahrens- und Arbeitsanweisungen detailliert beschrieben und ihre Einhaltung in regelmäßig durchgeführten Verfahrensaudits überprüft.

(2) Standardisierung von Arbeitsergebnissen

Bei einer Standardisierung von Arbeitsergebnissen wird der Output eines Arbeitsprozesses nach Quantität und Qualität näher spezifiziert.

Die Vorgabe von **quantitativen Standards** erfolgt in der Regel durch **Pläne**. Planung beinhaltet die gedankliche Vorwegnahme des zukünftigen Geschehens und erfolgt unter Unsicherheit bei unvollkommener Information. Sie beruht auf Prognosen über den zukünftigen Eintritt von Ereignissen und dient zur zielorientierten Ausrichtung aller Aktivitäten in einem Unternehmen (vgl. *Wild* 1981, S. 12 ff.). Koordination durch Pläne bezieht sich als **Zielplanung** vor allem auf die Festlegung von zukünftigen Zuständen nach Inhalt und Umfang, die von bestimmten Organisationseinheiten erreicht werden sollen. Die einzelnen **Teilpläne** sind aufeinander abgestimmt und werden den einzelnen Organisationseinheiten verbindlich vorgegeben. Da die Planung ein integratives Ganzes ist, würde sich das Nichterreichen einzelner Zielvorgaben negativ auf den **Gesamtplan** auswirken. Soweit hierbei anzustrebende Ergebnisse festgelegt werden, ist ein Plan auch eine Norm, die den Einzelnen motivieren soll, die im Plan festgelegten Ergebnisse zu erreichen.

Während Regeln und Programme bestimmte Verfahren spezifizieren und auf Dauer angelegt sind, enthalten Pläne Vorgaben für eine bestimmte Periode. Die Anwendbarkeit der Planung zur Koordination hängt von der Vorhersehbarkeit der Zukunft ab: Je größer die Ungewißheit, desto weniger ist langfristiges Planen möglich und desto mehr sind andere Koordinationsinstrumente erforderlich. Koordination durch Pläne macht **Kontrolle** erforderlich, also nachträgliches Vergleichen von Plan und Ist. Ohne Kontrolle wäre kein Anreiz zu sorgfältiger Planung da und somit der Koordinationszweck nur schlecht zu erfüllen. Planung und Kontrolle gehören zusammen; man spricht daher auch oft von Planungs- und Kontrollsystemen. Regelmäßig definierte Zielvorgaben sind - insbesondere als Kosten- und Leistungsbudgets - ein wesentliches Koordinationsinstrument.

Ein Beispiel hierfür ist die Budgetierung der Finanzmittel, die den einzelnen Organisationseinheiten für die Erreichung ihrer Ziele zur Verfügung stehen. Eine Budgetierung, die mehrere Funktionsbereiche umfassen und koordinieren soll, beginnt in der Regel mit Umsatzzielen. Das Produktionsbudget baut auf der Produktionsplanung auf. Das Produktionsbudget bestimmt zusammen mit den Umsatzvorgaben das Finanzbudget. In Abhängigkeit vom Finanzbudget kann dann ein Investitionsbudget erstellt werden.

Die Vorgabe von **qualitativen Standards** erfolgt durch die Vorgabe von Produkt- und Leistungsspezifikationen. Die Erstellung von **Leistungsspezifikationen** wurde bereits im Zusammenhang mit der Gestaltung von Geschäftsprozessen detailliert angesprochen. Zur **Produktspezifikation** von industriellen Produkten dienen vor allem Erzeugnisgliederungen, Zeichnungen, Stücklisten und Nummernsysteme. Technische Normen (DIN- und ISO-Normen) ermöglichen eine unternehmensübergreifende Koordination von Beschaffungs- und Absatzaktivitäten. Zur Abstimmung der geforderten Produkteigenschaften mit den realisierten Eigenschaften dienen Qualitätsstandards, die für ausgewählte Produktmerkmale geforderte und zulässige Werte festschreiben.

(3) Standardisierung von Rollen

Unter einer Rolle wird allgemein eine bestimmte **Verhaltenserwartung** an einen Menschen verstanden. Die Standardisierung von Rollen beinhaltet vor allem die schriftliche Fixierung der Stellenmerkmale und erforderlichen **Qualifikationen** und **Kenntnisse** der Stelleninhaber. Die Festlegung der Ausbildung, die zur Erbringung einer bestimmten Arbeitsleistung erforderlich ist, bewirkt auf indirektem Wege, was die Standardisierung der Arbeitsprozesse direkt bewirkt. Die Koordination beruht darauf, daß die Mitarbeiter in ihrer Ausbildung und in ihrer bisherigen Berufspraxis Rollen erlernt haben, die sie in ganz bestimmten Situationen auch ausführen. Ohne daß der Einsatz zusätzlicher Koordinationsinstrumente erforderlich ist, verläßt man sich gegenseitig darauf.

Ein Pilot und ein Copilot, die noch nie zusammengearbeitet haben, können gemeinsam einen Flug durchführen, ohne daß der Pilot dem Copiloten ausführliche Anweisungen geben muß. Ebenso sind in einem Operationsteam die Rollen des Chirurgen, des Anästhesisten und der assistierenden Mitarbeiter so klar definiert, daß auch komplizierte Eingriffe ohne großen zusätzlichen Koordinationsaufwand durchgeführt werden können.

Das bekannteste Instrument zur Standardisierung von Rollen ist die → *Stellenbeschreibung*. Auch Regelungen, die eine schriftliche Leistungserfassung und -beurteilung vorschreiben und somit eine erhöhte Transparenz und Nachvollziehbarkeit der Leistungen der einzelnen Mitarbeiter ermöglichen, können hierzu gezählt werden (vgl. *Kieser/Kubicek* 1993, S. 159 ff.).

5.6.2 Bereiche der Formalisierung

> *Mit Formalisierung wird das Ausmaß von schriftlich fixierten Regeln, Verfahren, Anweisungen und schriftlicher Kommunikation bezeichnet.*

Pugh u.a. unterscheiden drei Bereiche der Formalisierung (*Pugh u.a.* 1968, S. 75 ff. u. 100 ff.; vgl. auch *Kieser/Kubicek* 1992, S. 160 ff.):

1. Die **Strukturformalisierung** umfaßt das schriftliche Fixieren von organisatorischen Regeln. Organigramme, Richtlinien oder Stellenbeschreibungen sind Beispiele für diesen Bereich.
2. Die **Informationsflußformalisierung** kennzeichnet im Unterschied zur Strukturformalisierung das Ausmaß der auf den Einzelfall bezogenen Schriftstücke in Sinne der Aktenmäßigkeit. Beispiele hierfür sind Protokolle, Mitteilungen oder Aktennotizen.
3. Die **Leistungsdokumentation** beinhaltet alle Regelungen, die eine schriftliche Leistungserfassung und -beurteilung vorschreiben, wie beispielsweise Leistungs- und Personalbeurteilungsbögen, Arbeits- und Lohnzettel in der Produktion, Arbeitsstatistiken und Arbeitszeitkarten in Verbindung mit der Stechuhr.

Formalisierung ist weitgehend gleichzusetzen mit der von *Max Weber* angesprochenen Aktenmäßigkeit betrieblicher Vorgänge; sie wird als typisches Merkmal der **Bürokratisierung** angesehen. Unternehmen, in denen die Standardisierung weniger stark ausgeprägt ist, sind gekennzeichnet durch eine flexible Arbeitsgestaltung. Die Koordination erfolgt hier vor allem durch gegenseitige Abstimmung oder persönliche Weisungen.

Formalisierung dient dazu, das Verhalten der einzelnen Organisationsmitglieder zu steuern und zu kontrollieren. Hierdurch wird die Organisationsstruktur transparent; es ist leichter zu erkennen, ob Aufgaben- und Kompetenzüberschneidungen vorliegen oder ob Zuständigkeiten nicht festgelegt sind. Durch die Fixierung von Arbeitsvorgängen wird zudem erreicht, daß die Prozeßdurchführung weniger von den Einzelpersonen abhängt und somit ein leichterer Wechsel der Stelleninhaber möglich ist. Die Formalisierung kann auch hohe Rationalisierungspotentiale erschließen; eine sehr weitgehende Form der Formalisierung liegt als **Programmierung** bei der computergestützten oder automatisierten Abwicklung von Arbeitsprozessen vor. Formalisierung etwa in Form von Checklisten kann auch verhindern, daß notwendige Arbeitsvorgänge vergessen werden.

Das Substitutionsprinzip der Organisation
"Ein Blick auf das betriebliche Geschehen zeigt, daß es in jedem Betriebe eine große Zahl von Vorgängen gibt, welche sich, von kleineren Abweichungen abgesehen, in gleicher oder ähnlicher Art mehr oder weniger regelmäßig wiederholen. So muß beispielsweise immer wieder Material an die Arbeitsplätze gebracht und Werkzeug dem Lager entnommen werden. Immer wieder müssen Kalkulationen durchgerechnet und Verkaufsangebote gemacht werden. Eine derartige Situation, die sich in der geschilderten Art durch den mehr oder weniger regelmäßigen Anfall gleichartiger oder ähnlicher Vorgänge kennzeichnet, drängt geradezu danach, generell geregelt zu werden. So kann denn etwa angeordnet werden, daß die an der Werkbank Arbeitenden das Werkzeug nicht direkt vom Lager holen, sondern den Bedarf an Werkzeug zu einer bestimmten Zeit bei einer bestimmten Instanz anzumelden haben, die es ihnen dann zustellt. Oder aber es wird eine allgemeine Regelung derart getroffen, daß Werkzeug und Material nur zu ganz bestimmten Zeiten in Empfang zu nehmen oder abzuliefern sind. Eine derartige generelle Regelung schreibt den Beteiligten ein bestimmtes Verhalten vor und nimmt ihnen damit zugleich die Möglichkeit, vollkommen nach eigenem Ermessen zu verfahren. Zugleich aber erübrigen sich persönliche Anordnungen der Meister über Werkzeugempfang und -abgabe, wenn Werkzeugempfang und Werkzeugabgabe in der beschriebenen Weise geregelt werden. Die generelle Regelung ersetzt die fallweise Anordnung, macht sie überflüssig. Überall da, wo betriebliche Vorgänge ein verhältnismäßig hohes Maß an Gleichartigkeit und Periodizität aufweisen, wird die Tendenz wirksam, fallweise Regelungen durch generelle Regelungen zu ersetzen. Oder anders ausgedrückt: Die Tendenz zur generellen Regelung nimmt mit abnehmender Variabilität betrieblicher Tatbestände zu."
Quelle: *Gutenberg* 1975, S. 239 f.

Auf der anderen Seite können durch Maßnahmen der Formalisierung nicht unbeträchtliche Kosten verursacht werden, so zum Beispiel durch das Erstellen und die Aktualisierung von Stellenbeschreibungen, Organisationsanweisungen und Formularen. Da zudem oft die Tendenz besteht, auch nicht regelungsbedürftige Sachverhalte zu formalisieren oder die Regelungen übermäßig detailliert zu gestalten, besteht die Gefahr einer **Überorganisation**. Oft behindern zu starre Regelungen die schnelle Reaktion auf neue oder geänderte Anforderungen an die Abwicklung der Geschäfts- und Arbeitsprozesse.

Der jeweils **angemessene Grad der Formalisierung** hängt deshalb von den situativen Umständen ab: Je gleichförmiger und vorhersehbarer die Arbeit ist, desto mehr ist eine Formalisierung sinnvoll. Bei Massenvorgängen liegt eine hohe Formalisierung bis hin zur Programmierung nahe, während bei einem auf die Kunden des Unternehmens individuell zugeschnittenen Leistungsprogramm ein nur geringes Maß an Formalisierung sinnvoll ist. Ebenso differiert aufgrund unterschiedlicher Arbeitsbedingungen das sinnvolle Ausmaß der Formalisierung zwischen den einzelnen Stellen und Abteilungen eines Unternehmens. Auch sind Unterschiede zwischen den einzelnen Hierarchieebenen eines Unternehmens zu verzeichnen: Je höher die Hierarchieebene, desto geringer ist das Ausmaß der Formalisierung.

5.7 Koordination durch Unternehmenskultur

In letzter Zeit wird zunehmend der Formalisierung als Antipode die **Symbolorientierung** entgegengehalten (z.B. *Bleicher* 1991b, S. 228 ff.; *Gomez/Zimmermann*

1993, S. 36 ff.). Der expliziten Formalisierung über Standards wird die Symbolisierung durch **implizite Verhaltensnormen** gegenübergestellt. Der Verzicht auf Standardisierung und bürokratische Kontrolle setzt voraus, daß andere Koordinationsmechanismen eingesetzt werden. Als solche Koordinationsmechanismen dienen vor allem Normen, gemeinsame Überzeugungen und Symbole; die Organisationsstruktur ist damit im wesentlichen durch die Unternehmenskultur geprägt. Kultur ist hierbei zu verstehen als "the way of life of people" (*Krulis-Randa* 1984, S. 359). Zum Begriff der Unternehmenskultur (corporate culture) oder auch Organisationskultur (organizational culture) sind bereits eine Vielzahl von definitorischen Aussagen gemacht werden (vgl. *Weßling* 1992, S. 21 ff.). Hier soll die Definition von *Dill* (1987, S. 100) herangezogen werden.

Unter einer Unternehmenskultur wird eine Grundgesamtheit gemeinsamer Werte, Normen und Einstellungen verstanden, welche die Entscheidungen, die Handlungen und das Verhalten der Organisationsmitglieder prägen.

Die gemeinsamen Werte, Normen und Einstellungen stellen die Basiselemente der Unternehmenskultur dar; sie werden durch organisatorische Handlungsweisen, Symbole und symbolische Handlungen verkörpert und konkretisiert. Eine in der deutschen Managementliteratur (z.B. *Staehle* 1989, S. 466; *Bleicher* 1991, S. 732 f.; *Steinmann/Schreyögg* 1993, S. 587 ff.) häufig zitierte Systematik für die Elemente der Unternehmenskultur ist das Stufenmodell von *Schein* (1985, S. 14). Er unterscheidet zwischen drei Ebenen (*Abb. 3-41*):

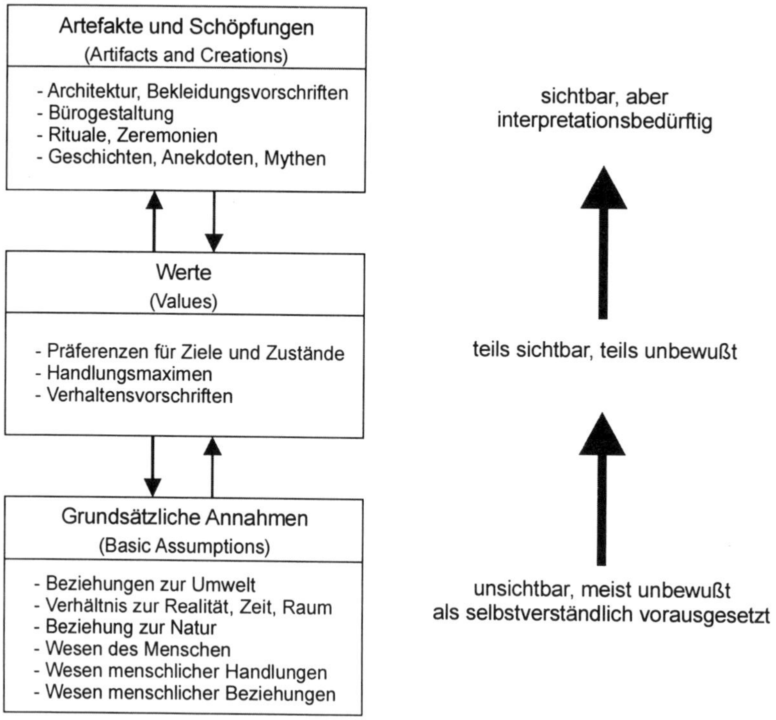

Abb. 3-41: Ebenen der Kultur und ihr Zusammenhang
Quelle: nach Schein 1985, S. 14

1. Die **grundsätzlichen Annahmen** stellen die Basis der Unternehmenskultur dar und bestehen aus grundlegenden Orientierungs- und Vorstellungsmustern. Sie werden den Organisationsmitgliedern gewöhnlich als selbstverständlich vorausgesetzt und nicht mehr bewußt hinterfragt. Die Einstellungen zur Umwelt (eher bedrohlich oder friedlich, herausfordernd oder zurückhaltend), zur Realität (eher wissenschaftsorientiert oder pragmatisch, eher experimentierfreudig oder traditionsbewahrend), zum Wesen des Menschen (eher arbeitsscheu oder verantwortungsbereit, eher entwicklungsfähig oder festgelegt), zum Wesen menschlicher Handlungen (eher initiativ oder abwartend, eher innovativ oder anpassend) und über das Wesen zwischenmenschlicher Beziehungen (eher Wettbewerb oder Kooperation, eher Einzelerfolg oder Teamerfolg, Trennung oder Mischung von privaten und dienstlichen Angelegenheiten) leiten die Wahrnehmung und das Handeln der Mitarbeiter im Unternehmen; sie bilden in ihrer Gesamtheit das von den Organisationsmitgliedern getragene **Leitbild**.
2. Dieses Leitbild schlägt sich in konkretisierten Normen und Verhaltensstandards nieder. (Gruppen-)**Normen** geben an, was in einer Gruppe unter bestimmten Umständen an Denk- und Verhaltensweisen erwartet wird. Meistens werden sie stillschweigend vorausgesetzt, ohne daß der einzelne sie konkret benennen könnte (zum Beispiel zum Vorgesetztenverhalten oder zum Umgang mit abweichenden Meinungen). **Standards** sind konkret formulierte Verhaltensvorschriften; sie werden erstellt, um das Verhalten von Menschen an Normen und Ziele zu erleichtern (beispielsweise Spesen- oder Arbeitszeitregelungen).
3. Die Normen und Standards schlagen sich in **Symbolen** und in von den Unternehmensmitgliedern entwickelten und gepflegten **Verhaltensweisen** nieder. Sie stellen den sichtbaren Teil der Unternehmenskultur dar, die jedoch nur im Zusammenhang mit den dahinterstehenden Wertvorstellungen verstanden werden können (etwa die Pflege eines Kommunikationsstils, Statussymbole, Kleidervorschriften, Feiern und Riten, architektonische Gestaltung der Gebäude und Arbeitsräume).

Die unternehmenskulturellen Ansätze setzen voraus, daß die Organisationsmitglieder ihre Aktivitäten auch ohne formale Koordinationsmechanismen aufeinander abstimmen, wenn sie sich mit bestimmten Werten und Normen identifizieren. Eine derartige Organisation läßt sich nach *Gomez/Zimmermann* (1993, S. 41) an folgenden Merkmalen identifizieren:

- "Arbeitsanweisungen sind durch gelebte Normen und Gewohnheiten auf ein Minimum reduziert.
- Strategien werden durch Kommunikation und flexible Gestaltung in die Struktur umgesetzt.
- Die Organisationsmitglieder orientieren sich an Leitbildern und vorgelebten Idealen.
- Die Organisationsmitglieder verstehen sich als eine große Familie mit gemeinsamen Werten und Zielen."

Die koordinierende Wirkung der Unternehmenskultur beruht darauf, daß die Unternehmensangehörigen weitgehend **übereinstimmende Zielvorstellungen und Präferenzen** aufweisen. Sie wissen somit, welche Prioritäten in komplexen Entscheidungssituationen zu setzen sind (vgl. *Kieser/Kubicek* 1992, S. 122).

Als ein auslösendes Element für die Entwicklung von Organisationskultur-Konzepten gilt die populärwissenschaftliche Studie der amerikanischen Erfolgsautoren *Peters* und *Waterman* (1982). In ihrer Untersuchung um die vermeintlichen Ursachen des Erfolges sogenannter exzellenter Unternehmen gehen sie von der Annahme aus, daß die Kombination bestimmter Grundsätze und Verhaltensweisen ursächlich für den Unternehmenserfolg ist. Der Mensch wird, als Kunde oder als Mitarbeiter, in den Mittelpunkt des Managementhandelns gestellt.

Auf der Suche nach Spitzenleistungen

Die beherrschende Rolle einer in sich schlüssigen Firmenkultur erwies sich ausnahmslos als wichtiges Wesensmerkmal aller besonders erfolgreichen Unternehmen. Je stärker diese Kultur ausgeprägt war und je marktnäher sie war, umso weniger brauchte das Unternehmen geschäftspolitische Handbücher, Organigramme oder detaillierte Regeln und Verfahrensvorschriften. In diesen Unternehmen wissen die Mitarbeiter auf allen Ebenen fast in jeder Situation, was sie zu tun haben, denn die wenigen Leitwerte sind kristallklar formuliert. ...

In den exzellenten Unternehmen .. ist das Selbstverständnis eindeutig klar, nicht zuletzt durch die überaus reiche Mythologie. Jeder bei Hewlett-Packard weiß, daß er innovativ sein soll. Jeder bei Procter & Gamble weiß, daß Produktqualität das ein und alles ist. ...

Weniger erfolgreiche Unternehmen haben häufig auch eine starke Kultur, nur ist sie eher kontraproduktiv. Sie ist gewöhnlich auf "Innenpolitik" und nicht auf den Kunden ausgerichtet, oder sie ist zahlenorientiert, statt sich auf das Produkt zu konzentrieren und auf die Menschen, die es herstellen und verkaufen. Die Spitzenunternehmen dagegen scheinen immer all das zu beherrschen, was den auf finanzielle Ziele fixierten Firmen abgeht oder unwichtig erscheint. Sie scheinen zu begreifen, daß jeder Mitarbeiter nach einem Sinn sucht ...

In unserer Arbeit als Unternehmensberater ist eine der riskantesten Aufgaben die Veränderung von Organisationsstrukturen. Unweigerlich kommen heftigste Emotionen zum Ausbruch, und fast jeder fühlt sich bedroht. Warum ist das so? Die Antwort lautet, daß in einem Unternehmen ohne ausgeprägtes Selbstverständnis - wie es in Wertvorstellungen, Geschichten, Sagen und Legenden zum Ausdruck kommt - die Mitarbeiter ihre Sicherheit einzig in ihrem Platz im Organigramm sehen. Wer den in Frage stellt, droht, ihnen das zu nehmen, was man den einzigen Sinn ihres (Berufs-) Lebens nennen könnte. ..

Das Streben nach Sinn ist so stark, daß die meisten Menschen für Institutionen, die ihnen dieses bieten, bereitwillig viel an persönlicher Freiheit aufgeben. Die exzellenten Unternehmen zeichnen sich durch sehr ausgeprägte Firmenkulturen aus, die nur eine Alternative lassen: sich voll in diese Norm einzufügen oder auszuscheiden. Einen Mittelweg gibt es für die meisten Mitarbeiter dieser Unternehmen nicht.

Quelle: *Peters/Watermann* 1991, S. 102 ff.

4. Teil: Leitungsorganisation

1. Konfiguration

1.1 Konfiguration und Leitungsorganisation

Die Leitungsorganisation erfaßt die organisatorische Gestaltung und Einordnung aller Leitungsstellen - angefangen von der Unternehmensspitze bis hin zum operativen Management (vgl. hierzu *Seidel/Redel* 1987, S. 3 ff.). Während die Prozeßorganisation in erster Linie auf die Aktivitäten zur Leistungserstellung und -verwertung gerichtet ist, zielt die Leitungsorganisation auf den Bereich der Willensbildung und -durchsetzung.

Die Leitungsorganisation umfaßt die Struktur aller Leitungsbeziehungen in einem Unternehmen.

Die einzelnen Organisationseinheiten stellen die Elemente und Subsysteme der Leitungsorganisation dar. Sie werden in vielfältiger Form miteinander kombiniert, wobei unzählige Kombinationen möglich und in der Praxis auch realisiert sind. Um diese komplexen Strukturen beschreibbar und damit vergleichbar zu machen, sollen sie zunächst bezüglich ihrer grundlegenden äußeren Gestalt, ihrer **Konfiguration** charakterisiert werden. Die dominante Form der dauerhaften Arbeitsteilung zwischen der ersten und zweiten Leitungsebene ist ein weiterer Parameter zur Beschreibung und Gestaltung der Leitungsstrukturen; sie manifestiert sich in unterschiedlichen Organisationsformen der **Primärorganisation**. Die Primärorganisation als hierarchische Grundstruktur der Leitungsbeziehungen wird überlagert und ergänzt durch die dauerhaften oder temporären Strukturen der **Sekundärorganisation**.

Der allgemeine Ausdruck der Konfiguration ist durch *Pugh u.a.* (1968) in die internationale Organisationsliteratur eingeführt worden; er bezeichnet das äußere Bild des Stellen- und Kompetenzgefüges.

Unter der Konfiguration ist die äußere Form des Stellengefüges zu verstehen.

Bei *Grochla* (1978, S. 48 ff.) umfaßt die organisatorische Dimension der Konfiguration insbesondere die Leitungstiefe und Leitungsspanne, die bereits im Zusammenhang mit der Abteilungsbildung beschrieben wurden. *Seidel/Redel* (1987, S. 51 ff.) sowie *Kieser/Kubicek* (1992, S. 126 ff.) zählen außerdem die Leitungssysteme dazu. *Mintzberg* (1991, S. 197) versteht unter der Konfiguration sehr weitgefaßt eine bestimmte Kombination von definierten Organisationsmerkmalen. Er kombiniert in seinem Konfigurationsansatz bestimmte Ausprägungen der verschiedenen Merkmale von Organisationen (Bestandteile, Koordinationsmechanismen, Gestaltungsparameter und Situationsfaktoren) zu verschiedenen Konfigurationstypen von Organisationssystemen (*Mintzberg* 1979).

1.2 Hierarchische Struktur der Leitungsbeziehungen

Wie bereits im Zusammenhang mit der Abteilungsbildung erwähnt, führt die stufenweise Bildung von Abteilungen und zugehörigen Leitungsstellen zu einer hierarchischen Struktur der Stellen in einer Organisation, woraus sich das bekannte Bild der Pyramide ergibt. Die Anzahl der Stellen, die den Instanzen direkt untergeordnet sind, bestimmt dabei weitgehend auch die Anzahl der Leitungsebenen. Die sich ergebende Struktur der Leitungsbeziehungen wird dann häufig in einem Organisationsschaubild, dem → *Organigramm* grafisch dargestellt.

1.2.1 Leitungstiefe und Leitungsintensität

Die Leitungsspanne bestimmt über die **Leitungstiefe** die Gestalt (Konfiguration) der Organisationsstruktur. Bei annähernd gleicher Größe eines Unternehmens, das heißt bei einer gegebenen Anzahl an Ausführungsstellen, bestehen tendenziell um so mehr Leitungsebenen, je geringer die Leitungsspannen sind.

Die Leitungstiefe ist die Zahl der hierarchischen Leitungsebenen in einem Unternehmen.

Die **Pyramidenform** der Konfiguration wird in Abhängigkeit von der Leitungstiefe steiler oder flacher (*Abb. 4-1*). Innerhalb einer steilen Form bleibt es nicht aus, daß der vertikale Informationsfluß aufgrund der größeren Zahl von Hierarchieebenen häufiger unterbrochen wird. Weiterhin wirken die Hierarchieebenen als Filter, welche die Weitergabe der Informationen behindern oder die Informationen verfälschen können.

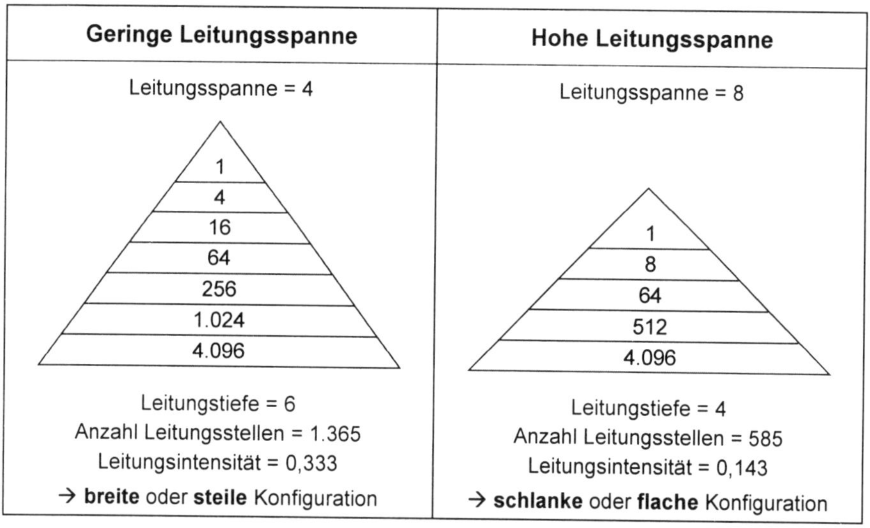

Abb. 4-1: Zusammenhang zwischen Leitungsspanne, Leitungstiefe und Leitungsintensität

Wie bereits ausführlich dargelegt, lassen sich in einem Unternehmen verschiedene Arten von Stellen unterscheiden: Ausführungsstellen, Leitungsstellen und unterstützende Stellen. Ihr zahlenmäßiges Verhältnis wird durch die Kenngröße der **Leitungsintensität** beschrieben.

Die Leitungsintensität beinhaltet die Relation zwischen Leitungs- und Ausführungsstellen.

Die Verhältnisgröße zwischen der Anzahl der Leitungsstellen einschließlich der sie unterstützenden Stabs- und Assistenzstellen und der Anzahl der Ausführungsstellen wird als wichtige Kenngröße zur vergleichenden Beurteilung von Organisationsstrukturen herangezogen (vgl. *Pugh u.a.* 1968, *Blau/Schoenherr* 1971, *Kieser* 1973).

1.2.2 Hierarchie der Leitungsebenen

Leitungsbeziehungen sind durch Über- und Unterordnungen gekennzeichnet. In Abhängigkeit von situativen Einflußgrößen entsteht eine mehrstufige **Leitungshierarchie** (*Kosiol* 1962, S. 107). In Theorie und Praxis werden dabei entsprechend *Abbildung 4-2* die untere Leitungsebene, die mittlere Leitungsebene und die obere Leitungsebene unterschieden (z.B. *Grochla* 1962, S. 65 ff.; *Staehle* 1989, S. 82).

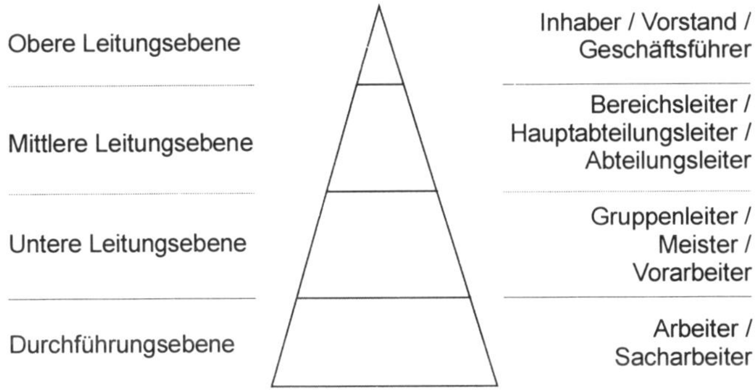

Abb. 4-2: Leitungsebenen

(1) Obere Leitungsebene

Die obere Leitungsebene (Top Management, strategisches Management) entspricht der obersten Unternehmensleitung; sie hat als Entscheidungsbereich das gesamte Unternehmen. Nach *Gutenberg* (1962, S. 61) besteht der Aufgabenbereich der oberen Leitungsebene vor allem im Treffen von **Grundsatzentscheidungen**. Die Entscheidungen der obersten Unternehmensleitung weisen dabei folgende Merkmale auf:

- Sie haben eine hohe Bedeutung für den Bestand und die Zukunft des Unternehmens;
- sie betreffen das Unternehmen als Ganzes und können nur aus der Kenntnis des Gesamtzusammenhanges getroffen werden;
- sie haben einen nicht-delegierbaren Charakter.

In der Literatur finden sich zahlreiche Kataloge zur näheren Beschreibung der Aufgaben der obersten Unternehmensleitung (s. Übersicht bei *Seidel/Redel* 1987, S. 18); hierzu zählen zum Beispiel

- Grundsatzentscheidungen über die Unternehmensziele,
- Entscheidungen über die Unternehmenspolitik und -strategie,
- Grundsatzfragen zur Organisationsstruktur,
- die Koordinierung der großen betrieblichen Teilbereiche,
- die Beseitigung von gravierenden Störungen,
- Einzelentscheidungen mit weitreichenden Konsequenzen,
- die Besetzung von Leitungsstellen,
- die Vertretung des Unternehmens nach außen.

(2) Mittlere Leitungsebene

Die zentrale Aufgabe der mittleren Leitungsebene (Middle Management, taktisches Management) besteht in der **Konkretisierung** der Unternehmensziele und der unternehmenspolitischen Entscheidungen. Diese sind in Programme, Regeln und konkrete Vorgaben umzusetzen; deren Ausführung ist zu überwachen und zu kontrollieren. Die Leitungsstellen der mittleren Ebene sind auf der einen Seite einer höheren Leitungsstelle unterstellt; auf der anderen Seite haben sie auch Weisungsbefugnisse gegenüber anderen Leitungsstellen.

In der Praxis - insbesondere in großen Unternehmen - kann die mittlere Leitungsebene ohne weiteres aus mehr als nur einer hierarchischen Ebene gebildet sein. Dagegen ist die mittlere Leitungsebene in kleinen und mittleren Unternehmen oftmals nicht erforderlich.

(3) Untere Leitungsebene

Die untere Leitungsebene (Lower Management, operatives Management) ist dadurch charakterisiert, daß ihr nur noch Ausführungsstellen zugeordnet sind. Sie stellt damit den Übergang zwischen der Unternehmensleitung und den ausschließlich ausführenden Mitarbeitern dar.

1.2.3 Aufgabenverteilung in der Hierarchie

Die Unterschiede in der Art der Aufgaben auf den einzelnen Leitungsebenen sind beträchtlich. Das Schema in *Abbildung 4-3* gibt einen groben Überblick über die Aufgabenverteilung innerhalb der Unternehmenshierarchie.

Strategische Entscheidungen sind durch eine hohe Ungewißheit, eine relativ lange Geltungsdauer und einen sehr geringen Grad an Programmierbarkeit gekennzeichnet. **Operative Entscheidungen** sind dagegen kurz- bis mittelfristig angelegt, weisen einen geringeren Unsicherheitsgrad und einen wachsenden Anteil an programmierbaren Entscheidungen auf.

Die einzelnen Anteile dürfen dabei nur begrenzt verallgemeinert werden, da sich in Abhängigkeit vom praktizierten Führungsstil die Verhältnisse in den einzelnen Unternehmen und Abteilungen stark voneinander unterscheiden können.

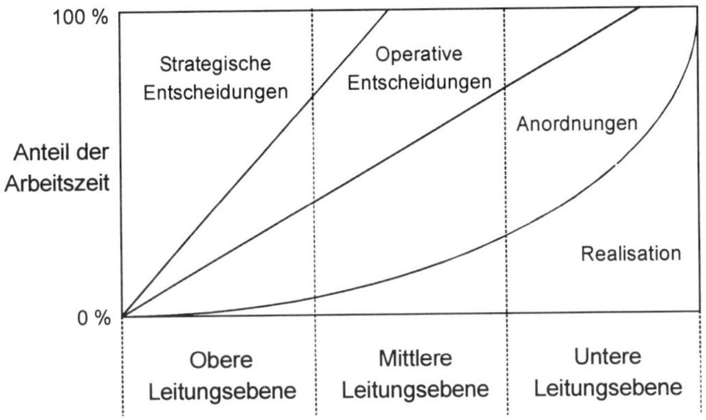

Abb. 4-3: Aufgabencharakter in Abhängigkeit von der Leitungsebene
Quelle: in Anlehnung an Grochla 1972, S. 66

1.2.4 Titelbezeichnungen im internationalen Vergleich

Ein Vergleich der obersten Unternehmensleitung von deutschen mit englischen und amerikanischen Unternehmen ist meist ungenau, da sich das jeweilige Unternehmensrecht sehr voneinander unterscheidet. So gibt es in Großbritannien kein Gesetz, das die Unternehmensorgane einer "Public Limited Company (plc)" derart detailliert vorschreibt wie das deutsche Aktiengesetz. Der sogenannte "Companies Act" enthält nur grobe Vorgaben, die jedes Unternehmen in seiner Satzung individuell ausgestalten kann. Oft finden sich aber die in *Abbildung 4-4* aufgeführten Titelbezeichnungen.

Deutschland	Großbritannien	USA
Aktiengesellschaft	**Public Limited Company**	**Stock Corporation**
Aufsichtsratsvorsitzender	chairman of the supervisory board	
Vorstandsvorsitzender	chief executive officer	president
Vorstandsmitglied	member of the board of management	member of the executive board
Generalbevollmächtigter	general manager	executive vice president
Direktor	director	senior vice president
Handlungsbevollmächtigter	assistant manager	
GmbH	**Private Limited Company**	**Closed Corporation**
Vorsitzender der Geschäftsführung	managing director	chief executive officer
Geschäftsführer	director	general manager

Abb. 4-4: Titelbezeichnungen im internationalen Vergleich

Die höchste Position in einem britischen oder amerikanischen Aktiengesellschaften hält der "chairman". Er ist meist für die langfristige Strategie verantwortlich, präsentiert das Unternehmen nach außen und leitet die Sitzungen des Vorstands. Weiterhin kann er als "executive chairman" in das Tagesgeschäft eingebunden sein oder aber als "non executive chairman" sich der wirklichen Geschäftsführung enthalten. Diese wird dann einem "chief executive", "chief executive officer" (CEO) oder "president" übertragen. Es kann jedoch eine Person sowohl die Position des "chairman" als auch die des "chief executive" innehaben.

1.2.5 Oberste Unternehmensleitung und leitende Angestellte

Unter der Unternehmensleitung versteht man im engeren Sinn nur die Stellen der oberen Leitungsebene, ggf. unter Einbezug der Aufsichtsorgane. In gleicher Bedeutung wird auch der Begriff der "Unternehmensführung" (*Gutenberg* 1969, Sp. 1675) verwendet. Da aber im weiteren Sinne alle Leitungsebenen an der Leitung des Unternehmens beteiligt sind, wird hier zur Vermeidung von Mißverständnissen von der **obersten Unternehmensleitung** gesprochen (vgl. hierzu *Seidel/Redel* 1987, S. 17).

Die Stelleninhaber, die zwar eine Leitungsfunktion bekleiden, aber nicht der obersten Unternehmensleitung angehören, können als **leitende Angestellte** bezeichnet werden. Sie stehen somit als Bindeglied zwischen den Kapitaleignern und deren Repräsentanten auf der einen Seite und der Belegschaft auf der anderen Seite. Da der Gesetzgeber nur zwischen Arbeitgeber und Arbeitnehmer unterscheidet, müssen die leitenden Angestellten bei der Ausübung des Wahlrechts zum Betriebsrat (BetrVG) und bei der Wahl in den Aufsichtsrat (MitbestG) einer dieser Seiten zugeschlagen werden. Das Betriebsverfassungsgesetz nimmt eine Abgrenzung des leitenden Angestellten von den sonstigen Arbeitnehmern vor. Nach § 5 Abs. 3 BetrVG findet das Gesetz keine Anwendung auf leitende Angestellte, wenn sie nach Arbeitsvertrag und Stellung im Unternehmen

1. zur selbständigen Einstellung und Entlassung von im Betrieb beschäftigten Arbeitnehmern berechtigt sind oder
2. Generalvollmacht oder Prokura haben und die Prokura auch im Verhältnis zum Arbeitgeber nicht unbedeutend ist oder
3. regelmäßig sonstige Aufgaben wahrnehmen, die für den Bestand und die Entwicklung des Unternehmens oder eines Betriebes von Bedeutung sind und deren Erfüllung besondere Erfahrungen und Kenntnisse voraussetzen, wenn sie dabei entweder die Entscheidungen im wesentlichen frei von Weisungen treffen oder maßgeblich beeinflussen.

1.2.6 Flache und steile Konfigurationen

Steile oder flache Organisationsstrukturen unterscheiden sich in Hinblick auf die Zahl der hierarchischen Ebenen (Leitungstiefe). Eine Organisationsstruktur, die im Verhältnis zu ihrer Größe viele hierarchische Ebenen aufweist, wird als **steil** bezeichnet, eine Struktur mit relativ wenigen Ebenen als **flach**. Die Beziehung zur Leitungsspanne wurde bereits angesprochen. Bei der Festlegung, ob eine eher große oder eine eher kleine Leitungsspanne beziehungsweise eher weniger oder eher mehr Leitungsebenen das Ziel der organisatorischen Gestaltung sein soll, befindet man sich in einem Dilemma:

- Auf der einen Seite sollen die Vorgesetzten ihre **Koordinations- und Kontrollaufgaben** zufriedenstellend wahrnehmen; die Empfehlungen der traditionellen Organisationslehre gingen deshalb in Richtung einer eher kleinen Leitungsspanne.
- Die Forderung nach einem **schnellen und unverfälschten Informationsaustausch** im Unternehmen und nach **schnellen Entscheidungsprozessen** bedingt eine eher kleine Gliederungstiefe und führt somit zu einer große Leitungsspanne.

Für dieses **Dilemma der Leitungsspanne** zeichnet sich seit Beginn der 90er Jahr eine deutliche Wandlung ab. Zuvor ging es in erster Linie um eine "funktionierende" Anordnungs- und Kontrollstruktur; in erster Linie wurden **persönliche Weisungen** als Koordinationsinstrument eingesetzt. Bei einem qualitativen und/oder quantitativen Wachsen der Aufgaben im Unternehmen wurden deshalb zusätzliche Leitungs- und Leitungshilfsstellen eingerichtet - teilweise in einem überproportionalen Verhältnis zum Wachstum des Unternehmens (s. hierzu *Parkinson* 1992, S. 21 ff.). Dies führte unweigerlich zum Aufbau zusätzlicher Hierarchieebenen. Die oberste Unternehmensleitung entfernte sich dabei immer mehr vom Markt und von den internen Problemen im Unternehmen; auf Störungen und auf Herausforderungen der Umwelt wurde nur träge reagiert. Hinzu kommt, daß sich die Stelleninhaber in Abhängigkeit von der Leitungsebene normalerweise in Gehalt und Statussymbole wie etwa in der Büroausstattung, in Dienstwagen und sonstigen Privilegien unterschiedlichster Art voneinander unterscheiden. Wenn nun eine derartige Differenzierung sehr extensiv vorgenommen wird, ist eine große Anzahl an Leitungsebenen auch mit beträchtlichen zusätzlichen Kosten verbunden.

Mit Beginn der 90er Jahre wurde zunehmend verlangt, daß sich ein Unternehmen möglichst schnell an veränderte Umweltbedingungen anpassen muß - und zwar vor allem durch gemeinsame Anstrengungen der Mitarbeiter. Hierzu müssen die Informationswege möglichst kurz sein und Entscheidungen zügig getroffen werden können. Deshalb wurden häufig - pauschal oder nach Bereichen differenziert - Leitungsebenen aus der Hierarchie entfernt, um so die Distanz zwischen der obersten Unternehmensleitung und der Durchführungsebene zu reduzieren.

Derartige schlanke Organisationsform sind zwangsläufig mit einer Erhöhung der Leitungsspannen verbunden. Dabei wird die Koordination durch persönliche Weisungen abgelöst durch Koordinationsformen, die eher von der Eigeninitiative und der Selbstbestimmung der Mitarbeiter ausgehen. Dies wird vor allem durch eine verstärkte **Koordination in Selbstabstimmung** erreicht, aber auch durch die mit einer **prozeßorientierten Organisationsgestaltung** verbundene weitgehende Autonomie der Stellen, die eine Reduktion des Koordinationsbedarfes zur Folge hat. Flache Organisationsstrukturen werden dabei unterstützt durch den Einsatz von **Informationssystemen**, mit deren Hilfe sich die Mitarbeiter im Direktzugriff ohne Inanspruchnahme ihrer Vorgesetzten die für Entscheidungen benötigten Informationen beschaffen können. Zudem erfolgt die Kommunikation zunehmend nicht mehr über den Dienstweg, sondern per E-Mail direkt zwischen den jeweils betroffenen Stellen. Damit wird die Hierarchie als Kommunikationsweg weitgehend überflüssig.

Dieser Wandel kann auch beschrieben werden als Übergang von der **Kontrollorganisation** zur **Vertrauensorganisation** (*Agthe* 1989, S. 168). Die Sorge, wie man seine Untergebenen kontrollieren kann, wird dabei abgelöst von dem Bemühen, gute und fähige Mitarbeiter zu finden, die kaum noch von oben kontrolliert werden müssen. Im Gegenteil, je geringer das Ausmaß der Kontrolle und je umfangreicher die eingeräumten Spielräume für selbständiges Handeln sind, desto motivierter und besser erfüllen die Mitarbeiter ihre Aufgaben. Flache Organisationsformen bedingen infolgedessen auch größere Entscheidungsspielräume für die mittlere und untere Leitungsebene. Andererseits werden auch neue Anforderungen an die Führungskräfte gestellt. Sie müssen in der Lage sein, sich auf das Wesentliche zu konzentrieren und Einzel- und Detailprobleme ihren Mitarbeitern zu überlassen.

Flexible Organisationsformen durch große Leitungsspannen

"Als besonders flexible Organisationsform wird oft eine Organisationsstruktur bezeichnet, die offene Kommunikationsbeziehungen, eine relativ große Leitungsspanne, wenig Hierarchiestufen (also einen geringen Grad der Bürokratisierung) und einen hohen Dezentralisationsgrad aufweist. Die Forderung nach offenen Kommunikationsbeziehungen läßt sich von den Vorteilen der Gruppe gegenüber isolierten Individuen bei der Lösung innovativer Probleme ableiten. Diese Vorteile ergeben sich aus folgenden Argumenten:

1. Je mehr Individuen an der Problemlösung arbeiten, um so mehr Vorschläge sind zu erwarten und um so größer ist die Wahrscheinlichkeit für das Auftreten brauchbarer Lösungen.
2. Nicht realisierbare Vorschläge können rechtzeitig ausgeschieden werden, da es unwahrscheinlich ist, daß allen Gruppenmitgliedern derselbe Irrtum zur gleichen Zeit unterläuft.
3. Die Gruppe kann die Funktionen der Lösungsentwicklung und der Lösungsüberprüfung auf die Personen übertragen, die für diese unterschiedlichen Aufgaben die besten Voraussetzungen mitbringen.
4. Auch bezüglich fachlich unterschiedlicher Probleme kann eine Arbeitsteilung herbeigeführt werden.
5. Schließlich kann der in einer Gruppe mit großer Wahrscheinlichkeit auftretende Konflikt die Produktion neuer Ideen fördern, wenn er mehr sach- als personenbezogen ist. Bei gleichberechtigten Mitgliedern ist die Wahrscheinlichkeit größer, daß Konflikte sich an Sachproblemen entzünden.

Die Forderung nach einer großen Leitungsspanne entspricht der Überlegung, daß Kreativität eine gewisse Unabhängigkeit von den durch die Leitungsperson vermittelten Richtlinien der Unternehmung erfordert."

Quelle: *Grochla* 1972, S. 167

Die Einführung von flachen Organisationsformen und hohen Leitungsspannen hat jedoch auch zu einer Reihe von **Problemen** geführt:

- Flache Hierarchien weisen für die Manager und für den Managementnachwuchs zwangsläufig **weniger Karrierechancen** auf wie steile Organisationen mit vielen Hierarchieebenen. Die Möglichkeiten zum Aufstieg werden kleiner, wenn verschiedene Managementaufgaben in einer Person gebündelt sind - der Aufstieg dauert infolgedessen auch länger. Der Motivator „berufliche Entwicklungsperspektiven" hat jedoch für viele Mitarbeiter ein sehr hohe Bedeutung. Es besteht infolgedessen die Gefahr, daß vor allem die qualifizierteren und besonders leistungsbereiten Mitarbeiter das Unternehmen verlassen, wenn sich ihnen in einem anderen Unternehmen eine interessante Aufstiegschance bietet.

  Anstelle einer Karriere wird von vielen Unternehmen der horizontale Wechsel auf einer Ebene und die Übernahme von komplexeren Projekten und Aufgaben propagiert. Dann sind die Veränderungen zwar nicht mit neuen Titeln verbunden und mit einer Vermehrung der unterstellten Mitarbeiter begleitet; es soll jedoch verhindert werden, daß die gefürchtete jahrelange Wiederholung derselben Tätigkeiten zu einem Verlust der Motivation führt. Weiterhin werden neue Statussymbole eingeführt wie beispielsweise die Mitgliedschaft in speziellen Führungskreisen.

- Hierarchische Strukturen bedeuteten auch Stabilität. Mit den schlanken Organisationsstrukturen ist in vielen Unternehmen bei den Mitarbeitern durch die zunehmende Vielfalt der Aufgaben immer öfter **Desorientierung** und permanente **Überforderung** zu verzeichnen. Seit sich die einzelnen Mitarbeiter oder die Arbeitsgruppen selbst organisieren, ist der Koordinationsaufwand häufig nicht geschrumpft, sondern um ein Vielfaches gewachsen. Statt der erhofften Motivation aus der zusätzlichen Verantwortung wird deshalb in manchen Unternehmen wieder nach ordnender Führung verlangt.
- In Unternehmen mit flachen Organisationsstrukturen sind Kontrollinstanzen abgebaut worden, so daß die Gefahr des innerbetrieblichen **Betrugs** und der **Unterschlagung** angestiegen ist.

1.3 Grundformen von Leitungssystemen

Die Unter- und Überordnungsverhältnisse zwischen den Organisationseinheiten sowie die damit verbundenen Kommunikationsbeziehungen zum Zwecke der Koordination stellen das Leitungssystem eines Unternehmens dar. Die Verbindungen der arbeitsteilig gebildeten Stellen einer Abteilung mit den übergeordneten Leitungsstellen werden allgemein als **Linien** bezeichnet, wobei die in einer Hierarchie von oben nach unten laufende Linien die Wege für Anordnungen, die von unten nach oben verlaufende Linien die Wege für Mitteilungen und Meldungen beinhalten.

Ein Leitungssystem beinhaltet die Anordnungs- und Kommunikationsbeziehungen zwischen über- und untergeordneten Stellen.

Bei den Leitungssystemen werden zwei **idealtypische Grundformen** unterscheiden, das Einlinien- und das Mehrliniensystem. Das Matrixsystem stellt einen Sonderfall des Mehrliniensystems dar. Die betriebswirtschaftliche Organisationslehre hat sich sehr intensiv mit diesen Grundformen auseinandergesetzt (z.B. *Kosiol* 1962, S. 110; *Bleicher* 1991, S. 388 ff.; *Schanz* 1982, S. 30 ff.; *Kieser/Kubicek* 1992, S. 126 ff.).

1.3.1 Das Einliniensystem

Im Einliniensystem erhält jede untergeordnete Stelle nur von einer übergeordneten Stelle Anweisungen.

Im Einliniensystem (*Abb. 4-5*) hat jede Stelle - mit Ausnahme der obersten Unternehmensleitung - nur eine direkt vorgesetzte Leitungsstelle, von der sie ihre Anweisungen erhält und der sie Rechenschaft schuldet. Das Einliniensystem beruht auf dem von *Henry Fayol* formulierten **Prinzip der Einheit der Auftragserteilung**. Die einzelnen Stellen sind über nur eine Linie, den **Dienstweg**, miteinander verbunden; die Linie ist gleichzeitig **Kommunikationsweg**.

Die Anwendung des Prinzips führt dazu, daß immer nur zwischen zwei hierarchisch aufeinanderfolgenden Organisationseinheiten Weisungs- und Kommunikationsbeziehungen bestehen können. Um den Nachteil der langen Informationswege zu vermeiden, hat *Fayol* später zugelassen, daß für im einzelnen zu spezifizierende Fälle eine direkte Abstimmung zwischen Stellen aus verschiedenen Abteilungen mit anschließender Unterrichtung der jeweils übergeordneten Leitungsstelle möglich ist (*Fayol*'sche Brücke).

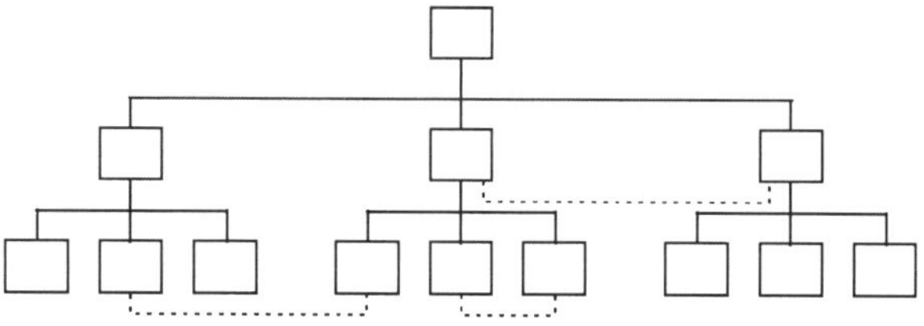

.... = Fayol'sche Brücke

Abb. 4-5: Einliniensystem

1.3.2 Das Mehrliniensystem

Das Mehrliniensystem (*Abb. 4-6*) findet seinen Ursprung bei *Frederick W. Taylor*. Es kommt im *Taylor*'schen Funktionsmeistersystem zum Ausdruck, in dem die Leitungsfunktion einer Organisationseinheit aufgegliedert und auf mehrere Leitungsstellen verteilt wird.

Im Mehrliniensystem erhält eine untergeordnete Stelle von mehreren übergeordneten Stellen Anweisungen.

Spezialisierte Fachvorgesetzte, die Funktionsmeister, treffen auf ihrem Gebiet qualifizierte Entscheidungen und Anweisungen. Bei der Anwendung dieses Prinzips kommt es zu **Mehrfachunterstellungen** der Mitarbeiter. Es wird auch als **Prinzip des kürzesten Weges** bezeichnet, da sich die Mitarbeiter mit ihren Problemen direkt an die jeweiligen Spezialisten wenden.

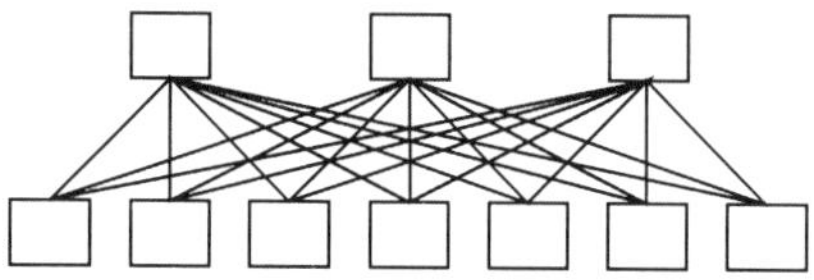

Abb. 4-6: Mehrliniensystem

1.3.3 Vergleich der Leitungssysteme

Das Einlinien- und das Mehrliniensystem sind als die beiden **Grundmodelle hierarchischer Koordination** anzusehen. Beim Einliniensystem können alle Weisungen konsistent sein; bei einer Mehrfachunterstellung besteht dagegen die Gefahr, daß die einzelnen Vorgesetzten widersprüchliche Ziele verfolgen. Weiterhin ist die Klarheit der Verantwortlichkeit im Einliniensystem erheblich größer als im Mehrliniensystem. Ein Vorteil des Einliniensystems ist zudem die Vermeidung von Kompetenzüberschneidungen. Im Mehrliniensystem ist eine sorgfältige Kompetenzabgrenzung erforderlich; trotzdem sind Kompetenzkonflikte nicht ganz vermeidbar. Aus diesen Gründen forderte *Fayol* auch nachdrücklich, die Einheit der Auftragserteilung auf keinen Fall zu durchbrechen.

Eine vergleichende Gegenüberstellung (*Abb. 4-7*) zeigt, daß in etwa die Vorteile des einen Systems die Nachteile des anderen Systems sind und umgekehrt. Eine knappe, übersichtliche Gegenüberstellung der Vor- und Nachteile der einzelnen Leitungssysteme findet sich bei *Hill/Fehlbaum/Ulrich* (1989, S. 212).

Einliniensystem	**Mehrliniensystem**
Vorteile	
• klare und eindeutige Regelung von Unterstellungsverhältnissen, Kompetenzen und Verantwortung, dadurch wenig Kompetenzkonflikte • überschaubare und einfache Leitungsstrukturen • gute Kontrollmöglichkeiten	• Spezialisierung der Leitung durch Verteilung der Funktionen auf mehrere Leitungsstellen • hohe Problemlösungskapazität • direkte Weisungs- und Informationswege • Betonung der Fachautorität
Nachteile	
• starke Beanspruchung der übergeordneten Leitungsstellen mit Koordinationsaufgaben • lange und umständliche Weisungs- und Informationswege • dadurch Gefahr der Informationsfilterung und –verfälschung durch die Zwischeninstanzen • unnötige Belastung von Zwischeninstanzen • starke personale Abhängigkeit zwischen Vorgesetzten und Mitarbeitern • Betonung der hierarchischen Stellung	• Problem der Abgrenzung von Zuständigkeiten, Weisungen und Verantwortung für ein gesamthaft koordiniertes Handeln • dadurch Gefahr von Kompetenzkonflikten und widersprüchlichen Anweisungen • großer Bedarf an Leitungskräften • großer Abstimmungs- und Kommunikationsbedarf • Schwierigkeit der Fehlerzurechnung • sachliche Konfliktträchtigkeit kann lähmend wirken

Abb. 4-7: Vergleichende Bewertung des Einlinien- und Mehrliniensystems

Die zwei klassischen Leitungssysteme stellen zwei konträre organisatorische Gestaltungsmöglichkeiten dar, die jeweils mit unterschiedlichen Zielsetzungen entwickelt worden sind:

- Das Prinzip der **Einheit der Auftragserteilung** soll eine klare Zuordnung von Verantwortung und eine reibungslose Koordination gewährleisten.
- Das **Funktionsmeistersystem** soll dagegen durch Spezialisierung der Leitungsfunktionen qualifizierte Entscheidungen und Weisungen bewirken und die qualitativen Anforderungen an die Inhaber der Leitungsstellen verringern.

Bei der Gestaltung von Organisationsstrukturen sind beide Ziele relevant; aus diesem Grunde werden in der Praxis beide Systeme oft kombiniert angewendet. Dabei hat sich überwiegend das Einliniensystem durchgesetzt. Das Problem der fachlichen Überforderung der Vorgesetzten in Spezialfragen wird durch Stabsstellen gelöst und führt zum **Stabliniensystem**. Das Mehrliniensystem hat in der speziellen Form des **Matrixsystems** Bedeutung erlangt. Hierbei können zwei verschiedene Aufgabenorientierungen mehr oder weniger gleichberechtigt berücksichtigt werden.

1.3.4 Das Matrixsystem

Beim Matrixsystem werden die Leitungsfunktionen auf zwei **Matrixstellen** aufgeteilt; es handelt sich also um ein spezielles Mehrliniensystem (*Abb. 4-8*).

Im Matrixsystem erhält eine untergeordnete Stelle von zwei übergeordneten Stellen Anweisungen.

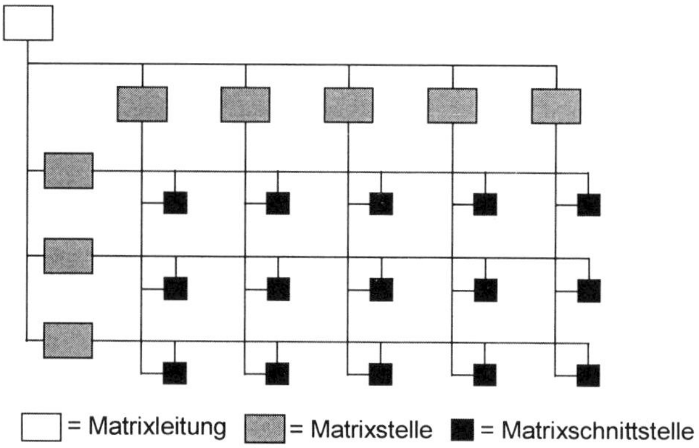

Abb. 4-8: Matrixsystem

Häufig ist hierbei eine Leitungsdimension **funktionsorientiert**, die andere **objektorientiert**, das heißt auf eine Produktlinie, eine Region, eine Kundengruppe oder einen Markt spezialisiert. Die Vorteile der funktionalen Gliederung (Vorteile der Spezialisierung) sollen mit denen der Objektgliederung (bessere Koordination der objektbezogenen Aktivitäten) kombiniert werden. Bei funktional gebildeten Organisationseinheiten überwiegen leicht die Fachinteressen; produkt-, markt- oder kundenbezogene Gesichtspunkte werden dabei schnell vernachlässigt. Dagegen besteht bei der objektbezogenen Abteilungsbildung eher die Tendenz, eine hohe Nutzung der Ressourcen und funktionsbezogenes Expertenwissen als zweitrangig zu betrachten. Das Matrixsystem soll die Nachteile beider Prinzipien vermeiden; dafür wird die Einheit der Auftragserteilung fallengelassen.

Das Konzept der Matrixstruktur stammt aus projektorientiert arbeitenden Unternehmen (Ingenieurbüros, Flugzeug- und Raumfahrtindustrie, Beratungsunternehmen). Jeder Projektleiter trägt hierbei die Verantwortung für sein Projekt und hat in diesem Rahmen Entscheidungs- und Weisungsbefugnisse über die in den funktionalen Fachabteilungen tätigen Mitarbeiter. Die Funktionsleiter sind verantwortlich für die ihnen zugeordneten Ressourcen (etwa Anlagen oder Labors), die fachgemäße und termingebundene Abwicklung der Aufgaben, die Anpassung der Kapazitäten an den Bedarf usw.

Die Matrixstellen sind direkt der **Matrixleitung** unterstellt. Diese sorgt u.a. für die Koordination der Matrixstellen, vereinbart mit ihnen Ziele und dient bei durch die Matrixstellen nicht mehr lösbaren Konflikten als **Schlichtungsinstanz**. Die für die eigentliche Aufgabendurchführung zuständigen Stellen und Abteilungen sind als Matrixzellen sowohl mit Funktionsaufgaben als auch mit Produkt-, Markt- oder Projektaufgaben betraut. Als sogenannte **Matrixschnittstellen** sind ihnen zwei Vorgesetzte übergeordnet. Widersprüchliche Vorgaben der unterschiedlich orientierten Leitungsstellen werden auf der Ebene der Matrixschnittstelle aufgedeckt.

Die gesamte Leitungsstruktur eines Matrixsystems ergibt sich aus der Kombination von fachlichen und disziplinarischen Weisungsrechten der beiden Matrixstellen. Die Regelung der **disziplinarischen Kompetenzen** stellt dabei ein besonderes Problem dar. Werden auch die disziplinarischen Befugnisse zwischen den beiden Matrixstellen aufgeteilt, so widerspricht dies dem organisatorischen Prinzip, daß nur die fachlichen Befugnisse geteilt werden dürfen, die disziplinarische Befugnisse dagegen grundsätzlich in einer Hand bleiben sollen. Eine Aufteilung wäre lediglich hinsichtlich der langfristigen Mitarbeiterentwicklung und der kurzfristigen Mitarbeitersteuerung zulässig.

Die Matrixstruktur weist gegenüber einem eindimensionalen Leitungssystem Kommunikations- und Koordinationsvorteile auf. Insbesondere bei einer Koordination durch Selbstabstimmung, bei der die Matrixstellen in einem Ausschuß zusammenarbeiten und sich untereinander abstimmen, sind die Kommunikationsbeziehungen nicht mehr hierarchisch, sondern netzartig strukturiert. Derartige **Netzstrukturen** führen zu einer Verkürzung der Kommunikationswege und "zeigen sich bei der Lösung komplexer Probleme gegenüber hierarchischen Kommunikationsstrukturen als überlegen" (*Bleicher* 1991, S. 568).

Matrixsystem	
Vorteile	• direkte Wege fördern den Austausch von Informationen • Nutzung von Spezialisierungsvorteilen • permanente Teamarbeit der Leitung fördert qualitativ gute Problemlösungen
Nachteile	• keine einheitliche Leitung • hoher Bedarf an Leitungskräften • schwerfällige Entscheidungsprozesse • Zwang zur Kompetenzregelung • hohes Konfliktpotential und Gefahr zu vieler Kompromisse
Anwendung	• Ergänzung der Linienorganisation um zusätzliche koordinationsrelevante Aspekte

Abb. 4-9: Bewertung des Matrixsystems

1.4 Gruppenorientierte Organisationsstrukturen

Aufgrund der wachsenden Bedeutung der Gruppenarbeit gewinnt auch die Frage der organisatorischen Einbindung von Arbeitsgruppen in die hierarchische Organisationsstruktur zunehmend an Gewicht. Im folgenden sollen zwei in der Literatur häufig beschriebene Modelle zur Integration von Arbeitsgruppen in die Unternehmensorganisation vorgestellt werden (vgl. *Grochla* 1976, S. 216 ff.; *Bendixen* 1980, Sp. 2229 ff.; *Hentze/Brose* 1985, S. 80 ff.; *Frese* 1988, S. 256 ff.; *Staehle* 1989, S. 703 ff. und S. 713 f.).

1.4.1 System sich überlappender Gruppen

Der Ansatz von *Likert* (1967/1975) beruht auf einer Struktur ineinandergreifender, sich überlappender Gruppen. Alle Mitarbeiter einer Abteilung bilden zusammen mit ihrem Vorgesetzten eine Gruppe; der Gruppenleiter ist auf der nächst höheren Ebene einfaches Mitglied einer weiteren Gruppe (*Abb. 4-10*). Auf diese Weise wird sichergestellt, daß nicht nur auf einer Ebene, sondern auch zwischen den Ebenen eine intensive Kommunikation erfolgt. Die Personen, die mehr als einer Gruppe angehören, werden als **Verbindungsglieder** (linking pins) bezeichnet und lösen die traditionellen Vorgesetzten ab. Sie sorgen für den notwendigen Austausch von Informationen und vertreten die Gruppe gegenüber der nächsthöheren Ebene.

Als allgemeine Verteilungsregel für Entscheidungen gilt, daß diese soweit nach unten delegiert werden sollen, bis eine Gruppe erreicht ist, die gerade noch den zur Lösung des Problems notwendigen Sachverstand hat. Die Entscheidungsfindung erfolgt dabei grundsätzlich durch die Gruppe; der Führungsstil ist somit partizipativ. Eventuell auftretende Konflikte sollen innerhalb der eigenen Gruppe ausgetragen und nicht durch die übergeordnete Gruppe gelöst werden. Dem Gruppenleiter werden jedoch bestimmte Entscheidungsvorbehalte eingeräumt. So kann er sich beispielsweise über Gruppenentscheidungen, die er für falsch erachtet, hinwegsetzen oder eine Entscheidung fällen, wenn die Gruppe sich nicht einigen kann.

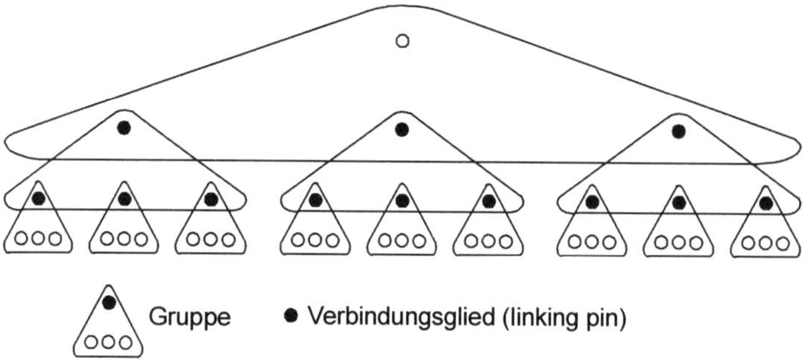

Abb. 4-10: System sich überlappender Gruppen
Quelle: Likert 1967, S. 50

Dieses System der sich vertikal überlappenden Gruppen erweitert *Likert* durch sich horizontal überlappende Gruppen. Auf jeder Ebene weisen je zwei Gruppen ein gemeinsames Mitglied auf, welches an beide Gruppenleiter Informationen weiterleitet. Auf diese Art und Weise kann beispielsweise eine funktionale Arbeitsgruppe mit einer produktorientierten Arbeitsgruppe koordiniert werden. Beide Ansätze werden dann zu einer "multiple, overlapping group structure" (*Likert* 1967, S. 168 f.) kombiniert, die sowohl sich vertikal als auch sich horizontal überlappende Gruppen enthält.

Likert empfiehlt seinen Ansatz als Alternative zur Linienorganisation, um ein Abflachen der Hierarchie zu ermöglichen; die straffe Hierarchie soll durch ein Geflecht von miteinander vernetzten Gruppen, die jedoch nach wie vor in hierarchischer Beziehung zueinander stehen, abgelöst werden. Dieser Ansatz ist in erster Linie als Konzept zu verstehen, in dem durch die weitgehende Delegation und Partizipation die Persönlichkeitsentfaltung der Beteiligten gefördert wird.

Kritisch zu sehen ist vor allem die Position des Gruppenkoordinators, der den Informationsaustausch zwischen den beiden Gruppen zu seinem Vorteil manipulieren und somit eine Machtposition aufbauen kann, die kaum noch einen Unterschied zu einem herkömmlichen Linienvorgesetzten aufweist.

Das Konzept dürfte in reiner Form kaum anzutreffen sein, vor allem nicht in größeren Unternehmen. Durch ein **Netzwerk** von ineinander verflochtenen Gruppen läßt sich jedoch sicherlich die Kommunikation verbessern (vgl. *Frese* 1988, S. 257).

1.4.2 Konzept der miteinander vermaschten Teams

Das von *Schnelle* (1966) entwickelte Konzept der miteinander vermaschten Teams stellt eine Kombination von Projektgruppe und Ausschuß dar. Die herkömmliche Linienorganisation wird durch zusätzliche Arbeitsgruppen (Teams) ergänzt. Während die repetitiven und programmierbaren Aufgaben durch die Einheiten der Linienorganisation erledigt werden, erfolgt die Bearbeitung von komplexen Aufgaben mit innovativem und kreativem Lösungsgehalt durch Teamarbeit. Teamarbeit soll nach *Schnelle* "als eine die Hierarchie ergänzende Kooperationsform" verstanden werden (1966, S. 74). Der Umfang einer Projektaufgabe kann es dabei erforderlich machen, daß die Anzahl der an der Problemlösung mitwirkenden Personen sehr groß wird. Da eine leistungsfähige Gruppenarbeit bei laut *Schnelle* (1966, S. 75) mehr als sechs Personen nicht mehr gewährleistet ist, müssen mehrere, parallel arbeitende Teams eingesetzt werden. Hierzu erfolgt eine Zerlegung des Gesamtprojektes in mehrere Teilprojekte, die dann jeweils von unterschiedlichen **Planungsteams** bearbeitet werden. Um zu erreichen, daß der Gesamtzusammenhang nicht verloren geht, erfolgt eine Koordination der Planungsteams durch eine Teamvermaschung, indem - ähnlich wie die linking pins im Modell von *Likert* - einzelne Mitglieder mehreren Teams angehören (*Abb. 4-11*).

Die Aufgabe der Planungsteams besteht in erster Linie in der Problemanalyse und der Erarbeitung von realisierbaren Problemlösungen. Die Verbindung der einzelnen Planungsteams mit der Linienorganisation erfolgt über folgende drei Gruppen:

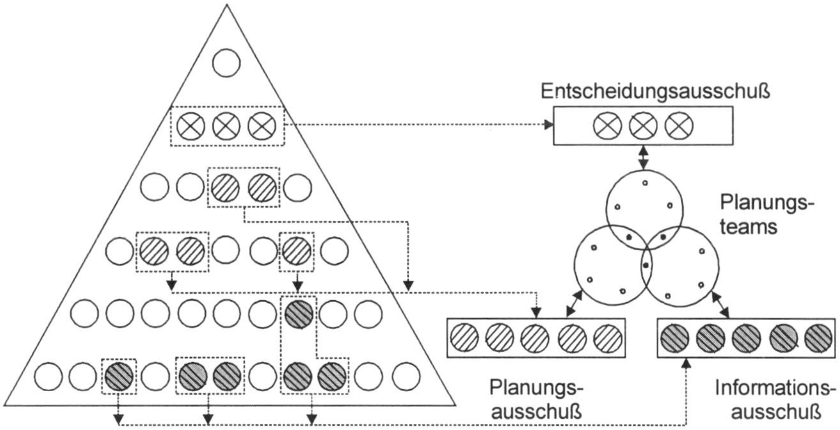

Abb. 4-11: Konzept der miteinander vermaschten Teams
Quelle: nach Schnelle 1966

- Der **Entscheidungsausschuß** besteht aus zwei bis drei Personen des Top Managements und nimmt die Rolle eines Auftraggebers ein. Er konstituiert die einzelnen Planungsteams, umreißt Ziele und Aufgaben und trifft die endgültige Entscheidung über eine mögliche Realisierung der Lösungsvorschläge. Dabei sichert er den Freiheitsraum der einzelnen Planungsteams gegen mögliche Störungen von Seiten der Linienorganisation ab.

- Der **Planungsausschuß** setzt sich aus zwei bis sieben Managern der Linienorganisation zusammen, auf deren Verantwortungsbereiche sich die Tätigkeit der Projektteams bezieht. Er liefert bei Bedarf zusätzliches Fachwissen, fördert das Problembewußtsein der Planungsteams und beurteilt die erarbeiteten Problemlösungen hinsichtlich ihrer Realisierungschancen.
- Der **Informationsausschuß** wird durch sechs bis zwölf meinungsbildende Mitarbeiter (opinion leader) aus den jeweils betroffenen Organisationseinheiten gebildet. Sie werden laufend über den Fortgang des Projektes und über die Auswirkungen informiert, die sich für ihre Arbeitsbereiche aus dem Projekt ergeben. Somit sollen frühzeitig mögliche Widerstände abgebaut und eine Akzeptanz der beabsichtigten Veränderungen erreicht werden.

Durch die Verbindung der Planungsteams mit diesen drei Ausschüssen soll ein ständiges Wechselspiel zwischen der Problemanalyse und Lösungssuche einerseits und den übergeordneten Unternehmenszielen andererseits erreicht werden. Weiterhin sollen hierdurch Problemlösungen erarbeitet werden, die aufgrund der Einbeziehung und Mitbestimmung der davon Betroffenen sachlich fundiert sind und akzeptiert werden (vgl. *Bendixen* 1980, Sp. 2233).

Wesentliche Elemente des Konzeptes von *Schnelle* sind Bestandteil des im 5. Teil dieses Buches beschriebenen **Projektmanagement-Konzeptes**. Die Planungsteams entsprechen dabei den Projektgruppen; die Aufgaben des Entscheidungsausschusses werden vom Projektlenkungsausschuß wahrgenommen, während der Zweck des Planungsausschusses durch eine aktive Beteiligung der direkt vom Projekt betroffenen Manager in Form des Beratungsausschusses erfüllt wird.

2. Formen der Primärorganisation

Die Primärorganisation entsteht durch hierarchische Verknüpfungen von Stellen und Abteilungen; sie stellt die **hierarchische Grundstruktur** eines Unternehmens dar.

Die Primärorganisation beinhaltet alle dauerhaften Organisationseinheiten, die durch hierarchische Beziehungen miteinander verbunden sind.

Die Primärorganisation läßt sich anhand der Kombinationen von Ausprägungen unterschiedlicher organisatorischer Gestaltungsparameter beschreiben. Da theoretisch sehr viele Kombinationen an Merkmalsausprägungen vorstellbar sind, beschränkt man sich auf einige wenige praxisrelevante Grundformen. Die Grundformen der Primärorganisation manifestieren sich vor allem in der Aufgabenverteilung auf der zweiten Hierarchieebene des Unternehmens. Je nach Kriterium der Aufgabenverteilung auf der Ebene direkt unter der obersten Unternehmensleitung werden die in *Abbildung 4-12* aufgeführten **Organisationsformen** der Primärorganisation unterschieden. Diese können von sekundären Strukturen, der Sekundärorganisation, ergänzt und überlagert werden.

Die Organisationsform kennzeichnet die grundlegende Organisationsstruktur auf den oberen Hierarchieebenen.

Gliederungskriterium		Organisationsform
Funktionen	➔	funktionale Organisation
Objekte - Produkte - Regionen - Kunden / Kundengruppen	➔	Geschäftsbereichsorganisation - Spartenorganisation - Regionalorganisation - Marktorganisation
Funktionen und Objekte	➔	Matrixorganisation
rechtlich selbständige Einheiten	➔	Holdingorganisation
wirtschaftlich selbständige Einheiten	➔	Netzwerkorganisation

Abb. 4-12: Formen der Primärorganisation

2.1 Die funktionale Organisation

2.1.1 Strukturmerkmale der funktionalen Organisation

Kennzeichnend für die funktionale Organisation (auch verrichtungsorientierte Organisation) ist die Gliederung in **Funktionsbereiche** (*Abb. 4-13*). Die Leitung des Unternehmens erfolgt dabei nach dem **Einliniensystem**, so daß die Funktionsbereiche als größte organisatorische Einheiten der obersten Unternehmensleitung direkt unterstellt sind. Im anglo-amerikanischen Sprachraum wird diese Organisationsform nach *Williamson* (1975) auch als *U-Form* (unitary form) charakterisiert.

Bei der funktionalen Organisation werden die Organisationseinheiten der zweiten Hierarchieebene nach Funktionen gebildet.

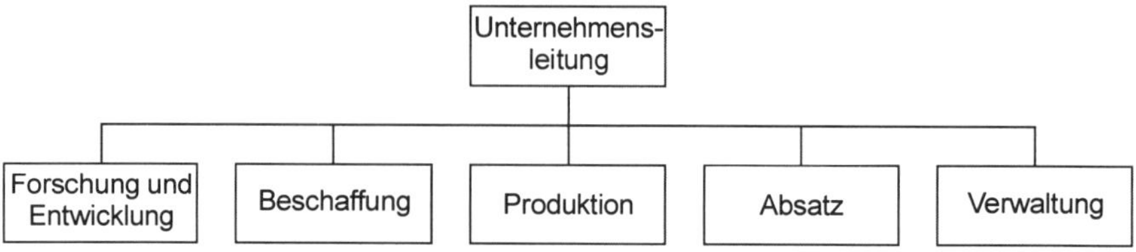

Abb. 4-13: Funktionale Organisation

Eine funktionsorientierte Gliederung entsteht regelmäßig im Zuge des betrieblichen Wachstums, wenn aus den kleinsten Anfängen heraus von einer einstufigen zu einer zweistufigen Leitungsstruktur übergegangen wird. Ausgangspunkt für die Verteilung der Leitungsaufgaben ist dabei sehr oft die Aufteilung in einen **kaufmännischen** und in einen **technischen** Funktionsbereich; diese Zweiteilung ist in vielen kleinen und mittleren Unternehmen anzutreffen. Mit weiterem Größenwachstum des Unternehmens wird meistens die funktionale Gliederung beibehalten, es erfolgt jedoch eine stärkere Differenzierung bei der Bildung der einzelnen Funktionsbereiche. Der gestiegene Koordinationsbedarf wird dann auch mit Hilfe von zusätzlichen strukturellen Maßnahmen der Sekundärorganisation bewältigt.

2.1.2 Funktionsbereiche des Unternehmens

Unternehmen benötigen zur Aufgabenerfüllung bestimmte, typische Funktionsbereiche, in denen sich der betriebliche Leistungsprozeß vollzieht. Mit dem Begriff "Funktion" werden verschiedene Inhalte verbunden; die Betriebswirtschaftslehre versteht hierunter allgemein die Erfüllung von Aufgaben. Im Zusammenhang mit der Arbeitsteilung werden dabei in der Organisationslehre Begriffe wie Zweckbereich, Funktionsbereich und Aufgabenbereich weitgehend gleichbedeutend benutzt (vgl. *Kosiol* 1962, S. 45; *Böhrs* 1963, S. 155 ff.; *Hill/Fehlbaum/Ulrich* 1989, S. 176 f.). Während die Aufgabe als "Verpflichtung, Verrichtungen an Objekten durchzuführen" (*Krüger* 1992, Sp. 223) mehr personenorientiert zu sehen ist, hat der Funktionsbegriff einen eher sachorientierten Charakter.

Aus systemorientierter Sicht handelt es sich bei den Funktionsbereichen um funktionale Subsysteme des Systems Unternehmen. Sie werden benötigt, damit das Gesamtsystem "Unternehmen" seinen Gesamtzweck erfüllen kann. Die **operationellen** Funktionsbereiche lassen sich allgemein - wie in *Abbildung 4-14* dargestellt - in zwei Funktionsbereichsgruppen systematisieren (vgl. hierzu auch *Ulrich* 1970, S. 46 ff):

- Die **leistungsorientierten** Funktionsbereiche des Unternehmens orientieren sich am Transformationsprozeß, durch welchen der Input in Output umgewandelt wird. Es ergeben sich hierbei die Prozeßphasen der eigentlichen Transformation des Inputs in den Output und der Abgabe der marktreifen Outputleistungen an die

Kunden. In der üblichen betriebswirtschaftlichen Terminologie werden diese mit (Markt-)Leistungserstellung (Produktion) und mit (Markt-)Leistungsverwertung (Absatz) bezeichnet. Ein weiterer Funktionsbereich Forschung und Entwicklung ergibt sich dann, wenn die Marktleistungen und die Verfahren ihrer Erstellung vom Unternehmen selbst entworfen und entwickelt werden. Die leistungsorientierten Funktionsbereiche werden häufig auch als **direkte** Bereiche bezeichnet.

- Die **ressourcenorientierten** Funktionsbereiche beziehen sich auf die Beschaffung und Verwaltung der zur Leistungserstellung und -verwertung benötigten Ressourcen. Hierbei sind vor allem die Ressourcen Personal, Material und Sachmittel, Finanzen und Informationen von Belang. Insbesondere für die Ressourcen Material und Sachmittel hat in letzter Zeit auch die umweltgerechte Entsorgung an Bedeutung gewonnen. Die ressourcenorientierten Funktionsbereiche sind nur **indirekt** mit der betrieblichen Leistungserstellung und -verwertung betraut.

<table>
<tr><th colspan="2">Unternehmensleitung</th></tr>
<tr><td colspan="2">- Unternehmensplanung und -kontrolle
- Unternehmensorganisation</td></tr>
<tr><th>Ressourcenorientierte Funktionsbereiche</th><th>Leistungsorientierte Funktionsbereiche</th></tr>
<tr><td>- Personalwirtschaft
- Finanzwirtschaft
- Informationswirtschaft
- Materialwirtschaft
- Anlagenwirtschaft</td><td>- Forschung und Entwicklung
- Produktion
- Absatz</td></tr>
</table>

Abb. 4-14: Funktionsbereiche des Unternehmens

Die aus Sicht der Leitungsorganisation vorgenommene Unterscheidung in direkte und indirekte Bereiche ist streng auseinanderzuhalten von der prozeßorganisatorischen Differenzierung in Primär- und Sekundärprozesse. So werden beispielsweise innerhalb des Funktionsbereiches Materialwirtschaft sowohl Primärprozesse (wie das Handling im Wareneingang, die Lagerung und interne Bereitstellung von Inputgütern) als auch Sekundärprozesse abgewickelt (wie die Lieferantenauswahl oder Einkaufsverhandlungen). An dieser Stelle wird deutlich, daß der prozeßorientierten Organisationsgestaltung eine prinzipiell andere Sichtweise zugrundeliegt als der traditionellen funktionsorientierten Organisationsgestaltung.

Die operationellen Funktionsbereiche werden durch den **strategischen** Funktionsbereich der obersten **Unternehmensleitung** ergänzt. Die Aufgabe der Unternehmensleitung besteht in der Koordination der Funktionsbereiche und beinhaltet die Probleme der Gestaltung und Steuerung des Unternehmens als Ganzes. Die Kompetenz zu strategischen Entscheidungen ist vollständig bei der obersten Unternehmensleitung zentralisiert; sie gibt dabei die Leistungs- und Erfolgsziele sowie die Investitionsbasis für die einzelnen Funktionsbereiche weitgehend vor. Den Funktionsbereichsleitern verbleiben lediglich innerhalb dieses vorgegebenen Handlungsrahmens die Kompetenzen zu operativen Entscheidungen mit einem relativ hohen Detaillierungsgrad.

Die Aufgaben der obersten Unternehmensleitung werden vielfach in Personalunion von den Leitern der funktionalen Ressorts wahrgenommen. Bei einer derartigen **Ressortkollegialität** sind die für den Unternehmenserfolg maßgeblichen Funktionsbereiche im obersten Leitungsorgan vertreten. Somit wird eine unmittelbare Beteiligung der wichtigsten Funktionsbereiche an strategischen Aufgaben erreicht. Allerdings besteht hierbei die Gefahr, daß die Gesamtinteressen des Unternehmens durch den Ressortegoismus der Bereichsleiter vernachlässigt werden. Durch die Ernennung eines Mitgliedes der obersten Unternehmensleitung zum Vorsitzenden oder Sprecher soll erreicht werden, daß die gesamtunternehmerischen Belange gewahrt bleiben. Der Vorsitzende leitet dabei in der Regel selbst kein funktionales Ressort.

2.1.3 Vorteile und Nachteile der funktionalen Organisation

Bei der funktionalen Organisation steht die **Ressourceneffizienz** als organisatorische Zielsetzung im Vordergrund. Der Organisation als Instrument zur Erreichung der Unternehmensziele kommen in diesem Zusammenhang insbesondere zwei Aufgaben zu:

- Sie hat zum einen die **bedarfsgerechte Beschaffung und Bereitstellung** der Ressourcen institutionell zu gewährleisten;
- sie hat zum anderen die Voraussetzungen für eine **effiziente Nutzung** der Ressourcen im Prozeß der Leistungserstellung und -verwertung zu schaffen.

Die funktionale Organisation ist ohne Zweifel die am meisten angewandte Organisationsform in Unternehmen - für kleine und mittlere Unternehmen ist es oftmals die einzig sinnvolle Möglichkeit. Sie erlaubt es, ähnliche Tätigkeiten zusammenzufassen und weitgehend zu vereinheitlichen. Dies ermöglicht ein hohes Maß an fachlicher Spezialisierung und fördert die Ansammlung von Erfahrungen und zusätzlichem Wissen.

Charakteristisch ist, daß die einzelnen Funktionsbereiche von **Funktionsspezialisten** geleitet werden. Das ausgeprägte Spezialistentum der Bereichsleiter führt jedoch dazu, daß die Positionen der obersten Unternehmensleitung mangels Generalisten oftmals von außen besetzt werden müssen.

Durch eine funktionale Organisationsform werden die **Vorteile der Spezialisierung** höchstmöglich ausgenutzt. Durch die Zusammenfassung gleicher oder ähnlicher Aktivitäten lassen sich Größenvorteile in Form von Kostendegressionseffekten erzielen. Bei annähernd gleichbleibendem Leistungsprogramm kann mit zunehmender Produktions- und Absatzmenge

- die Beschaffung und Verwaltung der Ressourcen rationeller und günstiger vorgenommen werden,
- die Produktion Losgrößenvorteile und die Degression der Fixkosten beim Einsatz von Spezialmaschinen ausnutzen,
- der Absatz sein Vertriebssystem effektiv gestalten (*Bühner* 1992, S. 111).

Die so erreichten Verbundvorteile werden auch als **Synergieeffekt** bezeichnet. Synergie beschreibt den Tatbestand, daß durch eine bestimmte Zusammenfassung von Einzelaktivitäten eine Gesamtwirkung erreicht wird, die größer ist als die Summe der Einzelwirkungen (auch 2 + 2 = 5 -Effekt). Synergieeffekte werden daneben auch realisiert, wenn unteilbare Ressourcen durch eine einzige Organisationseinheit nicht voll ausgelastet werden und deshalb auch von anderen Organisationseinheiten genutzt werden können, ohne daß hierdurch zusätzliche fixe Kosten entstehen.

Eine funktionale Organisationsform schafft keine autonomen Teilbereiche. Infolge der vielen **Schnittstellen** und den vielfältigen **Interdependenzen** sind die einzelnen Funktionsbereiche bei ihrer Leistungserstellung stark abhängig von den Leistungen der anderen Funktionsbereiche. Dieser Nachteil der funktionalen Organisation wird mit zunehmender Breite des Produkt- und Leistungsprogramms immer ausgeprägter. Die Beziehungen zwischen den einzelnen Teilbereichen werden immer komplexer und verlieren an Transparenz. Von einer bestimmten Größe an stößt die funktionale Organisation auf Grenzen. Je größer das Unternehmen, desto eher werden die einzelnen Funktionen zum Selbstzweck und desto eher verlieren die Mitarbeiter das Denken in Gesamtzusammenhängen. Infolgedessen muß sich die Unternehmensleitung zunehmend um die Zusammenarbeit zwischen den einzelnen Funktionsbereichen kümmern. Die oberste Unternehmensleitung wird aus diesem Grunde übermäßig mit **Koordinationsproblemen** aus dem Tagesgeschäft belastet. Dabei besteht die Gefahr, daß sie ihre eigentlichen strategischen Aufgaben vernachlässigt und die langfristige Anpassung des Unternehmens an veränderte Markt- und Umweltbedingungen versäumt.

Eine **Entlastung** der obersten Unternehmensleitung sowie eine verbesserte Abstimmung zwischen den Funktionsbereichen läßt sich durch die Einrichtung von zusätzlichen Organisationseinheiten der Sekundärorganisation erzielen:

- Die quantitative und qualitative Überlastung der Unternehmensleitung kann reduziert werden, indem **Stabsstellen** vor allem Aufgaben der Entscheidungsvorbereitung und die Beschaffung, Aufbereitung und Auswertung von Informationen übernehmen - die funktionale Linienorganisation entwickelt sich hier zu einer **Stablinienorganisation**.
- Weiterhin können **Ausschüsse** gebildet werden, in denen die Funktionsbereichsleiter sich gegenseitig regelmäßig informieren und gemeinsam schnittstellenrelevante Entscheidungen treffen.

Mit einer zunehmenden **Diversifikation** des Leistungsprogramms verlieren die Spezialisierungsvorteile der funktionalen Organisation jedoch an Bedeutung. Die Abstimmung innerhalb der Funktionsbereiche erfordert einen stark ansteigenden Koordinationsaufwand, wodurch die Anforderungen an die Leitung der Funktionsbereiche erheblich zunehmen. Im Extremfall führt dies zu einer Überlastung der Funktionsbereichsleitung, so daß der gestiegene Koordinationsaufwand die Vorteile der Spezialisierung überkompensiert (vgl. *Welge* 1975, S. 21 ff.). Mit zunehmender Dynamik der Umwelt werden zudem die Anforderungen an die Flexibilität der Organisationsstruktur höher, so daß sich der Übergang von einer funktionalen zu einer objektorientierten Organisationsform anbietet (vgl. *Grochla* 1982, S. 136 f.).

Funktionale Organisation	
Vorteile	• Ausnutzung von Effekten der Größendegression und der Spezialisierung • klar abgegrenzte, gut kontrollierbare Aufgabenbereiche • begrenzter Bedarf an fachlich spezialisierten Führungskräften
Nachteile	• erschwerte Kommunikation und Koordination zwischen den Funktionsbereichen infolge der vielen Interdependenzen und Schnittstellen • Konzentration von Leitungsaufgaben auf die Unternehmensspitze • Übergewicht des Spezialistentums • mangelnde Gesamtsicht; fehlendes Verständnis für die anderen Funktionsbereiche; Gefahr der Suboptimierung
Anwendung	• in Unternehmen mit einem überschaubaren, homogenen Leistungsprogramm • bei einer relativ stabilen Unternehmensumwelt • in kleinen und mittleren Unternehmen

Abb. 4-15: Bewertung der funktionalen Organisation

2.2 Die Geschäftsbereichsorganisation

2.2.1 Strukturmerkmale der Geschäftsbereichsorganisation

Bei der Geschäftsbereichsorganisation werden die Organisationseinheiten der zweiten Hierarchieebene nach Objekten gebildet.

Die auf der zweiten Hierarchieebene eines Unternehmens durch die Zentralisation von Produkten, Kundengruppen oder Regionen gebildeten Organisationseinheiten werden **Geschäftsbereiche** oder **Divisionen** (divisions) genannt (vgl. *Poensgen* 1973, S. 19; *Eisenführ* 1980, Sp. 558 ff.; *Grochla* 1982, S. 137; *Bühner* 1992, S. 124 ff.). Die Geschäftsbereiche selbst sind dann in der Regel wieder funktional gegliedert. Der Übergang von der funktionalen zur divisionalen Organisation vollzieht sich in den Unternehmen normalerweise, wenn infolge von Wachstum durch Diversifikation die oberste Unternehmensleitung überfordert ist und nicht mehr auf alle Probleme rechtzeitig reagieren kann (vgl. *Chandler* 1962, S. 475 ff.).

Die Geschäftsbereichsorganisation - auch *M-Form* (multidivisional form) genannt - kommt meistens zum Tragen, wenn innerhalb eines größeren Unternehmens vielfältige Geschäftsaktivitäten abgewickelt werden (*Abb. 4-16*). Dabei können einige Geschäftszweige untereinander stark verwandt sein, andere dagegen wiederum extrem unterschiedlich. Mit der Bildung von Geschäftsbereichen wird nun erreicht, daß die für das laufende Geschäft notwendige Kommunikation nicht mehr zwischen den Abteilungen der zweiten Hierarchieebene, sondern innerhalb dieser Organisationseinheiten erfolgt. Die Leitung des Geschäftsbereiches übernimmt die Koordination zwischen den notwendigen Funktionen. Eine Koordination der einzelnen Geschäftsbereiche untereinander ist lediglich in Hinblick auf die übergeordneten Unternehmenszielsetzungen erforderlich.

Die Geschäftsbereichsorganisation findet ihre Ursprünge beim Chemiekonzern *Du Pont* und beim Automobilhersteller *General Motors*. Bei *Du Pont* war sie eine Folge der Diversifizierung; das Unternehmen konnte im Ersten Weltkrieg mit seinem Hauptprodukt Explosivstoffe ein stürmisches Wachstum realisieren. Nach dem Krieg begann es systematisch zu diversifizieren, um seine überschüssigen Produktionskapazitäten zu nutzen. Die Diversifikation ließ dabei eine heterogene Produktpalette entstehen (Chemikalien, Farben und Lacke, Kunststoffe usw.), die den realisierbaren Degressionsvorteilen Grenzen setzte. Es konnte kein Gewinn erwirtschaftet werden, da die funktionale Organisationsstruktur durch die Diversifikation völlig überfordert war. Die technischen und kaufmännischen Abteilungen waren nicht in der Lage, das notwendige Know-how über die Markterfordernisse und die spezifischen Eigenschaften der verschiedenen Produkte aufzunehmen. Vor allem war jedoch die Koordination über die Abteilungsgrenzen unzureichend und auch zu schwerfällig. Um diesem Mangel abzuhelfen, wurden zuerst produktbezogene Kommissionen eingesetzt, die für den funktionsübergreifenden Informationsaustausch zuständig waren. Die Ergebnissituation bei den neuen Produkten verschlechterte sich jedoch weiter. Man gelangte zu der Überzeugung, daß die Kommissionen das Problem nicht lösen konnten, weil die Kommissionsmitglieder weiterhin ihren Funktionsabteilungen verantwortlich waren und keine Ergebnisverantwortung hatten. Außer der obersten Unternehmensleitung war keine Stelle für den Erfolg oder Mißerfolg eines bestimmten Produktes verantwortlich. Unter dem Eindruck dramatischer Verluste wurde im Herbst 1921 eine divisionale Struktur mit fünf ergebnisverantwortlichen Produktsparten und mit neun zentralen Funktionsbereichen geschaffen. Die Einführung der Geschäftsbereichsorganisation im Jahre 1921 durch *Alfred P. Sloan* bei *General Motors* wurde durch eine andere Ausgangssituation ausgelöst. Das Unternehmen war eine dezentral geleitete, unübersichtliche Zusammensetzung von vielen Gesellschaften, die Autos, Zubehör und Teile herstellten und wenig effizient koordiniert wurden. Aufgrund eines Absatzeinbruches bei gleichzeitig viel zu hohen Lagerbeständen an Rohstoffen und Vorfabrikaten wurde das Unternehmen in eine finanzielle Krise geführt. In Form einer zweistufigen Geschäftsbereichsstruktur mit Zentralabteilungen und Stabsstellen wurden daraufhin Planungs-, Kontroll- und Koordinationsaufgaben zentralisiert, wobei gleichzeitig eine relativ hohe Selbständigkeit der operativen Einheiten angestrebt wurde.

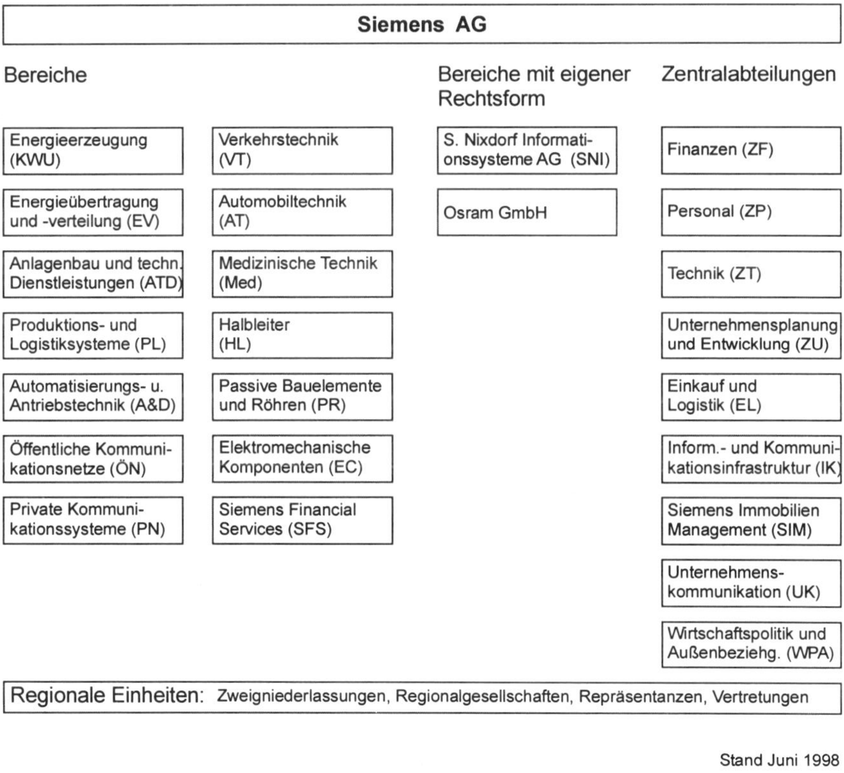

Abb. 4-16: Geschäftsbereichsorganisation (Siemens AG)

Die Geschäftsbereichsorganisation hat sich nach dem zweiten Weltkrieg in den USA zum vorherrschenden Strukturtyp unter den diversifizierten Großunternehmen entwickelt. Innerhalb der deutschen Wirtschaft wird sie verstärkt seit Mitte der 60er Jahre angewendet und findet sich mittlerweile in fast allen Wirtschaftszweigen. Sie "läßt sich geradezu als das Organisationsmodell der zweiten Hälfte des zwanzigsten Jahrhunderts bezeichnen" (*Bleicher* 1991, S. 436).

2.2.2 Voraussetzungen der Geschäftsbereichsorganisation

Wachstum durch Diversifikation hinsichtlich des Leistungsangebots oder der Märkte fördert den Trend zur Geschäftsbereichsorganisation. Allgemein werden folgende zwei **Anwendungsbedingungen** genannt (vgl. u.a. *Eisenführ* 1970, S. 727 ff.; *Grochla* 1972, S. 188; *Seidel* 1976, S. 175; *Kieser/Kubicek* 1992, S. 247):

(1) Ausreichende Unternehmensgröße

Eine ausreichende Unternehmensgröße ist erforderlich, damit sich die zusätzlichen Kosten infolge der Aufsplitterung der funktionalen Leistungsbereiche in Grenzen halten. Während in Großunternehmen die Divisionalisierung ohne großen Aufwand lediglich durch eine Trennung der Ressourcen realisiert werden kann, ist in kleineren Unternehmen oft eine Erhöhung des Ressourcenbestandes erforderlich.

(2) Heterogenes Leistungsprogramm

Die Geschäftsbereichsorganisation wird durch ein heterogenes Produktions- und Absatzprogramm begünstigt. Je mehr unterschiedliche Produkte ein Unternehmen anbietet oder je unterschiedlicher die Märkte und Kundengruppen sind, desto komplizierter gestaltet sich die Koordination. In den Geschäftsbereichen werden deshalb Leistungen zusammengefaßt, die marktmäßig und technisch nahestehend sind. Je mehr Produkte oder Märkte dabei einem Geschäftsbereich zugeordnet werden, desto größer wird dieser zwangsläufig. Große Geschäftsbereiche mit einem relativ heterogenen Leistungsprogramm stellen höhere Anforderungen an die Koordination und erfordern deshalb oftmals die Installation zusätzlicher Koordinationsinstrumente (beispielsweise Produkt- und Marktmanager oder -ausschüsse). Bei kleinen Geschäftsbereichen mit einem homogenen Leistungsprogramm ergeben sich dagegen Vorteile aus der Nutzung spezifischer Kenntnisse und Fähigkeiten im Kerngeschäft.

Während früher die Tendenz zu möglichst großen Geschäftsbereichen ging, versucht man heute eher kleine, überschaubare Einheiten zu schaffen. Bei Großunternehmen und Konzernen wird dabei oft eine mehrstufige Geschäftsbereichsstruktur realisiert, indem mehrere Geschäftsbereiche vergleichbarer Ausrichtung zu **Unternehmensbereichen** mit einer einheitlichen Leitung zusammengefaßt werden.

2.2.3 Kriterien zur Bildung von Geschäftsbereichen

Die Bildung von Geschäftsbereichen ist produkt-, regional- und kundenorientiert möglich. Die aufgeführten Kriterien zur Bildung von Geschäftsbereichen können auch in bestimmten Kombinationen zur Anwendung kommen.

(1) Produktorientierte Bildung von Geschäftsbereichen

Die überwiegende Anzahl der divisionalisierten Unternehmen ist nach Produkten oder Produktgruppen gegliedert. In produktorientierten Geschäftsbereichen - oft auch als Sparten bezeichnet - können entweder Produkte mit einer **einheitlichen Technologie** oder Produkte für **einheitliche Marktsegmente** zusammengefaßt werden. Den Geschäftsbereichen sind mindestens alle leistungsorientierten Funktionsbereiche zugeordnet; je nach angestrebter Autonomie können auch einzelne ressourcenorientierte Funktionsbereiche zugewiesen werden. Die Spartenorganisation erlaubt dabei eine produktbezogene Planung und Steuerung der Kosten und Erträge.

(2) Regionalorientierte Bildung von Geschäftsbereichen

Eine - oftmals zusätzliche - Divisionalisierung nach regionalen Merkmalen nehmen vor allem **multinational** operierende Unternehmen vor. Sie liegt immer dann nahe, wenn wichtige Funktionen vor Ort wahrgenommen werden, beispielsweise um eine günstigere Arbeitsmarktsituation auszunutzen oder einen geographisch spezifizierten Markt gezielter bedienen zu können. Eine regionale Gliederung kann jedoch nicht nur aus ökonomischen Gründen sinnvoll sein, sondern sich auch aus politischen, gesetzlichen oder ökologischen Gründen ergeben. Die Geschäftsbereiche sind oft als rechtlich selbständige, regionale Tochtergesellschaften vor Ort operativ tätig. Es ist dabei durchaus möglich, daß die weltweit verstreuten Organisationseinheiten durch eine zentrale Organisationseinheit zusammengefaßt werden, die direkt der obersten Unternehmensleitung unterstellt ist.

Als Vorteile einer regionalen Struktur sind vor allem die Nähe am Markt und die hierdurch bedingte bessere Anpassungsfähigkeit an regionale Besonderheiten zu nennen (vgl. *Schertler* 1985, S. 36). Eine regionale Gliederung wird häufig von Großbanken, Unternehmensberatungen oder Handelsunternehmen in Form von lokalen Niederlassungen realisiert.

(3) Kundenorientierte Bildung von Geschäftsbereichen

Infolge einer verstärkten Marktorientierung werden seit einigen Jahren zunehmend auch Kundengruppen als Kriterium zur Abteilungsbildung herangezogen, um so besser auf spezifische Kundenwünsche eingehen zu können. Voraussetzung ist die Möglichkeit einer Trennung zwischen den verschiedenen Kundengruppen wie beispielsweise in Industriekunden, Handelskunden und Behörden. Eine Bildung von kundenorientierten Geschäftsbereichen unterhalb der obersten Unternehmensleitung kann **Marktinterdependenzen** aufheben, da der Kunde die gesamte Produktpalette des Unternehmens nicht mehr von mehreren, selbständig auftretenden Geschäftsbereichen angeboten bekommt, sondern lediglich von einem, für ihn zuständigen Geschäftsbereich. Die Entwicklung und Produktion der einzelnen Produktgruppen wird jeweils dem Geschäftsbereich zugeordnet, deren Kundengruppe den größten Anteil am Umsatz dieser Produktgruppe hat. Die angestrebte Aufhebung der Marktinterdependenzen wird infolgedessen durch einen erhöhten Koordinationsbedarf mit der Produktion sowie mit der Forschung und Entwicklung erkauft.

2.2.4 Kompetenzen der Geschäftsbereiche

Die Geschäftsbereiche entwickeln die Strategien für ihre jeweiligen Märkte und sind mit allen Kompetenzen und Ressourcen ausgestattet, die sie zur verantwortlichen

Führung ihres Geschäftsfeldes benötigen. Daneben bleiben eine Anzahl von Funktionen zentralen Abteilungen (Zentralbereichen) vorbehalten. Bei der Zuteilung der Kompetenzen und Verantwortung an die Geschäftsbereichsleiter können unterschiedliche Konzepte verfolgt werden.

(1) Cost Center-Konzept

Ein als Cost Center konzipierter Geschäftsbereich ist im Prinzip nicht anders als eine **große Kostenstelle** (*Poensgen* 1967, S. 375 ff.). Entscheidungskompetenzen bestehen nur innerhalb eines einzuhaltenden Kostenbudgets. Die Zielvorgabe besteht in der Einhaltung der geplanten Kosten oder in der Kostenminimierung bei einem vorgegebenen Umsatzvolumen. Dabei wird dem Geschäftsbereich oft die freie Entscheidung überlassen, ob er Vorprodukte oder Dienstleistungen von anderen Geschäftsbereichen oder am Markt bezieht. Im ersten Fall ist das Problem der Leistungsverrechnung zwischen den Geschäftsbereichen zu lösen (vgl. hierzu u.a. *Grochla* 1972, S. 196 ff; *Poensgen* 1967, S. 379 ff.)

(2) Profit Center-Konzept

Beim Profit Center-Konzept sind die Geschäftsbereiche für den ihnen zurechenbaren **wirtschaftlichen Erfolg** weitgehend verantwortlich. Die Leiter der Geschäftsbereiche entscheiden innerhalb gewisser Restriktionen (zum Beispiel hinsichtlich des Produktprogramms oder des Investitionsvolumens) autonom; sie besitzen die Entscheidungskompetenzen für diejenigen Funktionen, die von besonderer Bedeutung für das laufende Geschäft und den Geschäftserfolg sind. Hierbei handelt es sich mindestens um die Produktion, den Absatz und die endproduktnahe Entwicklung (vgl. *Eisenführ* 1980, Sp. 558 f.). Die Leiter der Geschäftsbereiche fungieren so als Quasi-Unternehmer; der Spartenerfolg wird am Gewinn oder an der Rentabilität des eingesetzten Kapitals gemessen.

(3) Investment Center-Konzept

Beim Investment Center-Konzept werden den einzelnen Geschäftsbereichsleitern zusätzliche Entscheidungskompetenzen über die **Investitionen** ihres Bereiches eingeräumt. Im Gegensatz zum Profit Center-Konzept können die Leiter damit über die Verwendung des erwirtschafteten Gewinns entscheiden. Allerdings wird sich die oberste Unternehmensleitung aus Koordinationsgründen ein Mitspracherecht bei den Investitionsentscheidungen vorbehalten müssen. Wenn den Geschäftsbereichen auch noch die juristische Selbständigkeit eingeräumt wird, fungiert die oberste Unternehmensleitung praktisch als **Holding** (vgl. *Hill/Fehlbaum/Ulrich* 1989, S. 181 f.).

2.2.5 Bildung von funktionalen Zentralbereichen

Allgemein gilt bei der Bildung von Geschäftsbereichen, daß diese so autonom wie möglich sein sollten. Ihnen sollten deshalb möglichst alle für das operative Tagesgeschäft erforderlichen Funktionen zugeordnet werden. Dennoch kann es sinnvoll sein, die Geschäftsbereiche für bestimmte Aufgaben um funktionale Zentralbereiche (auch Zentralabteilungen) zu ergänzen.

(1) Ausnutzung von Größenvorteilen und Synergien

Um Spezialisierungsvorteile, Größendegressionen und Synergieeffekte auszunutzen, werden Zentralbereiche geschaffen, die **gleichartige Dienste für mehrere Geschäftsbereiche** erbringen. Insbesondere in relativ kleinen Geschäftsbereichen kann für bestimmte Funktionen (zum Beispiel die Informatik oder das Personalwesen) das für eine wirtschaftliche Aufgabendurchführung verbundene Arbeitsvolumen nicht erreicht werden, oder es gehen Synergieeffekte verloren.

Zentralbereiche können auch **Koordinationsaufgaben** aufgrund nicht oder nur schwer aufhebbarer Interdependenzen wahrnehmen. So können durch einen technischen Verbund in der Produktion (zum Beispiel bei Kuppelprodukten) oder durch Liefer- und Leistungsbeziehungen Interdependenzen zwischen den Geschäftsbereichen begründet sein. Die Koordination der produktionswirtschaftlichen Aufgaben wird dann oft einem Zentralbereich übertragen, der jeweils für ein Werk oder einen Betrieb zuständig ist. Interdependenzen können auch auf den Absatzmärkten bestehen, indem zum Beispiel einzelne Geschäftsbereiche gegeneinander konkurrieren oder aber erst die Erzeugnisse mehrerer Geschäftsbereiche zusammen eine Problemlösung für die Kunden darstellen. Manche divisionalisierte Unternehmen haben daher ihre produktorientierte Struktur modifiziert, indem sie den Vertrieb ganz aus den Geschäftsbereichen ausgegliedert haben. Sofern die Geschäftsbereichsautonomie dadurch merklich eingeschränkt wird, mindern diese Zentralabteilungen jedoch die Vorteile der Geschäftsbereichsstruktur. Weiterhin können auch Vorteile im Einkauf wahrgenommen werden, wenn die einzelnen Geschäftsbereiche ihre Rohstoffe vom gleichen Beschaffungsmarkt beziehen. Vor allem in der chemischen Industrie werden zentrale Einkaufsbereiche gebildet; die Geschäftsbereiche ermitteln selbständig ihren Bedarf und leiten ihn lediglich an die Zentrale weiter, die dann für eine kostengünstige Deckung des Bedarfes sorgt.

Als organisatorische Alternative zur Bildung einer Zentralabteilung können diese zentral wahrzunehmenden Funktionen auch dem Geschäftsbereich zugeschlagen werden, der die jeweilige Leistung am stärksten in Anspruch nimmt. Die Zentralabteilung ist dann verpflichtet, auch für die anderen Geschäftsbereiche die entsprechenden Leistungen zu erbringen.

(2) Allgemeine Unternehmensaufgaben

Allgemeine Unternehmensaufgaben, die nicht in den Geschäftsbereichen anfallen, sondern nur aus Sicht des **Gesamtunternehmens** erbracht werden müssen (beispielsweise Recht, Patente, Steuern, Öffentlichkeitsarbeit), werden allgemein durch spezialisierte Zentralbereiche wahrgenommen.

(3) Übergreifende Koordination

Bestimmte Zentralbereiche dienen der geschäftsbereichsübergreifenden Steuerung des Unternehmens; sie üben als Instrumente der obersten Unternehmensleitung Koordinations- und Kontrollfunktionen gegenüber den Geschäftsbereichen aus und dienen der Durchsetzung der **Unternehmenspolitik** (wie beispielsweise Strategische Planung, Gesamtcontrolling, Organisation, Logistik, Finanzwirtschaft). Somit soll sichergestellt werden, daß die Geschäftsbereiche im Interesse des Gesamtunternehmens handeln und koordiniert werden. Derartige Zentralbereiche werden im Zusammenhang mit den Ausprägungen der Sekundärorganisation näher beschrieben.

Wie bereits im Zusammenhang mit den verschiedenen Stellenarten erläutert wurde, haben Stabsstellen ihr Schwergewicht in der fachlichen Beratung ohne Weisungskompetenzen gegenüber den Linienstellen; sie können folglich eindeutig der Sekundärorganisation zugerechnet werden. Den Zentralbereichen werden zur Erfüllung ihrer Aufgaben jedoch auch funktionsbezogene Weisungskompetenzen gegenüber den Linienstellen eingeräumt, so daß hier eine eindeutige Abgrenzung zwischen Primär- und Sekundärorganisation problematisch wird. Da Zentralbereiche jedoch in erster Linie die Hierarchie ergänzen, sind sie grundsätzlich eher der Sekundärorganisation zuzuordnen.

2.2.6 Organisation der obersten Unternehmensleitung

Die Geschäftsbereiche unterstehen als "Unternehmen im Unternehmen" der Kontrolle und strategischen Führung durch die oberste Unternehmensleitung; deren Aufgaben erstrecken sich auf

- die Formulierung der Unternehmenspolitik und -strategie,
- die Finanz- und Erfolgsplanung sowie die ergebnisorientierte Kontrolle der Geschäftsbereiche mit Hilfe von Planungs- und Kontrollsystemen,
- die personelle Besetzung der Geschäftsbereichsleitungen,
- die Entscheidung über Investitions- und Forschungsschwerpunkte.

Bei der Organisation der obersten Unternehmensleitung sind mehrere Varianten möglich (vgl. *Bühner* 1992, S. 129 f.).

(1) Ausschließlich strategische Leitung

Nach der klassischen amerikanischen Philosophie der divisionalen Organisation ist die oberste Unternehmensleitung vom operativen Tagesgeschäft losgelöst. Entsprechend dieser Trennung in operative und strategische Aufgaben ist die oberste Unternehmensleitung gewöhnlich ohne operative Verantwortung für Geschäftsbereiche oder funktionale Zentralbereiche und damit ohne Ressort (vgl. *Eisenführ* 1980, Sp. 560).

(2) Leitung von Geschäftsbereichen

In Deutschland ist das Prinzip der konsequenten Trennung von operativer und strategischer Unternehmensleitung nicht allgemein verwirklicht. Hier sind in den meisten Unternehmen die Mitglieder der Unternehmensleitung gleichzeitig Leiter von Geschäftsbereichen und somit sowohl für das Ergebnis ihres Geschäftsbereiches als auch für das Gesamtergebnis des Unternehmens verantwortlich.

Auf diese Weise soll zum einen sichergestellt werden, daß die oberste Unternehmensleitung eine gute Informationsbasis hat und die Belange der Geschäftsbereiche bei der Leitung des gesamten Unternehmens beachtet werden. Ein Mitglied der Unternehmensleitung wird bei Entscheidungen in den Geschäftsbereichen im Konfliktfall auch eher die übergeordneten Interessen des Gesamtunternehmens wahrnehmen als ein Manager der zweiten Hierarchieebene, der sich durch Erfolge in seinem Geschäftsbereich erst noch für die oberste Leitungsebene profilieren will.

Andererseits gibt man auch einige mögliche Vorteile der Divisionsstruktur auf. Die Kollegialität der Vorstandsmitglieder behindert die Einführung wirksamer Kontrollen und die Verteilung der Ressourcen nach rein sachlichen Kriterien. Wenn ein Konflikt zwischen den Überlebensinteressen eines Geschäftsbereiches einerseits und

Interessen des Unternehmens andererseits entsteht, so können sich die Bereichsinteressen leichter durchsetzen als im amerikanischen Modell. Außerdem sind die Geschäftsbereichsleiter stark durch operative Aufgaben belastet und infolgedessen bei der Wahrnehmung ihrer strategischer Aufgaben beeinträchtigt. Bei großen Unternehmen führt darüber hinaus die Personalunion von oberster Unternehmensleitung und Geschäftsbereichsleitung zu einem unvertretbaren Anwachsen der Zahl der Mitglieder in der obersten Unternehmensleitung.

In vielen Unternehmen werden diese Nachteile dadurch vermieden, daß die Mitglieder der obersten Unternehmensleitung nur beschränkt für die Geschäftsbereiche zuständig sind. Sie ziehen sich aus dem operativen Geschäft zurück und beschränken sich auf koordinierende und betreuende Funktionen. Dies geschieht in zwei Formen:

- Sie sind Sprecher von einem oder mehreren Geschäftsbereichen. Sie prüfen die Pläne ihrer Geschäftsbereiche und vertreten sie dann im obersten Leitungsorgan. Sie tragen keine Ergebnisverantwortung.
- Sie sind Leiter je eines Unternehmensbereichs, das heißt einer Gruppierung von verwandten Geschäftsbereichen. Ihre Aufgabe ist die Koordination zwischen den betreffenden Geschäftsbereichen. Die Kompetenzverteilung zwischen den Geschäftsbereichsleitern und den Unternehmensbereichsleitern ist hierbei ein kritischer Punkt und erfordert eine sorgfältige Festlegung.

(3) Leitung von Zentralbereichen

Die Mitglieder der obersten Unternehmensleitung fungieren gleichzeitig als Leiter von funktionalen Zentralbereichen. Die einzelnen Geschäftsbereiche sind in der obersten Unternehmensleitung nicht unmittelbar personell vertreten.

(4) Leitung von Zentral- und Geschäftsbereichen

In der obersten Unternehmensleitung sind sowohl Leiter von funktionalen Zentralbereichen als auch von Geschäftsbereichen vertreten. Damit ist das Leitungsorgan für den Interessensausgleich zwischen Funktions- und Geschäftsbereichen zuständig.

2.2.7 Vor- und Nachteile der Geschäftsbereichsorganisation

Gegenüber der funktionalen Gliederung bietet die Geschäftsbereichsorganisation für große und stark diversifizierte Unternehmen eine Reihe an möglichen **Vorteilen** (vgl. *Bühner* 1985, S. 200 f.; *Seidel/Redel* 1987, S. 113 ff.; *Hill/Fehlbaum/Ulrich* 1989, S. 186 ff.; *Kieser/Kubicek* 1992, S. 250; *Bühner* 1992, S. 132):

- Die **einfachere Koordination** durch die Ressourcentrennung stellt den Hauptvorteil der Geschäftsbereichsorganisation dar. Die meisten operativen Entscheidungen werden in der kleineren Einheit Geschäftsbereich gefällt; die Geschäftsbereiche können schneller, sachkundiger und flexibler agieren und reagieren als die oberste Unternehmensleitung.
- Die Geschäftsbereichsstruktur verbessert infolge der Ressourcentrennung die Möglichkeiten der **Erfolgszurechnung** zu Produkt- und Marktbereichen. Die Leiter der Geschäftsbereiche fungieren als Unternehmer im Unternehmen. Durch die Erfolgsverantwortung der Geschäftsbereichsleitung wird eine Orientierung an Gewinnzielen auch auf den Leitungsebenen unterhalb der obersten Unterneh-

mensleitung erreicht. Notwendige Voraussetzung hierzu ist, daß zwischen den Geschäftsbereichen möglichst wenig Interdependenzen bestehen.

- Die oberste **Unternehmensleitung** wird vom Tagesgeschäft **entlastet**. Sie nimmt vornehmlich die Koordination und Kontrolle der Geschäftsbereiche vor und kann sich verstärkt auf strategische Fragestellungen konzentrieren.
- Ohne allzu großen **Reorganisationsaufwand** können Geschäftsbereiche angegliedert, ausgegliedert, zusammengefaßt oder abgestoßen werden.

Den potentiellen Vorteilen stehen auch beachtliche **Nachteile** gegenüber:

- Die meisten **Spezialisierungsvorteile** der funktionalen Organisation werden aufgegeben oder gemindert.
- Mit einer Geschäftsbereichsorganisation sind immer **mehr Leitungsstellen** verbunden als mit einer funktionalen Organisation.
- Insbesondere die Ausprägung der Profit Center-Organisation fördert aufgrund der kurzfristigen Gewinnorientierung die Gefahr der **Suboptimierung.**

Das **Hauptproblem** der Geschäftsbereichsorganisation liegt darin, die richtige Balance zwischen der Autonomie der Geschäftsbereiche und den Kompetenzen der zentralen Unternehmensleitung festzulegen:

- Behält sich die Zentrale viele Entscheidungen selbst vor, so werden die mit der Geschäftsbereichsorganisation verbundenen Vorteile gefährdet.
- Läßt sie umgekehrt den Geschäftsbereichen einen zu großen Entscheidungsspielraum, so besteht die Gefahr, daß ungünstige Entwicklungen in einzelnen Bereichen zu spät entdeckt werden, daß die Unternehmensstrategie nicht mehr einheitlich verfolgt wird, daß Geschäftsbereichsegoismen das Handeln bestimmen und Synergievorteile nicht ausgenutzt werden.

Geschäftsbereichsorganisation	
Vorteile	• weitgehende Entlastung der obersten Unternehmensleitung von der Koordination der operativen Einheiten • Selbständigkeit der Geschäftsbereichsleiter, dadurch hohe Motivation • Vorteile von kleinen, überschaubaren Organisationseinheiten, dadurch höhere Flexibilität, bessere interne Koordinationsmöglichkeit und schnellere Entscheidungen • Möglichkeit einer exakteren Erfolgsbeurteilung • Möglichkeit der An- und Ausgliederung von Geschäftsbereichen ohne großen organisatorischen Aufwand
Nachteile	• Gefahr einer unerwünschten Suboptimierung und kurzfristigen Gewinnorientierung • Synergieverluste • höherer Bedarf an Leitungsstellen
Anwendung	• in großen Unternehmen mit (produkt- und/oder marktmäßig) heterogenen Leistungsprogrammen • bei einer dynamischen Unternehmensumwelt

Abb. 4-17: Bewertung der Geschäftsbereichsorganisation

2.3 Die Matrixorganisation

2.3.1 Strukturmerkmale der Matrixorganisation

Bei der Matrixorganisation werden die Organisationseinheiten unter gleichzeitiger Anwendung zweier Gliederungskriterien gebildet.

Die Matrixorganisation ist eine **Mehrlinienorganisation**; als relevante Dimensionen kommen in Rahmen der Primärorganisation vor allem Funktionen und Objekte (Regionen, Produkte, Kunden, Märkte) in Betracht. Typischerweise bildet eine funktionale Orientierung die vertikale Dimension (Linieninstanz), während die objektorientierte Ausrichtung die horizontale Dimension (Matrixinstanz) darstellt. Es sind aber auch beliebige andere Kombinationen denkbar (vgl. *Abb. 4-18*).

Die Matrixorganisation kann als generelles Strukturierungsprinzip für alle Leitungsebenen eines Unternehmens angesehen werden. Die grundsätzlich zweidimensionale Matrixorganisation ist bei einer Segmentierung nach drei oder mehr Dimensionen zu einer mehrdimensionalen **Tensororganisation** (*Bleicher* 1971, S. 97) ausbaufähig. Bei großen, insbesondere bei multinationalen Unternehmen sind heute durchaus drei und mehr Dimensionen der Leitungsorganisation üblich. Für derartige mehrdimensionale Organisationsformen sind die hier gemachten Ausführungen jedoch sinngemäß übertragbar. Weiterhin ist die Mehrdimensionalität nicht nur auf eine Hierarchieebene beschränkt, sondern auf mehreren Ebenen oder bezüglich eines Aspektes auch auf unterschiedlichen Gliederungsebenen möglich (vgl. *Leumann* 1980, S. 91).

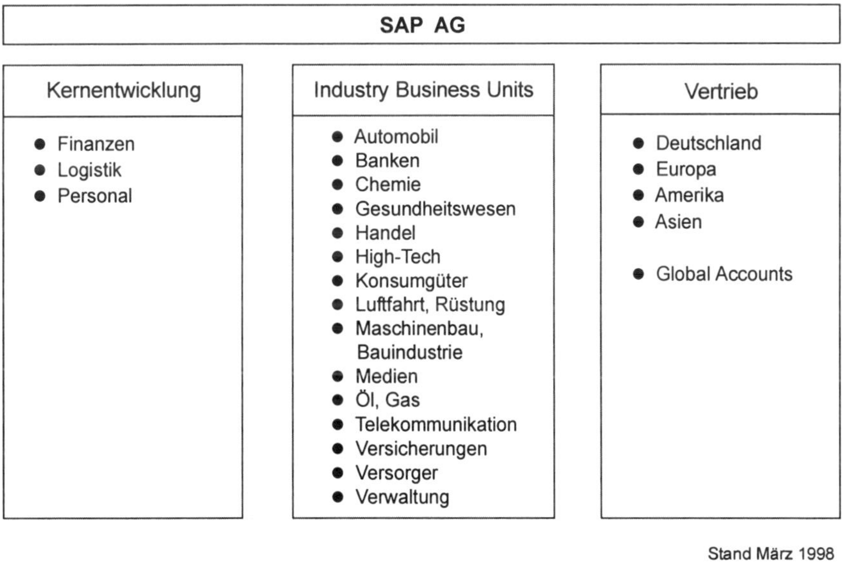

Abb. 4-18: Matrixorganisation (SAP AG)

Das Hauptprodukt der SAP AG, die Standardsoftware R/3, besteht aus Kernprogrammen für Logistik, Personal und Finanzen. Mit dieser Software lassen sich rund 1.500 unterschiedliche Geschäftsprozesse abbilden. Die meisten Kunden des Unternehmens benötigen davon aber nur 300 bis 400. Bei der

SAP AG wurden aus diesem Grunde 15 Branchengruppen gebildet, sogenannte Industry Business Units. Diese sollen aus der Standardsoftware branchenspezifische Lösungen entwickeln, indem sie die für ihre Branche jeweils wichtigen Geschäftsprozesse identifizieren und optimieren.

2.3.2 Formen der Matrixorganisation

Aufgrund der Mehrdimensionalität kommt es zwangsläufig zu einem Mehrliniensystem und damit zu Kompetenzüberschneidungen. Bezüglich der **Aufteilung der Kompetenzen** auf die beiden Dimensionen der Matrixorganisation muß zwischen zwei grundsätzlichen Ansätzen unterschieden werden, der Matrixorganisation mit gleichberechtigten und der mit ungleichberechtigten Matrixstellen.

(1) Gleichberechtigte Matrixstellen

Theoretische Betrachtungen zur Matrixorganisation gehen davon aus, daß beide Matrixstellen bezüglich ihrer Kompetenzen prinzipiell gleichberechtigt sind ("balance of power") und nur gemeinsam entscheiden können; die Matrixschnittstellen sind den beiden Matrixstellen gleichzeitig unterstellt. Die Abstimmung zwischen den Dimensionen der Matrixstruktur vollzieht sich dabei häufig im Rahmen eines **Koordinationsausschusses**, der sich aus den Funktions- und den Objektverantwortlichen zusammensetzt und bei dem je nach Problemstellung auch die Stelleninhaber der betroffenen Schnitt-Stellen hinzugezogen werden. Da es sich bei dem Koordinationsausschuß um eine organisatorische Einheit handelt, in der zwei gleichrangige Leitungsstellen gemeinsam Koordinationsentscheidungen treffen, kann dieser Regelung auch als (horizontale) Koordination durch Selbstabstimmung gekennzeichnet werden. Wird keine Einstimmigkeit erzielt, so muß als übergeordnete Leitungsstelle die Matrixleitung eingeschaltet werden.

Die Organisationseinheiten einer Matrixdimension können dabei durchaus je nach Art des Entscheidungsproblems differenzierte Informationsrechte, Beratungsrechte, Mitentscheidungs- oder Alleinentscheidungskompetenzen haben. So können für unterschiedliche Aufgabenstellungen oder differenziert nach den Planungs-, Realisations- und Kontrollphasen eines Problemlösungsprozesses unterschiedliche und wechselnde Kompetenzverteilungen vorgesehen werden. Da die jeweiligen Kompetenzen der Matrixstellen auf Dauer festgelegt werden, handelt es sich hierbei um eine Vorauskoordination durch Standardisierung. Dies hat den Vorteil, daß Interessenskonflikte oder unterschiedliche Sichtweisen nur selten zu Entscheidungsblockaden führen, die dann durch die Matrixleitung aufgelöst werden müssen.

Bei einer derartigen differenzierten Kompetenzverteilung kann jedoch nicht mehr grundsätzlich eine Gleichberechtigung der beiden Matrixstellen gefordert werden, sondern eher eine **annähernde Gleichberechtigung** der Dimensionen (vgl. *Grochla/Thom* 1977, S. 193; *Leumann* 1980, S. 59). Nach dem **Gleichgewichtspostulat** soll die Gesamtheit der Kompetenzen, nicht jede einzelne gleichmäßig auf die beiden Matrixstellen verteilt werden (gesamthafte Gleichberechtigung). Bei der Abgrenzung der Kompetenzen verbleibt dann ein nicht unbeträchtlicher Freiraum. Der allgemeine Tenor geht dahin, daß die Linieninstanz über das „Wie", „Wer" und „Womit" befindet, während die Matrixinstanz über das „Was" und „Wann" entscheidet.

Soll beispielsweise über die Erschließung zusätzlicher geographischer Märkte beschlossen werden, so wird der Regionalleiter über die Produkte und Termine entscheiden, der Absatzleiter über die mit dieser Expansionsaufgabe zu betrauenden Mitarbeiter und die Absatzkanäle.

Eine Reihe von Autoren beschränken die Matrixorganisation ausschließlich auf Strukturen, bei denen eine annähernde Gleichgewichtigkeit der Matrixstellen besteht (z.B. *Leumann* 1980, S. 58; *Grochla* 1982, S. 144; *Seidel/Redel* 1987, S. 123; *Bleicher* 1991, S. 567). Wenn diese Gleichgewichtigkeit der Kompetenzaufteilung nicht gegeben ist, wird "die formal bestehende Matrix-Organisation de facto zu einer eindimensionalen Struktur" (*Grochla* 1982, S. 144).

(2) Ungleichberechtigte Matrixstellen

In der Realität ist auch das geforderte Merkmal der annähernden Gleichberechtigung nicht immer anzutreffen. Die Entscheidungs- und Weisungsrechte können vielmehr auch unterschiedlich abgestuft auf die Matrixstellen verteilt werden. Es ergibt sich hieraus ein Kontinuum zwischen einer beispielsweise rein funktionalen Struktur als einem Pol und einer rein objektorientierten Struktur als anderem Pol (*Abb. 4-19*). Die Mitte dieses Kontinuums entspricht dem Gleichgewichtspostulat - hier liegt ein ausgewogenes Verhältnis zwischen den beiden Matrixdimensionen vor. In den verbleibenden Zwischenstufen werden die Strukturen der Primärorganisation durch zusätzliche Sekundärstrukturen ergänzt. Diese Zwischenstufen werden hier jedoch nicht als Ausprägungen der Matrixorganisation verstanden, sondern vielmehr der **Sekundärorganisation** zugeordnet.

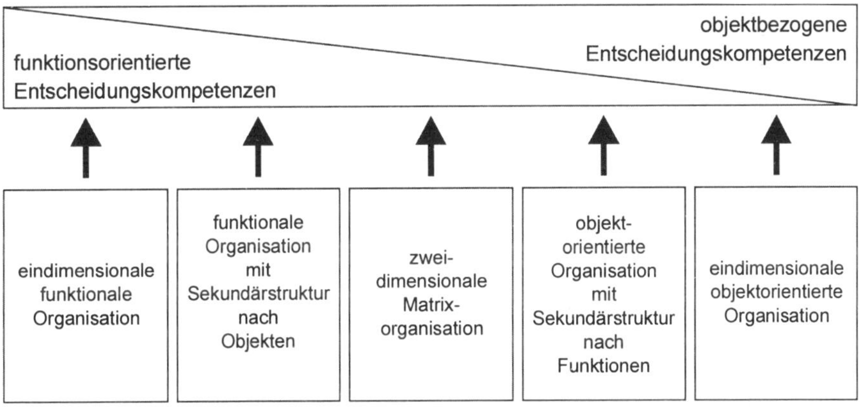

Abb. 4-19: Kontinuum der ein- und zweidimensionalen Organisationsformen
Quelle: nach Galbraith 1973, S. 114

2.3.3 Vor- und Nachteile der Matrixorganisation

Die eigentliche Problematik der (annähernd) gleichberechtigten Matrixorganisation liegt in der klaren Abgrenzung der Entscheidungs- und Weisungsbefugnisse. Die Einführung und Aufrechterhaltung einer Matrixorganisation ist jedoch nicht nur ein strukturelles Problem, sondern ebenso ein Verhaltensproblem (vgl. *Bühner* 1992, S. 151 f.; *Scholz* 1992, Sp. 1307 ff.):

- Es besteht ein Zwang zur Regelung sämtlicher Kompetenzkreuzungen. Die Matrixschnittstellen sind gezwungen, getrennt nach den zwei Dimensionen zu berichten. Matrixorganisationen können sich somit zu komplizierten **Bürokratien** entwickeln.

- Von den gleichberechtigten Matrixmanagern ist in vielen Sachfragen ein Konsens herbeizuführen. Hierbei besteht die Gefahr langwieriger, unfruchtbarer Diskussionen und die Tendenz zu unbefriedigenden **Kompromissen** sowie zu **Konflikten** auf der persönlichen Ebene.
- Können sich die Inhaber der Matrixstellen nicht einigen, so wird das Entscheidungsproblem an die übergeordnete Matrixleitung hochgeleitet. Mit der Zunahme von Konflikten muß die Matrixleitung vermehrt schlichten und koordinieren, so daß es zu einer **Überlastung** der Matrixleitung kommen kann.
- Die Zurechnung von Erfolg und Mißerfolg zu den einzelnen Matrixstellen ist oft nur schwer und nicht eindeutig möglich; die **Kontrolle** der Matrixstellen erweist sich somit als problematisch.

Die Matrixorganisation stellt somit eine **komplizierte** Organisationsform dar, die nur schwer zu handhaben ist und hohe soziale Anforderungen an die Stelleninhaber richtet. Negative Erfahrungen mit der Matrixorganisation verdeutlichen, daß Konflikte aufgrund der geteilten Kompetenzen nicht produktiv genutzt werden und eher dazu beitragen, schrittweise einen "Management-Taylorismus" (*von Eiff* 1991, S. 21) entstehen zu lassen. Ihre Anwendung sollte nur dann erwogen werden, wenn keine alternative Organisationsform besteht (vgl. *Davis/Lawrence* 1977, S. 7 f.). Aus den genannten Schwierigkeiten zieht man es in der Praxis häufig vor, einer der beiden Matrixdimensionen ein Kompetenzübergewicht einzuräumen. Die zweite Matrixdimension ist dabei heute weniger unter dem Gesichtspunkt einer gleichberechtigten Arbeitsteilung und Spezialisierung von Leitungsaufgaben zu sehen, sondern vielmehr als zusätzlicher Aspekt zur Querschnittskoordination. Die Primärorganisation wird dann um eine nachrangige Dimension der Sekundärorganisation ergänzt.

Matrixorganisation	
Vorteile	• Spezialisierung der Leitungsfunktionen bei gleichzeitiger Entlastung der obersten Unternehmensleitung • kürzere Kommunikationswege • flexible Berücksichtigung von wettbewerbsrelevanten Aspekten • Problemlösungen unter Berücksichtigung unterschiedlicher Standpunkte, hierbei Notwendigkeit zur Konsensfindung • Vorrang der Sachkompetenz vor der hierarchischen Stellung
Nachteile	• Gefahr von Kompetenzkonflikten und Machtkämpfen • Gefahr von unbefriedigenden Kompromissen • Zurechnungsprobleme für Erfolg und Mißerfolg • hoher Kommunikationsbedarf • schwerfällige, lange dauernde Entscheidungsfindung • aufwendige Regelung der Kompetenzen • hoher Bedarf an qualifizierten Managern • Unsicherheit der Ausführungsstellen infolge der Mehrfachunterstellung
Anwendung	• in großen Unternehmen, bei denen mindestens zwei Gliederungsdimensionen für die Wettbewerbsfähigkeit wichtig sind • zur Ergänzung der Linienorganisation um zusätzliche koordinations relevante Aspekte

Abb. 4-20: Bewertung der Matrixorganisation

2.4 Die Holdingorganisation

2.4.1 Strukturmerkmale der Holdingorganisation

Die Dachgesellschaft eines **Konzerns** wird als Holding bezeichnet. Der Hauptzweck einer Holding liegt in einer auf Dauer angelegten Beteiligung an mehreren rechtlich selbständigen Unternehmen. Neben dieser institutionellen Sicht kann man unter einer Holding auch eine Struktur verstehen, die aus mindestens zwei Ebenen besteht: Aus einer Anzahl rechtlich selbständiger Unternehmen (Tochtergesellschaften) sowie aus einer **Konzernzentrale** (auch Konzernleitung, Dachgesellschaft oder Muttergesellschaft) als Spitzeneinheit (*Abb. 4-21*). Größere Konzerne können auch mehrstufig aufgebaut sein, indem die **Tochtergesellschaften** nach regionalen oder produktorientierten Gesichtspunkten zu Zwischeneinheiten zusammengefaßt werden, die etwa in einem global operierenden Konzern als regionale Gesellschaften eine einheitliche Leitung wahrnehmen. Die Tochtergesellschaften stellen die Grundeinheiten des Konzerns dar und dienen der konkreten Leistungserstellung und -verwertung. Durch die Holdingorganisation (auch Konzernorganisation) wird die Aufgaben- und Kompetenzverteilung zwischen der Konzernzentrale und den Tochterunternehmen geregelt.

Eine Holdingorganisation ist ein Verbund mehrerer rechtlich selbständiger Unternehmen unter einer einheitlichen Leitung.

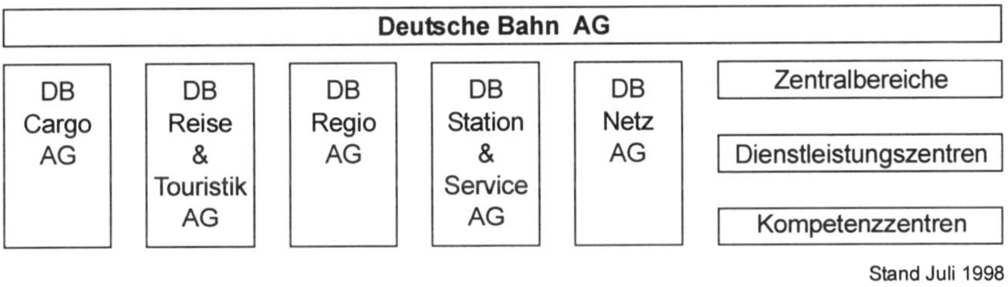

Abb. 4-21: Holdingorganisation (Deutsche Bahn AG)

Das Unternehmen Deutsche Bahn ist organisatorisch als mehrstufiger Konzern unter Führung einer Holding gestaltet. Der Konzern gliedert sich in die Deutsche Bahn AG (DB AG) als Dachgesellschaft und fünf als eigene Aktiengesellschaften geführte Unternehmensbereiche für die Geschäftsfelder Fernverkehr (DB Reise & Touristik AG), Nahverkehr (DB Regio AG), Güterverkehr (DB Cargo AG), Fahrweg (DB Netz AG) und Personenbahnhöfe (DB Station & Service AG). Die Vorstandsvorsitzenden der Aktiengesellschaften sind zugleich Vorstandsmitglieder der Deutsche Bahn AG; der Vorstandsvorsitzende der DB AG ist grundsätzlich Aufsichtsratsvorsitzender der Tochtergesellschaften. In der Holding angesiedelte Zentralbereiche wie beispielsweise der Zentralbereich Konzernorganisation besitzen für ihr Aufgabengebiet Richtlinienkompetenz und in diesem Rahmen Informationsrechte und -pflichten gegenüber den Konzernunternehmen. Der Konzernleitung werden Dienstleistungs- und Kompetenzzentren zugeordnet, die organisatorisch Teile der DB AG sind. Die Dienstleistungszentren (DZ) erbringen im Auftragsverhältnis Leistungen für die Konzernunternehmen und für die DB AG. Sie arbeiten als Profit Center oder als selbständige Unternehmen und können auch für Dritte am Markt tätig sein. Dabei handelt es sich beispielsweise um Leistungen in den Bereichen Bildung, Personalservice, Gastronomie oder Informationstechnik. In den Kompetenzzentren der DB AG wird das notwendige Know-how zusammengefaßt, mit dem die technologische Wettbewerbsfähigkeit des Konzerns im Eisenbahnbereich gesichert und ausgebaut werden soll. Dabei handelt es sich um das Forschungs- und Technologiezentrum, das Bahn-Umwelt-Zentrum und den Konzerneinkauf. Diese Kompetenzzentren arbeiten konzernübergreifend, können aber auch auf Anforderung einzelner Konzernunternehmen tätig werden.

2.4.2 Begriff des Konzerns

(1) Rechtlicher Konzernbegriff

Im Aktiengesetz wird nicht nur die einzelne Aktiengesellschaft als rechtliche Einheit, sondern hat auch das **verbundene Unternehmen** gesetzlich geregelt. Verbundene Unternehmen sind rechtlich selbständige Unternehmen, die wie folgt miteinander verflochten sind:

1. Auf der untersten Stufe stehen Unternehmen, deren Anteils- oder Stimmenmehrheit einem anderen Unternehmen zusteht (§ 16 AktG). Von einem **in Mehrheitsbesitz stehenden Unternehmen** wird widerlegbar vermutet, daß es von dem an ihm mit Mehrheit beteiligten Unternehmen **abhängig** ist (§ 17 Abs. 2 AktG).
2. Die nächste Stufe bilden die **abhängigen und herrschenden Unternehmen** (§ 17 AktG). Eine Abhängigkeit liegt vor, wenn das herrschende Unternehmen unmittelbar oder mittelbar einen **beherrschenden Einfluß** auf das abhängige Unternehmen ausüben kann. Der beherrschende Einfluß muß nicht ausgeübt werden; es genügt die Möglichkeit dazu. Bei solchen Unternehmen wird widerlegbar vermutet, daß beide Unternehmen einen Konzern bilden (§ 18 Abs. 1 Satz 3 AktG).
3. Eine höhere Stufe bildet der **Konzern** (§ 18 AktG). Hierfür ist kennzeichnend, daß mehrere verbundene Unternehmen unter einer **einheitlichen Leitung** zusammengefaßt sind und somit eine wirtschaftliche Einheit bilden. Die einzelnen Unternehmen sind Konzernunternehmen. Die verbundenen Unternehmen gelten dabei unwiderleglich als Konzern, wenn zwischen ihnen ein **Beherrschungsvertrag** (§ 291 AktG) besteht oder das eine Unternehmen in das andere **eingegliedert** ist (§ 319 AktG).

Wesentliches Kennzeichen eines Konzerns ist demnach die Zusammenfassung von mehreren **rechtlich selbständigen Unternehmen unter einer einheitlichen Leitung**. Nach der Stellung der einzelnen Konzernunternehmen zueinander unterscheidet das Gesetz zwischen einem Unterordnungskonzern und einem Gleichordnungskonzern.

Im **Gleichordnungskonzern** (§ 18 Abs. 2 AktG) haben die Konzernunternehmen eine gleichrangige Stellung; sie sind keinem herrschenden Konzern untergeordnet. Das bedeutet, daß sich die Unternehmen in gegenseitiger Abstimmung ein gemeinsames Leitungsorgan schaffen müssen. Dies kann ein gemeinsamer Beirat, ein sonstiges vertragliches Gemeinschaftsorgan oder eine personelle Verflechtung der Unternehmensleitungen der beteiligten Unternehmen sein (vgl. *Küting* 1980, S. 8).

Bei der in Praxis überwiegenden Form des **Unterordnungskonzerns** (§ 18 Abs. 1 AktG) unterstehen abhängige Unternehmen der einheitlichen Leitung eines herrschenden Unternehmens. Die einheitliche Leitung kann auf unterschiedliche Weise erreicht werden (vgl. *Emmerich/Sonnenschein* 1992, S. 26 f.; *Hoffmann* 1992, S. 553; *Bleicher* 1992b, Sp. 1152; *Bühner* 1993, S. 160):

- Ist die Beteiligungsquote größer als 50 % und liegt damit eine **Mehrheitsbeteiligung** vor, so erfolgt die einheitliche Leitung aufgrund faktischer Beteiligungsverhältnisse - der so entstandene Konzern wird auch als **faktischer Konzern** bezeichnet.

- Bei Vorliegen eines **Beherrschungsvertrages**, der meist mit einem Gewinnabführungsvertrag gekoppelt ist, wird die Leitung des beherrschten Konzernunternehmens dem herrschenden Unternehmen unterstellt - dieser Konzern wird auch als **Vertragskonzern** bezeichnet. Ein Vertragskonzern setzt eine Beteiligungsquote von über 75 % voraus, um die entsprechenden vertraglichen Grundlagen zu schaffen. Der Vertrag verleiht dem herrschenden Unternehmen eine direkte Weisungsbefugnis gegenüber der Leitung des abhängigen Unternehmens. Im übergeordneten Gesamtinteresse können dabei auch Weisungen erteilt werden, die für das abhängige Unternehmen nachteilig sind.
- Die nur für Aktiengesellschaften zugelassene **Eingliederung eines Unternehmens** (§§ 319 ff. AktG) stellt die engste Verbindung zweier Unternehmen dar. Im Gegensatz zur Fusion bleibt die rechtliche Selbständigkeit im Außenverhältnis zwar noch bestehen, im Innenverhältnis ist jedoch die eingegliederte Gesellschaft einer Abteilung gleichgestellt.

(2) Betriebswirtschaftlicher Konzernbegriff

Das wesensbestimmende Merkmal des Aktiengesetzes, die **einheitliche Leitung**, ist auch aus betriebswirtschaftlicher Sicht relevant. Während das Gesetz für die Konzerngesellschaften eine eigene Rechtspersönlichkeit voraussetzt, wird aus organisatorischer Sicht auch ein Verbund rechtlich selbständiger Unternehmen ohne eigene Rechtspersönlichkeit (etwa KG oder OHG) unter einer einheitlichen Leitung als Konzern behandelt. Das Gesetz regelt jedoch nicht die Aufgaben- und Kompetenzverteilung zwischen den einzelnen Konzerneinheiten. Der Begriff der einheitlichen Leitung läßt ein breites Spektrum zwischen einer zentralen und einer dezentralen Verteilung der Leitungsfunktionen zu. Die Festlegung des Ausmaßes der **wirtschaftlichen Selbständigkeit** der Tochterunternehmen erfolgt konzernintern über die Entscheidung für eine bestimmten Form der Holdingorganisation. Bei einer weitgehenden wirtschaftlichen Selbständigkeit überwiegen jedoch nicht selten eher die Merkmale einer **Netzwerkorganisation**, so daß hier eine Zuordnung zur Holdingorganisation nicht mehr sinnvoll ist.

2.4.3 Formen der Holdingorganisation

Die verschiedenen Varianten der Holdingorganisation oder auch *H-Form* (holding form) werden geprägt durch das Ausmaß der Funktionen und Entscheidungen, die von der Konzernzentrale wahrgenommen werden (*Abb. 4-22*). In Theorie und Praxis wird dabei zwischen den drei Formen der Operativen Holding, der Managementholding und der Finanzholding unterschieden (vgl. *Bühner* 1987, S. 40 ff.; *Bleicher* 1991, S. 652 ff; *Hoffmann* 1992, S. 554 f.; *Bleicher* 1992b, Sp. 1152).

Besteht der Konzern aus **Zwischeneinheiten**, die zwischen der Konzernzentrale und den Tochterunternehmen aufgebaut sind, so können die verschiedenen Holdingformen auch mehrfach auftreten. So kann zum Beispiel die Struktur zwischen der Konzernzentrale und den Zwischeneinheiten als Managementholding ausgebildet werden, während die Organisationsstruktur zwischen den Grundeinheiten und den Zwischeneinheiten als Operative Holding gestaltet wird.

	Konzernzentrale	Tochtergesellschaften
Operative Holding	strategische und operative Leitung	detaillierte, regelmäßige Berichterstattung über die Erreichung operativer Ziele (z.B. über Absatzmengen, Kostenarten, Bestände)
Management-holding	strategische Leitung, nur im Ausnahmefall Eingriff in die operative Leitung	operative Leitung regelmäßige Berichterstattung über Ergebnisse (z.B. über Gewinne, Umsatz, Kosten); Zusatzinformationen nur auf Anforderung
Finanz-holding	Leitung über die Vorgabe finanzieller Zielgrößen	operative und strategische Leitung Berichterstattung über die Erreichung finanzieller Ziele in aggregierter Form (z.B. Gewinn, Rendite, Cash-flow)

Abb. 4-22: Mögliche Aufgabenverteilung zwischen der Konzernzentrale und den Tochtergesellschaften

(1) Operative Holding

Bei der Operativen Holding nimmt die konzernleitende Einheit alle Funktionen eines Unternehmens wahr. Es handelt sich um ein direkt am Markt tätiges Unternehmen, das auch die operativen Funktionen der Leistungserstellung und -verwertung wahrnimmt. Neben rechtlich unselbständigen Abteilungen beinhaltet das Unternehmen auch rechtlich selbständige Teilbereiche (*Abb. 4-23*). Ein derartiges Unternehmen, das ein operatives Stammgeschäft betreibt und darüber hinaus an anderen Unternehmen Beteiligungen hält, wird als **Stammhaus**, der sich insgesamt ergebende Konzern auch als **Stammhauskonzern** bezeichnet. Das Stammgeschäft dominiert hierbei, die Tochtergesellschaften sind gewöhnlich wesentlich kleiner und üben meistens eine ergänzende oder unterstützende Funktion aus.

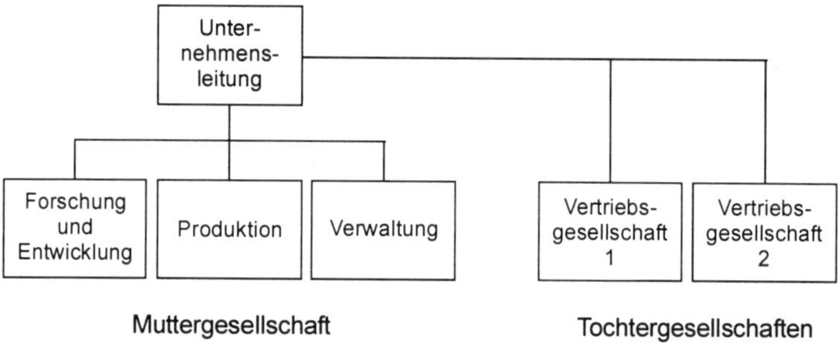

Abb. 4-23: Operative Holding (Stammhauskonzern)

Die operative Holding ist durch eine sehr weitgehende Einflußnahme der Konzernzentrale auf die einzelnen Tochtergesellschaften gekennzeichnet. Diese übernimmt alle Aufgaben der strategischen Unternehmensleitung und weitgehend auch der operativen Leitung. Es entsteht eine große Abhängigkeit der Tochtergesellschaften von der dominierenden Konzernmutter. Das wesensbestimmende Merkmal einer operativen Holding ist - im Vergleich zur einer funktionalen Organisation oder zu einer Geschäftsbereichsorganisation - die rechtliche Selbständigkeit einzelner Teilbereiche des Unternehmens.

Die operative Holding ist vor allem bei Konzernen vorzufinden, die aus einem dominierenden Geschäftsfeld heraus und vor allem durch **vertikale** oder **horizontale Diversifikation** gewachsen sind.

Diversifikation

Die Ausrichtung eines Unternehmens auf für das Unternehmen neue Produkt-Markt-Kombinationen (Geschäftsfelder) wird allgemein als Diversifikation bezeichnet. Nach dem **Grad der Verwandtschaft** zum bestehenden Produkt-Markt-Programm unterscheidet man zwischen horizontaler, vertikaler und lateraler Diversifikation:

- **Horizontale** Diversifikation beinhaltet die Erweiterung des bisherigen Produktprogramms um neue Produkte für neue Märkte, wobei ein sachlicher Zusammenhang zwischen den bestehenden Geschäftsfeldern besteht. Die Erzielung von Synergieeffekten steht hierbei im Vordergrund.
- **Vertikale** Diversifikation bedeutet die Aufnahme neuer Aktivitäten aus vorgelagerten Produktionsstufen oder aus nachgelagerten Absatzstufen. Sie ist eine Maßnahme zur Erhöhung der Unabhängigkeit, zur Verbesserung der Kostenstruktur oder zur Absicherung von Märkten.
- **Konglomerate** (laterale) Diversifikation bedeutet die Aufnahme eines neuen Geschäftsfeldes, das zum bisherigen Leistungsangebot des Unternehmens keine Beziehung hat. Hier dominiert vor allem der Gesichtspunkt der Risikostreuung und die Chance, in zukunftsträchtigen Branchen mit hohen Wachstums- und Gewinnaussichten repräsentiert zu sein.

Ein Diversifikation kann grundsätzlich auf zweierlei **Art und Weise** erfolgen:

- Bei der **internen** Diversifikation wird das Leistungsprogramm "von innen heraus" durch Entwicklung neuer Produkte (Produktdiversifikation) oder durch Erschließung neuer Märkte (Marktdiversifikation) um zusätzliche Geschäftsfelder erweitert. Hierbei handelt es sich in der Regel um eine horizontale oder vertikale Erweiterung.
- Bei der **externen** Diversifikation wird der Weg der Akquisition beschritten. Der Kauf von Unternehmen führt zu einem horizontalen Unternehmensverbund, wenn sich Unternehmen mit technologisch oder marktmäßig verwandten Programmen zusammenschließen, zu einem vertikalen Unternehmensverbund, wenn zwischen den Unternehmen eine Kunden-Lieferanten-Beziehung besteht, und zu einem konglomeraten Unternehmensverbund, wenn sich Unternehmen mit nicht-verwandten Geschäftsfeldern zusammenschließen.

Literatur: *Bühner* 1985, S. 28

(2) Finanzholding

Die Finanzholding stellt das extreme Gegenstück zur operativen Holding dar. Die Konzernzentrale überläßt nicht nur die operative Leitung vollständig den einzelnen Konzerntöchtern; es werden auch alle Funktionen und Kompetenzen der strategischen Leitung mit Ausnahme der Finanzfunktion an die jeweiligen Konzerntöchter delegiert. Eine Beherrschung oder koordinierende Einflußnahme auf die strategischen und operativen Entscheidungen der Tochtergesellschaften ist nicht vorgesehen. Die Konzernzentrale nimmt nur mittelbar durch die Vorgabe von finanziellen

Zielgrößen (wie beispielsweise Rendite, Gewinn, Cash flow), durch die Zuteilung von finanziellen Mitteln sowie durch die Besetzung der obersten Leitungspositionen Einfluß auf die Konzerntöchter. Ein Extremfall der Finanzholding stellt eine Konzernorganisation dar, bei der die Konzernmutter eine Art Verwaltungsgesellschaft für ein Portfolio von Finanzbeteiligungen darstellt. Die Holding hat rein finanziellen Charakter und zielt auf eine Ertrags- und Wertoptimierung des Konzerns ab, indem sie die Tochtergesellschaften je nach Marktwert kauft oder verkauft.

Die Form der Finanzholding ist häufig in **konglomerat** diversifizierten Konzernen mit sehr heterogenen Geschäftsfeldern vorzufinden.

(3) Managementholding

Bei der Managementholding (auch strategische Holding) erfolgt eine Trennung der Gesamtaufgaben eines Konzerns in seine strategischen und in seine operativen Elemente. Im Gegensatz zur operativen Holding betreibt die Dachgesellschaft kein operatives Geschäft, sondern hat lediglich konzernleitende Funktionen. Von der Finanzholding unterscheidet sich die Managementholding durch die koordinierende Einflußnahme der Muttergesellschaft auf ihre Tochtergesellschaften. Die Tochtergesellschaften erhalten die Zuständigkeit und Verantwortung für die sie betreffenden operativen Aufgaben und für alle Funktionen, die für ihren Erfolg als Profit Center ausschlaggebend sind. Dabei handelt es sich mindestens um die Funktionen Absatz und Produktion; hinzu treten häufig Entwicklungsaufgaben.

Damit werden bei der Managementholding deutlich mehr Entscheidungskompetenzen auf die Tochtergesellschaften delegiert als bei einer operativen Holding. Bei der Konzernzentrale verbleibt lediglich die Zuständigkeit für die strategische Planung des Gesamtunternehmens, während die Tochtergesellschaften für ihren Bereich die Geschäftsbereichsstrategien entwickeln. Die Managementholding weist somit die charakteristischen Merkmale einer **Geschäftsbereichsorganisation** auf; eine zusätzliche wesensbestimmende Eigenschaft stellt die rechtliche Selbständigkeit der Geschäftsbereiche dar.

Bei der Einführung einer strategischen Holding steht die **Flexibilisierung** des Unternehmens im Vordergrund. Die Holdingleitung konzentriert sich unter anderem auf die Festlegung und Abgrenzung der Geschäftsfelder, auf ihre rechtliche Verselbständigung, auf die Festlegung der Nutzung gemeinsamer Ressourcen sowie auf die Implementierung von Kontrollmechanismen für die dezentralen Einheiten.

Die einheitliche Leitung der Tochterunternehmen durch die Konzernzentrale kann erfolgen, indem die Mitglieder des Vorstands der Konzernmutter ein Doppelmandat wahrnehmen und auch Funktionen in einem Leitungs- oder Aufsichtsorgan der Tochtergesellschaften übertragen bekommen. Die bereits im Zusammenhang mit der Ressortkollegialität diskutierten Vor- und Nachteile gelten hierbei sinngemäß.

Ein Managementholding ist insbesondere für Konzerne angebracht, deren Geschäftsfelder **gemeinsame Elemente** oder **gleiche Kernfähigkeiten** aufweisen (beispielsweise für Chemiekonzerne, Elektrokonzerne, Automobilkonzerne). Die Leitung wichtiger Unternehmensfunktionen, welche die langfristige Überlebensfähigkeit und Überlegenheit des Gesamtunternehmens sichern soll wie etwa die Finanzierung oder die Forschung, erfolgt dabei häufig übergreifend durch die Konzernzentrale.

So kann beispielsweise in der Konzernzentrale ein zentrales Forschungslabor angesiedelt werden, das die für das gesamte Unternehmen relevanten Basistechnologien identifizieren und beherrschen soll.

Dezentrale Entwicklungsabteilungen können dann dieses Wissen über die Technologien abrufen und bei der Entwicklung der eigenen Produkte verwerten.

Die Organisation der Managementholding weist insbesondere für große Unternehmen eine Reihe bedeutender Vorteile auf. Sie erlaubt es, flexibel auf Marktveränderungen zu reagieren, indem neue, zukunftsträchtige Geschäftsfelder schnell durch "Zellteilung" mit einer großen Autonomie versehen und aufgebaut werden. Akquirierte Unternehmen oder Beteiligungen können ohne große Umstrukturierungen in das Unternehmen integriert werden. Auf der anderen Seite können ständig defizitäre oder nicht mehr der Unternehmensstrategie entsprechende Unternehmensbereiche mit Randaktivitäten schneller und problemloser identifiziert und abgestoßen werden als in einer Geschäftsbereichsorganisation. Durch die Aufspaltung in rechtlich selbständige Tochtergesellschaften kann ein Unternehmen auch strenge Publizitäts- oder Mitbestimmungsvorschriften umgehen.

Die Managementholding vereinigt die Vorteile kleiner, mittelständischer Unternehmen (Flexibilität, Marktnähe) mit denen großer Unternehmen (Kapitalkraft, Marktpräsenz und -macht, Managementpotential). Gerade in kleinen, mittelständisch strukturierten Unternehmen herrscht oftmals ein Klima, das Kreativität und damit Innovationen fördert. Insbesondere die Managementholding erlaubt es, daß die Manager über eine umfassende Eigenständigkeit verfügen und als Unternehmer im Unternehmen handeln können. Die Holdingorganisation wird damit der zunehmend verlangten Marktnähe gerecht; die Leiter der Geschäftsbereiche können weitgehend unabhängig vom Einfluß machtvoller Zentralbereiche über Vertriebs-, Personal- und Produktfragen entscheiden.

Die Holdingorganisation in Form der Managementholding eignet sich für unterschiedlich breit diversifizierte Unternehmensgruppen; sie kommt dabei nicht nur für große Unternehmen in Betracht, sondern kann auch für eher mittelständische Betriebe eine sinnvolle Organisationsstruktur darstellen. Im Zuge der Vereinfachung und Flexibilisierung der Unternehmensstrukturen einerseits und der Förderung des Unternehmergeistes andererseits ersetzt die Holdingorganisation in großen Unternehmen zunehmend die Geschäftsbereichsorganisation. Insbesondere bei der Dezentralisierung von Großkonzernen werden möglichst kleine autonome Einheiten gebildet, deren Leiter sehr marktnah im operativen Bereich arbeiten; lediglich die Ziele werden mit der Konzernzentrale oder mit den Zwischeneinheiten vereinbart. Die Zwischeneinheiten können dabei durchaus unter den Gliederungsgesichtspunkten der Geschäftsbereichsorganisation oder sogar mehrdimensional als Matrixorganisation gebildet werden. Ein Beispiel für eine Managementholding mit einer zweidimensionalen Strukturierung der Zwischeneinheiten stellt der ABB-Konzern dar (*Abb. 4-24*), der im Jahre 1993 eine vollkommen neue Struktur erhielt. Die Struktur des ABB-Konzerns weist aufgrund der starken Vernetzung der Geschäftsbereiche zugleich eine Reihe von Merkmalen der nachfolgend beschriebenen Organisationsform eines internen **Netzwerkes** auf.

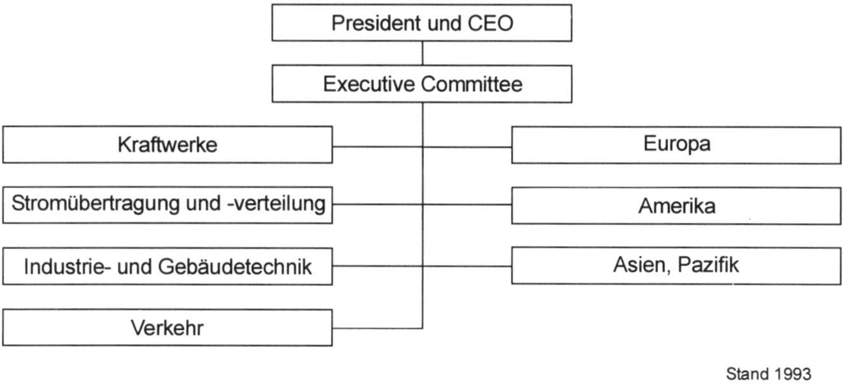

Abb. 4-24: Konzernorganisation der ABB

Der ABB-Konzern versteht sich selbst als "multidomestic company", das heißt als Konzern, der in vielen Ländern zu Hause ist. Sechs Jahre nach der Fusion wurde der Konzern 1993 produktorientiert in vier Geschäftssegmente mit insgesamt ca. 50 Geschäftsbereichen und regional in drei geographische Regionen mit 1.300 rechtlich selbständigen Unternehmen und insgesamt etwa 5.000 autonomen lokalen Einheiten gegliedert. Die lokalen Einheiten sind als Profit Center mit eigener Bilanz und Gewinn- und Verlustrechnung ausgelegt. Die Unternehmen und Profit Center richten sich konsequent auf die lokalen Gegebenheiten aus, während die weltweite Koordination durch die beiden Matrixdimensionen erfolgt. ABB beschäftigt insgesamt über 200.000 Mitarbeiter, davon nur rund 40 Personen in der Züricher Konzernzentrale. Der gesamte Konzern weist lediglich drei Hierarchieebenen auf: die Vorstandsebene, die Leitung der produktorientierten Geschäftsbereiche sowie auf gleicher Ebene die Leitung der regionalen Einheiten und auf der dritten Ebene die Leitung der lokalen Profit Center. Der Konzern wird durch eine 8-köpfiges Executive Committee geleitet; daneben treffen sich drei- bis viermal pro Jahr ca. 70 Personen im Rahmen des Top Management Council, um mit dem Executive Committee die Entwicklung innerhalb der Gruppe zu besprechen und Strategien und Maßnahmen zu diskutieren. Zwischen den produktorientierten Geschäftsbereichsleitern und der regionalorientierten Dimension gibt es eine klare inhaltliche Aufteilung der Zuständigkeiten. So haben die Geschäftsbereichsleiter die Verantwortung für die gesamte globale Strategie ihres Bereiches. Die Aufgaben der Geschäftsbereiche (zum Beispiel Forschung und Entwicklung) werden dabei an einzelne Grundeinheiten delegiert. So ist ein bestimmtes Unternehmen zuständig für die generelle Koordination innerhalb des jeweiligen Geschäftsbereiches, ein anderes Unternehmen zuständig für eine bestimmte Produktlinie usw.

Managementholding	
Vorteile	• Vorteile der Geschäftsbereichsorganisation • hohe Flexibilität des Gesamtunternehmens • Übersicht und Klarheit über Kompetenzen und Verantwortung durch Einheit der Rechts- und Organisationsstruktur • leichtere Identifizierung und Trennung von rentablen und unrentablen Aktivitäten • einfacheres Abstoßen von Randaktivitäten durch Outsourcing • mögliche Steuervorteile • Förderung des Unternehmergeistes
Nachteile	• Nachteile der Geschäftsbereichsorganisation • zusätzlicher Aufwand der rechtlichen Selbständigkeit
Anwendung	• in mittleren und großen Unternehmen mit einem breiten Leistungsangebot

Abb. 4-25: Bewertung der Managementholding

2.5 Die Netzwerkorganisation

2.5.1 Merkmale und Ausprägungen von Netzwerkorganisationen

Die bisher beschriebenen Organisationsformen der Primärorganisation sind durchweg hierarchisch strukturiert, wobei die Anzahl der Hierarchieebenen in der Praxis recht unterschiedlich sein kann. In jüngster Zeit werden alternative Organisationsformen diskutiert, bei denen eine **Netzwerkstruktur** im Vordergrund steht.

Eine Netzwerkorganisation besteht aus relativ autonomen Mitgliedern (Einzelpersonen, Gruppen, Institutionen), die langfristig durch gemeinsame Ziele miteinander verbunden sind und koordiniert zusammenarbeiten.

Entscheidend ist, daß die beteiligten Mitglieder ein übergeordnetes, gemeinsames Ziel verfolgen. Eine Netzwerkorganisation kann sowohl zur Koordination von unternehmensinternen Aktivitäten als auch zur Abstimmung der Beziehungen zwischen selbständigen Unternehmen geeignet sein.

(1) Interne Netzwerke

Interne (intraorganisationale) Netzwerke bestehen aus mehreren Mitgliedern innerhalb einer Organisation. Sie unterschieden sich von hierarchischen Strukturen vor allen dadurch, daß die Mitglieder in intensiven sowohl horizontalen als auch vertikalen Beziehungen zueinander stehen. Interne Netzwerke sind charakterisiert durch eine partnerschaftliche Gruppenstruktur mit kollegialen Beziehungen zwischen untereinander gleichrangigen Fachleuten (vgl. *Mueller* 1986, S. 46). Sie beruhen in erster Linie auf persönlichen Kontakten.

Interne Netzwerkstrukturen wurden bereits im Zusammenhang mit gruppenorientierten Organisationsstrukturen angesprochen und als „System sich überlappender Gruppen“ und als „Konzept der miteinander vermaschten Teams“ exemplarisch beschrieben. Derartige Netzwerke ergänzen oder überlagern die vorhandene Organisationsstruktur und sind deshalb der Sekundärorganisation zuzuordnen.

Auch die Primärorganisation eines Unternehmens kann in Form eines intraorganisationalen Netzwerkes strukturiert sein. Beispiele hierfür sind entsprechende Ausprägungen der Matrixorganisation oder eine Arbeitsorganisation in Form der Telearbeit.

(2) Externe Netzwerke

Externe Netzwerke (auch interorganisationale Netzwerke oder Unternehmensnetzwerke) sind dadurch gekennzeichnet, daß rechtlich und wirtschaftlich selbständige Unternehmen koordiniert zusammenarbeiten. Gegenstand derartiger **Kooperationen** kann der gesamte Prozeß der Entwicklung, Herstellung und Vermarktung von Produkten und Dienstleistungen sein. Die Kooperation kann sich jedoch auch auf nur eine oder wenige Funktionen beziehen, so daß die kooperierenden Unternehmen bezüglich anderer Funktionsbereiche weiterhin zueinander im Wettbewerb stehen. Die Zielsetzung besteht in beiden Fällen darin, entweder Synergieeffekte zu erreichen oder eine Marktposition einzunehmen, die ohne Kooperation aufgrund fehlender Ressourcen nicht möglich wäre.

Zu den Merkmalen und den verschiedenen Formen von Kooperationen sei auf *Bestmann* (1992, S. 61 ff.) verwiesen. Als Kriterien zur Abgrenzung des Kooperationsbegriffs gegenüber anderen Zusammenschlußarten werden hier vor allem die Erhaltung der rechtlichen und wirtschaftlichen Selbständigkeit der Mitglieder genannt. Als konkrete Merkmale für eine **wirtschaftliche Selbständigkeit** werden die Entscheidungsautonomie der Mitglieder als privatwirtschaftliche Unternehmen, die Beibehaltung der Eigentumsverhältnisse bei den Kooperationspartnern, das Fehlen einer zentralen Leitungsstelle „über" den Mitgliedsunternehmen, die Wiederauflösbarkeit des Zusammenschlusses durch einseitige Kündigung sowie das selbständige Weiterbestehen der Partnerunternehmen gesehen.

Die Form der Zusammenarbeit in einem Netzwerk kann recht unterschiedlich sein; neben typischen Zulieferverhältnissen entstehen Unternehmensnetzwerke etwa durch Joint Ventures, durch die Überlassung von Lizenzen oder durch gemeinsame Entwicklungsprojekte. Entscheidend für die Existenz einer Netzwerkorganisation ist, daß bisher autonom agierende Unternehmen ein gemeinsames Ziel verfolgen und dabei ihre individuellen Ziele dem kollektiven Ziel unterordnen (vgl. *Siebert* 1991, S. 291 f.). Die wirtschaftliche Selbständigkeit der einzelnen Kooperationspartner wird durch die Netzwerkorganisation zwar tendenziell eingeschränkt, bleibt aber prinzipiell erhalten. Die Beziehungen in einer Netzwerkorganisation müssen auch nicht ständig aktiviert sein; es genügt, daß sie nur latent existieren und erst dann kurzfristig aktiviert werden, wenn ein konkretes Projekt zur gemeinsamen Bearbeitung ansteht. Die Pflege der Netzwerkbeziehungen ist allerdings eine dauerhafte Managementaufgabe für alle beteiligten Partner.

Wenn die Netzwerkpartner gemeinsam eine übergeordnete Strategie verfolgen, so wird auch von einem **strategischen Netzwerk** gesprochen (vgl. u.a. *Sydow* 1993, S. 78 ff.; *Bellmann/Hippe* 1996, S. 5 ff.). Strategische Netzwerke unterscheiden sich von anderen Netzwerken vor allem dadurch, daß hier von einem oder mehreren Kooperationspartnern die strategische Führung übernommen wird. Die strategische Führung kann sich beispielsweise darin äußern, daß die Marktentscheidungen hauptsächlich von einem Unternehmen (‚hub firm') getroffen werden. Dieser Netzwerkpartner bestimmt nicht nur weitgehend Art und Inhalt der Strategie, mit welcher der Markt bearbeitet wird, sondern auch über Form und Inhalt der internen Netzwerkbeziehungen.

Netzwerke repräsentieren eine Koordinationsform, die zwischen einer Koordination durch Marktmechanismen und einer Koordination durch Hierarchie liegt. *Abbildung 4-26* zeigt ein breites Spektrum an Gestaltungsmöglichkeiten für Netzwerkstrukturen, wobei die Darstellung keinen Anspruch auf Vollständigkeit erhebt (vgl. *Siebert* 1991, S. 293; *Sydow* 1993, S. 104; *Hinterhuber* 1996, S. 135). Auch lassen sich die verschiedenen Ausprägungen von Unternehmensnetzwerken nicht immer eindeutig voneinander abgrenzen; vielmehr bestehen zwischen ihnen fließende Übergänge.

Unternehmensnetzwerke koordinieren sich sowohl über marktliche als auch über organisatorische Instrumente (vgl. *Siebert* 1991, S. 306 f.). Im Gegensatz zur rein marktlichen Koordination steht jedoch die Kooperation im Vordergrund, weniger der Wettbewerb. So dienen zwar Marktpreise als mittel- bis langfristige Richtwerte für die Bewertung der Leistungen; wenn längerfristig ein preisliches Einvernehmen besteht, werden jedoch auch bei kurzfristigen Preisdifferenzen die Kooperationsbeziehungen nicht aufgelöst. Weiterhin können gemeinsam erstellte Pläne als Koordinationsinstrument eingesetzt werden. Auch kann ein Netzwerkpartner die Rolle eines Koordinators übernehmen – dies ist dann in der Regel der Partner mit dem höchsten Anteil an der Wertschöpfung des Netzwerkes.

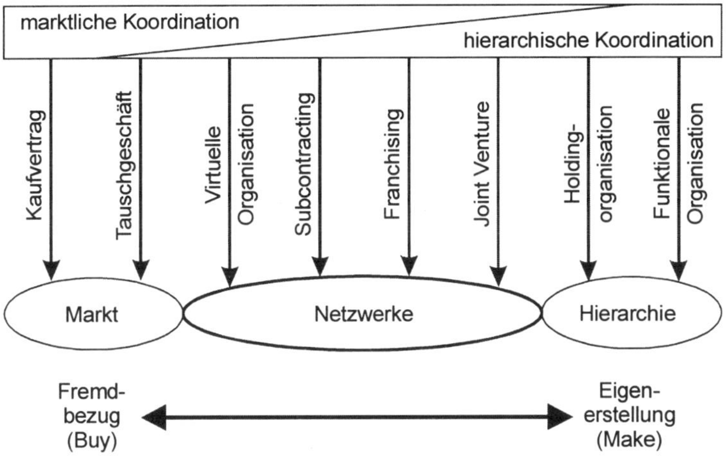

Abb. 4-26: Ausprägungen von Unternehmensnetzwerken

2.5.2 Das Joint Venture

Ein Joint Venture (auch Gemeinschaftsunternehmen) stellt ein eigenständiges Unternehmen dar, das von zwei oder mehr kooperierenden Unternehmen gegründet wurde (*Abb. 4-27*). Die Errichtung des Gemeinschaftsunternehmens kann durch eine Beteiligung am bestehenden Unternehmen eines Partners, durch eine Neugründung oder durch die gemeinsame Übernahme eines dritten Unternehmens erfolgen. Die Kooperationspartner sind gewöhnlich zu etwa gleichen Teilen am Eigenkapital des Gemeinschaftsunternehmens beteiligt, so daß eine konzernähnliche Beherrschung des Gemeinschaftsunternehmens durch einen Kooperationspartner mit einer Mehrheitsbeteiligung ausgeschlossen ist. Da die Leitung, Finanzierung und Verantwortung meistens gleichmäßig verteilt wird, liegt im Gegensatz zur Holdingorganisation keine einheitliche, sondern eine **gemeinsame Leitung** vor. Spezielle Synergieeffekte können dabei jedoch erzielt werden, indem sich jeder Partner mit seinen spezifischen Stärken in das Joint Venture einbringt.

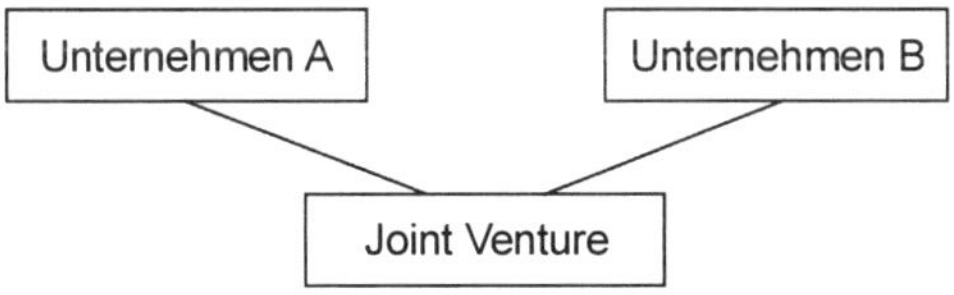

Abb. 4-27: Struktur eines Joint Ventures

Joint Ventures werden oftmals in Rahmen einer **strategischen Allianz** gegründet. Eine strategische Allianz stellt eine besondere Kooperationsform zwischen Unternehmen dar, die normalerweise zueinander im Wettbewerb stehen. Sie bezieht sich vielfach auf Forschungs- und Entwicklungsaktivitäten, deren Kosten enorm hoch sind oder bei denen sich die technologischen Stärken der Partner einander ergänzen sollen. Die Unternehmen möchten keine Wettbewerbsnachteile erleiden und kooperieren deshalb, um die eigenen Schwächen durch die Stärken des Kooperationspartners zu kompensieren. Man kooperiert aber nicht miteinander, um gemeinsam stark zu sein, sondern weil man alleine nicht stark genug ist.

Derartige strategische Allianzen bestehen in großer Zahl zwischen den weltweit operierenden Automobilherstellern. So wurden eine Reihe von Joint Ventures zum Zwecke der gemeinsamen Entwicklung und Produktion neuer Modelle gegründet, wie zum Beispiel NedCar als Joint Venture von Volvo und Mitsubishi. Die Micro Compact Car AG ist ein Joint Venture von Daimler-Benz und SMH, das mit dem Zweck gegründet wurde, ein City Coupé zu entwickeln, zu fertigen und zu vermarkten.

Ein weiterer Grund für die Bildung von **internationalen Joint Ventures** kann darin liegen, daß in einzelnen Ländern Einschränkungen gegenüber ausländischen Investoren bestehen. So sind in einigen Ländern des ehemaligen Ostblocks oder in Entwicklungsländern spezielle Gesetze in Kraft, die den Markteintritt von ausländischen Unternehmen ausschließen oder durch staatliche Maßnahmen wie beispielsweise eine höhere Besteuerung, zollrechtliche Einschränkungen oder eine Beschränkung des Gewinntransfers benachteiligen (vgl. *Piegrzyk/Schulte-Zurhausen* 1995, S. 50 f.). In diesem Fall gründen die ausländischen Investoren ein Joint Venture unter Beteiligung eines lokalen Partners. Derartige Joint Ventures sind jedoch mit der Gefahr verbunden, sich einen potentiellen Wettbewerber großzuziehen.

So kann zum Beispiel ein deutsches Unternehmen in Kooperation mit einem chinesischen Partner das Know-how und die Vertriebskanäle in das Joint Venture einbringen, während der ausländische Partner die Arbeitskräfte stellt.

Joint Ventures bieten weiterhin die Möglichkeit, das finanzielle Risiko bei großen Projekten zu streuen. Ein Unternehmen, das aufgrund seiner geringen Größe oder Kapitalkraft ein Großprojekt nicht alleine durchführen möchte oder kann, schließt sich mit geeigneten anderen Unternehmen in Form einer **Arbeitsgemeinschaft** (ARGE) zusammen. Derartige Arbeitsgemeinschaften werden nur vorübergehend zur Durchführung bestimmter Projekte vereinbart; sie können dann durch ein Gemeinschaftsunternehmen vertraglich und organisatorisch verankert werden. Das Joint Venture wird in diesem Fall nach Erreichung des Unternehmenszweckes wieder aufgelöst.

Derartige Arbeitsgemeinschaften sind in der Baubranche weit verbreitet; Zusammenschlüsse von mehreren Unternehmen realisieren hier gemeinsam größere Projekte wie beispielsweise die schlüsselfertige Errichtung einer U-Bahn oder eines Flughafens.

2.5.3 Das Franchising

Durch eine **Lizenzvereinbarung** wird dem Lizenznehmer das Recht eingeräumt, bestimmte gewerbliche Schutzrechte wie Patente des Lizenzgebers zu nutzen. Für die Nutzung erhält der Lizenzgeber in der Regel eine pauschale oder eine mengenmäßige Lizenzgebühr.

Das Franchising stellt eine besondere Form der Lizenzvereinbarung dar. Ein Franchisegeber sucht sich mehrere Franchisenehmer, die als selbständige Unternehmer mit eigenem Kapitaleinsatz Waren oder Dienstleistungen nach einem einheitlichen Marketingkonzept anbieten (*Abb. 4-28*). Das Franchisepaket besteht vor allem aus der Gewährung von Schutzrechten, aus einem Beschaffungs-, Marketing- und Organisationskonzept sowie aus einer Finanzierungs- und Managementunterstützung. Der Franchisenehmer erhält gegen Entgelt das Recht und die Pflicht, in eigenem Namen und auf eigene Rechnung das Franchisepaket zu nutzen; ihm wird – meist mit Gebietsschutz – eine eingeführte Marke überlassen. Der Franchisegeber behält sich umfangreiche Kontrollrechte vor, wodurch er die angestrebten Qualitätsstandards und ein einheitliches Auftreten seiner Marke sicherstellen kann. Die Rechte und Pflichten der Partner werden dabei vertraglich geregelt.

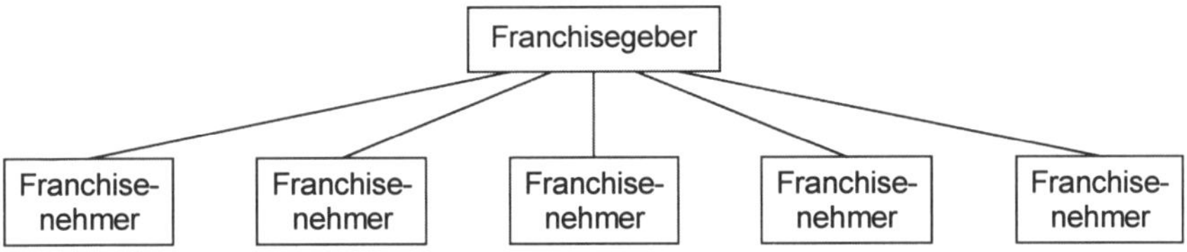

Abb. 4-28: Struktur des Franchising

Für den Franchisegeber liegt der Vorteil darin, daß er ohne große Kapital- und Personalbindung mit seinem Produkt expandieren kann. Der Franchisenehmer trägt das wirtschaftliche Risiko, ist dafür aber in die Franchiseorganisation eingebunden.

Das Franchising ist in vielen Branchen verbreitet; so werden beispielsweise in Deutschland Restaurants (McDonald`s), Teegeschäfte (Teeladen), Pizzerien (Joey`s Pizza), Fotofachgeschäfte (Foto Porst, Foto Quelle), Tiefkühlkostbetriebe (Eismann), Sprachschulen (Berlitz), Nachhilfeschulen (Schülerhilfe), Reisebüros (First), Baumärkte (Obi) und Sonnenstudios (Sunpoint) im Franchising betrieben.

2.5.4 Die Subunternehmerschaft

Die Subunternehmerschaft (Subcontracting) beinhaltet die **Ausgliederung** von unternehmerischen Teilaufgaben und ihre Übertragung an rechtlich selbständige Unternehmen (*Abb. 4-29*). Diese sogenannten Subunternehmer erbringen auf der Basis langfristiger Verträge die Leistungen entsprechend den Vorgaben und Spezifikationen des Abnehmers. Während mit einem Joint Venture entweder Synergieeffekte oder eine Reduzierung von Risiken angestrebt werden, steht bei einer Subunternehmerschaft vor allem eine Verringerung von Kosten und eine Steigerung der Flexibilität im Vordergrund.

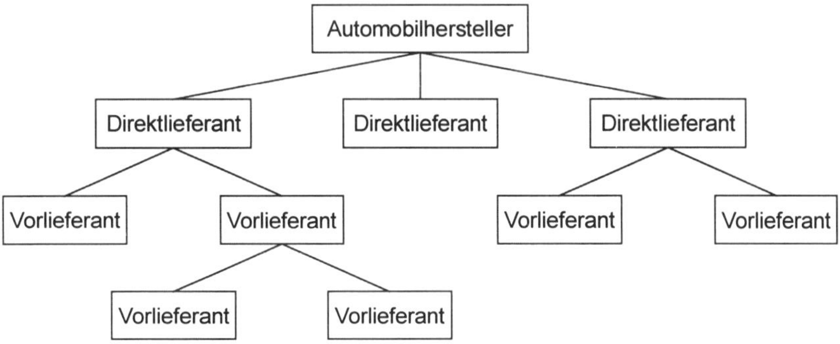

Abb. 4-29: Struktur einer Subunternehmerschaft

Die auf längere Sicht und nicht selten exklusiv angelegten Lieferantenbeziehungen einer Subunternehmerschaft werden in der Regel durch detaillierte **Rahmenverträge** schriftlich vereinbart. Gegenstand dieser langfristigen Lieferverträge sind dann auch Vereinbarungen hinsichtlich der Kommunikation zwischen den Partnern, so beispielsweise bezüglich der auszutauschenden EDI-Nachrichtenformate und der anzuwendenden Kommunikationsverfahren. Zudem ist es nicht außergewöhnlich, daß der Lieferant im Unternehmen seines Kunden ein Büro oder sogar Betriebsstätten unterhält und ihn mit Planungs- und Kosteninformationen versorgt.

Ein typisches Anwendungsfeld von Netzwerkorganisationen in Form der Subunternehmerschaft findet sich in der Automobilindustrie, wo eine große Zahl von Unternehmen mit den einzelnen Automobilherstellern nicht nur bei der bei der eigentlichen Herstellung, sondern auch bei der Entwicklung der Kraftfahrzeuge zusammenarbeitet. Das Netzwerk besteht aus mehrstufigen Zulieferverhältnissen, in dem eine begrenzte Anzahl von Direktlieferanten die Automobilhersteller mit Modulen und Baugruppen versorgt. Die hierzu erforderlichen Komponenten und Bauteile können diese über eine Kette von Vorlieferanten beziehen.
Eine besonders intensive Ausprägung der Subunternehmerschaft findet sich im Werk Rastatt der Daimler-Benz AG, wo Daimler-Benz einige Lieferanten direkt auf das Werksgelände geholt hat. Im sogenannten Industriepark sind die zehn wichtigsten Lieferanten mit insgesamt rund 500 Mitarbeitern angesiedelt. Diese liefern die von ihnen produzierten Teile "just-in-sequence" zum Einbau direkt an das Montageband.

2.5.5 Die virtuelle Organisation

(1) Begriff der Virtualität

Der Begriff der Virtualität steht für „nicht wirklich"; virtuell bedeutet, daß alle wesentlichen Merkmale eines Objektes vorhanden sind - außer dem Objekt selbst. Nach *Scholz* (1996, S. 204) bedeutet Virtualität immer das Fehlen von bestimmten physischen Eigenschaften des realen Objektes. Diese fehlenden, jedoch ursprünglich vorhandenen Merkmale des realen Objektes werden beim virtuellen Objekt durch spezielle zusätzliche Eigenschaften realisiert. Diese Substitution der physischen Eigenschaften durch zusätzliche virtualisierende Merkmale führt zu einem klar definierbaren Nutzen gegenüber dem realen Objekt.

Ein virtueller Flug im Rahmen einer Pilotenausbildung zum Beispiel ist dadurch gekennzeichnet, daß nicht geflogen wird. Die Bewegungen im Raum als wichtiges Merkmal eines Fluges werden durch eine entsprechende Animation in einem Flugsimulator virtuell realisiert. Als Nutzeneffekt ergibt sich eine deutliche Kostenersparnis gegenüber einem realen Trainingsflug.

Eine virtuelle Organisation ist nun dadurch gekennzeichnet, daß ihr als wesentliches physisches Merkmal die hierarchische Struktur und somit auch die Instanz der obersten Unternehmensleitung fehlt. Die in einer realen Organisationen hiervon ausgehende hierarchische Koordination ist deshalb durch andere, zusätzliche Organisationsmerkmale zu ersetzen.

(2) Merkmale einer virtuellen Organisation

Die virtuelle Organisation stellt ein neues Organisationsmodell dar, das in letzter Zeit zunehmend - teilweise widersprüchlich - diskutiert wird. Unter einer virtuellen Organisation soll im folgenden eine spezielle Ausprägung eines externen Netzwerkes verstanden werden.

Eine virtuelle Organisation ist eine Netzwerkorganisation, deren Mitglieder gemeinsam eine wirtschaftliche Leistung in Form eines Produktes oder einer Dienstleistung erbringen, und die gegenüber Dritten wie ein eigenständiges Unternehmen auftreten.

Eine virtuelle Organisation hat ein virtuelles Unternehmen zur Folge. Der Begriff der *virtual corporation* wurde insbesondere durch *Davidow* und *Malone* (1992) bekannt gemacht, ohne daß sie eine präzise Definition vorgenommen haben. Virtuelle Unternehmen werden allgemein durch folgende **Merkmale** gekennzeichnet (vgl. *Griese* 1992, S. 162 ff.; *Mertens/Faisst* 1995, S. 61 ff.; *Scholz* 1996, S. 208):

- Es liegt eine Netzwerk von rechtlich und wirtschaftlich unabhängigen Partnern vor, das auf eine **längerfristige Kooperation** ausgerichtet ist.
- Die einzelnen Netzwerkteilnehmer verfügen jeweils über **unterschiedliche Kernkompetenzen**. Kernkompetenzen sind spezifische Fähigkeiten, Technologien und Geschäftsprozesse, die für die Kunden erkennbar wertvoll und von den Konkurrenten nicht oder nur schwer zu imitieren sind. Die Kooperationspartner beteiligen sich an der Zusammenarbeit vorrangig mit ihren Kernkompetenzen.
- Der Prozeß der Leistungserstellung wird in mehrere **Teilprozesse** untergliedert; diese werden dann **dezentralisiert** und zur Durchführung auf die einzelnen Kooperationspartner entsprechend ihrer jeweiligen Kernkompetenzen verteilt (vgl. *Abb. 4-30*).
- Für den Kunden erscheinen die Leistungen des virtuellen Unternehmens **wie aus einer Hand**.
- Das Netzwerk **verzichtet** weitgehend auf die Institutionalisierung von zentralen **Leitungsfunktionen** und auf hierarchische Koordination.

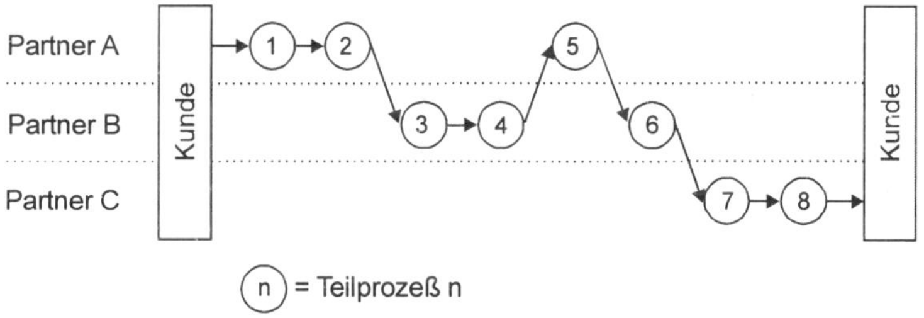

Abb. 4-30: Leistungserstellung einer virtuellen Organisation

Von einer virtuellen Organisation kann auch dann noch gesprochen werden, wenn ein Unternehmen des Netzwerkes die **Federführung** übernimmt und als selbständige Organisation die Leistung des Netzwerkes auf dem Markt anbietet. Zur eigentlichen Leistungserstellung bedient es sich dann jedoch der anderen Mitglieder der Kooperation. Eine virtuelle Organisation kann auch projektbezogen vereinbart werden; in diesem Fall ist das Netzwerk von vornherein nur auf eine begrenzte Zeit ausgelegt.

Beispiele für federführende Unternehmen innerhalb einer virtuellen Organisation sind Komplettanbieter im Baugewerbe, Reiseunternehmen oder Verlage. So werden unter der Federführung des Verlages unabhängige Kernkompetenzen wie die des Autors, des Setzers, des Druckers, des Binders und

des Vertriebes in Hinblick auf ein Ergebnis, das Buch aufeinander abgestimmt. Der Verlag selbst koordiniert übergreifend den gesamten Prozeß von der Buchidee bis hin zur Vermarktung.
Auch organisieren sich freiberufliche Unternehmensberater zunehmend in Form von Netzwerken. Als virtuelle Organisation sind sie auf diese Weise in der Lage, sich im Wettbewerb zu größeren Beratungsgesellschaften zu behaupten, ohne daß sie ihre Unabhängigkeit aufgeben müssen.

Im Grenzfall einer **Hollow organization** hat ein Unternehmen alle Funktionen bis auf die der Führung und Koordination des Netzwerkes an seine Netzwerkpartner ausgelagert. Das Unternehmen kauft Ideen auf, läßt die Produktion mit Hilfe von Subcontract-Unternehmen ausführen und organisiert den Vertrieb über selbständige Absatzmittler wie zum Beispiel Franchisenehmer (vgl. *Sydow* 1992, S. 3). Die verschiedenen Ausprägungen einer Netzwerkorganisation können sich folglich durchaus überlagern und ergänzen.

Die fehlende Institutionalisierung von zentralen Leitungsfunktionen und von hierarchischer Koordination wird vor allem durch die nachfolgend aufgeführten **zusätzlichen Eigenschaften** ersetzt:

1. Eine wesentliche Voraussetzung für eine virtuelle Organisation ist ein wechselseitiges **Vertrauen** zwischen den Netzwerkpartnern. Dieses Vertrauen manifestiert sich unter anderem in einem offenen Austausch von Wissen und Informationen. Da die Netzwerkteilnehmer vor einer mißbräuchlichen Verwendung seitens ihrer Kooperationspartner sicher sein können, erübrigt sich eine zeit- und kostenintensive Absicherung gegenüber Mißbrauch (vgl. *Siebert* 1991, S. 296).
2. Die Verteilung eines Geschäftsprozesses auf rechtlich und wirtschaftlich selbständige Kooperationspartner führt zu einem beträchtlichen Koordinationsaufwand. Der wirtschaftliche Erfolg einer virtuellen Organisation hängt davon ab, inwieweit dieser Koordinations- und Kommunikationsaufwand beherrscht wird. Der umfassende Einsatz von **Informations- und Kommunikationstechnologien** stellt deshalb eine weitere notwendige Voraussetzung für diese Organisationsform dar. Innerhalb des Netzwerkes muß der Informationsstand dem einer realen Organisation entsprechen. Dies kann vor allem durch leistungsfähige Datennetze, gemeinsame Datenbestände, den Einsatz von Groupware sowie durch eine Kommunikation per E-Mail realisiert werden.

Die virtuelle Organisation hat somit die Möglichkeiten und das Potential einer realen Organisation. Sie stellt gleichzeitig eine extreme Verwirklichung von prozeßorientierten Organisationsstrukturen dar, bei der die Leitungsorganisation - wenn überhaupt - einen nur nebensächlichen Stellenwert hat. Als **Nutzen** gegenüber einer realen Organisation ergibt sich in erster Linie die hohe Flexibilität und Anpassungsfähigkeit sowie die Zusammenfügung von Kernkompetenzen mehrerer Partner. Die Partner konzentrieren sich jeweils auf die Stufen der Leistungserstellung, für die sie Kernkompetenzen aufweisen. Die vorangehenden und nachfolgenden Stufen werden an die Kooperationspartner abgegeben. Durch diese „Best of everything"-Organisation erhöht sich insgesamt die Effizienz; dadurch wird die Voraussetzung geschaffen, Wettbewerbsvorteile gegenüber der Konkurrenz zu erreichen.

Eine virtuelle Organisation kann auch in Form eines **internen Netzwerkes** etabliert werden. Dabei werden die Arbeitsprozesse in einem Unternehmen räumlich und zeitlich voneinander entkoppelt und in Form der Telearbeit durchgeführt. Unter Telearbeit wird eine Verlagerung von Aufgaben aus der betrieblichen Arbeitswelt in den häuslichen Bereich verstanden. Dies setzt einen weitreichenden Zugang zu den Unternehmensdaten und entsprechende Kommunikationsverbindungen voraus. Die Koordination und Kommunikation zwischen den verschiedenen Arbeitsplätzen kann dabei beispielsweise über Groupware, Workflow-Managementsysteme oder über das Internet erfolgen.

2.5.6 Vorteile und Nachteile der Netzwerkorganisation

Durch netzwerkartige Organisationsstrukturen lassen sich eine Reihe von wirtschaftlichen **Vorteilen** erzielen:

- Im Rahmen einer Netzwerkorganisation ist der Zugang zu Ressourcen, Knowhow und Märkten der Kooperationspartner möglich. Das Netzwerk verfügt somit insgesamt über ein Potential an Ressourcen und Wissen, welches das bei den einzelnen Netzwerkpartnern vorhandene Potential weit übersteigt. Hierdurch bedingt lassen sich im Rahmen der Leistungserstellung und -verwertung Kosten und Zeit sparen.
- Insbesondere von virtuellen Organisationen erwartet man darüber hinaus, daß sie im internationalen Wettbewerb besser bestehen und flexibel auf Veränderungen der Marktbedingungen reagieren können. Dies wird vor allem durch die Konzentration der Netzwerkpartner auf ihre jeweiligen Kernkompetenzen erreicht.
- Kleine und mittlere Unternehmen können durch ihre Mitgliedschaft in einem Netzwerk wie große agieren, ohne ihre Selbständigkeit aufzugeben. Große Unternehmen wiederum können sich in kleine auflösen und dennoch mächtig bleiben. Die Unternehmensgröße verliert demnach für die Wettbewerbsfähigkeit zunehmend an Bedeutung - statt dessen erhalten Beziehungen zu anderen Unternehmen einen größeren Stellenwert.

Als **Nachteil** bleibt anzumerken, daß es sich aus Sicht einer prozeßorientierten Organisationsgestaltung vor allem bei der virtuellen Organisation, aber auch bei der Subunternehmerschaft um eine Zerlegung eines umfangreichen Geschäftsprozesses in einzelne Teilprozesse und ihre Verteilung auf verschiedene Unternehmen handelt. Hierdurch bedingt können sich zusätzliche Übergabe-, Warte- und Liegezeiten, redundante Ausführungen von einzelnen Funktionen, Mehrfacherfassungen sowie ein erhöhter Kommunikations- und Koordinationsbedarf ergeben (vgl. *Hirschmann/ Scheer* 1994, S. 189).

Problematisch kann auch die Auswahl der Kooperationspartner und die Ausrichtung auf die gemeinsame Zielsetzung sein. Ebenso ist der Aufbau der notwendigen Vertrauenskultur wegen der nur losen Partnerbindung nicht einfach. Insbesondere bei Joint Ventures kann es infolge dieser Problematik schon nach relativ kurzer Zeit zu Krisen kommen, die nicht selten zu einer Auflösung der Kooperation führen.

Netzwerkorganisationen finden vor allem ihre **Anwendung**, wenn die wirtschaftlichen Vorteile von Großunternehmen realisiert werden sollen, ohne daß die damit verbundenen Nachteile in Kauf genommen werden sollen. Insbesondere in dynamische Märkten kann dies für kleine und mittlere Unternehmen Wettbewerbsvorteile gegenüber Großunternehmen bringen. Eine Netzwerkorganisation erweist sich weiterhin als vorteilhaft, wenn eine hohe Flexibilität gefordert wird, wenn innovative Produkte zu vermarkten sind oder wenn kundenindividuelle Lösungen gefordert werden.

Netzwerkorganisation	
Vorteile	• wirtschaftlichen Vorteile von Großunternehmen ohne deren Nachteile • Gesamtoptimierung der Leistungserstellung und -verwertung • Konzentration auf die Kernkompetenzen ermöglicht „Best of everything“-Organisation • hohe Flexibilität und Anpassungsfähigkeit • hohe Synergiepotentiale
Nachteile	• zusätzliche Übergabe-, Warte- und Liegezeiten möglich • Gefahr der redundanten Ausführung von einzelnen Funktionen sowie der Mehrfacherfassung von Informationen • erhöhter Kommunikations- und Koordinationsbedarf • mögliche Probleme beim Vertrauensaufbau
Anwendung	• insbesondere für kleine und mittlere Unternehmen • für internationalisierende / globalisierende Unternehmen • für Unternehmen mit einem hohen Spezialisierungsgrad

Abb. 4-31: Bewertung der Netzwerkorganisation

3. Formen der Sekundärorganisation

3.1 Grundlegende Merkmale der Sekundärorganisation

Die Primärorganisation ist gekennzeichnet durch hierarchische Über- und Unterordnungsverhältnisse der Organisationseinheiten, wobei Einlinienbeziehungen dominieren. Der hierarchische Aufbau der Primärorganisation bleibt auch erhalten, wenn den Leitungsstellen zur Unterstützung Stabsstellen zugeordnet werden, die entscheidungsvorbereitende Aufgaben wahrnehmen. Die Stabsstellen stehen dabei ausschließlich mit der Linieneinheit in Beziehung, der sie beigeordnet sind; auf andere organisatorische Einheiten üben sie keinen direkten Einfluß aus.

Die formale Kommunikation zwischen den Stellen und Abteilungen der Primärorganisation erfolgt überwiegend vertikal und nur in begrenztem Maße horizontal oder lateral. Da sich hierbei die vertikalen Kommunikationsbeziehungen am hierarchischen Aufbau der Primärorganisation orientieren, kann diese Form des formalen Informationsaustausches auch als "formal ranghierarchische Kommunikation" (*Redel* 1982, S. 95) charakterisiert werden. Aufgrund der formalen hierarchischen Kommunikation können von der Primärorganisation jedoch bestimmte Problemstellungen nicht effizient gelöst werden:

- Es sind ständig **Schnittstellenprobleme** zu lösen, da nicht alle Interdependenzen zwischen den Organisationseinheiten hinreichend berücksichtigt werden. Entscheidet sich beispielsweise ein Unternehmen für eine Geschäftsbereichsorganisation nach Produktgruppen, so bleiben die Marktinterdependenzen beim Vertrieb der verschiedenen Produkte weitgehend unberücksichtigt; eine Gliederung nach Funktionen geht dagegen zu Lasten einer ganzheitlichen Koordination der Geschäftsprozesse, da die sequentiellen Interdependenzen zwischen den Funktionsbereichen vernachlässigt werden.
- Die formale, hierarchische Primärorganisation ist in erster Linie auf die effiziente Abwicklung von **Routineaufgaben** ausgelegt; zur Lösung schlecht definierter, komplexer Probleme und zur Förderung neuer Ideen (Innovation) ist sie dagegen nicht geeignet (*Abb. 4-32*).

Zur Lösung dieser Dilemmas wird die Primärorganisation um weitere, **hierarchieübergreifende** oder **hierarchieergänzende** Organisationseinheiten ausgebaut. Diese Organisationseinheiten werden hier unter dem Begriff der Sekundärorganisation zusammengefaßt (vgl. *Redel* 1982, S. 15 ff.).

> *Die Sekundärorganisation umfaßt alle hierarchieergänzenden und hierarchieübergreifenden Organisationsstrukturen.*

Die Sekundärorganisation erweitert die primäre Organisationsstruktur um zusätzliche, für die Wettbewerbsfähigkeit des Unternehmens zentrale Gesichtspunkte. Hierdurch soll eine zum Prozeß der Leistungserstellung und -verwertung simultan erfolgende Berücksichtigung bestimmter problemrelevanter Aspekte sichergestellt werden. Die bestehende, oftmals historisch gewachsene Primärorganisation wird dabei durch die Sekundärorganisation überlagert, ohne durch sie ersetzt zu werden.

Routineprozesse	Innovationsprozesse
• geringe Unsicherheit über Aktivitäten und Prozeßergebnisse; hohe Planbarkeit	• hohe Unsicherheiten über Aktivitäten und Prozeßergebnisse; geringe Planbarkeit
• Zeitbedarf weitgehend bekannt	• Zeitbedarf nicht exakt abschätzbar; häufiger Zeitdruck
• Anwendung erprobter Methoden	• kaum Methoden verfügbar
• feste Aufgabenzuweisung; hohe Austauschbarkeit der Personen	• hohe Spezialisierung und geringe Austauschbarkeit der Personen; individuelle Leistungsbeiträge
• klare Zielvorstellungen	• häufig alternative Zielvorstellungen
• determinierte, optimierte Prozeßabwicklung; festgelegte Entscheidungsregeln	• eher zufallsbestimmte Prozeßabwicklung; fallbezogene Entscheidungen

Abb. 4-32: Merkmale von Routine- und bei Innovationsprozessen

Im folgenden sollen die in der Praxis häufig in Form von Sekundärstrukturen berücksichtigten zusätzlichen Problemaspekte und ihre organisatorischen Ausprägungen erläutert werden (*Abb. 4-33*). Formal institutionalisierte Sekundärstrukturen erweitern die normalerweise eindimensionale Primärorganisation um zusätzliche Aspekte zu einer **mehrdimensionalen Organisationsstruktur**.

Ergänzender Aspekt		Sekundärorganisation
produktorientierte Koordination	→	Produktmanagement
kundenorientierte Koordination	→	Kundenmanagement
funktionsorientierte Koordination	→	Funktionsmanagement
prozeßorientierte Koordination	→	Prozeßmanagement
strategische Planung	→	strategische Geschäftseinheiten
komplexe und innovative Probleme	→	Projektmanagement

Abb. 4-33: Formen der Sekundärorganisation

3.2 Bildung von sekundären Organisationsstrukturen

Die gegenseitige Abstimmung bei innovativen oder komplexen Problemstellungen wurde in der Vergangenheit sehr oft dem Zufall überlassen oder erfolgte bestenfalls auf informellen Wegen. In den letzten Jahren jedoch wurden zunehmend neue Organisationsformen entwickelt, die es ermöglichen, daß zu anstehenden Problemen schnell und flexibel neue Lösungen entwickelt werden. Derartige Organisationsformen wurden als "Kontaktinstrumente" (*Galbraith* 1973), als "Zeltorganisation" (*Hedberg/Nyström/Starbuck* 1976), als "Duale Organisation" (*Szyperski/Winand* 1979), als "Parallelorganisation" (*Kanter* 1983), als "Adhocratie" (*Mintzberg* 1983), als "Modularismus" (*Toffler* 1985), als "Zirkularorganisation" (*Ackoff* 1974) oder als "Netzwerk-Management" (*Schnelle* 1982) vorgestellt. Eine systematische Einordnung dieser verschiedenen Ansätze ist bei *Gomez/Zimmermann* (1993) zu finden.

Ungeachtet der Unterschiede und Besonderheiten in den einzelnen Ansätzen können die in der Praxis realisierten mehrdimensionalen Organisationsstrukturen im wesentlichen auf folgende vier Prinzipien zurückgeführt werden (vgl. hierzu auch *Frese* 1988, S. 439 ff.): Das Stabsprinzip, das Matrixprinzip, das Ausgliederungsprinzip sowie das Arbeitsgruppenprinzip.

3.2.1 Das Stabsprinzip

Das Leitungssystem eines Unternehmens kann durch die Angliederung von Stabsstellen zu einer **Stablinienorganisation** erweitert werden (vgl. *Emerson* 1913; *Fayol* 1916; *Ulrich* 1949, S. 149 ff.; *Grochla* 1972, S. 181 ff.).

> *Bei der Stablinienorganisation werden die Leitungsstellen der Primärorganisation um Stabsstellen ergänzt.*

Historisch gehen Stablinienorganisationen auf Stabskonzepte im militärischen Bereich zurück. Die Einrichtung von Generalstäben als Planungsorgane folgten dem Prinzip der Teilung von planender, anordnender und ausführender Tätigkeit. Erst gegen Ende des 19. Jahrhunderts wurde der Stabsgedanke in den Bereich der Wirtschaft übernommen. Angeregt durch die Leistungsfähigkeit des preußischen Generalstabes im Deutsch-Französischen Krieg 1870/71 untersuchte *Henry Fayol* die Möglichkeit, Stäbe auch im Unternehmen zur Unterstützung der Unternehmensleitung einzusetzen. *Fayols* Postulat nach der Einheit der Auftragserteilung wurde dabei nicht verletzt, da den Stabsmitarbeitern keine Weisungsrechte zustanden.

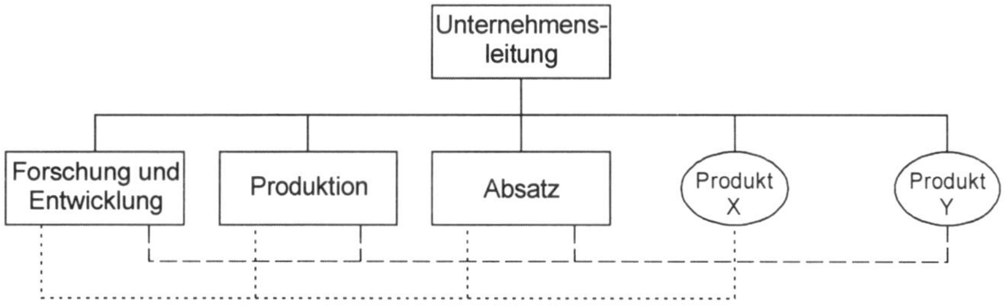

Abb. 4-34: Bildung mehrdimensionaler Strukturen nach dem Stabsprinzip

Die Ergänzung der Primärorganisation durch Stabsstellen bietet sich vor allem für Koordinationsaufgaben an, die eine intensive Informationssammlung und -verarbeitung erfordern. Eine Stabsstelle bildet unter dem Gesichtspunkt der Koordination eine zusätzliche **Integrationseinheit**, die eine bestimmte koordinationsrelevante Dimension repräsentiert. Die Aufgaben dieser Integrationseinheit liegen vor allem darin, die Kommunikation an den Schnittstellen sicherzustellen und die interdependenten Entscheidungen der Linieneinheiten aufeinander abzustimmen (vgl. *Lawrance/Lorsch* 1967, S. 54 ff.; *Galbraith* 1977, S.155). Bei Konflikten sollen sie als Vermittler eine Lösung herbeiführen; nur wenn sie hierzu nicht mehr in der Lage sind, wird die jeweils übergeordnete Leitungsstelle eingeschaltet. Die Stabsstellen haben jedoch keine formalen Entscheidungskompetenzen hinsichtlich des Einsatzes der Ressourcen in den zu koordinierenden Organisationseinheiten. *Abbildung 4-34* veranschaulicht beispielhaft, wie verschiedene Funktionsbereiche eines Unternehmens produktorientiert durch Stabsstellen ergänzt werden können.

Gemäß der Stabsdoktrin haben Stabsstellen keine Weisungsbefugnisse; dadurch bleibt die Einheit der Auftragserteilung und die Klarheit der Verantwortung erhalten. Da bei der Stabsstelle alle Informationen zusammenlaufen, kann sie jedoch auch ohne formale Kompetenzen aufgrund ihres Wissens informal erheblichen **Einfluß** auf Entscheidungen nehmen. Je anspruchsvoller die Anforderungen an die Koordination ist, desto mehr gewinnt die Stabsstelle durch ihre fachliche Spezialisierung an Bedeutung und Einfluß.

(1) Formen der Stablinienorganisation

Stablinienorganisationen treten in der Praxis in vielfältigen Erscheinungsformen auf.

1. Eine Stablinienorganisation liegt bereits vor, wenn der obersten Unternehmensleitung eine **zentrale Stabsstelle** als Leitungshilfsstelle zugeordnet wird (*Abb. 4-35*). Diese als Leitungsstab oder auch als Führungsstab bezeichnete Organisationseinheit kann auch aus einer Stabsabteilung mit einer eigenen Leitungsstelle bestehen. Im Falle einer Pluralinstanz können durchaus alle Mitglieder der Leitungsgruppe der Stabsstelle fachliche Anweisungen und Aufträge erteilen; es empfiehlt sich jedoch eine klare disziplinarische Zuordnung der Stabsstelle zu einem Mitglied der Leitungsgruppe.

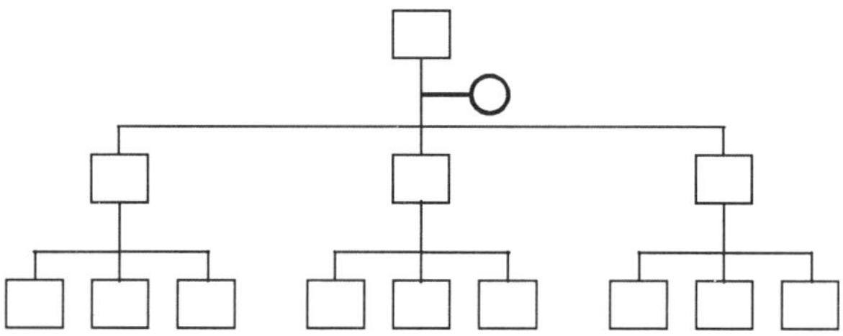

Abb. 4-35: Stablinienorganisation mit zentraler Stabsstelle

2. Stabsstellen bleiben nicht der obersten Unternehmensleitung vorbehalten, sondern können auch als **dezentrale Stabsstellen** den Leitungsstellen der nachgeordneten Hierarchieebenen zugeordnet werden (*Abb. 4-36*).

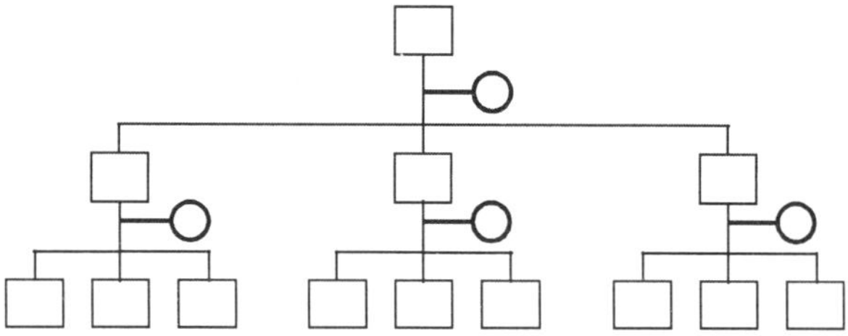

Abb. 4-36: Stablinienorganisation mit dezentralen Stabsstellen

Solange keine anders lautende Regelung getroffen ist, erfolgt dabei die Kommunikation zwischen den einzelnen Stabsstellen ausschließlich über die Leitungsstellen, denen sie zugeordnet sind.

3. Die Effizienz der Stabsarbeit kann gesteigert werden, wenn eine **Stabshierarchie** eingerichtet wird und den Stabsstellen die unmittelbare Kommunikation gestattet wird. Den Stabsstellen auf den oberen hierarchischen Ebenen kann dabei ein fachliches und möglicherweise auch disziplinarisches Weisungsrecht gegenüber den nachgeordneten Stabsstellen übertragen werden. Es ergibt sich somit parallel zur Hierarchie den Linienstellen eine eigene Stabshierarchie (*Abb. 4-37*). Eine solche organisatorische Regelung widerspricht nicht der Stabsdoktrin, da sich das Weisungsrecht eines Stabes nicht auf die Stellen des Liniensystems erstreckt (*Grochla* 1972, S. 185). Die nachgeordneten Stabsstellen dieses **mehrstufigen Stabes** geraten jedoch in ein Spannungsverhältnis zwischen den Anordnungen der übergeordneten Stabsstelle und der Linienstelle, der sie zugeordnet sind. Die Problematik entspricht der einer Schnittstelle im Matrixsystem, die ebenfalls zwei Vorgesetzten unterstellt ist. Durch eine klare Regelung der Unterstellungsverhältnisse ist auch hier sicherzustellen, daß die Einheit der Auftragserteilung gewahrt bleibt und keine widersprüchlichen Anweisungen erfolgen.

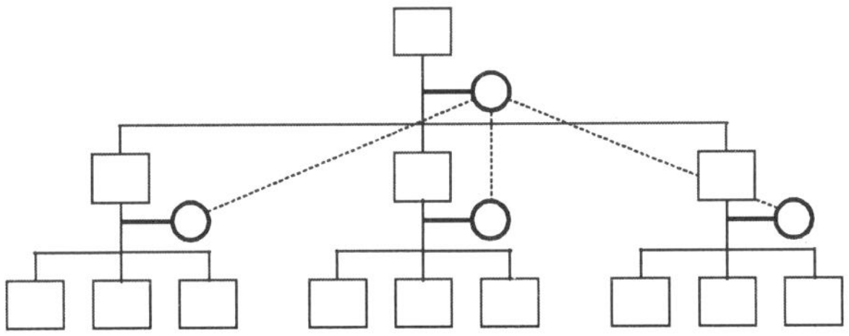

Abb. 4-37: Stablinienorganisation mit Stabshierarchie

(2) Kritik am Stablinien-Konzept

Die Diskussion der Stabliniensysteme nimmt in der Literatur einen breiten Raum ein und wird teilweise auch sehr widersprüchlich geführt. Hierbei werden vor allem zwei Einwände gegen das Stabskonzept erhoben (vgl. *Dalton* 1950, S. 350 f.; *Golembiewski* 1967, S. 60 ff.; *Irle* 1971, S. 95 ff.; *Müller/Schreyögg* 1982, S. 207 ff.; *Frese* 1988, S. 246 ff; *Staehle* 1989, S. 664; *Steinle* 1992, Sp. 2316 ff.):

1. Es besteht die **Möglichkeit der Informationsmanipulation**. Die Stabskonzeption basiert auf einer Teilung des Entscheidungsprozesses in die Phasen der Entscheidungsvorbereitung und der Entscheidung. Die Stäbe können jedoch die Entscheidung durch eine entsprechende Auswahl und Bewertung von Lösungsalternativen vorwegnehmen. Die Linieneinheiten sind meist nicht in der Lage zu überprüfen, ob die Informationen, die in die vom Stab vorgeschlagenen Lösungsalternativen eingeflossen sind, richtig und vollständig sind. Ihre Funktion ist damit weitgehend auf eine bloße Ratifikation der Entscheidung beschränkt. Dies gilt besonders für "completed staff work", bei dem nur eine einzige, vom Stab als optimal erachtete Lösung zur Entscheidung ansteht. Die Möglichkeit zur Manipulation und Filterung von Informationen durch die Stäbe hat zur Folge, daß die Linieneinheiten zunehmend von ihren Stäben abhängen. Der Stab somit wird aufgrund seines Informationsvorsprunges und der begrenzten Kontrollmöglichkeiten

seiner Aktivitäten in die Lage versetzt, **informelle Macht** über die Linie auszuüben.

2. Während die Kompetenzabgrenzungen zwischen den Leitungs- und den Ausführungsstellen normalerweise eindeutig sind, ist die in der Theorie geforderte Trennung der Aufgaben zwischen Stab und Linie in der Praxis kaum anzutreffen. Dies führt zwangsläufig zu **Kompetenzstreitigkeiten** und somit zu Konflikten zwischen Stab und Linie. Weitere Konflikte werden durch **personelle Faktoren** verursacht, so zum Beispiel durch Unterschiede im Alter, in der Ausbildung und im Erfahrungshorizont. Die Mitarbeiter der Stabseinheiten sind oft nach dem Abschluß einer Hochschulausbildung in das Unternehmen eingetreten und können nur wenig praktische Erfahrungen vorweisen. Ihre Vorschläge werden dann oft von der Linie als praxisfremd abqualifiziert. Ein weiteres Konfliktpotential liegt in der tendenziell größeren Neigung der Linieneinheiten, bestehende Regelungen und Verfahren beizubehalten. Die reformfreudigeren Stabsmitarbeiter betonen dagegen eher die Notwendigkeit von Änderungen. Bewährte Verfahrensweisen werden in Frage gestellt und unter Anwendung neuer Methoden und Techniken durch andere ersetzt. Originelle und innovative Vorschläge zur Problemlösung stellen sich für die Linienmitarbeiter dann oft als Besserwisserei dar.

Aufgrund dieser Nachteile, aber auch im Zusammenhang mit der Dezentralisation von Entscheidungskompetenzen verliert das Stabsprinzip in der Praxis an Bedeutung zu. Statt dessen werden den die Primärorganisation ergänzenden Koordinationsstellen in einem gewissen Umfang auch formale Kompetenzen eingeräumt, so daß dann hier eher das Matrixprinzip zum Tragen kommt.

Stablinienorganisation	
Vorteile	• qualitative und quantitative Entlastung der Leitungsstellen • erhöhte Qualität der Entscheidungen aufgrund verbesserter Entscheidungsvorbereitung durch spezialisierte Stäbe • Konfliktlösung durch einen neutralen Vermittler • besserer Informationsstand der Leitungsstellen
Nachteile	• Konfliktpotential zwischen Stab und Linie aufgrund der Trennung zwischen Entscheidungsvorbereitung, Entscheidung und Entscheidungsdurchsetzung • Gefahr der Informationsmanipulation; informationelle und informelle Abhängigkeit der Linien- von den Stabsstellen
Anwendung	• bei einer quantitativen oder qualitativen Überlastung der Leitungsstellen • Vorstufe zur Bildung von Sekundäreinheiten nach dem Matrixprinzip

Abb. 4-38: Bewertung der Stablinienorganisation

3.2.2 Das Matrixprinzip

Matrixstrukturen kommen vor allem zum Einsatz, wenn eine Problemstellung die gleichzeitige Behandlung aus unterschiedlichen Richtungen und von unterschiedlichen Standpunkten aus erfordert. Wie bereits im Zusammenhang mit der Matrixorganisation beschrieben, ist unter einer Matrixstruktur die gleichzeitige Anwendung von zwei Gliederungsprinzipien zu verstehen, so daß sich mehrere Beziehungen überlagern. Im Rahmen der **Primärorganisation** ist die Matrixorganisation auf Über- und Unterstellungsverhältnisse ausgerichtet; in den Schnittstellen des Matrix-Leitungssystems stehen aufgabenbezogene **Organisationseinheiten**. Die Matrixstellen sind bezüglich ihrer Kompetenzen annähernd gleichgewichtig.

Dagegen wird im Kontext der **Sekundärorganisation** die Matrix-Schnittstelle lediglich durch ein gemeinsames **Problemfeld** gebildet, über das sich die betroffenen Matrixstellen gemeinschaftlich abstimmen müssen. Dabei ist das Gliederungskriterum der Primärorganisation als erste (auch vertikale) Dimension, der problembezogene Aspekt als zweite (auch horizontale) Dimension der Matrix anzusehen (*Abb. 4-39*).

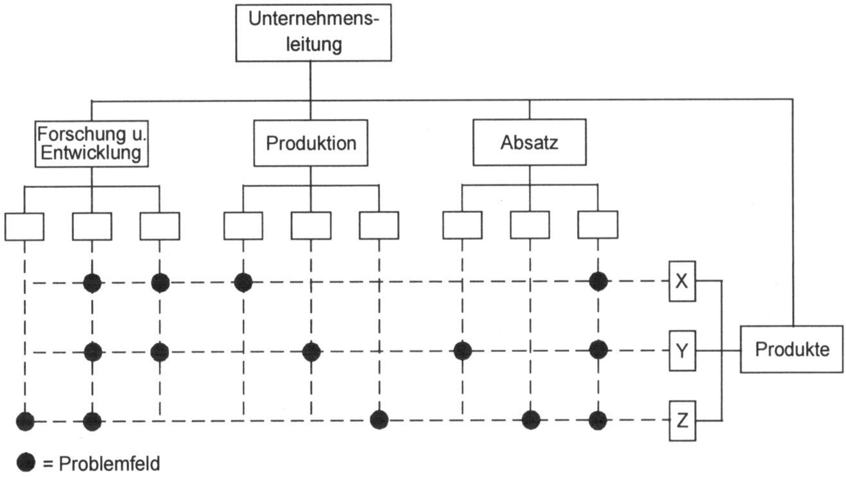

Abb. 4-39: Bildung mehrdimensionaler Strukturen nach dem Matrixprinzip

Die Aufgaben der Matrixstellen bei der Lösung komplexer Probleme liegt generell darin, die Koordination bezüglich der eigenen Dimension sicherzustellen und zu gewährleisten, daß die dimensionsspezifischen Gesichtspunkte bei der Problemlösung angemessen berücksichtigt werden (vgl. *Leumann* 1980, S. 63). An den Schnittstellen der Matrix vollzieht sich die eigentliche Problemlösung; hier müssen die Interessen der einzelnen Dimensionen eingebracht werden.

Den Matrixeinheiten können bezüglich der relevanten Entscheidungsaufgaben gleichgewichtige Befugnisse zugeteilt werden, die sich in einem **Vetorecht** für beide Matrixstellen niederschlagen. Somit besteht der **Zwang zum Konsens**; beide Matrixstellen müssen gemeinsam entscheiden. Die aus dieser Kompetenzüberschneidung resultierenden Konflikte werden bei Matrixstrukturen nicht nur akzeptiert, sondern sind bewußt gewollt. Es soll dadurch erreicht werden, daß Auseinandersetzungen offen und nicht im Verborgenen ausgetragen oder gar unterdrückt werden. Wie bereits im Zusammenhang mit der (annähernd) gleichberechtigten Matrix-Primärorganisation angesprochen, kann durch eine differenzierte Kompetenzregelung formal festgelegt werden, welche Teilkompetenzen die einzelnen Matrixstellen in einer Entscheidungssituation jeweils haben. Da die Schnittstellen nicht personell besetzt sind, entfällt jedoch die Problematik mehrdimensionaler Leitungsbeziehungen (Mehrliniensystem) und die Abgrenzung von Weisungskompetenzen.

Eine Matrixstruktur ergibt sich ebenfalls, wenn - wie es in der Praxis häufig der Fall ist - einer Stabsstelle fachlich beschränkte Weisungsrechte eingeräumt sind. So erhält beispielsweise eine für die Unternehmensplanung zuständige Stabsstelle die Zuständigkeit, den operativen Abteilungen **Richtlinien** hinsichtlich des Inhaltes ihrer Planungen und der Planungsfristen vorzugeben. Zweck solcher Weisungsrechte ist nicht nur, durch die größere Qualifikation der Spezialisten bessere Entscheidungen zu erhalten, sondern auch die Durchsetzung standardisierter Verfahrensweisen. Die „Stabsstelle" kann dabei auch mit Kontrollfunktionen betraut werden, um die Effektivität und die Ausführung der getroffenen Entscheidungen zu überwachen.

3.2.3 Das Ausgliederungsprinzip

Um die Koordination zu vereinfachen, können bestimmte problemrelevante Komponenten aus der Primärorganisation ausgegliedert und in neuen Organisationseinheiten zusammengefaßt werden (*Abb. 4-40*). Diese **autonomen Einheiten** verfügen über alle zur Problemlösung notwendigen Kompetenzen und Ressourcen. In der Praxis sind vor allem zwei Anwendungen relevant:

1. Organisationseinheiten, die ausschließlich an der Entwicklung und Umsetzung **neuer Ideen** arbeiten wie beispielsweise Forschungs- und Entwicklungsabteilungen. Diese stellen gleichermaßen Reservate (*Galbraith* 1982, S. 14) im Unternehmen dar.
2. Vor allem in Unternehmen mit einer Geschäftsbereichsorganisation sind ausgegliederte Organisationseinheiten in Form von **Zentralabteilungen**, die der geschäftsbereichsübergreifenden Steuerung des Unternehmens dienen, weit verbreitet. Die Geschäftsbereichsorganisation beruht prinzipiell auf dem Einliniensystem. Das schließt nicht aus, daß den Zentralabteilungen bestimmte fachliche Weisungsrechte gegenüber den Geschäftsbereichen eingeräumt werden. Häufig stehen einem derartigen Zentralbereich entsprechende Organisationseinheiten innerhalb der Geschäftsbereiche gegenüber.

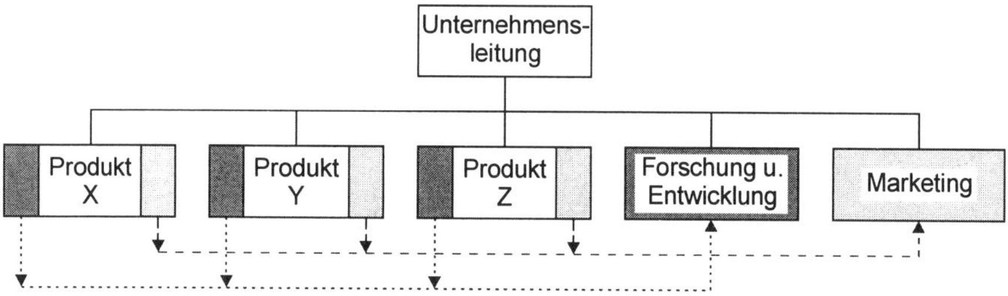

Abb. 4-40: Bildung mehrdimensionaler Strukturen nach dem Ausgliederungsprinzip

3.2.4 Das Arbeitsgruppenprinzip

Das wesentliche Kennzeichen der gruppenorientierten Sekundärorganisation ist die Übertragung von Aufgaben und Entscheidungsbefugnissen auf einzelne **hierarchieübergreifende Arbeitsgruppen**, in denen sachkundige Personen aus dem Unternehmen, möglicherweise auch externe Spezialisten sämtliche problembezogenen Aspekte sammeln und auswerten (*Abb. 4-41*). Die Vertreter aus den verschiedenen

Abteilungen der Primärorganisation repräsentieren jeweils eine eigene Sicht hinsichtlich der zu lösenden Entscheidungsprobleme. Sie bringen ihre spezifischen Ziele, Standpunkte und Lösungsideen in den Problemlösungsprozeß ein und erarbeiten gemeinsam ein von allen getragenes Ergebnis. Mit der Einrichtung derartiger Arbeitsgruppen wird die Koordination durch Selbstabstimmung und die hierarchiefreie Problemlösung durch Gruppenarbeit institutionalisiert.

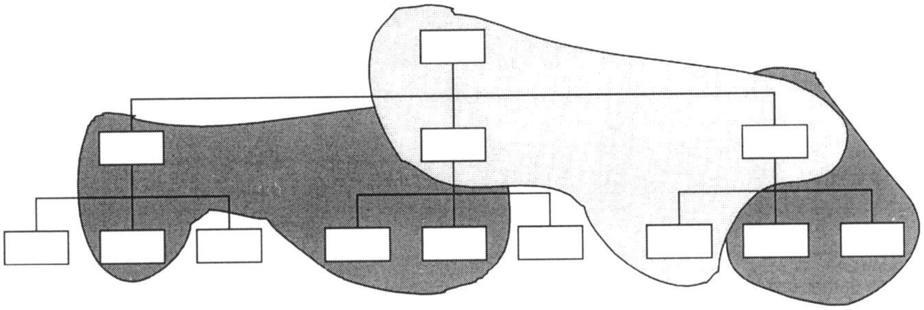

Abb. 4-41: Bildung mehrdimensionaler Strukturen nach dem Arbeitsgruppenprinzip

Eine Sekundärorganisation in Form von Arbeitsgruppen wird vereinzelt auch als der Sonderfall des Matrixprinzips ohne (Matrix-)Leitungssystem angesehen (vgl. *Stierli* 1991, S. 31 f.; *Bleicher* 1992, S. 568 f.). Da auch der Übergang vom Stabs- zum Matrixprinzip gleitend ist und beide Prinzipien wiederum eine Reihe von Gemeinsamkeiten mit dem Ausgliederungsprinzip aufweisen, ist eine eindeutige und zweifelsfreie Zuordnung von real existierenden Strukturen der Sekundärorganisation zu einem der hier aufgeführten Prinzipien nicht immer möglich.

3.3 Produktorientierte Sekundärorganisation

3.3.1 Konzept des Produktmanagements

Das Produktmanagement-Konzept orientiert sich an den einzelnen Produkten (oder an Produktgruppen) als **Erlös- und Kostenträger** und überlagert die Primärorganisation als produktorientierte Sekundärstruktur. Das Produktmanagement übernimmt dabei die produktbezogene, funktionsbereichsübergreifende Koordination aller Aktivitäten in einem funktional gegliederten Unternehmen oder Geschäftsbereich (vgl. *Köhler* 1980; *Bühner* 1985, S. 212; *Frese* 1988, S. 563 ff.; *Tietz* 1992; *Kieser/Kubicek* 1992, S. 143 ff.). Die durch die Interdependenzen zwischen den Funktionsbereichen begründeten spezifischen Nachteile einer funktionalen Organisation sollen hierdurch vermindert oder gar aufgehoben werden.

Die mit der Koordination betrauten **Produktmanager** (brand manager) sind dabei Produktspezialisten und Funktionsgeneralisten, denen vornehmlich folgende **Aufgaben** übertragen werden (vgl. *Tietz* 1992, Sp. 2068):

- Die Entwicklung, Realisation, Kontrolle und Korrektur von produktspezifischen Marketingkonzepten;

- die Gewinnung und Aufbereitung aller unternehmensinternen und -externen Informationen über ein Produkt, insbesondere die Beobachtung des Käufer- und Konkurrentenverhaltens;
- die Erstellung produktspezifischer Umsatz-, Kosten- und Ertragsbudgets;
- die Unterstützung der technischen Bereiche bei der Produktentwicklung und Verpackungsgestaltung.

Das Produktmanagement unterstützt dabei gleichzeitig die Umsetzung einer **marktorientierten Unternehmensführung**; es ist vorwiegend dann anzutreffen, wenn mehrere Produkte des Produktionsprogramms überwiegend im gleichen Markt abgesetzt werden.

Das Produktmanagement wurde im Jahre 1927 bei *Procter & Gamble* zur Überwindung von Absatzschwierigkeiten entwickelt und eingeführt. Es wurde in den USA vor allem nach dem Zweiten Weltkrieg verstärkt angewendet; in Deutschland fand es erst in den 60er Jahren eine größere Verbreitung. Heute wird das Konzept überwiegend in der Konsumgüterindustrie eingesetzt. Bei *Procter & Gamble* betreut ein Produktmanager zwei oder drei Produkte einer oder mehrerer Marken während der Entwicklung und während des Einsatzes auf dem Markt. *Gilette* setzt dagegen ein differenziertes Produktmanagement für neue und für laufende Produkte ein (*Tietz* 1992, Sp. 2074).

Die sinnvolle Anwendung des Produktmanagement-Konzepts ist vor allem an zwei **Voraussetzungen** gebunden:

1. Eine Voraussetzung für die Anwendung ist ein **vielfältiges Leistungsprogramm**, das mehrere heterogene Produkte mit unterschiedlichen Marktbedingungen enthält. Bei nur wenigen Produkten oder bei ähnlichen Marktbedingungen können auch die Leitungsstellen der Funktionsbereiche eine produktbezogene Koordination vornehmen. Bei einem sehr hohen Diversifikationsgrad dagegen bietet sich eher die Einrichtung einer produktorientierten Primärorganisation an. Insofern stellt das Produktmanagement in wachsenden Unternehmen mit einer funktionalen Organisationsform oft die Vorstufe zur Einführung einer Geschäftsbereichsorganisation dar.
2. Eine **hohe Marktkomplexität und -dynamik** fördert die Notwendigkeit eines Produktmanagements. Je vielfältiger für ein Produkt die Beziehungen zu den einzelnen Teilmärkten sind und je häufiger sich die Marktbedingungen ändern, desto eher ist eine Stelle erforderlich, die sich auf die Besonderheiten der verschiedenen Märkte konzentriert und somit die Anpassungsfähigkeit des Unternehmens an sich ändernde Märkte verbessert.

Die Notwendigkeit eines Produktmanagements besteht in erster Linie in Unternehmen mit einer funktionalen oder regionalen Organisationsstruktur. Sie kann aber auch in divisionalen Organisationsstrukturen angebracht sein, wenn Art und Anzahl der Produkte eines Geschäftsbereiches eine individuelle Betreuung erfordern. Die Zielsetzung ist in allen Fällen identisch: Es ist sicherzustellen, daß die Unterschiede in den Produkten und Märkten angemessen berücksichtigt werden.

3.3.2 Organisatorische Formen des Produktmanagements

Das Produktmanagement kann in funktional gegliederten Unternehmen sowohl innerhalb der Absatzfunktion als auch funktionsübergreifend eingeordnet werden:

- Die **funktionsbereichsbezogene** Einordnung innerhalb des Absatzbereiches zielt vor allem auf eine institutionalisierte Koordination der absatzwirtschaftlichen Aktivitäten und erlaubt eine bessere Berücksichtigung von unterschiedlichen Marktentwicklungen der einzelnen Produkte. Durch die übergeordnete Stelle des Absatzleiters wird gleichzeitig die Einheitlichkeit der absatzpolitischen Maßnahmen weitgehend sichergestellt.
- Eine **funktionsübergreifende** Einordnung kann angebracht sein, wenn durch das Produktmanagement zusätzlich die unternehmensinterne Koordination zwischen Absatz, Produktion und Entwicklung übernommen werden soll.

Das Produktmanagement wird organisatorisch als Stabsmanagement, als Matrixmanagement oder als Produktausschuß realisiert.

(1) Stabs-Produktmanagement

Eine relativ häufig anzutreffende Organisationsform ist die Eingliederung des Produktmanagers als der obersten Unternehmensleitung oder der Absatzleitung zugeordnete Stabsstelle. Dies bedeutet strenggenommen, daß die mit Weisungen verbundenen Koordinationsmaßnahmen sowie Entscheidungen über den Einsatz der absatzpolitischen Instrumente von der jeweiligen Leitungsstelle durchgeführt werden, während die Produktmanager hierfür Vorarbeiten leisten und die Funktionen der Informationssammlung und Entscheidungsvorbereitung wahrnehmen. Faktisch üben jedoch die Produktmanager in der Regel aufgrund ihres Informationsstandes und ihres Fachwissens einen wesentlich stärkeren Einfluß aus als es der Stabsdoktrin entspricht. Die Grenze zum aktiven Eingreifen in Entscheidungen, die formal den Linienstellen vorbehalten sind, ist dabei fließend (vgl. *Frese* 1987, S. 567 f.).

(2) Matrix-Produktmanagement

Die Organisationsform des Matrix-Produktmanagements liegt vor, wenn den Produktmanagern auch formal fachliche Kompetenzen eingeräumt werden und es somit zu Kompetenzüberschneidungen zwischen den funktionsorientierten Teilbereichsleitern und den Produktmanagern kommt. So kann den Produktmanagern etwa das Recht eingeräumt werden, über Maßnahmen zur Verkaufsförderung zu entscheiden und gegenüber dem operativen Vertrieb durchzusetzen. Bei einer funktionsübergreifenden Einordnung werden den Produktmanagern jedoch in der Regel keine Entscheidungs- und Weisungsrechte gegenüber dem Entwicklungs- und Produktionsbereich eingeräumt. Hierdurch soll verhindert werden, daß die Verantwortung der Entwicklungs- und Produktionsleiter eingeschränkt wird (vgl. *Kieser/Kubicek* 1992, S. 145).

(3) Produktausschuß

Beim Produktausschuß handelt es sich um eine produktbezogene Form der Selbstabstimmung. Der Ausschuß setzt sich aus Vertretern der verschiedenen funktionalen Teilbereiche zusammen und übernimmt die Aufgaben des Produktmanagements. Da die Mitglieder des Ausschusses auch in ihren jeweiligen Stellenfunktionen vorrangig mit dem betreffenden Produkt beschäftigt sind, kommt im Produktausschuß ein umfassender Sachverstand zum Tragen. Vorteilhaft ist zudem, daß die Konzepte und Ergebnisse des Ausschusses von den Mitgliedern in ihren jeweiligen Funktionsbereichen umgesetzt werden. Da die Betroffenen als Mitglieder des Produktausschusses die Beschlüsse mitgetroffen haben, wird die Umsetzung normalerweise nicht durch Akzeptanzprobleme behindert. Auf der anderen Seite kann es vorkommen, daß aufgrund von sachlichen Konflikten zwischen den funktionalen Managern im Produktausschuß kein Konsens gefunden wird. In diesem Fall muß die jeweils übergeordnete Leitungsstelle - ggf. die oberste Unternehmensleitung - den Konflikt lösen (vgl. *Kieser/Kubicek* 1992, S. 146). Produktausschüsse als organisatorische Form des funktionsübergreifenden Produktmanagements werden vor allem in der Investitionsgüterindustrie eingerichtet. Im Zusammenhang mit der Entwicklung und Markteinführung neuer Produkte werden die Grundgedanken des Produktausschusses mit dem Konzept des Projektmanagements kombiniert und zum Konzept des Simultaneous Engineering weiterentwickelt.

Das Konzept des Simultaneous Engineering

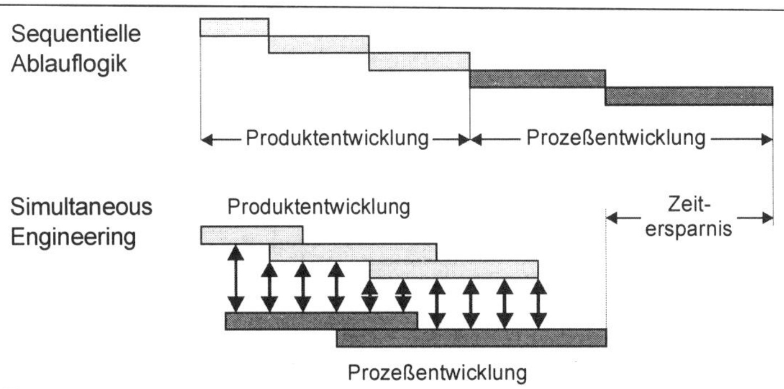

Ausgangspunkt des Simultaneous Engineering (auch Concurrent Engineering) ist die Forderung nach einer kürzeren "time to market", die Zeit vom Beginn der Entwicklung eines Produktes bis zur Markteinführung. Die traditionelle Vorgehensweise ist durch eine sequentielle Ablauflogik gekennzeichnet: Zunächst wird in einem mehrstufigen Prozeß das neue Produkt konzipiert und gestaltet. Mit der Prozeßentwicklung kann erst begonnen werden, wenn die Produktentwicklung abgeschlossen ist. Hierbei entsteht häufig die Notwendigkeit zu nachträglichen Änderungen am Produkt, da die Belange der Produktion bei der Produktentwicklung nicht ausreichend berücksichtigt worden sind.

Das Konzept des Simultaneous Engineering sieht eine Parallelisierung der Produkt- und der Prozeßentwicklung vor. Alle von der Entwicklung und Produktion eines neuen Produktes betroffenen Bereiche des Unternehmens werden möglichst früh in den Entwicklungsprozeß eingebunden. Hierdurch soll sichergestellt werden, daß deren Anforderungen bereits bei der Produktentwicklung berücksichtigt werden und Fehler frühzeitig erkannt werden. Zudem kann durch die Parallelisierung der Prozesse Zeit gewonnen werden, insbesondere wenn CIM-Technologien bei der Produkt- und Prozeßentwicklung zum Einsatz kommen. Zur Realisierung des Simultaneous Engineering werden interdisziplinäre Projektgruppen gebildet, deren Mitglieder in der Regel aus den Funktionsbereichen Marketing, Entwicklung, Konstruktion, Produktion, Arbeitsvorbereitung, Qualitätssicherung und Kostenrechnung stammen. Bei Bedarf können auch externe Fachleute von Zulieferern hinzugezogen werden.

Die intensive Kommunikation zur Abstimmung aller Anforderungen an das Produkt erhöht zwar den Zeitbedarf der einzelnen Planungsprozesse; insgesamt ergibt sich jedoch infolge der Parallelisierung eine zeitliche Verkürzung und damit auch eine Kostensenkung. Die Zeit zwischen Produktidee und Markteinführung kann in Abhängigkeit von situativen Gegebenheiten um 20 bis 60 % verkürzt werden, die Entwicklungskosten lassen sich um 15 bis 30 % reduzieren. Darüber hinaus können Wettbewerbsvorteile infolge der schnelleren Markteinführung erreicht werden.

Literatur: *Wu/Moore* 1986

3.4 Kundenorientierte Sekundärorganisation

3.4.1 Konzept des Kundenmanagements

Kundennähe gilt als zentrales Merkmal erfolgreicher Unternehmen; die Strukturen der Primärorganisation behindern jedoch oft schnelle und sachgerechte Entscheidungen und somit die angestrebte Kundenorientierung. Zur organisatorischen Institutionalisierung der Kundennähe dient das Konzept des Kundenmanagements. Hierbei sollen die Bedürfnisse einzelner Kunden oder Kundengruppen verstärkt beachtet werden; der veränderter Kundenbedarf soll möglichst schnell, preiswert und flexibel befriedigt werden können (vgl. *Frese/von Werder* 1989, S. 19).

Beim Kundenmanagement wird der Grundsatz verfolgt, daß ein Kunde im Unternehmen nur einen Ansprechpartner, den Kundenmanager haben soll. Kundenmanager (Marktmanager, Handelskontaktmanager, Key Account Manager) können immer dann sinnvoll eingesetzt werden, wenn dem Unternehmen eine überschaubare Zahl von Kunden gegenübersteht, die ein differenziertes Marketing erfordern. Der Kundenmanager ist Spezialist für die ihm zugeordneten Kunden oder Kundengruppen; er übernimmt im wesentlichen folgende **Aufgaben**:

- Die Erarbeitung, Koordination und Kontrolle eines auf den Kunden oder die Kundengruppe abgestimmten Marketingkonzeptes;
- die Führung von Verhandlungen und die Kontaktpflege mit dem Kunden;
- die Betreuung des Kunden bei auftretenden Anfragen und Problemen.

Das Kundenmanagement wird ergänzend oder alternativ zum Produktmanagement eingesetzt. Während beim Produktmanagement die Angebotsleistung im Vordergrund steht, konzentriert sich das Kundenmanagement auf den Abnehmer. Dem einzelnen Kunden beziehungsweise der abgegrenzten Kundengruppe wird das gesamte relevante Leistungsprogramm des Unternehmens angeboten. Durch ein einheitliches Auftreten nach außen stärkt dabei das Unternehmen seine Verhandlungsposition, während durch die kundenspezifische Koordination der Leistungserstellung nach innen eine schnellere und bessere Erfüllung der Kundenwünsche erreicht wird.

Die Einrichtung des Kundenmanagements hängt vornehmlich von drei **Voraussetzungen** ab (vgl. *Gaitanides/Westphal/Wiegels* 1991, S. 20):

1. Der Kundenmanager muß auf sämtliche kundenrelevanten Informationen direkt zugreifen können.
2. Der Kundenmanager muß über das notwendige Know-how verfügen, um den Kunden ganzheitlich betreuen zu können.
3. Koordinationsnotwendigkeiten infolge interner Interdependenzen dürfen einer autonomen Entscheidung des Kundenmanagers nicht entgegenstehen.

In der Investitionsgüterindustrie ist die organisatorische Ausrichtung auf bestimmte Kundengruppen und Großkunden seit langem üblich. In der Konsumgüterindustrie gibt es den Großkundenmanager (Key Account Manager) seit Ende der 70er Jahre. Er war die Antwort auf die Konzentration der Nachfragemacht auf relativ wenige Distributionsgruppen (Einkaufsgenossenschaften, kooperierende Handelsketten, Großkunden). Den mächtigen Einkäufern von Aldi, Rewe, Metro u.a. wollte man mit spezialisierten Gesprächspartnern entgegentreten. Anders als der traditionelle Verkäufer versteht sich der Kundenmanager als Partner des Einkäufers. Inzwischen zieht sich der Trend zur Großkundenbetreuung quer durch die Branchen. Automobilzulieferer wie VDO und Bosch haben eigene Entwicklungs- und Verkaufsgruppen eingerichtet. Banken betreuen Privatkunden mit größeren Geldvermögen durch spezialisierte Mitarbeiter.

3.4.2 Organisatorische Formen des Kundenmanagements

Beim Kundenmanagement sind grundsätzlich wie beim Produktmanagement drei organisatorische Strukturlösungen denkbar (vgl. *Bühner* 1985, S. 217 ff.; *Frese* 1988, S. 599 ff.).

(1) Stabs-Kundenmanagement

Die Stabsstelle des Kundenmanagers besitzt keine Entscheidungskompetenz über die absatzpolitischen Instrumente und kein formales Weisungsrecht gegenüber der Absatzabteilung. Ihre Aufgaben bestehen in erster Linie in der Informationssammlung und -aufbereitung sowie in der Entscheidungsvorbereitung. Die fehlenden Entscheidungsbefugnisse können allerdings die Zusammenarbeit mit den Kunden erschweren; es besteht dabei die Gefahr, daß der Kundenmanager in Gesprächen mit Kunden aufgrund fehlender formeller Entscheidungsbefugnisse nicht als vollwertiger Verhandlungsparter akzeptiert wird (vgl. *Meffert* 1992, Sp. 1220).

Vor allem in der Konsumgüterindustrie sind bei der Verhandlungsführung und bei der Durchsetzung von Absatzmaßnahmen Entscheidungsbefugnisse für den Kundenmanager notwendig, so daß hier die Form des Stabs-Kundenmanagements weniger zum Tragen kommt. Demgegenüber finden sich im Investitionsgüterbereich häufiger kundenorientierte Stabsstellen, die in erster Linie langfristige Planungsaufgaben übernehmen.

(2) Matrix-Kundenmanagement

Der Kundenmanager erhält eingeschränkte Entscheidungs- und Weisungskompetenzen. Von entscheidender Bedeutung für das Funktionieren der Matrixorganisation ist die Abgrenzung der Kompetenzen zwischen den Kundenmanagern einerseits und dem sowie den nach wie vor bestehenden funktionalen Abteilungen des Absatzbereiches andererseits.

(3) Koordinationsausschuß

Besonders schwierig ist die organisatorische Verankerung des Kundenmanagements, wenn gleichzeitig auch das Konzept des Produktmanagements verwirklicht werden soll. Die Kundenmanager sind dabei meist dem Vertrieb zugeordnet, während die Produktmanager dem Marketing angehören. Eine Abgrenzung der Kompetenzen zwischen den Produkt-, den Kunden- und den Linienmanagern kann sich dabei als sehr kompliziert darstellen. Zur Vermeidung und Lösung von Kompetenzkonflikten bietet sich dann als Ergänzung die Einrichtung eines koordinierenden Ausschusses an. Auch die Erarbeitung von Marketingkonzeptionen kann durch Produkt- und Kundenmanager gemeinsam in einer Arbeitsgruppe erfolgen.

3.5 Funktionsorientierte Sekundärorganisation

Das Funktionsmanagement ist durch eine bereichsübergreifende Koordination gekennzeichnet und bezieht sich vornehmlich auf für das Unternehmen bedeutsame Teilfunktionen (vgl. *Frese* 1988, S. 505 ff.).

Eine Gliederung des Unternehmens nach dem Verrichtungsprinzip führt dazu, daß zwischen den Funktionsbereichen sehr enge Interdependenzen bestehen. Die Funktionsbereichsleiter neigen jedoch dazu, in erster Linie die mit ihrem Funktionsbereich verbundenen Ziele zu verfolgen. So verfolgt der Leiter des Funktionsbereiches Produktion in erster Linie kostenorientierte Ziele, während der Absatzleiter eher erlösorientierte Ziele vertritt. Da die Ziele der einzelnen Funktionsbereiche teilweise im Widerspruch zu denen der anderen Funktionsbereiche stehen, besteht die Gefahr einer Bildung von Suboptima, ohne daß das Gesamtoptimum erreicht wird. Konflikte zwischen den Funktionsbereichsleitern sind dabei vorprogrammiert. Die Interdependenzen zwischen den Bereichen erfordern jedoch ganzheitliche Entscheidungen in Hinblick auf die übergeordneten Unternehmensziele.

Durch die Ergänzung der funktionalen Organisationsstruktur um sogenannte **Querschnittsfunktionen** können vorhandene Schnittstellen überwunden werden; gleichzeitig wird eine Koordination der einzelnen Funktionsbereiche erreicht. Querschnittsfunktionen zielen auf eine bereichsübergreifende Planung, Realisierung und Kontrolle von spezifischen Teilaufgaben. Die einheitliche Zielsetzung einer Querschnittsfunktion ersetzt oder ergänzt die zum Teil divergierenden Zielsetzungen der einzelnen Funktionsbereiche. Als weit verbreitete, organisatorisch institutionalisierte Querschnittsfunktionen lassen sich die Logistik, das Controlling und das Qualitätsmanagement anführen. Zunehmend wird auch das betriebliche Umweltmanagement als ganzheitlich zu erfüllende Aufgabenstellung gesehen.

3.5.1 Organisation der Logistik

Mit Logistik (logistics) werden allgemein alle Prozesse definiert, die der raumzeitlichen Veränderung von Gütern dienen (vgl. *Pfohl* 1990, S. 7). Die Transport-, Umschlags- und Lagerhaltungsprozesse im Realgüterbereich in und zwischen Unternehmen bilden den Schwerpunkt der logistischen Aufgaben. Logistik kann als ein zu gestaltendes System von **Materialflüssen** aufgefaßt werden, das die Beschaffungsmärkte mit den Produktionsstätten und den nachgelagerten Absatzmärkten verbindet. Auch die Gestaltung des **Informationsflusses**, der parallel zur logistischen Kette verläuft und mit dem Materialfluß korrespondiert, ist bei der organisatorischen Gestaltung eines Logistiksystems von großer Bedeutung. Die Beschaffungs-, Produktions- und Distributionslogistik einschließlich der Kundendienstlogistik stellen dabei entsprechend *Abbildung 4-42* logistische Untersysteme dar (vgl. *Ihde* 1984, S. 180 ff.). Die in den einzelnen Untersystemen spezifischen raum-zeitlichen Problemstellungen werden dabei nicht isoliert, sondern im Zusammenhang gesehen. Aufgrund dieser ganzheitlichen, die betrieblichen Grundfunktionen übergreifenden Sicht ist die Logistik als Querschnittsfunktion zu verstehen (vgl. *Felsner* 1983, S. 39; *Ihde* 1984, S. 171).

Der in den 60er Jahren in die amerikanischen Managementlehre eingeführte Begriff der Logistik ist dem militärischen Sprachgebrauch entlehnt und umfaßt die Planung, Bereitstellung und den Einsatz der für militärische Zwecke erforderlichen Mittel zur Unterstützung der Streitkräfte.

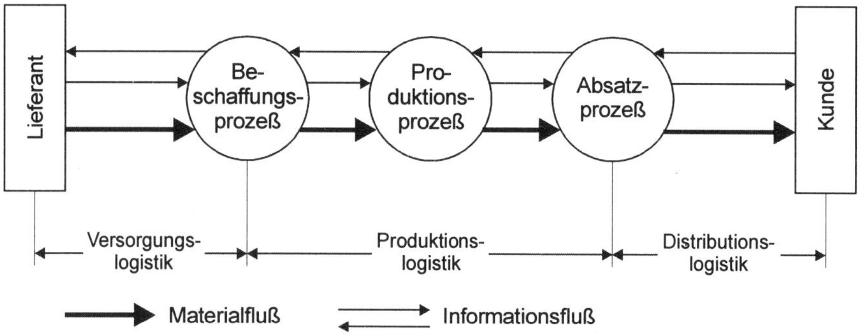

Abb. 4-42: Logistische Subsysteme

Die ganzheitliche Sicht der Logistik soll die raum-zeitliche Verfügbarkeit des Rohmaterials, der Zwischen- und der Endprodukte durch ein abgestimmtes System von Transport- und Lagereinrichtungen möglichst wirtschaftlich sicherstellen. Dieser Abstimmungsprozeß hat dabei teilweise konfliktäre Zielsetzungen der betrieblichen Grundfunktionen zu beachten. Die Zielkonflikte sind beispielsweise darin begründet, daß in der Produktion tendenziell große Lose und hohe Kapazitätsauslastungen angestrebt werden, während der Vertriebsbereich Wert auf ein möglichst großes Sortiment und eine kurze Lieferzeit legt. Die Steuerungsfunktion der Logistik liegt darin, diese Zielkonflikte entlang der Wertschöpfungskette auszugleichen. Die Logistikfunktion überlagert dabei die betrieblichen Funktionen der (Material-)Beschaffung, der Produktion und des Absatzes. Es liegt nahe, diesen Ausgleich durch eine zentralisierte Koordination dieser drei Funktionsbereiche herbeizuführen und einer speziellen organisatorischen Einheit zuzuordnen. Dabei bieten sich die nachfolgend beschriebenen organisatorische Gestaltungsmöglichkeiten an (vgl. *Pfohl* 1980, S. 1207 ff.; *Ihde* 1984, S. 171 ff.; *Pfohl* 1990, S. 178 ff.).

(1) Zentralbereich Logistik

In einem Zentralbereich Logistik erfolgt die Planung, Koordination und Kontrolle aller logistischen Aufgaben eines Unternehmens. Für die operative Steuerung und Durchführung des Transports, des Umschlags und der Lagerung sind dezentrale Logistikeinheiten zuständig, die den einzelnen Funktionsbereichen zugeordnet sind (*Abb. 4-43*). Bei der Aufteilung der Kompetenzen zwischen der Zentralabteilung Logistik und den der Primärorganisation zuzurechnenden dezentralen Logistikeinheiten sind zwei Extreme zu unterscheiden:

1. Einem Zentralbereich Logistik mit **Sachkompetenz** ist die volle Verantwortung für das gesamte logistische System eines Unternehmens übertragen, angefangen von der organisatorischen Konzipierung und Implementierung eines funktionsfähigen Logistiksystems über die Festlegung von Zielen, Methoden, Maßnahmen und Ressourcen bis hin zur laufenden Koordination und Kontrolle der logistischen Prozesse. Den dezentralen Einheiten verbleibt nur die Steuerung und Durchführung des physischen Materialflusses. Diese dem Querschnittscharakter der Logistik gerecht werdende Lösung bedeutet, daß der Zentralbereich für die Versorgung sowohl aller unternehmensinternen als auch aller marktseitigen Bedarfe an Vor-, Zwischen- und Endprodukten verantwortlich ist. Er kann somit als

ein Planungs-, Koordinations- und Kontrollinstrument für die gesamte Wertschöpfungskette angesehen werden.

2. Ein Zentralbereich mit **Richtlinienkompetenz** kann dagegen lediglich einen Rahmen vorgeben, in dem sich die dezentralen Logistikeinheiten bewegen dürfen. Darüber hinaus können sie für die Funktionsbereiche beratend tätig sein.

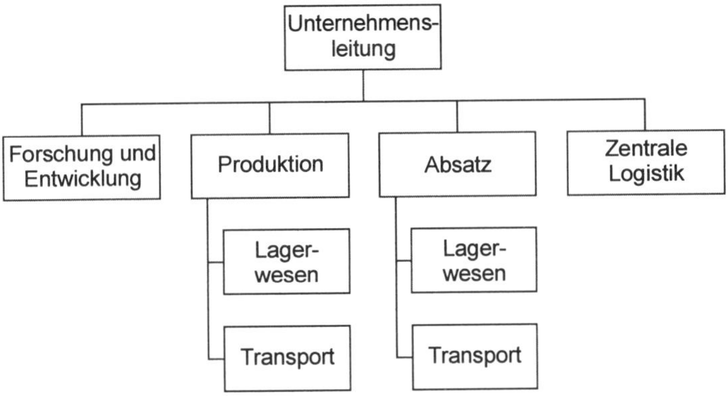

Abb. 4-43: Zentralbereich Logistik mit dezentralen operativen Logistikeinheiten

(2) Stabsstelle Logistik

Eine weitere Möglichkeit, in einer funktionalen Organisation eine übergreifende Koordination der logistischen Prozesse sicherzustellen, besteht in der Trennung der logistischen Aufgaben in Linien- und Stabsaufgaben (*Abb. 4-44*). Soll der Stab aber in der Lage sein, Entscheidungen tatsächlich zu beeinflussen, so ist er auch im Entscheidungsprozeß mit den entsprechenden Kompetenzen auszustatten.

Logistische Linienaufgaben	**Logistische Stabsaufgaben**
• Transport - außerbetrieblich - innerbetrieblich • Lagerwesen - Material - Halbfertigprodukte - Fertigprodukte • Beschaffung und Vertrieb - Bestellpolitik - Auftragsbearbeitung und –abwicklung - Versand • Produktion - Fertigungssteuerung (Losgrößen, Reihenfolgen, kurzfristiger Kapazitätsabgleich)	• Nutzen / Kosten-Analysen für Lieferservice oder Lagerreichweiten • Prognosen • Wertanalysen (ABC-Strukturen) • Planungs- und Simulationsrechnungen, z.B. für alternative Distributionskonzepte • Entwicklung von Kennzahlensystemen • Fabrik- und Layoutplanungen

Abb. 4-44: Logistische Stabs- und Linienaufgaben
Quelle: Ihde 1984, S. 174

(3) Arbeitsgruppe Logistik

Wenn die bestehenden Strukturen und die Kompetenzverteilungen der Primärorganisation nicht angetastet werden sollen und auf eine neue Abteilung verzichtet werden soll, kann (übergangsweise) ein **Ausschuß** zum Zwecke des wechselseitigen Informationsaustausches, der Planung und der Kontrolle eingerichtet werden. Diesem Ausschuß gehören Mitarbeiter aus allen Abteilungen an, in denen logistische Funktionen wahrgenommen werden. Die Zuständigkeiten für die operativen Aufgaben verbleiben in den jeweiligen Funktionsbereichen. Da Ausschüsse mit komplexeren logistischen Problemstellungen jedoch oft überfordert sind, werden außerdem zu ihrer Lösung spezielle **Projektgruppen** eingerichtet, in der Mitarbeiter der betroffenen dezentralen Einheiten gemeinsam organisatorische Lösungen erarbeiten.

3.5.2 Organisation des Controlling

Der Begriff des Controlling wird sehr unterschiedlich definiert; sprachlich leitet er sich von dem Verb "to control" ab, das neben dem Kontrollieren auch das steuernde Eingreifen umfaßt. Das Controlling dient dem Zweck, eine zielorientierte Leitung des Unternehmens zu unterstützen; im Mittelpunkt steht die Koordination der Planung, Steuerung und Kontrolle der Unternehmensaktivitäten (vgl. *Baumgartner* 1980, S. 125 ff.; *Horváth* 1986, S. 154; *Welge* 1988, S. 20 ff.). Dem Controlling werden im wesentlichen folgende **Aufgaben** zugerechnet:

- Eine zentrale Aufgabenstellung besteht darin, ein unternehmensweit einheitliches Planungs- und Kontrollsystem zur Unterstützung des Managements zu gestalten und kontinuierlich weiterzuentwickeln. Da das Controllingsystem allen Entscheidungsträgern die Möglichkeit bieten soll, ihren Verantwortungsbereich auf die vorgegebenen Ziele zu steuern, muß sich sein Aufbau zwangsläufig an der Leitungsorganisation orientieren.
- Das Controlling wirkt bei der Erstellung der Unternehmenspläne mit und stellt die Auswirkungen aller Pläne auf das Unternehmen dar. Nach Verabschiedung der Pläne werden diese mit Hilfe eines Berichtswesens ständig verfolgt. Die geplanten Ziele werden auf ihre Erreichung hin überprüft, Planabweichungen dargestellt und bezüglich ihrer Ursachen analysiert.
- Alle Stellen im Unternehmen sind mit den von ihnen benötigten Managementinformationen zu versorgen; hierbei bestehen enge Verflechtungen mit der Informationswirtschaft.

Die Organisationseinheiten des Unternehmenscontrolling wirken bei allen wesentlichen Entscheidungen mit, die im Unternehmen getroffen werden. Da sie für ihre Aufgabenbereiche voll verantwortlich sind, können sie nicht mit Stabsstellen gleichgesetzt werden. In kleinen und mittleren Unternehmen werden die Aufgaben des Controlling weitgehend durch das Rechnungswesen wahrgenommen. Dagegen werden vor allem in größeren Unternehmen mit einer Geschäftsbereichsorganisation die Controllingaufgaben häufig auf gesonderte Organisationseinheiten übertragen. Die unterschiedlichen Probleme in den einzelnen Geschäftsbereichen lassen es dabei sinnvoll erscheinen, die Controlling-Zentralabteilung durch dezentrale Controllingstellen zu ergänzen (*Abb. 4-45*). Das zentrale Controlling wird aufgrund seiner großen Bedeutung für die Sicherung der Wettbewerbsfähigkeit in der Regel direkt der obersten Unternehmensleitung unterstellt. Die dezentralen Controllingeinheiten erbringen ihre Dienstleistungen entsprechend den Anforderungen der einzelnen Bereiche; sie können dabei dem zentralen Controlling bezüglich bestimmter, abgegrenzter Aufgaben fachlich unterstellt werden.

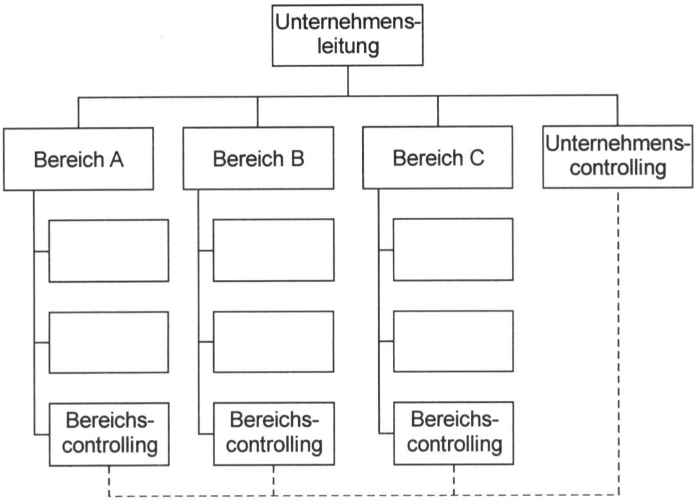

Abb. 4-45: Controllingorganisation

3.5.3 Organisation des Qualitätsmanagements

Die Qualität eines Produktes oder einer Dienstleistung ist ein wahrzunehmendes Kaufkriterium. Hochentwickelte Marketingkonzepte versuchen, den Wettbewerb möglichst vom Preis- auf den Qualitätswettbewerb zu verlagern (vgl. *Becker* 1992, S. 93 ff.). Darüber hinaus stellt die Qualität einen nicht unbeträchtlichen Kostenfaktor dar. Untersuchungen haben ergeben, daß einzelne Unternehmen 20 bis 30 % des Umsatzes für die Fehlerbehebung aufwenden (*Kamiske/Malorny* 1992, S. 274). Aus diesen Gründen begreifen immer mehr Unternehmen Qualität als strategischen Erfolgsfaktor und setzen Qualität zum Schwerpunkt ihrer Unternehmensstrategie. Sie versuchen in diesem Zusammenhang auch, das Bewußtsein der Mitarbeiter in Richtung eines höheren Qualitätsbewußtseins zu verändern (vgl. *Kolligs* 1990, S. 573). *Abbildung 4-46* zeigt die Entwicklung des Qualitätsgedankens - angefangen von der Qualitätskontrolle über die Qualitätssicherung bis hin zum Qualitätsmanagement.

In den 50er Jahren wurde die Arbeitsteilung nach tayloristischen Prinzipien perfektioniert, die Verantwortung begrenzt und die Funktionen so weit wie möglich spezialisiert. Die Qualität wurde als eine Funktion neben vielen anderen im Unternehmen betrachtet und an Spezialisten delegiert. Qualität wurde hauptsächlich durch eine **Endkontrolle** der gefertigten Teile sichergestellt. Diese Vorgehensweise nahm den Mitarbeitern das Interesse, sich mit der Qualität ihrer Arbeit zu identifizieren. Eine Motivation, die Qualität der von ihnen hergestellten Produkte zu verbessern, bestand ebenfalls nicht (vgl. *Haist/Fromm* 1991, S. 8).
In den 60er Jahren wurde der denkende Mitarbeiter im Rahmen von **Null-Fehler-Programmen** wiederentdeckt. Grundlage dieser Programme war die Annahme, daß sich Fehler auf zwei Ursachen zurückführen lassen: Erstens auf Mangel an Wissen, Ausbildung, Können und Fertigkeiten und zweitens auf Mangel an Konzentration, Sorgfalt und Aufmerksamkeit. Der Mitarbeiter sollte seine Einstellung zur Qualität ändern, dadurch erhoffte man sich eine Verbesserung der Qualität (vgl. *Zink* 1990, S. 25).

In den 70er Jahren wurden aufgrund dieser Annahme umfassende **Qualitätsprogramme** entwickelt. Die Qualitätskontrolle wurde immer stärker in den Entwicklungs- und Herstellungsprozeß integriert. Statistische Analyse- und Kontrolltechniken traten in den Vordergrund und man bemühte sich, Fehler dort zu beseitigen, wo sie entstanden.

In den 80er Jahren mußten durch die zunehmende Konkurrenz (vor allem aus Fernost) und die hohen Kundenanforderungen neue Konzepte entwickelt werden, um im Markt bestehen zu können. Die Entwicklung dorthin wurde von Qualitätsexperten wie *Deming, Juran, Feigenbaum, Crosby* und *Ishikawa* maßgeblich beeinflußt (vgl. *Zink/Schildknecht* 1989, S. 75). Die umfassendsten Konzepte stammen aus Japan und wurden als **Qualitätsmanagement** von vielen westlichen Unternehmen übernommen.

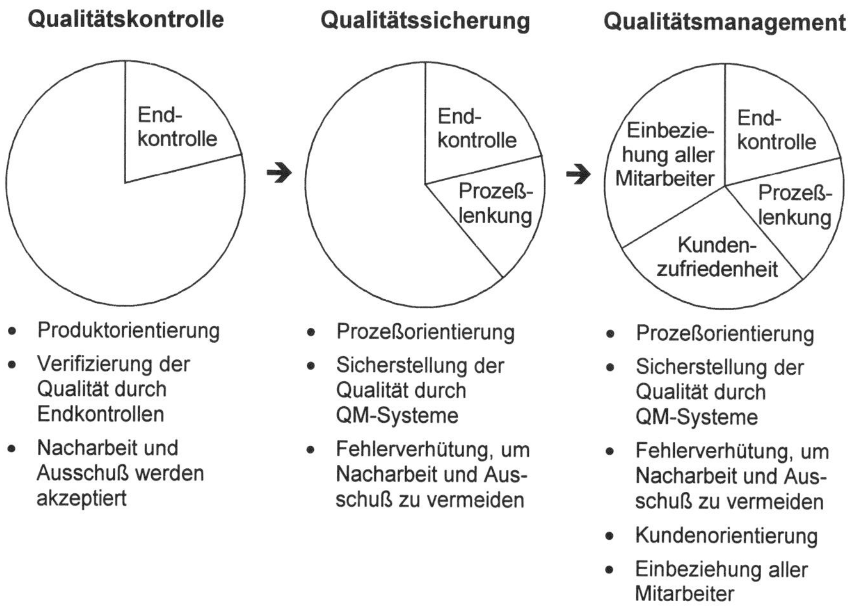

Abb. 4-46: Entwicklung des Qualitätsgedankens
Quelle: in Anlehnung an Widmer/Krummenacher 1994, S. 63

(1) Konzept des ganzheitlichen Qualitätsmanagements

In der Literatur herrscht keine einheitliche Meinung über die verschiedenen Bezeichnungen eines Qualitätsmanagements. Im folgenden wird unter dem Begriff des ganzheitlichen Qualitätsmanagements (**Total Quality Management**) eine Unternehmensphilosophie verstanden, deren oberstes Ziel die Zufriedenheit der Kunden darstellt und die dabei alle Bereiche und Tätigkeiten in einen Prozeß kontinuierlicher Verbesserungen einbezieht.

Das ganzheitliche Qualitätsmanagement beinhaltet ein alle Unternehmensbereiche umfassendes, integriertes Konzept, um - ausgehend von den Kundenanforderungen - die Qualität der Produkte und Dienstleistungen durch die Mitwirkung aller Mitarbeiter zu gewährleisten und kontinuierlich zu verbessern.

Die Philosophie des Total Quality Management zeichnet sich durch folgende **Elemente** aus:

1. **Kundenorientierung**: Qualität wird ausschließlich vom Verbraucher her definiert. Jeder einzelne Mitarbeiter im Unternehmen - vom Auszubildenden bis zum Top Manager - muß seine Tätigkeiten an den Anforderungen seiner Kunden ausrichten. Kunden sind dabei jedoch nicht nur die externen Marktkunden; vielmehr ist jeder nachfolgende Teilprozeß als Kunde des vorhergehenden Teilprozesses zu betrachten. Für jeden Mitarbeiter wird damit der nächste Mitarbeiter oder die nächste Abteilung zum Kunden ("the next process is your customer").

2. **Prozeßorientierung**: Nur fehlerfreie Prozesse führen zu fehlerfreien Produkten und Dienstleistungen. Im Sinne eines integrierten Qualitätsmanagements werden sämtliche Aktivitäten der Leistungserstellung und -verwertung einbezogen und aufeinander abgestimmt (vgl. *Feigenbaum* 1983, S. 81 f.). Relevant sind dabei nicht nur die im Rahmen der direkten Aktivitäten (Forschung und Entwicklung, Produktion, Vertrieb) anfallenden Aufgaben der Qualitätssicherung, sondern auch die indirekten Aktivitäten bezüglich der Ressourcen. Ein hohes Qualitätsniveau kann nur gewährleistet werden, wenn eine entsprechende Abstimmung des gesamten Leistungsprozesses erfolgt; sie setzt bereits bei der Produktentwicklung an. So sind zum Beispiel Produktlösungen zu suchen, die eine einfache Fertigung zulassen und einen effektiven Kundendienst ermöglichen (vgl. *Oess* 1993, S. 146 ff.). Eine Reduzierung der Teilevielfalt verringert die Fehlergefahr und verbessert damit ebenfalls die Produktqualität.

3. **Mitarbeiterorientierung**: Wesentliches Element des Qualitätsmanagements ist eine entsprechende Motivation der Mitarbeiter nach dem Prinzip "quality is everybody's job" (*Feigenbaum* 1983, S. 77). Fremdkontrolle wird durch Selbstkontrolle, Einzelarbeit durch Gruppenarbeit, ein eher autoritärer Führungsstil durch einen eher kooperativen Führungsstil ersetzt. Die Mitarbeiter sollen dabei ein Qualitätsbewußtsein entwickeln und erkennen, daß die ständige Verbesserung der eigenen Arbeit wichtig ist. Zu diesem Zweck müssen sie zunächst mit der Qualitätsphilosophie des Unternehmens und den Techniken der Qualitäts- und Projektarbeit vertraut gemacht werden (vgl. *Frehr* 1988, S. 802). Hierzu gehören vor allem Problemlösungsverfahren, die statistische Prozeßregelung und die Mitarbeit in Qualitätszirkeln. Durch Schulungen soll bei den Mitarbeitern eine Art "Bewußtseinsrevolution" in Richtung Qualitätsarbeit eingeleitet werden (*Imai* 1992, S. 84 f.).

(2) Institutionalisierung des Qualitätsmanagements

Qualitätssicherung im Rahmen eines umfassenden Qualitätsmanagements ist Aufgabe aller Mitarbeiter. Das bedeutet strenggenommen, daß niemand speziell für Qualität verantwortlich ist und somit keine direkten Qualitätssicherungsaktivitäten am Produkt wie zum Beispiel Prüfen, Losfreigaben, Stichprobenkontrollen durch Dritte mehr vorgenommen werden. Bei der unternehmensinternen Absicherung der Qualitätsphilosophie entsteht deshalb nach *Feigenbaum* ein Dilemma (1983, S. 158): Um die Fähigkeiten und Kenntnisse der Mitarbeiter zu nutzen, besteht einerseits die Notwendigkeit der Delegation von entsprechenden Entscheidungskompetenzen und Verantwortung. Andererseits ist die funktionsübergreifende Qualitätssicherung zu gewährleisten und die Gesamtverantwortung für die Produktqualität festzulegen. Aus diesem Dilemma heraus wird eine organisatorische Einheit **Qualitätswesen** installiert, die den Charakter einer (funktionsübergreifenden) Querschnittsfunktion hat und alle qualitätssichernden Aufgaben und Aktivitäten koordiniert und überwacht (*Abb. 4-47*). Hierzu können ihr folgende **Aufgaben** übertragen werden (vgl. *Feigenbaum* 1983, S. 149 ff.; *Gaster* 1987, S. 12; *Masing* 1989, S. 27; *Frehr* 1993, S. 49):

- Die Formulierung von Qualitätszielen;
- die Ausarbeitung von produktbezogenen Qualitätskonzepten;
- die Entwicklung, Einführung und Überwachung von Systemen, Methoden und Verfahren der Qualitätssicherung (quality engineering);
- die Koordination und Überwachung aller qualitätssichernden Aufgaben und Aktivitäten bezüglich der Produkt- und Prozeßqualität in den einzelnen Unternehmensbereichen;
- die Schulung und Motivation der Linienmanager und der Mitarbeiter unter Qualitätsaspekten;
- den Aufbau eines übergreifenden Informations- und Kommunikationssystems;
- den Aufbau und Aktualisierung von Qualitätsmanagement-Handbüchern;
- die Durchführung von internen Audits und Sicherstellung, daß die Forderungen von Normen zum Qualitätsmanagement beachtet werden.

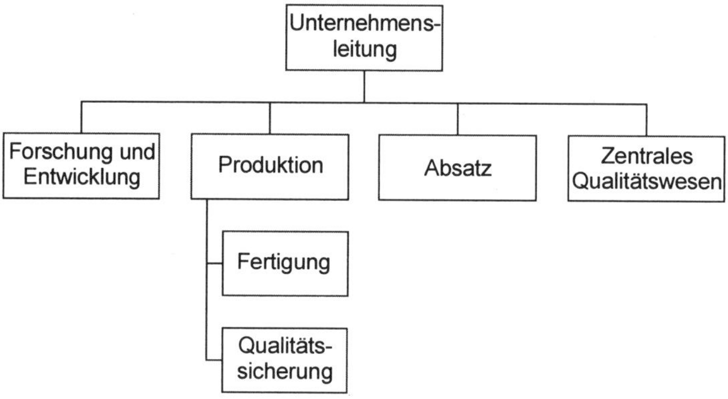

Abb. 4-47: Zentralbereich Qualitätswesen mit zusätzlicher dezentraler Qualitätssicherung

Der personelle Umfang dieser Organisationseinheit sowie die organisatorische Eingliederung des Qualitätswesens in die Unternehmensorganisation sind vor allem abhängig von der Produktpalette und der Größe des Unternehmens (vgl. *Gaster* 1987, S. 14). Als Minimallösung wird eine der obersten Unternehmensleitung zugeordnete **Stabsstelle** eingerichtet, die als "Qualitätsgewissen" des Unternehmens fungiert (*Masing* 1989, S. 15) und der lediglich entscheidungsvorbereitende Kompetenzen eingeräumt sind. Soll für alle qualitätssichernden Maßnahmen eine verantwortliche Organisationseinheit eingerichtet werden, die keinerlei fachlichen Weisungen unterliegt, so eignet sich hierfür eine **Zentralabteilung**. Für den Fall, daß ein ganzheitliches Qualitätsmanagement noch nicht verwirklicht ist, sind in den Produktionsbereichen zusätzlich spezialisierte Stellen erforderlich, die sich mit Qualitätsprüfungen und Prozeßkontrollen befassen.

3.6 Prozeßorientierte Sekundärorganisation

Prozeßorientierte Formen der Sekundärorganisation kommen in zwei verschiedenen Ausprägungen vor - zum einen in der Form des Fallmanagements und zum anderen als Prozeßmanagement.

3.6.1 Konzept des Fallmanagements

Kundenaufträge werden über eine Kette von Teilprozessen und Aktivitäten abgewickelt, wobei die beteiligten Mitarbeiter bei einer funktionsorientierten Stellen- und Abteilungsbildung gewöhnlich nur für einen relativ schmalen Aufgabenbereich verantwortlich sind. Infolge der vielen Schnittstellen und Interdependenzen sind Mißverständnisse, Zeitverluste und Störungen aller Art keine Seltenheit. Es liegt deshalb nahe, jeden Kundenauftrag als einen Geschäftsvorfall zu betrachten, der als Ganzes von einer Stelle verantwortlich betreut wird.

Der Kerngedanke des Fallmanagements besteht darin, daß eine Organisationseinheit einen **kompletten Geschäftsvorfall** verantwortlich betreut und steuert (vgl. *Davenport/Nohria* 1995, S. 81 ff.). Diese Stelle des Fallmanagers (Case Manager) begleitet einen Kundenauftrag von Anfang bis Ende und sorgt für eine funktionsbereichsübergreifende Koordination (*Abb. 4-48)*. Der einzelne Kunde hat in allen Fragen nur einen festen Ansprechpartner, so daß die Anzahl der Kontaktpersonen für ihn auf ein Minimum reduziert ist. Damit ein Fallmanager auch in der Lage ist, die Probleme seiner Kunden zu lösen, sind ihm der Zugang zu allen erforderlichen Informationen und die notwendigen Entscheidungsbefugnisse einzuräumen. "Fallmanager können ihre Arbeit nur verrichten, wenn sie das Recht haben, kreativ und manchmal auch unorthodox auf Kundenwünsche einzugehen" (*Davenport/Nohria* 1995, S. 87).

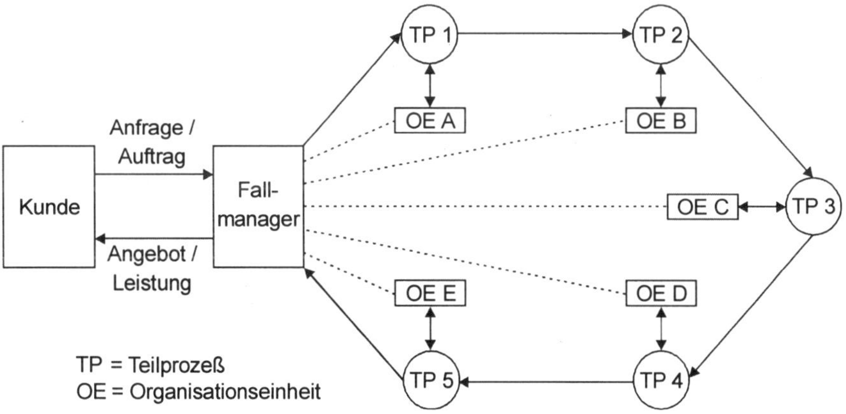

Abb. 4-48: Der Fallmanager als Prozeßkoordinator

Die Konzeption des Fallmanagements eignet sich für die **primären Geschäftsprozesse**, die direkt mit dem Kunden zu tun haben und den gesamten Ablauf von der Kundenanfrage bis zur Lieferung, Rechnungsstellung und Bezahlung umfassen. Insbesondere wenn das Endprodukt oder die Dienstleistung in komplizierten Arbeitsabläufen, in vielen Varianten oder nach Kundenangaben erstellt wird, ergeben sich viele kundenspezifische Anforderungen und häufige Kontakte mit dem Kunden. Hierbei kann der Fallmanager die Entscheidungsprozesse ordnen und koordinieren. Da durch den Fallmanager eine schnelle Abstimmung zwischen unterschiedlichen Entscheidungsträgern herbeigeführt wird, liegt der Vorzug des Fallmanagements vor allem in seiner Flexibilität. Fallmanager sorgen zudem für einen besseren Service, da sie dem Kunden jederzeit Auskunft über den Auftragsfortschritt geben können.

Das Fallmanagement hat viele Gemeinsamkeiten mit dem Kundenmanagement; der Hauptunterschied liegt in den jeweils zugrundeliegenden Markt- und Kundenstrukturen. Während der Kundenmanager vor allem bei einer überschaubaren Gruppe von normalerweise institutionellen Kunden eingesetzt wird, findet das Konzept des Fallmanagements seine Anwendung in Unternehmen mit einer breiteren Kundenbasis wie beispielsweise bei Finanzdienstleistern oder in Versicherungsunternehmen.

3.6.2 Konzept des Prozeßmanagements

Das Konzept des Prozeßmanagements geht von dem Gedanken aus, daß in einem Unternehmen eine Stelle für einen Prozeß verantwortlich sein soll (vgl. *Striening* 1989, S. 156 ff.; *Hammer/Champy* 1994, S. 141 f.; *Kleinsorge* 1994, S. 49 ff.). Jedem Geschäftsprozeß wird ein Prozeßmanager zugeordnet, dessen Aufgabe es ist, "seinen" Prozeß zu definieren und fortlaufend zu verbessern. Der Prozeßmanager ist dafür verantwortlich, daß die Grundideen der prozeßorientierten Organisationsgestaltung auf den ihm zugeordneten Prozeß angewendet werden; er ist für die Durchlaufzeit, die Kosten und die Qualität seines Prozesses zuständig. Für die hierzu notwendigen Maßnahmen werden ihm die erforderlichen Kompetenzen eingeräumt. Wenn es in einem Unternehmen an unterschiedlichen Standorten mehrere gleiche Prozesse gibt, so sollte es hierfür nur einen Prozeßverantwortlichen geben.

Es ist zunächst die Aufgabe des Prozeßmanagers, seinen Prozeß mit den Elementen (Input, Output, Aktivitäten, Methoden, Kundenanforderungen, Vereinbarungen mit Lieferanten usw.) zu beschreiben und zu dokumentieren. Um nachvollziehen zu können, ob die tatsächliche Prozeßabwicklung den gestellten Anforderungen entspricht, definiert der Prozeßmanager weiterhin geeignete Kennzahlen als Kontrollindikatoren. Diese Indikatoren werden laufend durch Messungen innerhalb des Prozesses erhoben und sollen sicherstellen, daß Abweichungen frühzeitig erkannt und Fehler sofort behoben werden können.

Wenn ein Prozeß beherrscht wird, kann man ihn auch verbessern. Ein Prozeß wird im Sinne des Prozeßmanagements dann beherrscht, wenn die Qualitätsanforderungen ständig erreicht werden, wenn es keine signifikanten Prozeßabweichungen gibt und wenn mögliche Prozeßschwankungen sofort identifiziert werden können. Es gehört deshalb zum Aufgabenbereich des Prozeßmanagers, die Zufriedenheit der Prozeßkunden mit dem Leistungsergebnis zu überprüfen. Es ist dann eine weitere Aufgabe des Prozeßmanagers, seinen Prozeß laufend zu verbessern und die Prozeßeffizienz zu erhöhen. Der Prozeßmanager ist hierzu mit den entsprechenden fachlichen Weisungsbefugnissen gegenüber den einzelnen Organisationseinheiten ausgestattet. Prozeßverbesserungen können beispielsweise durch systematische Problemanalysen oder durch Veränderungen der Anforderungen und Zielsetzungen ausgelöst werden, aber auch durch Anregungen seitens der Mitarbeiter. Diese Vorgehensweise der **kontinuierlichen Verbesserung** entspricht weitgehend der Kaizen-Philosophie.

3.7 Strategisch orientierte Sekundärorganisation

3.7.1 Konzept der strategischen Geschäftseinheit

Von sehr vielen Autoren (z.B. *Henzler* 1978, S. 918; *Szyperski/Winand* 1979, S. 200; *Hinterhuber* 1980, S. 218 ff.; *Grochla* 1982, S. 149) wird die Ansicht vertreten, daß es sehr schwierig sei, die Primärorganisation strikt an den Erfordernissen der strategischen Geschäftsfelder auszurichten und jedes strategische Geschäftsfeld (SGF) in einem eigenen Geschäftsbereich zu institutionalisieren. Aufgrund der Dynamik der Märkte unterliegt die Abgrenzung der Geschäftsfelder im Laufe der Zeit permanenten Änderungen, so daß hierbei die Notwendigkeit einer häufigen Umorganisation bestände. Die laufende Umorganisation in Anlehnung an neue SGF-Abgrenzungen würde eine nur schwer beherrschbare Unruhe in das Unternehmen bringen; sie ist deshalb nicht sinnvoll. Darüber hinaus ist eine derart enge Verbindung zwischen strategischen und operativen Aspekten normalerweise auch gar nicht erforderlich. Stattdessen können die strategischen Aufgaben von zusätzlichen Organisationseinheiten übernommen werden, deren Aufgabenbereiche durch die Abgrenzung der strategischen Geschäftsfelder definiert sind.

Eine strategische Geschäftseinheit (SGE) ist eine Organisationseinheit, die sich auf die Formulierung und Umsetzung der spezifischen Strategie eines bestimmten strategischen Geschäftsfeldes spezialisiert hat.

Bei der Bildung von strategischen Geschäftseinheiten (strategic business units) wird die Primärorganisation um strategisch orientierte Organisationseinheiten der Sekundärorganisation ergänzt. Hierbei wird davon ausgegangen, daß die Primärorganisation - mit Ausnahme der obersten Unternehmensleitung - vorwiegend operativ ausgerichtet ist. Während es bei den operativen Planungs- und Realisierungsprozessen um die Nutzung der vorhandenen Potentiale geht, steht bei der strategischen Planung in erster Linie die Schaffung neuer Erfolgspotentiale im Vordergrund. Bei der Abgrenzung der operativen Organisationseinheiten wird dementsprechend insbesondere eine möglichst hohe Effizienz beim Einsatz der Ressourcen angestrebt. Die Aufgaben der strategischen Geschäftseinheit liegen dagegen vor allem in der Konzipierung konkreter Produktangebote und ihrer Durchsetzung am Markt. Aus diesen Unterschieden ergibt sich, daß - auch bei einer produktorientierten Geschäftsbereichsorganisation - die operativen Organisationseinheiten nach anderen Gesichtspunkten definiert werden als die strategischen Geschäftseinheiten. Die Ergänzung der operativen Primärorganisation um die strategische Sekundärorganisation der strategischen Geschäftseinheiten kann dabei als eine Art Kompromiß zwischen der *Chandler*-These "structure follows strategy" (*Chandler* 1962) und der Antithese "strategy follows structure" angesehen werden.

So werden beispielsweise bei den großen Automobilherstellern PKW-Modellreihen unterschiedlicher Größenklassen und Plattformen nach gemeinsamen Verfahren entwickelt, produziert und vertrieben. In strategischer Hinsicht sind diese PKW-Modellreihen jedoch zu heterogen, um für sie eine gemeinsame einheitliche Strategien zu entwerfen; zu diesem Zweck stellt jede Modellreihe stellt eine eigenständige strategische Geschäftseinheit dar.

Im Gegensatz zu der Geschäftsfeldsegmentierung wird bei der Bildung von strategischen Geschäftseinheiten die bestehende, nach operativen Gesichtspunkten strukturierte Primärorganisation berücksichtigt. Bei einer Gliederung des Unternehmens in

Unternehmensbereiche, Divisionen und Produktlinien sind hierbei nach *Szyperski/Winand* (1979, S. 199 ff.) verschiedene Varianten der Überlagerung der Primärorganisation durch die strategischen Geschäftseinheiten denkbar (*Abb. 4-49*). Das Verhältnis zwischen den Organisationseinheiten der Primärorganisation und der Sekundärorganisation kann dabei durch drei unterschiedliche Beziehungen gekennzeichnet werden:

- Die Organisationseinheit der Primärorganisation ist mit der strategischen Geschäftseinheit identisch (SGE 1, SGE 5 und SGE 6 in *Abb. 4-49*).
- Mehrere Organisationseinheiten der Primärorganisation bilden gemeinsam eine strategische Geschäftseinheit (SGE 2, SGE 3 und SGE 4 in *Abb. 4-49*).
- Eine Organisationseinheit der Primärorganisation besteht aus mehreren strategischen Geschäftseinheiten.

Die strategischen Geschäftseinheiten sind untereinander als gleichrangig zu betrachten, losgelöst von der hierarchischen Position der ihnen zugehörigen operativen Organisationseinheiten. Sie sind alle direkt der obersten Unternehmensleitung verantwortlich, die sowohl operative als auch strategische Funktionen erfüllt. Die Abstimmung der zentralen strategischen Planung der Unternehmensspitze und der dezentralen strategischen Planungen in den SGE erfordert in der Regel den Einsatz zusätzlicher Koordinationsinstrumente. Ein zentraler Stab oder ein übergeordneter gemeinsamer Ausschuß kann damit betraut werden, die strategischen Einzelaktivitäten aufeinander abzustimmen.

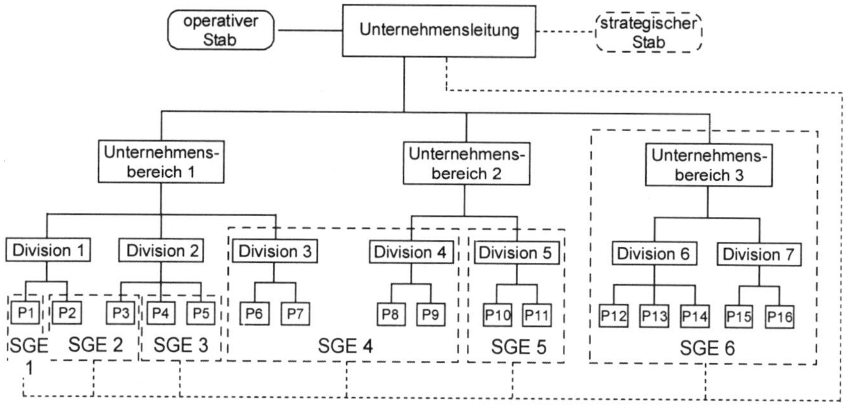

P = Produktlinie
SGE = strategische Geschäftseinheit

Abb. 4-49: Überlagerung der Primärorganisation durch strategische Geschäftseinheiten
Quelle: nach Szyperski/Winand 1979, S. 203

Die Einrichtung von strategische Geschäftsfeldern und ihre organisatorische Implementierung in strategische Geschäftseinheiten wurde in größerem Umfang erstmalig 1971 von **General Electric** praktiziert. Dem global orientierten Unternehmen standen kleine, spezialisierte Konkurrenten gegenüber, die in den jeweiligen Marktsegmenten oftmals erfolgreicher waren. Bereits wenige Jahre später praktizierten rund 20 % der "Fortune 500" in den USA dieses Konzept (*Henzler* 1978, S. 912 f.);

General Electric selbst verfügte ein Jahrzehnt später über mehr als 250 strategische Geschäftseinheiten.
Der deutsche Chemiekonzern **Hoechst** bedient als zweitgrößtes Chemieunternehmen der Welt mit etwa 10.000 Produktgruppen 19 Branchen. Er hat seine Aktivitäten in 110 Business Units gegliedert, die zu rund 90 % lokal oder regional und zu rund 10 % global operieren. Jeweils drei bis zehn Business Units werden durch insgesamt 15 Geschäftsbereiche koordiniert. Diese sind wiederum in sechs (groben) Geschäftsfeldern zusammengefaßt (Chemikalien und Farben, Polymere, Fasern, Gesundheit, Landwirtschaft sowie Technik), die jedoch nur formale Bedeutung haben.

3.7.2 Organisatorische Formen der strategischen Geschäftseinheiten

Die strategischen Geschäftseinheiten können auf unterschiedliche Weise formal in der Organisationsstruktur des Unternehmens verankert werden (vgl. *Henzler* 1978, S. 917; *Hinterhuber* 1980, S. 218 ff.; *Grochla* 1982, S. 149 ff.; *Drexel* 1987, S. 152 ff.; *Link* 1990, S. 621 f.).

(1) SGE-Linienkonzept

Für den Fall, daß die strategische Geschäftseinheit mit einer Organisationseinheit der Primärorganisation identisch ist, kann die vorhandene Leitungsstelle auch die strategischen Aufgaben für das jeweilige Geschäftsfeld übernehmen. Es erfolgt lediglich eine Erweiterung der Kompetenzen um strategische Aufgaben wie etwa um die Festlegung von Strategien und Zielen oder um Investitionsentscheidungen. Diese Doppelfunktion bewirkt, daß einerseits die strategische Planung sich nicht so leicht von den operativen Gegebenheiten entfernt und andererseits auch die operative Planung stärker in die strategische Planung eingebunden ist.

(2) SGE-Manager-Konzept

Es werden spezielle SGE-Manager eingesetzt, die hinsichtlich ihrer organisatorischen Merkmale eine große Ähnlichkeit zu Produktmanagern aufweisen. Sie nehmen über alle Funktionsbereiche hinweg SGE-spezifische Planungsaufgaben wahr.

(3) SGE-Ausschuß-Konzept

Aus den Mitgliedern der funktionalen oder divisionalen Organisationseinheiten werden, eventuell unterstützt durch Spezialisten für Planungs-, Marketing- und Organisationsfragen, SGE-spezifische Ausschüsse gebildet. Diese Strategieausschüsse treffen in ihren Sitzungen Strategievereinbarungen für ihre SGE, kontrollieren die Einhaltung und Erfüllung der vereinbarten Ziele und koordinieren die dazu erforderlichen Maßnahmen.

(4) SGE-Matrixorganisation

Bei der SGE-Matrixorganisation werden die strategischen Geschäftseinheiten als zweite und somit als zusätzliche Dimension installiert. Die Leiter der strategischen Geschäftseinheiten sind direkt der obersten Unternehmensleitung unterstellt.

3.8 Projektorientierte Sekundärorganisation

3.8.1 Konzept des Projektmanagements

Das Projektmanagement bezieht sich nicht nur auf sämtliche projektbezogenen, dispositiven Tätigkeiten und auf die Gruppe der Träger dieser Aufgaben, sondern stellt auch eine Konzeption für die Durchführung von Projekten dar. Grundlage für die Konzeption des Projektmanagements ist die Erkenntnis, daß von einem gewissen Grad der Problematik eines Projektes an eine hinreichende Abstimmung aller Einzelaktivitäten durch die Primärorganisation nicht mehr gewährleistet werden kann (vgl. *Schröder* 1970, S. 16 ff.).

Wird zum Beispiel ein Projekt, das mehrere Bereiche eines funktional organisierten Unternehmens berührt, ohne besondere Koordinierung durchgeführt, so beginnt jede Abteilung erst dann mit ihrer Aufgabe an diesem Projekt, wenn die vorangegangenen Abteilungen ihre Aufgabe abgeschlossen haben. Dabei wird das Projekt in die Gesamtheit aller anstehenden Aufgaben der jeweiligen Abteilung eingegliedert. Die ganzheitliche Sicht des Projektes während seines Ablaufes geht dabei verloren.

Eine optimale Bestimmung und Koordinierung der einzelnen Vorgänge bei ganzheitlicher Sicht des Projektes verringert sowohl die Projektdauer als auch den Koordinationsaufwand. Hierbei wird jede Teilaufgabe bereits vor Abschluß der vorangegangenen Teilaufgaben angegangen, soweit die sachlichen Zusammenhänge es erlauben. Es erfolgt eine ständige Abstimmung zwischen den einzelnen Stellen und Abteilungen. Solche Abstimmungen werden zwar in Unternehmen täglich vorgenommen; die Durchführung eines Projektes jedoch erfordert die ständige Übersicht einer zentralen Stelle, von der die Initiative zur Zusammenarbeit und die hierzu nötige Koordination ausgeht.

Diese Koordination übernehmen in der Praxis häufig Projektausschüsse, in denen die einzelnen, von einem Projekt betroffenen Abteilungen durch ihre Leiter oder sonstige Abteilungsangehörige vertreten sind. Solche Ausschüsse sind für bestimmte Aufgaben von großem Wert, besonders bei der Beratung, bei der Information und beim Sammeln von Ideen. Ausschüsse sind jedoch bei der Entscheidungsfindung im allgemeinen recht schwerfällig; zudem widmen die Ausschußmitglieder häufig einem Projekt nur neben ihren eigentlichen Aufgaben ihre Aufmerksamkeit. Weiterhin besteht die Gefahr einer einseitigen Vertretung und Durchsetzung von Abteilungsinteressen. Aus diesen Gründen erfüllen Projektausschüsse in der Regel nicht ausreichend die besonderen Anforderungen an die Leitung eines Projektes. Oftmals übernimmt auch die jeweils übergeordnete Leitungsstelle oder das Top Management selbst die Projektleitung. Wenn diese jedoch hierbei ihre eigentlichen Leitungsaufgaben nicht vernachlässigen wollen, können auch sie sich dem Projekt nur unzureichend widmen.

Die Konzeption des Projektmanagements bietet die Lösung dieser Problematik, indem zur Koordination der Projektaufgaben eine zentrale Projektverantwortlichkeit installiert wird, deren einzige Aufgabe darin besteht, das Projekt erfolgreich zu leiten und schnell und umfassend im Gesamtinteresse des Unternehmens zu koordinieren. Nach dem Abschluß des Projektes wird dann die Stelle der Projektleitung wieder aufgelöst.

3.8.2 Organisatorische Formen des Projektmanagements

In der Praxis haben sich mehrere Formen des Projektorganisation herausgebildet, deren Unterschiede vor allem im Ausmaß der Weisungs- und Entscheidungsbefugnisse des Projektleiters liegen (vgl. *Hegi* 1971, S. 381 f.; *Kummer/Spühler/Wyssen* 1985, S. 4.1 ff.; *Frese* 1988, S. 460 ff.; *Madauss* 1990, S. 99 ff.; *Litke* 1991, S. 49 ff.; *Daenzer/Huber* 1992, S. 254 ff.).

(1) Reine Projektorganisation

Bei der reinen Projektorganisation sind alle an der Durchführung eines Projektes beteiligten Mitarbeiter unter der Leitung des Projektleiters zusammengefaßt; sie arbeiten vollamtlich an einem bestimmten Projekt und erhalten ihre Anweisungen ausschließlich vom Projektleiter, einem "Vorgesetzten auf Zeit" (*Abb. 4-50*). Die reine Projektorganisation entspricht somit einer **vollständigen Auslagerung** aller projektbezogenen Aufgaben aus der Primärorganisation. Sämtliche zur Projektdurchführung notwendigen Ressourcen unterliegen der Weisungsbefugnis des Projektleiters. Dieser trägt auf Grund seiner relativ weitgehenden Verfügungsgewalt die Verantwortung dafür, daß die gesteckten Ziele bezüglich der Sache, des Termins und der Kosten erreicht werden. Die **Linienautorität** des Projektmanagers gewährleistet, daß die Entscheidungen von einem einheitlichen Willen geprägt sind und auf Störungen schnell reagiert werden kann; sie begünstigt jedoch auch einen eher autoritären Führungsstil. Die klare Trennung des Projektes von den übrigen Organisationseinheiten des Unternehmens und die eindeutige Zuweisung von Aufgaben, Verantwortung und Kompetenzen verhindern Konflikte.

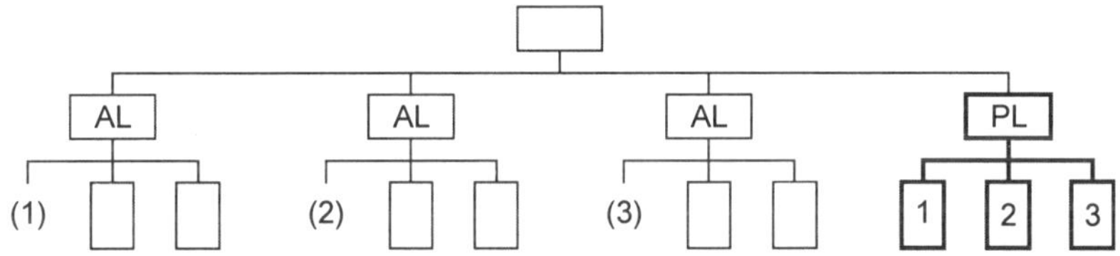

AL = Abteilungsleiter PL = Projektleiter 1, 2, 3 = Projektmitarbeiter

Abb. 4-50: Reine Projektorganisation

Werden in einem Unternehmen zeitgleich mehrere Projekte abgewickelt, so kann eine derartige Struktur jedoch zu wesentlichen Abgrenzungs- und Koordinationsproblemen zwischen den einzelnen Projekten selbst führen, wenn diese etwa die gleichen Ressourcen benötigen. In diesem Fällen muß eine zentrale Stelle koordinierende Aufgaben übernehmen, insbesondere solche der Gesamtführung und der Zuteilung der Projektressourcen; man spricht hier auch von Multi-Projektmanagement.

Der unterschiedliche Personalbedarf im zeitlichen Ablauf eines Projektes kann zu einem ständigen Verschieben von Mitarbeitern zwischen den einzelnen Organisationseinheiten des Unternehmens führen. Die Einplanung der Mitarbeiter ist selten so genau zu verwirklichen, daß sie nach Abschluß ihrer Teilaufgaben nahtlos wieder in die Primärorganisation oder in ein anderes Projekt integriert werden können. Dies kann zu einer Verunsicherung der Mitarbeiter über ihre zukünftigen Aufgaben und Vorgesetzten führen und spornt sie sicherlich nicht an, das laufende Projekt zu beschleunigen. Ebenso besteht die Gefahr, daß Spezialisten im Projekt zurückbehalten werden, obwohl sie nur noch sporadisch benötigt werden.

(2) Stabs-Projektorganisation

Die Einrichtung von Stabsstellen läßt sich auch für ein Projekt vornehmen, indem die bestehende Hierarchie um die Stabsstelle des **Projektkoordinators** ergänzt wird (*Abb. 4-51*). Wenn diese streng nach der Stabsdoktrin ausgerichtet wird, so besitzt sie weder Weisungsbefugnis noch ein Mitsprache- oder Mitentscheidungsrecht, sondern bereitet allein die projektbezogenen Entscheidungen der jeweiligen Leitungsstelle vor. Die Verantwortung für das Projekt insgesamt liegt bei der jeweils übergeordneten Leitungsstelle, die Verantwortung für die Teilaufgaben bei den einzelnen davon betroffenen Abteilungen. Der Projektmanager ist dagegen für die rechtzeitige Meldung von Problemen im Ablauf des Projektes sowie für die Güte der von ihm vorgeschlagenen Maßnahmen zur Projektsteuerung verantwortlich. Die Aufgabe dieser Stabsstelle liegt also mehr in der Terminüberwachung, Kostenkontrolle und sonstiger Projektverfolgung als in der Koordination der Projektabwicklung. Kompetenzmäßig ist ihr lediglich der Zugang zu allen Informationen einzuräumen, die das Projekt betreffen.

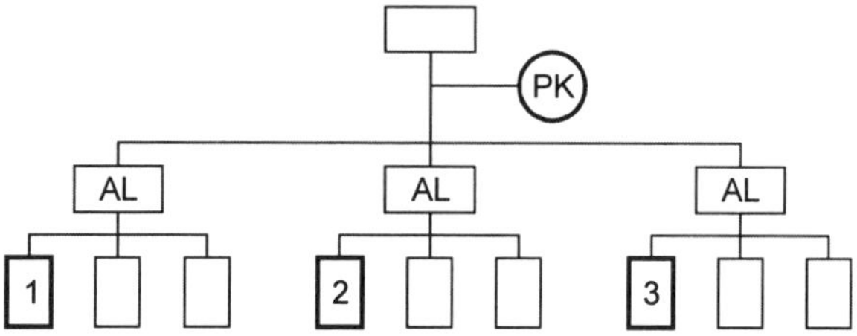

AL = Abteilungsleiter PK = Projektkoordinator 1, 2, 3 = Projektmitarbeiter

Abb. 4-51: Stabs-Projektorganisation

Die mangelnde formale Kompetenz des Projektleiters würde es kaum ermöglichen, ein Projekt erfolgreich durchzuführen, wenn der Leiter der Projektstabsstelle nicht **informellen Einfluß** nehmen könnte, zum Beispiel aufgrund seiner Persönlichkeit, seiner Fachkenntnisse, seines Überblickes über das gesamte Projekt und auf Grund einer offenen Unterstützung durch die Unternehmensleitung. Aus diesem Grunde wird anstelle des Begriffs der Stabs-Projektorganisation vereinzelt auch die Bezeichnung **Einfluß-Projektorganisation** verwendet.

Hierarchisch sollte die Stelle der Projektkoordination möglichst dort eingegliedert werden, wo eine Zusammenfassung aller am Projekt beteiligten Stellen erfolgen kann. Da hierbei häufig die oberste Unternehmensleitung als vorgesetzte Stelle in Frage kommt, ist die zeitliche Kapazität dieser Leitungsstelle bald überfordert. Die Projektstabsstelle muß ihre informale Kompetenz geltend machen, wenn das Projekt nicht in Verzug geraten soll.

Der Vorteil einer Stabs-Projektorganisation liegt vor allem darin, daß keine organisatorischen Umstellungen erforderlich sind, da die bestehende Organisation im Prinzip unverändert bleibt. Weiterhin kann ein und dieselbe Person ohne organisatorische Schwierigkeiten verschiedene Aufgaben gleichzeitig wahrnehmen, da es nur von zweitrangiger Bedeutung ist, ob der Projektmanager seine Aufgabe vollamtlich wahrnimmt, ob er eine weitere Stabsfunktion bekleidet oder noch zusätzlich irgendwo in der Linie eingesetzt ist. Dies gilt entsprechend auch für die übrigen an der Durchführung des Projektes beteiligten Mitarbeiter. Als Nachteil wirkt sich aus, daß der Projektmanager mangels formaler Kompetenzen kaum Verantwortung für das Projekt übernehmen kann. Da für Entscheidungen die Linieninstanzen zuständig sind, die sich vielfach nur am Rande mit dem Projekt beschäftigen, wird auf Störungen dann häufig nur träge reagiert.

(3) Matrix-Projektorganisation

Bei der Matrix-Projektorganisation überlagern sich die vertikalen, funktions- oder objektorientierten Kompetenzen der Primärorganisation mit den horizontalen Kompetenzen der Projektleitung (*Abb. 4-52*). Die Projektleitung übernimmt die **volle Verantwortung** für das Projekt und delegiert die Verantwortung für Projektteilaufgaben auf die im Projekt involvierten Abteilungen. In diesen Abteilungen können einzelne Mitarbeiter dem Projekt **vollständig oder teilzeitlich** zugeordnet werden; disziplinarisch bleiben sie normalerweise dem jeweiligen Linienvorgesetzten unterstellt. Diese Strukturierung kann noch insofern ergänzt werden, daß bei mehreren Projekten mit gleicher Aufgabenart den einzelnen Projektleitern eine gemeinsame Leitungsstelle übergeordnet wird.

Letzteres ist beispielsweise bei Organisationsprojekten der Fall, die unter der Federführung von Mitarbeitern der Organisationsabteilung durchgeführt werden. Der Leiter der Organisationsabteilung ist dabei als Multi-Projektmanager fachlicher und disziplinarischer Vorgesetzter aller Leiter von Organisationsprojekten.

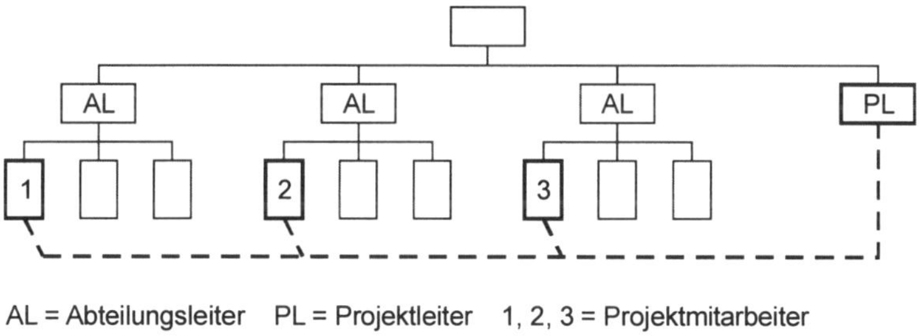

Abb. 4-52: Matrix-Projektorganisation

Die kritische Stelle einer Matrixorganisation liegt in den Schnittpunkten der horizontalen Kompetenzlinien des Projektleiters mit den vertikalen der Linieninstanzen. Unterschiedliche Interessen von Projekt und Linie führen zu einem beträchtlichen **Konfliktpotential**, das nur durch eine ausreichend klare Regelung der Entscheidungs- und Weisungsbefugnisse entschärft werden kann. In der Regel erhält die Linieninstanz die Verantwortung für die fachliche Durchführung der Projektteilaufgaben und die Qualität der Arbeitsergebnisse sowie ein aufgabengebundenes Weisungsrecht, während der Projektmanager vorrangig den quantitativen und qualitativen Aufgabeninhalt bestimmt und für den zeitlichen Projektablauf verantwortlich ist (vgl. hierzu auch *Abbildung 5-51*).

Als vorteilhaft erweist sich bei der Matrix-Projektorganisation, daß der Projektleiter sich für das Projekt weitgehend verantwortlich fühlt. Außerdem werden die Projektmitarbeiter nicht vollständig aus ihrer Organisationseinheiten innerhalb der Primärorganisation herausgelöst; sie haben deshalb ein größeres Sicherheitsgefühl über ihre berufliche Zukunft als bei der Reinen Projektorganisation. Ein **flexibler Personaleinsatz** wird begünstigt, da Spezialisten nach Bedarf und auch nur teilzeitlich im Projekt eingesetzt werden können und nicht während der ganzen Projektlaufzeit im Projekt verbleiben. Das Spezialwissen und die Erfahrung dieser Mitarbeiter können deshalb auch mehr als nur einen Projekt gleichzeitig zugute kommen.

Ein wesentlicher Nachteil des Matrixsystems, die uneinheitliche Leitung, kann zu einer **Verunsicherung** von Vorgesetzten und Mitarbeitern führen. Auch eine formale Regelungen der Kompetenzabgrenzungen schließt Schwierigkeiten und Konflikte zwischen den Linieninstanzen und der Projektleitung nicht aus. Die Knappheit der Ressourcen sowie ungenaue oder zu optimistische Zeit- und Aufwandsschätzungen begründen ein Konfliktpotential, das umso größer ist, je geringer das gegenseitige Verständnis und die Bereitschaft zu konstruktiven Gesprächen ist. Die Matrix-Projektorganisation stellt infolgedessen auch sehr hohe Anforderungen an die Kommunikationsfähigkeit und -bereitschaft aller Projektbeteiligten. Das übergeordnete Management kann durch die Auswahl des richtigen Projektleiters, durch schnelles Eingreifen bei Konflikten und durch Förderung eines angenehmen Projektklimas einen wesentlichen Beitrag zum Projekterfolg beisteuern. Außerdem stellt die Einrichtung eines zusätzlichen Beratungsausschusses insbesondere bei Organisationsprojekten ein bewährtes Instrument dar, die Akzeptanz der betroffenen Linieninstanzen und damit auch die Durchsetzung von organisatorischen Lösungen sicherzustellen.

Nähere Ausführungen zu dieser Thematik erfolgen im Kapitel „Organisation von Projekten“ des 5. Teils.

4. Organisationsdynamik

4.1 Evolution von Unternehmen

Die Organisationsstrukturen eines Unternehmens unterliegen im Laufe der Zeit einem Wandel. Infolge von direkten und indirekten Einflüssen seitens der Umwelt sowie von internen Kräften, insbesondere infolge von Wachstumsprozessen entsteht eine gewisse Entwicklungsdynamik. Zur Erklärung dieser Organisationsdynamik wurden in der Organisationsforschung beschreibende Modelle entwickelt, die in einer idealtypischen Form die organisatorische Entwicklung von Unternehmen erklären. Die Modelle berücksichtigen die unterschiedlichsten Variablen wie zum Beispiel das Alter und die Größe des Unternehmens und die Differenziertheit der Märkte und Produkte.

Alle Modelle legen verschiedene Entwicklungsstadien im "Lebenslauf" des Unternehmens zugrunde, wobei hier von zwei Hauptannahmen ausgegangen wird (vgl. *Mintzberg* 1991, S. 287):

1. Die Unternehmensstrukturen sind über lange Zeit **stabil** und befinden sich in einem **Gleichgewicht**. Als Folge von typischen organisationsinternen **Krisen** und Problemen ändern sie sich relativ abrupt innerhalb kurzer Übergangsperioden.
2. Die Gleichgewichtsformen der Unternehmensstrukturen können nach **Lebensphasen** angeordnet werden. Jede evolutionäre Phase der Unternehmensgeschichte ist dabei durch ihren eigenen Managementstil und ihre eigene Unternehmensphilosophie geprägt.

Im folgenden sollen zwei solcher Lebenszyklusmodelle kurz vorgestellt werden.

4.2 Das Wachstumsmodell von Greiner

In dem Modell von *Greiner* (1972, S. 37 ff.) werden fünf **Wachstumsphasen** von Unternehmen unterschieden, die sequentiell durchlaufen werden (*Abb. 4-53*). Jede Phase dauert vier bis acht Jahre und ist durch bestimmte Organisationsstrukturen und ein typisches Managementkonzept gekennzeichnet. Die evolutionären Wachstumsperioden werden unterbrochen durch revolutionäre **Krisenperioden**, die jeweils durch phasenspezifische Managementprobleme ausgelöst werden und verändernden Druck auf die Organisationsstruktur ausüben. In dem Modell ist jede Phase gleichzeitig Folge der vorausgegangenen und Ursache für die nachfolgende Phase. So ist beispielsweise die straffe Führung Folge der Effizienzprobleme und Ursache für eine Autonomiekrise, die aufgrund eines zu geringen Entscheidungsspielraumes entstehen kann. Diese Sichtweise hat zur Konsequenz, daß bei Problemen die Rückkehr zu Lösungen einer früheren Phase nicht weiterhilft; der Lebenszyklus läuft infolgedessen irreversibel ab.

Die einzelnen Wachstums- und Krisenperioden werden nachfolgend beschrieben.

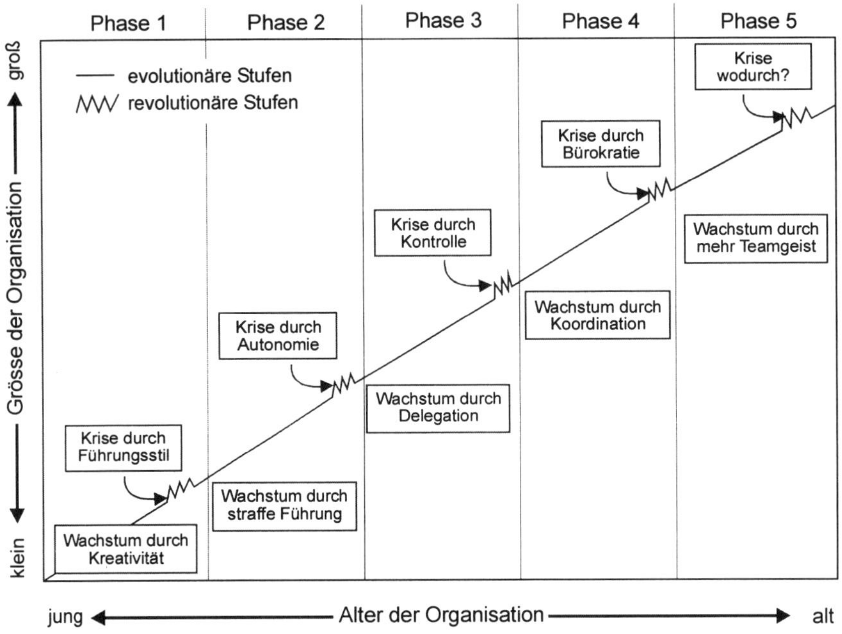

Abb. 4-53: Wachstumsmodell von Greiner
Quelle: Greiner 1972, S. 41

(1) Kreativität - Führungsstil

Typisch für die erste Phase ist, daß aufgrund einer Produktidee ein Unternehmen gegründet wird. Kreativität zum Zwecke der Produktentwicklung und der Erschließung eines entsprechenden Marktes steht im Vordergrund. Der oder die Unternehmsgründer sehen in erster Linie ihre Aufgabe in der Produktion und im Verkauf des neuen Produktes; es wird entsprechend den Erfordernissen des Marktes agiert. Die Kommunikation im Unternehmen erfolgt weitgehend informell. Die **Zentralisation der Leitungsaufgaben** beim Gründer wird aufgrund seiner Autorität akzeptiert; über anzuwendende Managementkonzepte wird kaum nachgedacht. Somit wächst das Unternehmen, ohne daß der Führungsstil und die Leitungskapazität den veränderten Bedingungen angepaßt wird. Auf die starke evolutionäre Wachstumsperiode folgt als erste revolutionäre Periode einer Führungsstilkrise, verbunden mit einen Verlust der Führungskompetenz des Gründers und mit Effizienz- und Koordinationsproblemen.

(2) Straffe Führung - Autonomie

Die nächste Wachstumsphase ist dadurch gekennzeichnet, daß den Effizienz- und Koordinationsproblemen durch eine straffe Führung begegnet und eine **funktionale Organisationsstruktur** mit direkten Leitungsbeziehungen eingeführt wird. Weiterhin erfolgt eine Aufgabenspezialisierung und ein Ausbau des betrieblichen Rechnungswesens. Die formalisierte Kommunikation wird zunehmend bürokratischer, die Informationswege werden immer länger, die Organisation verliert an Flexibilität. Da die Entfaltungsmöglichkeiten der operativen Basis durch diese Formalisierung sehr begrenzt sind, entwickelt sich ein Bedürfnis nach Autonomie.

(3) Delegation - Kontrolle

In der dritten Phase rückt die Delegation von Kompetenzen und Verantwortung und die erfolgreiche Einführung dezentraler Strukturen in den Vordergrund. Es sind eigenverantwortlich agierende Divisionen und andere **autonome Organisationseinheiten** gebildet worden. Die Kommunikation mit der obersten Unternehmensleitung ist stark reduziert; stattdessen verstärkt sich die horizontale Kommunikation. Es werden die Führungskonzepte des Management by Exception und des Management by Objectives bevorzugt praktiziert. Mit zunehmender Größe und Komplexität des Unternehmens verliert das Top Management aber die Übersicht und Kontrolle über die Vielzahl der weitgehend unabhängigen Aktivitäten. Die übergeordnete Koordination der vielen bestehenden Produktbereiche, Märkte und Technologien geht verloren.

(4) Koordination - Bürokratisierung

Als Antwort auf den Verlust an Kontrolle werden neue Instrumente zur Koordination implementiert: Formale Planungssysteme werden eingeführt, das Berichtswesen wird verbessert, dezentrale Organisationseinheiten werden zu Produkt- oder Marktgruppen zusammengefaßt. **Zentrale Stabs- und Dienstleistungsabteilungen** verfassen Richtlinien und übernehmen die laufende Beobachtung und Koordination der Teilbereiche. Investitionen werden sorgfältig geplant und kontrolliert. Die starke Bürokratisierung und der hohe Koordinationsaufwand führen zu einer Aufblähung des Verwaltungsapparates; Verfahren werden häufig zum Selbstzweck. Hierdurch wird das eigentliche Geschäft erschwert und die Entstehung von Innovationen behindert.

(5) Teamgeist - ?

Auf die Bürokratiekrise folgt eine letzte Wachstumsphase, die durch Teamgeist charakterisiert ist. Die Mitarbeiter werden über Funktions- und Bereichsgrenzen hinweg zu Arbeitsgruppen zusammengefaßt, um gemeinsam Problemlösungen zu erarbeiten. Das Stabspersonal wird abgebaut und in die Arbeitsgruppen integriert. Zur Unterstützung der Problemlösungsprozesse werden neue, effiziente Informationssysteme entwickelt. **Mehrdimensionale Organisationsformen** werden eingerichtet und um temporäre Projektorganisationen ergänzt. Die weitere Entwicklung ist offen. Es wird vermutet, daß sich die Mitarbeiter in der laufenden Teamarbeit zerreiben. Es erfolgt eine Abwanderung von wichtigem Personal zu Unternehmen, die sich in ihrem Lebenszyklus in einer früheren Phase befinden.

4.3 Das Phasenmodell im St. Galler Management-Konzept

Eine kurze Beschreibung der Lebensphasenmodelle von *Lievegoed* (1974), *Elgin* (1977) und *Mintzberg* (1991, S. 286 ff.) findet sich bei *Gomez/Zimmermann* (1993, S. 143 ff.). Im Rahmen des St. Galler Management-Konzeptes (s. hierzu *Bleicher* 1991b) wird der Wandel der Organisationsstrukturen im Verlauf der evolutorischen Lebensphasen diskutiert und als Synopse ein idealtypischen Phasenmodell der Strukturentwicklung abgeleitet. Hierbei werden vier **idealtypische Unternehmenstypen** unterschieden, welche die einzelnen zeitlichen Phasen der Unternehmensentwicklung charakterisieren (vgl. *Gomez/Zimmermann* 1993, S. 154 ff.):

1. Das **Pionier-Unternehmen** ist ein junges und kleines Unternehmen, in dem wenige Beschäftigte arbeiten und der Gründer eine überragende Stellung einnimmt. Es herrscht eine allgemeine Aufbruchstimmung, kreative Ideen werden bereitwillig umgesetzt. Formale Strukturen und Regeln bestehen nur in Ansätzen.
2. Das **Wachstums-Unternehmen** ist durch steigende Umsätze gekennzeichnet. Der Gründerunternehmer wird durch die zunehmende Komplexität überfordert, so daß oft ein professionelles Management die oberste Unternehmensleitung übernimmt. Es werden umfassende Führungssysteme und Organisationsstrukturen entwickelt.
3. Im **Reife-Unternehmen** hat der Prozeß der Leistungserbringung eine hohe Professionalität und Effizienz erreicht. Die entstandenen Systeme und Strukturen weisen einen hohen Standardisierung- und Formalisierungsgrad auf. Bei fehlender Innovation gerät das Unternehmen in eine Wendephase, die im Regelfall zum Niedergang führt. "Das Management verliert sich in Macht- und Positionskämpfen, Bürokratisierung und Verkrustung machen sich breit, dringend benötigt sind neue Nutzenpotentiale" (*Gomez/Zimmermann* 1993, S. 156).
4. Das **Wende-Unternehmen** kann in seiner Entwicklung zwei Richtungen einschlagen: Entweder es vollzieht den Niedergang oder es überwindet die Reifekrise, indem es neue Nutzenpotentiale erschließt.

Den vier Entwicklungstypen lassen sich jeweils spezifische Formen der Organisationsstruktur zuordnen (*Abb. 4-54*).

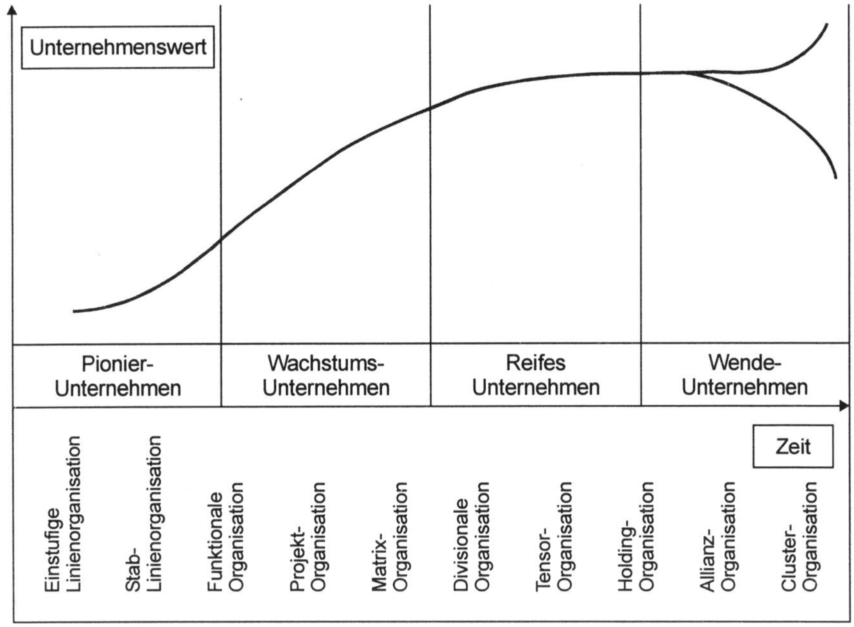

Abb. 4-54: Organisationsformen und Entwicklungstypen
Quelle: Gomez/Zimmermann 1993, S. 177

Die aufgeführten Organisationsformen sind überwiegend bereits im Detail besprochen worden. Die für Wende-Unternehmen charakteristischen Form der **Cluster-Organisation** ist eine scheinbar strukturlose Organisation. Ein Cluster ist nach *Mills* (1991, S. 29 ff.) eine Gruppe von Menschen aus verschiedenen Fachrichtungen, die auf halbwegs permanenter Basis zusammenarbeiten. Die Cluster werden durch ca. 30 bis 50 Personen gebildet und haben intern keine formale Hierarchie; im Gegensatz zur Projektgruppe ist die Zusammensetzung der Cluster relativ stabil. Die Cluster werden weiter unterteilt in selbstbestimmte Arbeitsgruppen von fünf bis sieben Mitgliedern. In der internen Arbeitsteilung sind die Cluster vollkommen frei; die Mitglieder werden entsprechend ihrer Stärken eingesetzt. Die Stellung der Mitglieder orientiert sich an ihrem Fachwissen, ihren Erfahrungen und ihren Führungsfähigkeiten und wechselt innerhalb des Clusters von Projekt zu Projekt. Durch Job rotation erhalten die Mitglieder die Möglichkeit, ihr Wissen, ihre Fähigkeiten und Fertigkeiten weiterzuentwickeln. Das einzelne Cluster-Mitglied ist keinem direkten Vorgesetzten unterstellt, sondern ausschließlich dem Cluster für seine Leistungen rechenschaftspflichtig. Die Kommunikation zwischen verschiedenen Clustern kann direkt durch die einzelnen Mitglieder erfolgen; erst durch den Einsatz der neuen Informations- und Kommunikationsmittel wird die Funktionsfähigkeit des Clusters ermöglicht. *Mills* weist jedoch darauf hin, daß die informationstechnischen Kommunikationsnetze keine neuen Organisationsstrukturen darstellen, sondern lediglich die dem Cluster zugrundeliegende Infrastruktur. Daneben stellt das mittlere Management die Kommunikation und Koordination zwischen den Clustern sicher. Entscheidungen sollen soweit wie möglich an der Basis getroffen werden; eine möglichst flache Hierarchie fördert Delegation und unternehmerisches Denken und Handeln. Das Konzept der Cluster-Organisation hat vor allem in den USA praktische Bedeutung erlangt, wo gerade kleine Unternehmen und High-Tech-Firmen bewußt und unbewußt diese Organisationsform praktizieren (vgl. *Gomez/Zimmermann* 1993, S. 107). Die Cluster-Organisation weist somit eine Reihe von Merkmalen einer **Netzwerkorganisation** auf.

Unter ein Cluster versteht man die zufällige oder wahrscheinlichste Anhäufung von Elementen in einem System. Somit kann unter einem Cluster innerhalb einer Organisation eine Gruppe von Organisationsmitgliedern verstanden werden, die deshalb in das Cluster einbezogen werden, weil sie am häufigsten miteinander kommunizieren oder gemeinsam Aktivitäten durchführen.

5. Organisation kleiner und mittlerer Unternehmen

5.1 Der Begriff des kleinen und mittleren Unternehmens

Eine allgemeingültige Definition der kleinen und mittleren Unternehmen (KMU) ist nicht möglich; die Definition unterscheidet sich je nach Land und Branche. Darüber hinaus ist in Deutschland auch die Bezeichnung **mittelständisches Unternehmen** sehr verbreitet, wobei auch hierfür eine allgemeinverbindliche und exakte Definition nicht feststellbar ist (vgl. *Wittlage* 1987, S. 563). Der Begriff der mittelständischen Unternehmen ist aber weitgehend gleichzusetzen mit dem des mittleren Unternehmens.

Um mittelständische oder auch kleine und mittlere Unternehmen gegen Großunternehmen abzugrenzen, wird in Theorie und Praxis eine Vielzahl unterschiedlicher Kriterien herangezogen; diese können in die zwei Gruppen der quantitativen Kriterien und der qualitativen Kriterien zusammengefaßt werden (vgl. *Holzhuber* 1984, S. 136).

5.1.1 Quantitative Unterscheidungsmerkmale

Die quantitativen Kriterien sind in hohem Maße von der jeweiligen Branche abhängig, in denen das Unternehmen tätig ist. Sie kennzeichnen nur in geringem Maße die Eigenschaften, die ein kleines oder mittleres Unternehmen ausmachen. Für den Gesetzgeber und für Förderprogramme der öffentlichen Hand ist jedoch die quantitative Abgrenzung die einzig praktikable Möglichkeit einer allgemeinen Differenzierung.

Zur Messung der Betriebsgröße und somit zur Abgrenzung der kleinen und mittleren Unternehmen von den Großunternehmen werden vor allem die Merkmale "Umsatz" und "Anzahl der Beschäftigten" angewendet. Gleichfalls wird in § 267 HGB eine Einteilung der Kapitalgesellschaften in klein, mittelgroß und groß vorgenommen, die sich nach den Größen "Umsatz", "Bilanzsumme" und "Arbeitnehmeranzahl" richtet. Diese Größen können jedoch immer nur ungefähre Klassengrenzen darstellen, da in ihnen branchenmäßige und regionale Unterschiede vernachlässigt werden. Sollen Unternehmen unterschiedlicher Branchen in Größenklassen eingeteilt werden, so sind in der Regel für jede Branche gesonderte Klassengrenzen zu definieren. Wenn zum Beispiel ein Einzelhandelsunternehmen mit einem bestimmten Jahresumsatz der Gruppe mittelgroßer Unternehmen zugerechnet wird, stellt ein Großhandelsunternehmen mit derselben Umsatzhöhe eher als kleines Unternehmen dar.

In einer branchenbezogenen Einteilung werden die Vielschichtigkeit von Klein- und Mittelbetrieben und der relative Charakter der Maßgröße "Beschäftigtenzahl" besonders deutlich. *Abbildung 4-55* zeigt beispielhaft eine solche Einteilung (vgl. *Pfohl/Kellerwessel* 1982, S. 20; *Bundesminister für Wirtschaft* 1985, S. 19).

Branche	Klassifizierung	Anzahl Beschäftigte
Industrie	klein mittel groß	bis 49 50 - 499 500 und mehr
Handwerk	klein mittel groß	bis 2 3 - 49 50 und mehr
Großhandel	klein mittel groß	bis 9 10 -199 200 und mehr
Einzelhandel	klein mittel groß	bis 2 3 - 99 100 und mehr
Verkehr / Nachrichtenübermittlung	klein mittel groß	bis 2 3 - 49 50 und mehr
Dienstleistungen von Unternehmen und freien Berufen	klein mittel groß	bis 2 3 - 49 50 und mehr

Abb. 4-55: Branchenbezogene Einteilung der Unternehmensgrößen

5.1.2 Qualitative Unterscheidungsmerkmale

Die Ausführungen zur Einteilung von kleinen und mittleren Unternehmen auf quantitativer Basis zeigte bereits die Schwierigkeiten bei der Bildung eindeutiger Größenklassen auf. Dies verstärkt sich bei der Einbeziehung qualitativer Merkmale, die zum großen Teil auf subjektiven Einschätzungen beruhen. Zwar sind einige dieser Merkmale, wie zum Beispiel Arbeitsintensität oder Marktanteil, quantitativ meßbar oder über logische Rückschlüsse aus Hilfsgrößen ableitbar. Trotzdem bleibt eine Vielzahl von Merkmalen, die sich nicht quantifizieren lassen. Folgende Eigenheiten werden dabei häufig genannt (vgl. *Sweeney* 1983, S. 73 f.; *Wittlage* 1987, S. 563 f.):

- Das kleine und mittlere Unternehmen befindet sich im Privatbesitz; der Eigentümer ist wesentlich an der Unternehmensleitung beteiligt.
- Die Unternehmensleitung umfaßt eine Person oder eine kleine Personengruppe. Wichtige Entscheidungen werden von höchstens drei Personen gefällt.
- Es ist ein persönliches Verhältnis zwischen der Unternehmensleitung und den Mitarbeitern erkennbar.
- Das kleine und mittlere Unternehmen hat einen geringen Anteil an dem Markt, der ihm theoretisch zugänglich ist - obwohl es häufig einen hohen Anteil an dem Markt hat, der ihm praktisch zugänglich ist.
- Die Finanzierung erfolgt nicht über den Kapitalmarkt.
- Das Unternehmen ist von der Unternehmensleitung her noch gut überschaubar und lenkbar.
- Das Unternehmen stellt eine wichtige Existenzbasis für die Eigentümer dar.

- Die Unternehmensleitung ist weitgehend unabhängig vom Willen betriebsfremder Dritter.

Nicht selten müßten Unternehmen nach den quantitativen Kriterien als Großunternehmen eingestuft werden. Bei Zugrundelegung der qualitativen Kriterien weisen sie jedoch viele Merkmale eines kleinen und mittleren Unternehmens auf und wären demnach eher als mittelständisch zu kennzeichnen. Derartige Eingrenzungsprobleme entstehen in der Regel dann, wenn ein Unternehmen sehr schnell gewachsen ist und die qualitativen Merkmale des mittelständischen Unternehmens bewahrt hat. Dies demonstriert die Schwierigkeit der Differenzierung von kleinen und mittleren Unternehmen nach qualitativen Kriterien.

5.2 Besonderheiten kleiner und mittlerer Unternehmen

Pfohl/Kellerwessel (1982, S. 28 ff.) haben qualitative Unterschiede zwischen kleinen und mittleren Unternehmen einerseits und Großunternehmen andererseits aufgeführt, indem sie für verschiedene Unternehmensfunktionen die Art der Aufgabendurchführung in den beiden Unternehmenstypen inhaltlich charakterisiert und gegenüberstellt haben. Die Unterschiede wurden aus einer Vielzahl von Veröffentlichungen zusammengetragen und sind teils empirisch nachgewiesen, teils werden sie als plausibel angenommen. Die ermittelten Unterschiede bezüglich der Unternehmensleitung und der Organisationsstrukturen sind auszugsweise in den *Abbildungen 4-56* und *4-57* aufgeführt.

Kleine und mittlere Unternehmen	Große Unternehmen
Eigentümer-Unternehmer	Manager
mangelnde Kenntnisse zur Unternehmensleitung	fundierte Kenntnisse zur Unternehmensleitung
technisch orientierte Ausbildung	gutes technisches Wissen in Fachabteilungen und Stäben verfügbar
patriarchalische Führung	Führung nach Management by-Prinzipien
kaum Gruppenentscheidungen	häufig Gruppenentscheidungen
große Bedeutung von Improvisation und Intuition	geringe Bedeutung von Improvisation und Intuition
kaum Planung	umfangreiche Planung
unmittelbare Teilnahme am Betriebsgeschehen	Ferne zum Betriebsgeschehen
Leitungspotential nicht austauschbar	Leitungspotential austauschbar

Abb. 4-56: Unterschiede bezüglich der Unternehmensleitung zwischen kleinen und mittleren Unternehmen und Großunternehmen
Quelle: nach Pfohl/Kellerwessel 1982, S. 29

Bezogen auf die oberste **Unternehmensleitung** läßt sich zusammenfassend feststellen, daß in Klein- und Mittelbetrieben der Intuition und Improvisation große Bedeutung zukommt und das Vorgehen bei Managemententscheidungen als relativ unsystematisch zu bezeichnen ist. Die betrieblichen Entscheidungsprozesse sind selten formalisiert und strukturiert, wobei insbesondere die Funktionen Planung, Organisation und Kontrolle nur wenig ausgeprägt sind. Diese Sachverhalte stehen in einem wechselseitigen Zusammenhang mit dem geringen Einsatz betriebswirtschaftlicher Methoden zur Unterstützung der Unternehmensführung (vgl. *Lachnit* 1989, S. 22).

In einer empirischen Untersuchung hat *Wittlage* (1987) die Leitungsorganisation mittelständischer Unternehmen untersucht. Er kommt zu dem Ergebnis, daß die **Organisationsstrukturen** der mittelständischen Unternehmen einige typische Charakteristika aufweisen:

- Die Stellen und Abteilungen werden funktionsorientiert gebildet.
- Die Anzahl der funktionsorientierten Abteilungen beträgt im Durchschnitt vier, die durchschnittliche Anzahl der Hierarchiestufen 2,7.
- In nur wenigen Fällen sind Stabsstellen gebildet worden.
- Entscheidungen werden, auch in Routinefällen, überwiegend zentral getroffen; eine nennenswerte Delegation erfolgt lediglich in den Bereichen Beschaffung/Einkauf/Materialwirtschaft und Absatz/Vertrieb/Marketing.
- Änderungen der Organisationsstruktur erfolgen in relativ großen Zeitintervallen.

Es kann festgehalten werden, daß Konzepte wie die Geschäftsbereichsorganisation oder Formen der Sekundärorganisation kaum Eingang in mittelständische Unternehmen gefunden haben.

Kleine und mittlere Unternehmen	**Große Unternehmen**
auf den Unternehmer ausgerichtetes Einliniensystem, von ihm selbst oder mit Hilfe weniger Leitungspersonen bis in die Einzelheiten überschaubar	personenunabhängig an den sachlichen Gegebenheiten orientierte komplexe Organisationsstruktur
kaum Abteilungsbildung	umfangreiche Abteilungsbildung
kurze direkte Informationswege	vorgeschriebene Informationswege
Weisungen und Kontrolle im direkten personenbezogenen Kontakt	formalisierte unpersönliche Weisungs- und Kontrollbeziehungen
Delegation in beschränktem Umfang	Delegation in vielen Bereichen
kaum Koordinationsprobleme	große Koordinationsprobleme
geringer Formalisierungsgrad	hoher Formalisierungsgrad
hohe Flexibilität	geringe Flexibilität
ausgeprägte persönliche Kontakte zwischen allen Beschäftigten	persönliche Kontakte nur innerhalb von Gruppen von Beschäftigten möglich

Abb. 4-57: Organisatorische Unterschiede zwischen kleinen und mittleren Unternehmen und Großunternehmen
Quelle: nach Pfohl/Kellerwessel 1982, S. 29 und 31

Auf Stabsstellen wird in mittelständischen Unternehmen weitgehend verzichtet. Dafür ist aber zwischen der Gesellschafterversammlung und der Unternehmensleitung häufig das Gremium des Beirates eingerichtet. Der **Beirat** nimmt dabei von Unternehmen zu Unternehmen sehr unterschiedliche Aufgaben wahr; er ist dementsprechend auch in seinen Kompetenzen sehr verschieden. Meist wird der Beirat, weil er vom operativen Geschäft befreit ist, für langfristig ausgelegte, übergeordnete Aufgaben und damit für die Vorbereitung strategischer Entscheidungen herangezogen. Über den Beirat lassen sich auch externe Spezialisten heranziehen, die entweder unmittelbar in diesem Gremium mitarbeiten oder als Berater von ihm beauftragt worden sind. Somit erübrigen sich auch weitgehend institutionalisierte Stäbe. Insbesondere die Zusammenarbeit mit externen Beratern erweist sich dabei als sehr flexibel, da in Abhängigkeit von den gesetzten Schwerpunkten und den zu lösenden Problemen jeweils geeignete Spezialisten herangezogen werden können, auf die dann nach der Problemlösung wieder verzichtet werden kann.

5. Teil: Methoden des Organisationsmanagements

1. Grundlagen des Organisationsmanagements

1.1 Organisationsgestaltung und Organisationsmanagement

Die Organisation im Sinne des instrumentalen Organisationsbegriffes stellt sich als ein System von Regeln dar, die das Verhalten der Mitglieder einer Organisation (im institutionellen Sinne) auf ein gemeinsames Ziel ausrichten sollen. Sie ist das Ergebnis menschlichen Handelns und somit ein künstliches System, das laufend an neue oder sich verändernde Umweltbedingungen angepaßt werden muß. Dieser Anpassungsprozeß wird als **organisatorische Gestaltung** oder auch **organisieren** bezeichnet.

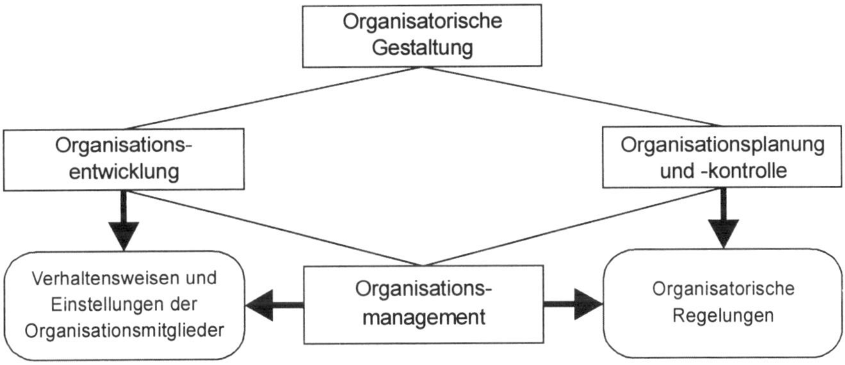

Abb. 5-1: Ausprägungen der organisatorischen Gestaltung

Die organisatorische Gestaltung umfaßt dabei zwei spezifische **Ausprägungen** (vgl. u.a. *Grochla* 1978, S. 82; *Hill/Fehlbaum/Ulrich* 1992, S. 468 ff.) (*Abb. 5-1*):

- Die **Organisationsentwicklung** (organizational development) ist als primär verhaltenstheoretische Konzeption auf die emotional geprägten Einstellungen und Verhaltensweisen sowie auf die sozialen Beziehungen der Organisationsmitglieder gerichtet. Sie zielt darauf ab, das Bewußtsein, die Einstellungen, das Problemlösungs- und das Interaktionsverhalten zu beeinflussen und zu verändern, damit sich die Organisation insgesamt besser an veränderte Umweltbedingungen anpassen kann.
- Die primär sachlich-logisch orientierte **Organisationsplanung und -kontrolle** (auch geplanter organisatorischer Wandel) beinhaltet die systematische Planung, Einführung und Kontrolle organisatorischer Regeln. Die organisatorischen Strukturen werden bewußt und rational gestaltet, laufend überprüft und bei Bedarf wieder geändert (reorganisiert).

Die Organisationsentwicklung sieht als Ansatzpunkt für organisatorische Veränderungen das einzelne Individuum oder einzelne Mitarbeitergruppen; sie will ein Klima schaffen, das organisatorische Veränderungen einfacher und wirkungsvoller durchführen läßt. Die Organisationsplanung und -kontrolle dagegen beeinflußt das Verhalten der Organisationsmitglieder, indem es in erster Linie direkt auf die generellen expliziten Regelungen und damit auf die Organisationsstruktur gerichtet ist.

In einem engen Zusammenhang mit der Organisationsentwicklung ist die Personalentwicklung zu sehen (vgl. *Grochla* 1982, S. 83 f.). Unterschiede liegen vor allem darin, daß Maßnahmen der Organisationsentwicklung eher auf die Fähigkeiten zur Gruppenarbeit und zur gemeinschaftlichen Problem- und Konfliktlösung gerichtet sind, während die Personalentwicklung mehr auf die Vermittlung von Wissen und Können zielt.

Bei der praktischen Organisationsarbeit sollte möglichst eine **Integration** beider Ansätze angestrebt werden:

- Eine möglichst intensive **Beteiligung** derjenigen Personen, die von einem organisatorischen Problem und seiner Lösung betroffen sind, soll bewirken, daß neue oder veränderte organisatorische Regelungen besser akzeptiert werden und die Beteiligten ihre Verhaltensweisen von sich aus entsprechend anpassen.
- Eine Organisationsgestaltung durch **interdisziplinäre Projektgruppen** ermöglicht es, daß das Problembewußtsein der Betroffenen geschärft wird, daß kollektive Kreativitätstechniken eingesetzt werden und so die Qualität und Akzeptanz der erarbeiteten Lösungen erhöht wird. Hierdurch wächst dann auch die generelle Bereitschaft in der Organisation, unter Anwendung von geeigneten Methoden und Techniken organisatorische Probleme aufzugreifen und zu lösen. Im anzustrebenden Idealfall erfolgt die organisatorische Gestaltung weitgehend als **Selbstorganisation**, bei der die Betroffenen den Veränderungsprozeß selbst anstoßen und inhaltlich durchführen, ohne von spezialisierten Organisatoren abhängig zu sein.

Diese integrative Betrachtungsweise der organisatorischen Gestaltung wird im folgenden durch den Begriff des **Organisationsmanagements** gekennzeichnet. Hierdurch soll ausgedrückt werden, daß der Prozeß der organisatorischen Gestaltung sich nicht auf eine reine Problemlösungskomponente begrenzt, sondern auch eine Planungs-, Steuerungs-, Organisations- und Führungskomponente beinhaltet. Der Organisationsprozeß umfaßt demnach auch alle Managementaktivitäten zur organisatorischen Gestaltung, angefangen von der Zielplanung bis hin zur Verhaltensbeeinflussung der beteiligten und betroffenen Personen.

Das Organisationsmanagement umfaßt alle Managementaktivitäten einer systematischen organisatorischen Gestaltung.

Beim Organisationsmanagement geht es vor allem um die Konzeption und Umsetzung grundsätzlicher Gestaltungsalternativen zur Lösung organisatorischer Probleme. Dabei sind weder die Ergebnisse des Organisationsprozesses vorbestimmt noch gibt es prinzipiell richtige Lösungen. Die organisatorische Gestaltung vollzieht sich in einem Prozeß, der gleichermaßen hohe Anforderungen an das logische Denken, an die Methoden und an die Kreativität der gestaltenden Personen stellt.

Alle an der Lösung eines Organisationsproblems aktiv beteiligten Personen werden im folgenden als **Organisatoren** bezeichnet. Dies beinhaltet sowohl den klassischen, hierfür spezialisierten Organisator als auch die sonst an der Problemlösung beteiligten Mitarbeiter und Manager.

1.2 Der Systemansatz bei der Organisationsgestaltung

Bei einer systematischen Organisationsgestaltung kann weitgehend auf systemtechnischen Modellvorstellungen aufgebaut werden.

1.2.1 Organisatorische Gestaltung als Problemlösungsprozeß

Das Systemdenken stellt den **Problembegriff** (*Abb. 5-2*) an den Ausgang seiner Überlegungen (vgl. *Krüger* 1983, S. 66 f.; *Daenzer/Huber* 1992, S. XVIII; *Nagel* 1992, Sp. 2014 f.; *Probst* 1992, S. 214 f.).

Ein Problem ist die Differenz zwischen einem vorhandenen Ist-Zustand und der Vorstellung von einem gewünschten Soll-Zustand.

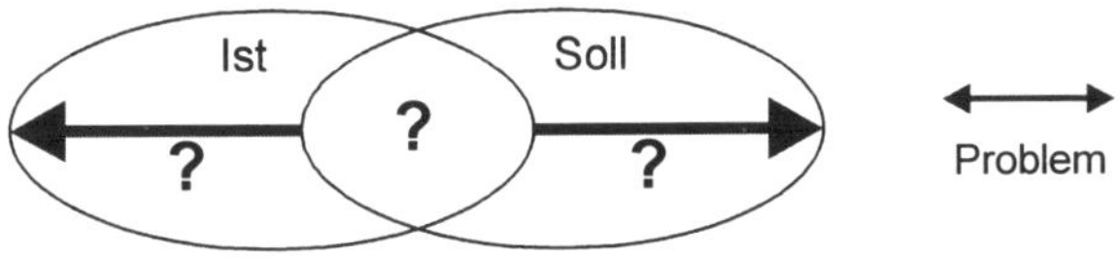

Abb. 5-2: Problem als Differenz zwischen Ist und Soll

Die Mittel und Wege zur Erreichung eines angestrebten Soll-Zustandes werden allgemein als (Problem-)Lösung bezeichnet, die Aktivitäten bis zur Erreichung des Soll-Zustandes bilden den **Problemlösungsprozeß**. Es sei an dieser Stelle ausdrücklich darauf hingewiesen, daß der Begriff des Problems nicht zwangsläufig mit einem negativen Sinngehalt verbunden ist.

Voraussetzung zum Erkennen eines Problems ist, daß der Ist-Zustand bekannt ist und Vorstellungen über den Soll-Zustand vorliegen, so vage diese auch immer sein mögen. Erst diese Vorstellungen lassen den Ist-Zustand als unbefriedigend und damit problembehaftet erscheinen. In der Praxis ist der Ist-Zustand oftmals nur unzureichend bekannt; ebenso sind die Vorstellungen von Soll-Zustand häufig nur undeutlich formuliert. Somit kommen der Analyse des Ist-Zustandes und der Planung des Soll-Zustandes eine tragende Bedeutung zu.

Von einem Problem soll im folgenden nur dann gesprochen werden, wenn ein spezifischer Informationsmangel über das Problem selbst oder über die Lösung vorliegt, der nur relativ schwierig zu beseitigen ist. Oftmals ist auch nicht bekannt, ob der angestrebte Soll-Zustand überhaupt erreicht werden kann. Der Problemlösungsprozeß besteht infolgedessen überwiegend darin, schrittweise Informationen über die Ist-Situation und den Soll-Zustand sowie über die Mittel und Wege zur Erreichung des Soll-Zustandes zu beschaffen und zu verarbeiten.

Wendet man den Systembegriff auf die organisatorische Gestaltung an, so wird damit das jeweilige **Problemfeld** beschrieben, in welchem Problemzusammenhänge vermutet und untersucht werden. Im Hinblick auf das Ausmaß eines organisatorischen Problemfeldes können strategische und operative Organisationsprobleme voneinander unterschieden werden:

- Die Problemfelder von **strategischen** Organisationsproblemen erstrecken sich auf die gesamte Organisation wie zum Beispiel auf die Organisationsform eines Unternehmens. Sie sind stark durch die Unternehmenspolitik geprägt, so daß sehr viele Interessenslagen ins Spiel kommen. Entscheidungen werden auf den oberen Hierarchieebenen getroffen; der Prozeß der organisatorischen Gestaltung ist in starkem Maße durch Machtfragen geprägt.

- **Operative** Organisationsprobleme beziehen sich auf einen oder auch mehrere Geschäftsprozesse oder Funktionsbereiche. Die organisatorische Gestaltung ist hier mehr durch Sachfragen geprägt.

Der Systemansatz kommt - da hier Sachfragen im Vordergrund stehen- vor allem im operativen Bereich und damit im Rahmen des operative Organisationsmanagements zum Tragen. Die schließt jedoch nicht aus, daß der Systemansatz auch bei Problemstellungen des strategischen Organisationsmanagements hilfreich sein kann, zumal wenn eine Versachlichung des Problemlösungsprozesses angestrebt wird.

1.2.2 Betrachtungsweisen des Systemdenkens

Ein wesentliches Prinzip des Systemdenkens besteht darin, durch modellhafte Abbildungen Systeme und Zusammenhänge zu veranschaulichen. Hierbei kommen drei verschiedene Betrachtungsweisen zur Anwendung (vgl. *Daenzer/Huber* 1992, S. 9 ff.).

(1) Die umgebungsorientierte Systembetrachtung

Bei der umgebungsorientierten Betrachtungsweise (*Abb. 5-3*) konzentriert man sich zunächst auf die Zusammenhänge zwischen dem System und seiner Umwelt. Das System selbst wird hierbei als **Black Box** angesehen, dessen interne Struktur nicht weiter interessiert. Es wird vor allem nach der Art und dem Umfang **externer Faktoren** gefragt, welche die Strukturen und die Prozesse des Systems beeinflussen.

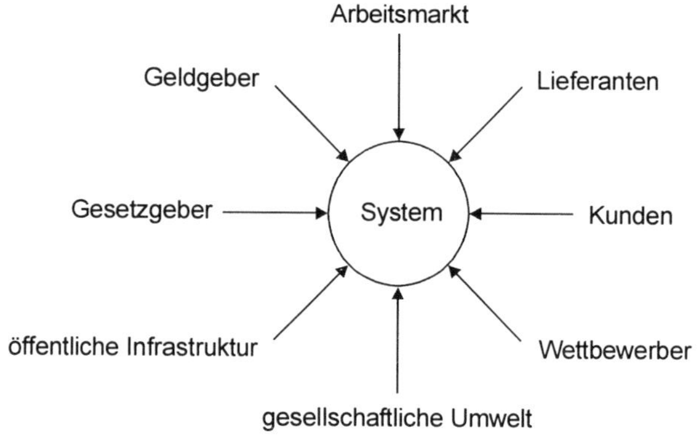

Abb. 5-3: Umgebungsbezogene Systembetrachtung

(2) Die wirkungsbezogene Systembetrachtung

Die Offenheit von Systemen gegenüber der Umwelt bewirkt, daß vielfältige Wechselbeziehungen zwischen dem System und seiner Umwelt bestehen. Bei der wirkungsbezogenen Betrachtungsweise wird die Nahtstelle zwischen dem System und seiner Umwelt untersucht (*Abb. 5-4*). Dabei steht die Fragestellung im Vordergrund, welche wichtigen Einwirkungen oder Eingangsgrößen (Inputs) aus der Umwelt - zusammen mit der Funktionalität des Systems - welche Auswirkungen oder Ausgangsgrößen (Outputs) bewirken. Der vom System erzeugte Output sowie der in das System einfließende Input wird bestimmt und die **Gesamtfunktion** (Transferfunktion) des im System ablaufenden Prozesses beschrieben. Da auch hier die eigentlichen strukturellen Zusammenhänge innerhalb des Systems nicht interessieren, stellt das System selbst wiederum eine Black Box dar.

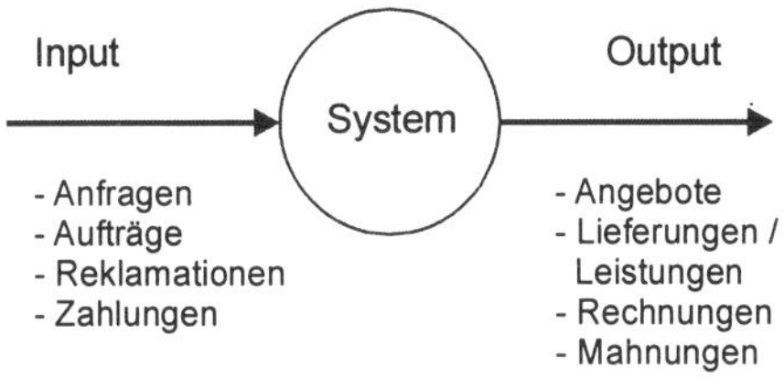

Abb. 5-4: Wirkungsbezogene Systembetrachtung (Beispiel Auftragsabwicklungssystem)

(3) Die strukturbezogene Systembetrachtung

Mit der strukturbezogenen Betrachtungsweise kann erklärt werden, wie der Output aus dem Input entsteht. Es wird hierbei nach den **Elementen** eines Systems und deren **Beziehungen** gefragt; der strukturelle Aufbau und die strukturellen Zusammenhänge des Systems stehen im Vordergrund.

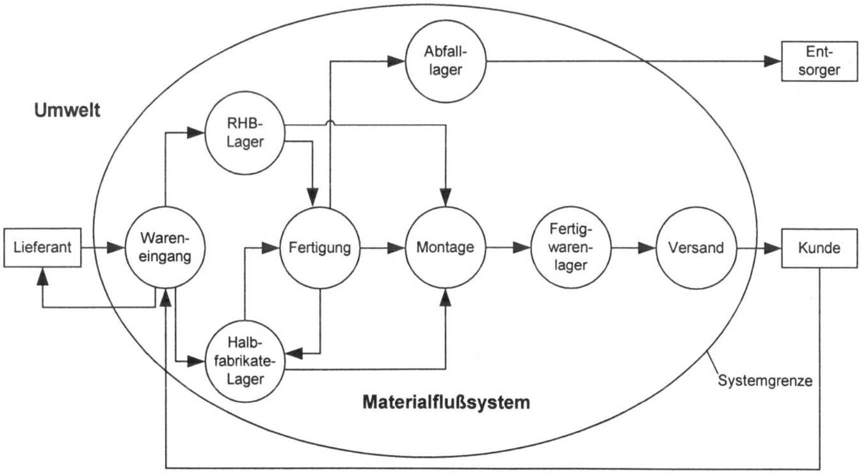

Abb. 5-5: Strukturbezogene Systembetrachtung (Beispiel Materialflußsystem)

Die strukturbezogene Systembetrachtung gestattet es, bestimmte Eigenschaften von Elementen und Beziehungen des Systems, die für den Problemlösungsprozeß relevant erscheinen, hervorzuheben. Mögliche Aspekte wären beispielsweise bestimmte Elementarten, Beziehungsarten, Beziehungszusammenhänge oder funktionale Gesichtspunkte. So sind in *Abbildung 5-5* die Materialflußbeziehungen in den Vordergrund gestellt worden, alle übrigen Aspekte treten dabei in den Hintergrund. Die strukturbezogene Betrachtung eines Systems unter einem bestimmten Aspekt gleicht somit der Betrachtung durch einen Filter. Die Elemente und Beziehungen, die unter einer ganz bestimmten Sichtweise hervorgehoben und abgegrenzt werden, werden als **Teilsystem** bezeichnet.

Die Systembetrachtung unter verschiedenen Aspekten dient in erster Linie dazu, komplexe Sachverhalte übersichtlich beschreiben und darstellen zu können. Die einzelnen Aspekte selbst stehen dabei zueinander ebenfalls in einer Beziehung. So steuert beispielsweise der Informationsfluß den Materialfluß oder sind Weisungen normalerweise mit der Weitergabe von Informationen verbunden.

(4) Die hierarchische Systemauflösung

Erweist es sich als notwendig, ein Systemelement weiter zu präzisieren, so läßt sich dieses wieder wie ein System behandeln, indem es als **Untersystem** dargestellt wird. Wenn ein System in Untersysteme unterteilt wird, so spricht man von einer Systemauflösung. Systemauflösungen sind im Prinzip über beliebig viele Stufen möglich. Die **Auflösungstiefe**, das heißt die Anzahl der Auflösungsstufen, ist allein unter dem Gesichtspunkt der Zweckmäßigkeit festzulegen. Durch die Systemauflösung erhält man nicht nur eine präzisere Aussage über die Systemelemente, sondern auch bezüglich der Beziehungen zwischen den Umwelt- und den Systemelementen. So geht zum Beispiel aus *Abbildung 5-5* hervor, daß das Umweltelement "Lieferant" für die Systemfunktion "Wareneingang" von Bedeutung ist und beim Element "Material" die Untermengen "Roh-, Hilfs- und Betriebsstoffe" und "Halbfabrikate" zu differenzieren sind.

Werden sämtliche Beziehungen zwischen einem System, seinen Subsystemen und seinen Elementen visualisiert, so ergibt sich eine **hierarchische Struktur** (*Abb. 5-6*). Durch dieses Konzept der Systemhierarchie wird es ermöglicht, je nach aktueller Fragestellung einmal das Gesamtsystem, ein andermal ein bestimmtes Untersystem zu betrachten, ohne daß dabei der Gesamtzusammenhang verloren geht.

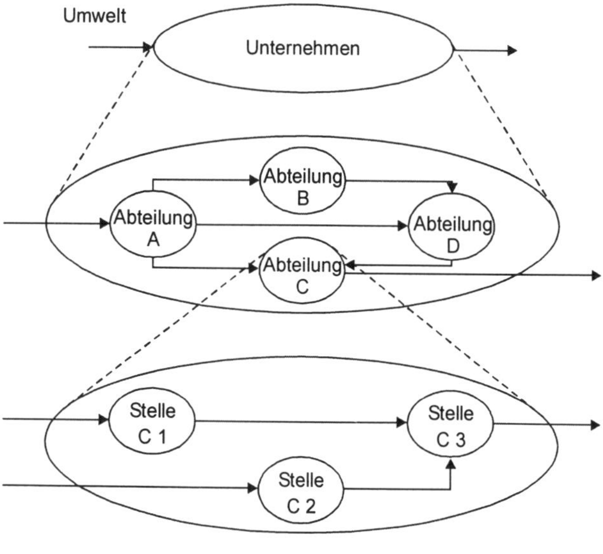

Abb. 5-6: Systemhierarchie

1.2.3 Vorgehensmodell des Systems Engineering

Das Systemdenken hilft dabei, Problemfelder abzugrenzen, Wirkungszusammenhänge zu erkennen und Lösungen zu strukturieren. Durch das **Systems Engineering**-Konzept wurde das Systemdenken prozeßbezogen in ein allgemeines Vorgehensmodell umgesetzt. Das Konzept besteht aus einer Reihe von Methoden und Verfahren, welche die gedankliche Auseinandersetzung mit komplexen Fragestellungen erleichtern. Sie müssen dabei den spezifischen Anforderungen der jeweils zu lösenden Problemstellung angepaßt werden.

Bei der Lösung von Problemen bedarf es des wirkungsvollen Zusammenspiels einer Reihe von Faktoren (*Abb. 5-7*); der Ansatz des Systems Engineering stellt dabei eine **methodische Komponente** dar, die dazu beitragen soll, daß die übrigen Komponenten wirkungsvoll zusammenspielen.

Das Konzept des Systems Engineering findet seine ursprüngliche Anwendung in der Gestaltung von technischen Systemen, bei denen das Denken in Wirkungszusammenhängen und Prozessen im Vordergrund steht (vgl. u.a. *Morton* 1959; *Hall* 1962; *Chestnut* 1973). Das Konzept entspricht damit der Vorstellung von schöpferischer Ingenieurtätigkeit, die sich auch in dem Terminus "Engineering" wiederfindet. In der betrieblichen Praxis setzt sich das Systemdenken zunehmend durch; insbesondere zur Lösung von informationstechnischen Problemstellungen hat es sich außerordentlich bewährt (z.B. *Vetter* 1990). Die Anwendung des Systemansatzes ist jedoch nicht nur auf technische Fragestellungen begrenzt, sondern kann ohne weiteres auch für betriebswirtschaftliche und organisatorische Problemstellungen übernommen werden. Die Ausdehnung des Systemansatzes auf betriebliche Problemstellungen wurde vor allem durch *Daenzer* (1976) eingeleitet; darauf aufbauend wurde der Systemansatz von *Krüger* (1982) und *Schmidt* (1994) auf die organisatorische Gestaltung übertragen.

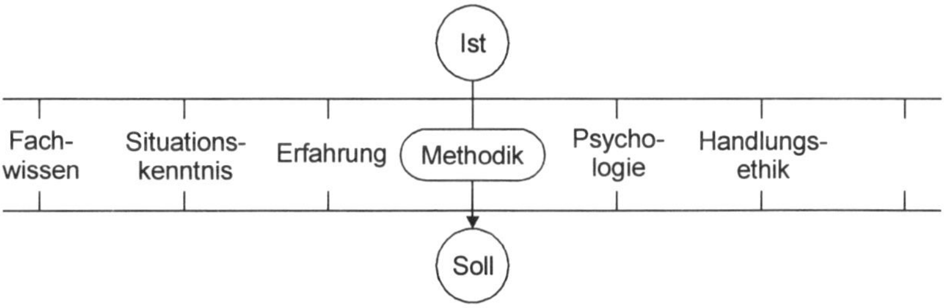

Abb. 5-7: Komponenten eines Problemlösungsprozesses
Quelle: in Anlehnung an Daenzer/Huber 1992, S. XIX

Das Vorgehensmodell des Systems Engineering beschreibt den Prozeß der Problemlösung vom ersten Anstoß über die Systemplanung, -realisation und -kontrolle; es basiert auf den im folgenden beschriebenen vier Grundgedanken (vgl. *Daenzer/Huber* 1992, S. 27 ff.).

(1) Das Vorgehensprinzip "Vom Groben zum Detail"

Das Vorgehensprinzip "Vom Groben zum Detail" sieht vor, daß das Betrachtungsfeld anfangs weiter zu fassen ist, um anschließend schrittweise eingeengt zu werden. Entsprechend dem systemhierarchischen Denken wird zunächst das Problemfeld grob strukturiert und bezüglich seiner wichtigsten Untersysteme und Schnittstellen beschrieben. Es werden nur globale Ziele definiert, und es wird ein genereller Lösungsrahmen festgelegt. Im weiteren Ablauf wird das Problem- und Lösungsfeld zunehmend detailliert und konkretisiert.

Das Vorgehensprinzip "Vom Groben zum Detail" (auch Top down-Prinzip) soll verhindern, daß sofort mit der Analyse und Lösung von Detailproblemen begonnen wird; vielmehr ist für komplexe Problemstellungen zunächst ein Gesamtkonzept zu entwickeln. Dies schließt nicht aus, daß für die routinemäßige Lösung von Problemen, die in ähnlicher Form schon einmal aufgetreten und gelöst worden sind, direkt konkrete Detaillösungen eingeführt werden können. Hier ergibt sich dann nach dem "Bottom up-Prinzip" die Gesamtlösung aus der Addition der Einzelmaßnahmen.

(2) Die Gliederung der Systemgestaltung in Stufen

Der Prozeß der Systemgestaltung wird in einzelne, logisch und zeitlich voneinander zu trennende Schritte untergliedert. Der Ablauf wird in mehrere überschaubare und kontrollierbare Abschnitte eingeteilt, die jeweils mit charakteristischen Arbeitsergebnissen verbunden sind. Hierbei werden allgemein die Stufen der Systemplanung, der Systemrealisierung und -einführung sowie der Systemkontrolle unterschieden. Dabei wird die Stufe der Systemplanung entsprechend der beiden erstgenannten Prinzipien weiter differenziert und in die Planungsstufen der Vorstudie, der Hauptstudie und der Teilstudien unterteilt.

(3) Das Prinzip der stufenweisen Alternativenbildung und -ausscheidung

Für ein Problem gibt es normalerweise mehrere Lösungsmöglichkeiten. Es entspricht dem Vorgehensprinzip des Systems Engineering, sich einen möglichst umfassenden Überblick über die Lösungen zu verschaffen, die auf einer bestimmten Detaillierungsstufe möglich sind. Hierbei geht es weniger um Lösungsvarianten, die sich nur in Details voneinander unterscheiden, sondern um die Suche nach grundsätzlichen Alternativen.

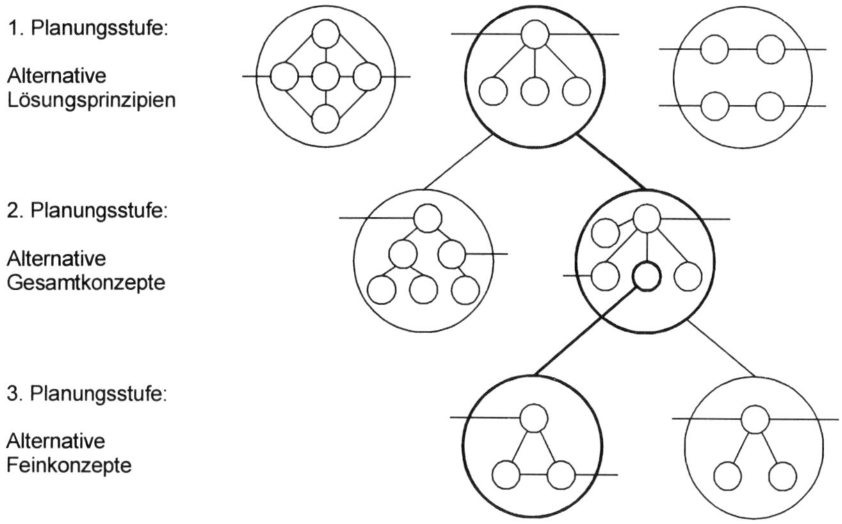

Abb. 5-8: Stufenweise Alternativenbildung und -ausscheidung

Unter Beachtung des Vorgehensprinzips "Vom Groben zum Detail" gilt das Prinzip der Alternativenbildung für alle Detaillierungsstufen; hierbei würde jedoch die Anzahl der Lösungsmöglichkeiten mit jeder weiteren Stufe zunehmen. Die weitere Konkretisierung aller Alternativen wäre mit einem kaum noch zu vertretenen Zeit- und Arbeitsaufwand verbunden. Deshalb ist in Form einer **Zwischenentscheidung** eine Auswahl zu treffen, so daß anschließend nur die Lösungsalternative mit der höchsten Zielwirksamkeit weiter detailliert wird (*Abb. 5-8*).

Die stufenweise Einengung des Lösungsfeldes kann allerdings dazu führen, daß sich aufgrund einer unvollständigen Einsicht in Detailfragen der eingeschlagene Weg als nicht gangbar erweist. In diesem Fall muß im Planungsablauf auf eine höhere Stufe zurückgekehrt werden, um eine neue Lösungsrichtung zu suchen. Wird das mit der Festlegung auf eine bestimmte Lösungsalternative verbundene Risiko als zu groß angesehen, und ist der zusätzliche Aufwand für die gleichzeitige Verfolgung mehrerer Lösungsalternativen im Verhältnis hierzu noch tragbar, so kann es angebracht sein, von vornherein mehrere Alternativen gleichzeitig zu verfolgen und zu verfeinern.

Wenn im Einzelfall die Suche nach mehreren grundsätzlichen Lösungsalternativen nicht erfolgreich ist, so wird zumindest eine höhere Sicherheit hinsichtlich der Richtigkeit der einen erarbeiteten Lösung erreicht. Wird dagegen das Prinzip der stufenweisen Alternativenbildung nicht beachtet, so ist dies mit einem größeren Risiko verbunden, daß grundsätzlich andere Lösungsansätze erst in einem fortgeschrittenen Stadium der Systemgestaltung vorgebracht werden. Dies wäre entweder mit einem aufwendigen Rücksprung in der Systemplanung oder mit dem Verzicht auf mögliche bessere Lösungen verbunden.

(4) Die Gliederung des Planungsprozesses in Phasen

Innerhalb der drei Planungsstufen der Systemgestaltung wird wiederum das Vorgehen in einzelne Planungsphasen gegliedert. Diese Planungsphasen spiegeln die einzelnen Aktivitäten im Problemlösungsprozeß wieder. Während die Planungsstufen die Makro-Logik der Systemgestaltung darstellen, bilden die Phasen einen Zyklus, der als Mikro-Logik in jeder Planungsstufe durchlaufen wird. Diese wiederkehrende Folge von Phasen wird auch **Problemlösungszyklus** genannt (*Daenzer/Huber* 1992, S. 47).

Für die Phasen des Planungsprozesses werden in der Literatur zahlreiche Gliederungen und Bezeichnungen vorgeschlagen. Für den Prozeß der organisatorischen Gestaltung werden im folgenden die vier **Planungsphasen** der Situationsanalyse, der Zielformulierung, der Lösungssuche und der Bewertung zugrundegelegt. Dabei spielt die Zielformulierung eine zentrale Rolle, da Ziele nicht nur den angestrebten Soll-Zustand beschreiben, sondern auch zur Orientierung bei der Lösungssuche sowie als Maßstab bei der Bewertung dienen.

1.2.4 Problem-, Eingriffs- und Lösungsbereich

Das Vorgehensprinzip "Vom Groben zum Detail" schlägt sich auch in der Unterscheidung zwischen dem Problem-, dem Eingriffs- und dem Lösungsbereich nieder (vgl. *Daenzer/Huber* 1992, S. 120 f.). Die Abgrenzung dieser drei Bereiche ist in *Abbildung 5-9* dargestellt.

- Unter dem **Problembereich** (auch Problemfeld oder Untersuchungsbereich) ist jener Bereich zu verstehen, innerhalb dessen die untersuchten Probleme auftreten und die primären Problemursachen vermutet werden.
- Der **Eingriffsbereich** ergibt sich aus dem Bereich des Problemfeldes, in dem Möglichkeiten zur Problemlösung vermutet oder festgestellt werden. Der Eingriffsbereich umfaßt alle sinnvollen und realisierbaren Lösungsmöglichkeiten.
- Der **Lösungsbereich** (auch Gestaltungsbereich) umfaßt ausschließlich den Bereich, der sich aus den Problemlösungen ergibt, die tatsächlich entwickelt und realisiert werden.

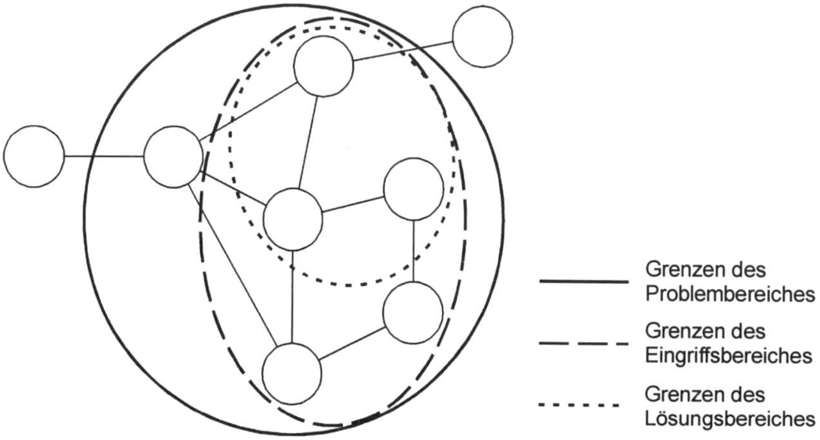

Abb. 5-9: Zur Abgrenzung von Problem-, Eingriffs- und Lösungsbereich
Quelle: in Anlehnung an Daenzer/Huber 1992, S. 120

Zu Beginn der organisatorischen Gestaltung ist zunächst der Problembereich abzugrenzen, bevor eine Eingrenzung des Bereiches erfolgt, innerhalb dessen Veränderungen vorgenommen werden können und dürfen. Erst wenn Problem- und Eingriffsbereich klar beschrieben und abgegrenzt sind, wird der Bereich festgelegt, in dem die eigentliche organisatorische Veränderung vorgenommen werden soll.

1.2.5 Projektmanagement bei der Organisationsgestaltung

Grundsätzlich lassen sich zwei Arten von **Planungsaufgaben** unterscheiden:

- **Routinemäßige**, immer wiederkehrende Planungsaufgaben, wie sie bei der Nutzung und beim Betrieb von Systemen anfallen; sie gehören zum festen Aufgabenbereich des für das System zuständigen Managements und der mit der Systemnutzung betrauten Mitarbeiter.
- **Einmalige**, größere und komplexe Problemstellungen, die ein spezielles Planungsvorgehen erfordern wie beispielsweise die Planung und Erstellung oder Umgestaltung von Systemen. Diese Aufgaben liegen zum Teil außerhalb des eigenen Wissens- und Erfahrungsbereichs und werden durch fallweise gebildete Projektgruppen wahrgenommen.

Zur Lösung von einmaligen Problemstellungen werden normalerweise **Projekte** gebildet; infolgedessen sollte bei umfangreicheren organisatorischen Gestaltungsvorhaben auch das Konzept des Projektmanagements zum Tragen kommen. Dieses Konzept erstreckt sich sowohl auf die Institution der Projektleitung als auch auf die Funktionen der Planung, Steuerung und Kontrolle der Projektabwicklung.

1.2.6 Empirisches und konzeptionelles Vorgehen

Der Systemansatz, das Vorgehensmodell sowie das Projektmanagement stellen jeweils Methoden dar, das heißt Regeln zur planmäßigen Durchführung des Problemlösungsprozesses. Hierauf aufbauend sind für jedes konkrete Organisationsproblem die einzelnen Schritte festzulegen, die ausgehend vom Projektanstoß bis zur Einführung der Problemlösung planmäßig durchlaufen werden sollen. Für organisatorische Veränderungs- und Erneuerungsprozesse können idealtypisch zwei **Vorgehensweisen** unterschieden werden (vgl. *Siemens* 1974, S. 74 f.; *Wittlage* 1986, S. 25 f.; *Schmidt* 1994, S. 83 f.):

- Bei der **empirischen** (induktiven) Methode wird der Ist-Zustand erhoben und die vorhandene Organisation auf Mängel untersucht. Die Ursachen der Mängel werden analysiert und darauf aufbauend Verbesserungsvorschläge erarbeitet. Es werden keine grundlegenden Veränderungen des vorgefundenen Ist-Zustandes in die Überlegungen mit einbezogen. Die Methode bietet sich an, wenn ohne großes Risiko und mit geringem Aufwand vorhandene Mängel schnell beseitigt werden sollen.
- Bei der **konzeptionellen** (deduktiven) Methode werden, ausgehend von allgemeingültigen organisatorischen Erkenntnissen, in einem kreativen Prozeß Idealmodelle entwickelt. Der Soll-Zustand wird unbeeinflußt vom vorliegenden Ist-Zustand konzipiert, wird jedoch anschließend den konkreten Bedingungen angepaßt. Dabei werden nur solange Abstriche am Idealkonzept gemacht, bis ein brauchbarer Kompromiß zwischen den Erfordernissen des Unternehmens und den Möglichkeiten der Ideallösung gefunden ist. Der Vorteil dieser Vorgehensweise ist darin zu sehen, daß innovative Lösungen erarbeitet werden und substantielle Verbesserungen erreicht werden können. Nachteilig kann sich auswirken, daß die Modifizierung und Anpassung der Idealmodelle an die realen Bedingungen nicht durchführbar oder zu unwirtschaftlich ist.

In der Praxis erfolgt die Organisationsplanung eher als **laufendes Wechselspiel** zwischen den beiden idealtypischen Vorgehensweisen. Eine zunächst konzeptionell entwickelte Groblösung wird empirisch auf ihre grundsätzliche Realisierbarkeit überprüft, bevor sie wiederum konzeptionell weiter verfeinert wird. Anschließend werden auch konzeptionelle Detaillösungen erneut empirisch überprüft.

1.3 Komponenten des Organisationsmanagements

Gemäß der hier zugrundeliegenden Definition umfaßt das Organisationsmanagement alle Managementaktivitäten, die bei der systematischen Lösung organisatorischer Probleme erforderlich sind. Dieser Problemlösungsprozeß kann durch geeignete Methoden und Techniken wirkungsvoll unterstützt werden.

1.3.1 Methoden des Organisationsmanagements

Eine Organisationsmethode beinhaltet Regeln zur zielgerechten und effizienten Lösung von organisatorischen Problemen. Ihr Gegenstand ist in erster Linie die planmäßige Abwicklung des eigentlichen Gestaltungsprozesses. Die methodischen Komponenten des Organisationsmanagements lassen sich dabei drei verschiedenen Bereichen zuordnen (*Abb. 5-10*):

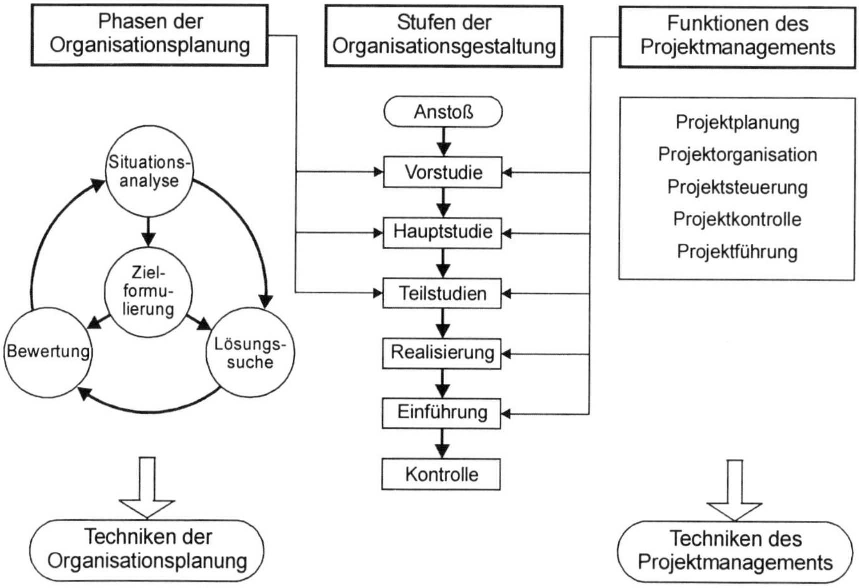

Abb. 5-10: Komponenten des Organisationsmanagements

1. Der Prozeß des Organisationsgestaltung wird zunächst grundsätzlich in die Stufen der Planung, der Realisierung, der Einführung und der Kontrolle unterteilt. Bei dem hier verwendeten Vorgehensmodell wird die Planungsstufe entsprechend dem Vorgehensprinzip „Vom Groben zum Detail" detaillierter strukturiert und weiter in die Stufen der Vorstudie, der Hauptstudie und der Teilstudien differenziert. Somit ergeben sich insgesamt sechs **Stufen der Organisationsgestaltung**.
2. In den drei Planungsstufen der Organisationsgestaltung erfolgt die eigentliche konstruktive Arbeit des Problemlösungsprozesses. Dieser schöpferische Teil des Organisationsprozesses wird hier idealtypisch in vier **Phasen der Organisationsplanung** gegliedert.

3. Das Projektmanagement beinhaltet zunächst - sozusagen als Metaplanung - die Planung des Problemlösungsprozesses selbst. Die Zuteilung von Aufgaben an die beteiligten Personen und deren Koordination, die Gestaltung der Kommunikationsbeziehungen zwischen den Projektbeteiligten sowie die Einbindung des Projektes in die Leitungsorganisation des Unternehmens stellen weitere **Funktionen des Projektmanagements** dar.

Die vorgenommen Dreiteilung ist eher gedanklicher Natur; in der praktischen Organisationsarbeit sind die Komponenten vielfältig miteinander verflochten. Die Verbindung zwischen dem Projektmanagement und dem Organisationsprozeß erfolgt vor allem über das Stufen- und Phasenmodell, das sowohl den Prozeß der Organisationsgestaltung navigiert als auch die Grundlage für die Projektplanung, -kontrolle und -steuerung bildet.

1.3.2 Techniken des Organisationsmanagements

Einzelne Aktivitäten des organisatorischen Problemlösungsprozesses können durch geeignete Techniken unterstützt werden; Techniken stellen die „Werkzeuge der Organisationsarbeit" (*Schmidt* 1994, S. 24) dar. Dabei wird durch die Methode geregelt, welche Techniken für die einzelnen Aktivitäten des Organisationsprozesses einzusetzen sind. Entsprechend der hier vorgenommenen Einteilung können Techniken der Organisationsplanung und Techniken des Projektmanagements unterscheiden werden:

- **Techniken der Organisationsplanung** sind Hilfsmittel zur unmittelbaren Problemlösung. Sie unterstützen die Situationsanalyse, die Zielformulierung, die Erarbeitung von Lösungen und deren Bewertung.
- **Techniken des Projektmanagements** unterstützen die Planung, Organisation, Steuerung und Kontrolle des Organisationsprozesses. Darüber hinaus zählen auch Führungstechniken, Techniken der Gruppenarbeit, der Moderation und der Präsentation zu den Techniken des Projektmanagements.

Die Techniken der Organisationsplanung und des Projektmanagements stellen die **Werkzeuge** der organisatorischen Gestaltung dar. Sie haben wie alle Werkzeuge ihre spezifischen Einsatzfelder; der Erfolg der praktischen Organisationsarbeit hängt entscheidend vom richtigen Gebrauch ab. Dabei sollten folgende Empfehlungen beachtet werden (vgl. *Nagel* 1992, Sp. 2016):

- Bei alternativ anzuwendenden Techniken sollte die Technik eingesetzt werden, bei der die Relation zwischen dem zeitlichen und personellen Aufwand und der Richtigkeit und Genauigkeit der gewonnenen Aussage am besten ist.
- Der Perfektionsgrad des Technikeinsatzes sollte ebenfalls von der Richtigkeit und Genauigkeit der Ergebnisse abhängig sein.
- Die verwendeten Techniken sollten von allen Beteiligten verstanden werden, damit die Ergebnisse und Aussagen auch nachvollziehbar sind.

Zunächst werden in den folgenden Kapiteln des 5. Teils die Methoden des Organisationsmanagements näher beschrieben. Im 6. Teil werden die für die praktische Organisationsarbeit wichtigsten Techniken der Organisationsplanung dargestellt; wenn eine dieser Techniken in den Ausführungen zum Organisationsmanagement angesprochen wird, so wird dies durch das Symbol → gekennzeichnet.

2. Stufen des Organisationsprozesses

Wie zuvor erwähnt, beinhaltet eine Organisationsmethode Regeln zur zielgerechten und effizienten Lösung von organisatorischen Problemen.

Die Methoden zur Abwicklung von Organisationsprozessen wurden im Laufe der Zeit zunehmend differenziert (vgl. *Schmidt* 1980, S. 324 ff.). Als Vertreter der klassischen Organisationslehre entwickelte *Kosiol* (1962) die Vorgehensstufen der Analyse und Synthese. *Acker* (1966) unterscheidet die Stufen der Ist-Aufnahme, der Analyse und der Lösungsentwicklung. *Müller-Pleuss* (1972) entwickelte ein Modell, bei dem ein Organisationsprojekt verschiedene zeitliche Stufen linear durchläuft. Die **zyklischen Vorgehensmodelle** gründen auf dem Ansatz, daß Organisationsprozesse stufenweise ablaufen, wobei die Stufen der Planung sich lediglich im Konkretisierungsgrad voneinander unterscheiden (beispielsweise *Siemens* 1974; *Grochla* 1982; *Schmidt* 1994).

Die Einteilung in Stufen hat sich bei der praktischen Organisationsarbeit sehr bewährt. Die in der Literatur beschriebenen Stufenmodelle unterscheiden sich zum Teil nur geringfügig voneinander (vgl. hierzu *Reschke/Svoboda* 1984, zitiert in *Daenzer/Huber* 1992, S. 46). Das Vorgehensmodell von *Schmidt* (1994) entspricht im wesentlichen dem des Systems Engineering-Konzeptes (*Daenzer* 1976); es wurde von *Krüger* (1983) um entscheidungstheoretische Aspekte ergänzt. *Schmidt* (1994, S. 42 ff.) nimmt eine Strukturierung des Ablaufs von organisatorischen Gestaltungsaufgaben in die Stufen der Vorstudie, der Hauptstudie, der Teilstudien, des Systembaus, der Einführung und der Erhaltung vor.

Die Anzahl der für ein Organisationsprojekt vorzusehenden Stufen hängt im konkreten Einzelfall von der Art, dem Umfang und der Bedeutung einer Problemstellung ab. Somit ist für jeden zu lösenden Problemfall eine individuelle Anpassung an die projektspezifischen Gegebenheiten vorzunehmen und festzulegen, welche Stufen zweckmäßigerweise durchlaufen werden. Jede einzelne Stufe sollte dabei eine weitgehend abgeschlossene Einheit mit definierten Ergebnissen darstellen, so daß mit ihrem Abschluß eine fundierte Entscheidung über das weitere Vorgehen oder über einen Projektabbruch getroffen werden kann.

2.1 Anstoß zur organisatorischen Gestaltung

Unternehmen und sonstige Organisationen sehen sich laufend vor die Notwendigkeit gestellt, ihre Organisationsstrukturen an sich verändernde Randbedingungen anzupassen und sich zu reorganisieren. Als Anstoß für ein Organisationsprojekt kommt allgemein eine wahrgenommene **Abweichung** in Frage. In Anlehnung an das vom *Stanford Research Institut* entwickelten SOFT-Schema (vgl. *Schuller-Götzburg* 1968, S. 149) können sich diese Abweichungen zunächst als ein Störgefühl (bei Schwächen oder Bedrohungen) oder als Sicherungsbedürfnis (bei Stärken oder Chancen) äußern (*Abb. 5-11*).

	Vergangenheit / Gegenwart	Zukunft
positive Abweichung	Stärken (strengths)	Chancen (opportunities)
negative Abweichung	Schwächen (faults)	Bedrohungen (threats)

Abb. 5-11: Anstöße für ein Organisationsprojekt

- **Schwächen** werden durch fehlerhafte, unpassende, fehlende oder unklare organisatorische Regelungen verursacht; sie beeinträchtigen die Arbeitsprozesse und stellen ihre effiziente Abwicklung in Frage.
- Das Bedürfnis, eine zufriedenstellende oder gute Regelung durch eine noch bessere zu ersetzen, kann auch ohne ein Störgefühl entstehen. So können zur Festigung und langfristigen Sicherung einer **Stärke** im Wettbewerb organisatorische Maßnahmen erforderlich sein.
- **Bedrohungen** und **Chancen** für die Organisation ergeben sich normalerweise aus veränderten Umweltbedingungen. Durch organisatorische Maßnahmen können Chancen ausgeschöpft, Bedrohungen abgewendet werden.

Die **Ursachen** für derartige Probleme und damit für den Anstoß zu einer organisatorischen Umgestaltung stammen dabei

- entweder von **außen**; sie lassen sich auf einen Wandel in den Umsystemen der Organisation zurückführen. Sie können der gesellschaftlichen Sphäre (wie beispielsweise Forderungen der Gewerkschaften oder seitens des Gesetzgebers, langfristige Veränderungen im Wertesystem oder im Bildungsniveau) oder dem technischen Fortschritt (etwa neue Informations- oder Fertigungstechnologien) zugeordnet werden. Wechselnde Marktbedingungen erfordern ebenfalls oft eine Anpassung der Organisationsstrukturen.
- oder von **innen** und sind bedingt durch einen Wandel innerhalb des Systems (vgl. *Schanz* 1982, S. 327 ff.). Hier sind meistens die **Organisationsmitglieder** selbst die Ursache von Problemen. Aufgrund von Lernprozessen ändern sie ihre Erwartungen und ihre Einstellungen zu den Aufgaben und Tätigkeiten; durch die Einstellung neuer Mitarbeiter werden zudem neue Wertvorstellungen in die Organisation getragen. Der Motivations- und Bedürfniswandel äußert sich als Effizienzverlust, der sich in einer niedrigen Leistungsbereitschaft oder in hohen Fluktuations- und Absentismusraten niederschlägt. Auch ist ein Personalwechsel im Management oftmals mit neuen Vorstellungen und Zielsetzungen verbunden, deren Umsetzung eine Veränderung der Organisationsstrukturen erfordert. Eine weitere Problemursache stellen strategische Entscheidungen dar, die zu einer Erweiterung oder Reduzierung des Leistungsprogramms führen.

Probleme können entweder relativ konkret formuliert sein oder auch als grobe, oftmals nur vage Vorstellungen über einen veränderten Soll-Zustand bestehen. Ebenso können die Problemsituationen bereits eingetreten (aktuelle Probleme) oder erst noch erwartet werden (potentielle Probleme). Es ist aber immer völlig offen, welche grundsätzlichen Möglichkeiten das Problem lösen können und mit welchem Aufwand der Organisationsprozeß verbunden ist.

Der Problembegriff als Abweichung zwischen Soll- und Ist-Zustand beinhaltet bei organisatorischen Problemen stets eine Reihe von **subjektiven Faktoren** seitens der Beteiligten und Betroffenen. Das subjektive Problemempfinden hängt dabei sehr stark von ihrem Wissen, von ihren Erfahrungen, von ihrem Realitätsbezug und von ihrer Risikofreudigkeit ab; es äußert sich dann in abweichenden

- Kenntnissen und in divergierenden Einschätzungen über den Ist-Zustand,
- Vorstellungen über den anzustrebenden Soll-Zustand,
- Beurteilungen der Dringlichkeit einer Problemlösung,
- Ansichten über die Möglichkeiten zur Problemlösung,
- Vorstellungen darüber, welche Personen von dem Problem berührt und zur Erarbeitung einer Problemlösung kompetent sind.

Wenn die Unklarheiten über diese Fragestellungen sehr groß sind, so sollte zur Klärung zunächst eine **Vorstudie** in Gang gesetzt werden. Dabei kann es aufgrund der Befangenheit und Subjektivität der Betroffenen zweckmäßig sein, die Vorstudie durch Personen durchführen zu lassen, die nicht unmittelbar von der Problemstellung betroffen sind. Organisationsfachleute aus vorhandenen Zentralabteilungen oder externe Organisationsberater sollten sowohl die notwendige Unbefangenheit gegenüber dem System und der Problemsituation als auch das notwendige Fach- und Methodenwissen haben, um diese Fragen in relativ kurzer Zeit beantworten zu können.

Der Anstoß zu einer organisatorischen Gestaltungsmaßnahme geht in der Regel von den verantwortlichen Managern des jeweiligen Problembereiches aus; die Maßnahme kann aber auch durch einen Revisionsbericht veranlaßt werden. Das Ergebnis des Projektanstoßes drückt sich in der Entscheidung aus, in bezug auf eine Problemstellung etwas Konkretes zu unternehmen. Hierzu wird ein Projekt definiert und für die erste Planungsstufe ein **Projektauftrag** formuliert. Dabei sind auch die notwendigen Ressourcen bereitzustellen und die Personen zu bestimmen, die mit der Projektaufgabe betraut werden.

2.2 Die Vorstudie

Das Ziel einer organisatorischen Gestaltungsmaßnahme besteht darin, die Organisationsstrukturen eines Unternehmens, einer Behörde oder einer sonstigen Institution mehr oder weniger umfassend zu verändern oder zu erneuern und damit das Verhaltens der Organisationsmitglieder zu steuern.

Die in einem Unternehmen durchzuführenden Aufgaben und die Anzahl möglicher organisatorischer Lösungen sind sehr vielfältig und unübersichtlich. Bei den einzelnen Organisationsmitgliedern bestehen deshalb meistens unterschiedliche, oftmals konträre Vorstellungen darüber, was zum einen verändert werden sollte und was zum anderen überhaupt machbar und sinnvoll ist. Es ist das Ziel einer Vorstudie, in relativ kurzer Zeit und mit möglichst geringem Aufwand hierüber Klarheit zu gewinnen und Einvernehmen zu erreichen (vgl. *Krüger* 1983, S. 27; *Daenzer/Huber* 1992, S. 39 ff.; *Schmidt* 1994, S. 48 ff.).

Phase	Aktivitäten
Situations-analyse	• Problem grob umschreiben: - Kennzeichen - Art, Ort und Häufigkeit des Auftretens - Ausmaß • Problem beurteilen: - Dringlichkeit - Konsequenzen • Problemfeld abgrenzen und strukturieren: - Unter- und Teilsysteme - wichtige Umweltbeziehungen und Schnittstellen - nicht zu verändernde Randbedingungen • problemrelevante Geschäftsprozesse bestimmen: - Charakteristika (Input, Output, Teilprozesse, Häufigkeiten usw.) - Ausmaß der Problemrelevanz • Problemursachen herausarbeiten • Probleme und ihre Ursachen zu Problemkategorien zusammenfassen; Problemkategorien gewichten
Ziel-formulierung	• Zielträger festlegen: - Schlüsselpersonen - Meinungsbildner • Zielsystem erarbeiten: - erwünschte Wirkungen - unerwünschte Wirkungen - einzuhaltende Randbedingungen • Ziele gewichten: - Muß-Ziele - Kann-Ziele
Lösungs-suche	• Eingriffsbereich abgrenzen: - Eingriffsmöglichkeiten - organisatorische Lösungsmöglichkeiten - Machbarkeit - erwartetes Aufwand-/Nutzenverhältnis • alternative Lösungsprinzipien erarbeiten • zukünftig wirksame Einflußgrößen auf das Lösungsfeld abschätzen
Bewertung	• Lösungsprinzipien bewerten: - Erfüllung der Anforderungen - Aufwand und Nutzen - sonstige Konsequenzen • Entscheidung über Rahmenkonzept vorbereiten: - Fortführung des Projektes (ja/nein) - optimales, weiter zu verfolgendes Lösungsprinzip

Abb. 5-12: Aktivitäten im Rahmen der Vorstudie

Der Untersuchungsbereich der Vorstudie wird durch das gesamte Problemfeld und seine relevante Umgebung gebildet. Es wird ein **Rahmenkonzept** mit generellen Zielsetzungen und alternativen Lösungsprinzipien erarbeitet, wobei als eine Lösung auch die Beibehaltung des Ist-Zustandes zu sehen ist. Hieraus ergibt sich der Charakter der Vorstudie als **Grobstudie.**

Die Vorstudie soll mit relativ geringem Aufwand klären, ob und welche bestehenden Organisationsstrukturen geändert werden sollen und welche grundsätzliche Lösung dabei optimal ist.

Durch die Vorstudie soll in erster Linie geklärt werden,

- ob das richtige Problem angegangen wird,
- wo die Grenzen des Problemfeldes liegen,
- ob es zweckmäßig ist, Lösungen für das Problem zu suchen,
- welche Ziele im Soll-Zustand erreicht werden sollen und welchen grundsätzlichen Anforderungen die Problemlösung genügen muß,
- welche Lösungsprinzipien denkbar sind und ob sie in technischer, wirtschaftlicher, sozialer und zeitlicher Hinsicht realisierbar erscheinen,
- welches Lösungsprinzip das optimale ist.

Die zur Beantwortung der oben aufgeführten Fragen notwendigen Aktivitäten gehen aus der *Abbildung 5-12* hervor. Die Qualität der Arbeitsergebnisse vor allem der Vorstudie determiniert in erheblichem Umfang den Erfolg des gesamten Organisationsprojektes. So wird auch ein großer Teil der insgesamt durch die organisatorische Lösung entstehenden Aufwände bereits in der Vorstudie festgelegt.

2.3 Die Hauptstudie

Der Zweck der Hauptstudie besteht darin, ausgehend von einem vorliegenden Rahmenkonzept ein verfeinertes **Gesamtkonzept** zu erstellen (vgl. *Krüger* 1992, S. 27 f.; *Daenzer/Huber* 1992, S. 41 f.; *Schmidt* 1994, S. 48 ff.). Die Hauptstudie setzt sich mit einem **eingegrenzten Problemfeld** auseinander; ein Schwerpunkt liegt in der Ermittlung der Anforderungen der betroffenen Organisationsmitglieder an den Soll-Zustand. Hierzu wird das System in wichtige Unter- und Teilsysteme strukturiert und bezüglich seiner Schnittstellen zum Umsystem beschrieben. Für die abgegrenzten Problemfelder werden grobe Lösungen erarbeitet, bewertet und zu einem Gesamtkonzept integriert. Das Ergebnis der Hauptstudie ist die Entscheidung für ein weiter zu verfolgendes Gesamtkonzept.

In der Hauptstudie wird die grundsätzliche Lösung der Vorstudie so weit zu einem Gesamtkonzept präzisiert, daß anschließend abgegrenzte Teil- und Untersysteme getrennt weiter geplant und realisiert werden können.

Phase	Aktivitäten
Situations-analyse	• Struktur des Problemfeldes überprüfen: - veränderte Rahmenbedingungen - veränderte Zielsetzungen - Zweckmäßigkeit der Systemgrenzen • Problemfeld weiter in kleinere Problemfelder unterteilen: - Unter- und Teilsysteme - Elemente und Beziehungen - Schnittstellen • problemrelevante Geschäftsprozesse analysieren: - Aktivitäten - Methoden und Techniken - Leistungen • Ursache-Wirkungs-Zusammenhänge der Probleme analysieren • Probleme bezüglich ihrer Beeinflußbarkeit und ihrer Auswirkungen bewerten
Ziel-formulierung	• detaillierte Ziele und Anforderungen seitens der Betroffenen für das Gesamtsystem formulieren und operationalisieren • Kriterien zur Messung der Zielerreichung erarbeiten
Lösungs-suche	• ausgewähltes Rahmenkonzept detaillieren und konkretisieren • Eingriffsbereich präzisieren • Schnittstellen zwischen den Unter- und Teilsystemen genauer bestimmen • alternative Groblösungen für die Unter- und Teilsysteme erarbeiten • Teillösungen zu Gesamtkonzepten integrieren
Bewertung	• Gesamtkonzepte bewerten: - Erfüllung der Anforderungen - Aufwand und Nutzen - sonstige Konsequenzen • Entscheidung über weiteres Vorgehen vorbereiten: - Fortführung des Projektes (ja/nein) - neues Lösungsprinzip erforderlich (ja/nein) - weiter zu verfolgendes Gesamtkonzept

Abb. 5-13: Aktivitäten im Rahmen der Hauptstudie

2.4 Die Teilstudien

Gegenstand einer Teilstudie ist ein einzelnes Unter- oder Teilsystem, das aus dem Gesamtkonzept herausgegriffen wird (vgl. *Krüger* 1982, S. 28; *Daenzer/Huber* 1992, S. 42 f.; *Schmidt* 1994, S. 50 ff.). Die groben Lösungen für die einzelnen Teil- und Untersysteme aus der Hauptstudie werden - soweit erforderlich - getrennt weiterbehandelt. Das Ergebnis der Teilstudien sind **Feinkonzepte** für die einzelne Unter- und Teilsysteme, die in den Rahmen des Gesamtkonzeptes passen und so weit konkretisiert sind, daß sie anschließend realisiert und eingeführt werden können.

> *In einer Teilstudie wird für ein einzelnes Teil- oder Untersysteme ein detailliertes Lösungskonzept (Feinkonzept) so weit ausgearbeitet, daß dieses anschließend realisiert und eingeführt werden kann.*

Aufgrund einer besseren Einsicht in die Problemzusammenhänge und Lösungsmöglichkeiten oder infolge veränderter Randbedingungen können dabei durchaus Anpassungen des Gesamtkonzeptes notwendig oder zweckmäßig sein.

Phase	Aktivitäten
Situations-analyse	• Struktur des Eingriffs- und Lösungsbereiches überprüfen und ggf. anpassen: - veränderte Rahmenbedingungen - veränderte Zielsetzungen - Zweckmäßigkeit der Systemgrenzen
Ziel-formulierung	• Zielsystem überprüfen und ggf. anpassen • detaillierte Anforderungen seitens der Betroffenen an die Unter- und Teilsysteme ermitteln • Normal- und Sonderfälle differenzieren
Lösungs-suche	• ausgewähltes Rahmenkonzept je Unter- und Teilsystem detaillieren und konkretisieren • alternative Feinkonzepte (Teillösungen) je Unter- und Teilsystem erarbeiten • Maßnahmen für die Sonderfälle klären • Schnittstellen endgültig festlegen und beschreiben • Integration der Feinkonzepte sicherstellen • erforderliche Anpassungen des Gesamtkonzeptes vornehmen
Bewertung	• Teillösungen bewerten: - Erfüllung der Anforderungen - Aufwand und Nutzen - sonstige Konsequenzen • Entscheidung über weiteres Vorgehen vorbereiten: - Fortführung des Projektes (ja/nein) - neues Gesamtkonzept erforderlich (ja/nein) - weiter zu verfolgende Feinkonzepte

Abb. 5-14: Aktivitäten im Rahmen der Teilstudien

2.5 Die Realisierung

In der Stufe der Realisierung werden einzelne Teillösungen realisiert. Erforderliche Hard- und Software wird beschafft, installiert und getestet, Formulare werden erstellt und gedruckt. Die Projektdokumentation ist zu ergänzen und fertigzustellen, die Einführung vorzubereiten. Die Realisierung kann sowohl in zeitlich parallelen als auch zeitlich gestuften Abschnitten erfolgen.

2.6 Die Einführung

Die Einführung (auch Implementierung) einer organisatorischen Lösung wird durch ihre offizielle Bekanntgabe eingeleitet. Soweit die betroffenen Mitarbeiter nicht in den organisatorischen Gestaltungsprozeß eingebunden waren, kann eine Erklärung der Maßnahmen und eine Schulung erforderlich sein. Letztere ist insbesondere bei EDV-Anwendungen von großer Bedeutung.

Nach Umfang und Verbindlichkeit sind **Möglichkeiten der Einführung** zu unterscheiden (vgl. *Blum* 1988, S. 21 f.; *Schmidt* 1994, S. 53 ff.):

- Die Einführung kann **endgültig** oder **probeweise** vorgenommen werden. Bei einer probeweisen Einführung sollen zunächst Erfahrungen über die Brauchbarkeit einer Lösung gesammelt werden. Sie empfiehlt sich insbesondere bei einer sehr unsicheren Beurteilung über die Eignung der gewählten Lösung.

- Bei der **schlagartigen** Einführung werden die Lösungen aller Teilstudien gleichzeitig eingeführt. Diese Vorgehensweise ist nur bei relativ kleinen und einfachen Lösungen ohne großes Risiko möglich. Bei großen und komplexen Systemen sollte wegen der Vielzahl der nicht absehbaren Schwierigkeiten eher eine **stufenweise** Einführung im Hinblick auf einzelne Teil- oder Untersysteme vorgenommen werden.

- Bei einer **parallelen** Einführung bestehen die alte und die neue Regelung für eine Übergangszeit nebeneinander, entweder um die Brauchbarkeit der Lösung zu prüfen oder um die betroffenen Personen an die Lösung zu gewöhnen. Bei der **ausschließlichen** Einführung wird die alte Regelung vollständig aufgehoben.

Einzelne Mitarbeiter des Organisationsprojektes sollten eine gewisse Zeit nach der Einführung für Rückfragen und für unvermeidliche Feinkorrekturen zur Verfügung stehen.

2.7 Die Kontrolle

Die Organisationskontrolle (auch Organisationsüberwachung) beinhaltet einen Vergleich des Ist-Zustandes mit dem angestrebten Soll-Zustand. Sie kann unter drei Gesichtspunkten vorgenommen werden:

1. Es wird geprüft, ob die angestrebten Ziele der organisatorischen Gestaltung auch tatsächlich erreicht worden sind oder ob Abweichungen bezüglich der angestrebten Ergebnisse eingetreten sind. Eine derartige Kontrolle der sachlichen Zielerreichung sollte als **Projektkontrolle** regelmäßig während des Prozesses der Organisationsgestaltung vorgenommen werden; sie ist als Leistungs- und Qualitätskontrolle eine wesentliche Aufgabe des Projektmanagements.

2. In regelmäßigen Untersuchungen wird das Organisationssystem selbst auf Fehlerfreiheit beziehungsweise auf Schwachstellen untersucht. Die Intention derartiger **Systemaudits** ist es, das Organisationssystem auf seine Effizienz zu überprüfen und bei Bedarf Verbesserungsmaßnahmen einzuleiten. So gehört es zu den Aufgaben eines Prozeßeigners, seinen Prozeß regelmäßig auf die Einhaltung der Prozeßziele hin zu überprüfen.

3. Die Organisationskontrolle richtet sich als **Frühwarnung** auf Änderungen der Organisationsziele und Randbedingungen, die nach Abschluß einer organisatorischen Gestaltungsmaßnahme im Laufe der Zeit auftreten. Geringfügige Änderungen werden normalerweise durch kleinere Anpassungsmaßnahmen aufgefangen. Gravierende Abweichungen stoßen jedoch einen **Reorganisationsprozeß** an, der wiederum entsprechend dem hier aufgeführten Vorgehensmodell abgewickelt wird.

(1) Organisationskontrolle durch Systemaudits

Der Begriff des Systemaudits entspricht dem der Systemrevision. Er kennzeichnet eine systematische Untersuchung, um festzustellen, ob die Arbeitsprozesse und die erbrachten Ergebnisse den geplanten Vorgaben entsprechen. Das Systemaudit wird durch neutrale, prozeßunabhängige Personen durchgeführt. Es erstreckt sich nicht auf einen einzelnen, isolierten Tatbestand, sondern auf komplette organisatorische Systeme und deren Strukturen. Ein Systemaudit besteht im wesentlichen aus einer Überprüfung der Abläufe und der dabei verwendeten Verfahren. Es soll festgestellt werden, ob Abweichungen zwischen den Soll-Vorgaben und dem Ist-Zustand vorliegen, die Korrekturmaßnahmen erfordern. Zum Systemaudit gehören auch geeignete Verbesserungsvorschläge sowie die Überprüfung ihrer Wirksamkeit.

Grundsätzlich wird zwischen internen und externen Systemaudits unterschieden:

- **Interne Systemaudits** werden durch Personen durchgeführt, die dem Unternehmen angehören, wie beispielsweise durch Angehörige einer Stabsstelle Revision oder durch den Prozeßeigner.
- **Externe Systemaudits** erfolgen durch unternehmensfremde Personen. So wird beispielsweise der Nachweis eines effizienten Qualitätsmanagementsystems dadurch erbracht, daß entweder vom Kunden beim Lieferanten Audits durchgeführt werden oder das Qualitätsmanagementsystem durch eine dritte, neutrale Stelle untersucht und zertifiziert wird.

(2) Organisationskontrolle als Frühwarnung

Es läßt sich nicht vermeiden, daß jede neue oder verbesserte Organisationsstruktur im Laufe der Zeit wieder Probleme aufweisen wird. Damit diese nicht allzu gravierende Folgeprobleme verursachen, sollen sie durch ein geeignetes Frühwarnsystem möglichst frühzeitig entdeckt werden. Gesellschaftliche, ökonomische und technologische Änderungstendenzen sollen rechtzeitig erkannt werden. Derartige Veränderungen vollziehen sich jedoch nicht plötzlich, sondern langsam in einem evolutionären Prozeß. Veränderungen des Kundenverhaltens, der Umwelt und des Wertesystems sind durch ein Frühwarnsystem über geeignete Indikatoren zu erfassen und auszuwerten. Eine Reorganisation ist jeweils erforderlich, wenn die gesammelten Informationen signalisieren, daß die Organisationsstruktur nicht mehr den geänderten Anforderungen seitens der Umwelt genügen wird.

Die Auswahl von Indikatoren zur Frühwarnung zielt darauf ab, Veränderungen rechtzeitig zu erfassen. Als geeignete Indikatoren, auf die sich eine Reorganisation stützen kann, können finanzwirtschaftliche Kennzahlen (zum Beispiel Rentabilität), produktionswirtschaftliche Kennzahlen (zum Beispiel Ausschußrate, Stillstandsrate), Vertriebskennzahlen (zum Beispiel Reklamationsquoten) oder personalwirtschaftliche Kennzahlen (zum Beispiel Fluktuation, Absentismus) in Frage kommen. Neuere, systemorientierte Frühwarnsysteme stellen die vielfältigen Abhängigkeiten mit Hilfe der → *Netzwerktechnik* dar (*Abb. 5-15*). Aufgrund der Netzwerkdarstellung der Unternehmenssituation werden diejenigen Faktoren entdeckt, die mittel- oder langfristig den Erfolg des Unternehmens beeinflussen. Bei registrierten Veränderungen dieser **Frühwarnindikatoren** kann durch geeignete Modifikationen der Organisationsstrukturen entweder rechtzeitig potentiellen Problemen vorgebeugt oder eine mögliche Chance genutzt werden (vgl. hierzu *Gomez/Probst* 1991).

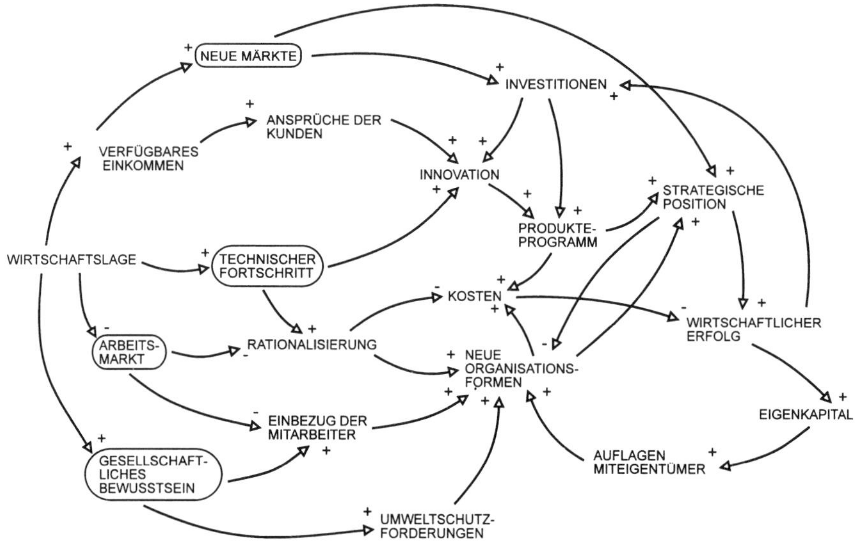

Abb. 5-15: Erkennen von Frühwarnindikatoren im Netzwerkdiagramm
Quelle: Gomez/Zimmermann 1993, S. 241

In der *Abbildung 5-15* sind mögliche Frühwarnindikatoren durch Rahmen gekennzeichnet. So ist beispielsweise das gesellschaftliche Bewußtsein ein Frühwarnindikator. Wird die Entwicklung des Umweltbewußtseins und der Umweltgesetzgebung rechtzeitig richtig eingeschätzt, kann durch eine geeignete Veränderung der Organisationsstrukturen entweder ein Wettbewerbsvorteil gegenüber der Konkurrenz erzielt werden oder aber ein Wettbewerbsnachteil vermieden werden.

3. Phasen der Organisationsplanung

Das Phasenkonzept zur organisatorischen Gestaltung dient dazu, den Problemlösungsprozeß innerhalb der einzelnen Planungsstufen zu organisieren. Es stellt einen Vorgehensleitfaden dar, der sich ganz allgemein zur Lösung von Problemen anbietet. In Anlehnung an den Problemlösungszyklus des Systems Engineering werden im folgenden die in *Abbildung 5-16* dargestellten Phasen unterschieden.

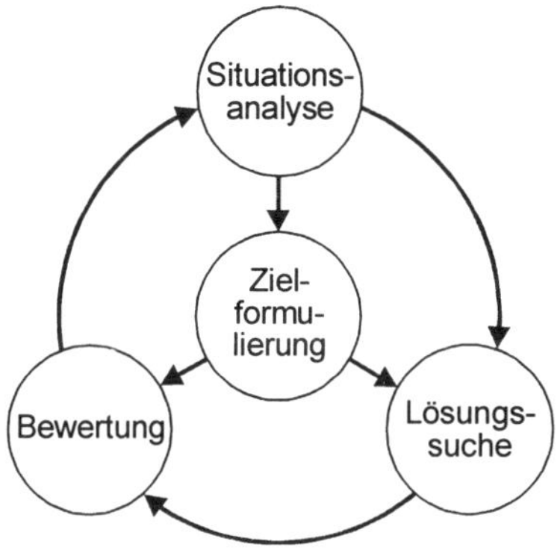

Abb. 5-16: Phasen der Organisationsplanung

Die Phase der Situationsanalyse zielt auf die Untersuchung des Ist-Zustandes, die Zielformulierung auf die Beschreibung des Soll-Zustandes. Im Rahmen der Lösungssuche werden Wege und die Mittel gesucht, mit deren Hilfe der Soll-Zustand erreicht werden kann. Die Auswahl der Problemlösungen, welche die gesetzten Ziele am besten erfüllen, ist Gegenstand der Bewertung.

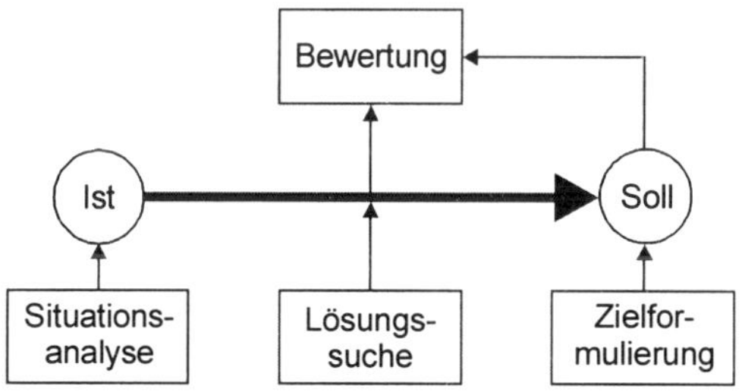

Abb. 5-17: Zusammenhänge zwischen einer Problemstellung und den Phasen des Organisationsprozesses

Die einzelnen Phasen sind nicht isoliert zu sehen, sondern in mancher Hinsicht untrennbar miteinander verflochten. So setzt die Situationsanalyse zumindest unscharfe Vorstellungen über den angestrebten Soll-Zustand voraus. Ebenso können Ziele nur operational formuliert werden, wenn zuvor bereits eine erste Auseinandersetzung mit alternativen Problemlösungen stattgefunden hat. Diesen Interdependenzen zwischen den einzelnen Phasen wird insbesondere das Vorgehensprinzip "Vom Groben zum Detail" gerecht, nach dem die einzelnen Phasen mehrfach mit zunehmender Konkretisierung durchlaufen werden.

Die Reihenfolge der einzelnen Phasen ist nicht zwingend vorgegeben. Wird ein Organisationsprojekt durch ein Störgefühl oder durch eine erkannte Bedrohung initiiert, so sollte als erstes der Ist-Zustand untersucht werden. Kommt dagegen als Auslöser eher ein allgemeines Innovationsbedürfnis oder die Wahrnehmung einer Chance in Frage, so wird zweckmäßigerweise zuerst der angestrebte Soll-Zustand definiert. Soll hingegen eine bereits bestehende Lösung (wie beispielsweise eine allgemein bewährte Standardsoftware) eingeführt werden, so wird von der vorgegebenen Lösung ausgegangen und als erstes durch einen Soll-Ist-Vergleich ermittelt, welche notwendigen organisatorischen Veränderungen mit der Einführung verbundenen sind und welches Rationalisierungspotential ausgeschöpft werden kann. Es kann auch durchaus angebracht sein, daß innerhalb einer Planungsstufe einzelne Phasen überhaupt nicht oder gar mehrfach durchlaufen werden.

Somit läßt sich zusammenfassend sagen, daß die Vorgehensfolge innerhalb einer Planungsstufe im Einzelfall flexibel der konkreten Aufgabenstellung anzupassen ist. In allen Fällen ist jedoch zuerst der Zielbildungsprozeß bewußt abzuschließen, bevor die Problemlösungen bewertet werden und eine bestimmte Lösung festgeschrieben wird.

3.1 Analyse der Problemsituation

Auslösende Faktoren eines organisatorischen Gestaltungsprozesses sind oftmals aufgetretene oder absehbare Schwierigkeiten, die es zu beseitigen gilt. In der Planungsphase der **Situationsanalyse** wird für beide Fälle zunächst der als problematisch empfundene Ist-Zustand ausführlicher beschrieben.

> *Die Situationsanalyse umfaßt die systematische Untersuchung eines als problematisch empfundenen Ist-Zustandes.*

Die Situationsanalyse setzt sich grundsätzlich mit dem Ist-Zustand auseinander. Ihr Zweck besteht vor allem darin, die Problemsituation zu erkennen und deutlich zu machen. Die Untersuchung richtet sich sowohl auf die Ursachen als auch auf die Auswirkungen der beobachteten Schwierigkeiten. Die Ist-Situation soll möglichst transparent dargestellt, durch Fakten belegt und sachlich interpretiert werden, ohne daß dabei bereits Vorstellungen über mögliche Ziele und Lösungen einfließen. Der Situationsanalyse kommt dementsprechend in der Vorstudie eine besondere Bedeutung zu, während ihr Stellenwert in einer Teilstudie von untergeordneter Bedeutung ist.

Der Zweck der Situationsanalyse wird erreicht, indem

- die Probleme und deren Erscheinungsformen klar beschrieben und bewertet werden;
- das **Problemfeld** abgegrenzt wird, die als wichtig erachteten Bereiche und Aspekte dargestellt und die nicht problemrelevanten Bereiche und Aspekte ausgegrenzt werden;

- die hauptsächlich von der Problemstellung betroffenen Personen identifiziert und die am Organisationsprozeß zu beteiligenden Personen bestimmt werden;
- die problemrelevanten Einflußgrößen, die Problemursachen und deren Zusammenhänge systematisch analysiert werden;
- der Spielraum für organisatorische Veränderungen festgestellt wird, wichtige Rahmenbedingungen festgehalten werden und der Eingriffsbereich für die Lösungssuche abgesteckt wird;
- weitere Informationen für die Zielformulierung und die Lösungssuche gesammelt werden.

Die Situationsanalyse vollzieht sich in den in *Abbildung 5-18* aufgeführten Schritten (vgl. hierzu u.a. auch *Krüger* 1983, S. 65 ff.; *Daenzer/Huber* 1992, S. 109 ff.; *Nagel* 1992, Sp. 2019 ff.; *Schmidt* 1994, S. 254 ff.).

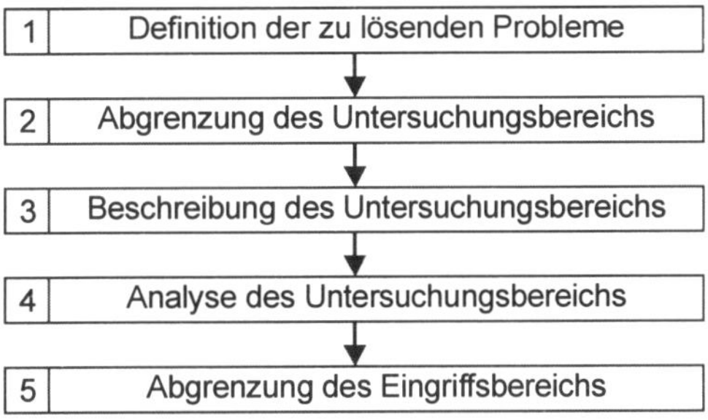

Abb. 5-18: Schritte der Situationsanalyse

3.1.1 Definition der zu lösenden Probleme

Die **Problemdefinition** legt fest, welche Probleme und Teilprobleme in der jeweiligen Planungsstufe des organisatorischen Gestaltungsprozesses gelöst werden sollen. Sie grenzt somit auch ab, welche benachbarten Probleme bewußt ausgeschlossen und nicht weiter behandelt werden.

Bei der Problemdefinition soll weder die Zielformulierung noch die Lösungssuche vorweggenommen werden. In diesem Zusammenhang können folgende typische Fehler auftreten (vgl. *Hauschild* 1992, Sp. 1034):

- Eine **Überdefinition** liegt vor, wenn die Problemdefinition bereits Elemente der Problemlösung enthält. Sie ist in aller Regel die Folge einer zu engen Problemabgrenzung, bei der wichtige Problemzusammenhänge übersehen oder noch nicht gesehen werden. Anstelle einer notwendigen umfassenden Lösung kann eine Überdefinition eine Insellösung zur Konsequenz haben.
- Eine **Unterdefinition** gewährt zu große Handlungsspielräume und führt dazu, daß der Lösungsprozeß zu weit ausufert. Als Folge kann sich eine nicht mehr überschaubare Komplexität oder ein nicht mehr beherrschbarer Innovationsdrang ergeben.

Die zu lösende Problemstellung wird zu Beginn einer weiteren Planungsstufe der organisatorischen Gestaltung entsprechend dem jeweiligen Detaillierungsgrad weiter präzisiert, bei Vorliegen neuer Erkenntnisse auch revidiert.

3.1.2 Abgrenzung des Untersuchungsbereiches

Durch die **Systemabgrenzung** wird der Bereich abgesteckt, der von der Problemstellung und damit auch von der organisatorischen Gestaltung betroffen ist. Im Rahmen der Situationsanalyse umreißen die Systemgrenzen zunächst das gesamte **Problemfeld**, das heißt jenen Bereich, innerhalb dessen Problemzusammenhänge vermutet werden und untersucht werden sollen. Diese Grenzen liegen meistens nicht klar und fest umrissen vor, sondern müssen erst in → *Interviews* oder in Workshops mit Hilfe der → *Moderationstechnik* herausgearbeitet werden. Sie fallen auch nicht zwangsläufig mit den Grenzen bestehender Organisationseinheiten zusammen. In vielen Fällen kann es jedoch angebracht sein, in der Vorstudie zunächst von bestehenden Abteilungsgrenzen als erste Arbeitshypothese auszugehen.

Die Abgrenzung des Problemfeldes, das hinsichtlich der Problemzusammenhänge näher untersucht werden soll, spielt eine große Rolle für das weitere Vorgehen: Je umfassender das zu untersuchende System definiert wird, desto größer ist der Aufwand für die weiteren Planungsstufen und -phasen. Da nur solche Lösungen zulässig sind, die innerhalb der Systemgrenzen realisiert werden können, wird auf der anderen Seite durch *zu* enge Systemgrenzen auch der mögliche Lösungsbereich eingeschränkt. Eine zu enge Abgrenzung kann deshalb die Chance, gute und innovative Lösungen zu finden, deutlich reduzieren. Aus diesem Grunde sollten in der Vorstudie die Systemgrenzen eher weit gezogen werden. In den folgenden Planungsstufen können dann schrittweise die Bereiche ausgegrenzt werden, die als nicht problem- oder lösungsrelevant angesehen werden. Wenn dagegen das Problemfeld im Planungsfortschritt nicht weiter eingeschränkt werden konnte und infolgedessen eine sehr umfassende Lösung erarbeitet worden ist, sollte auf jeden Fall die Realisierung und Einführung in kleineren Schritten erfolgen. Kleine Schritte lassen sich besser beherrschen; sie können leichter korrigiert oder rückgängig gemacht werden, wenn sie sich als nicht zweckmäßig oder gar falsch erweisen.

In allen Fällen ist bei der Systemabgrenzung eine **Minimierung von Schnittstellen** anzustreben. Die Grenzen des Untersuchungsbereichs der Untersysteme sind nach dem Prinzip des "Übergewichts der inneren Bindung" so festzulegen, daß möglichst wenige und einfache Schnittstellen entstehen. Hierdurch wird die Koordination mit dem Umsystem wesentlich vereinfacht (vgl. *Daenzer/Huber* 1992, S. 22 f.).

Das Ergebnis der Systemabgrenzung kann eine **Problemlandkarte** sein, mit der das Problemfeld und seine Umgebung sowie die Zusammenhänge zwischen den Einzelproblemen und den systembildenden Elementen visualisiert sind.

3.1.3 Beschreibung des Untersuchungsbereiches

Damit für alle Beteiligten ein gemeinsames Verständnis des Problemfeldes gegeben ist, erfolgt in einem weiteren Schritt eine **Systembeschreibung**. Diese beinhaltet eine Beschreibung der Ist-Prozesse und -Funktionen sowie die auf sie wirkenden Einflußfaktoren. Für das weitere Vorgehen sind zudem Kenntnisse über das zugrundeliegende Mengen- und Zeitgerüst erforderlich.

(1) Prozeßanalyse

Zunächst werden anhand von konkreten, repräsentativen Geschäftsvorfällen die im Untersuchungsbereich abzuwickelnden Geschäftsprozesse erhoben und ihre Strukturen in Form von → *Folgeplänen* beschrieben. Die bei der Abwicklung erforderlichen Arbeitsunterlagen und Hilfsmittel werden dabei - soweit erforderlich- ebenso erfaßt wie die benötigten Informationen.

In *Abbildung 5-19* ist ein Fragenkatalog aufgeführt, anhand dessen Arbeitsprozesse erhoben und beschrieben werden können. In Interviews mit Managern und Mitarbeitern werden Informationen über die einzelnen Aktivitäten und den damit verbundenen Aufwand, die Zufriedenheit der Mitarbeiter mit den Abläufen sowie die eingesetzten Hilfsmittel gesammelt.

W-Frage	Detailfrage
Was	• Was wird getan? • Sind die Tätigkeiten dokumentiert? • Welche Schnittstellen und Abhängigkeiten gibt es?
Warum	• Warum wird es getan? • Ist es überhaupt notwendig? • Dient es den Unternehmenszielen?
Wer	• Wer tut es? • Wer stößt den Prozeß an? • Wer ist der Prozeßkunde? • Wer prüft die Ergebnisse?
Wie	• Wie wird es getan? • Welche technischen Hilfsmittel und/oder Informationssystem-Anwendungen gibt es? • Wie zufrieden ist der Prozeßkunde mit der Prozeßleistung?
Wann	• Wann wird es getan? • In welchem Zyklus wird die Tätigkeit durchgeführt?
Wo	• Wo wird es getan? • Werden Teilaufgaben an verschiedenen Orten durchgeführt?
Wieviel	• Wieviel Zeit wird für die Tätigkeit benötigt? • Wieviel Aufwand wird verursacht? • Wieviel Mitarbeiter sind von dieser Tätigkeit betroffen?

Abb. 5-19: Fragenkatalog zur Bestandsaufnahme eines Prozesses
Quelle: IBM Deutschland 1993, S. 10

(2) Funktionsanalyse

Im Zusammenhang mit der Prozeßanalyse werden die im Untersuchungsbereich anfallenden Funktionen ermittelt und zweckmäßigerweise in Form eines → *Funktionendiagramms* dokumentiert. Dabei sollte auch untersucht werden, ob im Untersuchungsbereich einzelne Funktionen, die der Aufgabenstellung nach notwendig sind, nicht wahrgenommen werden. Zur Beantwortung dieser Fragestellung bietet es sich an, von einem umfassenden Standard-Funktionenkatalog (z.B. *Busch* 1991) auszugehen, in dem die typischen in einem Funktionsbereich anfallenden Teilprozesse und Aktivitäten sowie die an sie gestellten Anforderungen aufgeführt sind.

(3) Einflußgrößenanalyse

Bei der Organisationsplanung sind nicht nur die funktionalen und strukturellen Aspekte des Systems von Bedeutung, sondern auch die **Umwelteinflüsse**. Die Einflußfaktoren liegen nur selten offen vor; ihre Existenz und Wirken sind oftmals nur an Symptomen zu erkennen. Zweck einer Einflußgrößenanalyse ist es, Art und Umfang der Einflüsse zu ermitteln, die von außen auf das Problemfeld wirken. Es ist vor allem zu untersuchen, ob die Einflüsse eher passiver oder aktiver Natur sind, ob sie veränderbar sind oder als Fixpunkte akzeptiert werden müssen. Vor allem für erst zukünftig wirksame Einflußgrößen sind die erwarteten Auswirkungen auf das Problemfeld zu untersuchen.

Zukünftig wirksame Einflußgrößen können beispielsweise zu erwartende gesetzliche Regelungen, neue Zielsetzungen der Unternehmensleitung, neue Entwicklungen in der Hard- und Software oder absehbare Veränderungen des Arbeitsmarktes sein.

(4) Mengen- und Zeituntersuchung

Für die einzelnen Teilprozesse und Aktivitäten sind die Mengen und Zeiten zu ermitteln. Anhand von **Mengenuntersuchungen** werden die mengenmäßig erfaßbaren Sachverhalte des Untersuchungsbereichs wie beispielsweise Aufträge, Kunden, Artikel oder Aufgaben erfaßt und nach bestimmten Kriterien wie Häufigkeit oder Wichtigkeit geordnet. Die → *ABC-Analyse* stellt eine allgemein anwendbare Technik dar, um Sachverhalte nach bestimmten Merkmalen zu ordnen und hieraus Prioritäten festzulegen. Eine **Zeitermittlung** kann beispielsweise durch Schätzen oder → *Zeitaufnahmen* vorgenommen werden; die einzelnen Verfahren unterscheiden sich vor allem im Hinblick auf die erzielbare Genauigkeit und den erforderlichen Aufwand. Aus den erhobenen Mengen und Zeiten lassen sich je Teilprozeß und je Aktivität aussagefähige **Leistungskennziffern** ableiten.

3.1.4 Analyse des Untersuchungsbereiches

Probleme werden zunächst nur mehr oder weniger stark vermutet. Diese Vermutungen können das Ergebnis einer systematischen Problemsuche sein; sie können aber auch die Folge einer Änderung der Unternehmensziele und -politik und den hieraus resultierenden Strategieänderungen sein. Die **Problemanalyse** hat die systematische Erfassung und Beschreibung der vermuteten organisatorischen Probleme sowie ihre Diagnose und ihre Beurteilung zum Inhalt.

Die Problemanalyse kommt vor allem dann zum Tragen, wenn negative Abweichungen behoben werden sollen. Reale komplexe Mängel der Organisation, zu denen auch das Nichtbeachten bewährter Grundsätze gehört, werden allgemein als **Schwachstellen** bezeichnet (*Blohm* 1977, S. 144). Eine Problemanalyse erstreckt sich in erster Linie auf derartige organisatorische Schwachstellen.

(1) Problemerfassung

Um eine Schwäche oder Stärke, eine Chance oder Bedrohung erkennen zu können, ist eine Vorstellung über normale oder erreichbare Zustände notwendig. Derartige

Zielvorstellungen können in der Vorstudie aus Leit- und Vorbildern, aus einem Vergleich mit ähnlichen Sachverhalten oder aus intuitiven Erwartungen herstammen. Solange keine konkreten Zielvorstellungen vorliegen, setzt die Problemanalyse ein breites Spektrum an allgemeinen **Soll-Vorstellungen** voraus, über die in der Regel nur ein erfahrener Organisator verfügt. Organisatorischen Unzulänglichkeiten können dabei auf verschiedene Arten erfaßt werden:

- Im Zusammenhang mit den vorangegangenen Ist-Aufnahmen zur Beschreibung des Untersuchungsbereiches sind bereits einzelne Schwachstellen aufgedeckt oder zumindest angedeutet worden.
- Durch Vergleich mit anderen Unternehmen derselben oder fremder Branchen, durch das Studium von Fachliteratur oder durch den Besuch von themenspezifischen Kongressen können Mängel der eigenen Organisation erkannt werden.
- Das Problembewußtsein von fachspezifischen Experten wird genutzt, wenn erfahrene Unternehmensberater beauftragt werden; dies gilt ebenso für die externe Rekrutierung von Mitarbeitern, die in erfolgreichen und damit häufig auch in gut organisierten Unternehmen Kenntnisse und Erfahrungen sammeln konnten.
- Anhand von → *Checklisten* (auch Prüffragenkataloge) kann für einen bestimmten Funktionsbereich überprüft werden, ob bestimmte Ziele erreicht oder Lösungen implementiert sind. Das Fehlen der "abgecheckten" Ziele und Lösungen gilt dabei als Problemursache, ihre Einführung als Problemlösung.

In *Abbildung 5-20* sind einige typische organisatorische Schwachstellen aufgeführt.

- Einzelne Aktivitäten werden mehrfach, andere gar nicht durchgeführt.
- Es werden einzelne Aktivitäten durchgeführt, die für die Abwicklung des Geschäftsprozesses nicht / nicht mehr erforderlich sind.
- Der Aufwand für die Prozeßabwicklung ist unverhältnismäßig hoch.
- Es werden Aktivitäten ohne erkennbaren Wertzuwachs wiederholt durchgeführt.
- Es besteht Unklarheit darüber, wer welche Aufgaben wahrzunehmen hat.
- Der Gesamtablauf eines Geschäftsprozesses ist in sehr viele kleine Bearbeitungsschritte aufgeteilt.
- Für einen Sachverhalt wird auf unterschiedliche Informationsquellen zugegriffen.
- Es erfolgen nicht-automatisierte Übertragungen von Informationen von einem Informationsmedium auf ein anders (Medienbrüche).
- Es wird keine Differenzierung der Geschäftsvorfälle in Normal- und in Sonderfälle vorgenommen.
- Die Informationsübermittlung dauert zu lange.
- Es sind häufig Rückfragen erforderlich.
- Aufgaben, Kompetenzen und Verantwortung fallen auseinander.

Abb. 5-20: Typische organisatorische Schwachstellen

Ein übergeordnetes Problem ist oftmals mit mehreren Teilproblemen verbunden, deren gemeinsame Ursache das jeweils übergeordnete Problem ist. Eine sinnvolle **Gruppierung** gleichartiger oder verwandter Probleme fördert das Erkennen von Abhängigkeiten und Zusammenhängen, die bei der Lösung der Teilprobleme zu berücksichtigen sind. Durch die Bildung von Problemgruppen und die Formulierung von Problemüberschriften wird eine Katalogisierung der erkannten Teilprobleme erreicht.

(2) Problembeschreibung

Die erfaßten Probleme sind zunächst nur unscharf beschrieben worden; deshalb ist es erforderlich, in einem weiteren Teilschritt die festgestellten oder vermuteten Abweichungen präziser zu beschreiben. Mit der Darstellung des Untersuchungsbereiches ist zwar der Ist-Zustand hinreichend bekannt; die Abweichungen und damit die Probleme können jedoch erst dann genau formuliert werden, wenn auch der Soll-Zustand klar beschrieben ist. Dies trifft vor allem auf die Vorstudie zu, der lediglich vage Zielvorstellungen zugrunde liegen. In den nachfolgenden Planungsstufen kann dagegen auf den Zielen aufgebaut werden, die in der jeweils vorangegangenen Stufe formuliert wurden.

1. **Inhalt**:
   Was ist anders als es sein sollte?
   Worin besteht die Abweichung?
   Was ist daran besonders auffällig?
2. **Ort**:
   Wo tritt die Abweichung in Erscheinung?
   Was unterscheidet diesen Ort von den anderen Orten?
   Gab es Veränderungen an diesem Ort?
3. **Zeit**:
   Wann wurde die Abweichung am Objekt zuerst beobachtet?
   Welche anderen Veränderungen sind gleichzeitig aufgetreten?
   Was ist in dieser Zeit noch geschehen?
4. **Ausmaß**:
   Wie groß ist die aufgetretene Abweichung?
   Warum ist diese Abweichung ungewöhnlich?
   Wieviele Objekte sind betroffen?
   Welcher Trend ist zu beobachten?

Abb. 5-21: Fragestellungen zur Problembeschreibung
Quelle: in Anlehnung an Kepner/Tregoe 1973, S. 24

	IST	**IST-NICHT**
WAS	hohe Fluktuation bei den Meistern und Gruppenleitern	bei den ausführenden Mitarbeitern sowie bei den Abteilungsleitern
WO	im Bereich Produktion, insbesondere in der Montage	in den anderen Unternehmensbereichen
WANN	seit Mitte letzten Jahres	vorher
WIE GROSS	Verdoppelung bis Verdreifachung gegenüber den Vorjahren	normale Fluktuation

Abb. 5-22: Beispiel für eine Problembeschreibung

Das Problemfeld wird somit durch die genaue Beschreibung des Ist-Bereiches und des Ist-Nicht-Bereiches präziser eingegrenzt. Diese beiden Bereiche unterscheiden sich voneinander durch eine Besonderheit, die als **Ursache** für das beschriebene Problem in Frage kommt. Durch den Vergleich des Ist-Bereiches mit dem Ist-Nicht-Bereich und die Frage nach den Unterschieden wird vor allem die spätere Analyse der Problemursachen erleichtert. Denkbare Ursachen, die sowohl im Ist-Bereich als auch im Ist-Nicht-Bereich vorkommen, können dann nicht mehr in Betracht kommen, da sie andernfalls auch im Ist-Nicht-Bereich zu einem Problem führen müßten.

(3) Problembewertung

Im allgemeinen stehen nicht immer genügend Zeit und Mittel zur Verfügung, alle erkannten Probleme sofort und optimal zu lösen. Deshalb ist eine Entscheidung zu treffen, ob sich der Aufwand für eine Problemlösung lohnt oder ob man "mit dem Problem leben" kann. Für diese Entscheidung können folgende Kriterien herangezogen werden (vgl. *Kepner/Tregoe* 1973, S. 16):

- Die **Bedeutung** eines erkannten Problems gibt seine organisatorische Tragweite wieder. Die Anzahl der betroffenen Mitarbeiter, Abteilungen und Kunden, die Auswirkung auf die Effizienz und Zufriedenheit, die durch ein Problem verursachten Kosten sind beispielhafte Prüfmerkmale zur Beurteilung der Bedeutung eines Problems.
- Die **Dringlichkeit** des Problems wird daran gemessen, wieviel Zeit zur Problemlösung zur Verfügung steht und mit welchen Konsequenzen es verbunden ist, wenn der Problemlösungsprozeß aufgeschoben wird.
- Die **Tendenz** eines Problems gibt wieder, ob für den Fall, daß keine Maßnahmen eingeleitet werden, die Bedeutung und die Dringlichkeit des Problems weiter zunehmen oder eher abnehmen werden.

Sehr wichtige und dringende Probleme sind vorrangig zu lösen, während eher unbedeutende und weniger dringende Probleme sich oft von selbst erledigen und deshalb - vor allem bei knappen Ressourcen zur Problembearbeitung - nicht weiter verfolgt werden sollten. Darüber hinaus können aber auch starke personelle Widerstände gegen eine Veränderung vorliegen, so daß es nicht durchsetzbar ist, eine als problematisch erkannte Situation zu verändern.

(4) Problemdiagnose

Alle ermittelten Probleme sind zunächst grundsätzlich nur als **Symptome** anzusehen, die Mängel und Schwachstellen im betrachteten Bereich signalisieren. Die Problemdiagnose beschäftigt sich mit der Untersuchung der lokalisierten Abweichung unter der Zielsetzung, die Ursachen für die erkannten Probleme festzustellen und mögliche **Ursachenketten** herauszuarbeiten. Wenn diesem Teilschritt nicht genügend Aufmerksamkeit geschenkt wird, besteht die Gefahr, daß nicht die Probleme gelöst werden, sondern lediglich "an Symptomen kuriert" wird. Eine Problemlösung soll jedoch möglichst die Ursachen beseitigen und nicht nur die Wirkungen kompensieren.

Je nach Komplexität sind Problemsituationen durch diverse Ursachen, Einflußgrößen und Symptome gekennzeichnet, die mehr oder weniger intensiv in Beziehung zueinander stehen können. Eine organisatorische Schwachstelle kann deshalb selten isoliert betrachtet werden, da die zugrundeliegenden Ursachen sich häufig an mehreren Stellen auswirken und die Schwachstelle selbst wiederum als Ursache für weitere Schwachstellen wirken kann. Problemkomplexe sind deshalb im Zusammenhang zu sehen. Im Rahmen der Problemdiagnose werden die möglichen Ursachenketten und -vernetzungen herausgearbeitet und die Wirkungszusammenhänge beschrieben.

In einfacheren Problemsituationen sind die Wirkungszusammenhänge oft linear miteinander verknüpft; sie können mit einfachen Beschreibungstechniken dargestellt werden wie beispielsweise in Form von → *Ursache-Wirkungs-Diagrammen.* Dagegen erfordern komplexere Problemsituationen (wie beispielsweise in *Abbildung 5-23* dargestellt) eine Technik, mit der die Vielzahl der miteinander wirkenden Problemfaktoren und die Komplexität ihrer ursächlichen Zusammenhänge anschaulich dargestellt werden können. Die → *Netzwerktechnik* stellt ein geeignetes Hilfsmittel dar, komplex vernetzte Problemsituationen ganzheitlich darzustellen (vgl. hierzu *Probst/Gomez* 1991).

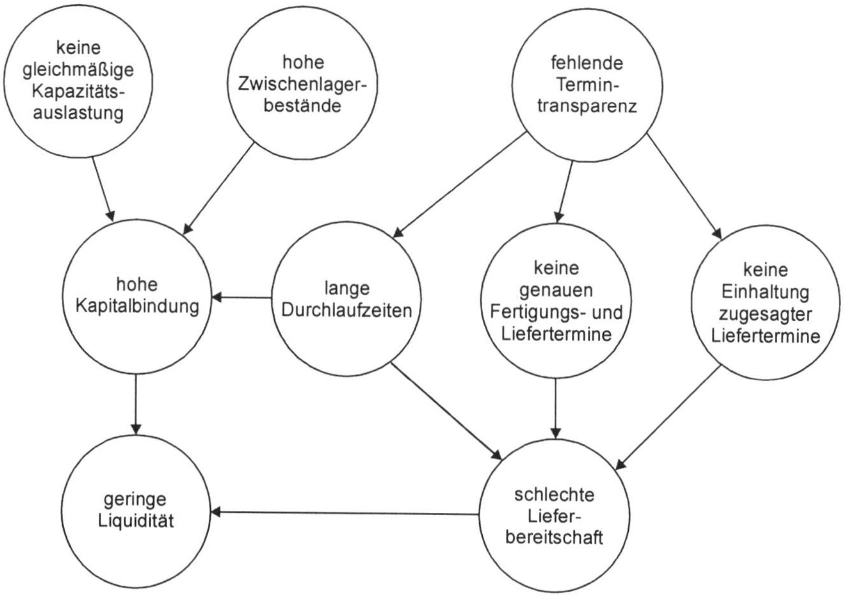

Abb. 5-23: Ursache-Wirkungs-Zusammenhänge (Beispiel)

3.1.5 Abgrenzung des Eingriffsbereiches

Vor der Ausarbeitung von Problemlösungen muß geklärt werden, welche Systemelemente sich überhaupt verändern lassen. Der **Eingriffsbereich** stellt jenen Bereich des Problemfeldes dar, innerhalb dessen Lösungsmöglichkeiten angenommen oder festgestellt werden. Dabei ist zwischen Problemgrößen zu unterscheiden, die durch organisatorische Maßnahmen beeinflußbar und die nicht beeinflußbar sind. Je nachdem, welche Macht und welche Kompetenzen der jeweilige Problemlöser hat, kann er auf bestimmte Faktoren verändernd einwirken oder nicht. Insbesondere die von außen auf das Problemfeld wirkenden Einflußgrößen sind in der Regel nicht oder kaum veränderbar.

Die nicht beeinflußbaren Problemgrößen stellen für die Zielformulierung und die Lösungssuche **Rahmenbedingungen** (auch Sachzwänge, Restriktionen, Randbedingungen oder Beschränkungen genannt) dar; diese können unterschiedlich begründet sein:

- Beschränkungen können als Auflagen **seitens der Unternehmensleitung** vorgegeben werden. Insbesondere können die zur Verfügung stehenden Ressourcen oder zeitliche Vorgaben die Eingriffsmöglichkeiten zur Lösung der Probleme begrenzen. Derartige Rahmenbedingungen, unter denen ein Organisationsprojekt durchzuführen ist, sollten bereits im Projektauftrag fixiert werden.
- Zusätzliche Rahmenbedingungen können als **rechtliche Rahmenbedingungen** vorgegeben sein. Für die organisatorische Gestaltung sind vor allem die für das Arbeitsrecht maßgebenden Rechtsquellen (Betriebsvereinbarungen, Tarifverträge, Verordnungen und Gesetze) von Bedeutung.
- Einen weiteren Bereich an Restriktionen kann das **Fehlen von ausreichender Akzeptanz** bilden. Hierbei können auch Interessenslagen und emotionale Aspekte eine Rolle spielen. Vor allem die durch den Betriebsrat formulierten Interessen sind in diesem Zusammenhang zu berücksichtigen.
- Rahmenbedingungen ergeben sich auch immer aus den Ergebnissen der jeweils **vorgelagerten Planungsstufe**, die - sofern keine Planrevision vorgenommen wird - für die jeweils nachfolgende Planungsstufe Vorgabecharakter haben.

3.2 Formulierung von Zielen

Ein Zustand kann auch dann als unbefriedigend empfunden werden, ohne daß zunächst klar ist, was denn befriedigend wäre. In der Planungsphase der **Zielformulierung** müssen dann die Vorstellungen vom Soll-Zustand präzisiert werden.

Die Zielformulierung legt die Anforderungen an den zu realisierenden Soll-Zustand in qualitativer und quantitativer Hinsicht fest.

Insbesondere für Organisationsprojekte mit einem hohen Innovationsgrad sind die Ziele nicht einfach gegeben, sondern in einem aufwendigen Zielbildungsprozeß zu entwickeln:

- Mit dem Anstoß zur organisatorischen Gestaltung sind nicht selten nur relativ vage Ziele vorgegeben. Die Ziele werden mit jedem Durchlauf des Phasenzyklusses erneut bearbeitet, dabei zunehmend konkreter: Zunächst wird für das Rahmen- und anschließend für das Gesamtkonzept eine Zielsetzung formuliert; nachfolgend werden hieraus für einzelne Unter- und Teilsysteme spezifische Ziele festgelegt, die aus den übergeordneten Zielen abgeleitet sind oder sie ergänzen.
- In neuartigen Problemsituation sind die Beteiligten relativ offen für neue Gedanken und Ideen. Die Zielformulierung wird dabei nicht nur durch die Frage gesteuert, was man machen will, sondern auch durch die Überlegung, was man machen könnte.
- Oft bestehen bei den von der organisatorischen Gestaltung betroffenen Personen unterschiedliche, teilweise gegeneinander konkurrierende Zielvorstellungen. Durch das Zusammentreffen heterogener Interessen treten zwangsläufig Konflikte auf, die entschärft oder aufgehoben werden müssen.

Die Phase der Zielformulierung hat den Zweck, neue Zielideen zu finden, sie zusammen mit den bestehenden Zielvorstellungen systematisch zu strukturieren und zu vervollständigen, aufgetretene Zielkonflikte zu erkennen und zu beseitigen sowie die

Ziele schließlich verbindlich festzuschreiben (vgl. *Daenzer* 1976, S. 67 ff.; *Grochla* 1982, S. 58 ff.; *Krüger* 1983, S. 35 ff.; *REFA* 1985a, S. 78 ff.; *Daenzer/Huber* 1992, S. 135 ff.; *Schmidt* 1994, S. 281 ff.). Eine derartige Zielformulierung vollzieht sich in den in *Abbildung 5-24* aufgeführten Schritten. Bevor jedoch auf den Prozeß der Zielformulierung näher eingegangen wird, wird zunächst die Bedeutung von Zielen im Rahmen eines Organisationsprojektes angesprochen; weiterhin werden die dabei zu berücksichtigenden unterschiedlichen Zielarten charakterisiert.

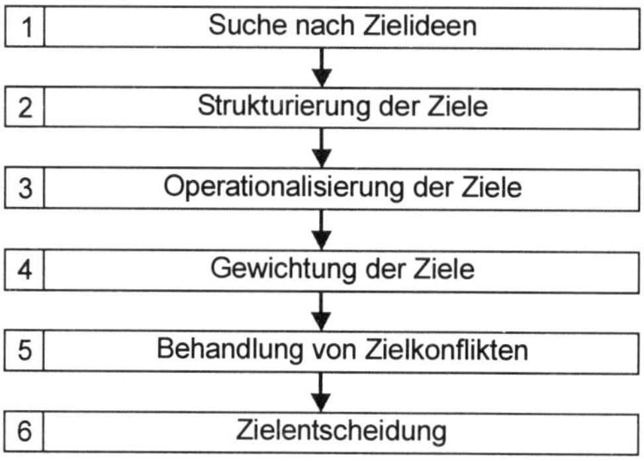

Abb. 5-24: Schritte der Zielformulierung

3.2.1 Die Bedeutung von Zielen

Den Zielen kommen im organisatorischen Gestaltungsprozeß mehrere Funktionen zu; sie dienen

- zur **Orientierung** bei der Erarbeitung von Problemlösungen: Es muß ersichtlich sein, in welche Richtung und mit welchen Prioritäten die erkannten Probleme behandelt werden sollen. Unklare Zielsetzungen hingegen erlauben keine "gezielte" Lösungssuche: Wer das Ziel nicht weiß, kann den Weg nicht kennen.
- als eindeutige **Entscheidungshilfe** zur Auswahl der besten Lösung: Ziele stellen die Grundlage zur Erarbeitung von Beurteilungsmaßstäben dar, um bei Vorliegen mehrerer Problemlösungen diese vergleichen und bewerten zu können.
- zur **Motivation** der Handelnden: Klare, von den beteiligten Personen akzeptierte und realistische Ziele sind notwendige Voraussetzung für motiviertes Handeln.
- als Grundlage für die **Koordination** der einzelnen Aktivitäten: Alle Aktivitäten im Organisationsprozeß sind auf die gemeinsame Zielsetzung hin auszurichten.
- als Soll-Vorgabe für die **Kontrolle** der Arbeitsergebnisse: Ausschließlich anhand der jeweiligen Zielerreichung kann der Erfolg oder Mißerfolg der eingeführten organisatorischen Maßnahmen und damit auch die Qualität der durchgeführten Organisationsarbeit beurteilt werden.
- zur **Information**: Die betroffenen Mitarbeiter und auch externe Betroffene können anhand der zugrundeliegenden Ziele über den Zweck von organisatorischen Maßnahmen informiert werden; eventuell müssen einzelne Handlungen anhand der Ziele gegenüber Dritten gerechtfertigt werden.

Den Zielen kommt demnach bei der organisatorischen Gestaltung eine **tragende Bedeutung** zu. Sie sollten deshalb nicht nachträglich zur Rechtfertigung bereits eingeleiteter Maßnahmen definiert werden. Sie sind vielmehr bereits vor der Lösungssuche mit einer ihrem Stellenwert entsprechenden Sorgfalt zu formulieren und sollten von allen Beteiligten akzeptiert werden. Ohne die vorherige Festlegung sorgsam überlegter und einleuchtender Ziele wird das erfolgreiche Gelingen des organisatorischen Gestaltungsprozesses erheblich beeinträchtigt. „Wichtiger als die Auswahl der richtigen Lösung ist zunächst die Bestimmung der richtigen Ziele. Denn werden falsche Ziele gewählt, werden zwangsläufig irrelevante Problemstellungen angegangen. Wird hingegen eine beliebige Lösung auf der Basis von Zielen - deren Formulierung durch eine seriöse Situationsanalyse ermöglicht wurde - gewählt, resultiert schlimmstenfalls eine suboptimale Lösung“ (*Daenzer* 1976, S. 67).

3.2.2 Zielarten eines Organisationsprojektes

Es hat sich als zweckmäßig erwiesen, bei den Zielen eines Organisationsprojektes zwischen Systemzielen, Vorgehenszielen und Rahmenbedingungen zu unterscheiden (*Abb. 5-25*).

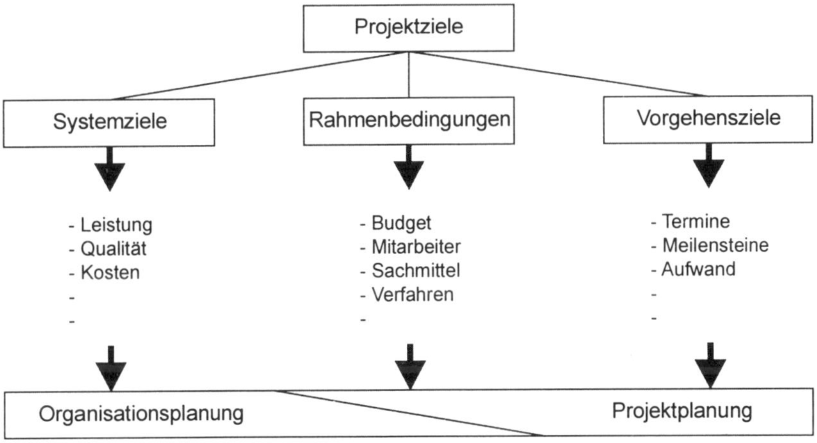

Abb. 5-25: Zielarten eines Organisationsprojektes

- **Systemziele** definieren anzustrebende Zustände, die am Ende des Gestaltungsprozesses mit der Lösung erreicht oder auch vermieden werden sollen („Was soll erreicht werden?“). Sie beschreiben die zu erbringende Systemleistung und somit die gewünschten Eigenschaften des Soll-Zustandes. Sie beinhalten alle Forderungen und Wünsche, welche die neue Organisationsstruktur nach ihrer Implementierung erfüllen soll. Die angestrebten Systemziele werden oftmals als **Anforderungen** in Form von **Pflichtenheften** beschrieben.
- **Vorgehensziele** (auch Projektablaufziele) beschreiben wesentliche einzuhaltende Merkmale des Weges, der zur Erreichung der Systemziele eingeschlagen wird („Wie soll vorgegangen werden“?). Sie umfassen alle Forderungen, welche während des Gestaltungsprozesses zu erfüllen sind; sie sind bei Erreichen des Projektendes nicht mehr relevant.

- **Rahmenbedingungen** werden in der Situationsanalyse definiert und sind dem weiteren Gestaltungsprozeß als nicht beeinflußbare Größen vorgegeben. Restriktionen engen die Lösungssuche ein; infolge dieser Einschränkungen können oftmals keine Ideallösungen (firstbest Lösungen) verwirklicht werden, sondern nur zweitbeste Lösungen (secondbest Lösungen). Diese können dann nur unter den gegebenen Rahmenbedingungen als beste Lösung angesehen werden.

Systemziele, Vorgehensziele und Rahmenbedingungen sollten wegen ihres unterschiedlichen Charakters zweckmäßigerweise voneinander getrennt werden. Die Systemziele werden in der Planungsphase der Zielformulierung definiert; sie sind damit formal Gegenstand der eigentlichen Organisationsplanung. Die Erarbeitung von Vorgehenszielen spielt im Rahmen der Projektplanung eine erhebliche Rolle und ist demnach ein Bestandteil des Projektmanagements. Die Festlegung von Rahmenbedingungen (wie beispielsweise ein einzuhaltendes Budget) kann sowohl hinsichtlich des erwünschten Ergebnisses als auch hinsichtlich der Vorgehensweise von Bedeutung sein; sie ist damit als Bestandteil sowohl der Organisationsplanung als auch der Projektplanung anzusehen.

3.2.3 Suche nach Zielideen

Als erster Schritt der Zieldefinition müssen für das abgegrenzte Problemfeld Ideen zusammengetragen werden; die Fragestellung „Was soll erreicht, was soll vermieden werden?" liefert die Anforderungen an den Soll-Zustand. Am Zielsuchprozeß sollten alle Personen beteiligt sein, die hierzu sachdienliche Informationen liefern können oder deren Interessen von dem Problemfeld berührt werden. Die betroffenen Personen müssen dabei nicht unbedingt selbst ihre Zielvorstellungen in den Zielsuchprozeß einbringen, sondern können dies über Interessensvertreter vornehmen lassen. Ein geeignetes Forum hierfür ist der Beratungsausschuß, dessen Aufgaben im Zusammenhang mit der Projektorganisation näher beschrieben werden.

Die Zielformulierung sollte **lösungsneutral** sein; es sollen nicht Lösungen beschrieben werden, sondern angestrebte Wirkungen der noch unbekannten Lösungen. Durch die lösungsneutrale Formulierung soll verhindert werden, daß nicht bereits durch die Zielsuche das Lösungsfeld vorgeschrieben und eingeengt wird. Dabei muß die Ziele nicht nur erwünschte Wirkungen beschreiben, sondern sollten auch die Vermeidung unerwünschter Wirkungen umfassen.

Die Zielsuche hat sich an der jeweils vorgelagerten Planungsstufe zu orientieren. Insbesondere im Rahmen einer Vorstudie enthält der Zielbildungsprozeß eine stark kreative Komponente; hier ist gegebenenfalls ein ständiges Wechselspiel mit der Situationsanalyse erforderlich, da erst die Kenntnis der Ist-Situation mit ihren Stärken und Schwächen detaillierte Hinweise auf wünschenswerte Ergebnisse liefern kann. So sollte jede Zielformulierung zunächst von den in der Phase der Situationsanalyse ermittelten Schwachstellen ausgehen und als Zielsetzung ihre Beseitigung formulieren. In der Hauptstudie dagegen liegen bereits Erfahrungen aus der Vorstudie vor, man kennt die Stärken und Schwächen des Untersuchungsbereichs und die Vor- und Nachteile des Grobkonzepts. Auf dieser Basis können Teilziele abgeleitet werden. In den Teilstudien schließlich werden die Ziele des gesamten Projekts auf die einzelnen Teil- und Untersysteme heruntergebrochen. Die Bedeutung der Zielsuche für das Gesamtprojekt ist demnach in der Vorstudie am größten, da hier die grundlegenden Weichen gestellt werden. In der Hauptstudie können diese noch modifiziert werden, während in den Teilstudien die Ziele weitgehend festliegen. Gleichwohl muß das Zielsystem im Ablauf der Organisationsplanung an veränderte Bedingungen und an neue Erkenntnisse angepaßt werden. Es ist deshalb in jeder Planungsstufe erneut zu prüfen, ob nicht früher formulierte Ziele korrigiert werden müssen oder sogar irrelevant geworden sind.

3.2.4 Strukturierung der Ziele

Die Gesamtheit der Ziele bildet ein Zielsystem. Durch die Zielstrukturierung wird die Liste der gesammelten Zielideen in eine hierarchische Zielstruktur überführt. Zusammenhänge zwischen den verschiedenen Zielen werden aufgedeckt, indem inhaltlich ähnliche Ziele zu Zielgruppen zusammengefaßt (horizontale Strukturierung) und Mittel-Zweck-Beziehungen aufgezeigt werden (vertikale Strukturierung).

Durch die **Mittel-Zweck-Beziehung** von Zielen entsteht eine hierarchische Struktur mit Oberzielen und Unterzielen. Bei zwei aufeinander folgenden Zielebenen werden die Zielaussagen der oberen Ebene als Zweck bezeichnet, die Aussagen der unteren Ebene als Mittel (vgl. *Heinen* 1976, S. 102 f.). Ein Ziel ist demnach jeweils relativ zu einer bestimmten Ebene zu sehen - es kann sowohl Zweck als auch Mittel sein: Die Fragestellungen „warum“ oder „wozu“ weist in der Mittel-Zweck-Hierarchie nach oben; sie fragt nach dem Zweck einer Maßnahme, während die Fragestellungen „womit“ und „wie“ in der Zielhierarchie nach unten zum Mittel weist. Somit können sich bei der Zieldefinition - ähnlich den Ursache-Wirkungs-Beziehungen der Problemanalyse - vielschichtige Mittel-Zweck-Beziehungen ergeben.

Die vertikale Strukturierung des Zielsystems entspricht dem Vorgehensprinzip „Vom Groben zum Detail“ des Systemansatzes. Die Bildung von Zielebenen bewirkt eine bessere Übersichtlichkeit; Widersprüche und Redundanzen zwischen den Zielideen können eher erkannt und beseitigt werden. Darüber hinaus wird die spätere Gewichtung der Ziele erleichtert. Bei der vertikalen Strukturierung ist darauf zu achten, daß alle Unterziele logische Teile des entsprechenden Oberziels sind und dieses möglichst vollständig beschreiben.

Da jedes Ziel innerhalb einer Mittel-Ziel-Hierarchie auch als Mittel zur Erreichung eines übergeordneten Zieles gesehen werden kann, stellt sich die Frage, inwieweit eine Zielformulierung durch eine lösungsneutralere, das heißt auf die Wirkung ausgerichtete Formulierung zu ersetzen ist. Hierfür gibt es keine objektiven Kriterien. *Daenzer/Huber* schlagen deshalb vor, daß eine ausreichende Lösungsneutralität dann anzunehmen sei, "wenn die am Zielformulierungsprozeß Beteiligten der Meinung sind, daß ein ausreichender Konsens besteht und keine weiteren Begründungen nötig seien, bzw. daß keine intuitiv in Frage kommende Lösung durch die Zielformulierung unberechtigt ausgeschlossen wird" (*Daenzer/Huber* 1992, S. 145).

Bei der horizontalen Strukturierung werden die Ziele einer Zielebene, die den gleichen Bezugsbereich aufweisen, zu **Zielgruppen** zusammengefaßt. Die mit der organisatorischen Gestaltung verbundenen Systemziele können auf der zweiten Zielebene in funktionale Ziele, in finanzielle Ziele und in soziale Ziele systematisiert werden (*Abb. 5-26*; vgl. *Zangemeister* 1976, S. 110; *Krüger* 1983, S. 41 f.):

- **Funktionale Ziele** beziehen sich auf die **sachliche Funktionserfüllung** der zu gestaltenden Organisationsstrukturen und kennzeichnen Art und Umfang der von der organisatorischen Problemlösung zu erbringenden Leistung.

- **Finanzielle Ziele** erstrecken sich auf die **ökonomischen Auswirkungen** der organisatorischen Maßnahmen. Eine wesentliche Zielsetzung vieler Organisationsprojekte besteht in der Senkung von laufenden Kosten, insbesondere von Personalkosten.

- **Soziale Ziele** erfassen alle Wirkungen, die sich auf Eigenschaften und Beziehungen von Einzelpersonen und Gruppen erstrecken. Im Mittelpunkt stehen vor allem Systemwirkungen, die mit dem **Leistungsverhalten** der betroffenen Personen zusammenhängen. Organisatorische Strukturen wie beispielsweise die Art der Stellenbildung oder das Ausmaß der Standardisierung können die Qualifikation und die Motivation der davon betroffenen Personen positiv oder negativ beeinflussen.

Die **einmaligen Kosten** der weiteren Organisationsplanung sowie der Realisierung und Einführung der geplanten Lösungen zählen zu den Vorgehenszielen; sie dürfen deshalb nicht den finanziellen Systemzielen zugeordnet werden, sondern in Form eines einzuhaltenden Budgets als Rahmenbedingung vorgegeben werden.

Funktionale Ziele	**Finanzielle Ziele**	**Soziale Ziele**
Aspekt: Leistung	**Aspekt**: Wirtschaftlichkeit	**Aspekt**: Einzelpersonen / Gruppen
Beispiele: • Reduzierung der Durchlaufzeiten • Reduzierung der Stillstandszeiten • Senkung der Fehlerquoten • Erhöhung der Produktqualität • Schnellere Kommunikation • Erhöhung der Zuverlässigkeit	**Beispiele**: • Senkung der Personalkosten • Senkung der Sachmittelkosten • Senkung der Verwaltungskosten • geringe Kapitalbindung • Sicherung der Liquidität • Erhöhung des Marktanteils	**Beispiele**: • Sicherung der Arbeitsplätze • ergonomische Arbeitsplatzgestaltung • Förderung der individuellen Fähigkeiten • Steigerung des Wirgefühls • Erhöhung der Arbeitszufriedenheit • Förderung von sozialen Kontakten

Abb. 5-26: Zielsystem für die organisatorische Gestaltung (Beispiel)

Die hierarchische Strukturierung des Zielsystems erleichtert es, eine mehrfache oder eine widersprüchliche Erfassung von bestimmten Zielwirkungen zu erkennen und zu beseitigen. So stimmt das Ziel "Reduzierung der Stillstandszeiten" weitgehend mit dem Ziel "Erhöhung der Auslastung" überein; das Ziel " Förderung von sozialen Kontakten" stellt einen Teilaspekt des Ziels "Erhöhung der Arbeitszufriedenheit" dar. Die Zielträger müssen sich darüber im klaren werden, welche Ziele wirklich angestrebt werden.

Die Anzahl der Zielebenen und Teilziele hängt sehr stark von der zu lösenden Problemstellung ab. Je umfangreicher das Zielsystem ist, desto differenzierter können die Problemlösungen im Rahmen der Bewertung beurteilt werden, desto größer ist jedoch auch der damit verbundene Aufwand. So weist *Zangemeister* darauf hin, daß ein grobes, dafür aber vollständiges Zielsystem einem detaillierten, aber unvollständigen Zielsystem in Hinblick auf die Gefahr einer möglichen Fehlentscheidung in jedem Fall vorzuziehen ist (*Zangemeister* 1976, S. 93 f.). Die Bewertungsergebnisse werden zudem mit zunehmender Anzahl der Teilziele nicht zwangsläufig auch sicherer; es ist vielmehr eher die Möglichkeit gegeben, gezielt zu manipulieren. Ein Zielsystem sollte deshalb nicht mehr als drei Zielebenen und maximal 20 bis 25 Teilziele auf der untersten Zielebene aufweisen.

3.2.5 Operationalisierung der Ziele

Die Ziele der untersten Zielebene müssen operational, das heißt handlungsrelevant formuliert sein, damit sie zur Orientierung, als Entscheidungshilfe und zur Kontrolle herangezogen werden können. Ziele gelten dann als operational, wenn sie in eindeutig verständlichen Größen (Kriterien) ausgedrückt sind und zwischen den beteiligten Personen eine eindeutige Kommunikation zulassen (vgl. *Schrader* 1971, S. 59). Weiterhin muß die Zielerreichung eindeutig feststellbar sein. Bei vielen organisatorischen Problemen stellt sich eine eindeutige Operationalisierung der Zielgrößen als außerordentlich schwierig heraus. So ist eine quantitative Beschreibung von sozialen, politischen oder ethischen Zielgrößen nicht durchführbar. Die Operationalisierung beinhaltet deshalb nicht unbedingt eine Quantifizierung der Zielgrößen, sondern lediglich ihre Überprüfbarkeit. Bei der Operationalisierung von Zielen stehen die nachfolgend beschriebenen **Zielelemente** im Vordergrund (vgl. u.a. *Heinen* 1966, S. 117; *Hamel* 1992, Sp. 2642 f.).

(1) Zielobjekt

Das Zielobjekt gibt den Bereich an, dessen Neugestaltung oder Veränderung angestrebt wird („Woran soll etwas verändert werden?"). Beispielhafte Zielobjekte sind die Mitarbeiter in der Fertigung oder die Arbeitsprozesse im Versand. Die Zielobjekte ergeben sich aus der Systemabgrenzung der Situationsanalyse.

(2) Zieleigenschaft

Die Zielobjekte weisen unterschiedliche Eigenschaften auf. Diejenigen Eigenschaften, auf die sich die angestrebten Veränderungen beziehen, werden auch als **Zielkriterien** bezeichnet („Was soll erreicht werden?"). Beispielhafte Zieleigenschaften sind eine Erhöhung der (Mitarbeiter-)Motivation, eine Reduktion der (Fertigungs-)Kosten oder eine Verbesserung der (Service-)Qualität.

(3) Zielmaßstab

Der Zielmaßstab gibt an, wie die Zieleigenschaften erfaßt werden. Je nach Zielobjekt und -eigenschaft können sehr einfache oder aber sehr komplizierte Meßvorschriften notwendig sein, da sich einzelne Ziele sehr gut, andere dagegen nur sehr schwer oder gar nicht quantifizieren lassen (*Abb. 5-27*).

Ein Ziel ist dann **operational**, wenn die Zieleigenschaft durch eine Skala spezifiziert ist. Diese Skala ermöglicht es, ein bestimmtes, zu erreichendes Zielniveau festzulegen und den Grad der Zielerreichung zu messen.

Quantitative Ziele	Qualitative Ziele
Monetäres Ziel: in Geldeinheiten meßbar („Kostensenkung um 100.00 € pro Jahr")	**Leitsatz:** verbal formulierbar („höchstmögliche Flexibilität")
Bonitäres Ziel: in sonstigen Mengeneinheiten meßbar („Produktivitätssteigerung um 10 %")	**Leitbild:** nicht oder nur schwer verbal formulierbar

Abb. 5-27: Quantitative und qualitative Ziele
(Quelle: in Anlehnung an Heinen 1976, S. 114)

Grundsätzlich können für eine operationale Zielformulierung Nominal-, Ordinal- und Kardinalskalen verwendet werden. **Nominalskalen** verwenden Äquivalenzklassen, die normalerweise durch Namen gekennzeichnet sind. Eine nominale Skalierung ist naturgemäß sehr grob und daher nur dort zu empfehlen, wo eine Zieloperationalisierung und Lösungsbewertung unter großem Zeitdruck oder lediglich zum Zweck einer Vorauswahl vorgenommen wird. **Ordinalskalen** nutzen die Ordnungseigenschaften von Zahlen; die Skala besteht gewöhnlich aus einer diskreten Zahlenfolge, die es erlaubt, zwischen den Meßwerten eine Rangordnung aufzustellen. **Kardinalskalen** liefern als Intervall- oder Verhältnisskalen einen genauen, abstufbaren Maßstab, der auch Abstände gut erkennen läßt. Bei **Intervallskalen** korrespondieren die Differenzen zwischen den numerischen Skalenwerten mit entsprechenden Unterschieden in den gemessenen Eigenschaften. Der Nullpunkt und die Skaleneinheit sind dabei willkürlich festgelegt. Bei einer **Verhältnisskala** ist zusätzlich der Nullpunkt der Skala eindeutig festgelegt.

	Nominal-skala	Ordinal-skala	Intervall-skala	Verhältnis-skala
Charakteristik	qualitativ		quantitativ	
sinnvolle Aussagen und Rechen-operationen	gleich / ungleich	gleich / ungleich größer / kleiner	gleich / ungleich größer / kleiner Addition / Subtraktion	gleich / ungleich größer / kleiner Addition / Subtraktion Multiplikation / Division
Beispiele	ja – nein befriedigend - unbefriedigend	Windstärke Härteskala	Uhrzeit Temperaturen	Gewinn Kosten Längen Gewichte

Abb. 5-28: Eigenschaften der wichtigsten Skalen zur Zieloperationalisierung

Eine zusammenfassende Übersicht über die einzelnen Skalentypen und deren wichtigsten Eigenschaften gibt *Abbildung 5-28*. Eine ausführliche Beurteilung der Skalentypen hinsichtlich ihrer Eignung und notwendigen Voraussetzungen für die Zieloperationalisierung und Lösungsbewertung ist bei *Zangemeister* (1976) zu finden. In Abhängigkeit von der Art der Problemstellung kann davon ausgegangen werden, daß

- bei Routineproblemen in der Regel nur einige wenige monetäre Zielkriterien vorliegen, die über Kardinalskalen gemessen werden können;
- bei innovativen Problemen das Zielsystem sich eher aus vielen Zielkriterien zusammensetzt, wobei die Aussagen zu den Eigenschaften der Ziele sowohl über Kardinal- als auch über Ordinal- und Nominalskalen erfolgen (vgl. *Hauschildt* 1973, S. 737).

Für die Zielformulierung sollten nach Möglichkeit Kardinalskalen verwendet werden. Insbesondere die spätere Bewertung von alternativen Lösungen wird erleichtert, wenn es gelingt, für an sich nicht quantifizierbare Ziele monetäre oder bonitäre **Hilfsmaßstäbe** zu finden, welche dann eine mittelbare Quantifizierung der Ziele ermöglichen (*Abb. 5-29*).

Qualitatives Ziel		Quantitatives Ziel		Zielmaßstab
technische Zuverlässigkeit	➔	Meantime between failure	➔	Betriebsstunden
Kundenzufriedenheit	➔	Anzahl Reklamationen	➔	Reklamationsquote (%)
Verantwortung	➔	Höhe des Schadens bei sorglosem Verhalten	➔	Schadenshöhe (€)
Motivation der Mitarbeiter	➔	Personalfluktuation, Absentismus	➔	Fluktuationsquote (%) / Abwesenheitsrate (%)

Abb. 5-29: Zieloperationalisierung über Hilfsmaßstäbe (Beispiel)

(4) Zielausmaß

Bei einem operationalen Ziel muß auch das angestrebte Ausmaß der Zielerreichung beschrieben werden („Wieviel soll erreicht werden?“). Das Zielausmaß (auch Zielfunktion) stellt eine Vorschrift dar, die angibt, ob

- eine Zieleigenschaft nur der Tatsache nach erreicht werden soll (Punktziel),
- ein durch Ober- und/oder Untergrenzen definiertes Ausmaß angestrebt wird (Begrenzungsziel),
- ein extremer (maximaler oder minimaler) Wert erreicht werden soll (Extremalziel),
- eine Kombination erreicht werden soll.

Begrenzungen sollten nur dann eingeführt werden, wenn sie tatsächlich sinnvoll oder notwendig sind.

(5) Zielperiode

Die Zeit stellt ein weiteres Zielelement dar („Wann soll das Ziel erreicht sein?“). Es kann entweder der **Zeitpunkt** (Termin) oder ein **Zeitraum** (Frist) angegeben werden, zu denen das Ziel ganz oder teilweise zu erreichen ist. Hierbei wird allgemein zwischen kurzfristigen und längerfristigen Zielen (Nah- und Fernziele) unterschieden.

Eine Ausgangszielsetzung „Unsere Kunden sollen zufriedener werden" ließe sich beispielsweise operationalisieren zu „Die Anzahl der eingehenden Kundenreklamationen pro 1000 Auftragspositionen soll im nächsten Jahr um mindestens 20 % sinken".

3.2.6 Gewichtung der Ziele

Die Zielgewichtung setzt Prioritäten hinsichtlich der aufgestellten Ziele und bringt ihre relative Wichtigkeit zum Ausdruck; sie basiert dabei auf den subjektiven **Präferenzen** der Zielträger. Es hat sich als zweckmäßig erweisen, die Zielgewichtung in zwei Schritten vorzunehmen.

(1) Unterteilung in Muß- und Kann-Ziele

In einem ersten Schritt wird eine Unterteilung der Ziele in Muß- und in Kann-Ziele vorgenommen (vgl. *Kepner/Tregoe* 1973, S. 50 f.):

- **Muß-Ziele** sind als Mindestanforderungen zwingend zu erreichen. Sobald eine Problemlösung auch nur ein Muß-Ziel nicht erfüllt, gilt sie als nicht brauchbar.
- **Kann-Ziele** (oder auch Wunschziele) müssen nicht unbedingt voll erreicht werden; ihre Erreichung wird zwar gewünscht, ist aber nicht unumstößliche Voraussetzung.

Muß-Ziele können den Spielraum für die Lösungssuche stark einschränken; deshalb sollten sie nur dann definiert werden, wenn dies auch wirklich berechtigt ist. Dabei haben unbedingt einzuhaltende Rahmenbedingungen zweifelsfrei den Charakter von Muß-Zielen. Minimal- und Maximalziele können bezüglich des Extremwertes sowohl Kann-Ziele als auch Muß-Ziele sein. Im Falle eines Muß-Zieles ist der mit dem geforderten Extremwert verbundene Wunsch nach einer noch besseren Lösung zusätzlich als Wunsch-Ziel aufzuführen.

Ein Muß-Ziel ist eindeutig zu operationalisieren; an seine Formulierung wird die Anspruch gestellt, daß sich ohne Zweifel feststellen läßt, ob die organisatorischen Problemlösungen das Muß-Ziel im Sinne einer Mindestanforderung auch erreichen. Über diesen Sachverhalt hinaus spielen Muß-Ziele bei der Bewertung keine weitere Rolle mehr. Die Muß-Ziele sollten deshalb von den Kann-Zielen getrennt aufgeführt werden, so daß die Zielhierarchie ausschließlich die Kann-Ziele enthält.

(2) Gewichtung der Kann-Ziele

Für die meisten Zielformulierungen gilt, daß das Erreichen nicht für alle Kann-Ziele gleich wichtig oder wünschenswert ist; es bestehen offenbar Präferenzen oder Prioritäten. Weiterhin stellt man häufig Zielkonflikte in der Form fest, daß einzelne Ziele miteinander konkurrieren oder sich sogar gegenseitig ausschließen. Ein geeignetes Mittel sowohl für die Festlegung der Zielprioritäten als auch für die Entschärfung von Zielkonflikten stellt die Gewichtung der Kann-Ziele dar. Durch die Gewichtung soll die **relative Bedeutung** der Kann-Ziele untereinander berücksichtigt werden.

Eine Zielgewichtung wird durchgeführt, indem eine bestimmte Punktesumme (normalerweise 100 Prozentpunkte) auf die operationalisierten Zielkriterien der untersten Zielebene aufgeteilt wird. Liegt eine hierarchische Zielstruktur vor, so wird die Zielgewichtung zweckmäßigerweise mit einem zunehmenden Feinheitsgrad über alle Ebenen der Zielhierarchie vorgenommen (*Abb. 5-30*). Zunächst erfolgt eine Grobverteilung der Gewichtspunkte auf die obersten Zielgruppen. Anschließend werden je Zielgruppe die Punkte auf die unmittelbar zugehörigen Teilziele aufgeschlüsselt. Für den Fall, daß noch eine weitere Zielebene definiert ist, wiederholt sich das Verfahren. Bei einer derartigen Vorgehensweise hängt die Bedeutung einer Zielgruppe nicht von der Anzahl der in ihr enthaltenen Zielkriterien ab; somit wird eine tendenzielle Überbewertung von Zielgruppen mit vielen Kriterien vermieden.

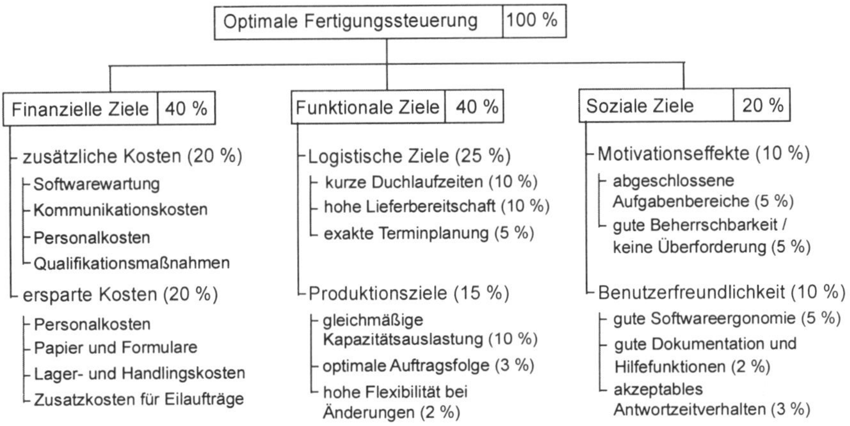

Abb. 5-30: Gewichtung von Zielen (Beispiel)

3.2.7 Behandlung von Zielkonflikten

Die verschiedenen Ziele des Zielsystems können gegebenenfalls in einem gewissen Konflikt zueinander stehen:

- Eine **Zielkonkurrenz** entsteht, wenn zwei Ziele sich gegenseitig behindern: Je stärker das eine Ziel angestrebt wird, desto mehr geht dies zu Lasten des anderen Ziels (beispielsweise "hohe Qualität" und "geringe Kosten").
- Ein **Zielwiderspruch** (Zielantinomie) liegt vor, wenn zwei Ziele sich gegenseitig ausschließen (beispielsweise "kein Personalabbau" und "Senkung der Personalkosten").

Zielwidersprüche, die zwischen Muß-Zielen bestehen, sind auf jeden Fall zu eliminieren. Dies kann erfolgen, indem ein Konfliktverursacher gestrichen wird. Eine derartige einseitige Zielaufgabe kann das Ergebnis von Machtausübung oder einer Konsensfindung sein. Zielkonflikte lassen sich auflösen, indem nach Zielkompromissen gesucht wird und/oder Prioritäten gesetzt werden. So kann eines der gegenläufigen Ziele als Begrenzungsziel (zum Beispiel als Kostenobergrenze) und das andere dann als Extremalziel (beispielsweise „möglichst hohe Qualität“) definiert werden. Auf jeden Fall sind die Zielkonflikte aufzudecken und bewußt zu machen (vgl. *Krüger* 1983, S. 62). Konflikte zwischen zwei Zielen werden jedoch am besten entschärft oder gar beseitigt, indem intelligente Lösungen gefunden werden, die - im Sinne einer optimalen Lösung - beiden Zielen gerecht werden.

3.2.8 Zielentscheidung

Den Abschluß der Zielformulierung bildet die Zielentscheidung. Damit werden die bisher erarbeiteten Ziele als verbindliche Grundlage für den weiteren Organisationsprozeß deklariert. Dies schließt nicht aus, daß das Zielsystem einer Revision unterzogen wird, wenn im Projektablauf neue Erkenntnisse oder eine Änderung der Möglichkeiten und Präferenzen dieses sinnvoll oder gar notwendig erscheinen lassen.

3.3 Erarbeitung von Problemlösungen

Wenn die Ausgangssituation und die Ziele der organisatorischen Gestaltung bekannt sind, können in der Planungsphase der **Lösungssuche** geeignete Problemlösungen erarbeitet werden.

Die Lösungssuche beinhaltet die Suche und Festlegung von Maßnahmen und Mitteln zur Erreichung des angestrebten Soll-Zustandes.

Die Erarbeitung von Problemlösungen stellt die eigentliche gestalterische Tätigkeit und damit den Schwerpunkt der Organisationsplanung dar. Das Ergebnis der Lösungssuche sind mehr oder weniger viele Lösungsalternativen, das heißt mögliche Problemlösungen:

- In der Vorstudie sind diese eher weitgesteckte, grob strukturierte Lösungsansätze und -prinzipien;
- in der Hauptstudie werden diese weiter ausformuliert und zu einem Gesamtkonzept ausgearbeitet;
- in den Teilstudien werden - soweit notwendig - für einzelne Teil- und Untersysteme alternative Feinkonzepte (Teillösungen) erarbeitet.

Die möglichen organisatorischen Maßnahmen sind dabei ebenso vielfältig wie die organisatorischen Probleme - angefangen von der Entwicklung und Einführung einer neuen Leitungsorganisation für Teilbereiche eines Unternehmens über die Konzipierung von Informationssystemen bis hin zur Einrichtung von Qualitätszirkeln oder der Einführung von Gruppenarbeit.

Insbesondere bei weitgefaßten Problembereichen werden in der Situationsanalyse normalerweise mehrere, voneinander relativ unabhängige Teilprobleme identifiziert. Zu ihrer Beseitigung werden dann entsprechend verschiedenartige Problemlösungen entwickelt, die sich einander ergänzen. Diese Problemlösungen lassen ich dann oftmals sinnvoll kombinieren und zu einem oder mehreren Lösungspaketen zusammenfassen. Bei relativ kleinen Eingriffsbereichen hingegen - diese liegen normalerweise auch in den Teilstudien vor - werden eher alternative Lösungen entwickelt, die einander ausschließen.

3.3.1 Arten von Maßnahmen

Entsprechend dem **zeitlichen Bezug** eines Problems wird zwischen aktuellen und zukünftigen (potentiellen) Problemen unterschieden. Nach dem **Sachbezug** kann sich eine Problemlösung gegen die Problemursache oder gegen die Problemwirkungen richten. Durch die Kombination von Sach- und Zeitbezug einer Maßnahme ergeben sich gemäß *Abbildung 5-31* vier Kategorien von Maßnahmen.

	Potentielles Problem	Aktuelles Problem
Problemursache	vorbeugende Maßnahme	abstellende Maßnahme
Problemwirkung	vorsorgende Maßnahme	anpassende Maßnahme

Abb. 5-31: Arten von Maßnahmen
(Quelle: Krüger 1983, S. 100)

- **Abstellende Maßnahmen** sollen die Ursachen eines bestehenden Problems beseitigen.
- **Anpassende Maßnahmen** sollen die Auswirkungen eines vorhandenen Problems eindämmen, wenn die Beseitigung der Ursache nicht möglich oder nicht wirtschaftlich durchführbar ist.
- **Vorbeugende Maßnahmen** sollen ein Problem verhindern, das in der Zukunft auftreten könnte. Sie richten sich gegen die Ursache einer möglichen, zukünftigen Abweichung.
- **Vorsorgende Maßnahmen** (oder auch Eventualmaßnahmen) sollen die Auswirkungen eines trotz vorbeugender Maßnahmen eingetretenen zukünftigen Problems mindern; sie richten sich gegen die Auswirkungen einer möglichen, zukünftigen Abweichung.

Hinsichtlich der zeitlichen Wirksamkeit sind vorläufige und endgültige Maßnahmen zu unterscheiden:

- **Endgültige Maßnahmen** zielen auf eine dauerhafte Beseitigung eines Problems.
- **Vorläufige Maßnahmen** sollen die Auswirkungen eines Problems zunächst eindämmen. Hierdurch soll Zeit gewonnen werden, bis die Ursache gefunden ist oder - bei einer bekannten Problemursache - bis endgültige abstellende oder anpassende Maßnahmen wirksam werden.

Eine **Sofortmaßnahme** ist dadurch gekennzeichnet, daß sie ohne großen Zeit- und Ressourcenaufwand umgehend realisiert und eingeführt werden kann und in der Regel auch relativ schnell Wirkungen zeigt. Sie liegt gewissermaßen „auf der Hand". Eine derartige Sofortmaßnahme kann sowohl einen vorläufigen als auch einen endgültigen Charakter haben.

3.3.2 Routine- und Innovationsprobleme

Bevor mit der Suche nach Lösungen begonnen wird, sind insbesondere bei komplexeren Problemstellungen Überlegungen zur Suchstrategie anzustellen. Ein entscheidender Faktor für die gewählte Vorgehensweise und für die dabei einzusetzenden Techniken liegt in der Art des lösenden Problems. Hinsichtlich der möglichen **Problemarten** können anhand der beiden Merkmale „Komplexität" und „Neuartigkeit" vier verschiedene Typen unterschieden werden (*Abb. 5-32*; vgl. *Krüger* 1983, S. 104).

- Bei **einfachen Routineproblemen** läßt die Feststellung des Problems auch die Lösung unmittelbar erkennen; die Lösungssuche stellt somit einen nur kurzen und wenig aufwendigen Prozeß dar. Die Lösung selbst hat dann nicht selten den Charakter einer Sofortmaßnahme.
- Bei **komplexen Routineproblemen** sind die Teillösungen für jedes Teilproblem weitgehend bekannt, sie müssen jedoch noch sinnvoll miteinander kombiniert und aufeinander abgestimmt werden. Auch dieser Problemtyp läßt sich noch weitgehend mit konventionellem Vorgehen bewältigen, indem aus der Erfahrung, aus der Einsicht in die Problemzusammenhänge und durch Vergleich mit ähnlichen Problemstellungen geeignete Lösungen entwickelt werden.
- **Einfache Innovationsprobleme** erfordern schon ein gewisses Maß an Vorstellungsvermögen und Kreativität.
- **Komplexe Innovationsprobleme** erfordern den Mut, bestehende Organisationsstrukturen von Grund auf in Frage zu stellen, sowie die Fähigkeit, gänzlich neuartige Lösungen zu entwickeln. Analytisches Denkvermögen zur Erfassung und kritischen Beurteilung des Ist-Zustandes ist ebenso erforderlich wie Kreativität zur Entwicklung der neuen Lösungen.

	Geringe Komplexität	**Hohe Komplexität**
Geringe Neuartigkeit (→ Routine)	einfache Routineprobleme Beispiel: Anpassung eines Formulars	komplexe Routineprobleme Beispiel: Entwurf neuer, benutzer-freundlicher Formulare
Hohe Neuartigkeit (→ Innovation)	einfache Innovationsprobleme Beispiel: Überarbeitung eines Formularsystems	komplexe Innovationsprobleme Beispiel: Halbierung der Anzahl Formulare

Abb. 5-32: Problemtypen
(Quelle: nach Krüger 1983, S. 104)

Die verschiedenartigen Problemtypen erfordern jeweils eine spezifische Denkweise bei der Erarbeitung von Problemlösungen. Nach *Guilford* (1967) kann idealtypisch zwischen zwei **Denkmustern** unterschieden werden, dem konvergenten Denken und dem divergenten Denken:

- Das **konvergente Denken** ist geordnet, diszipliniert, systematisch, gradlinig. Die Problemlösung wird logisch-rational aus dem Problem selbst abgeleitet. Diese Denkart führt nur zu einer einzigen, nicht unbedingt besten Lösung. Die ausschließliche Anwendung dieses Denkens läßt neue, von der Norm abweichende Gedanken nicht zu.
- Das **divergente Denken** ist demgegenüber ungeordnet, undiszipliniert, sprunghaft. Bei dieser Denkweise widersetzt man sich bewußt bewährten, meistens von Autoritäten getragenen Denkansätzen. Widersprüche und Vielfalt werden gefördert, scheinbar Unvereinbares miteinander kombiniert. Divergentes Denken fördert Phantasie und Originalität.

Zwischen den beiden Polen des konvergenten und divergenten Denkens gibt es eine Reihe von Mischformen, die Komponenten beider Denkweisen verbinden. Das konvergente Denken steht jedoch beim rationalen Lösen von wohl-struktuierten Routineproblemen im Vordergrund, während für schlecht-strukturierte Innovationsprobleme eher das kreative Problemlösen und damit eine divergente Denkweise in Betracht kommt (*Abb. 5-33*).

Routineprobleme	**Innovationsprobleme**
wohl-strukturierte Probleme: • klare Zielvorstellungen • Lösungsalgorithmen vorhanden	**schlecht-strukturierte Probleme:** • fehlende Zielvorstellungen und/oder • komplexe Ausgangssituation und/oder • fehlende Lösungsalgorithmen
Ermittlung der Lösung: • geringe Unsicherheit • systematisches Anwenden von Lösungsalgorithmen ("intelligente" Lösungsermittlung) • tendenziell konvergentes Denken	**Suche nach Lösungen:** • hohe Unsicherheit • probierender Suchprozeß (intuitive Lösungssuche) • tendenziell divergentes Denken
Ergebnis: • eine richtige Lösung	**Ergebnis:** • mehrere mögliche Alternativen

Abb. 5-33: Lösung von Routine- und Innovationsproblemen

- **Routineprobleme** lassen sich aus der Erfahrung, durch Logik und aus vergleichbaren Fragestellungen heraus lösen. Man kann auf bekannte und hinsichtlich ihrer Ergebnisse und Wirkungen abschätzbare Lösungen aufbauen. Die Ermittlung der Problemlösung kann durch Mitarbeiter mit entsprechender fachlicher Qualifikation vorgenommen werden.
- **Innovationsprobleme** sind für die Beteiligten relativ neuartig, so daß oft nur vage Vorstellungen über die Art des Vorgehens und das Ergebnis bestehen. Der Problemlösungsprozeß stellt einen Suchprozeß dar, der die Begabung erfordert, Kreativität zu entwickeln.

Die Suche nach Problemlösungen findet somit in einem Prozeß statt, der - mehr oder weniger stark ausgeprägt - sowohl Kreativität als auch Erfahrungen und Fachkenntnisse erfordert. Hierbei sind die in *Abbildung 5-34* aufgeführten Schritte zu durchlaufen (vgl. u.a. *Krüger* 1983, S. 101 ff.; *Daenzer/Huber* 1992, S. 181 ff.; *Schmidt* 1994, S. 273 ff.).

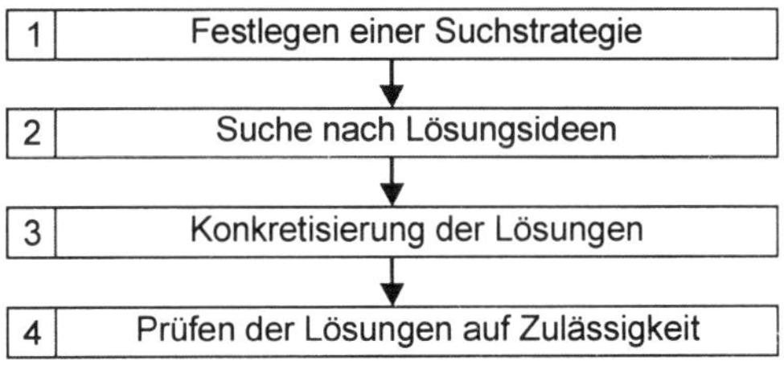

Abb. 5-34: Schritte der Lösungssuche

3.3.3 Festlegung einer Suchstrategie

Zunächst ist noch einmal das (Teil-)Problem deutlich festzulegen, das zuvor in der Phase der Situationsanalyse untersucht worden ist und nun gelöst werden soll. Gleichzeitig sollte man sich darüber klar werden, um welchen Problemtyp es sich hierbei handelt und ob man eine Standardlösung oder eher eine innovative Lösung anstrebt.

Bei der Suche nach Problemlösungen sind drei grundsätzliche Strategien denkbar (vgl. *REFA* 1985a, S. 90 ff.):

1. Es werden Lösungen entwickelt, die den Lösungssuchenden prinzipiell bereits bekannt sind. Es erfolgt dabei ein Rückgriff auf eigenes Know-how und eigene Erfahrungen.
2. Das Know-how und die Erfahrungen anderer werden für die Problemlösung übernommen (zum Beispiel durch Literaturstudium, Fortbildung oder durch Inanspruchnahme externer Berater).
3. Es werden völlig neue, noch nicht realisierte Lösungen gesucht. Derartige innovative Lösungen können unter Einsatz von Methoden der Ideenfindung, den sogenannten Kreativitätstechniken entdeckt werden.

Die ersten beiden Strategien kommen vor allem in den fortgeschrittenen Planungsstufen zum Tragen; mit fortschreitender Planung nimmt in der Regel der Innovationsgrad ab. So steht in den Teilstudien die routinemäßige Umsetzung der in der Hauptstudie entwickelten Lösungen im Vordergrund. Die Konkretisierung der Lösungen kann dabei in der Regel weitgehend aus der Erfahrung abgeleitet oder logisch entwickelt werden.

In *Abbildung 5-35* sind die drei Suchstrategien noch einmal vergleichend gegenübergestellt.

	1. Eigenes Wissen	**2. Fremdes Wissen**	**3. Innovation**
Vorteile	• schnell und direkt • unabhängig von anderen	• Nutzen der Erfahrung und des Wissens anderer • gleichzeitig Erweiterung der eigenen Erfahrungen (Lernprozeß)	• mit einiger Wahrscheinlichkeit werden nur hier wirklich neue Lösungsansätze gefunden
Nachteile	• abhängig von der Qualifikation des Organisators • Gefahr des "Scheuklappendenkens"	• relativ aufwendig • keine Hinweise auf die Optimierung des Suchens	• relativ aufwendig • bestimmte Voraussetzungen für die Personen und den Prozeß erforderlich (Kreativität, Toleranz, Atmosphäre, Führungsstil)

Abb. 5-35: Vor- und Nachteile der drei Suchstrategien (Quelle: nach REFA 1985b, S. 92)

3.3.4 Suche nach Lösungsideen

Bereits in der Phase der Situationsanalyse können Eingriffsmöglichkeiten entdeckt worden sein, die dann in der Phase der Lösungssuche aufgegriffen und konkretisiert werden. Oft stehen auch bestimmte Lösungen bereits zu Beginn fest, so daß die Organisationsplanung lediglich dazu dient, diese Lösungen zu konkretisieren und ihre Realisierung und Einführung vorzubereiten.

Wenn jedoch noch keine Lösungsideen vorliegen oder wenn vorhandene Lösungsansätze um weitere Alternativen ergänzt werden sollen, dann müssen neue Lösungen mit Hilfe von **Kreativitätstechniken** (wie beispielsweise → Brainstorming oder der → *Methode 635*) entwickelt werden. Unter Kreativität wird die Fähigkeit verstanden, Ideen hervorzubringen, die für denjenigen, der sie hervorgebracht hat, zuvor fremd waren. Kreative Ideen entstehen, wenn vorhandenes Wissen und Erfahrungen in bisher unbekannter Weise kombiniert und geordnet werden. Kreative Denkleistungen kommen vor allem durch das Loslösen vom Problem zustande: Man löst das Problem, indem man sich vom Problem löst.

Das Ziel von Kreativitätstechniken ist es, aus vorhandenen Denkmustern auszubrechen und Denkblockaden zu überwinden. Viele Menschen verharren im routinierten, intelligenten Bearbeiten von Aufgaben und Problemen; das Gehirn programmiert oft wiederkehrende Verhaltensmuster vor. Treten gleiche oder ähnliche Situationen auf, so erfolgt die Reaktion hierauf nach dem vorstrukturierten Muster. Das geht zum Teil soweit, daß bereits ein Teil der ursprünglich notwendigen Informationen ausreicht, um eine bestimmte Reaktion auszulösen. Diese Fähigkeit des Menschen ist in vielen Fällen notwendig und nützlich; das konvergente Denken führt aber auch zu **Kreativitätsblockaden**. Durch Kreativitätstechniken sollen derartige Denkblockaden bewußt umgangen werden; die problemlösenden Menschen sollen zu schöpferischen Leistungen angeregt werden, insbesondere bei schlecht strukturierten Problemen.

Die stimulierende Wirkung der meisten Kreativitätstechniken beruht auf ihrer Anwendung in der Gruppe. Auf gruppendynamischem Wege erfolgt ein gegenseitiger Anreiz zu neuen Ideen, indem vorgebrachte Einfälle aufgegriffen und weitergeführt werden. Somit kommt das Ideenpotential und das Wissen aller Gruppenmitglieder synergetisch zum Tragen. Um den Ideenfluß nicht frühzeitig einzuschränken, wird dabei eine strikte Trennung zwischen Ideensuche und -bewertung vorgenommen. Voraussetzung für eine erfolgreiche und effiziente Anwendung der Kreativitätstechniken sind erfahrene Moderatoren und trainierte Gruppenmitglieder.

3.3.5 Konkretisierung der Lösungen

Die gefundenen Lösungsideen werden anschließend geordnet und entsprechend dem Konkretisierungsniveau der jeweiligen Planungsstufe so weit ausgearbeitet, daß sie als Problemlösungen einer Bewertung unterzogen werden können. In Hinblick auf die Bewertung und auf die weitere Abwicklung des Organisationsprozesses sollten die Lösungen anforderungsgerecht dokumentiert werden. Der Zwang zur Dokumentation erfordert das schriftliche Festhalten der Planungsergebnisse und deckt damit eventuell noch vorhandene Lücken auf. Er fördert weiterhin die Verwendung eines einheitlichen Begriffsvokabulars und dient somit der Kommunikation zwischen allen am Organisationsprozeß beteiligten Personen. Die Anforderungen an die Dokumentation werden im Zusammenhang mit der Projektplanung näher erläutert.

3.3.6 Prüfung der Lösungen auf Zulässigkeit

In der Phase der Ideensuche wird eine vorgebrachte Idee ausschließlich unter dem Aspekt betrachtet, ob sie zu neuen, weiteren oder gegensätzlichen Einfällen beiträgt. In der Phase der Bewertung wird dagegen die **generelle Eignung** der gefundenen Problemlösungen geprüft. Bei der Prüfung der Lösungen auf Zulässigkeit geht es nicht um eine vergleichende Bewertung, sondern lediglich um eine kritische Durchleuchtung der Tauglichkeit einer jeden Lösung.

Das Prüfen der Problemlösungen auf ihre grundsätzliche Eignung erfolgt unter Berücksichtigung der Zielsetzungen und Rahmenbedingungen. Lösungen, die offensichtlich ungeeignet sind, insbesondere weil sie den zwingenden Rahmenbedingungen und den Muß-Zielen nicht genügen, werden aus dem weiteren Planungsprozeß ausgeschieden. Eventuell sind einzelne Lösungen, von denen lediglich vermutet wird, daß sie die gesetzten Ziele nicht erreichen, soweit auszuarbeiten, daß anschließend eine sichere Aussage über ihre Tauglichkeit möglich ist.

Die Auseinandersetzung mit möglichen Problemlösungen führt häufig dazu, daß die dabei festgestellten Wirkungen und Eigenschaften einzelner Lösungen als wesentlich für die spätere Entscheidung angesehen werden, obwohl sie nicht im Zielsystem als Muß- oder Wunschziele aufgeführt sind. Das Zielsystem ist dann um diese neuen Kriterien zu ergänzen und erneut zu gewichten.

Die Lösungssuche schließt mit einem Katalog von Problemlösungen ab, die grundsätzlich zur detaillierteren Planung oder zur Realisierung und Einführung geeignet sind. Diese Lösungen werden dann in der folgenden Bewertung bezüglich ihrer jeweiligen Zielerreichung näher untersucht.

3.4 Bewertung der Problemlösungen

Sobald aus einer Menge von Alternativen eine Auswahl getroffen wird, wird auch eine Entscheidung gefällt. Unter einer rationalen Entscheidung ist eine bewußt gewollte Wahl zu verstehen, die unter Verwendung sinnvoller Entscheidungskriterien vorgenommen wird.

Bei der praktischen Organisationsplanung kann zwischen zwei grundsätzlichen **Entscheidungssituationen** unterschieden werden:

1. Es sind alternative Lösungen erarbeitet worden, die einander **ausschließen**. Im Rahmen einer **Auswahlentscheidung** ist die beste Lösung zu ermitteln; die übrigen Lösungen scheiden für die weitere Organisationsplanung und die Realisierung aus.
2. Es liegen mehrere verschiedene Lösungen vor, die auf unterschiedliche Teilprobleme eines weitgefaßten Problembereiches bezogen sind und einander **ergänzen**. Da normalerweise die personellen und finanziellen Ressourcen begrenzt sind und somit nicht alle entwickelten Lösungen weiter verfolgt werden können, ist eine **Priorisierung** erforderlich. Die Entscheidung, welche Lösungen weiter verfolgt werden sollen, hängt in erster Linie von der Effizienz der vorliegenden Ein-

zellösungen sowie von den benötigten und zur Verfügung stehenden Ressourcen ab. Dabei können durchaus mehrere Lösungen zu einem Maßnahmenpaket zusammengefaßt und zur weiteren Umsetzung vorgeschlagen werden.

Die Planungsphase der Bewertung dient der **Entscheidungsvorbereitung**; sie ersetzt nicht die Entscheidung, sondern soll die Entscheidungssituation transparent machen. Hierzu werden Informationen über die Vor- und Nachteile der in der Phase der Lösungssuche erarbeiteten Problemlösungen beschafft und zu Aussagen über die Vorzugswürdigkeit der einzelnen Lösungen verdichtet. Der Phasenzyklus schließt dann mit der eigentlichen **Entscheidung** ab, das heißt mit der willentlichen Auswahl von Lösungen für die weitere Planung beziehungsweise für die Realisierung und Einführung.

Bei der Bewertung werden die Auswirkungen der erarbeiteten Problemlösungen ermittelt und bewertet.

Die einzelnen Lösungen weisen bezüglich des Problemfeldes unterschiedliche Wirkungen auf, die ermittelt und zu bewertet werden müssen. Als **Bewertungskriterien** werden die operationalisierten Zielkriterien herangezogen, die in der Phase der Zielformulierung als Kann-Ziele definiert worden sind. Zusätzliche Bewertungskriterien können sich aus neuen Erkenntnissen ergeben, die während der Lösungssuche gewonnen wurden und die zu einer Ergänzung des Zielsystems geführt haben.

Anhand eines Vergleichs der Zielwirkungen wird die optimale Lösung, das ist die Alternative mit der höchsten Zielwirksamkeit, ausfindig gemacht. Da in der Regel keine der entwickelten Problemlösungen bezüglich aller zugrundeliegenden Ziele die optimale Lösung, muß hinsichtlich jedes einzelnen Zielkriteriums eine vergleichende Bewertung der relativen Vor- und Nachteile vorgenommen werden. Als Ergebnis der Bewertung ist eine Aussage über den Gesamtwert der Problemlösungen im Sinne einer **Präferenzordnung** zu treffen. Das Resultat ist ein entscheidungsreifer Vorschlag, der direkt als Grundlage für die anschließende Entscheidung dient.

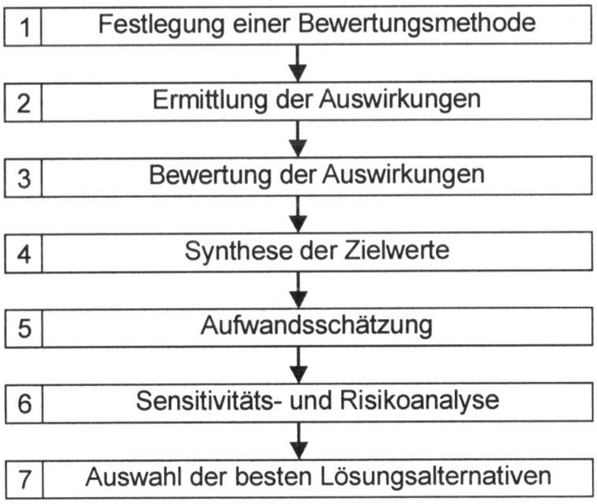

Abb. 5-36: Schritte der Bewertung

Der Bewertungsprozeß kann formal in die nachfolgend beschriebenen sieben Schritte gegliedert werden (*Abb. 5-36*). Die Bewertung der Alternativen erfolgt ebenso wie die Festlegung und Gewichtung der Zielkriterien subjektiv nach dem

Ermessen der durchführenden Personen. Die **Qualität** der Bewertungsergebnisse hängt somit von der Qualifikation, den Erfahrungen und der Urteilskraft der Mitwirkenden ab. Um eventuelle Vorurteile, Gewohnheiten und Interessen möglichst wenig zur Geltung kommen zu lassen und somit zu einem möglichst sachlichen Urteil zu gelangen, sollte die Bewertung gemeinsam durch alle am Organisationsprozeß beteiligten Personen vorgenommen werden. Dabei kann die Diskussion über die Unterschiede in den individuellen subjektiven Bewertungen die Qualität des Bewertungsergebnisses wirksam fördern.

3.4.1 Festlegung einer Bewertungsmethode

Entsprechend der Vielfalt der Zielkriterien und Zielmaßstäbe können verschiedenartige Bewertungsmethoden herangezogen werden, um die Vorteilhaftigkeit von Problemlösungen zu ermitteln. Zur Bewertung anhand von finanziellen Zielkriterien wurde eine ganze Reihe von Verfahren der Investitionsrechnung (so beispielsweise die → *Kostenvergleichsrechnung*) entwickelt. Organisatorischen Auswahlentscheidungen liegen jedoch so gut wie ausnahmslos mehrdimensionale Zielsysteme zugrunde, die neben rein monetären Zielkriterien auch nicht-monetäre Ziele enthalten. Die ausschließliche Anwendung von eindimensionalen Bewertungsmethoden der Investitionsrechnung kommt deshalb nicht in Betracht.

Um der Mehrdimensionalität von komplexen Zielsystemen gerecht zu werden, wurde von der Systemtechnik mit der → *Nutzwertanalyse* eine spezielle mehrdimensionale Bewertungstechnik entwickelt. Hierbei werden alle - sowohl die monetären als auch die nicht-monetären Zielwirkungen - in Präferenzpunkte transformiert (vgl. hierzu *Zangemeister* 1976). Das Endergebnis einer derartigen Bewertung wird als der **Nutzwert** der jeweiligen Lösung bezeichnet.

Eine Kombination aus der Nutzwertanalyse und Investitionsrechnung stellt die → *Kosten-Wirksamkeits-Analyse* dar. Hier wird die Anwendung der Nutzwertanalyse auf die nicht in Geldeinheiten quantifizierbaren Kriterien beschränkt, während die monetär erfaßbaren Faktoren nach Verfahren der Investitionsrechnung bewertet werden.

Die Wahl einer bestimmten Methode zur Bewertung hängt auch vom Ausmaß der hierzu erforderlichen Informationen einerseits und den verfügbaren Informationen andererseits ab. Da die einzelnen Stufen des Planungsprozesses jeweils ein unterschiedliches Informationsniveau aufweisen, können in den einzelnen Planungsstufen durchaus verschiedene Bewertungsverfahren zum Einsatz kommen.

3.4.2 Ermittlung der Auswirkungen

Das Kernproblem der Bewertung ist die Ermittlung der positiven und negativen **Zielwerte** der einzelnen Lösungen. Der Zielwert gibt für eine Problemlösung an, wieweit diese eine bestimmte Zieleigenschaft erfüllt. Demnach sind für die vorgeschlagenen Lösungen die Vorteile, Erträge und Leistungen sowie die Nachteile, Aufwände und Kosten zu ermitteln. Die bei der Zieloperationalisierung festgelegten Zielmaßstäbe geben an, wie die Zielwerte im einzelnen erfaßt werden.

Für jede Problemlösung sind Informationen darüber zu sammeln, inwieweit sie die als Bewertungskriterien herangezogenen Zielkriterien erfüllen. Teilweise handelt es sich hierbei um eindeutig feststellbare Größen, wenn Stärken und Schwächen oder Kosten und Leistungen von Lösungen zu bewerten sind, für die bereits Erfahrungen aus früheren, vergleichbaren Entscheidungssituationen vorliegen.

Zu einem nicht geringen Teil beziehen sich die Vor- und Nachteile von Problemlösungen auf zukünftige Ereignisse, so daß die Aussagen hierzu mit einer gewissen Unsicherheit verbunden sind. **Unsicherheit** ist ein Merkmal aller komplexen Entscheidungssituationen; sie gehört damit auch zu den Eigenheiten der Organisationsplanung. Sind die Auswirkungen von Unsicherheiten der Zielwerte auf die Bewertung zu berücksichtigen, so sollte nicht nur ein einziger Zielwert für jedes Bewertungskriterium abgeschätzt werden, sondern jeweils ein optimistischer, ein wahrscheinlicher und ein pessimistischer.

3.4.3 Bewertung der Auswirkungen

Wenn die Auswirkungen der einzelnen Problemlösungen bezüglich der Zielkriterien bekannt sind, wird als nächstes für alle Lösungen noch einmal geprüft, ob sie die Muß-Zielsetzungen erfüllen. Problemlösungen, die diesem Anspruch nicht gerecht werden, kommen entsprechend dem Charakter von Muß-Zielen für die weitere Projektabwicklung nicht mehr in Frage und scheiden aus.

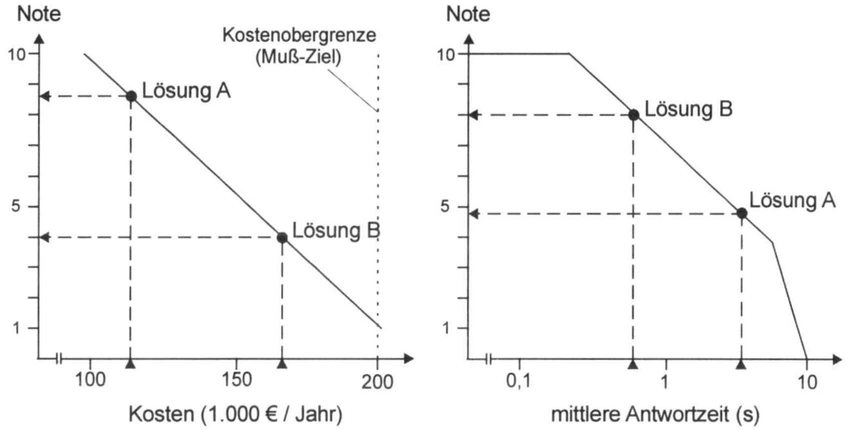

Abb. 5-37: Bewertung anhand von Nutzenfunktionen (Beispiel)

Anschließend werden die Erfüllungsgrade aller Problemlösungen in bezug auf die Wunsch-Zielkriterien ermittelt. Hierzu wird in der Praxis häufig eine **Punktbewertung** vorgenommen, bei der durch Noten ausgedrückt wird, in welchem Ausmaß eine Lösung ein bestimmtes Teilziel erfüllt. Derartige Bewertungsskalen verlangen eine gemeinsame Bewertungseinheit und einen gemeinsamen Skalenursprung. Diese Anforderung wird erfüllt, wenn zwei fiktive Lösungsalternativen als Bezugspunkte gewählt werden. Der höchste Zahlenwert (beispielsweise die Note 10) des Urteilsschemas wird einer Ideallösung zugeordnet, während die untere Grenze der Skala (beispielsweise die Note 0 oder 1) durch eine Alternative gebildet wird, die einen gerade noch tragbaren Zielertrag aufweist. Werden für alle Zielkriterien diese beiden Bezugspunkte durch dieselben Vergleichsalternativen gebildet, so sind die Notenskalen **absolut fixiert**. Eine durchschnittliche Zielerfüllung wird dann mit dem

Mittelwert der Notenskala bewertet; die übrigen Noten werden verwendet, um graduelle Abstufungen zu verdeutlichen.

Wenn möglich sollte die Punktvergabe grafisch als **Nutzenfunktion** dargestellt werden (*Abb. 5-37*). Hierdurch wird erreicht, daß die der Bewertung zugrundeliegenden Wertvorstellungen transparent und damit diskutierbar werden (vgl. *Daenzer/Huber* 1992, S. 210 ff.). Diese Nutzenfunktionen sollten dabei von möglichst einfacher (beispielsweise linearer) Form sein.

3.4.4 Synthese der Zielwerte

Im Rahmen der **Wertsynthese** werden die Zielwerte der einzelnen Problemlösungen hinsichtlich aller Ziele sinnvoll zu einer einzelnen Kenngröße verdichtet. Anhand dieser Kenngröße wird anschließend eine eindeutige Rangordnung der Alternativen bezüglich ihrer Zielwirksamkeit aufgestellt. Die konkrete Abwicklung der Wertsynthese hängt dabei vom eingesetzten Bewertungsverfahren ab. Bei einer Punktbewertung, die bei der Nutzwertanalyse und der Kosten-Wirksamkeits-Analyse angewendet wird, ergibt sich der **Nutzwert** einer Lösung gemäß der allgemeinen Additionsregel aus der Summe seiner gewichteten Zielwerte.

3.4.5 Aufwandsschätzung

Die **Effizienz** einer organisatorischen Lösung läßt sich durch das jeweilige Verhältnis zwischen Aufwand und Nutzen bestimmen. Zur Bewertung von organisatorischen Lösungen ist deshalb nicht nur ihr erwarteter Nutzen von Bedeutung, sondern auch der voraussichtliche Aufwand zu ihrer weiteren Planung, Realisierung und Einführung. Wie bereits im Zusammenhang mit der Zielformulierung ausgeführt wurde, sollte bei Organisationsprojekten dieser einmalige Aufwand nicht den finanziellen Systemzielen (und damit dem Nutzenaspekt) zugerechnet werden.

Die Aufwandsschätzung umfaßt zunächst für jede Problemlösung den voraussichtlichen **personellen Aufwand** für die weitere Verfeinerung, Realisierung und Einführung. Die Basis für die grobe Schätzung dieses Aufwandes sollte ein grober Projektstrukturplan darstellen, der eine Aufstellung aller wesentlichen durchzuführenden Arbeitspakete beinhaltet. Darüber hinaus sind für die vorgesehenen Anschaffungen die hierzu erforderlichen **finanziellen Aufwände** abzuschätzen. Bei Organisationsprojekten ist die Aufwandsschätzung oft mit großen Unsicherheiten verbunden; die Bewertung des Aufwands ist deshalb ähnlich wie die Ermittlung des Nutzens eine Ermessensfrage. Es sollte gleichwohl angestrebt werden, den gesamten geschätzten Aufwand in Geldeinheiten auszudrücken. Auf die Problematik der Aufwandsschätzung in Organisationsprojekten wird im Zusammenhang der **Projektplanung** vertiefend eingegangen.

3.4.6 Sensitivitäts- und Risikoanalyse

Alle bei der Organisationsplanung getroffenen Annahmen, Zielkriterien und Lösungen sind hinsichtlich ihrer Gültigkeit, Realisierbarkeit und Wirksamkeit mit einer gewissen Unsicherheit behaftet. Diese Ungewißheit schlägt sich in einem entsprechend hohen **Risiko** nieder, daß die geplanten Maßnahmen die gesetzten Ziele nicht oder nur teilweise erfüllen. Die Risiken und die Möglichkeiten zu ihrer Beeinflussung sind dabei in den einzelnen Planungsstufen sehr unterschiedlich: In der Vorstudie erweist sich die Unsicherheit als weitaus am größten; eine falsch eingeschätzte Problemsituation, unrealistische Zielvorstellungen oder unklare Vorstellungen über die machbaren Lösungen führen zwangsläufig zu risikobehafteten Planungsergebnissen (vgl. auch *Abb. 5-74*). Die Risiken der nachfolgenden Planungsstufen sind in der Regel weniger schwerwiegend, da mit einem zunehmenden Planungsfortschritt normalerweise auch eine höhere Planungssicherheit verbunden ist. Bei zahlreichen oder hohen Ungewißheiten empfiehlt es sich, das Risiko durch eine Sensitivitätsanalyse und durch eine systematische Risikoanalyse abzuschätzen.

Eine **Sensitivitätsanalyse** (Empfindlichkeitsanalyse) soll die Stabilität der Bewertung kontrollieren und verdeutlichen. Sie ist insbesondere dann durchzuführen, wenn die Zuverlässigkeit der zur Verfügung stehenden Informationen unzureichend ist und die Bewertung unter hoher Unsicherheit erfolgte. Es wird getestet, wie sensibel das Ergebnis der Wertsynthese auf eine Veränderung der Zielwerte reagiert. Hierbei werden die Zielkriterien aufgedeckt, von denen das Endergebnis der Bewertung, die Rangordnung der Problemlösungen, maßgeblich beeinflußt wird. Wenn bereits relativ kleine Veränderungen einzelner Zielwerte zu einer Verschiebung der Rangordnung führen, dann ist die Sensibilität des Bewertungsergebnisses sehr groß. Verändert sich hingegen die Rangordnung erst bei größeren Modifikationen der Zielwerte, so kann das Ergebnis der Bewertung als stabil gekennzeichnet werden. Im ersten Fall ist es angebracht, den kritischen Zielkriterien eine besondere Aufmerksamkeit zu widmen. Eine hohe Sensibilität sollte zum Anlaß dienen, die Kriterienwerte und die Zielgewichte zu überprüfen. Möglicherweise können auch die Lösungen selbst derart verbessert werden, daß das Bewertungsergebnis stabiler wird. Somit wird sichergestellt, daß die zielwirksamste Problemlösung auch dann noch die optimale ist, wenn sich in der Zukunft die Bedingungen ändern sollten.

	Lösung A			**Lösung B**		
Risiko	T	W	T · W	T	W	T · W
fehlende Akzeptanz	9	2	18	5	3	15
Schnittstellenprobleme	5	3	15	5	2	10
Gesamtrisiko	-	-	33	-	-	25

T = Tragweite (0 = keine Auswirkung - 10 = Katastrophe)
W = Wahrscheinlichkeit (0 = unwahrscheinlich - 10 = höchstwahrscheinlich)
T · W = Risiko

Abb. 5-38: Risikoanalyse

Eine zusätzliche **Risikoanalyse** sollte durchgeführt werden, wenn die Lösungen mit unterschiedlichen Risiken und möglichen Folgeproblemen verbunden sind. Für die einzelnen Problemlösungen wird hinterfragt, welche möglichen Risiken und potentiellen Probleme mit ihrer weiteren Umsetzung verbunden sind. Je Alternative und Risiko wird dann die Wahrscheinlichkeit geschätzt, mit der die negative Auswirkung eintreten wird. Weiterhin wird kalkuliert, wie groß die Tragweite (das heißt der Schaden oder die Auswirkung auf das Problemfeld) für den Fall ist, daß diese Auswirkungen tatsächlich eintreten. Je Risiko und Problemlösung wird anschließend das Einzelrisiko als Produkt aus Risikowahrscheinlichkeit und Tragweite errechnet. Die

Summenwerte kennzeichnen als Kennziffer das Gesamtrisiko der einzelnen Lösung (*Abb. 5-38*). Zur Reduktion des Risikos und zur verbesserten Absicherung der Zielerreichung dient vor allem ein systematisches **Projektmanagement**, insbesondere die konsequente Anwendung der Methoden und Techniken zur Projektplanung und -steuerung.

3.4.7 Auswahl der besten Problemlösungen

Bestehen keine Zweifel an der weiteren Umsetzbarkeit der erarbeiteten Lösungen, sind - je nach Entscheidungssituation - eine oder mehrere Problemlösungen für die weitere Planung, Realisierung und Einführung auszuwählen. Entsprechend dem ökonomischen Prinzip wird hierzu für jede Lösung der ermittelte Nutzen dem geschätzten Gesamtaufwand gegenübergestellt. Zur Veranschaulichung können die einzelnen Problemlösungen in einem **Effizienzportfolio** mit den Koordinaten „Aufwand" und „Nutzen" dargestellt werden (*Abb. 5-39*); das mit den einzelnen Lösungen verbundene Risiko läßt sich dabei zusätzlich kennzeichnen. Sind mehrere sich ergänzende Lösungen zu priorisieren, besteht durchaus die Möglichkeit, daß anstelle von einer Maximallösung, die mit einem relativ hohen Aufwand verbunden ist, mehrere kleinere Lösungen mit einem jeweils geringen Aufwand weiter verwirklicht werden. Insbesondere Lösungen, die mit wenig Aufwand einen relativ hohen Nutzen bewirken und sich zudem schnell umsetzen lassen, sollten in Form von **Sofortmaßnahmen** mit einer hohen Priorität versehen werden.

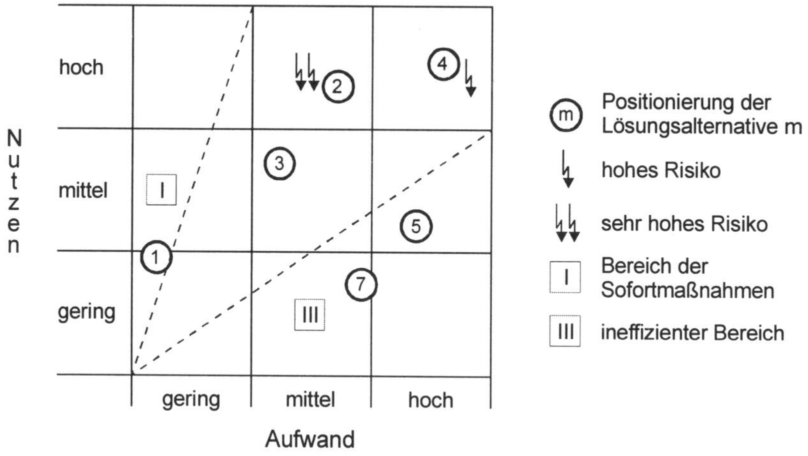

Abb. 5-39: Effizienzportfolio

Wie im Zusammenhang mit der Projektorganisation noch näher ausgeführt wird, sind bei der praktischen Organisationsgestaltung sehr häufig die Kompetenzen zur Entscheidungsvorbereitung und zur eigentlichen Entscheidung personell voneinander getrennt. Es erfolgt somit seitens der Organisatoren lediglich ein Vorschlag an den Auftraggeber, das Organisationsprojekt in eine bestimmte Richtung weiterführen zu lassen oder abzubrechen. Mit ihrer Entscheidung akzeptiert dieser das Planungsergebnis und die Planungsprämissen der Entscheidungsvorbereitung; gleichzeitig übernimmt er auch die Verantwortung für die Entscheidung. Die Auswahlentscheidung stellt die Grundlage für den Auftrag zur nächsten Stufe der Organisationsgestaltung dar. Mit ihr schließt sich der Phasenzyklus der Organisationsplanung.

4. Grundlagen des Projektmanagements

4.1 Konzept des Projektmanagements

Projekte sind bereits an anderer Stelle als Vorhaben mit einem definierten Anfang und Abschluß gekennzeichnet worden, die durch eine zeitliche Befristung, eine relative Neuartigkeit und Komplexität sowie durch eine interdisziplinäre Aufgabenstellung charakterisiert sind. Projekte unterscheiden sich von der täglichen Routinearbeit und müssen deshalb auch nach anderen Gesichtspunkten behandelt werden:

- Routineprozesse werden normalerweise durch organisatorische Maßnahmen dauerhaft strukturiert und von den Mitarbeitern einer Organisation ohne große Probleme beherrscht. Dagegen ist ein Projekt oft mit einem hohen Grad an **Innovation** verbunden, wobei sich die Neuartigkeit sowohl auf das Vorgehen bei der Problemlösung als auch auf das angestrebte Ergebnis beziehen kann. Somit kann bei der Projektabwicklung nur teilweise auf eine vorhandene Planung zurückgegriffen werden. Eine klare Planung der Vorgehensweise mit abgegrenzten, überschaubaren Schritten, eine laufende Kontrolle und ein schnelles Eingreifen bei Planabweichungen kann das überdurchschnittliche Risiko eines Fehlschlages deutlich reduzieren.
- Projekte sind **inhaltlich und zeitlich begrenzt**; sie weisen einen definierten Anfangs- und Endzeitpunkt auf. Da die Zeit und die Ressourcen zur Projektabwicklung in der Regel limitiert sind, müssen Projekte diesbezüglich sorgfältig geplant werden.
- Durch Projekte wird eine **Veränderung von betrieblichen Leistungen oder Strukturen** mit einem definierten Resultat angestrebt. Somit muß Klarheit über die Zielsetzung und die Bedeutung der einzelnen Ziele bestehen.
- Ein relativ **hoher Schwierigkeitsgrad** nach Art und Umfang erfordert die Beteiligung verschiedener Disziplinen. Dabei ist ein mehr oder weniger breites Spektrum von sequentiellen und wechselseitigen Interdependenzen zu berücksichtigen. Stellen aus verschiedenen Bereichen und aus unterschiedlichen Hierarchiestufen sind beteiligt und betroffen. Somit besteht nicht nur die Notwendigkeit einer intensiven Koordination, sondern auch einer einheitlichen Arbeitsmethodik und Denksystematik.

Da Projekte zeitlich begrenzte Vorhaben von relativer Neuartigkeit sind, lassen sie sich nur schwer in die Primärorganisation integrieren. In der traditionellen Linienorganisation ist die Qualität und Schnelligkeit des Informationsaustausches durch die formalen hierarchischen Kommunikationswege beeinträchtigt. Eine schlechte Koordination aber verlängert die Projektdauer, erhöht die Projektkosten und steigert das Risiko eines Fehlschlages. Um dies zu verhindern, müssen entsprechende organisatorische Vorkehrungen getroffen werden.

Das Projektmanagement ist eine spezielle Konzeption zur Bewältigung derartiger komplexer Aufgabenstellungen. Der Begriff des Managements ist dabei in zwei Bedeutungsvarianten zu verwenden (vgl. *Staehle* 1989, S. 65; *Steinmann/Schreyögg* 1993, S. 5 f.):

- Im **funktionalen** Sinne versteht man unter Management die Prozesse und Funktionen, die zur Steuerung eines Systems notwendig sind.
- Im **institutionalen** Sinne wird mit Management die Gruppe von Personen beschrieben, die Managementaufgaben wahrnehmen.

Das Konzept des Projektmanagements beinhaltet demnach sowohl leitungsorganisatorische Bestandteile für die Institution der Projektleitung als auch prozeßorganisatorische Bestandteile für die eigentliche Projektabwicklung. Das Projektmanagement umfaßt demnach drei **Komponenten** (*Abb. 5-40*):

1. Regelungen dahingehend, wer in welcher Funktion in welcher Weise an der organisatorischen Gestaltung beteiligt ist (**Organisationskomponente**);
2. die Planung, Steuerung und Kontrolle der zur organisatorischen Gestaltung notwendigen Aktivitäten (**Leitungskomponente**);
3. die Führung der Projektbeteiligten; hierzu dienen vor allem Techniken der Gruppenarbeit, Motivationstechniken, Techniken zum Austragen von Konflikten und Kommunikations- und Gesprächsführungstechniken (**Führungskomponente**).

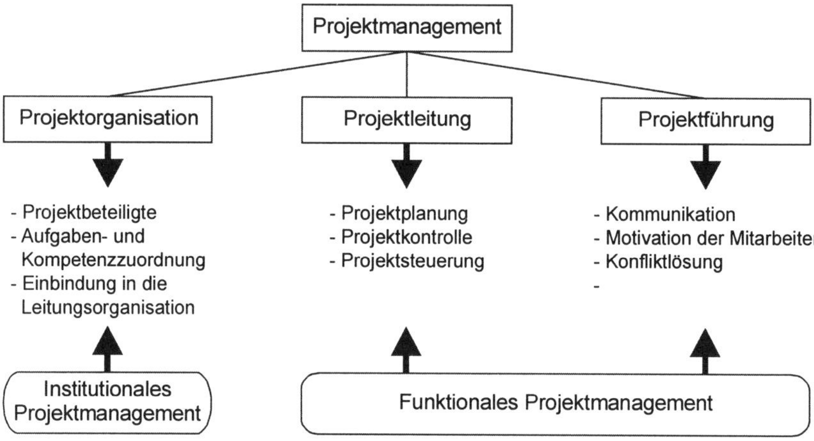

Abb. 5-40: Komponenten des Projektmanagements

Die Grundgedanken des Projektmanagements gehen zurück auf die Durchführung großer Rüstungsvorhaben in den USA während des Zweiten Weltkrieges. Insbesondere die im Manhattan Engineering District Project durchgeführte Entwicklung der ersten Atombombe erforderte aufgrund der intensiven Zusammenarbeit von Wissenschaftlern und Ingenieuren aus Hochschulen, Industrie und Regierung neue Formen der Organisation. Im Rahmen des Apollo-Programms hat die NASA das Konzept des Projektmanagements kontinuierlich weiterentwickelt. In den 60er und 70er Jahren entstand eine Fülle von Publikationen, die sich mit dem Thema Projektmanagement auseinandersetzten und zur Verbreitung des Konzeptes auch für zivile Vorhaben beitrugen. Die verstärkte Anwendung des Projektmanagements auch in Deutschland ist u.a. eine Folge der in allen Bereichen gestiegenen Komplexität von Vorhaben. Die Unterstützung durch Projektmanagementsoftware trägt dazu bei, daß die Methodik des Projektmanagements auch bei kleineren Vorhaben zur Anwendung kommt. Dem Projektmanagement-Konzept wird nach allgemeiner Einschätzung eine zukünftig weiter zunehmende Bedeutung beigemessen.

Einen Überblick über das Konzept des Projektmanagements findet sich bei *Kummer/ Spühler/Wyssen* (1985), *Madauss* (1990), *Litke* (1991) oder *Rinza* (1994). Insbesondere Fragen der Planung technischer Projekte behandeln *Aggteleky/Bajna* (1992).

4.2 Arten von Projekten

Die vielfältigen Erscheinungsformen von Projekten können zunächst nach der Art ihrer **Auslösung** differenziert werden; dies führt zu einer Unterteilung in interne und externe Projekte (vgl. *Schröder* 1970, S. 15 ff.):

- **Externe** Projekte werden durch Marktnachfrage ausgelöst und für einen fremden Auftraggeber durchgeführt; sie liegen meist als klar definierter Projektauftrag vor und führen zu einer Marktleistung. Eine besondere Bedeutung kommt hierbei der Gestaltung der Kommunikationsbeziehungen zwischen Auftraggeber und Auftragnehmer zu.
- Bei **intern** ausgelösten Projekten ist der Auftraggeber normalerweise die Unternehmensleitung, die auch die grobe Zielsetzung umreißt. Die detailliertere Formulierung der Projektziele stellt dann eine eigene Projektaufgabe dar.

Eine weitere Unterscheidung kann nach der **Ausrichtung** des Projektes getroffen werden. Entweder wird durch das Projekt eine Veränderung des Produktions- und Absatzprogramms oder eine Strukturveränderung von Leistungs- und Verwaltungsprozessen angestrebt (vgl. *Frese* 1988, S. 464 f.):

- **Programmorientierte** Projekte sind in der Regel nach ihrer Realisation für das Unternehmen abgeschlossen; es ergeben sich keine zwangsläufigen Auswirkungen auf die Organisationsstruktur.
- **Prozeßorientierte** Projekte haben nach ihrer Einführung notwendigerweise Auswirkungen auf die Abwicklung der Unternehmensprozesse und damit auch auf die Organisationsstruktur. Der Betreuung der Betroffenen bei der Nutzung der Projektergebnisse kommt eine besondere Bedeutung zu; sie führt oft zu nachträglichen Korrekturen und Anpassungen an zwischenzeitlich veränderte Sichtweisen und Anforderungen.

Durch die Anwendung der beiden Klassifizierungsmerkmale "Projektauslösung" und "Projektausrichtung" ergeben sich vier unterscheidbare **Projektarten** (*Abb. 5-41*).

		Projektausrichtung	
		Programm	**Prozeß**
Projektauslösung	**intern**	zukünftiges Produktionsprogramm Beispiel: Produktinnovation	qualitatives Leistungspotential Beispiel: Strukturinnovation
	extern	laufendes Produktionsprogramm Beispiel: Schiffsbau	quantitatives Leistungspotential Beispiel: Erweiterung

Abb. 5-41: Charakteristische Projektarten

4.3 Die Projektwürdigkeit

Grundsätzlich muß in Abhängigkeit von den Eigenschaften eines Vorhabens entschieden werden, ob es projektwürdig ist oder innerhalb der bestehenden Linienorganisation abgewickelt werden soll. Die Anwendbarkeit des Projektmanagements wird nach *Rinza* (1994, S. 6 ff.) vor allem durch die Faktoren Anwendungsfelder, Projektgröße und Projektkomplexität bestimmt. Daneben sollte auch die Bedeutung des Vorhabens zur Beurteilung der Projektwürdigkeit herangezogen werden.

(1) Anwendungsfelder

Als Anwendungsfelder für das Projektmanagement kommt grundsätzlich jede Innovation in Frage, also immer wenn es um die Entwicklung von neuen Produkten, Verfahren oder Strukturen geht. Historisch gesehen sind Innovationen der eigentliche Grund für die Entstehung des Projektmanagementgedankens. Bei einer Beschränkung auf betriebliche Innovationen kann man je nach Art des Projektes allgemein Technikprojekte, Marktprojekte und Organisationsprojekte unterscheiden. Einige Beispiele hierzu sind in *Abbildung 5-42* aufgeführt.

Technikprojekte	Marktprojekte	Organisationsprojekte
• Entwicklung eines neuen Produktes • Entwicklung neuer Herstellungsverfahren • Einrichtung einer neuen Fertigung • Installation eines neuen EDV-Netzwerkes	• Entwicklung einer neuen Marketingkonzeption • Erschließung neuer Absatzmärkte • Einführung eines neuen Produktes	• Einführung einer neuen Marketingkonzeption • Entwicklung und Einführung einer neuen Organisationsform • Einführung eines neuen Qualitätsmanagement-Systems • Einführung einer neuen Software zur Produktionsplanung und -steuerung

Abb. 5-42: Anwendungsgebiete für das Projektmanagement

Es ist dabei durchaus denkbar, daß innerhalb eines umfassenden Projektes wie beispielsweise die Entwicklung und Markteinführung eines neuen Produktes sowohl technische als auch marktliche als auch organisatorische Aspekte von Bedeutung sind. Hierbei wird dann normalerweise – ausgehend vom Gesamtkonzept - für die Teilstudien, die Realisierung und die Einführung eine Segmentierung des Projektes in entsprechende Teilprojekte vorgenommen.

Organisationsprojekte sind - insbesondere wenn sie die Abwicklung von Arbeitsprozessen zum Gegenstand haben - sehr oft mit Lösungen verbunden, die den Einsatz von Informations- und Kommunikationstechniken vorsehen, während andererseits betriebliche Informatikprojekte fast immer auch mit organisatorischen Auswirkungen verbunden sind. So ist beispielsweise bei Projekten zur Büroautomation und -kommunikation eine eindeutige Zuordnung gar nicht möglich. Deshalb soll im folgenden nicht zwischen Informatik- und Organisationsprojekten unterschieden werden. Vielmehr werden Projekte der betrieblichen Informationsverarbeitung den Organisationsprojekten, Projekte der technischen Informatik (wie beispielsweise die Automation von Produktionsprozessen durch CNC-Maschinen) den Technikprojekten zugeordnet.

Die Konzeption des Projektmanagements kann zweifelsohne auch auf anderen Gebieten eingesetzt werden wie beispielsweise im Gesundheitswesen oder in sozialwissenschaftlichen Forschungsprojekten. Die hauptsächliche Anwendung ist jedoch in den drei oben aufgeführten betrieblichen Bereichen zu finden.

(2) Projektgröße

Die Projektgröße kann durch unterschiedliche Dimensionen erfaßt werden. Die Anzahl der in einem Projekt abzuwickelnden Einzelaufgaben, die Anzahl der beteiligten Personen, die voraussichtlichen Kosten der Projektabwicklung sowie die Dauer eines Projektes stellen übliche Maßgrößen dar. Hinsichtlich des zeitlichen und finanziellen Rahmens, aber auch bezüglich der unternehmenspolitischen Bedeutung wird hierbei oft zwischen A-, B- und C-Projekten unterschieden (*Abb. 5-43*). Eine derartige Differenzierung mittels eines unternehmensspezifischen Projektportfolios ist hilfreich bei Entscheidungen über die konkrete Ausgestaltung der einzelnen Komponenten des Projektmanagements, insbesondere bei der Festlegung der Kompetenzen bei der Ausgestaltung der Projektorganisation.

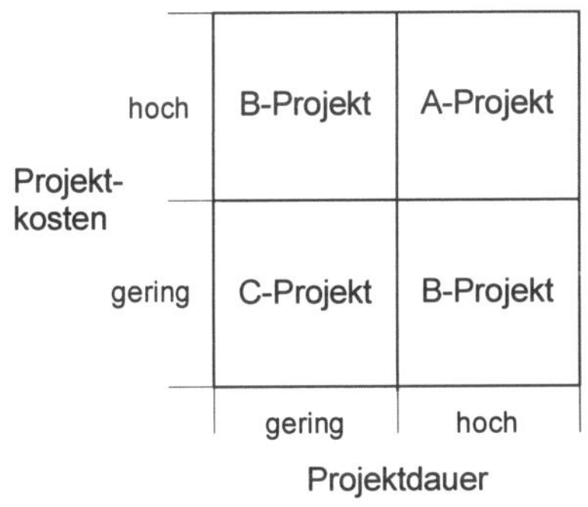

Abb. 5-43: Abgrenzung von Projekten

Während ursprünglich das Projektmanagement nur für Projekte ab einer gewissen Größenordnung, insbesondere für Groß- und Mammutvorhaben der Wehrtechnik und Weltraumfahrt zur Anwendung kam, wird es in letzter Zeit auch für kleinere Vorhaben praktiziert. So zeigt *Rinza* (1994, S. 8 f.) auf, daß die Anwendung von Methoden des Projektmanagements auch bei mittleren und kleineren Projekten durchaus vorteilhaft ist.

(3) Projektkomplexität

Die Projektkomplexität spiegelt sich in der Anzahl und der Verschiedenartigkeit der anfallenden Teilaufgaben sowie in den Interdependenzen zwischen den Teilaufgaben wieder. Eine hohe Komplexität ist sehr oft verbunden mit einem hohem Schwierigkeitsgrad. Dabei hängt die Einschätzung der Komplexität von der jeweiligen Betrachtungsweise ab. So kann sich beispielsweise die Reorganisation eines umfassenden Geschäftsprozesses aus Sicht des betroffenen Unternehmens als ein komplexes Projekt darstellen, aus Sicht einer damit beauftragten Unternehmensberatungsgesellschaft dagegen eher als eine Routineaufgabe.

Organisationsprojekte sind heute von einem Denken in Gesamtkonzepten geprägt. Während früher häufig nur suboptimale Partiallösungen erarbeitet wurden, strebt man heute vermehrt organisatorische Gesamtlösungen an wie beispielsweise umfassende Umweltmanagementsysteme, integrierte Informationssysteme oder prozeßorientierte Organisationsstrukturen. Dies hat zur Folge, daß die Organisationsprobleme komplexer geworden sind und die Problemlösungsprozesse auch zeitlich und umfangmäßig den Charakter eines Projektes annehmen.

(4) Bedeutung

Aus den bisherigen Ausführungen kann resümiert werden, daß die Abgrenzung der Routineaufgaben von Projektaufgaben nicht exakt vorzunehmen ist, weil Begriffe wie Komplexität, Umfang und Neuartigkeit unterschiedlich ausgelegt werden. Dabei spielt unter anderem auch die Größe des Unternehmens sowie die Erfahrung und Leistungsfähigkeit des vorhandenen Managementpersonals eine Rolle. Infolgedessen ist die Entscheidung, ob ein Vorhaben als Projekt installiert wird oder nicht, unternehmensindividuell zu treffen. Im Zweifelsfalle sollte zur Beurteilung der Projektwürdigkeit die Bedeutung des Vorhabens für das Unternehmen hinterfragt werden; diese ergibt sich aus den Auswirkungen des Projektes auf die Unternehmenszielsetzungen. Dabei können Vorhaben, die strategische Maßnahmen zur Erhaltung und Steigerung der Wettbewerbsfähigkeit oder die langfristige Organisationsentwicklung zum Gegenstand haben, auch bei einem vergleichsweise geringen Umfang einen großen Einfluß auf die langfristige Unternehmenssituation haben; diese sollten dann auch als Projekt definiert werden.

4.4 Projektmanagement als Problemmanagement

Insbesondere in Krisenzeiten ist es notwendig, bei auftretenden Problemen möglichst schnell gute Entscheidungen zu treffen und den hierzu qualifizierten Mitarbeitern bestmögliche Einsatz- und Entfaltungsmöglichkeiten zu geben. Die hierarchisch geordnete Aufteilung der Entscheidungskompetenzen in der Primärorganisation widerspricht diesen Notwendigkeiten, da für eine flexible und schnelle Reaktion auf Schwierigkeiten und auf neue Entwicklungen die herkömmliche Linienorganisation oft zu schwerfällig ist und der normale Instanzenweg als Kommunikationsweg eine schnelle Entscheidungsfindung behindert. Zudem werden oftmals entscheidungsrelevante Informationen gefiltert und verfälscht, da Informationen im innerbetrieblichen Konkurrenzkampf als Macht- und Manipulationsinstrument eingesetzt werden. Während dies in Zeiten wirtschaftlicher Stärke verkraftbar und korrigierbar ist, kann in schwierigen Zeiten jedoch schon eine einzige Fehlentscheidung die Existenz eines Unternehmens gefährden.

Die meisten wichtigen Probleme in einem Unternehmen sind nur abteilungsübergreifend zu lösen; dennoch dominiert die Tendenz zu Abteilungsegoismen. Abteilungsübergreifende Probleme werden oft reihum von einer Abteilung zur anderen geschoben und "dann plötzlich, irgendwo, von irgendwem irgendwann zum Erstaunen aller entschieden" (*Heintel/Krainz* 1990, S. 15). Eine alternative Form der Problemlösung ist die gemeinsame Entscheidung durch die Betroffenen. Da das für eine Problemlösung notwendige Fachwissen häufig quer über die hierarchische Primärorganisation verteilt ist, sind hierzu **hierarchieübergreifende Problemlösegruppen** zu bilden, die als Informations- und Entscheidungsgremium dienen. Sollen notwendige Organisationsveränderungen auf breiter Basis stattfinden und von den Betroffenen mitgetragen werden, so muß über die Probleme, ihre Ursachen sowie über die einzuleitenden Veränderungen eine gemeinsame Sichtweise hergestellt werden. Damit wird das Konzept des Projektmanagements in Verbindung mit dem beschriebenen Vorgehensmodell zur Lösung von Organisationsproblemen zu einem allgemeinen Konzept des Managements von Problemlöseprozessen.

4.5 Grundlegende Aspekte des Projektmanagements

(1) Vom Groben zum Detail

Beim Konzept des Projektmanagements werden allgemeine Managementmethoden mit dem **Systemdenken** kombiniert. Das Systemdenken beeinflußt auf verschiedenste Art und Weise den Problemlösungsprozeß. Die Vorgehensweise "Vom Groben zum Detail" ist allgemeingültig für komplexe Problemstellungen und kommt insbesondere auch bei der Planung von Projekten zum Tragen. Bei der Durchführung der Projektaufgaben sind vielfältige Aspekte und Informationen gleichzeitig zu bedenken und zu verbinden. Um diese Komplexität zu bewältigen und gleichzeitig das Gesamtsystem nicht aus den Augen zu verlieren, wird das Projekt zunächst nur im Groben umrissen. Auf der Basis dieser Grobplanung werden Subsysteme definiert, die dann als Teilaufgaben bearbeitet werden.

(2) Zielkonflikte

Bei der Entwicklung und Implementierung von Systemen zeigen sich oft gravierende Zielkonflikte. Ein typischer Konfliktbereich entsteht aus den Zusammenhängen zwischen den Systemzielen und den Vorgehenszielen „Termine“ und „Kosten“. Die Zusammenhänge können anhand des sogenannten **Magischen Dreiecks** (*Abb. 5-44*) veranschaulicht werden.

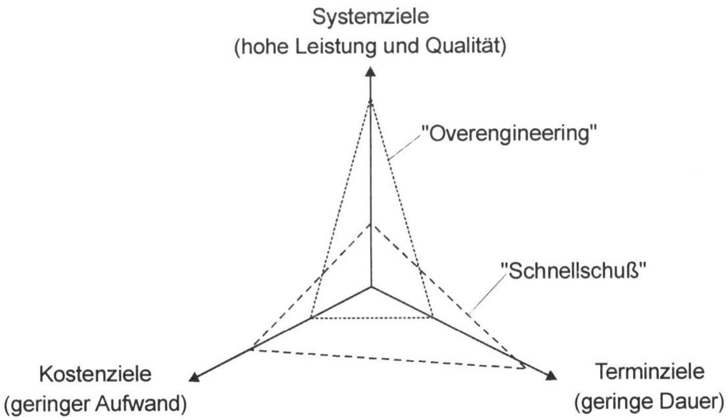

Abb. 5-44: Das Magische Dreieck des Projektmanagements

Die drei Zielgrößen System-, Termin- und Kostenziele stehen in einer dynamischen Abhängigkeit: Wird eine Größe verändert, so ändern sich auch die anderen. Je mehr Leistung von einem System gefordert wird, desto höher ist auch der notwendige Aufwand an Ressourcen und Zeit. So ist eine Anhebung der Systemziele auch mit einer Verlängerung der Projektdauer und/oder einer Erhöhung des Aufwandes an Personal und Finanzmitteln verbunden.

Dieser Sachverhalt ist an sich nicht außergewöhnlich; bei der Abwicklung von Projekten sind jedoch in der Regel innovative Lösungen gefordert, so daß die Zusammenhänge zwischen diesen Zielgrößen nur sehr vage bestimmt werden können. Weiterhin ist es unerläßlich, daß sich die Projektkontrolle nicht nur auf eine laufende Beurteilung der Vorgehensziele „Dauer“ und „Aufwand“ erstreckt, sondern auch die Beurteilung der Systemziele „Leistung und Qualität“ mit einschließt (vgl. *Litke* 1991, S. 35).

(3) Gruppenarbeit

Einerseits ist es bereits Merkmal der Projektaufgabe selbst, daß mehrere Personen daran beteiligt sind. Zum anderen sollen jedoch die Vorteile der Gruppenarbeit bewußt wahrgenommen werden. Die Effizienz des Projektmanagements basiert auf dem Gedanken der Gruppenarbeit, wo mehrere Menschen zusammen auf ein gemeinsames Ziel hinarbeiten. Die Motivation der Projektmitarbeiter ergibt sich dabei zum großen Teil daraus, daß

- sie sich mit dem Projekt und seinen Zielen identifizieren,
- sie die Gesamtzusammenhänge des Projektes kennen und laufend über Vorkommnisse im Projekt informiert werden,
- sie bei der Festlegung der Projektziele und des Vorgehens bei der Problemlösung aktiv beteiligt sind.

4.6 Mißerfolgsfaktoren von Organisationsprojekten

Projekte weisen typische Probleme auf, deren Ursachen und Ausprägungen von *Krüger* (1986) in einer umfassenden Studie untersucht wurden. Die wichtigsten in Projekten auftretenden Probleme sind in *Abbildung 5-45* beispielhaft und vereinfachend aufgeführt (vgl. *Krüger* 1987, S. 208 f.; *Haberfellner* 1992, Sp. 2092). Neben einem vorzeitigen Abbruch sind die Folge von derartigen Problemen dann Problemlösungen, die niemand braucht oder will, deren Nachbesserung aufwendiger ist als deren Entwicklung und Einführung oder die mit sehr großer Verspätung abgeschlossen werden und letztendlich bedeutend aufwendiger waren als ursprünglich geschätzt.

Durch die Einführung von Methoden des Projektmanagements kann bei komplexen Organisationsprojekten die Bearbeitungszeit und der Aufwand in den Planungsstufen deutlich reduziert werden. Hinzu kommen qualitative Verbesserungen der Projektabwicklung infolge verminderter Fehlplanungen und weniger Budget- und Terminüberschreitungen.

Projektziele und Projektaufgaben

- Unklare oder laufend sich ändernde Ziele und Lösungsanforderungen, da der Auftraggeber hierfür zu wenig Sorgfalt aufwendet oder eine Kenntnis der Problemlage noch fehlt.
- Projektsteuerung zu wenig qualitätsorientiert, da eine einseitige Projektsteuerung über Termine vorgenommen wird und die Zusammenhänge zwischen den Zielen (magisches Dreieck) nicht genügend beachtet werden.
- Mangelhafte Problemanalyse, da die Systemabgrenzung und die Schnittstellendefinition infolge Zeitdrucks vernachlässigt wurde.
- Lösungen nicht benutzergerecht, da sie nicht in laufender Abstimmung und unter Mitverantwortung der Betroffenen entwickelt wurden.
- Unterentwickelte projektbegleitende und nachvollziehende Kontrolle der Projektergebnisse in sachlicher, zeitlicher und finanzieller Hinsicht, da persönliche Widerstände gegen Kontrollen bestehen.

Projektbeteiligte und Projektorganisation

- Fehlende Unterstützung des Projektes durch die übergeordneten Leitungsstellen, da diese sich zu wenig mit den Projektproblemen beschäftigen.
- Überforderte Projektleiter, da sie über keine spezifischen Leitungs- und Führungsqualifikationen verfügen.
- Nicht bewältigte Doppelbelastung des Projektleiters und der Projektmitarbeiter, da diese in nicht ausreichendem Maße für das Projekt freigestellt werden.
- Schwache Projektleiter, da sie nur unklare oder nicht ausreichende formale Kompetenzen eingeräumt bekommen.
- Demotivierte Projektmitarbeiter, da die Realisierung erst sehr spät erfolgt und damit über längere Zeit Erfolgserlebnisse fehlen.
- Angst und Widerstände der Mitarbeiter in den Fachabteilungen gegen Neuerungen, da diese nur unzureichend in das Projekt eingebunden sind.
- Gestörtes Verhältnis zwischen den Methodenexperten und den Fachexperten, da zwischen ihnen Einstellungsunterschiede vorliegen.

Information und Kommunikation

- Unzureichende Abstimmung zwischen dem Projekt und den Fachabteilungen bzw. dem Auftraggeber, da die Projektbeteiligten unterschiedliche Sprachen sprechen.
- Unzureichende Projekttransparenz, da keine Übersichten über den Arbeitsfortschritt vorhanden sind.
- Unvollständige, personenabhängige Dokumentation, da Dokumentationsstandards fehlen.
- Unzureichender "Verkauf" der Projektergebnisse, da Termine drücken oder nur geringe Kenntnisse über Präsentationstechniken vorhanden sind.

Methoden und Techniken

- Keine erkennbare Logik des Vorgehens, da keine Untergliederung des Vorgehens in Teilschritte mit definierten Zwischenergebnissen und Entscheidungspunkten vorgenommen wird.
- Zu starres, unflexibles Vorgehen, da ein Standardvorgehensmodell nicht auf das jeweilige Problem zugeschnitten wird.
- Ineffiziente Gruppenarbeit, da keine Verwendung von Techniken hinsichtlich der Leitung von Sitzungen, des Festhaltens von Ergebnissen und ihrer Umsetzung eingesetzt werden.
- Unzureichende oder nicht intelligente Verwendung von Methoden und Techniken, da diese zu unterschiedlich sind und ihre Anwendungsbedingungen nicht bekannt sind.
- Fehlende Akzeptanz von Methoden und Techniken, da keine Unterstützung durch geeignete Software (Tools) erfolgt.

Abb. 5-45: Typische Probleme in Projekten und deren Ursachen

5. Organisation von Projekten

In Theorie und Praxis werden die Begriffe Projektmanagement und Projektorganisation häufig gleichbedeutend verwendet. Falls eine Abgrenzung vorgenommen wird, dann zumeist in Form einer Gleichstellung der Projektorganisation mit der Einbindung des Projektes in die Leitungsorganisation des Unternehmens, beispielsweise in Form der Matrix-Projektorganisation oder der Stabs-Projektorganisation. Entsprechend der Bedeutung des instrumentalen Organisationsbegriffs sind jedoch unter der Projektorganisation **alle Regelungen** zur Abwicklung von Projekten zu begreifen. Dies beinhaltet neben der Festlegung der an einem Projekt beteiligten organisatorischen Einheiten mit ihren Aufgaben und der Beziehungen zwischen ihnen (Leitungsorganisation) auch den eigentlichen Prozeß der organisatorischen Gestaltung (Prozeßorganisation). Letzterer ist im Zusammenhang mit den Stufen und Phasen der Organisationsgestaltung ausführlich beschrieben worden. Somit ist im Folgenden die Projektorganisation nur noch bezüglich ihrer **leitungsorganisatorischen Aspekte** zu behandeln.

In der Fachliteratur wird eine Vielzahl von Möglichkeiten vorgeschlagen, wie Projekte zu strukturieren und formal in die Unternehmensorganisation zu integrieren sind. Diese Organisationsempfehlungen können zu dem Eindruck führen, daß Projekte nur dann erfolgreich durchgeführt werden können, wenn auch Organisationsformen wie Stabs-, Matrix- oder reine Projektorganisation angewendet werden. Die Praxis sieht jedoch oft anders aus: Viele Projekte werden hierarchiefrei und ohne eine formale Einbindung der Projektgruppe in die Leitungsorganisation realisiert. Es handelt sich eher um Problemlösegruppen, die sich ad hoc mit Projektaufgaben auseinandersetzen. Jedoch kann auch hierbei das Konzept des Projektmanagements angewendet werden, es kommen jedoch nur die Leitungs- und Führungskomponente zum Tragen, nicht aber die Organisationskomponente.

5.1 Beteiligte an einem Organisationsprojekt

Organisatorische Gestaltung vollzieht sich als kooperativer Problemlösungsprozeß, bei dem alle betroffenen Wissens-, Kompetenz- und Verantwortungsträger gemeinsam zusammenwirken. Unabhängig von der Art eines Projektes und der gewählten Organisationsform können dabei in jedem Projekt drei **Funktionsebenen** voneinander abgegrenzt werden (vgl. *Daenzer/Huber* 1992, S. 269):

- Formale Entscheidungsfunktionen, die beim **Auftraggeber** eines Projektes liegen;
- Leitungsfunktionen, die von der **Projektleitung** wahrzunehmen sind;
- Ausführungsfunktionen, die von den **Projektgruppe** durchgeführt werden, unterstützt durch die vom Projekt direkt **Betroffenen**.

Dieser Kreis der aktiv am Organisationsprozeß beteiligten Personen spiegelt die Gesamtheit der Bedürfnisse und des vorhandenen Know-how's im jeweiligen Problemfeld wieder. Er ist für die Dauer der Projektabwicklung in Form von speziellen Arbeitsgruppen zu institutionalisieren (*Abb. 5-46*); diese Arbeitsgruppen werden allein für die Koordinierung und Durchführung der Projektaufgabe gebildet und lösen sich bei Projektende wieder auf. Der Aufgabeninhalt, der den einzelnen Arbeitsgruppen zugeordnet wird, hängt sehr stark ab von der aktuell zu lösenden Problemstellung. Für Entscheidungen, die das Gesamtprojekt betreffen, wird in der Regel eine andere Arbeitsgruppe zuständig sein als für solche, die nur einen ganz bestimmtes Untersystem oder einen bestimmten Systemaspekt betreffen.

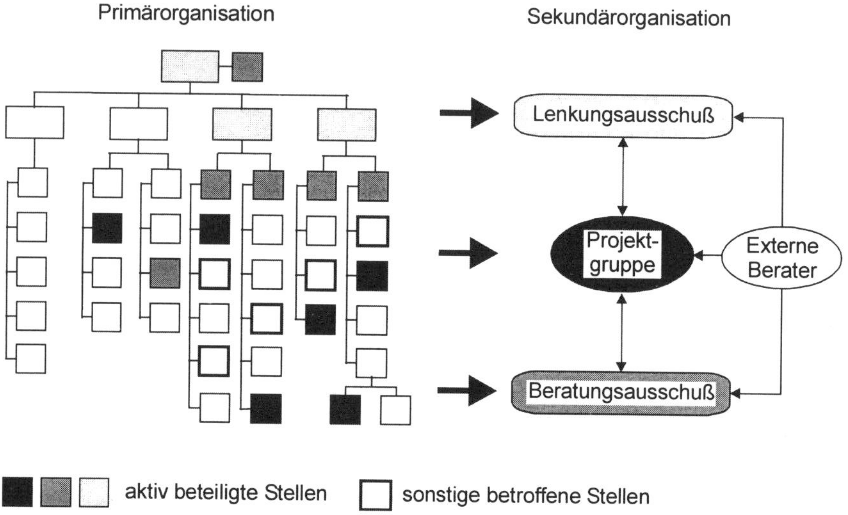

Abb. 5-46: Projektbeteiligte

Die Projektbeteiligten sind ähnlich dem Konzept der miteinander vermaschten Teams von *Schnelle* (1966) miteinander verbunden. Die Primärorganisation wird durch zusätzliche Arbeitsgruppen der Sekundärorganisation ergänzt. Durch die Verbindung der Projektgruppe mit dem Lenkungs- und Beratungsausschuß wird ein ständiges Wechselspiel zwischen der organisatorischen Gestaltung einerseits und den übergeordneten Organisationszielen andererseits erreicht. Weiterhin werden Problemlösungen erzielt, die aufgrund der Einbeziehung und Mitbestimmung der davon Betroffenen sachlich fundiert sind und akzeptiert werden.

Die Zusammensetzung und die Aufgaben dieser drei Arbeitsgruppen werden im folgenden näher beschrieben (vgl. hierzu auch *Litke* 1991, S. 45 ff.; *Kummer/Spühler/Wyssen* 1985, S. 3.1 ff.; *Deym* 1974, S. 44 ff.).

5.1.1 Der Lenkungsausschuß

Ein Organisationsprojekt stellt für die meisten Bereiche eines Unternehmens einen Fremdkörper dar, der die Abwicklung der Routineprozesse stört. Die Integration eines Projektes in die Unternehmensorganisation ist deshalb nicht immer unproblematisch - dies gilt insbesondere bei einer Matrix-Projektorganisation. Organisationsprojekte können jedoch nur dann erfolgreich abgewickelt werden, wenn sich auch die verantwortlichen Manager der Linienorganisation in den Prozeß des Projektmanagements einschalten, die ihr zukommenden Aufgaben wahrnehmen und Verantwortung übernehmen. Zu diesem Zweck wird die Arbeitsgruppe des Lenkungsausschusses (steering committee) eingerichtet, in der temporär die Entscheidungs- und Verantwortungsträger für ein Projekt zusammengefaßt werden. Er fungiert als **Auftraggeber** des Projektes und trifft die richtungsweisenden Projektentscheidungen. Der Lenkungsausschuß hat dabei folgende **Aufgaben** wahrzunehmen:

- Er formuliert den **Projektauftrag** mit den groben Zielsetzungen und den nötigen oder auch gewünschten Randbedingungen für die Projektdurchführung. Die grobe Zielsetzung dient dem Projektleiter als Ausgangsbasis für die detailliertere Formulierung und Operationalisierung der Projektziele.
- Er definiert die **Projektgruppe**, indem er den Projektleiter ernennt und die übrigen Mitglieder der Projektgruppe formal bestimmt.
- Er legt aus dem Kreis der Leitungsstelleninhaber, deren Abteilungen von dem Projekt betroffen sind, die Mitglieder des **Beratungsausschusses** fest.
- Der Lenkungsausschuß legt die **Projektorganisation** fest, indem er das Projekt in die Unternehmensorganisation einordnet und die Entscheidungskompetenzen des Projektleiters gegenüber den Linieninstanzen absteckt. Der Lenkungsausschuß muß auch dafür sorgen, daß diese Regelungen den betroffenen Linieninstanzen der Primärorganisation bekannt gemacht und von ihnen respektiert werden.
- Er bestimmt die notwendigen **Projektstufen** von der Vorstudie bis zur Einführung. Die Art und die Anzahl der Projektstufen sind der Projektaufgabe und dem Projektrisiko anzupassen. Für Organisationsprojekte werden dabei allgemein die Stufen der organisatorischen Gestaltung als Projektstufen zugrundegelegt.
- Jede Projektstufe wird vom Lenkungsausschuß durch **Zwischenentscheidungen** formal freigegeben und abgenommen. Diese Entscheidungen beim Übergang von einer Projektstufe zur nächsten Projektstufe dienen vor allem dem Zweck, daß sich der Auftraggeber über den Projektablauf und über die erarbeiteten Projektergebnisse regelmäßig informieren kann und die Möglichkeit erhält, bei wesentlichen Abweichungen von der ursprünglichen Planung noch rechtzeitig einzugreifen. Er bekommt somit auch die Gelegenheit, bei einer Veränderung der übergeordneten Organisationsziele auch hieraus resultierende Korrekturen hinsichtlich der Projektzielsetzung vorzunehmen. Durch die formellen Zwischenentscheidungen kann der Auftraggeber folglich ohne großen zeitlichen Aufwand die Kontrolle über das Projekt behalten und seiner Gesamtverantwortung gerecht werden. Gleichzeitig wird durch die regelmäßige Abnahme von Zwischenresultaten die Projektgruppe in ihrer Arbeit bestätigt und die Planungssicherheit des Projektleiters bei der weiteren Projektabwicklung erhöht. Über die formalen Zwischenentscheidungen zum Ende beziehungsweise zum Beginn einer jeden Projektstufe hinaus sollte sich der Lenkungsausschuß in regelmäßigen Abständen vom Projektleiter einen Projektstatusbericht vorlegen und Zwischenergebnisse, insbesondere die Ergebnisse der einzelnen Phasen innerhalb der Planungsstufen präsentieren lassen.
- Der Lenkungsausschuß trifft **Entscheidungen**, welche die Kompetenzen des Projektleiters übersteigen, und löst sachliche oder personelle Konflikte. Der Projektleiter kann zu diesem Zweck veranlassen, daß der Lenkungsausschuß zu außerordentlichen Sitzungen einberufen wird.

- Der Lenkungsausschuß setzt **Prioritäten**, wenn innerhalb des Projektes mehrere autonome Teilaufgaben anstehen, diese jedoch aufgrund von personellen oder finanziellen Engpässen nicht alle gleichzeitig durchgeführt werden können. So ist insbesondere bei einer organisatorischen Lösung, die für mehrere Unternehmensbereiche entwickelt wurde, oftmals festzulegen, in welcher zeitlichen Reihenfolge sie in den einzelnen Abteilungen eingeführt werden soll. Hierbei müssen dann entsprechend den übergeordneten Unternehmensinteressen eindeutige Prioritäten gesetzt werden. Eine Festlegung von Prioritäten kann auch zwischen der Tätigkeit im Projekt und in der Linie erforderlich sein, wenn einzelne Projektmitarbeiter lediglich teilzeitlich für das Projekt abgestellt sind und sich ein Kapazitätsengpaß abzeichnet.
- Er unterstützt und berät den Projektleiter bei allen größeren auftretenden Problemen. Eine **Unterstützung des Projektleiters** gegenüber den Leitungsstellen der Primärorganisation kann insbesondere dann erforderlich sein, wenn der Projektleiter in der Primärorganisation hierarchisch niedriger eingestuft ist als einzelne Linieninstanzen und diese allzusehr bereichsspezifische Interessen durchzusetzen versuchen.
- Er setzt **übergeordnete Unternehmensinteressen** gegenüber dem Projektleiter und den Linieninstanzen durch. Dies kann entweder durch eine Entscheidung der im Lenkungsausschuß vertretenen hierarchischen Spitzeneinheit oder durch eine Sachdiskussion mit anschließender Konsensfindung erfolgen.

Die **Mitglieder** des Lenkungsausschuß werden aus den Reihen der übergeordneten Entscheidungs- und Verantwortungsträger derjenigen Bereiche rekrutiert, die direkt von dem Projekt betroffen sind. Aus den oben aufgeführten Aufgaben heraus und bedingt durch die Tatsache, daß bei komplexen Problemen meist bereichsübergreifende Entscheidungen zu treffen sind, ergibt sich die Notwendigkeit, daß auch die hierarchische Spitzeneinheit im Lenkungsausschuß vertreten ist. Die unterstützende, engagierte Einstellung der übergeordneten Leitungsstelle - in Organisationsprojekten oftmals die oberste Unternehmensleitung oder die Geschäftsbereichsleitung - ist für eine möglichst reibungslose und planmäßige Projektabwicklung zwingend erforderlich.

In Organisationsprojekten, die unter der Federführung einer spezialisierten Organisationsabteilung durchgeführt werden, sollte auch der Leiter dieser Abteilung in den Lenkungsausschuß aufgenommen werden. Insgesamt sollte der Lenkungsausschuß jedoch nicht mehr als sechs Personen umfassen, wobei der Projektleiter an den Sitzungen ohne Stimmrecht teilnimmt.

Die **Zusammenkünfte** des Lenkungsausschusses werden in Abhängigkeit von der Terminplanung für die einzelnen Projektstufen festgelegt. Darüber hinaus sollte der Lenkungsausschuß in regelmäßigen Abständen zusammentreffen, um die Statusberichte des Projektleiters zu prüfen und zu genehmigen. Damit der Lenkungsausschuß einerseits nicht mit Tagesproblemen aus dem Projekt beschäftigt wird, er andererseits aber seinen Einfluß rechtzeitig geltend machen kann, sollte er monatlich, mindestens jedoch alle zwei Monat zu einer Sitzung zusammentreffen.

5.1.2 Der Beratungsausschuß

Der Beratungsausschuß (häufig auch Fachausschuß genannt) soll die Projektgruppe - insbesondere bei größeren Projektaufgaben - inhaltlich unterstützen und beraten; er setzt sich aus den Inhabern der Leitungsstellen der vom Projekt betroffenen Abteilungen zusammen. Dahinter steht der Gedanke, daß eine geplante organisatorische Veränderung nur dann ohne gravierende Störungen realisiert werden kann, wenn die Intentionen dieses Personenkreises bereits bei der Organisationsplanung berücksichtigt werden (vgl. *Deym* 1974, S. 49 ff.; *Müller-Pleus* 1985, S. 443 ff.; *Litke* 1991, S. 46). Der Beratungsausschuß hat vor allem folgende **fachliche Aufgaben**:

- Er soll projektrelevantes Fachwissen und Fachinformationen an die Projektgruppe weiterleiten.
- Er hat die von der Projektgruppe erarbeiteten organisatorischen Lösungen auf Realisierbarkeit zu prüfen und ihre Auswirkungen, Risiken und Begleiterscheinungen abzuschätzen.
- Er leitet die Arbeitsergebnisse der Projektgruppe in die betroffenen Fachbereiche weiter, damit so die Akzeptanz der Lösungen erhöht und der Einführungsaufwand verringert wird.
- Er informiert die Projektgruppe über etwaige projektrelevante Veränderungen im Problemfeld.
- Er unterstützt die Projektgruppe bei der Erstellung von Entscheidungsvorlagen für die Sitzungen des Lenkungsausschusses.

Der Beratungsausschuß steht somit als Mittler zwischen der Projektgruppe einerseits und den Einheiten der Primärorganisation andererseits. Er hat lediglich beratende und unterstützende Funktion, aber bis auf ein Vetorecht keine Entscheidungsbefugnis. Neben den aufgeführten fachlichen Aufgaben hat der Ausschuß auch eine **politische Funktion**:

- Das betroffene Management wird in den Prozeß der organisatorischen Gestaltung miteinbezogen und übernimmt somit eine direkte Verantwortung am Gestaltungsprozeß und an den Gestaltungsergebnissen.
- Die im Beratungsausschuß vertretenen Interessen der Fachbereiche werden auf die durch das Projekt vertretenen übergeordneten Unternehmensziele ausgerichtet.
- Die Akzeptanz des betroffenen Managements gegenüber den organisatorischen Veränderungen wird erhöht, psychische Widerstände können abgebaut werden.

Die **Mitglieder** des Beratungsausschusses stammen aus der unteren und mittleren Leitungsebene und werden vom Lenkungsausschuß ernannt. Größe und Zusammensetzung des Beratungsausschusses sind dabei nicht als unveränderlich aufzufassen, sondern abhängig von den Erfordernissen des Projektablaufes flexibel anzupassen. So kann sich beispielsweise im Verlauf des Projektes der Kreis der betroffenen Abteilungen ändern, wenn eine Einengung oder Erweiterung des Problemfeldes vorgenommen wird. Dem wird dann durch eine entsprechende Veränderung der Besetzung des Beratungsausschusses Rechnung getragen.

Der Beratungsausschuß oder Teile des Beratungsausschusses kommen bei Bedarf und problemabhängig zusammen; sie werden von der Projektgruppe zu **Arbeitssitzungen** eingeladen. Der Beratungsausschuß sollte möglichst intensiv in den Prozeß der Organisationsgestaltung eingebunden werden und deshalb alle drei bis sechs Wochen tagen. Das mittlere Management hat erfahrungsgemäß oft Schwierigkeiten, sich hierzu aus dem Tagesgeschäft herauszuziehen. Damit die beabsichtigte fachlich-politische Abstimmung jedoch erreicht wird, ist es unabdingbar, daß alle zur Mitarbeit eingeladenen Mitglieder des Beratungsausschusses an den Arbeitssitzungen auch teilnehmen. Der Informations- und Erfahrungsaustausch beansprucht dabei in vielen Fällen einen vollen Tag; bei grundlegenden Fragestellungen kann es sogar erforderlich sein, die Abstimmung in mehrtägigen Arbeitssitzungen oder Workshops durchzuführen. Die Sitzungen laufen normalerweise in Form von Präsentationen durch die Projektgruppe mit anschließender Diskussion ab, wobei durch eine qualifizierte Moderation die Effizienz der Gruppenarbeit erheblich gesteigert werden kann.

Über die Ergebnisse der Arbeitssitzungen wird der Lenkungsausschuß informiert. Unterschiedliche Meinungen im Beratungsausschuß sind im Protokoll festzuhalten. Der Beratungsausschuß hat gegenüber den von der Projektgruppe erarbeiteten Lösungsvorschlägen ein Vetorecht, das er jedoch gegenüber dem Lenkungsausschuß vertreten muß.

Konferenzen und Workshops

Workshops und Konferenzen unterscheiden sich von alltäglichen Sitzungen und Besprechungen vor allem durch die längere Zeitdauer und durch den zum Teil sehr erheblichen Vorbereitungsaufwand.

Konferenzen sind veranstalterzentrierte, ein- oder mehrtägige Treffen mit einer relativ großen Zahl von Beteiligten, in denen es vor allem um den Informationsaustausch sowie um die Meinungs- und Konsensbildung geht.
Veranstalterzentriert heißt, daß Gegenstand und Ablauf der Konferenz weitgehend vom Veranstalter bestimmt werden. Es findet vorwiegend eine einseitige Kommunikation in Form von Vorträgen statt.

Workshops sind teilnehmerzentrierte, ein- oder mehrtägige Treffen mit einer kleinen Zahl von Beteiligten, bei denen es vorwiegend um die Identifikation und Strukturierung von Problemen geht.
Teilnehmerzentriert heißt, daß alle Beteiligten (rund 10 bis 25 Personen) mit einbezogen werden und ein offener Informationsaustausch stattfindet. Ein Workshop wird häufig im Wechsel von Plenarsitzung mit allen Beteiligen und Kleingruppenarbeit organisiert. Eine wesentliche Rolle spielt dabei der Moderator; hierzu werden nicht selten externe Berater herangezogen.

Quelle: nach *Krüger* 1993, S. 58 f.

5.1.3 Die Projektgruppe

Organisationsprobleme können entweder von nur einem Mitarbeiter als "Einzelkämpfer" oder von einer Arbeitsgruppe gelöst werden. Wenn man eine aus Kapazitätsgründen notwendige Arbeitsteilung außer Betracht läßt, liegen die Vorteile einer Arbeitsgruppe vor allem darin, daß die kumulierten Stärken der einzelnen Mitglieder genutzt werden können (Synergieeffekt). Die richtige Zusammensetzung der Projektgruppe erweist sich dabei auf lange Sicht als **erfolgskritischer Faktor** des Projektmanagements.

In der Projektgruppe muß das für die Lösung einer organisatorischen Problemstellung notwendige Fach- und Methodenwissen vertreten sein. In einem Organisationsprojekt werden folglich als Projektmitarbeiter folgende **Personengruppen** benötigt:

- Interne Spezialisten, die über das notwendige Methodenwissen des Organisationsmanagements verfügen;
- Mitarbeiter aus den betroffenen Fachabteilungen, die als Spezialisten ihres Fachgebietes das erforderliche Fachwissen in das Projekt einbringen;
- in Abhängigkeit von der Problemstellung, der gewählten Problemlösungsstrategie und dem verfügbaren Know-how möglicherweise zusätzliche Spezialisten als Berater, die sowohl Personen aus anderen Bereichen der Organisation als auch externe Unternehmensberater sein können.

Die einzelnen **Mitglieder** der Projektgruppe können entweder vollzeitlich oder nur teilweise am Projekt mitarbeiten. Den jeweiligen Einsatz - bei nur zeitweisem Einsatz unter Angabe von Zeitraum und Zeitanteil - legt der Projektlenkungsausschuß fest. Bei umfangreichen und komplexen Organisationsprojekten sollten die Mitglieder möglichst vollzeitlich und in einer räumlichen Einheit zusammenarbeiten, um eine zielgerichtete Kontinuität zu gewährleisten. In diesem Falle ist die Freistellung der Projektmitarbeiter von ihren Routineaufgaben erforderlich. Bewährt hat sich auch eine Regelung, nach der für alle Projektmitarbeiter an festgelegten Wochentagen die Abwicklung ihrer dringendsten Stellenaufgaben ermöglicht wird. An den übrigen Wochentagen können sie sich dann ungestört ihren Projektaufgaben widmen (vgl. *Deym* 1974, S. 46; *Müller-Pleuss* 1985, S. 453 f.).

Die **Anzahl der Projektmitarbeiter** richtet sich nach der Intensität ihres zeitlichen Einsatzes; so ist beispielsweise ein Jurist nur kurzzeitig für Vertragsverhandlungen erforderlich, während ein Informatik-Spezialist während der gesamten Dauer einer Teilstudie mit der Hälfte seiner Arbeitszeit benötigt werden kann. Die Mitarbeiterzahl sollte nach Möglichkeit acht Personen nicht übersteigen, weil ansonsten der notwendige Kommunikations- und Abstimmungsaufwand die Effizienz der Projektarbeit nachhaltig beeinträchtigt. Die Aufgabenstellung von Organisationsprojekten sollte diese Restriktion inhaltlich und/oder zeitlich berücksichtigen. Bei komplexen und umfangreichen Vorhaben kann es jedoch für die Projektstufen mit einem hohen Konkretisierungsgrad – das heißt für die Teilstudien, die Realisierung und die Einführung - angebracht sein, daß mehr als acht Mitarbeiter eingesetzt werden. In diesem Falle sollte geprüft werden, ob das Projekt in sinnvolle Teilprojekte aufgegliedert und eine **Projekthierarchie** aus (Gesamt-) Projektleiter und Teilprojektleitern eingerichtet werden kann.

Die vollständige Projektgruppe trifft sich nur zu Besprechungen und den regelmäßigen **Projektsitzungen**. Die eigentliche Abwicklung der Projektaufgaben erfolgt durch die einzelnen Gruppenmitglieder, oft auch in einer Arbeitsgemeinschaft durch zwei Personen. Die Übertragung von in sich abgeschlossenen Aufgabenkomplexen mit einem großen Handlungsspielraum trägt dabei wesentlich zur Arbeitsmotivation der Gruppenmitglieder bei.

Die Verantwortung der Projektmitarbeiter erstreckt sich in erster Linie auf die sach- und termingerechte Durchführung der übernommenen Aufgaben; dabei kommen ihnen folgende weitere **Aufgaben** und Verantwortungen zu:

- Sie haben die fachlichen und organisatorischen Interessen ihrer Abteilung wahrzunehmen und fachbezogen den Informationsaustausch zwischen der Projektgruppe und den Mitarbeitern ihrer Abteilung zu koordinieren.
- Sie holen die für die von ihnen übernommenen Projektteilaufgaben die notwendigen Informationen ein.
- Sie wirken bei der Projektplanung mit und nehmen aktiv an den Arbeitssitzungen des Projektes teil.
- Sie haben unverzüglich sachliche oder zeitliche Abweichungen von der Planung dem Projektleiter mitzuteilen.
- Sie erstellen die Berichte und Dokumente gemäß den Projektstandards.

Im Zusammenhang mit der zeitlich begrenzten **Abstellung** von Mitarbeitern aus der Linie in ein Projekt sollten in einem gemeinsamen Gespräch zwischen dem Projektleiter, dem betroffen Mitarbeiter und dessen Vorgesetzten folgende Fragen geklärt werden:

- Die Dauer der Abstellung sowie die Festlegung der Person, welche zwischenzeitlich die Stellenaufgaben des Projektmitarbeiters wahrnimmt;
- der Grad der Abstellung in das Projekt (vollständig oder teilweise); bei einer teilweisen Abstellung zusätzlich die Priorität der Abstellung (Vorrang der Linien- vor der Projektarbeit oder umgekehrt);
- die Auswirkungen der Mitarbeit im Projekt auf die persönliche Entwicklung in der Organisation (Laufbahnplanung, gehaltliche Konsequenzen, Leistungsbeurteilung);
- die Festlegung der fachlichen und disziplinarischen Unterstellung sowie der Berichtspflichten;
- die Wiedereingliederung in die Primärorganisation nach Abschluß des Projektes.

5.1.4 Der Projektleiter

Hinsichtlich der **Leitungsstruktur** von Projektgruppen können zwei Arten unterschieden werden (vgl. *Steinbuch* 1990, S. 51):

1. In **hierarchiefreien** Projektgruppen sind alle Gruppenmitglieder gleichberechtigt. Die Gleichberechtigung fördert eine unbehinderte und offene Kooperation. Diese Form der Zusammenarbeit verstärkt die Identifikation der einzelnen Gruppenmitglieder mit der Projektaufgabe und ist vor allem für Projekte geeignet, bei denen Innovationen und Kreativität im Vordergrund stehen. Erforderliche Koordinations- und Vertretungsaufgaben nach außen werden zeitlich begrenzt einzelnen Gruppenmitgliedern übertragen, die dann die Funktion eines Projektsprechers wahrnehmen.
2. In **hierarchischen** Projektgruppen ist ein Gruppenmitglied mit besonderen Kompetenzen und Verantwortungen hinsichtlich der Problemlösung und der Projekt-

durchführung ausgestattet. Die Spanne der möglichen Kompetenzen dieser Person ist sehr groß und hängt im wesentlichen von der gewählten Form der Projektorganisation ab. So hat sie in einem Extremfall als Projektkoordinator lediglich ein Informations- und Antragsrecht ohne fachliche und disziplinarische Leitungsbefugnisse, im anderen Extremfall als Projektleiter dagegen uneingeschränkte Leitungskompetenzen. In der Praxis ist es jedoch üblich, daß die langfristig wirksamen disziplinarischen Leitungsbefugnisse nicht auf den Projektleiter übergehen, sondern bei dem Linienvorgesetzten des einzelnen Projektmitarbeiters verbleiben.

Die Kompetenzen des Projektleiters können dabei durchaus im Projektverlauf von Stufe zu Stufe weiter ausgebaut werden: Je stärker der Durchführungscharakter im Vordergrund steht, desto mehr Kompetenzen sind für eine effiziente Projektabwicklung notwendig (*Abb. 5-47*). In den nachfolgenden Ausführungen wird die weitestgehende Form, die des Projektleiters zugrundegelegt.

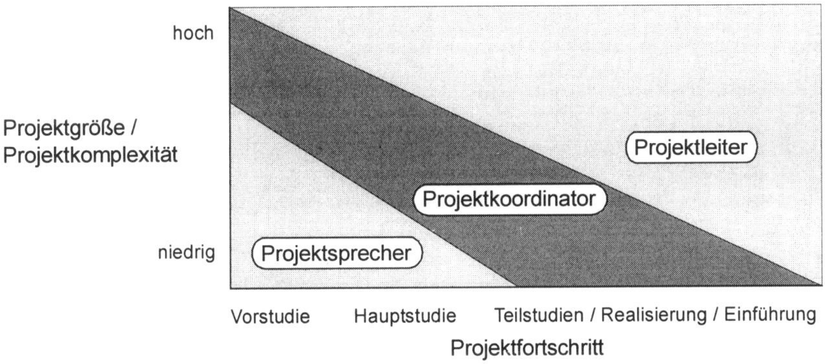

Abb. 5-47: Anwendung der verschiedenen Formen der Projektleitung

Die **Hauptaufgaben** des Projektleiters erstrecken sich auf die Mitwirkung bei der Projektplanung und auf die Verantwortung für die Projektleitung. Im Rahmen der **Projektplanung** legt er die Ziele und die zur Erreichung dieser Ziele benötigten Ressourcen zwar nicht alleinverantwortlich fest, ist aber daran wesentlich beteiligt. Dabei kommen ihm folgende Aufgaben zu:

- Er formuliert die Projektziele, überprüft ihre Realisierbarkeit, dokumentiert sie in Form eines Projektauftrages und veranlaßt, daß Ziele und Auftrag vom Lenkungsausschuß als Auftraggeber genehmigt werden.
- Er wirkt bei der Einrichtung der Projektorganisation mit und schlägt die Mitglieder der Projektgruppe vor.
- Er wirkt bei der Strukturierung des Projektes in Projektstufen und Projektphasen mit.

Bei der eigentlichen **Projektdurchführung** trägt der Projektleiter - in der Maximalform - die volle persönliche Verantwortung für die Erreichung der Sachziele, der Terminziele und der Kostenziele eines Projektes. Hierbei fallen vornehmlich folgende Aufgaben an:

- Der Projektleiter erarbeitet Feinpläne für den Einsatz der Mitarbeiter entsprechend dem Projektablauf innerhalb der genehmigten Projektpläne und legt gemeinsam mit den übrigen Mitgliedern der Projektgruppe die Mittel und Termine fest.
- Er überwacht die geplanten Projektteilaufgaben hinsichtlich der Termine und Kosten. Bei kleineren Planabweichungen leitet der Projektleiter geeignete Korrekturmaßnahmen ein; bei gravierenden Abweichungen informiert er den Auftraggeber und schlägt Maßnahmen vor.
- Er etabliert in der Projektgruppe Maßnahmen und Mittel zur Qualitätssicherung und überprüft die Qualität der Projektergebnisse.
- Er stellt den Informationsaustausch innerhalb der Projektgruppe sicher und gewährleistet eine vollständige Projektdokumentation.
- Der Projektleiter bereitet die Entscheidungen des Lenkungsausschusses vor und führt sie über entsprechende Präsentationen herbei - insbesondere die Freigabe der nächstfolgenden Stufe der Organisationsgestaltung.
- Er informiert kontinuierlich die vom Projekt betroffenen Abteilungsleiter und stimmt mit ihnen zu festgelegten Zeitpunkten oder bei Bedarf die Projektergebnisse ab; die Abstimmung kann dabei im Forum des Beratungsausschusses erfolgen.

Die Aufgaben und Kompetenzen des Projektleiters hinsichtlich der **Mitarbeiterführung** sind abhängig von der gewählten Form der Einbindung der Projektgruppe in die Leitungsorganisation. Im einzelnen sollten dem Projektleiter folgende Aufgaben und Kompetenzen zukommen:

- Er überträgt Projektteilaufgaben an die Projektmitarbeiter.
- Ihm ist ein Mitspracherecht bei der Abwesenheitsplanung wie beispielsweise bei der Urlaubsplanung der Gruppenmitglieder eingeräumt.
- Er schlägt Maßnahmen für die Aus- und Weiterbildung der Projektmitarbeiter vorschlagen, soweit diese für die Erreichung der Projektziele förderlich oder notwendig sind.
- Er hat die Lösung von Konflikten innerhalb der Projektgruppe herbeizuführen.

Einige der hier aufgeführten Hauptaufgaben werden teilweise in den weiteren Ausführungen zur Projektleitung noch näher beschrieben. Die Leitung von Organisationsprojekten ist erfahrungsgemäß eine Vollzeittätigkeit, sobald in der Projektgruppe mehr als sieben Personen hauptamtlich mitarbeiten. Bei kleineren Projektgruppen kann der Projektleiter zusätzlich zu seinen Leitungsaufgaben auch Aufgaben der eigentlichen Projektdurchführung wahrnehmen.

Der Projektleiter eines Organisationsprojektes stammt nicht selten aus einer zentralen Organisationsabteilung, der häufig auch die betriebliche Datenverarbeitung zugeordnet ist. Die Mitarbeiter dieser Abteilung sind in den Methoden und Techniken der organisatorischen Gestaltung und des Projektmanagements geschult und haben vielfach bereits umfangreiche Projekterfahrungen gesammelt. Um die Akzeptanz und die Motivation der von der Problemlösung betroffenen Mitarbeiter zu sichern und zu erhöhen, werden Organisationsprojekte in letzter Zeit zunehmend nicht von Spezialisten aus der Organisationsabteilung, sondern von einem Mitarbeiter der von dem Organisationsproblem betroffenen Abteilung geleitet. Hiermit wird der Gefahr begegnet, daß organisatorische oder informationstechnische Aspekte gegenüber den Interessen der Betroffenen überbetont werden (vgl. *Schmidt* 1994, S. 125). In diesem Fall sollte jedoch der Projektleiter unbedingt in den Methoden und Techniken des Organisationsmanagements geschult sein.

Für den **Erfolg eines Projektes** sind bezogen auf die Person des Projektleiters vor allem drei Kriterien bedeutsam:

1. Der Projektleiter bedarf zur erfolgreichen Erledigung seiner Aufgaben die volle Unterstützung durch das übergeordnete Management. Allen Projektbeteiligten muß deutlich werden, daß der sogenannte Machtpromotor eines Projektes (der Projektlenkungsausschuß bzw. das Top Management) nicht nur am Projekt interessiert ist, sondern dem Projektleiter auch die erforderliche Rückendeckung gibt.
2. Der Projektmanager muß die methodische Qualifikation zur Projektleitung aufweisen. Diese beinhaltet die Kenntnis und das Beherrschen von Methoden und Techniken der organisatorischen Gestaltung und des Projektmanagements. Die Methoden sollten konsequent angewendet und von allen Beteiligten verstanden und akzeptiert werden.
3. Die soziale Qualifikation beinhaltet vor allem die Fähigkeit zur Führung der Projektgruppe; dazu gehören die Kenntnis und das Beherrschen von Methoden und Techniken der Personalführung ebenso wie Überzeugungsfähigkeit, Kontaktbereitschaft, Durchsetzungs- und Stehvermögen.

Grundkonzept der Arbeitsteilung bei Innovationen

"Der **Fachpromotor** ist der Träger des objektspezifischen Fachwissens. Er ist oft der Erfinder, auf jeden Fall der Kenner der technologisch neuen Materie. Er weiß um die inneren Gesetzmäßigkeiten, die Leistungspotentiale, die Begrenztheiten der neuen Produkte oder Verfahren. Er kennt sich in allen Details aus. Er ist in der Lage, Alternativen zu generieren. Er verfügt über "funktionale Autorität" ... .

Der **Machtpromotor** verfügt über die Ressourcen, um den Entscheidungs- und Durchsetzungsprozeß der Innovation zu ermöglichen. Er entscheidet über Budgets, über Kapazitätszuweisungen, über Personalfreistellung zugunsten der Innovation. Der englische Begriff des **"Sponsors"** bringt noch deutlicher zum Ausdruck, daß er es ist, der die Mittel für den Innovationszweck freigibt. Der Machtpromotor hat Übersicht, er kennt die Strategie der Gesamtunternehmung. Er hat eine langfristige Perspektive. Er ist ein "Macher", er kann seine Zusagen einlösen, sein Wort gilt. Er hat Macht, um ranghohe Opposition zu blockieren oder konkurrierende Projekte zurückzustellen. In der Regel verfügt er als Mitglied oder Vorsitzender der Geschäftsführung über hohes hierarchisches Potential.

Der **Prozeßpromotor** verknüpft. Er hat Organisationskenntnis. Er weiß, wer von der Innovation betroffen sein könnte. Er verhindert Insellösungen. Er stellt die Verbindung zwischen dem Fachpromotor und dem Machtpromotor her. Er ist in der Lage, die Sprache der innovativen Technik in die Sprache zu übersetzen, die traditionell in der Unternehmung gesprochen und verstanden wird. Er wirbt für das Neue. Er kann aus der Idee einen Aktionsplan entwickeln. Er hat diplomatisches Geschick und weiß, wie man unterschiedliche Menschen individuell anspricht und gewinnt."

Quelle: *Hauschildt* 1993, S. 121 f.

5.1.5 Externe Berater

Externe Berater können bei der Abwicklung von Projekten ein breites Spektrum von Funktionen erfüllen (siehe hierzu u.a. *Risse* 1989; *Muglar/Lampe* 1987). Sie sollten vor allem dann hinzugezogen werden, wenn im Unternehmen die notwendige fachliche oder methodische Qualifikation nicht ausreichend verfügbar ist. Ihre Erfahrungen aus anderen Projekten mit einer ähnlichen Aufgabenstellung können helfen, daß bei der Projektabwicklung Sackgassen vermieden und die Projektziele möglichst effizient erreicht werden. Außerdem sprechen die Distanz der Berater zu den internen Machtverhältnissen sowie die häufig vorhandene Betriebsblindheit der Unternehmensangehörigen für eine Unterstützung durch externe Berater.

Der Einsatz externer Berater weist aber auch einige **mögliche Gefahren** auf:

- Der Berater identifiziert sich zuwenig mit der Situation des Unternehmens; seine Zielsetzungen hinsichtlich Projekttermine und -kosten weichen stark von denen des Unternehmens ab.
- Dem Berater fehlt der notwendige Einblick in die gesamtbetrieblichen Zusammenhänge; er entwickelt infolgedessen nicht anforderungsgerechte Lösungen oder muß sich den Einblick erst zeit- und kostenaufwendig verschaffen.
- Die Lösungsvorschläge des Beraters können aufgrund fehlender quantitativer oder qualitativer Personalkapazität nicht realisiert und eingeführt werden.
- Die betroffenen Mitarbeiter können sich nicht mit den Lösungsvorschlägen des Beraters identifizieren und widersetzen sich deshalb den Änderungen.

Ein externer Berater sollte deshalb zunächst nur für eine Vorstudie verpflichtet werden, bei der sich seine Fähigkeiten überprüfen lassen.

5.1.6 Der Betriebsrat

Bei der organisatorischen Gestaltung sind in der Regel eine Fülle von internen und externen Rahmenbedingungen zu beachten, die sich teilweise aus dem geltenden Recht ergeben. Von besonderer Bedeutung für die Organisationsarbeit ist dabei das Arbeitsrecht, den organisieren heißt fast immer auch Arbeitsbedingungen von Mitarbeitern verändern. Im Mittelpunkt des kollektiven Arbeitsrechtes stehen die Rechte der betroffenen Mitarbeiter an Entscheidungen im Unternehmen, somit auch an den Entscheidungen innerhalb des organisatorischen Gestaltungsprozesses. Es gehört zu den Aufgaben der Projektleitung, diese Rechte rechtzeitig und umfassend zu berücksichtigen. Aus diesem Grunde wird im folgenden kurz auf die für das Organisationsmanagement wesentlichen Regelungen des Mitbestimmungsrechtes hingewiesen.

(1) Rechtsgrundlagen

Der Ausdruck der Mitbestimmung erstreckt sich im weiteren Sinne auf die Beteiligung der Betroffenen an Entscheidungen. In Abgrenzung zur Partizipation kennzeichnet die **Mitbestimmung** mehr die formale, rechtlich abgesicherte Teilnahme an Entscheidungsprozessen. Das Betriebsverfassungsgesetz (BetrVG) von 1972 regelt für die Privatwirtschaft auf Betriebsebene die Zusammenarbeit zwischen Arbeitgeber und Arbeitnehmern sowie deren Mitwirkungs- und Mitbestimmungsrechte in sozialen, personellen und wirtschaftlichen Fragen. Die Beteiligungsrechte der Arbeitnehmer werden dabei weitgehend in die Hände des Betriebsrates gelegt. Die Interessen der Arbeitnehmer in öffentlichen Verwaltungen und in Unternehmen öffentlichen Rechts werden durch Personalvertretungen wahrgenommen. Rechtsgrundlage sind hierbei die Personalvertretungsgesetze des Bundes (BPersV 1974) und der Länder. Für leitende Angestellte regelt das Sprecherausschußgesetz (SprAuG 1989) die Mitbestimmung. Das Betriebsverfassunggesetz sieht vor, daß in Betrieben mit in der Regel fünf ständigen wahlberechtigten Arbeitnehmern Betriebsräte gebildet werden; Arbeiter und Angestellte müssen im Betriebsrat entsprechend ihrem zahlenmäßigen Verhältnis im Betrieb vertreten sein (§ 10 BetrVG). Das Sprecherausschußgesetz ist weitgehend den Grundsätzen der Betriebsverfassung nachgebildet; hiernach sollen in Betrieben mit mehr als zehn ständig wahlberechtigten leitenden Angestellten Sprecherausschüsse gebildet werden.

Wenn in einem Unternehmen mehrere Betriebsräte bestehen, so ist ein Gesamtbetriebsrat zu bilden, der aus Vertretern der einzelnen Betriebsräte besteht. Dieser ist zuständig für Angelegenheiten, die das Gesamtunternehmen oder mehrere Betriebe betreffen. Er ist den einzelnen Betriebsräten nicht übergeordnet (§ 50 BetrVG). Für einen Konzern kann durch Beschlüsse der einzelnen Gesamtbetriebsräte ein Konzernbetriebsrat gebildet werden (§ 54 BetrVG). Dieser ist zuständig für Angelegenheiten, die den Konzern betreffen und nicht von den einzelnen Gesamtbetriebsräten geregelt werden können.

(2) Beteiligungsrechte des Betriebsrates

Der Betriebsrat verfügt über abgestufte Beteiligungsrechte (*Abb. 5-48*). Diese sind für die organisatorische Gestaltung von besonderer Bedeutung, weil sich hieraus im einzelnen ergibt, bei welchen Maßnahmen eine Beteiligung des Betriebsrates erforderlich ist.

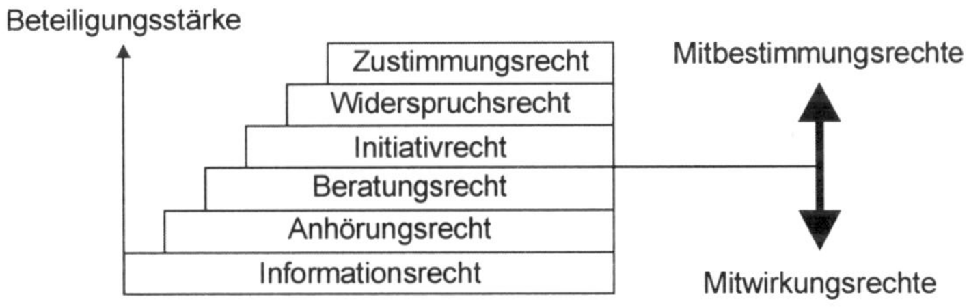

Abb. 5-48: Gestufte Beteiligungsrechte des Betriebsrates

Die Beteiligungsrechte des Betriebsrates können unterteilt werden in Mitwirkungs- und Mitbestimmungsrechte. Bei den **Mitwirkungsrechten** haben die Arbeitnehmer lediglich ein Recht, an Entscheidungen beteiligt zu werden; die Entscheidung selbst bleibt den Arbeitgebern überlassen. Die **Mitbestimmungsrechte** beinhalten ein Mitentscheidungsrecht; der Betriebsrat kann auch bestimmte Maßnahmen verlangen. Eine nicht zustandegekommene Einigung wird dabei in der Regel durch den Spruch einer dritten Stelle (Einigungsstelle, tarifliche Schlichtungsstelle, Arbeitsgericht) ersetzt. Im einzelnen sind folgende Beteiligungsrechte durch das Betriebsverfassungsgesetz festgelegt:

1. **Informationsrecht**: Der Arbeitgeber ist verpflichtet, Arbeitnehmer und Betriebsrat in bestimmten Fällen zu unterrichten und auf Verlangen Auskunft zu geben.

2. **Anhörungsrecht**: Der Arbeitgeber hat Arbeitnehmern und dem Betriebsrat in bestimmten Fällen die Möglichkeit zu Anregungen, Anträgen und Einwendungen zu geben. Zur ordnungsgemäßen Wahrung des Anhörungsrechts hat er die Gründe für seine Maßnahmen mitzuteilen und Stellungnahmen dazu entgegenzunehmen.
3. **Beratungsrecht**: Der Arbeitgeber hat von sich aus den Betriebsrat um seine Meinung zu fragen und mit dem Betriebsrat die Gründe und Gegengründe abzuwägen.
4. **Initiativrecht**: Der Betriebsrat oder auch einzelne Arbeitnehmer können bestimmte Maßnahmen verlangen bzw. erzwingen.

Organisatorische Maßnahme	BetrVG	Beteiligung
Mitwirkungs- und Beschwerderecht des Arbeitnehmers		
Art der Tätigkeit und Einordnung in den Arbeitsablauf	§ 81 (1)	Information
Änderungen im Arbeitsbereich	§ 81 (2)	Information
Gestaltung des Arbeitsplatzes und des Arbeitsablaufs	§ 82 (1)	Anhörung
Soziale Angelegenheiten		
Arbeitszeit- und Pausenregelung	§ 87 (1)	Zustimmung
Einführung und Anwendung von technischen Einrichtungen, die dazu bestimmt sind, das Verhalten oder die Leistung der Arbeitnehmer zu überwachen	§ 87 (1)	Zustimmung
Einführung und Anwendung von neuen Entlohnungsmethoden sowie deren Änderung	§ 87 (1)	Zustimmung
Grundsätze über das betriebliche Vorschlagswesen	§ 87 (1)	Zustimmung
Gestaltung von Arbeitsplatz, Arbeitsablauf und Arbeitsumgebung		
Planung von Arbeitsverfahren, Arbeitsabläufen oder Arbeitsplätzen	§ 90	Information / Beratung
Nachteilsausgleich bei Änderungen der Arbeitsplätze, des Arbeitsablaufes oder der Arbeitsumgebung, die den gesicherten arbeitswissenschaftlichen Erkenntnissen offensichtlich widersprechen	§ 91	Initiative / Widerspruch
Wirtschaftliche Angelegenheiten		
Rationalisierungsvorhaben	§ 106 (3)	Information
Einführung neuer Arbeitsmethoden	§ 106 (3)	Information
Verlegung von Betrieben oder Betriebsteilen; Zusammenschluß von Betrieben	§ 106 (3)	Information
Änderung der Betriebsorganisation	§ 106 (3)	Information
Grundlegende Änderung der Betriebsorganisation	§ 111	Information / Beratung
Einführung grundlegend neuer Arbeitsmethoden und Fertigungsverfahren	§ 111	Information / Beratung

Abb. 5-49: Beteiligung der Arbeitnehmer und des Betriebsrates an organisatorischen Maßnahmen

5. **Widerspruchsrecht**: Der Betriebsrat hat das Recht, gegen eine Maßnahme, die der Arbeitgeber selbständig durchführen kann, Einspruch einzulegen. Hierdurch wird die Wirksamkeit der Maßnahme aufgehoben.
6. **Zustimmungsrecht**: Der Arbeitgeber bedarf zu bestimmten Maßnahmen der Zustimmung des Betriebsrates.

Die vorgesehene Beteiligung der Arbeitnehmer und des Betriebsrates an organisatorischen Maßnahmen ist in *Abbildung 5-49* aufgeführt.

5.2 Eingliederung von Projekten in die Leitungsorganisation

5.2.1 Formen der Projektorganisation

Theorie und Praxis bieten eine Vielzahl von Möglichkeiten, wie die Projektleitung und die Projektgruppe in die Leitungsorganisation integriert werden kann. Die drei Grundtypen der reinen Projektorganisation, der Matrix-Projektorganisation und der Stabs-Projektorganisation sind im Zusammenhang mit den Formen der Sekundärorganisation im 4. Teil bereits vorgestellt worden.

Die verschiedenen Formen der Projektorganisation werden in erster Linie durch das Ausmaß der Entscheidungsbefugnisse von Projektleiter und Linieninstanz charakterisiert; abhängig von der Organisationsform haben die Projektgruppe und der Projektleiter mehr oder weniger große Freiräume bei der Projektabwicklung. Häufig werden die von *Cleland/King* (1968) eingeführten W-Fragen als Abgrenzungskriterium zur Zuteilung von Kompetenzen verwendet. In *Abbildung 5-50* wird die Aufteilung der Entscheidungsbefugnisse nach Art und Ausmaß differenziert dargestellt (vgl. hierzu auch *Hegi* 1971, S. 383 f.).

Die Entscheidung, "woher" die Projektmitarbeiter rekrutiert werden, verbleibt meistens ausschließlich bei den Leitungsstellen der Primärorganisation. Dies gilt ebenso hinsichtlich des "wohin", das heißt für den weiteren Einsatz des Personals nach Abschluß der Projektaufgaben. Der Projektleiter kann zwar Wünsche äußern oder auch Forderungen stellen, aber keine Entscheidungen treffen oder Anweisungen erteilen.

Die Entscheidungsbefugnisse bezüglich der qualitativen und quantitativen Aufgabeninhalte ("was"), des zeitlichen Ablaufs ("wann"), der Aufgabenzuordnung auf die Projektmitarbeiter ("wer"), der fachlichen Durchführung ("wie"), der Arbeitsorte ("wo") und der Art und Menge der einzusetzenden Sachmittel ("womit") werden bei Organisationsprojekten in Abhängigkeit von der Organisationsform unterschiedlich aufgeteilt:

- Bei der reinen Projektorganisation besitzt der Projektleiter die relativ uneingeschränkte Befugnis in allen diesen Projektbelangen.
- Im Rahmen der Stabs-Projektorganisation hat er bezüglich der aufgeführten Aspekte keine formalen Entscheidungs- und Weisungsbefugnisse.
- Die Kompetenzverteilung bei der Matrix-Projektorganisation kann praktisch zwischen diesen beiden Extremen beliebig festgelegt werden. Der Projektleiter bestimmt im allgemeinen das "was", "wann" und "wo", während die Linieninstanzen meistens einen größeren Einfluß auf das "wie" und "womit" haben. Hinsicht-

lich des "wer" muß unterschieden werden zwischen der Initialisierungsstufe eines Projektes und der eigentlichen Projektabwicklung. Am Projektbeginn werden einzelne Personen teilweise oder ganz für Projektaufgaben abgestellt; hier können die Linieninstanzen noch einen relativ großen Einfluß auf das "wer" ausüben, während die Zuteilung konkreter Teilaufgaben im Rahmen der späteren Projektabwicklung vornehmlich durch die Projektleitung erfolgt.

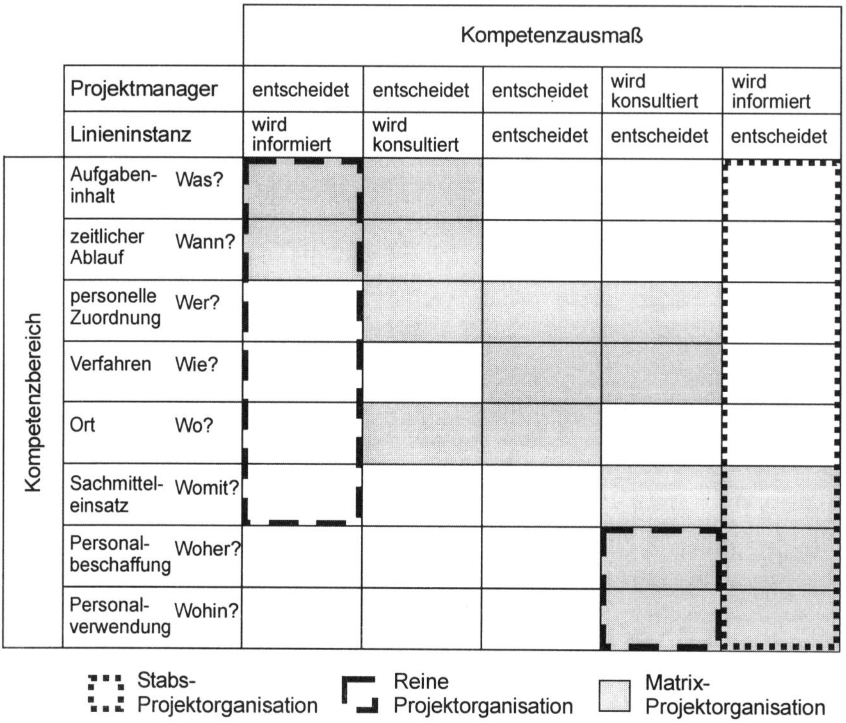

Abb. 5-50: Kompetenzaufteilung bei den verschiedenen Formen der Projektorganisation

Es besteht also hinsichtlich der Kompetenzverteilung bei der Abwicklung von Organisationsprojekten eine außergewöhnliche Flexibilität. Unterschiede in den Projekten erfordern eine individuelle Regelung; dem Projektleiter eines umfangreichen und komplexen Projektes sollten mehr Befugnisse zugestanden werden als dem eines kleinen und kurzfristigen. Die reibungslose Projektabwicklung hängt jedoch mindestens genauso sehr von einer guten Zusammenarbeit zwischen den Linienmanagern und dem Projektleiter ab. Auch bei einer genau fixierten Abgrenzung der Befugnisse sind Konflikte zwischen diesen nicht zu vermeiden. Es ist daher unerläßlich, Konfliktsituationen offen darzulegen und Regeln zu ihrer Lösung aufzustellen.

5.2.2 Wahl der geeigneten Organisationsform

Die Wahl einer geeigneten Organisationsform für die Projektabwicklung hängt direkt von der Art und dem Ausmaß der Kompetenzen ab, die dem Projektleiter für eine erfolgreiche Projektabwicklung einzuräumen sind. Diese richten sich wiederum vornehmlich nach den spezifischen Eigenschaften des Projektes. *Abbildung 5-51* enthält eine Reihe von Kriterien und ihre Bedeutung für die verschiedenen Organisationsformen.

- Die Form der **Stabs-Projektorganisation** wird oft bei kleinen Projekten sowie bei Projekten angewandt, an denen mehrere Unternehmen beteiligt sind. Hier dient der Projektmanager auch als Kontaktstelle für die unternehmensfremden Projektbeteiligten.
- Die **reine Projektorganisation** eignet sich für Großprojekte mit einer langen Laufzeit, zumal wenn sie relativ wenig Berührungspunkte zum operativen Tagesgeschäft haben.
- Das Konzept der **Matrix-Projektorganisation** weist auf Grund seiner vielseitigen Gestaltungsmöglichkeiten einen sehr umfassenden Eignungsbereich auf, insbesondere dann, wenn in einem Unternehmen viele Projekte gleichzeitig durchgeführt werden. Wenn nur wenige kleinere Projekte bearbeitet werden, erfordert diese Organisationsform jedoch einen relativ hohen organisatorischen Aufwand. Die Matrixorganisation setzt weiterhin eine große Aufgeschlossenheit der Linieninstanzen gegenüber gruppenorientierten Formen der Zusammenarbeit voraus.

	Form der Projektorganisation (PO)			
Projektkriterien	**ohne PO**	**Stabs-PO**	**Matrix-PO**	**reine PO**
Bedeutung	gering	mittel	groß	sehr groß
Umfang	gering	mittel	groß	sehr groß
Unsicherheit	gering	mittel	groß	sehr groß
Zeitdruck	gering	gering	mittel	hoch
Projektdauer	kurz	kurz	mittel	lang
Komplexität	sehr gering	gering	mittel	hoch
Bedürfnis nach zentraler Steuerung	sehr gering	mittel	groß	sehr groß
Mitarbeitereinsatz	nebenamtlich	nebenamtlich	teilzeitlich (variabel)	vollzeitlich
Persönlichkeit des Projektleiters	nicht relevant (Sprecher)	kaum relevant (Koordinator)	qualifizierter Projektleiter	sehr fähiger Projektleiter

Abb. 5-51: Kriterien für die Wahl der Projektorganisation
Quelle: in Anlehnung an Kummer/Spühler/Wyssen 1985, S. 4.8

Die beschriebenen Eignungsbereiche dürfen nicht als absolut starr betrachtet werden; in der Praxis sind vielfältige **Kombinationen** dieser drei Grundformen zu finden. So kommt es durchaus vor, daß die reine Projektorganisation nur auf die Kerngruppe der hauptamtlichen Projektmitarbeiter bezogen wird, während die übrigen Mitarbeiter in ihrer angestammten Organisationseinheit verbleiben. In Organisationsprojekten werden häufig nur die Mitarbeiter der Organisationsabteilung in einer Projektgruppe unter der fachlichen und disziplinarischen Leitung des Projektleiters zusammengefaßt, die Mitarbeiter der von dem organisatorischen Problem betroffenen Fachabteilungen verbleiben dagegen in ihren angestammten Organisationseinheiten. Es handelt sich hierbei um eine reine Projektorganisation innerhalb der Organisationsabteilung. Der Projektleiter ist dann entweder der Leiter der Organisationsabteilung selbst oder ein vom ihm beauftragter Mitarbeiter. Es ist dann jedoch zusätzlich zu regeln, welche projektbezogenen Weisungskompetenzen der Projektleiter gegenüber diesen Projektmitarbeitern aus den betroffenen Fachabteilungen erhält. Als Grundformen hierzu kommen wieder die Matrix- oder die Stabs-Projektorganisation in Betracht.

Eine einmal gewählte Organisationsform muß nicht zwangsläufig über die gesamte Dauer eines Projektes hinweg gültig sein. Die Suche nach innovativen Problemlösungen erfordert andere organisatorische Rahmenbedingungen als die Realisierung und Durchsetzung dieser Ideen. Da sich dabei oft auch der beteiligte Personenkreis nach Qualifikation und Umfang ändert, kann eine flexible Anpassung der Projektorganisation angebracht sein kann. Es bietet sich also an, einzelne Stufen eines Projektes mit der jeweils günstigsten Organisationsform durchzuführen (vgl. *Hirzel* 1975, S. 258; *Kuba* 1987, S. 27 ff.; siehe hierzu auch *Abb. 5-47*). So wird beispielsweise für die Stufe der Vorstudie eher eine hierarchiefreie Organisationsform gewählt werden, um so günstige Rahmenbedingungen für das Entstehen innovativer Lösungsvorschläge zu schaffen. Für eine straffe Feinplanung, Realisierung und Einführung der Lösungskonzepte dürfte aufgrund des überwiegenden Durchführungscharakters der Projektaufgaben eine Matrix-Projektorganisation dagegen eher den Ansprüchen genügen.

5.2.3 Multiprojektorganisation

Wenn innerhalb eines Unternehmens zeitlich parallel mehrere Projekte eines Anwendungsfeldes abgewickelt werden, dann bedarf es einer Multiprojektorganisation (*Grün* 1992, Sp. 2110). Ihre Ausprägung hängt vor allem von der Anzahl der Projekte, ihrer Verteilung im Unternehmen und ihren Organisationsformen ab. Bei einer überschaubaren Anzahl von Projekten innerhalb eines Unternehmensbereiches können die Projektleiter weitgehend die Koordination zwischen den Projekten übernehmen. Die Einschaltung übergeordneter Instanzen ist nur bei schwerwiegenden Konflikten erforderlich. Mit steigender Zahl der Projekte und der betroffenen Fachbereiche sollte jedoch eine übergeordnete **Projektleitstelle** eingerichtet werden, die den Interessensausgleich zwischen den Projekten vornimmt. Bei Organisationsprojekten wird diese Funktion normalerweise durch einen speziellen Ausschuß oder durch die Leitungsstelle der Organisationsabteilung wahrgenommen.

6. Planung von Organisationsprojekten

6.1 Grundsätze der Projektplanung

Die Projektplanung gehört neben der Projektsteuerung und der Projektkontrolle zur Leitungskomponente des Projektmanagements (*Abb. 5-52*). Die Planung erarbeitet die Vorgaben für die Projektdurchführung, im Rahmen der Projektkontrolle wird der Ist-Zustand der Projektdurchführung ermittelt und ein Soll-Ist-Vergleich durchgeführt. Bei Abweichungen werden durch die Projektsteuerung Korrekturmaßnahmen eingeleitet. Bei gravierenden Abweichungen, die nicht mehr durch Maßnahmen der Projektsteuerung aufzufangen sind, werden gegebenenfalls im Rahmen einer Planrevision Änderungen der Soll-Vorgaben erforderlich. Die Projektplanung ist somit die Grundlage für die Kontrolle des Projektfortschrittes und für die Projektsteuerung.

Die Projektplanung beinhaltet die vorausschauende Festlegung der zukünftigen Projektdurchführung bezüglich der Aktivitäten, Termine und Ressourcen.

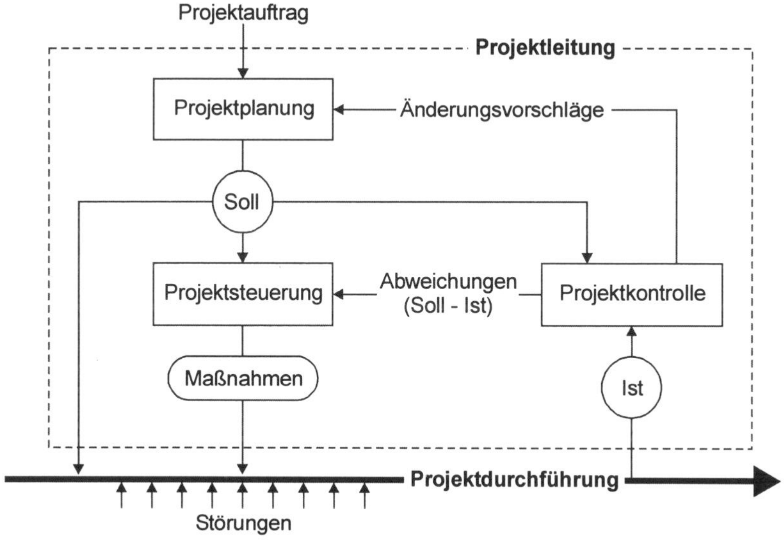

Abb. 5-52: Modell der Projektleitung
Quelle: in Anlehnung an Litke 1991, S. 58

Da jedes Projekt einen ganz bestimmten Zweck zu erfüllen hat, ist die Definition von klaren und eindeutigen Zielen eine Grundvoraussetzung für jede Projektplanung. Ausgangspunkt einer jeden Projektplanung ist die Entscheidung, daß die Lösung eines Problems in Angriff genommen werden soll. Mit der Festlegung des Projektauftrages ist auch die Zielsetzung des Projektes mehr oder weniger grob umschrieben. Die Planung beginnt mit der Strukturierung der Tätigkeiten, die zur Erreichung des Projektzieles dienen. Auf der Basis des Strukturplanes werden die Projektaufgaben zunehmend detailliert, die Aufwände geschätzt, Termine und Kosten geplant und den einzelnen Mitarbeitern der Projektgruppe Aufgaben und Tätigkeiten zugeordnet (*Abb. 5-53*). Entsprechend dem Vorgehensprinzip „Vom Groben zum Detail" wird die Projektplanung in eine Grob- und in eine Feinplanung unterteilt.

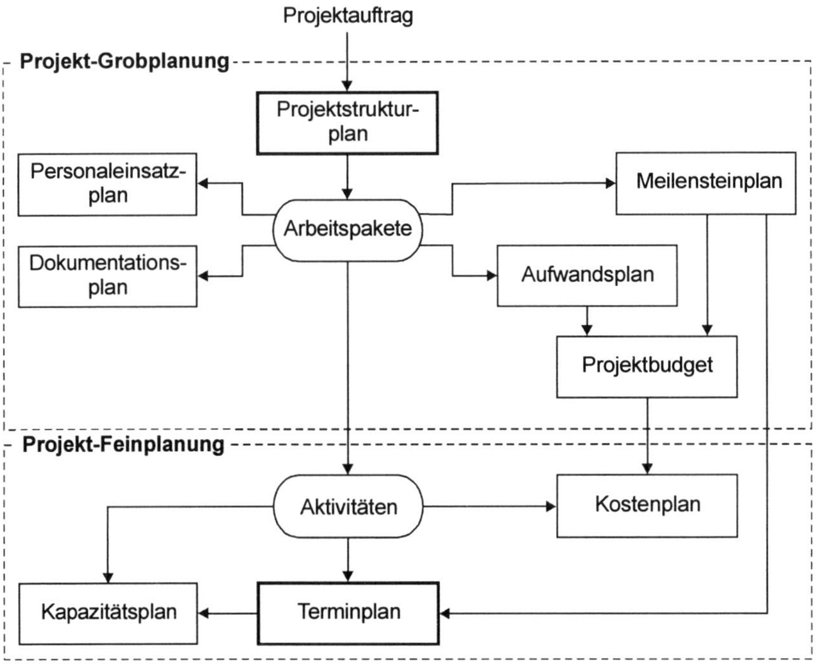

Abb. 5-53: Elemente und Abhängigkeiten der Projektplanung

6.2 Grobplanung von Organisationsprojekten

6.2.1 Der Projektauftrag

Bei einem Organisationsprojekt, das normalerweise in mehreren Stufen abgewickelt wird, sollte für jede Stufe ein eigener Projektauftrag formuliert werden. Der Auftrag für eine Projektstufe resultiert dabei aus den Ergebnissen der jeweils vorgelagerten Stufe. Lediglich bei der Projektinitialisierung liegen oft nur vage Vorstellungen über die Projektaufgabe vor; diese sind zudem häufig auch nur mündlich umschrieben. Es ist dann erforderlich, daß der Projektleiter den Projektauftrag zunächst präzise formuliert und mit dem Projektlenkungsausschuß als Auftraggeber abstimmt. Nach *Schmidt* (1994, S. 45) handelt es sich bei einem Projektauftrag auch um eine "Holschuld des Organisators".

Der Projektauftrag sollte wie ein Dienstleistungs- oder Werkvertrag folgende **Angaben** enthalten:

- Die Aufgabenstellung;
- die hiermit verbundene Zielsetzung;

- das Problemfeld, in dem organisatorische Veränderungen vorgenommen werden sollen;
- das verantwortliche Entscheidungsgremium (in der Regel der Projektlenkungsausschuß).

Der Projektauftrag sollte auch die **Rahmenbedingungen** umfassen, unter denen das Projekt durchgeführt werden soll:

- Der Projektleiter, seine Kompetenzen und die Einbindung der Projektgruppe in die Primärorganisation;
- die Projektmitarbeiter und der Grad ihrer Freistellung für das Projekt;
- Vorgaben zum Beginn und Ende des Projektes beziehungsweise der jeweiligen Projektstufe und eventuell auch zu Zwischenterminen;
- eine Festlegung der einzusetzenden Mittel (Projektbudget);
- weitere Restriktionen wie zum Beispiel unbedingt notwendige Bestandteile der Problemlösung.

Mit dem Projektauftrag erhält die Projektgruppe normalerweise auch eine grobe **Zielvorgabe**; diese ist aber zu unpräzise und lückenhaft, um ein Projekt erfolgreich durchführen zu können. Deshalb ist es meistens erforderlich, daß die Projektgruppe die Zielsetzung des Projektauftrages weiter konkretisiert und operationalisiert. Das Ergebnis dieser Zielformulierung bildet ein Zielsystem, das aus mehreren Teilzielen besteht (siehe hierzu die Ausführungen zur Planungsphase der Zielformulierung). Einzelne Teilziele kristallisieren sich aber erst im Laufe der Projektabwicklung heraus. Entsprechend dem vielzitierten magischen Dreieck besteht dabei ein Zusammenhang zwischen den Vorgehenszielen (Projektdauer und -aufwand) und den Systemzielen (Systemleistung und -qualität). Aufgrund dieser Interdependenzen werden bei der praktischen Organisationsarbeit entweder erst die Systemziele und dann darauf aufbauend die Vorgehensziele festgelegt oder umgekehrt.

6.2.2 Planung der Projektstruktur

Um die erforderliche Transparenz sicherzustellen, werden vor allem große und komplexe Projekte mit einer relativ langen Laufzeit in einzelne Segmente gegliedert. Ein wirkungsvolles Instrument hierzu ist der Projektstrukturplan (work breakdown structure), in dem das Projekt in seine Elemente zerlegt wird und die Beziehungen zwischen den Elementen beschrieben werden. Der Projektstrukturplan dient dann als Basis für eine klare Zuordnung aller Projektbeteiligten zu einzelnen Projektelementen.

Der Projektstrukturplan beinhaltet die hierarchische Zerlegung der Projektaufgabe in Teilaufgaben und die Beschreibung der Beziehungen zwischen den Teilaufgaben.

Zur Strukturierung haben sich in der Praxis zwei **Gliederungsarten** bewährt:

- Ausgangspunkt einer **prozeßorientierten** Projektstrukturierung (auch funktions- oder phasenorientiert) ist eine Gliederung nach dem Ablauf der Projektabwicklung. So werden Organisationsprojekte zunächst nach den zeitlichen **Stufen** der Organisationsgestaltung in Vorstudie, Hauptstudie, Teilstudien, Realisierung und Einführung und - für die Planungsstufen - feiner in die einzelnen **Phasen** der Organisationsplanung strukturiert. Bei einer derartigen Gliederung nach Projektstufen und Planungsphasen besteht zwischen den Arbeitspaketen zwangsläufig eine chronologische Abhängigkeit.

- Bei einer **objektorientierten** Projektstrukturierung (auch produktorientiert) wird der Projektauftrag in einzelne Komponenten wie Geschäftsprozesse, Teilsysteme (beispielsweise das Informations- und Kommunikationssystem, das Formularwesen) oder Untersysteme (beispielsweise einzelne Geschäfts- oder Arbeitsprozesse) zerlegt. Die Arbeitspakete sind dabei so voneinander zu trennen, daß möglichst wenig Interdependenzen zwischen ihnen bestehen und jedes Arbeitspaket möglichst unabhängig von den anderen bearbeitet werden kann.

In Organisationsprojekten werden gewöhnlich Projektstrukturpläne erstellt, bei denen beide Gliederungsprinzipien kombiniert angewendet werden (*Abb. 5-54*).

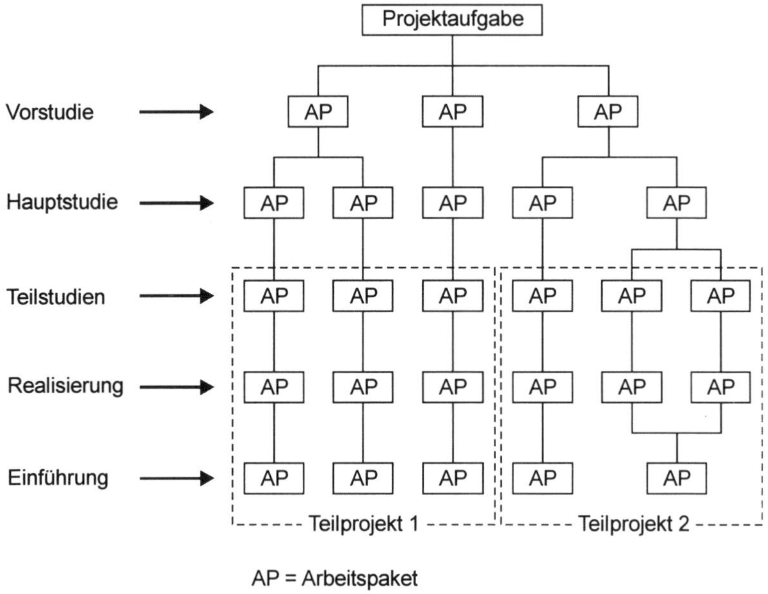

Abb. 5-54: Projektstrukturierung

Für die Aufstellung eines Projektstrukturplanes gibt es keine allgemeingültigen Regeln. In Abhängigkeit von der Projektgröße und -komplexität ist eine hierarchische Gliederung in mehrere Ebenen zu empfehlen. Hierzu kommen zwei mögliche **Vorgehensweisen** in Betracht:

- Beim **induktiven** Vorgehen werden zunächst mit Hilfe von Kreativitätstechniken alle denkbaren Projektaufgaben gesammelt, nach sinnvollen Oberbegriffen gruppiert und schließlich zum Projektstrukturplan aggregiert. Nach dem ersten Entwurf eines Projektstrukturplanes wird geprüft, ob die aufgeführten Teile einer Gliederungsebene vollständig und notwendig sind für die jeweils übergeordnete Gliederungsebene und ob die einzelnen Strukturelemente Lücken oder Überschneidungen aufweisen. Die induktive Vorgehensweise kommt vor allem zum Tragen, wenn ein hoher Innovationsgrad vorliegt und das weitere Vorgehen noch nicht klar zu durchschauen ist.

- Dagegen kann **deduktiv** vorgegangen werden, wenn bereits Erfahrungen aus anderen, vergleichbaren Projekten vorliegen. Ausgehend von der obersten Ebene wird zunächst eine Gliederungsebene vollständig zerlegt, bevor die nächsttiefere Gliederungsebene erarbeitet wird.

Komplexe, heterogene Projekte weisen oftmals verschiedene Teil- und Untersysteme auf, die nach Art und Aufgabenstellung recht unterschiedlich sind und infolgedessen verschiedenartige Fachkenntnisse und ein differenziertes Vorgehen erfordern. Wenn diese Teilbereiche ziemlich umfangreich und nur durch wenige, gut überschaubare Abhängigkeiten miteinander verknüpft sind, kann es sinnvoll sein, hierzu relativ eigenständige **Teilprojekte** zu definieren. Diese können dann jeweils einer eigenständigen Projektgruppe mit eigenem Teilprojektleiter übertragen werden, sie verbleiben aber integrierte Bestandteile des Gesamtprojektes. Derartige Teilprojekte sollten aber erst dann gebildet werden, wenn für das Gesamtprojekt ein umfassendes Gesamtkonzept mit detaillierten Zielsetzungen für die einzelnen Teilbereiche vorliegt. In einem Organisationsprojekt bleibt deshalb die Bildung von Teilprojekten den Teilstudien, der Realisierung und der Einführung vorbehalten.

Die Elemente eines Projektstrukturplanes werden allgemein als **Arbeitspakete** (work packages) bezeichnet. Arbeitspakete sind dadurch gekennzeichnet, daß sie als Bestandteil der übergeordneten Projektaufgabe eigenständig durchgeführt werden können.

Ein Arbeitspaket ist eine nicht mehr weiter untergliederte Teilaufgabe auf einer beliebigen Ebene des Projektstrukturplanes.

Die Arbeitspakete sollten in Übereinstimmung mit der Struktur der Primärorganisation definiert werden; für jedes Arbeitspaket sollte genau eine Organisationseinheit der Primärorganisation vorhanden sein, die von der Aufgabenstellung des Arbeitspaketes vorrangig betroffen ist und auch in die Verantwortung für das Arbeitspaket eingebunden werden kann. Form und Umfang der zu übernehmenden Verantwortung hängt dabei in starkem Maße von der gewählten Form der Projektorganisation ab:

- Bei einer Stabs-Projektorganisation übernehmen die jeweiligen Stellen und Abteilungen der Primärorganisation die volle Verantwortung für die Durchführung der Arbeitspakete.
- Bei der reinen Projektorganisation liegt die Verantwortung in erster Linie bei der Projektleitung; die jeweils betroffene Fachabteilung übernimmt hier über ihre Mitwirkung im Beratungsausschuß eine Mitverantwortung für das Arbeitspaket.
- Bei der Matrix-Projektorganisation übernimmt der Projektleiter die Verantwortung für das Gesamtprojekt, die jeweils betroffene Fachabteilung jedoch eine weitgehende Verantwortung für die ihr zugeordneten Arbeitspakete.

Somit ergibt sich eine matrixartige Verknüpfung zwischen dem Organigramm der Primärorganisation und dem Projektstrukturplan (*Abb. 5-55*); der Projektstrukturplan gibt an, was zu tun ist, während der Organisationsplan anzeigt, wer es tun soll beziehungsweise davon betroffen ist. Die Hierarchieebenen des Projektstrukturplanes sind mit den Ebenen des Organigramms nicht identisch. Aufgrund dieser notwendigen Korrespondenz von Projektstrukturplan und Organigramm kann der Feinheitsgrad der einzelnen Arbeitspakete sehr unterschiedlich ausfallen, angefangen von einer bestimmten Tätigkeit einer Einzelperson bis hin zu umfangreicheren Aufgabenkomplexen für eine ganze Abteilung.

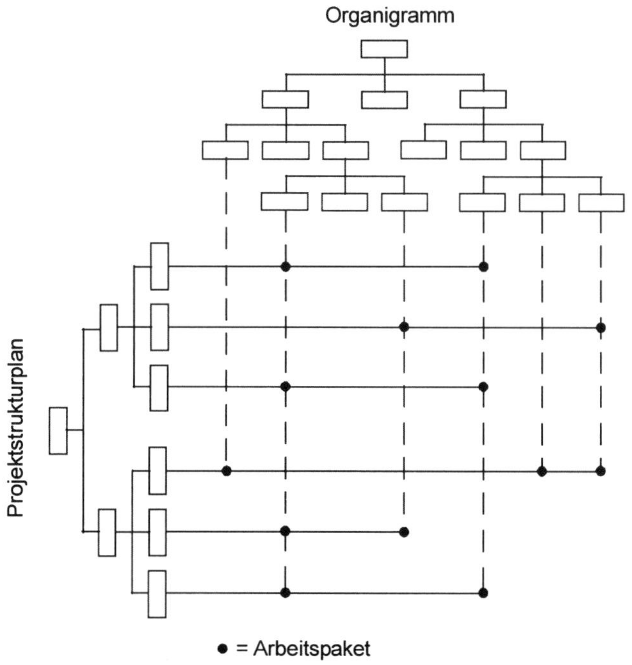

Abb. 5-55: Zusammenhang zwischen Projektstrukturplan und Organisationsplan Quelle: nach Litke 1991, S. 69

Nach der Festlegung aller Arbeitspakete werden die Aufgaben und angestrebten Ergebnisse der Arbeitspakete detaillierter beschrieben; je Arbeitspaket sind dabei folgende **Mindestangaben** zu treffen:

- eine Kurzbezeichnung des Arbeitspaketes;
- das angestrebte Ergebnis des Arbeitspaketes;
- die in das Arbeitspaket einfließenden Inputs (erforderliche Dokumente und Unterlagen sowie Ergebnisse vorgeschalteter Arbeitspakete);
- die Voraussetzungen, die vor dem Start des Arbeitspaketes erfüllt sein müssen (zum Beispiel ein verabschiedetes Zielsystem oder die Schulung der Mitarbeiter);
- eine Aufzählung beziehungsweise Kurzbeschreibung der innerhalb des Arbeitspaketes durchzuführenden Aktivitäten;
- die in das Arbeitspaket involvierten Personen und ihre Rollen, hierbei insbesondere der Verantwortliche für das Arbeitspaket.

Die Summe der Ergebnisse aller Arbeitspakete stellen den gesamten Leistungsumfang eines Projektes dar.

Für die Aufstellung von Projektstrukturplänen haben sich, unabhängig von projekt- oder unternehmensspezifischen Erfordernissen, einige praktische **Regeln** herauskristallisiert (vgl. auch *Litke* 1992 S. 64 ff.; *Heeg* 1992, S. 191; *Rinza* 1994, S. 39 ff.):

- Die Gliederung des Projektes in Arbeitspakete sollte immer nur soweit vorgenommen werden, wie dieses ein in sich abgeschlossenes, definiertes Ergebnis beinhaltet. Jedes einzelne Arbeitspaket kann somit gleichsam als isolierter Einzelauftrag innerhalb eines Projektes angesehen werden. Zur Bearbeitung wird es dann an einen Projektmitarbeiter, eventuell auch an eine Arbeitsgruppe, an eine Abteilung oder an einen externen Projektpartner vergeben; der Verantwortliche ist auch für die Einhaltung der vereinbarten Termine und Kosten des Arbeitspaketes zuständig. Der Feinheitsgrad der Arbeitspakete hat sich nach diesen Verantwortungen zu richten. Um Überschneidungen zu vermeiden, sollten die Arbeitspakete inhaltlich klar voneinander abgegrenzt werden.

- Der Zeit- und Kostenaufwand je Arbeitspaket sollte im Vergleich zum gesamten Projekt so gering sein, daß vom Projektleiter noch eine wirkungsvolle Projektsteuerung vorgenommen werden kann. Somit läßt sich das Risiko von Fehlschätzungen der Kosten und des Zeitaufwandes in Grenzen halten.

- Bei komplexeren oder bei innovativen Problemstellungen ist es meistens nicht möglich, bereits zu Projektbeginn einen alle Stufen des Organisationsprozesses umfassenden Projektstrukturplan zu erstellen. Hier ist es sinnvoller, schrittweise zum Ende einer Planungsstufe - zweckmäßiger im Zusammenhang mit der Aufwandsschätzung im Rahmen der Bewertungsphase - den Projektstrukturplan für die nächstfolgende Stufe zu erstellen. Der Projektstrukturplan ist somit die logische Weiterentwicklung der in der vorhergehenden Projektstufe erstellten Projektgliederung, die mit zunehmender Kenntnis der Projektaufgaben und ihrer Zusammenhänge vervollständigt wird. Es kann dabei gleichzeitig eine Anpassung an neue Erkenntnisse oder an veränderte Projektgegebenheiten vorgenommen werden.

- Der Zweck eines Projektstrukturplanes besteht nicht darin, eine Reihenfolge der Arbeitspakete zu bilden. Der Projektstrukturplan dient ausschließlich der inhaltlichen Gliederung der Projektaufgabe; er sollte möglichst vollständig sein.

- Zur Planung der Aktivitäten im Rahmen der Projekt-Feinplanung und zur Erfassung des Aufwandes im Zusammenhang mit der Projektkontrolle sollten auch die Aufgaben der Projektleitung als eigenständiges Arbeitspaket definiert werden.

Der Projektstrukturplan ist die Basis aller weiteren Projektplanungen. Er ist nicht unbedingt durch den Projektleiter selbst zu erstellen; der Projektleiter hat jedoch sicherzustellen, daß alle sachkundigen Mitarbeiter ihr Wissen und ihre Erfahrungen in die Projektplanung einbringen. Bei innovativen Problemstellungen ist die Erstellung eines Projektstrukturplanes für die Hauptstudie oftmals eine wesentliche Aufgabenstellung der Vorstudie.

Der Projektstrukturplan richtet sich nach den jeweiligen Gegebenheiten und Anforderungen der zu lösenden Problemstellung; er ist deshalb normalerweise eine individuelle Gliederung, insbesondere bei größeren und komplexeren Projekten. Für einzelne organisatorische Problemstellungen mit einfachen, gleichartigen und in ähnlicher Form immer wiederkehrenden Subsystemen lassen sich jedoch auch standardisierte Projektstrukturpläne verwenden, so beispielsweise zur Abwicklung von EDV-

Projekten der Bürokommunikation (z.B. *Reichel/Siegrist* 1989). Dies hat den Vorteil, daß auf die Erfahrungen Dritter zurückgegriffen werden kann und das Rad nicht immer neu erfunden werden muß. Auf der anderen Seite kann sich jedoch - insbesondere in den Planungsstufen der Vor- und Hauptstudie - die Anwendung von standardisierten Projektstrukturplänen auf die Suche nach individuellen optimalen Problemlösungen eher ungünstig auswirken.

6.2.3 Planung des Personaleinsatzes

Die Personaleinsatzplanung erstreckt sich auf den konkreten Einsatz der Mitarbeiter im Projekt. Die für das Projekt vorgesehenen Mitarbeiter werden entsprechend ihrer Qualifikation und ihrer für Projektaufgaben vorgesehenen Arbeitskapazität für die einzelnen Arbeitspakete eingeplant. Um vorhandene Qualifikationsdefizite zu beseitigen, sind gegebenenfalls Maßnahmen der Aus- und Weiterbildung vorzusehen.

Bei innovativen Organisationsprojekten kann der Aus- und Weiterbildungsbedarf für die Projektmitarbeiter bis zu 10 % ihrer Arbeitskapazität ausmachen. Die geplante Zeit für Aus- und Weiterbildung muß entweder von der freien Kapazität der Projektmitarbeiter abgezogen werden oder aber als eigenständiges Arbeitspaket bei der Projektplanung berücksichtigt werden.

6.2.4 Planung des Projektaufwandes

Eine Grobplanung der Projektaufwände kann nur unter großer Unsicherheit und deshalb auch nicht sehr exakt erfolgen. Sie hat deshalb keine gravierende Bedeutung für die Projektsteuerung im Sinne von Vorgaben. Die Grobplanung der Aufwände ist aber besonders wichtig für die Einschätzung des Verhältnisses von Projektaufwand und Projektnutzen. Sie bildet damit die Grundlage für die Entscheidung über die Fortführung des Projektes und über die Form der Fortführung. Sie kann auch zu einer Anpassung der Systemziele an eine akzeptierte Aufwandshöhe führen („design to budget").

Bezüglich der Terminologie sei darauf hingewiesen, daß der Aufwandsbegriff häufig nur eine mengenmäßige Betrachtung einschließt. Indem man die Mengengrößen mit einem geeigneten Verrechnungssatz bewertet, lassen sich jedoch ohne Schwierigkeiten hieraus auch die Kosten der Projektabwicklung ableiten. Hier wird in Abgrenzung zur Kostenplanung bewußt der Aufwandsbegriff benutzt.

Der erforderliche Aufwand zur Projektabwicklung wird auf der Basis der definierten Arbeitspakete grob geschätzt. Die Summe der Aufwände je Arbeitspaket ergibt den Gesamtaufwand für das Projekt. Bei der **Aufwandsschätzung** sind je Arbeitspaket folgende Fragen zu beantworten:

1. Welche **Ressourcen** bestimmen wesentlich den Aufwand des Arbeitspaketes?

   Der Personalaufwand (gemessen in der Einheit Personentage bzw. Personenwoche) macht in Organisationsprojekten normalerweise den größten Anteil des Projektaufwandes aus; weitere bedeutsame Aufwandskategorien können erforderliche Hard- und Softwareaufwendungen, externe Beratungsleistungen und Reiseaufwendungen darstellen.

2. Welche **Faktoren** beeinflussen die Höhe der benötigten Ressourcen?

Einflußfaktoren auf den Aufwand sind vor allem der Leistungsumfang des Arbeitspaketes, der Schwierigkeits- und Innovationsgrad, die Anforderungen an die Qualität des Arbeitsergebnisses, die Verfügbarkeit von Informationen und Knowhow, die Einsatzmöglichkeiten von technischen Hilfsmitteln, die Änderbarkeit der Systemziele und der Rahmenbedingungen, die Anzahl der Schnittstellen sowie die Routine und Erfahrung der mit dem Arbeitspaket beauftragten Projektmitarbeiter.

3. In welchem **Ausmaß** sind diese Faktoren in dem jeweiligen Arbeitspaket wirksam?

Die für das Arbeitspaket zuständigen Mitarbeiter sollten auf jeden Fall bei der Aufwandsschätzung beteiligt werden, um sicherzustellen, daß ihr Fachwissen und ihre Erfahrungen berücksichtigt werden. Außerdem bilden akzeptierte und realistische Zielsetzungen – wie schon im Zusammenhang mit der Bedeutung von Zielen angesprochen – eine notwendige Voraussetzung für motivierte Mitarbeiter.

Schätzung ist Vorhersage aufgrund von Erfahrung. Für die Schätzung von Projektaufwänden wurden zahlreiche **Verfahren** entwickelt; das Spektrum reicht von einfachen Schätzgleichungen mit wenigen Einflußfaktoren bis hin zu komplexen mathematischen Verfahren mit sehr zahlreichen Faktoren (vgl. hierzu auch *Platz/Schmelzer* 1986, S. 162 ff.; *Madauss* 1990, S. 246 ff.; *Litke* 1991, S. 85 ff.). Es gibt kein für alle Projekte gleichermaßen geeignetes Verfahren zur Aufwandsschätzung; für Organisationsprojekte sind vornehmlich folgende grundlegenden methodischen Ansätze relevant:

- Bei der **Multiplikatormethode** wird das angestrebte Ergebnis des Arbeitspaketes in Teilergebnisse (beispielsweise Interviews, Formulare, Programmfunktionen, Teilprozesse und Aktivitäten) gegliedert. Anschließend wird für jedes Teilergebnis der jeweilige Leistungsumfang geschätzt. Durch Multiplikation des Leistungsumfanges mit einem definierten Aufwand pro Teilergebnis läßt sich der Gesamtaufwand ermitteln. Der Aufwand je Teilergebnis basiert dabei auf der Nachkalkulation abgeschlossener Organisationsprojekte, bei der entsprechende **Kennzahlen** für zukünftige Projekte abgeleitet wurden. Die Methode geht davon aus, daß zwischen der Anzahl der Teilergebnisse und dem Projektaufwand ein linearer Zusammenhang besteht. In der praktischen Projektabwicklung ist jedoch davon auszugehen, daß mit einer Zunahme des Problembereiches die Komplexität und der Koordinationsbedarf steigt und deshalb der Projektaufwand überproportional zunimmt. Somit ist eine Korrektur der geschätzten Aufwände entsprechend der Projektkomplexität erforderlich.
- Bei Anwendung der **Analogiemethode** werden Projekte herangezogen, die unter ähnlichen Anforderungen und Voraussetzungen realisiert wurden. Nach der Ermittlung der wesentlichen Ressourcen und Einflußgrößen sowie deren Quantifizierung werden vergleichbare Projekte und Arbeitspakete, die in der Vergangenheit abgewickelt wurden, als **Vergleichsobjekte** herangezogen. Die voraussichtlichen Aufwände der zu planenden Arbeitspakete werden anhand der tatsächlich angefallenen Aufwände der Vergleichsprojekte geschätzt. Unterschiede in der Aufgabenstellung und in den Einflußgrößen führen zu einer entsprechenden Anpassung der Projektaufwände.
- Bei der **Prozentsatzmethode** wird von einer durchschnittlichen Verteilung des geschätzten Gesamtaufwandes auf die einzelnen Stufen ausgegangen (*Abb. 5-56*).

Der gesamte Aufwand kann auf zwei Arten geschätzt werden: Entweder wird eine Stufe des Projektes abgeschlossen und von dem dort angefallenen Aufwand wird der Gesamtaufwand hochgerechnet, oder eine Stufe wird detailliert geschätzt und von diesem Teilaufwand auf den zu erwartenden Gesamtaufwand geschlossen. Da von relativ kleinen Einheiten auf die Gesamtheit geschlossen wird, beinhaltet dieses Schätzverfahren eine hohe Fehlermultiplikation. Die Prozentsatzmethode wird deshalb in Organisationsprojekten vor allem zur Plausibilitätskontrolle für eine bereits durchgeführte Schätzung eingesetzt. Eine weitere mögliche Anwendung der Prozentsatzmethode liegt darin, ein für das Projekt bereits vorgegebenes Gesamtbudget nach dem Top down-Verfahren auf die einzelnen Projektstufen zu verteilen.

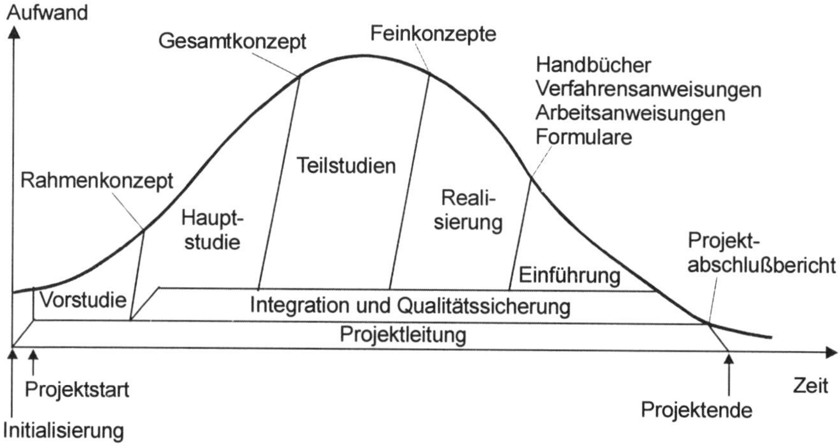

Abb. 5-56: Aufwandsverteilung bei Organisationsprojekten

Trotz der Vielzahl von Aufwandsschätzverfahren haben diese in der praktischen Organisationsarbeit eine nur verhältnismäßig geringe Bedeutung; hier wird der Aufwand meist nach der Analogiemethode geschätzt. Die Schätzung basiert dabei immer auf den persönlichen Erfahrungen des Schätzenden, die dieser nur über mehrere Projekte hinweg erwerben kann. Personen mit einer geringen Erfahrung sind deshalb kaum in der Lage, den Aufwand für ein Projekt einigermaßen zuverlässig zu schätzen. Gegebenenfalls werden Risikozuschläge für das Gesamtprojekt berücksichtigt oder Schätzintervalle angegeben. Es hat sich vor allem bei langfristigen Projekten mit einer innovativen Problemstellung gezeigt, daß die Angabe einer bestimmten mittleren Dauer für Vorgänge, über deren Ablauf noch keine konkreten Vorstellungen bestehen, kaum möglich sind. Zur Reduktion der Unsicherheiten wurde im Zusammenhang mit der → *Netzplantechnik* das Verfahren der **Drei-Zeiten-Schätzung** eingeführt, bei der je Vorgang die optimistische, die wahrscheinliche und die pessimistische Zeit geschätzt wird (vgl. auch *DIN 69 900*, 1983). Dieses Verfahren zur Schätzung von Zeiten kann sinngemäß auf die Aufwandsschätzung übertragen werden:

- Der **optimistische** Aufwand A_0 beinhaltet den minimal möglichen Aufwand; er kommt nur unter besonders günstigen Bedingungen vor und wird nur dann erreicht, wenn alles auf Anhieb gelingt.

- Der **wahrscheinliche** Aufwand A_w ist unter den üblichen Bedingungen meistens erforderlich; er wird normalerweise benötigt.
- Der **pessimistische** Aufwand A_p kann unter besonders ungünstigen Bedingungen vorkommen; er beinhaltet den höchsten Aufwand und schließt potentielle Fehler bei der Projektabwicklung, nicht jedoch äußere Störgrößen wie Fälle höherer Gewalt mit ein.

Unter Annahme einer Beta-Verteilung kann aus diesen drei Werten der **mittlere** Aufwand A_m für ein Arbeitspaket als Erwartungswert berechnet werden zu

$$A_m = (A_o + 4\ A_w + A_p) / 6.$$

Die Projektbeteiligten müssen sich darüber im klaren sein, daß Prognosen immer mit mehr oder weniger großen Unsicherheiten verbunden sind. Um eine qualifizierte Schätzung vornehmen zu können, sind entsprechende Hintergrundinformationen über den jeweiligen Vorgang und Erfahrungswerte aus der Vergangenheit notwendig. Hierdurch unterscheidet sich eine Schätzung vom Raten. Der geschätzte Aufwand sagt mit einer gewissen Wahrscheinlichkeit voraus, welcher Aufwand zur Abwicklung des Projektes notwendig ist. Nicht sicher vorhersehbare Probleme in der Projektabwicklung selbst können teilweise auch grob abgeschätzt werden. Externe Einflußfaktoren können dagegen kaum vorausgesagt werden. Deshalb darf eine einmal vorgenommene Aufwandsschätzung für ein Projekt auch nicht als unveränderbare Verpflichtung angesehen werden. Eine Schätzung muß korrigiert werden dürfen und sollte auch korrigiert werden, wenn sich im Verlauf des Projektes eine Randbedingung ändert.

Bei einer ersten globalen Schätzung des Projektaufwandes, wie er beispielsweise im Rahmen einer Vorstudie erfolgt, kann ein Toleranzrahmen von 25 bis 30 % zugrundegelegt werden. Bei den detaillierten, auf genaueren Informationen beruhende Schätzungen einer Hauptstudie beträgt die Toleranzbreite ca. 15 bis 20 %. Durch die Kompensation von Über- und Unterschätzungen verringert sich die Toleranzbreite der Gesamtschätzung; sie kann sich dabei erfahrungsgemäß fast halbieren.

Die Planung der **Bearbeitungsdauer** basiert in Organisationsprojekten vor allem auf dem geschätzten Personalaufwand je Arbeitspaket und der für die Bearbeitung der Arbeitspakete vorgesehenen Personalkapazität. Der Personalaufwand, geschätzt in der Dimension "Personenwoche" oder "Personentag", geht von einer durchschnittlichen Arbeitszeit pro Woche beziehungsweise Tag aus. Die Bearbeitungsdauer für ein Arbeitspaket wird dann als Quotient von Personalaufwand und Personalkapazität ermittelt; dabei wird die zeitliche Intensität, mit der ein Mitarbeiter in dem jeweiligen Arbeitspaket eingesetzt werden soll, zweckmäßigerweise als Prozentsatz angegeben (*Abb. 5-57*).

Bei der Aufwandsschätzung werden häufig folgende **Fehler** gemacht:

- Erfahrungsgemäß fallen Aufwandsschätzungen zu neuartigen Aufgabenstellungen oder von Mitarbeitern, die nur selten Aufwände schätzen, eher zu niedrig als zu hoch aus.
- Häufig werden Aufwand und Dauer nicht scharf voneinander getrennt. Der Aufwand hängt jedoch vom zu erbringenden Arbeitsinhalt ab, die Dauer kann dagegen durch mehr oder weniger intensives Arbeiten an einem Arbeitspaket beeinflußt werden.

Projekt *Logistik (Vorstudie)*							Seite *1 / 1*	Datum *23.09.*
Nr. (1)	Arbeitspaket (2)	Aufwand (Personenwochen) A_o (3)	 A_w (4)	 A_p (5)	 A_m (6)	Mitarbeiter (7)	Einsatz (%) (8)	Dauer (Wochen) (9)
1	*Situationsanalyse Produktionsplanung / Vertrieb*	*4*	*5,5*	*10*	*6*	*Müller* *Maier*	*50* *100*	*4*
2	*Situationsanalyse Beschaffung / Lagerwesen*	*3*	*4,5*	*9*	*5*	*Huber* *Schultze*	*60* *40*	*5*
3	*Zielformulierung Logistikkonzept*	*1*	*1,5*	*2*	*1,5*	*Maier* *Huber*	*100* *60*	*1*
4	*Rahmenkonzept Logistik*	*8*	*9*	*16*	*10*	*Müller* *Maier* *Huber* *Schultze*	*50* *100* *60* *40*	*4*
-	Summe	*14*	*19*	*35*	*22,5*	-	-	-

Abb. 5-57: Planung der Bearbeitungsdauer

- Eine bewußte und systematische Erfahrungssicherung bildet die Grundvoraussetzung für eine fundierte Aufwandsschätzung; sie unterbleibt häufig aus Zeitmangel oder anderen Gründen.
- Viele Angaben zum voraussichtlichen Aufwand werden unter dem Druck knapper Ressourcen und enger Terminvorgaben gemacht - und sind deswegen von vornherein unrealistisch.
- Der Aufwand für das Projektmanagement und die Qualitätssicherung wird oftmals bei der Planung nicht berücksichtigt.

Bezüglich der **Genauigkeit** einer Schätzung tritt ein für alle Planungen gleichermaßen geltendes Grundproblem auf (*Abb. 5-58*). Ausgangsbasis für eine Schätzung sind - wie bereits erwähnt - Erfahrungen der Vergangenheit; diese können jedoch unvollständig oder fehlerhaft sein. Um eine fundierte Erfahrungsbasis zu erhalten, sollte der Projektleiter die Schätzungen selbst sowie die jeweiligen Voraussetzungen und Randbedingungen der Schätzung ebenso wie die im Projektverlauf festgestellten Abweichungen dokumentieren. Hierzu werden die für ein Arbeitspaket geschätzten Aufwände in einem Aufwandsplan zusammengefaßt, der dann die Grundlage für die spätere Aufwandskontrolle darstellt. Außerdem sind die Schätzverfahren selbst mit gewissen Ungenauigkeiten behaftet, da sie nicht alle zu berücksichtigenden Einflußgrößen vollständig und exakt einbeziehen können. Weiterhin hängt die erreichbare Schätzgenauigkeit bei Organisationsprojekten vor allem mit den vielen Unbekannten zusammen, die entweder gar nicht identifizierbar und im voraus einzuplanen sind ("unbekannte Unbekannte") oder zwar bekannt, aber hinsichtlich ihrer Auswirkungen nur vage zu beschreiben sind ("bekannte Unbekannte") (*Madauss* 1990, S. 253). Die Wahrscheinlichkeit, daß infolge von Störfaktoren die Realität nicht dem Schätzergebnis entspricht, wird mit zunehmendem Planungshorizont immer größer. Ebenso sind Schätzungen, die zu Beginn eines Projektes durchgeführt werden, aufgrund der hohen Ungewißheit zwangsläufig wesentlich ungenauer als Schätzungen in einer späten Projektstufe.

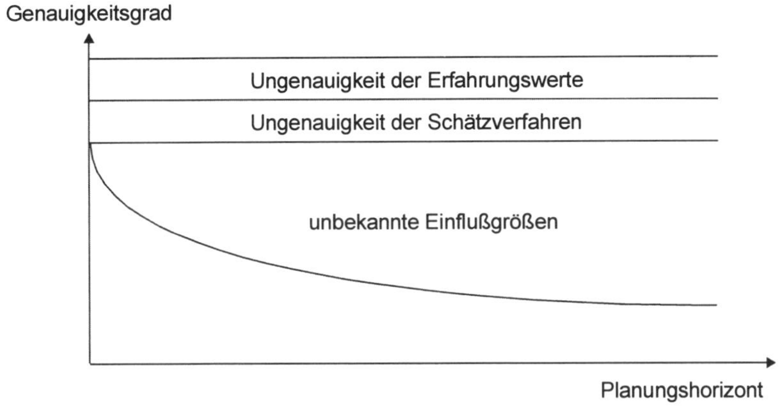

Abb. 5-58: Schätzgenauigkeit in Abhängigkeit vom Planungshorizont

6.2.5 Planung von Meilensteinen

Meilensteine (milestones) kommen bei der Projekt-Grobplanung eine tragende Bedeutung zu; sie sind durch folgende **Merkmale** gekennzeichnet:

1. Der Meilenstein-**Inhalt** stellt ein Zwischenergebnis dar, das eine Beurteilung des Projektfortschrittes ermöglicht; er ist im voraus festgelegt, eindeutig definiert und auch qualitativ überprüfbar. In Organisationsprojekten kann dies beispielsweise eine abgeschlossene Situationsanalyse oder ein erarbeitetes Systemkonzept sein.
2. Das Zwischenergebnis ist zu eine bestimmten Meilenstein-**Termin** zu erreichen; dieser Termin wird im Rahmen der Termin-Grobplanung ermittelt und festgelegt.
3. Die Meilenstein-**Entscheidung** beinhaltet eine Berichterstattung an den Auftraggeber des Projektes und seine Entscheidung über den weiteren Projektablauf. Am Ende einer Projektstufe hat diese Entscheidung die Freigabe der nächsten Stufe, die mögliche Wiederholung der Stufe, um ein anderes oder besseres Ergebnis zu erzielen, oder aber den Stopp des gesamten Projektes zum Inhalt.

Meilensteine sind wesentliche Projekt-Zwischenergebnisse, die sich aus der zeitlichen Reihenfolge der Projektabwicklung ergeben.

Jede Stufe der Organisationsplanung beginnt nach einem Meilenstein und endet mit einem Meilenstein. Diese Meilensteine dienen der Berichterstattung an den Lenkungsausschuß und der Entscheidung über der weiteren Projektablauf, also der Steuerung des Gesamtprojektes. Die Festlegung von Meilensteinen ist ein wirkungsvolles Verfahren zur Kontrolle des Projektfortschrittes und der Projektergebnisse. Sie bezweckt den Wechsel zwischen einer relativ autonomen Arbeit der Projektgruppe mit einem definierten, prüfbaren Zwischenergebnis einerseits und der Kontrolle und Entscheidung durch den Auftraggeber andererseits. Dem Auftraggeber wird damit die Gelegenheit gegeben, Einfluß auf die weitere Projektabwicklung zu nehmen.

Darüber hinaus können auch zur Steuerung der Projektstufen zusätzliche Meilensteine vorgesehen werden. Diese Meilensteine beziehen sich auf Zwischenergebnisse innerhalb einer Projektstufe, die kritisch sind für den weiteren Projektablauf. Die Art und die Anzahl derartiger zusätzlicher Meilensteine hängt weitgehend vom Projektumfang und der Höhe des Projektrisikos ab; sie ergeben sich in der Regel als Warn- und Meldepunkte aus der Risikoanalyse.

Projekt *Logistik (Vorstudie)*					Seite *1 / 1*	Datum *23.09.*	
Nr. (1)	Arbeitspaket (2)	Aufwand (PW)	Mitarbeiter (7)	Einsatz (%) (8)	Dauer (Wochen) (5)	Beginn (KW) (6)	Ende (KW) (7)
1	*Situationsanalyse Produktionsplanung / Vertrieb*	*6*	*Müller* *Maier*	*50* *100*	*4*	*40*	*43*
2	*Situationsanalyse Beschaffung / Lagerwesen*	*5*	*Huber* *Schultze*	*60* *40*	*5*	*40*	*44*
3	*Zielformulierung Logistikkonzept*	*1,5*	*Maier* *Huber*	*100* *60*	*1*	*45*	*45* ✱
4	*Rahmenkonzept Logistik*	*10*	*Müller* *Maier* *Huber* *Schultze*	*50* *100* *60* *40*	*4*	*46*	*49* ✱
-	Summe	*22,5*	-	-	*10*	*40*	*49*
PW = Anzahl Personenwochen KW = Kalenderwoche ✱ = Meilenstein							

Abb. 5-59: Grobe Terminplanung

Das Risiko, daß ein Projekt abgebrochen werden muß, ist in den frühen Projektstufen der Organisationsplanung größer als in den realisationsnahen Stufen. Man kann jedoch ein Projekt nicht zu jedem beliebigen Zeitpunkt einfach abbrechen. Es gibt vielmehr in jedem Projekt einen **Point of no return**, nach dem ein Abbruch einfach nicht mehr sinnvoll, nicht praktikabel oder sogar unmöglich ist. Es sollte deshalb regelmäßig geprüft werden, wann der Point of no return erreicht sein wird, um bei gravierenden Abweichungen von den Projektzielsetzungen gegebenenfalls noch rechtzeitig vor diesem Termin das Projekt abbrechen zu können.

Die Planung der **Meilensteintermine** basiert in Organisationsprojekten vor allem auf den geschätzten Dauern der Arbeitspakete (*Abb. 5-59*). Die definierten Arbeitspakete können nicht immer parallel und völlig unabhängig voneinander bearbeitet werden; die meisten Arbeitspakete weisen vielmehr untereinander sachlich erforderliche, logische Abhängigkeiten auf – so muß erst die Situationsanalyse durchgeführt werden, bevor ein Konzept erarbeitet werden kann. Diese Abhängigkeiten müssen während der Projektplanung ermittelt und so dokumentiert werden, daß sie nachvollziehbar bleiben. Das hierfür vor allem geeignete Instrument ist die → *Netzplantechnik*. In einem Netzplan werden die Arbeitspakete über sogenannte Anordnungsbeziehungen in eine sachliche Ablaufstruktur gebracht. Der Zweck eines Netzplanes im Rahmen der Projekt-Grobplanung besteht im wesentlichen darin,

- transparent zu machen, welche Arbeitspakete für die Projektdauer ausschlaggebend sind. Der sich dabei ergebende **kritische Weg** zeigt an, welche kritischen Vorgänge auf die Projektdauer Einfluß haben.
- eine einfache und effiziente Basis für Simulationen zu schaffen. Sind alle Abhängigkeiten richtig definiert, reicht die Änderung der Dauer eines einzigen Arbeitspaketes oder eines Termins, um die Auswirkungen auf alle anderen Arbeitspakete des Projektes zu sehen.

In der Begriffswelt der Netzplantechnik spricht man häufig von „Vorgängen" und weniger von „Arbeitspaketen". Auch viele EDV-gestützte Projektmanagement-Systeme arbeiten mit dem Begriff des Vorgangs. Dieser Begriff kann aber bedeutungsähnlich mit dem „Arbeitspaket" (Grobplanung) und mit der „Aktivität" (Feinplanung) verwendet werden. Die Arbeit mit Netzplänen ist nur dann sinnvoll, wenn eine geeignete Software zur Berechnung der Termine und zur grafischen Darstellung verwendet wird. Eine manuelle Erstellung und Pflege des Netzplanes wäre viel zu aufwendig.

Sowohl im Rahmen der Grob- als auch der Feinplanung eines Projektes wird bei der Terminplanung eine vollständige Austauschbarkeit der beiden Parameter Zeit und Personal suggeriert. Der tatsächliche Personalbedarf orientiert sich aber auch am Charakter der Aufgabenstellung; hierbei ist der sogenannte "Mythos des Mann-Monats" (*Brooks* 1974/1987) zu berücksichtigen. *Brooks* differenziert dabei zwischen vier verschiedenen Aufgabentypen (*Abb. 5-60*):

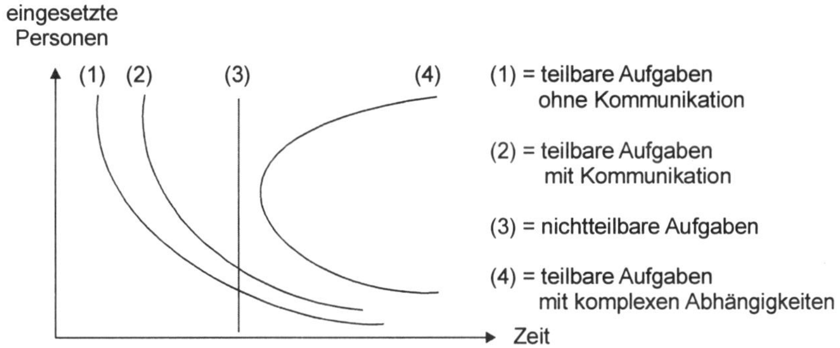

Abb. 5-60: Parameter Zeit und Personal

1. Nur bei teilbaren Aufgaben ohne Kommunikationsbedarf können Zeit und Personal flexibel ausgetauscht werden. Je mehr Personen eingesetzt werden, desto schneller ist die Aufgabe erledigt.
2. Nichtteilbare Aufgaben können nur in einer bestimmten Reihenfolge abgewickelt werden; die Anzahl der Personen, die hierfür eingesetzt werden, hat keinerlei Auswirkungen auf die Dauer der Aufgabendurchführung.
3. Teilbare Aufgaben erfordern meistens eine Kommunikation zwischen den beteiligten Personen. Dieser Kommunikationsaufwand muß als Teil der zu leistenden Aufgabe angesehen werden, so daß mit zunehmendem Kommunikationsbedarf der Gesamtaufwand steigt.

4. Aufgaben im komplexen Zusammenhang, wie sie bei Organisationsprojekten oft vorliegen, erfordern eine intensive Kommunikation zwischen allen Beteiligten. Zudem ist der Aufwand zur Integration der Einzelergebnisse aus den einzelnen Arbeitspaketen umso höher, je mehr die Gesamtaufgabe in einzelne Arbeitspakete unterteilt und verschiedenen Personen zugeordnet wurde. Der zusätzliche Kommunikations- und Koordinationsaufwand kann den ursprünglichen Zweck der Aufgabenteilung gänzlich ins Gegenteil verkehren, so daß der Einsatz von mehr Personen zu einer längeren Projektdauer führen kann. Hinzu kommt, daß neue Mitarbeiter zunächst intensiv geschult und in die Problemstellung eingeführt werden müssen. So warnt denn *Brooks* auch davor, einen Terminverzug durch zusätzliches Personal auffangen zu wollen: "Adding manpower to a late project makes it later."

Die zeitliche Darstellung der Abwicklung der Arbeitspakete und der Meilensteintermine erfolgt zweckmäßigerweise mit Hilfe von → *Balkendiagrammen.* Meilensteine können zu **Meilensteinplänen** zusammengefaßt werden. Diese geben einen schnellen Überblick über die wesentlichen Eckpunkte der Projektplanung und sind deshalb besonders zur Information des Auftraggebers geeignet. Außerdem bilden die Meilensteine die Basis für das Instrument der → *Meilenstein-Trendanalyse* im Rahmen der Projektkontrolle.

6.2.6 Planung der Dokumentation

Die Abwicklung von Organisationsprojekten ist immer mit der Erstellung mehr oder weniger umfangreicher Dokumente verbunden. Der Aufwand zur Erstellung und die Bedeutung dieser schriftlichen Informationen erfordern eine systematische Planung der Projektdokumentation. Sie dient vor allem folgenden **Zwecken**:

- Die Projektdokumente sollen gezielt abgelegt werden und auch gezielt wieder aufgefunden werden können.
- Es soll eine vollständige, einheitliche und möglichst redundanzfreie Gesamtdokumentation erstellt werden.
- Das Dokumentationssystem soll sicherstellen, daß sich die Projektbeteiligten jederzeit einen Überblick über den Stand des Projektes verschaffen können.
- Die Projektdokumentation soll die Basis für die Kontrolle des Projektfortschrittes und der Projektqualität bilden.

Die Projektdokumentation umfaßt alle projektinternen und projektexternen schriftlichen Berichte und Dokumente, die während des Projektverlaufes regelmäßig oder sporadisch erstellt werden. Hierbei ist zwischen der Abwicklungs- und der Ergebnisdokumentation zu unterscheiden (*Abb. 5-61*).

(1) Ergebnisdokumentation

Die Ergebnisdokumentation (auch Systemdokumentation) beschreibt die Ergebnisse der einzelnen Stufen der Organisationsgestaltung; sie erstreckt sich auf die eigentliche Projektaufgabe. An die Ergebnisdokumentation werden eine Reihe von **Anforderungen** gestellt (vgl. *Rinza* 1994, S. 108 ff.; *Lehner u.a.* 1991, S. 519):

- Die Ergebnisdokumentation soll **schritthaltend** sein, das heißt der Stand der Dokumentation soll dem Stand des Projektes entsprechen. Die Dokumentation ist deshalb ständig zu aktualisieren und sollte während der eigentlichen Projektabwicklung erfolgen. Lediglich Ergänzungen oder Erläuterungen können nachträglich vorgenommen werden.

- Die Ergebnisdokumentation sollte möglichst **redundanzfrei** sein. Um eine mehrfache Beschreibung derselben Sachverhalte zu vermeiden, sind Querverweise zu verwenden. Dies setzt voraus, daß die Dokumentation allen Mitarbeitern zugänglich ist, ansonsten entwickelt sich eine Tendenz zur Sekundärdokumentation durch die einzelnen Mitarbeiter.
- Bezeichnungen und Begriffe sollten von allen Projektbeteiligten einheitlich verwendet und verstanden werden. Hierzu wird zweckmäßigerweise eine **Begriffsdefinition** in einem eigenständigen Glossar vorgenommen.
- Für die Dokumente sind einheitliche **Bezeichnungen** vorzuschreiben. Über eindeutige Dokumentationsnummern wird das Auffinden und die Identifikation von Dokumenten unterstützt. Privatablagen neben der offiziellen Dokumentation sind möglichst zu vermeiden.

Die Arbeitspakete des Projektstrukturplanes bilden auch das **Ordnungssystem** zur Archivierung und Ablage der Dokumente. Bei einer Archivierung auf Papier entsprechen die Arbeitspakete jeweils einer Akte. Bei einer computerunterstützen Archivierung sind geeignete Konventionen zur Vergabe der Dateinamen für Netzpläne, Tabellen, Text- und Grafikdokumente erforderlich. Weiterhin gehört es hier zu den Aufgaben der Dokumentationsplanung, die **Dokumentationstools** wie Textverarbeitungsprogramme oder Grafikprogramme und technische **Dokumentationsstandards**, beispielsweise in Form von Dokumentenvorlagen für die Erstellung von Textdokumenten oder von Gestaltungsrichtlinien für Präsentationsgrafiken, sowie die anzuwendenden Darstellungsmethoden vorzugeben. Verbunden mit einem Projektlogo führt eine durchgängig einheitliche Dokumentation zu einer höheren Identifikation der Mitarbeiter mit der Projektaufgabe und zu einem einheitlichen Projektmarketing.

Es kann im Einzelfall - insbesondere für die Projektphasen der Situationsanalyse und Zielformulierung - durchaus sinnvoll sein, für alle Arbeitspakete eine gemeinsame Dokumentationsvorgabe hinsichtlich der Struktur und des zu erarbeitenden Inhaltes auszuarbeiten. Die einzelnen Arbeitsgruppen ergänzen dann diese Vorgabe im Detail. Dies führt zu einer durchgängig einheitlichen Dokumentation, die weitgehend den gestellten Erwartungen an die Arbeitsergebnisse entspricht.

Ergebnisdokumente	Abwicklungsdokumente
• Pflichtenhefte / Anforderungsbeschreibungen • Systemkonzepte • Prozeßbeschreibungen • Handbücher • Verfahrensanweisungen • Arbeitsanweisungen • Formulare • •	• Plan der Projektorganisation mit den beteiligten Stellen und ihren Aufgaben • Projektaufträge • Projektplanungen • Projektberichte • Besprechungsprotokolle • Entscheidungsanalysen • Korrespondenz • Präsentationsunterlagen •

Abb. 5-61: Projektdokumente

(2) Abwicklungsdokumentation

Die Abwicklungsdokumentation (auch Prozeßdokumentation) ist nicht originäre Projektaufgabe, sondern dient der Organisation, Planung, Steuerung und Kontrolle der Projektabwicklung. Sie dokumentiert den Prozeß der Projektabwicklung und umfaßt dabei interne und externe Dokumente (vgl. *Litke* 1991, S. 101):

- **Interne** Dokumente werden nur innerhalb der Projektgruppe weitergegeben; sie umfassen vor allem die gesamten Planungsunterlagen des Projektleiters, die Rückmeldungen der Mitarbeiter an den Projektleiter sowie die Aufbereitung der einzelnen Rückmeldungen durch die Projektleitung.
- **Externe** Dokumente werden in Form von Statusberichten und Präsentationen durch den Projektleiter an den Lenkungsausschuß, den Beratungsausschuß und an die von dem Problemfeld betroffenen Fachabteilungen weitergegeben.

Die Abwicklungsdokumente stellen einen wesentlichen Teil der formalen Kommunikationsbeziehungen im Projekt dar. Die Projektmitarbeiter sollten auch über Sachverhalte informiert werden, die nicht unmittelbar mit ihrer Aufgabenstellung im Projekt zusammenhängen; die vernünftige Informationsweitergabe über die Gesamtzusammenhänge des Projektes kann die Zusammenarbeit ganz erheblich fördern (vgl. *Madauss* 1990, S. 285).

Die Planung der Abwicklungsdokumentation beinhaltet in weitem Maße die vorgesehene schriftliche Berichterstattung innerhalb des Projektes; hierbei ist festzulegen, wer wem worüber wann berichten muß (vgl. *Madauss* 1990, S. 288 f.). Das Berichtswesen ist dabei mit der Projektorganisation und den festgelegten Zuständigkeiten in Übereinstimmung zu bringen. Hierbei können folgende **Berichtsarten** unterschieden werden:

- **Statusberichte** (auch Projektfortschrittsberichte) werden periodisch erstellt und informieren einen festgelegten Empfängerkreis über die aktuelle Projektsituation, so beispielsweise über die Termin-, Kosten- und Personalsituation.
- **Abschlußberichte** werden am Ende einer Projektstufe erstellt; sie beschreiben den Projektverlauf und begründen Abweichungen von den ursprünglich gesetzten Termin- und Kostenplänen. Sie stellen somit die Basis für die Aufwandsschätzung zukünftiger Projekte mit einer ähnlichen Aufgabenstellung dar.

Die Häufigkeit der Statusberichte hängt vor allem von der Art und dem Umfang der Projektaufgabe ab. Die interne Berichterstattung der Projektmitarbeiter an den Projektleiter erfolgt dabei normalerweise wöchentlich, während die Berichterstattung des Projektleiters an den Lenkungsausschuß monatlich, zumindest zweimonatlich vorgenommen werden sollte. Die Informationen müssen einheitlich vergleichbar, übersichtlich und verständlich sein. Damit die Statusberichte auf die wesentlichen Informationen beschränkt bleiben und untereinander vergleichbar sind, sollten sie möglichst standardisiert und in schematischer Form erstellt werden. Die Entwicklung von geeigneten Formblättern, Diagrammen und Tabellen zur Berichterstattung ist deshalb ebenfalls Gegenstand der Dokumentationsplanung.

6.2.7 Planung des Projektbudgets

In der Regel ist mit der offiziellen Erteilung eines Projektauftrages auch die Zuteilung eines bestimmten Projektbudgets verbunden. Die Kostenplanung und Budgetierung dient als Grundlage für die Bereitstellung der finanziellen Mittel, zur Ermittlung der Projektwirtschaftlichkeit und als Basis für die Kostenkontrolle. Der Projektleiter ist dafür verantwortlich, daß im Rahmen dieses Projektbudgets der vereinbarte Projektauftrag durchgeführt wird und die gesetzten Projektziele erreicht werden. Das Projektbudget wird dabei

- entweder bereits im Projektauftrag von vornherein festgelegt, so daß es eine wesentliche Rahmenbedingung für die Projektplanung darstellt („design to buget");
- oder auf der Basis der vorgegebenen Projektaufgabe durch den Projektmanager ermittelt, um anschließend vom Auftraggeber genehmigt zu werden.

In beiden Fällen ist eine grobe Abschätzung der voraussichtlichen **Projektkosten** notwendig. Erst danach ist eine fundierte Aussage möglich, wieviel die Realisierung des Projektziels voraussichtlich kosten wird und ob ein eventuell vorgegebenes Budget ausreichend bemessen ist. Liegen die voraussichtlichen Projektkosten über einem vorgegebenem Projektbudget, muß der Projektleiter umgehend mit dem Auftraggeber eine Lösung herbeiführen. Wird eine entsprechende Budgetkorrektur abgelehnt, sind die geplanten Aufwände auf mögliche Reduzierungen zu überprüfen. Dabei sind meistens Abstriche am Leistungsumfang oder an der Qualität der Projektergebnisse unvermeidbar.

Die Basis für die grobe Planung der Projektkosten stellt der Projektstrukturplan dar, der eine vollständige Aufstellung aller für die Erreichung des Projektauftrages notwendigen Arbeitspakete beinhaltet. Demzufolge reicht es aus, wenn die Kosten für die Realisierung aller Arbeitspakete bekannt sind - die Summe ergibt die geplanten Projektkosten. Die Festlegung des **Kostenarten** sollte nicht für jede Projektstufe erneut festgelegt werden, sondern einmalig und rechnungswesenkonform für alle Projekte des Unternehmens. Dies erlaubt es, verschiedene Organisationsprojekte kostenmäßig miteinander zu vergleichen. Zu den wichtigsten Kostenarten in Organisationsprojekten zählen die Personalkosten, das heißt die Lohn- und Lohnnebenkosten, aber auch Reisekosten und Weiterbildungskosten für die Projektmitarbeiter. Die Personalkosten für die Mitglieder des Projektlenkungs- und Beratungsausschusses, die nur bei Bedarf zu Sitzungen beansprucht werden, und die Kosten der in einem Projekt nur indirekt eingebundenen Mitarbeiter bleiben normalerweise unberücksichtigt.

Eine Kostenplanung für die Projektstufe der Realisierung muß auch diejenigen Aufwendungen berücksichtigen, die als Bestandteil der erarbeiteten Problemlösung für Hard- und Software oder sonstige Sachmittel erforderlich sind. Diese Kosten sind bereits in den Bewertungsphasen der vorgelagerten Planungsstufen mehr oder weniger präzise ermittelt worden; sie sind gegebenenfalls zu aktualisieren und zu korrigieren. Für die Projektstufe der Einführung sind eventuell Kosten für externe Schulungsmaßnahmen der von der Problemlösung betroffenen Mitarbeiter in das Budget aufzunehmen.

Für Organisationsprojekte sind demnach vor allem folgende **Kostenarten** relevant:

- Die **Personalkosten** ergeben sich aus den im Rahmen der Aufwandsplanung geschätzten Aufwände. Diese sind mit dem entsprechenden Verrechnungssatz aus der Kostenrechnung zu multiplizieren.
- Als **Sachkosten** fallen beispielsweise Kosten für die Anschaffung von neuen Computern oder von Software an.

- Zu den **sonstige Kosten** gehören Kosten, die in die obigen beiden Kategorien nicht zuzuordnen sind, wie beispielsweise Reisekosten oder Kosten für Schulungsmaßnahmen.

Diese drei Kostenarten sind dem Projekt direkt zuzuordnen. Im Unternehmen anfallende **Gemeinkosten** wie beispielsweise kalkulatorische Mieten für die Arbeitsräume, Heizung, Strom und Raumpflege sind oft bereits über den Verrechnungssatz des Personals mit abgedeckt und müssen dann nicht mehr gesondert berücksichtigt werden.

Die Kostenplanung im Rahmen der Projekt-Grobplanung schließt mit der endgültigen **Budgetfestschreibung** ab. Das Projektbudget sollte dann während des Projektablaufes nur geändert werden, wenn

- eine Änderung des Leistungsumfangs vorgenommen wurde,
- die Kostenplanung im Rahmen der Feinplanung realistischere Werte liefert oder
- die Plankosten für bestimmte Leistungen nicht ausreichen.

Verknüpft man die budgetierten Kosten der Arbeitspakete mit den Meilensteinterminen, so kann der Verlauf der kumulierten Projektkosten über die Projektlaufzeit ermittelt und dargestellt werden (vgl. *Abb. 5-62*).

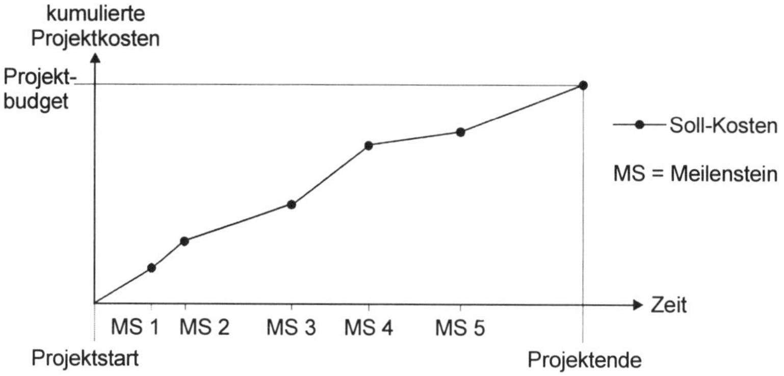

Abb. 5-62: Kumulierte Projektkosten

6.2.8 Analyse der Projektwirtschaftlichkeit

Die Ergebnisse der Budgetplanung dienen auch zur Beurteilung der Wirtschaftlichkeit des gesamten Projektes. Die hierzu möglichen Verfahren sind die verschiedenen Investitionsrechnungsverfahren, insbesondere die → *Kostenvergleichsrechnung*, aber auch die → *Kosten-Wirksamkeits-Analyse* und die → *Nutzwertanalyse* und bereits im Zusammenhang mit der Planungsphase der Bewertung angesprochen worden. Für die Wirtschaftlichkeitsanalyse gilt, daß die Projektgruppe die Kosten und den Nutzen ermittelt, der Nutzen jedoch durch den Auftraggeber (Lenkungsausschuß) oder die betroffenen Fachabteilungen (Beratungsausschuß) bestätigt werden soll.

Insbesondere bei Organisationsprojekten sind der Wirtschaftlichkeitsanalyse jedoch Grenzen gesetzt, da nicht alle Kosten- und Nutzenfaktoren bekannt sind. Weiterhin fehlen häufig Vergleichsmöglichkeiten zu früheren Projekten. Viele Kosten- und Nutzenfaktoren sind zudem quantitativ nicht oder nur schwer zu ermitteln. Damit das Ergebnis der Wirtschaftlichkeitsanalyse auch späteren Kontrollen standhalten kann, sollten Kostenschätzungen eher etwas höher, erwartete Nutzengrößen dagegen eher etwas geringer angesetzt werden.

Die Projektkosten und die Projektdauer sind im allgemeinen nicht unabhängig voneinander. Die Projektdauer kann meistens verkürzt werden, indem zusätzliche externe Organisationsberater mit in das Projekt einbezogen werden. Dies kann aber eine Erhöhung der Projektkosten zur Folge haben, da die Kosten des Beratereinsatzes im Normalfall höher liegen als die Kosten des entsprechenden Einsatzes von unternehmensinternen Mitarbeitern. Auf der anderen Seite läßt sich jedoch durch die zeitliche Verkürzung der Nutzen, der durch die organisatorische Lösung angestrebt wird, auch früher realisieren. Dieser entgangene Nutzen kann als Opportunitätskosten aufgefaßt werden. *Abbildung 5-63* zeigt, wie sich aus dem Zusammenwirken der Projektkosten und der Opportunitätskosten durch Nutzenentgang eine aus Kostensicht optimale Projektdauer ergibt. Somit kann es durchaus wirtschaftlich sein, die Projektdauer durch den Einsatz zusätzlicher, extern rekrutierter Projektmitarbeiter oder auch durch andere Maßnahmen zu verkürzen. Das *Brooks*'sche Gesetz sollte dabei jedoch beachtet werden.

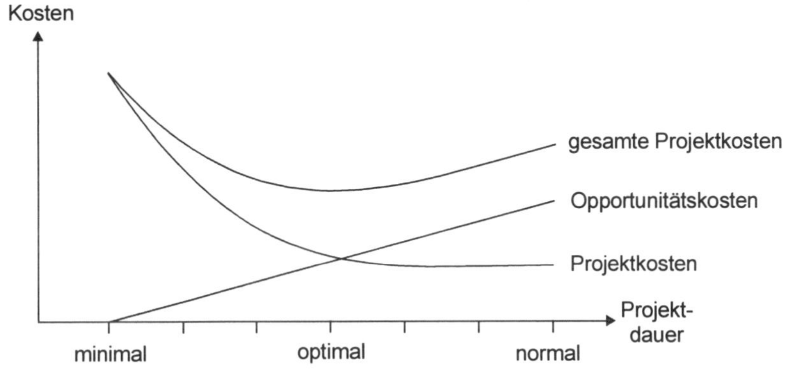

Abb. 5-63: Zusammenhang zwischen Projektkosten und Projektdauer

Es sei darauf hingewiesen, daß die in *Abbildung 5-63* aufgeführte Kostenrechnung in erster Linie als Denkmodell zu verstehen ist und in der Praxis kaum exakt durchgeführt werden kann.

6.2.9 Analyse des Projektrisikos

Wenn der Projektstrukturplan erstellt ist und darauf aufbauend Aufwände geschätzt und Meilensteintermine geplant sind, sollte auch eine Analyse der Projektrisiken vorgenommen werden. Unter einem Risiko wird allgemein das Produkt aus der Wahrscheinlichkeit des Eintreffens einer Störgröße und der damit verbundenen Schadenshöhe verstanden. Prinzipiell kann davon ausgegangen werden, daß das Risiko eines Projektes umso größer ist, je größer die Ungewißheit über die Projektergebnisse und damit die Wahrscheinlichkeit ist, daß Annahmen, Erwartungen und Zielvorstellungen nicht eintreten. Relativ hoch ist auch das Risiko bei größeren und komplexeren Projekten mit einem hohen Investitionsvolumen für anzuschaffende

Sachmittel. Deshalb empfiehlt es sich vor allem bei Projekten mit zahlreichen oder hohen Ungewißheiten, eine systematische **Risikoanalyse** durchzuführen (siehe hierzu auch die entsprechenden Ausführungen im Zusammenhang mit der Planungsphase der Bewertung). Die Risikoanalyse dient zur Absicherung des Projektes; die Risiken können entweder durch eine entsprechende Änderung der Projektplanung oder in Form von zusätzlichen Maßnahmen reduziert werden. Eine sinnvolle Basis für die Risikofindung bilden die Arbeitspakete des Projektstrukturplanes, die einzeln auf ihre Risiken hin untersucht werden sollten.

Typische Projektrisiken sind zum Beispiel der Ausfall von wichtigen Mitarbeitern während der Projektabwicklung durch Krankheit oder Kündigung, die Nichteinhaltung zugesagter Termine, eine fehlende Akzeptanz bei den von der Problemlösung betroffenen Mitarbeitern, eine zu optimistische Planung oder Verzögerungen aufgrund unklarer Definition der Projektrollen und den daraus resultierenden Kompetenzkonflikten.

In Technikprojekten, hier vor allem im Anlagenbau mit einem hohen Routinecharakter, sind Risikoanalysen in Form von detaillierten → *Checklisten* verbreitet. In Organisationsprojekten hat sich die Technik der → *Analyse potentieller Probleme* (*Kepner/Tregoe* 1973, S. 67 ff.) bewährt. Hierbei wird systematisch nach zukünftigen Ereignissen gefragt, die den Projekterfolg in Frage stellen können. Somit werden mögliche Abweichungen von den gesetzten Projektzielen vorweggenommen, ihre denkbaren Ursachen ermittelt und bezüglich ihrer möglichen Folgen beurteilt:

- Kalkulierbare Risiken mit geringen Auswirkungen können bewußt in Kauf genommen werden.
- Bei größeren, nicht kalkulierbaren Risiken müssen die möglichen Probleme durch geeignete Maßnahmen verhindert oder deren Tragweite verringert werden.
- Risiken, die das Projekt als ganzes gefährden, müssen soweit wie möglich ausgeschlossen werden.

Zur Reduktion des Risikos und zur Absicherung der Zielerreichung können **Maßnahmen** mit vorbeugendem oder einschränkendem Charakter vorgesehen werden:

- **Vorbeugende** Maßnahmen dienen der Vermeidung von denkbaren Ursachen potentieller Probleme.
- **Einschränkende** Maßnahmen dienen der Abschwächung der negativen Folgen von potentiellen Probleme.

Damit die vorgesehenen einschränkenden Maßnahmen im Falle des Auftretens des betreffenden Problems auch zur Wirkung kommen, müssen im Rahmen der Projektplanung **Warn- und Meldepunkte** vorgesehen werden. Durch diese soll sichergestellt werden, daß das Eintreten des Problems rechtzeitig bekannt wird und die vorgesehenen Maßnahmen auch eingeleitet werden. Für potentielle Probleme, die eine erfolgreiche Weiterführung des gesamten Projektes gefährden würden, sollten diese Meldepunkte als Meilensteine im Terminplan verankert werden.

6.3 Feinplanung von Organisationsprojekten

6.3.1 Gegenstand und Zweck der Feinplanung

Feinplanung bedeutet sowohl eine weitere Detaillierung als auch eine Ergänzung der Grobplanung. In Organisationsprojekten wird die Feinplanung stufenweise vorgenommen, da erst zu Beginn einer Projektstufe ausreichend viele und sichere Informationen für die Feinplanung dieser Stufe vorliegen. Wie bereits ausgeführt, ist zu Beginn eines Projektes die Planung noch mit vielen Unsicherheiten behaftet; mit fortschreitender Projektabwicklung wird die Basis für die Projektplanung zunehmend sicherer. Deshalb sollte mit Abschluß einer Projektstufe zunächst der Grobplan des gesamten Projektes einer **Revision** unterworfen werden, bevor hierauf aufbauend die nächst folgende Projektstufe fein geplant wird. So ist sichergestellt, daß der Grobplan sich am aktuellen Stand des Projektes orientiert (*Abb. 5-64*).

Die Projekt-Feinplanung dient vor allem zwei **Zwecken**:

1. Sie bildet die Basis zur Koordination der einzelnen Projektaktivitäten.
2. Sie liefert die Soll-Werte für die Projektsteuerung und Projektkontrolle.

Die im Rahmen der Grobplanung gebildeten Arbeitspakete bilden den Ausgangspunkt der Feinplanung. Die Feinplanung der einzelnen Arbeitspakete wird jeweils durch die Projektmitarbeiter durchgeführt, die auch mit der Durchführung der Arbeitspakete betraut sind. Diese Mitarbeiter verfügen über das hierzu notwendige fachliche Know-how; gleichzeitig wird hierdurch sichergestellt, daß die geplanten Aufwände und Termine auch als Vorgaben von den Betroffenen akzeptiert werden. Die Aufgabe des Projektleiters liegt vor allem darin, die einzelnen Teilplanungen inhaltlich, terminlich und kostenmäßig zu einer Gesamtplanung zu integrieren.

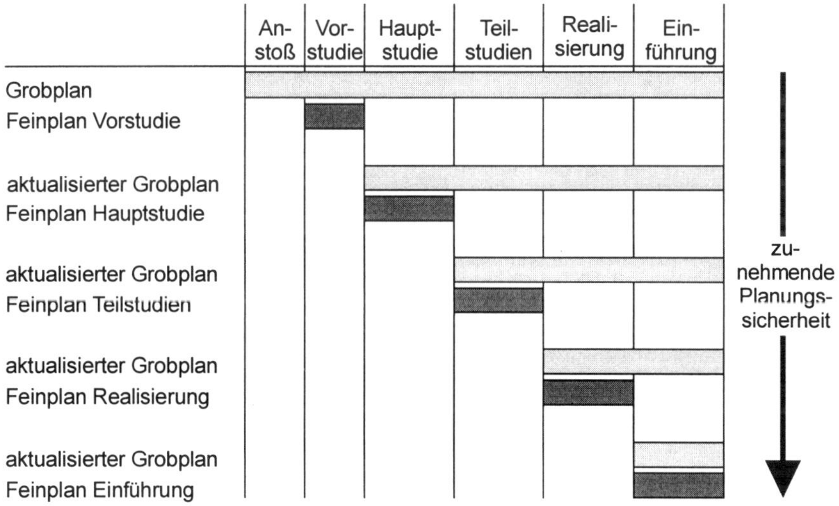

Abb. 5-64: Zusammenhang zwischen der Grobplanung und der Feinplanung

6.3.2 Planung der Aktivitäten

Grundlage der gesamten Feinplanung sind Aktivitäten. Die einzelnen Arbeitspakete des Projektstrukturplanes werden soweit detailliert, daß die sich ergebenden Aktivitäten

1. einen definierten Anfang und ein definiertes Ende haben,
2. an menschliches Handeln gebunden sind und somit Zeit beanspruchen,
3. ohne Unterbrechung durchzuführen sind.

Die Detaillierung der Arbeitspakete in Aktivitäten zwingt dazu, den voraussichtlichen Ablauf des Problemlösungsprozesses mit den dazu notwendigen Tätigkeiten systematisch zu durchdenken. Dabei ist eine Aktivität von anderen Aktivitäten abhängig. Diese logischen Abhängigkeiten bestimmen die zeitliche Reihenfolge für die Durchführung der einzelnen Aktivitäten. Der Ablauf der Aktivitäten kann dabei sequentiell oder parallel erfolgen. Je größer der Zeitdruck eines Projektes ist, desto mehr Aktivitäten müssen parallel durchgeführt werden. Je mehr Aktivitäten aber parallel laufen, desto intensiver sind die Abhängigkeiten zwischen ihnen zu analysieren.

Sind die Aktivitäten bestimmt, ist festzulegen, welche mit dem Arbeitspaket betrauten Projektmitarbeiter die jeweilige Aktivität durchführen sollen. Die einzelnen Mitarbeiter können dabei vollzeitlich oder teilzeitlich beteiligt sein; für die Terminplanung stellt dies eine wesentliche Einflußgröße auf die Dauer zur Durchführung einer Aktivität dar.

Will man über die Aufgabenverteilung im Sinne eines Verplanens der verfügbaren Personalkapazitäten hinaus auch die Form der Zusammenarbeit zwischen den einzelnen Beteiligten klären, so sollten je Aktivität auch die jeweiligen Funktionen festgelegt werden (→ *Funktionendiagramm*). So kann beispielsweise in die Funktionen "Verantwortung", "Mitwirkung" und "Beratung" unterschieden werden. Die Zuständigkeiten für die einzelnen Projektaktivitäten sollten immer klar definiert werden, unabhängig davon, ob eine Aktivität nur durch einen oder durch mehrere Projektmitarbeiter durchgeführt wird.

Die Aktivitätenplanung wird zweckmäßerweise anhand einer **Aktivitätenliste** durchgeführt (*Abb. 5-65*). Die zweckmäßigste Art für die Darstellung von logischen und zeitlichen Verknüpfungen und für die Bestimmung von Terminen ist der → *Netzplan*; Grundlage eines jeden Netzplanes ist jedoch immer ein Aktivitätenplan.

Der Aktivitätenliste weist jede Einzelmaßnahme möglichst in chronologischer Reihenfolge gesondert aus; diese werden zunächst im Aktivitätenplan mit Nummern dokumentiert (Spalte 1) und kurz benannt (Spalte 2). Weiterhin wird diejenige Aktivität aufgeführt, die der jeweiligen Aktivität logisch vorausgehen muß (Spalte 3). Weiterhin ist angegeben, welche Projektmitarbeiter (Spalte 4) mit welchem prozentualen Anteil der normalen Arbeitszeit (Spalte 5) die jeweilige Aktivität durchführen. Zur Angabe der Mitarbeiter empfiehlt sich die Verwendung von Namenskürzeln. Zusätzlich kann die jeweiligen Funktion der einzelnen Projektmitarbeiter angegeben werden (Spalte 6).

Projekt *Logistik (Vorstudie)*		Arbeitspaket *Situationsanalyse* *Produktionsplanung / Vertrieb*		Seite *1 / 1*	Datum *23.09.*
Nr. (1)	Aktivität (2)	Vorgänger (3)	Mitarbeiter (4)	Anteil (5)	Funktion (6)
1	*Erstellen der Interviewleitfaden*	-	*Müller* *Maier*	*50%* *100%*	*V* *M*
2	*Durchführen der Interviews mit der Produktion*	*1*	*Maier*	*100%*	*V*
3	*Durchführen der Interviews mit dem Vertrieb*	*1*	*Müller*	*50%*	*V*
4	*Auswertung der Interviews*	*2 + 3*	*Müller* *Maier*	*50%* *100%*	*V* *M*
5	*Dokumentation*	*4*	*Müller*	*100%*	*V*
...	...	...	...	...	...
V = Verantwortung M = Mitarbeit B = Beratung					

Abb. 5-65: Aktivitätenliste

6.3.3 Planung der Termine

Bei der Terminplanung geht es darum, den Projektablauf zu terminieren und die Durchführungstermine der einzelnen Aktivitäten festzulegen, indem der Anfangstermin und der Endtermin einer jeden Aktivität ermittelt wird.

Zur Bestimmung der Durchführungstermine wird neben den Abhängigkeiten der einzelnen Aktivitäten auch ihre Durchführungsdauer benötigt. Die Dauer ist der Zeitbedarf für die Durchführung einer Aktivität, wobei die im Rahmen der Aktivitätenplanung hierzu vorgesehenen Mitarbeiter und eine Normalleistung dieser Mitarbeiter zugrundegelegt wird. Die Dauer wird für alle Aktivitäten in der gleichen Zeiteinheit angegeben, üblicherweise in Tagen oder Wochen.

Bei der Schätzung des zeitlichen Aufwandes sollte - wie bei der Grobplanung - möglichst auf Erfahrungswerte früher durchgeführter, ähnlicher Aktivitäten zurückgegriffen werden. Die Zeitschätzung sollte frei von Terminvorstellungen und möglichst ohne Sicherheitszuschläge vorgenommen werden. Bei der Terminierung sind gegebenenfalls Wartezeiten zwischen den Aktivitäten und vorgegebene Meilensteintermine aus der Grobplanung zu berücksichtigen.

In Abhängigkeit von der Projektkomplexität werden zur Terminplanung unterschiedliche **Techniken** eingesetzt.

(1) Terminliste

Die → *Terminliste* zeigt die Aktivitäten mit ihren Terminen in Form einer Liste auf, wobei die Aktivitäten nach ihren Terminen in aufsteigender Reihenfolge sortiert sind. Sie ist lediglich für kleine und übersichtliche Projekt geeignet, bei denen die Aktivitäten nur wenig miteinander verknüpft sind. Die Terminliste ergibt sich als Fortführung der Aktivitätenliste (*Abb. 5-66*).

Projekt *Logistik (Vorstudie)*		Arbeitspaket *Situationsanalyse* *Produktionsplanung / Vertrieb*			Seite *1 / 1*	Datum *23.09.*
	Vorgänger (3)	Anteil (5)	Aufwand (PT) (7)	Dauer (AT) (8)	Anfang (9)	Ende (10)
1	-	*50%* *100%*	*3*	*2*	*28.09.*	*29.09.*
2	*1*	*100%*	*10*	*10*	*30.09.*	*13.10.*
3	*1*	*50%*	*5*	*10*	*30.09.*	*13.10.*
4	*2 + 3*	*50%* *100%*	*6*	*4*	*14.10.*	*19.10.*
5	*4*	*100%*	*3*	*3*	*20.10.*	*22.10.*
...	...	...	...	...	...	...
PT = Anzahl Personentage AT = Anzahl Arbeitstage						

Abb. 5-66: Terminliste

Zunächst wird der Arbeitsaufwand (in Personentage) je Aktivität geschätzt (Spalte 7). Anschließend wird der Arbeitsaufwand auf das verfügbare Personal aufgeteilt; die jeweilige Dauer einer Aktivität (Spalte 8) errechnet sich aus dem Aufwand und der verfügbaren Personalkapazität. Im letzten Schritt erfolgt eine Umrechnung der Dauer auf Kalendertermine (Spalten 9 und 10).

(2) Balkendiagramm

Bei der Technik des → *Balkendiagramms* erhält jede Aktivität einen Balken im Zeitraster, wobei das Zeitraster Tage, Wochen oder Monate darstellt. Das Balkendiagramm ist besonders gut lesbar und deshalb auch das am häufigsten benutzte Instrument zur Terminierung, jedoch für stark vernetzte Projektpläne weniger geeignet.

(3) Netzplantechnik

Die → *Netzplantechnik* ist eine graphische Darstellung von Ablaufstrukturen; sie veranschaulicht die logische und zeitliche Aufeinanderfolge von Vorgängen.

Die Rechenalgorithmen der Netzplantechnik sind relativ aufwendig, so daß ihre Anwendung nur bei Einsatz von EDV-Programmen sinnvoll ist. Viele kleinere Projekte wurden in der Vergangenheit mit manuellen Hilfsmitteln geplant, so daß die Netzplantechnik nicht eingesetzt wurde. Durch die Leistungssteigerung der Personalcomputer wird heute jedoch auch für kleinere Projekte Projektmanagementsoftware eingesetzt. Diese sind normalerweise in der Lage, alle drei aufgeführten Formen der Terminierung darzustellen.

6.3.4 Planung der Kapazitäten

Der Leitgedanke einer jeden Planung lautet "nach Engpaß planen":

- Entweder stehen die Termine einer Aktivität fest - dann sind die Kapazitäten so zu verplanen, daß dieser Termin auch erreicht wird,

- oder die personellen Kapazitäten liegen fest - dann sind hieraus resultierend die Termine zu bestimmen.

In Organisationsprojekten stellt normalerweise das Personal den Engpaß dar, so daß eine Terminierung der Projektaktivitäten auf der Basis des verfügbaren Personals erfolgt. Viele Projekte geraten dennoch vor allem aus zwei Gründen unter **Termindruck**:

- Im Projektverlauf werden dringende Aufgaben der Linie vorgezogen, so daß die bei der Aktivitätenplanung vorgesehene und bei der Terminplanung berücksichtigte Plan-Kapazität nicht auch als Ist-Kapazität bei der Durchführung zur Verfügung steht.
- Einzelne Mitarbeiter sind gleichzeitig in mehrere Aktivitäten eingebunden, ohne daß dies bei der Feinplanung des Projektes sorgfältig genug berücksichtigt wurde.

Deshalb sollte generell im Anschluß an die Terminplanung eine zusätzliche Kapazitätsplanung durchgeführt werden. In Organisationsprojekten dient diese vornehmlich folgenden **Zwecken**:

- Potentielle Engpässe werden im voraus erkannt, so daß bereits während der Projektplanung vorbeugende Maßnahmen eingeleitet werden können.
- Wenn keine Kapazitätsengpässe bestehen, kann eine bessere Auslastung der Projektmitarbeiter angestrebt werden, indem Unter- und Überbelastungen ausgeglichen werden.

Bei der Kapazitätsplanung werden die während des Projektablaufes benötigten Personalbedarfe zeitlich geplant. Für jeden Projektmitarbeiter wird ermittelt, wie groß die Kapazitätsauslastung innerhalb eines Zeitraumes ist; die Auslastung wird von einer Projektmanagementsoftware normalerweise in Form eines Belastungsprofils dargestellt (*Abb. 5-67*). Damit ist ersichtlich, ob die für das Projekt verfügbare Personalkapazität eines Mitarbeiters unterschritten wird und für andere Aktivitäten verplant werden kann oder überschritten wird und somit ein Belastungsausgleich erforderlich ist.

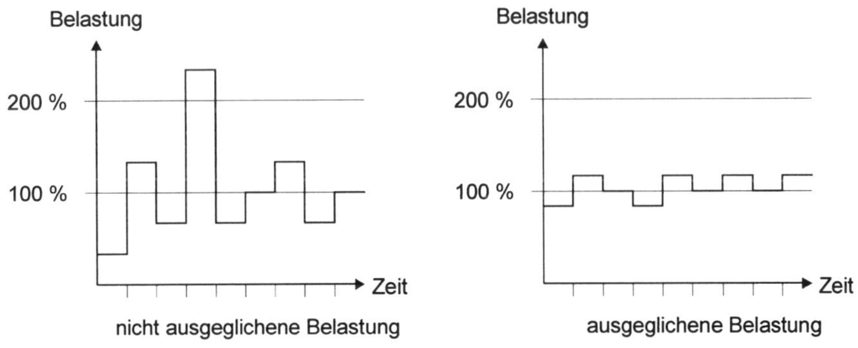

Abb. 5-67: Unausgeglichenes und ausgeglichenes Belastungsprofil

Ein **Belastungsausgleich** kann wie folgt vorgenommen werden:

- Die Termine einer nicht kritischen Aktivität werden innerhalb der Pufferzeiten so verändert, daß die Kapazitäten und Termine insgesamt ausgeglichen sind.

- Es erfolgt eine andere Verteilung der Aktivitäten auf die Projektmitarbeiter. Nur teilweise ausgelastete Mitarbeiter übernehmen - soweit die fachlichen Voraussetzungen gegeben sind - einzelne Aktivitäten der überlasteten Mitarbeiter.
- Für das Projekt wird die gesamte verfügbare Personalkapazität erhöht; dies kann entweder durch eine verstärkte zeitliche Einbindung der nur teilzeitlich am Projekt mitwirkenden Mitarbeiter oder - unter Beachtung des *Brooks*'schen Gesetzes - in Form zusätzlicher, interner oder externer Projektmitarbeiter erfolgen.
- Die Meilensteintermine werden verschoben, so daß sich die Ecktermine der Terminplanung verändern.

Obwohl die Termin- und Kapazitätsplanung hier wie zwei getrennte Planungsschritte behandelt werden, können sie bei der praktischen Projektplanung nicht voneinander getrennt werden, da Termine und Ressourcen in einer engen wechselseitigen Beziehung stehen. Die Kapazitäts- und Terminplanung sind deshalb als ein zusammenhängender, iterativer Prozeß zu sehen, der solange durchzuführen ist, bis vorhandene Engpässe behoben sind und eine einigermaßen gleichmäßige Belastung aller Projektmitarbeiter erreicht ist.

6.3.5 Planung der Kosten

Es liegt im Interesse des Auftraggebers und der Projektleitung, ein Projekt nicht nur sachlich und terminlich in den Griff zu bekommen, sondern auch kostenmäßig. Die Projektkostenplanung beinhaltet die Ermittlung aller Kosten, die im Zusammenhang mit der Projektdurchführung anfallen. Die geplanten Kosten unterliegen dabei ebenso wie die Sachergebnisse und die Termine der laufenden Projektkontrolle und -steuerung.

Entsprechend der inhaltlichen Verfeinerung des Projektes kann auch die Betrachtung der Projektkosten verfeinert werden. Die ursprünglich groben Ansätze der Budgetplanung lassen sich zunehmend konkretisieren. Änderungen, die im Laufe des Projektes erforderlich sind, müssen gegebenenfalls ihren Niederschlag in einer korrigierten Wirtschaftlichkeitsbetrachtung finden.

Ausgangspunkt der Kostenplanung und -kontrolle ist die bereits im Rahmen der Budgetplanung vorgenommene Festlegung der **Kostenstruktur** für das Projekt, das heißt die Bestimmung der bei der Projektdurchführung anfallenden Kosten. Basis der Kostenplanung sind die Aktivitäten aus der Aktivitätenplanung; sie stellen die einzelnen Kalkulationspositionen dar. Da sich diese Aktivitäten aus dem Projektstrukturplan ergeben haben, ist auch die Struktur der Kalkulation hierarchisch, so daß die Kosten der Aktivitäten zu Arbeitspaketkosten und diese zu Gesamtprojektkosten aggregiert und mit dem geplanten Projektbudget verglichen werden können.

In einem weiteren Schritt sind je Aktivität und Kostenart die Mengenansätze sowohl für Eigenleistungen als auch für Fremdleistungen zu ermitteln. Das generelle Problem der Kostenrechnung, die Frage der Zurechenbarkeit, gilt auch für die Planung der Projektkosten. Für die Zuordnung der Kosten gilt grundsätzlich das Verursachungsprinzip. Die Durchsetzung des Verursachungsprinzips ist in der Praxis jedoch nicht vollständig möglich, so beispielsweise bei den Kosten für die Nutzung von Computern oder bei den Kommunikationskosten. Hier ist eine Verrechnung nur über geeignete Schlüsselgrößen möglich. Das Problem der verursachungsgerechten Kostenzuordnung tritt dann verstärkt auf, wenn eine differenzierte Kostenplanung und

-kontrolle für einzelne Aktivitäten vorgenommen werden soll. In diesem Fall bietet es sich an, für die Aktivitäten lediglich die **direkten Kosten** zu ermitteln. Dazu gehören alle Kosten, die unmittelbar mit der Durchführung einer Aktivität zusammenhängen und dieser Aktivität somit verursachungsgerecht zurechenbar sind. In einem weiteren Schritt werden die den einzelnen Arbeitspaketen direkt zurechenbaren Kosten geplant. Somit werden auf jeder Ebene des Projektstrukturplanes alle Kosten geplant, die für diese Ebene verursachungsgerecht zu ermitteln sind. Zu diesen direkten Kosten können noch **indirekte Kosten** hinzukommen, etwa in Form von Gemeinkosten, die dann dem Projekt insgesamt zugeordnet werden (vgl. *Abb. 5-68*). Diese Mehrstufigkeit der Kostenplanung wird dann auch in der Kostenkontrolle übernommen. Eine derartige Vorgehensweise entspricht dem Ansatz der mehrstufigen Deckungsbeitragsrechnung.

	Aktivitäten	**Arbeits-pakete**	**Projekt**
Arbeitspaket 1			
Aktivität 1.1			
Personalkosten Projektmitarbeiter 1	4.100		
Personalkosten Projektmitarbeiter 2	3.700		
Kosten Aktivität		7.800	
Aktivität 1.2			
Personalkosten Projektmitarbeiter 1	5.800		
Personalkosten Projektmitarbeiter 4	6.400		
Kosten Aktivität		12.200	
Aktivität 1.3		14.000	
:		:	
Aktivität 1.m		18.500	
Reisekosten		2.500	
Telefon / Fax		400	
Verbrauchsmaterial		1.000	
Kopien		100	
externe Berater		5.000	
Kosten Arbeitspaket (Summe)			61.500
Arbeitspaket 2			50.700
:			:
Arbeitspaket n			63.200
Gesamtprojekt			
Bücher- und Zeitschriften			1.000
Aus- und Weiterbildung			6.000
Nutzung von Computern			5.000
Personalkosten Projektleiter			42.000
Bewirtungskosten			3.000
sonstige Gemeinkosten			25.000
Kosten Gesamtprojekt			257.400

Abb. 5-68: Planung der Projektkosten

Die für die Durchführung der einzelnen Arbeitspakete zuständigen Personen sind gleichzeitig für die dabei anfallenden Kosten verantwortlich; der Projektleiter trägt die Kostenverantwortung für das gesamte Projekt. Es gehört zu den Aufgaben des

Projektleiters, die ursprünglich geschätzten Projektkosten nach jeder Rückmeldung durch einen Soll-Ist-Vergleich neu zu ermitteln und diese aktualisierten Werte im Rahmen seines Projektstatusberichtes dem Lenkungsausschuß vorzulegen. Neben möglichen Schätzfehlern können vor allem Änderungs- und Zusatzwünsche der von der Problemlösung betroffenen Organisationseinheiten zu Termin- und Budgetüberschreitungen führen.

7. Kontrolle und Steuerung von Organisationsprojekten

7.1 Aufgaben der Projektkontrolle und –steuerung

Unter der Projektkontrolle und -steuerung (auch **Projektcontrolling**) werden alle Maßnahmen verstanden, die dazu dienen, den tatsächlichen Projektverlauf mit der ursprünglichen Planung in Einklang zu bringen. Dabei wird unter der Kontrolle die Bestimmung der Abweichung zwischen Plan und Ist verstanden, während die Steuerung das Treffen von Maßnahmen zur Korrektur der Abweichungen beinhaltet.

Die Projektkontrolle und -steuerung beinhaltet die Beobachtung und aktive Beeinflussung des Projektverlaufs.

Der Projektleiter ist gefordert, das Projekt aktiv zu beeinflussen – er muß agieren und nicht reagieren. Ziel des Projektkontrolle ist es deshalb, ein **Frühwarnsystem** aufzubauen, das dem Projektleiter möglichst früh und deutlich aufzeigt, ob eine Reaktion auf Planabweichungen notwendig ist. Zum Zweck des Projektcontrolling werden deshalb die Ist-Werte der Projektabwicklung regelmäßig erhoben. Überwachungsparameter sind dabei sowohl Leistungen als auch Kosten und Termine. Bei aufgetretenen oder abzusehenden Abweichungen der Ist-Werte von den Soll-Werten sind die Ursachen und die Auswirkungen zu analysieren und bei Bedarf geeignete Korrekturmaßnahmen einzuleiten (vgl. hierzu *Steinbuch* 1990, S. 102 ff. und S. 123 f.; *Lehner u.a.* 1991, S. 50 ff.).

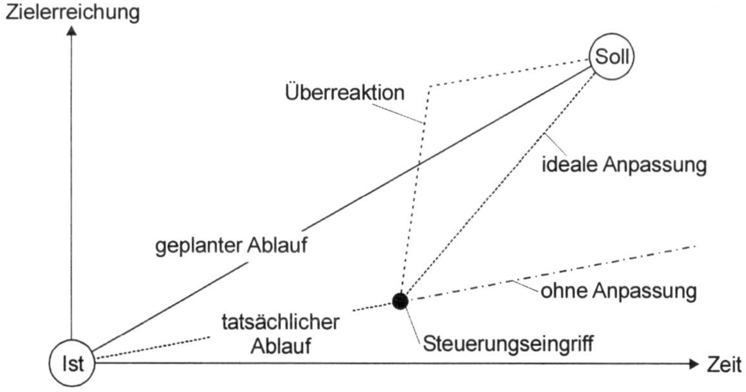

Abb. 5-69: Über- und untersteuernde Reaktion auf Projektabweichungen

Die Kontrolle und die Steuerung eines Projektes bedingen einander: Eine Steuerung ohne Kontrolle ist unmöglich, und eine Kontrolle ohne anschließende Steuerungsmaßnahmen ist nutzlos. Eine wirkungsvolle Projektkontrolle und -steuerung hängt vor allem von folgenden Faktoren ab:

- Von der Qualität der für den Kontroll- und Steuerungsprozeß benötigten Informationen, das heißt von ihrer Richtigkeit, Aktualität und Vollständigkeit;

- von der realistischen Einschätzung und Bewertung des Projektablaufes, damit es weder zu einer Übersteuerung noch zu einer Untersteuerung kommt;
- von der Reaktionszeit zwischen dem Bekanntwerden einer Abweichung und dem Erfolg von Änderungsmaßnahmen.

Die Auswirkungen eines unzureichenden Projektcontrollings sind in *Abbildung 5-69* dargestellt.

7.2 Kontrolle von Organisationsprojekten

Die Projektkontrolle umfaßt das Beobachten des Projektverlaufes hinsichtlich der Erreichung der Projektziele und das Feststellen von Abweichungen. Die Soll-Vorgaben der Projektplanung werden mit den im Projektablauf erreichten Ist-Werten verglichen, um eventuelle Planabweichungen festzustellen. Die Basis der Projektverfolgung bilden zum einen die Soll-Werte der Projekt-Feinplanung, zum anderen die von den für die jeweiligen Arbeitspakete verantwortlichen Projektmitarbeiter gemeldeten Ist-Werte. Im einzelnen sind bei der Projektkontrolle folgende **Aufgaben** wahrzunehmen:

- Die aktuelle Situation in einem Projekt ist mit Hilfe des vorgegebenen Berichtswesens festzustellen.
- Durch einen Vergleich der vorgegebenen Soll-Werte mit den festgestellten Ist-Werten werden die Abweichungen ermittelt. Diese sollten dabei nicht nur in absoluten Zahlen, sondern auch prozentual angegeben werden.
- Die Abweichungen werden in Hinblick auf ihre möglichen Ursachen und deren Beeinflußbarkeit untersucht. Dazu werden alternative Korrekturmaßnahmen zur Behebung der Differenz aufgezeigt.
- Ergibt die Abweichungsanalyse, daß die Ursachen der Abweichung beeinflußbar sind, werden durch die Projektsteuerung entsprechende Korrekturmaßnahmen eingeleitet. Wird dagegen festgestellt, daß die Ursachen nicht beeinflußt werden können, ist eine Änderung der Projektplanung erforderlich.

Die Kontrolle sollte in zwei **Blickrichtungen** gehen:

- Die Erfassung und Analyse von **Ist-Werten** zum Kontrolltermin;
- die Ermittlung von **Trend-Werten**, mit denen abgeschätzt wird, ob eine Aktivität oder ein Arbeitspaket voraussichtlich wie geplant beendet wird oder ob qualitative, terminliche und kostenmäßige Abweichungen zu erwarten sind.

7.2.1 Arten der Kontrolle

Die Kontrolle der Projektdurchführung ist eine Aufgabenstellung, die auf unterschiedliche Art und Weise wahrgenommen werden kann.

(1) Kontrollstelle

Eine Projektkontrolle kann intern durch den Projektleiter oder extern durch eine außenstehende Stelle (normalerweise der Projektlenkungsausschuß) vorgenommen werden. Während bei kleineren Projekten die interne Kontrolle vom Projektleiter selbst vorgenommen wird, werden dem Projektleiter bei Großprojekten häufig spezialisierte Projektmitarbeiter zugeteilt, die ihn als Projektcontroller methodisch beraten und zeitlich entlasten.

(2) Kontrollzeitpunkt

Projektkontrollen können ereignisgebunden oder periodisch vorgenommen werden.

- **Periodische** Kontrollen werden in regelmäßiger Frequenz und damit als Stichtagskontrolle zu festgelegten Zeitpunkten vorgenommen. Projekte mit langen Laufzeiten sollten mindestens alle vier Wochen formell kontrolliert werden; bei kürzer laufenden Projekten und in kritischen Projektphasen sind eher wöchentliche Kontrollen angebracht.
- **Ereignisgebundene** Kontrollen werden durch den Projektfortschritt selbst veranlaßt. Als Anfang-Ende-Kontrolle wird der Beginn und das Ende einer Aktivität oder eines Arbeitspaketes gemeldet. Die Kontrolle bezieht sich dann auf die Einhaltung der geplanten Termine, bei einem Endtermin zusätzlich auf die Qualität der Projektergebnisse und die Einhaltung der geplanten Kosten. Wenn eine Abweichung eingetreten oder abzusehen ist, sollten die Projektmitarbeiter eine entsprechende Änderungsmitteilung vornehmen.

(3) Kontrollform

Abweichungen lassen sich aus vereinbarten Rückmeldungen, aus Beobachtungen, aus informellen Gesprächen oder aus offiziellen Projektreviews erkennen. Die Frage nach der Kontrollform beinhaltet insbesondere,

- ob die Kontrollparameter mündlich oder schriftlich erfaßt werden und
- ob sie vom Projektmitarbeiter gemeldet (Bringschuld) oder vom Projektleiter erhoben (Holschuld) werden.

Die **formalen Instrumente** der Projektkontrolle können über die Ursachen der Projektabweichung nur bedingt Aufschluß geben. Ebensowenig können sie mögliche Korrekturmaßnahmen aufzeigen. Aus diesem Grunde stellt die **laufende Kommunikation** zwischen dem Projektleiter und den Projektmitarbeitern ein wesentliches informelles Instrument der Projektkontrolle dar.

7.2.2 Inhalte der Kontrolle

Die Kontrollinhalte und eventuell auch die Kontrollverfahren werden bereits bei der Projektplanung mit den jeweils verantwortlichen Projektmitarbeitern vereinbart. Je klarer die Unterteilung des Projektes in Arbeitspakete und Aktivitäten vorgenommen wurde, desto einfacher wird die Kontrolle während der Projektabwicklung. Als Kontrollunterlagen dienen dabei alle vorhandenen Unterlagen der Feinplanung wie beispielsweise → *Terminlisten*, → *Netzpläne* oder → *Balkendiagramme*.

Kontrollgrößen	Kontrollzeitpunkte
Termine	ereignisgebunden
Kosten	periodisch und ereignisgebunden
Leistungsfortschritt	periodisch
Trend-Werte	periodisch
Ergebnisse (Leistung / Qualität)	ereignisgebunden

Abb. 5-70: Kontrollgrößen und –zeitpunkte

In Organisationsprojekten werden vornehmlich die Ergebnisse aus den einzelnen Stufen und Phasen des Organisationsprozesses, der Projektfortschritt, der erbrachte Personaleinsatz und die Entwicklung der Kosten einer Kontrolle unterzogen. Der Zusammenhang zwischen der Leistung und Qualität, den Terminen und den Kosten erfordert dabei eine **ganzheitliche Kontrolle**. Eine einseitige Termin- und Kostenüberwachung würde insbesondere bei Organisationsprojekten schnell zu Abstrichen an der Systemleistung und -qualität führen. Wie in *Abbildung 5-70* aufgeführt unterscheiden sich die möglichen Kontrollinhalte jedoch hinsichtlich der Kontrollzeitpunkte.

7.2.3 Kontrolle der Termine und Kosten

Bei der Termin- und Kostenkontrolle wird der Projektfortschritt (auch Projektstand) und die Kostenentwicklung festgestellt. Sie erfolgt in Form einer periodischen Gegenüberstellung der geplanten und der tatsächlichen Termine und Kosten. Basis für die Kontrolle sind die Termin- und Netzpläne der Projekt-Feinplanung mit den Arbeitspaketen und den zugehörigen Aktivitäten und den hierfür vorgesehenen Kosten. Die Erfassung der Aufwände erfolgt durch die einzelnen Projektmitarbeiter; geeignete Formblätter können die Erfassung und die Auswertung stark vereinfachen (*Abb. 5-71*).

Projekt *Logistik (Vorstudie)*							Arbeitspaket *Situationsanalyse* *Produktionsplanung / Vertrieb*			
Mitarbeiter *Anton Maier*							Kalenderwoche *40*		Seite *1 / 1*	
Aktivität	Zeitaufwand (Stunden)						Aufwand IST Woche	Aufwand IST gesamt	Aufwand PLAN gesamt	Aufwand PLAN Rest
	M	D	M	D	F	S				
Erstellen der Interviewleitfaden	*8*	*8*	*2*				*18*	*18*	*16*	*0*
Durchführen der Interviews mit der Produktion			*6*	*8*	*6*		*20*	*20*	*80*	*60*
...	...	...	...	...	...	...	...	...	...	...

Abb. 5-71: Formular zur Aufwandserfassung

Die Verfolgung der Projektparameter ist in erster Linie eine Frage der Informationsaufbereitung und der Visualisierung. Die Netzplantechnik bietet kaum Möglichkeiten, den Projektfortschritt zu visualisieren. Im Balkendiagramm werden Termine verfolgt, indem man die Balken proportional zum erreichten prozentualen Fertigstellungsgrad ausfüllt. Ein vollkommen ausgefüllter Balken entspricht einer abgeschlossenen, das heißt 100 % erfüllten Aktivität. Im Zusammenhang mit der Terminplanung ist die Länge des Balkens der geplanten Dauer proportional, während bei der Projektkontrolle die Länge des ausgefüllten Balkens dem erbrachten Ergebnis proportional ist (*Abb. 5-72*).

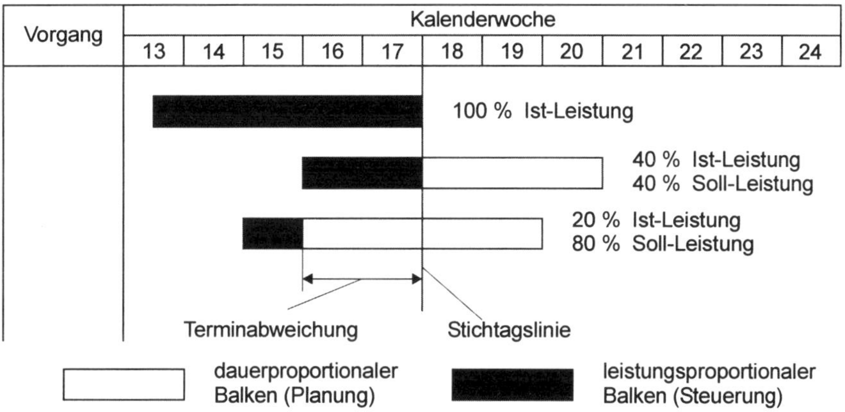

Abb. 5-72: Terminabweichungen im Balkendiagramm

Ein situationsgerechtes Bild hinsichtlich der Termine und der verursachten Kosten ergibt sich erst dann, wenn man diese Werte zu den bisher erbrachten Leistungen ins Verhältnis setzt (*Abb. 5-73*). Ist das Projekt in Verzug, so müssen die Soll-Kosten der erbrachten Leistung mit den tatsächlich angefallenen Ist-Kosten zum Zeitpunkt des Berichtstermines in Beziehung gesetzt werden. Derselbe Sachverhalt gilt bei einem zeitlichen Vorlauf des Projektes. Problematisch bei der Kostenkontrolle ist, daß die Kostendaten erst einige Zeit nach ihrem Anfall zur Verfügung stehen. Damit beim Überschreiten der Planwerte rechtzeitig eingegriffen werden kann, sollten die Kostendaten möglichst kurzfristig verfügbar sein. Hierbei gilt vor allem bei großen Projekten der Grundsatz, daß die Schnelligkeit der Informationsbereitstellung Vorrang hat vor der Genauigkeit. Der Einsatz von Projektmanagementsoftware kann die Ermittlung der Projektkosten beträchtlich erleichtern.

Im Rahmen der Projektkontrolle sollte nicht nur der Ist-Zustand erfaßt werden, sondern auch eine Prognose über die voraussichtliche weitere Abwicklung der einzelnen Arbeitspakete erstellt werden. Das Controllinginstrument der → *Earned-Value-Analyse* verfolgt das Ziel, auf der Basis des bisherigen Projektverlaufes die künftige Projektentwicklung zu prognostizieren und damit ein möglichst auf fundierten Zahlen basierendes Frühwarnsystem zu schaffen. Um einen Gesamtüberblick zu gewinnen, bietet sich die → *Meilenstein-Trendanalyse* an.

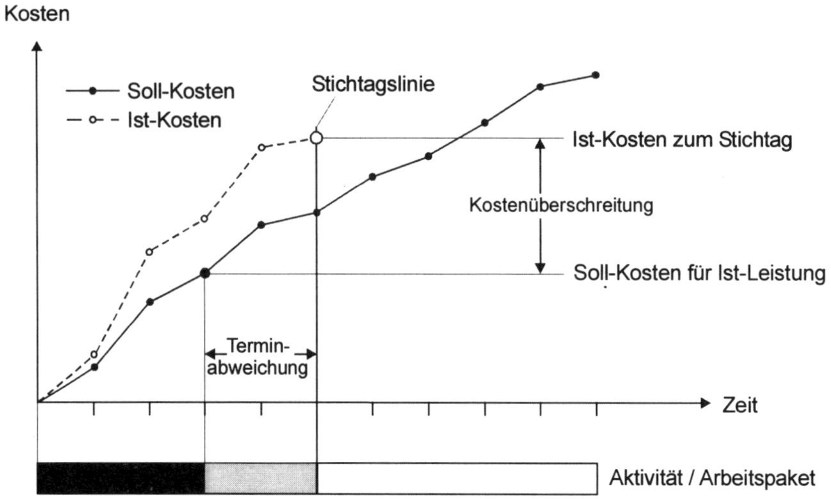

Abb. 5-73: Termin- und Kostenabweichungen
Quelle: in Anlehnung an Kummer/Spühler/Wyssen 1985, S. 8.5

7.2.4 Kontrolle der Leistung und Qualität

Die Leistungs- und Qualitätskontrolle erstreckt sich auf die eigentlichen **Arbeitsergebnisse** eines Projekts. Sie soll zeigen, ob die jeweils erzielten Ergebnisse dem Zeit- und Kostenaufwand entsprechen. Auch bei einer zeit- und kostengerechten Abwicklung ist nicht gewährleistet, daß der Projektauftrag vollständig ausgeführt wird und nicht erst durch einen erheblichen Nachbesserungsaufwand alle Anforderungen erfüllt werden. Bezüglich der Projektgegenstandes lassen sich die Systemleistung und die Systemqualität kontrollieren. Diese Kontrollparameter können ereignisgebunden erst zum Ende eines Arbeitspaketes zum Tragen kommen, wenn abgeschlossene und überprüfbare Arbeitsergebnisse vorliegen.

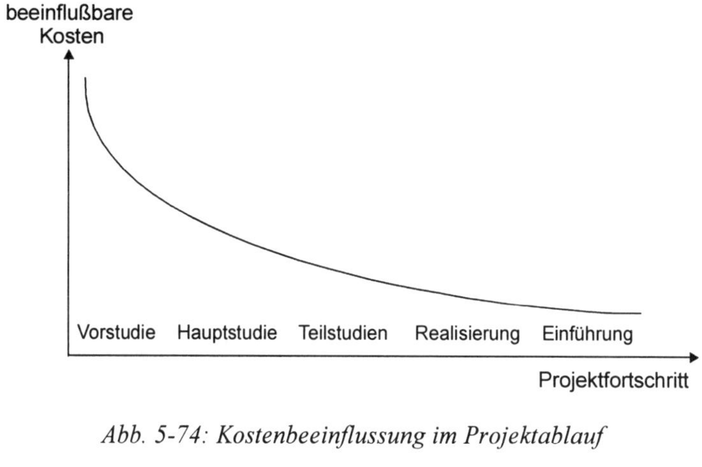

Abb. 5-74: Kostenbeeinflussung im Projektablauf

Insbesondere in den frühen Planungsstufen eines Organisationsprozesses haben Mängel und Fehler einen erheblichen Einfluß auf den Gesamtaufwand des Projektes (*Abb. 5-74*). Je später die Korrekturmaßnahmen erfolgen, desto höher wird der hierzu erforderliche Mehraufwand an Zeit und Kosten. Der Projektleiter muß deshalb bemüht sein, Qualitätsmängel so früh wie möglich zu erkennen und sofort Gegenmaßnahmen einzuleiten.

Im Zusammenhang mit den Großprojekten der Luft- und Raumfahrt wurden wirkungsvolle Überprüfungsverfahren (review procedures) entwickelt, um den erfolgreichen Projektabschluß sicherzustellen (vgl. *Madauss* 1990, S. 144 ff.). Der Entwicklungsstand eines Projektes wird bei Erreichen ganz bestimmter Meilensteine einer vollständigen Überprüfung, einem **Review** unterzogen. Diese Meilensteine (review milestones) fallen mit dem Abschluß der einzelnen Projektstufen zusammen. Es ist jedoch bei einer geeigneten Projektstruktur auch möglich, innerhalb einer Projektstufe einzelne Arbeitsergebnisse zu überprüfen. Nach erfolgreicher Überprüfung werden die einzelnen Arbeitspakete klar und eindeutig abgeschlossen, so daß die folgenden Aktivitäten darauf aufbauen können. Das Reviewkonzept ist jedoch nicht nur für Technikprojekte geeignet, sondern hat sich auch für umfangreichere Organisationsprojekte bewährt, insbesondere wenn sie durch externe Auftragnehmer abgewickelt werden und einen hohen Anteil an Softwareentwicklung aufweisen.

Reviewschritt	Verantwortliche(r) Mitarbeiter	Zeitlicher Vor- und Nachlauf
Vorbereitung		
1. Erstellen des Reviewablaufplanes; Festlegen des Reviewinputs	Projektleiter / Reviewvorsitzender	≤ 1 Monat
2. Vorlage der Reviewinputs	Projektgruppe	≥ 2 Wochen
3. Vorauswertung der Reviewinputs	Reviewgruppe	≥ 2 Tage
Ausschußsitzung		
4. Präsentation der Reviewinputs	Projektgruppe	
5. Bewertung des Reviewinputs	Reviewgruppe	
6. Festlegen von notwendigen Maßnahmen	Reviewgruppe	
Folgearbeiten		
7. Erstellen eines Reviewberichts	Reviewvorsitzender	≤1 Woche
8. Nacharbeiten	Projektgruppe	≤1 Monat
9. Endüberprüfung / Erstellung Abschlußbericht	Reviewgruppe / Projektleiter	≤1 Monat

Abb. 5-75: Ablauf eines Reviews

Zur Durchführung der Reviews wird eine spezielle Reviewgruppe zusammengestellt. Diese sollte als Kollektiv eine fachliche Qualifikation haben, die größer ist als die der Projektgruppe, deren Arbeitsergebnisse überprüft werden. Ohne diesen kollektiven Vorteil dürften die Reviews kaum erfolgreich sein. Die Zusammensetzung der Reviewgruppe hängt bei Organisationsprojekten sehr stark von den Gegebenheiten des jeweiligen Unternehmens und Projektes ab: Der Projektleiter, der Leiter der Organisationsabteilung und die Leiter der betroffenen Fachabteilungen sowie ein Vertreter des Lenkungsausschusses sind normalerweise permanente Mitglieder; zusätzlich können problemabhängig spezifische Experten hinzugezogen werden. Die

Verantwortung und die Kompetenzen der Reviewgruppe und ihres Vorsitzenden werden vom Projektlenkungsausschuß festgelegt.

In *Abbildung 5-75* ist ein typischer Reviewablauf wiedergegeben; der gesamte Ablauf sollte bei Organisationsprojekten nicht mehr als zwei Monate betragen. Die Festlegung des Reviewinputs - das ist die zu prüfenden Projektdokumentation- und die Erstellung eines detaillierten Ablaufplanes für das Review muß mit einem genügenden Vorlauf vor der Sitzung des Reviewausschusses erfolgen. Der Reviewinput sollte den Mitgliedern der Reviewgruppe mindestens zwei Wochen vor der Ausschußsitzung vorliegen, um eine sorgfältige Vorauswertung und Formulierung der zu klärenden Fragen zu ermöglichen. Die eigentliche Ausschußsitzung kann ein bis zwei Tage dauern; hierbei werden zunächst in einer Präsentation die Reviewinputs kurz vorgestellt. Die Bewertung der Inputs kann ergeben, daß die dokumentierten und präsentierten Projektergebnisse nicht vollständig den Anforderungen der Reviewgruppe genügen; in diesem Falle werden von der Reviewgruppe geeignete Korrekturmaßnahmen festgelegt. Die zur Korrektur erforderlichen Nacharbeiten werden durch die Projektgruppe vorgenommen.

7.2.4 Der Projektstatus

Der Projektstatus gibt den Stand eines Projektes in verdichteter und einheitlicher Form wieder; er stellt eine periodische Zusammenfassung und Berichterstattung über den Projektablauf dar und dient

1. der Vorbereitung zur Berichterstattung an den Auftraggeber;
2. dem Zweck, dem Projektleiter und den Projektmitarbeitern ein Bild über das Gesamtprojekt zu verschaffen.

Der Projektstatus wird über die jeweiligen Zustände erfaßt, die ein Arbeitspaket oder eine Aktivität in der Projektabwicklung durchlaufen:

- Am Anfang befindet sich jedes Arbeitspaket und jede Aktivität im Zustand „geplant"; die Bearbeitung hat noch nicht begonnen.
- Der Status „in Bearbeitung" drückt aus, daß mit einem Arbeitspaket bzw. einer Aktivität begonnen wurde.
- Geplante und ungeplante Unterbrechungen werden durch den Status „unterbrochen" gekennzeichnet.
- Die Bearbeitung ist „abgeschlossen", wenn der Output eines Arbeitspakets vollständig vorliegt.
- Den Status „abgenommen" erhält ein Arbeitspaket, wenn das Ergebnis der Qualitätssicherung positiv ausgefallen ist.

Projektstatusberichte sollten eine einheitliche Form aufweisen. Die *Abbildung 5-76* zeigt einen sehr detaillierten Statusbericht auf dem Informationsniveau „Mitarbeiter - Aktivität - Woche" und ist in erster Linie zur internen Information des Projektleiters ausgelegt. Für die regelmäßige Berichterstattung an den Lenkungsausschuß ist dagegen eine Informationsverdichtung auf dem Niveau „Arbeitspaket - Monat" angebracht.

Projekt *Logistik (Vorstudie)*	Arbeitspaket *Situationsanalyse Produktionsplanung / Vertrieb*	
Mitarbeiter *Anton Maier*	Kalenderwoche *40*	Seite *1 / 1*

Aktivität	Bemerkungen	Aufwand PLAN (Stunden)	Aufwand IST (Stunden)	Anfang-/ End-termin PLAN	Anfang-/ End-termin IST	Status
Erstellen der Interviewleitfaden		*16*	*18*	*28.09./ 29.09*	*28.09./ 30.09.*	*A*
Durchführen der Interviews mit der Produktion		*80*	*20*	*29.09./ 12.10.*	*29.09.*	*B*
...	...	...	...	...	...	...
Status: P = geplant B = in Bearbeitung U = unterbrochen A = abgeschlossen						

Abb. 5-76: Projektstatusbericht

7.3 Steuerung von Organisationsprojekten

Die Projektsteuerung beinhaltet alle projektinternen Aktivitäten, die erforderlich sind, um das Projekt im Rahmen der geplanten Werte und damit erfolgreich durchzuführen. Die Projektsteuerung stellt eine kontinuierliche Aufgabe während der gesamten Laufzeit des Projektes dar. Sie erfolgt zum einen in Form einer **aktiven** Steuerung, indem

- der Beginn eines Arbeitspaketes formell vom Projektleiter freigegeben wird;
- der Projektleiter aktiv eingreift, sobald Termin- oder Kostenüberschreitungen absehbar sind;
- der Projektleiter sich laufend informell über den Stand des Projektes informiert und bei aufgetretenen Schwierigkeiten zusammen mit den jeweiligen Projektmitarbeitern nach geeigneten Lösungen sucht.

Diese Maßnahmen der aktiven Steuerung sollen bewirken, daß gravierende Soll-Ist-Abweichungen möglichst erst gar nicht auftreten.

Maßnahmen der **reaktiven** Steuerung erstrecken sich auf Maßnahmen zur Beseitigung von eingetretenen Soll-Ist-Abweichungen. Dabei müssen vor allem die Ursachen der Abweichungen und die Auswirkungen auf den weiteren Projektablauf, insbesondere auf den nächsten Meilensteintermin untersucht werden. Soll-Ist-Abweichungen sind die Folge entweder von Planungsfehlern oder von Störungen bei der Projektabwicklung. **Planungsfehler** können auf unterschiedliche Ursachen zurückgeführt werden:

- Die Zielsetzungen und die Projektaufgabe oder die Rahmenbedingungen der Projektarbeit wurden verändert, ohne daß die Projektplanung entsprechend angepaßt wurde.

- Die Projektaufgabe war nur sehr grob umrissen, so daß die Komplexität des Projektes falsch eingeschätzt wurde.
- Aufgrund unzureichender Planungserfahrung und einer fehlerhaften Projektplanung erfolgte ein unrealistisch niedrige Schätzung der Aufwände.

Kennzeichnend für **Störungen** ist, daß sie plötzlich und zufallsbedingt auftreten. Normalerweise wird in allen betrieblichen Planungen das Auftreten von Störungen in einem gewissen Maße von vornherein berücksichtigt, um die Anzahl notwendiger Steuerungseingriffe und Planänderungen zu reduzieren. Auf eine Störung wird erst dann reagiert, wenn ihre Wirkung so stark ist, daß die Differenz zwischen Soll und Ist einen bestimmten Schwellwert überschreitet.

Voraussetzung für die Behebung einer Störung ist die Analyse ihrer Ursachen. Diese können bei den Projektmitarbeitern, bei den vom Organisationsprozeß betroffenen Mitarbeitern oder beim Management liegen oder auch außerhalb des Projektes zu finden sein. Sind die Ursachen einer Störung bekannt, so muß entschieden werden, ob die Abweichung durch sofortiges Eingreifen beseitigt werden soll oder nicht. Dabei kann man entweder versuchen, die Auswirkungen der Störung zu mildern (anpassende Maßnahmen) oder die Ursachen der Störung zu beseitigen (abstellende Maßnahmen). Die für das betreffende Arbeitspaket verantwortlichen Mitarbeiter sollten Vorschläge ausarbeiten, wie die aufgetretenen Abweichungen wieder zu beseitigen sind. Mögliche Steuerungsmaßnahmen hierzu sind beispielsweise

- eine kurzfristige Umverteilung von Aktivitäten oder Arbeitspaketen zwischen den vorhandenen Projektmitarbeitern,
- das Einleiten von Maßnahmen zur Kostensenkung,
- die Nutzung von vorher eingeplanten zeitlichen Reserven,
- eine qualitative Nachbesserung der Projektergebnisse,
- notwendige Aus- und Weiterbildungsmaßnahmen für die Projektmitarbeiter,
- der kurzfristiger Einsatz von internen oder externen Spezialisten,
- der Einsatz zusätzlicher oder alternativer Hilfsmittel zur Projektabwicklung,
- eine Änderung der Projektorganisation,
- eine Neuabschätzung der Projektrisiken und das Einkalkulieren von vorbeugenden oder einschränkenden Maßnahmen.

Sind Störungen nicht durch Maßnahmen der Projektsteuerung zu beseitigen, so ist eine **Planänderung** vorzunehmen. Häufig können Verzögerungen eines Vorgangs durch zeitliche Verschiebungen anderer Vorgänge ausgeglichen werden. Deshalb sollte eine Abweichung bei einer Aktivität oder einem Arbeitspaket nicht sofort Anlaß zu überstürzten Reaktionen sein. Führt aber auch eine Planänderung nicht zur Beseitigung der Abweichung, so ist zu prüfen, ob eine **Neuplanung** erforderlich ist. Einschneidende Veränderungen der Projekt-Grobplanung erfordern dabei in der Regel die Zustimmung des Lenkungsausschusses.

7.4 Softwareeinsatz zur Projektabwicklung

Durch den Einsatz geeigneter Software können Projekte effizienter abgewickelt werden. Die Aufgaben der Projektleitung wird dabei durch Projektmanagementsoftware unterstützt, während die Kommunikation zwischen den Projektgruppenmitgliedern und die Erstellung der Projektdokumente zunehmend mit Hilfe von Groupware erfolgt.

(1) Projektmanagementsoftware

Am Softwaremarkt wird eine Vielzahl von Standardsoftware zur Unterstützung bei der Projektleitung angeboten. Dabei handelt es sich in vielen Fällen um sehr leistungsfähige Programme, die auf einem Personalcomputer lauffähig sind. Sie entlasten den Projektleiter bei der Planung, Steuerung und Kontrolle der Termine und Kosten (*Abb. 5-77*).

Für den Einsatz von Projektmanagementsoftware sprechen eine Reihe von Gründen:

- Die im Zusammenhang mit der Projektplanung, -kontrolle und -steuerung anfallenden Berechnungen können schnell und wirtschaftlich durchgeführt werden. Eine manuelle Erstellung wäre mit einem relativ hohen Aufwand verbunden und würde deshalb möglicherweise unterbleiben.
- Es können vielfältige Planungsunterlagen wie Aktivitätenlisten, Balkendiagramme oder Netzpläne erstellt werden, die sich für die verschiedensten Zwecke nutzen lassen und einen Teil der Projektdokumentation darstellen.
- Aktualisierungen der Projektpläne sind kurzfristig möglich, da die Plandaten mit dem Personalcomputer leicht und schnell geändert werden.
- Die Projektkontrolle wird wirkungsvoll unterstützt, da auf Abruf analytische Informationen hinsichtlich Termine, Kosten und Leistungen zur Verfügung gestellt werden können.

Die effiziente Umsetzung der hier vorgestellten Methoden und Techniken des Projektmanagements setzt den Einsatz von Projektmanagementsoftware voraus.

(2) Groupware

Computergestützte Konzepte für die Gruppenarbeit werden unter dem Begriff der Groupware oder auch des Workgroup Computing zusammengefaßt. Hierbei geht es darum, daß eine Arbeitsgruppe mit projektbezogenen Informationen gemeinsam umgeht. Die Informationen werden mit Hilfe von Groupware erstellt, aus verschiedenen Datenquellen zusammengezogen, in ein einziges Dokument integriert und allen anderen Gruppenmitgliedern als ein Ganzes zur Verfügung gestellt (vgl. u.a. *Hansen* 1992, S. 860; *Krcmar* 1992, S. 426). Zu den wichtigsten **Bestandteilen** von Groupwaresystemen zählen folgende Elemente:

- **Dokumente** können aus Texten, Grafiken, Tabellen, Formularen und Sound bestehen; ihre Erstellung und Verwaltung ist ein wichtige Funktion von Groupware.
- Die Dokumente werden in **Datenbanken** gesammelt und den Gruppenmitgliedern gleichzeitig zur Verfügung gestellt.

- Der Austausch von Informationen zwischen den einzelnen Gruppenmitgliedern erfolgt über **Electronic Mail**. Hierzu gehören Namens- und Adreßverzeichnisse sowie unterschiedliche Kommunikationskanäle wie LAN- oder externe WAN-Verbindungen. Die Kommunikation über WAN wie zum Beispiel über das Internet kann insbesondere vorteilhaft sein, wenn die Projektmitarbeiter an räumlich weit voneinander entfernten Arbeitsplätzen arbeiten.

Generell läßt sich feststellen, daß Systeme der Groupware die unstrukturierten, aber dennoch grundsätzlich geregelten Aufgaben der Projektabwicklung wirkungsvoll unterstützen.

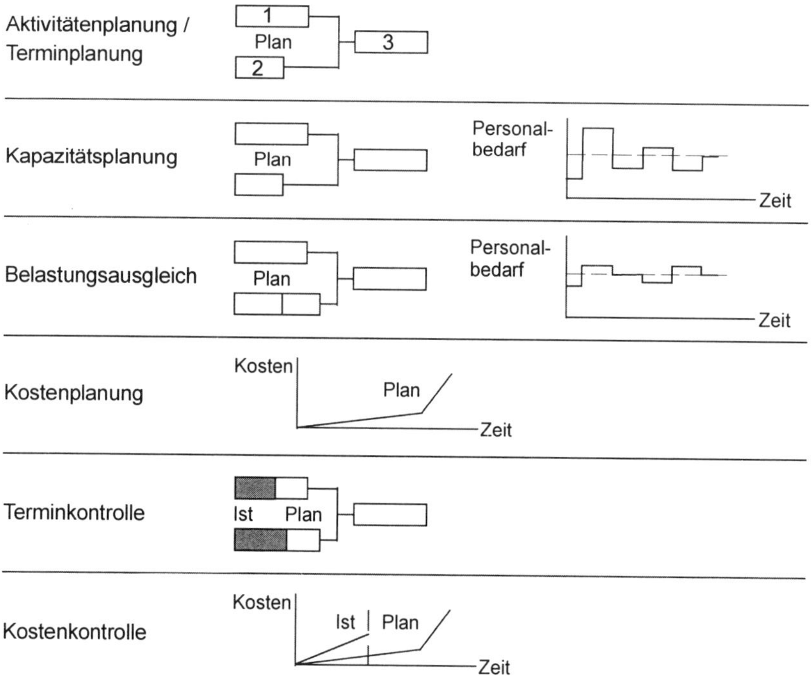

Abb. 5-77: Funktionen einer Projektmanagementsoftware

6. Teil: Techniken des Organisationsmanagements

1. Techniken der Erhebung

Im Rahmen der Organisationsplanung werden Techniken der Erhebung eingesetzt, um die Informationen zu erhalten, die für den Problemlösungsprozeß erforderlich sind. Informationen als zweckorientiertes Wissen müssen in allen Stufen und Phasen des Organisationsprozesses beschafft werden. Während in der Situationsanalyse vor allen problemorientierte Informationen benötigt werden, sind in den folgenden Phasen vorwiegend lösungsorientierte Informationen zu beschaffen.

Eine exakte Abgrenzung der Erhebungstechniken zu den Techniken der Dokumentation und der Analyse ist kaum möglich. Die Auswahl der jeweils geeigneten Technik hängt immer von der konkreten Problemstellung und den situativen Gegebenheiten ab. Der Aufwand für die Beschaffung von Informationen nimmt dabei exponentiell mit dem Genauigkeits- und Detaillierungsgrad zu. Als Grundsatz sollte daher gelten, die Informationen so detailliert wie nötig und nicht so detailliert wie möglich zu erheben.

Träger von Informationen sind in erster Linie Menschen und Dokumente. Die Erhebungstechniken richten sich an diesen beiden Informationsträgern aus. Im folgenden werden die für die Organisationsarbeit bedeutsamsten Techniken der Erhebung kurz beschrieben. Detailliertere Darstellungen sind unter anderem bei *Schmidt* (1994, S. 156 ff.) und *Wittlage* (1986, S. 43 ff.) zu finden.

1.1 Dokumentenanalyse

Objekte der Dokumentenanalyse sind vorhandene Unterlagen wie Berichte, Akten, Statistiken, Protokolle, Projektdokumentationen, Arbeitsanweisungen, Stellenbeschreibungen oder Organigramme, die einen konkreten Bezug zum Untersuchungsbereich haben.

Das Dokumentenstudium steht meist am Anfang einer Untersuchung, um sich in die Problemstellung einzuarbeiten. Es findet jedoch auch seine Anwendung, wenn die mit Hilfe der übrigen Erhebungstechniken gewonnenen Informationen ergänzt und kontrolliert werden sollen. Das Dokumentenstudium wird demzufolge selten allein, sondern meistens zusammen mit anderen Erhebungstechniken eingesetzt.

Dokumentenanalyse	
Vorteile	• geringer Zeitaufwand für die Informationsbeschaffung • kein zusätzlicher Dokumentationsaufwand • keine Verfälschung durch den aktuellen Untersuchungsanlaß • keine Störung des Betriebsablaufs im Untersuchungsbereich • Vermeidung von Nebenwirkungen (z.B. Mißtrauen)
Nachteile	• Gefahr der geringen oder fehlenden Aktualität • normalerweise unzureichende Vollständigkeit der Unterlagen • mögliche Interpretationsspielräume
Anwendung	• zur Einarbeitung in eine Problemstellung • zur Kontrolle und Ergänzung von Informationen, die mit anderen Techniken erhoben worden sind

Abb. 6-1: Bewertung des Dokumentenanalyse

1.2 Fragebogen

Der Fragebogen wird für eine schriftliche Befragung eingesetzt, um Äußerungen über Sachverhalte, Probleme, Ziel- und Wertvorstellungen von Personen zu erhalten, deren Aussagen im Zusammenhang mit einer Problemstellung von Bedeutung erscheinen oder die für einen bestimmten Sachverhalt fachkundig sind. Fragebogen werden zur Erhebung in der Situationsanalyse und eventuell zur Zielformulierung eingesetzt.

Die schriftliche Befragung ist eine Erhebungstechnik, in der ein Fragebogen mit standardisierten Fragen an mehrere Personen versandt werden. Die Frageform gleicht den Fragen im standardisierten Interview. Es gelten auch analog die Regeln hinsichtlich Durchführung und Auswertung. Im Gegensatz zum standardisierten Interview werden die Fragebogen von den Befragten selbst ausgefüllt; Interviewer werden nicht eingesetzt. Die Anforderungen an die Präzision der Fragen sind höher als im Interview, da Rückfragen in der Regel nicht möglich sind. Mit Hilfe einer Probebefragung (Pretest) sollte deshalb überprüft werden, ob die Fragen eindeutig gestellt sind und richtig verstanden werden, und ob aus den Antworten klare und vollständige Informationen gewonnen werden können.

In einem begleitenden Anschreiben sollten die Befragten über die Ziele und den Umfang der zugrundeliegenden Untersuchung informiert werden. Weiterhin sollten allgemeine Hinweise über den spätesten Rückgabetermin gegeben und ein Ansprechpartner für den Fall einer Rückfrage benannt werden.

Fragebogen	
Vorteile	• geringer Zeit- und Kostenaufwand für die Informationsbeschaffung • keine zahlenmäßige Beschränkung der Befragten • schriftlich fixierte Ergebnisse • gute Auswertemöglichkeit • keine oder nur geringe Störung des Betriebsablaufes im Untersuchungsbereich
Nachteile	• Gefahr von Mißverständnissen • wenig Spielraum für den Befragten bei der Antwort • beschränkte Möglichkeiten zur Erläuterung der Fragen • gemeinsames Ausfüllen durch mehrere Befragte möglich, dadurch Risiko der Manipulation
Anwendung	• bei einer großen Anzahl von zu Befragenden • zur groben Erfassung von Grundtatbeständen

Abb. 6-2: Bewertung des Fragebogens

1.3 Interview

Im Interview wird durch die mündliche Befragung eines Interviewers versucht, Informationen über Sachverhalte, Probleme, Ziel- und Wertvorstellungen zu erhalten. Hierzu werden Personen, deren Aussagen in einem Problemlösungsprozeß von Bedeutung sind, gezielt befragt.

Das Interview ist die Erhebungstechnik, in der ein persönlicher Kontakt zwischen dem Interviewer und dem Befragtem unumgänglich ist. Die sozialen Beziehungen zwischen ihnen beeinflussen immer die Qualität des Interviewergebnisses. Um dennoch die erforderlichen Informationen zu erlangen, sollten folgende **Grundregeln** beachtet werden:

- Das Interview sollte grundsätzlich nur durch einen Interviewer durchgeführt werden, damit nicht der Anschein eines Verhörs entsteht.
- Bei problematischen Themen sollte das Interview unter vier Augen durchgeführt werden. Gruppeninterviews können zu Diskussionen und Meinungsverschiedenheiten führen und eine freie Meinungsäußerung beeinträchtigen; sie sollten deshalb nur in begründeten Ausnahmefällen zum Einsatz kommen.
- Es sollten keine Suggestivfragen gestellt werden, bei denen dem Befragten die Antwort in den Mund gelegt wird.
- Der Interviewer soll während des Interviews keine Stellung in Form von positiver oder negativer Kritik beziehen. Als zulässige Ausnahme kann eine provokative Wertung gemacht werden, um Aussagen herauszufordern, die sonst nicht erhältlich wären.
- Es sollten kurze Fragen gestellt werden; eine bestimmte Frage sollte in der Regel nur einen Sachverhalt betreffen.

- Es sollten einfache Formulierungen gewählt werden, die leicht verständlich sind. Hast ist zu vermeiden - ansonsten besteht die Gefahr, daß unüberlegte Antworten gegeben werden.
- Lange Interviews ermüden, so daß ein Interview maximal eine Stunde dauern sollte. Falls erforderlich sollte des Interview zu einem späteren Zeitpunkt fortgesetzt werden.

Nach der Beziehung des Interviewers zum Befragten lassen sich das weiche, das harte und das neutrale Interview voneinander unterscheiden (vgl. *Abb. 6-3*). Jedes neutrale Interview sollte mit einer sogenannten **weichen Phase** beginnen, in der eine entkrampfte Gesprächsatmosphäre geschaffen wird. Das eigentliche Interview sollte jedoch als **neutrales Interview** durchgeführt werden, bei dem möglichst klare Antworten auf der Basis eines sachlichen Beziehungsverhältnisses zwischen Interviewer und Befragten gewonnen werden sollen. Für den Schlußteil eignet sich wiederum eine eher weiche Interviewintensität. Das **harte Interview** kann erhebliche negative Auswirkungen auf eine später notwendige Zusammenarbeit mit dem Interviewten zur Folge haben und verbietet sich deshalb für die praktische Organisationsarbeit.

	Interviewintensität		
	weiches Interview	**neutrales Interview**	**hartes Interview**
Auftreten	freundlich, zuvorkommend, hilfsbereit, nachgiebig	freundlich, höflich, zurückhaltend	provokativ, aggressiv
Orientierung	personen- und sachorientiert	sachorientiert, nicht emotional	sachorientiert, nach außen emotional
Eingriffe	vermeiden	nur wenn sachlich begründet	permanent auch zur Provokation und Irreführung
Offenlegung des eigenen Standpunktes	zulässig zur Ermunterung	nicht zulässig	Mittel, um Gegenposition zu beziehen
Steuerung der Antworten	in Grenzen zulässig	unzulässig	Mittel, um gewünschte Reaktionen zu provozieren
zeitlicher Ablauf	kein Zeitdruck	vorgegebener Zeitrahmen	permanenter Zeitdruck
Anwendung	zur Lockerung der Gesprächsatmosphäre; zur Kontaktgewinnung; positiver Ausklang nach neutralem und hartem Interview	Normalfall, um sachliche Beziehung herzustellen und um - rationale Argumente, - ungeschminkte Auskünfte - klare Antworten zu erhalten	Ausnahmefall, wenn erhebliche Widerstände vorliegen

Abb. 6-3: Interviewintensitäten
Quelle: in Anlehnung an Schmidt 1994, S. 161

In der Interviewtechnik wird zwischen offenen und geschlossenen Fragen unterschieden. Während bei **geschlossenen Fragen** die Äußerung des Befragten auf vorgegebene Antworten beschränkt wird, erlaubt die **offene Frage** eine freie Antwort. Bei offenen Fragen wird der Befragte gezwungen, selbst über die Antwort nachzudenken; hierdurch können völlig neue Gesichtspunkte hochgebracht werden. Geschlossene Fragen empfehlen sich, wenn der Interviewer prüfen will, ob er eine Antwort richtig verstanden hat oder wenn die Erhebung von quantitativen Größen im Vordergrund steht.

Die aus dem Interview gewonnenen Informationen werden in der Regel sofort vom Interviewer stichwortartig im Fragebogen protokolliert. In jedem Fall muß möglichst unmittelbar im Anschluß an das Interview ein gründliches Gesprächsprotokoll angefertigt werden. Dieses Protokoll sollte dem Interviewpartner vorgelegt werden; bei eventuellen Unstimmigkeiten oder Mißverständnissen kann es dann noch korrigiert werden.

Jedes Interview ist eine einmalige Situation; dennoch können bestimmte Charakteristika für verschiedene Interviewformen differenziert werden. Nach dem Bewegungsspielraum des Interviewers bei der Fragestellung werden das standardisierte Interview, das teilstandardisierte Interview und das nicht-standardisierte Interview unterschieden.

Beim **standardisierten Interview** liegt ein Fragebogen vor; hierin sind die offenen oder geschlossenen Fragen vor dem Interview vollständig formuliert und in der Reihenfolge festgelegt; der Interviewer liest die Fragen in der vorgegebenen Reihenfolge wörtlich vor. Erläuterungen bei der Durchführung der Befragung sind nicht zulässig. Der Interviewer hat also keinerlei Freiheit, die Fragestellung an den Gesprächsverlauf beziehungsweise an die Person oder die Funktion des Befragten anzupassen.

Das standardisierte Interview gleicht der Fragebogentechnik; abweichend davon ist lediglich, daß der Interviewer die Fragen verliest und die Antworten festhält. Als Anwendungsvoraussetzungen beider Befragungstechniken gilt, daß der Inhalt, die Formulierungen und die Reihenfolge der Fragestellung für alle Befragten gleich sind. Häufig ist jedoch eine Differenzierung der Fragestellung nach Leitungs- und Ausführungsstellen sinnvoll. Darüber hinaus kann eine Differenzierung der Fragestellung angebracht sein, wenn sich die Befragung an Mitarbeiter unterschiedlicher Funktionsbereiche wendet und eine entsprechend differenzierte Fragestellung sinnvoll ist.

Hinsichtlich der Vor- und Nachteile gleicht das standardisierte Interview ebenfalls der Fragebogentechnik, jedoch mit folgenden Abweichungen:

- Es ist ein höherer Zeitaufwand für die Befragung erforderlich.
- Durch den persönlichen Kontakt kann sich eine größere Akzeptanz beim Befragten ergeben.
- Es werden geringere Ansprüche an das Formulierungsvermögen der Befragten gestellt, da der Interviewer auf die Antwortformulierung Einfluß nehmen kann, insbesondere wenn der Interviewer die Antworten auf offene Fragen dem Sinne nach protokolliert.

Dem **teilstandardisierten Interview** liegt ein flexibel aufgebautes Fragenraster zugrunde, das der Interviewer nach eigenem Ermessen mit individuellen Formulierungen durchgeht. Die Reihenfolge macht der Interviewer vom jeweiligen Gesprächsablauf abhängig.

	Interviewform		
	nicht-standardisiertes Interview	**teil-standardisiertes Interview**	**standardisiertes Interview**
Kurzbeschreibung	Fragenkatalog ist vorhanden, aber noch nicht vollständig	Fragen sind festgelegt; hinsichtlich der Antworten ist der Interviewte frei	Fragen sind festgelegt; der Interviewte muß zwischen einer begrenzten Antwortauswahl entscheiden
Zweck	detaillierte Erfassung von Aussagen; Überprüfen und Absichern von Aussagen, die im Gespräch geäußert wurden	Ansichten und Meinungen einer größeren Personengruppe zu bestimmten Fragen ist erwünscht	wie teilstandardisiertes Interview; zusätzlich: Die Aussagen der Befragten sollen verglichen werden können
betroffener Personenkreis	relativ klein	groß	sehr groß
Spielraum hinsichtlich des Ablaufs	groß; Rahmen nur grob vorgegeben	eingeengt	klein
Anzahl der Fragen	frei	im Kern feststehend; freier Bereich	feststehend
Anforderungen an den Interviewer	hoch	mittel; muß Fragen interpretieren und notfalls situationsbezogen ergänzen können	gering
Vorbereitungsaufwand	mittel; Fragenkatalog muß vorbereitet werden	groß; Testläufe sind zweckmäßig	sehr groß; Testläufe sind notwendig
Auswertung	schwierig; Problemfeld muß um- oder detaillierter strukturiert werden	mittelschwer; die Aussagen sind nicht unbedingt vergleichbar	relativ einfach; die Aussagen sind vergleichbar

Abb. 6-4: Interviewformen
Quelle: in Anlehnung an Büchi/Chrobok 1994, S. 171

Beim **nicht-standardisierten Interview** liegt dem Interviewer lediglich ein Interviewleitfaden vor. Dieser Leitfaden enthält stichwortartige Merkhilfen, damit der Interviewer keine wichtige Frage vergißt. Sowohl die Formulierung als auch die Reihenfolge der Fragen kann der Interviewer so gestalten, wie es ihm im Hinblick auf das Befragungsziel geeignet erscheint. Die Fragestellung entwickelt sich weitgehend aus den Antworten. Dabei werden an den Interviewer besonders hohe Anforderungen gestellt; um diese Form des Interviews erfolgreich einzusetzen, bedarf es eines erfahrenen Organisators.

Einen Überblick über die verschiedenen Interviewformen gibt *Abbildung 6-4*. Bei der praktischen Organisationsarbeit überwiegt das nicht-standardisierten Interview auf der Basis eines Interviewleitfadens. Gelegentlich werden auch halbstandardisierten Interviews durchgeführt. Standardisierte Interviews kommen allenfalls zum Tragen, wenn unerfahrene Personen das Interview durchführen sollen.

Interview	
Vorteile	• direkte Beteiligung der Betroffenen • Möglichkeit der direkten Erfassung persönlicher Einschätzungen, Schwachstellen, Hintergründe • Möglichkeit des Nachhakens bei Unklarheiten • Möglichkeit der Erfassung zusätzlicher Informationen, deren Erhebung der Interviewer vorher nicht geplant hat
Nachteile	• Objektivität der Ergebnisse hängt vom guten Willen des Befragten und von der Qualifikation des Interviewers ab • hohe Ansprüche an die Qualifikation des Interviewers • die ermittelten Informationen beruhen oftmals nur auf Schätzungen und sind im Einzelfall durch andere Erhebungstechniken zu verifizieren • die zugesicherte und übliche Anonymität ist dem Befragten im Vergleich zu anderen Erhebungstechniken relativ schwer glaubhaft zu machen • relativ hoher Zeitaufwand • teilweise starke Beeinträchtigung des Betriebsablaufes
Anwendung	• zur Erhebung qualitativer Einflußgrößen • zur Ermittlung von Aufgabenfeldern und Tätigkeitsstrukturen, insbesondere zur Erstellung von Stellenbeschreibungen • zur Erhebung von Prozeßabläufen • zur Ermittlung von Informationsflüssen

Abb. 6-5: Bewertung des Interviews

1.4 Moderationstechnik

Das Lösen von Problemen in Arbeitsgruppen ist um so sinnvoller und notwendiger, je komplexer das Problem und je größer die Anzahl der Betroffenen und Beteiligten ist. Die Moderationstechnik stellt eine universelle Technik zur Lösung von Problemen in Gruppen dar (vgl. *Schnelle* 1978, S. 11 ff.).

Eine Moderation ist ein gesteuertes Gruppengespräch mit visueller Dokumentation wichtiger Fakten und auch Meinungen.

Die Moderationstechnik stellt eine zentrale Technik zur Etablierung des Grundgedankens der Organisationsmanagements dar, die Betroffenen zu Beteiligten zu machen. Sie dient dabei vor allem der Erhebung des Ist-Zustandes und der Meinungen der Mitarbeiter. Sie ist jedoch nicht nur zur Erfassung der Problemsituation geeignet, sondern auch zur Erarbeitung und Bewertung möglicher Problemlösungen. Von der methodischen Seite her wird jedoch streng zwischen den Ideenfindungs- und Bewertungsphasen unterschieden.

Die Gruppenarbeit wird durch einen **Moderator** eingeleitet und gesteuert, ohne daß dieser inhaltlich eingreift. Dabei besteht zwischen ihm und der Arbeitsgruppe sowie innerhalb der Gruppe keine Hierarchie. Der Moderator soll vielmehr die Gruppenarbeit in Gang bringen und leiten, durch stimulierende Fragen den Problemlösungsprozeß fördern und steuern, die aus der Gruppe kommenden Ideen sinnvoll strukturieren und verdichten und für die Visualisierung aller Beiträge und Ergebnisse sorgen. Der Moderator sollte deshalb über soviel Fachkenntnis verfügen, daß er die Fachgespräche und -diskussionen der Mitarbeiter versteht und daraus Schlüsse für die weitere Vorgehensweise ableiten kann. Zu seinen Aufgaben gehört es auch, Konflikte in der jeweiligen Arbeitsgruppe zu vermeiden und bei aufgetretenen Mißverständnissen eine Klärung herbeizuführen.

Die moderierte Gruppe sollte 20 bis 25 Teilnehmer nicht übersteigen. Der Erfolg der Moderationstechnik beruht zum wesentlichen Teil auf der aktiven Mitarbeit aller Gruppenmitglieder; zu diesem Zweck sollten die in *Abbildung 6-6* aufgeführten **Regeln** vereinbart und eingehalten werden.

1. Jede Idee, jede Kernaussage ist optisch festzuhalten, zu visualisieren.
2. Fragen statt sagen – hierdurch wird das Problembewußtsein erhöht und die Suche nach Lösungen erleichtert.
3. Jede gestellte Frage ist sorgfältig auf ihre Verständlichkeit hin zu prüfen.
4. Es sollte häufiger zwischen Großgruppen (15 bis 25 Teilnehmer) und Kleingruppen (rund 5 Teilnehmer) gewechselt werden.
5. Der Moderator soll sich weder rechtfertigen noch die Gruppe oder einzelne Gruppenmitglieder kritisieren.
6. Der Moderator soll die Gruppe beobachten und auf nachlassendes Interesse sofort reagieren.
7. Konflikte in der Gruppe müssen offengelegt und diskutiert werden; Meinungsverschiedenheiten sind offen anzusprechen.
8. Jeder, der etwas sagen will, zeigt dies durch Heben der Hand an. Der Moderator fordert die Teilnehmer in der Reihenfolge des Handhebens zum Sprechen auf.
9. Die mündlichen Beiträge sollten zeitlich auf 30 Sekunden begrenzt werden (30 s-Regel).
10. Pausen sollten nicht nach einer festen Regel, sondern nach Bedarf gemacht werden.
11. Störungen haben Vorrang.
12. Zum Ende der Gruppenarbeit wird ein Tätigkeitskatalog erstellt, in dem die notwendigen Folgeaktivitäten (wer macht was bis wann) festgehalten werden. Der Katalog wird bei der nächsten Arbeitssitzung geprüft und eventuell fortgeschrieben.
13. Die Ergebnisse der Gruppenarbeit werden festgehalten – etwa durch Abschreiben oder Fotografieren der schriftlichen Beiträge auf den Stellwänden und Flipcharts.

Abb. 6-6: Regeln für eine moderierte Gruppenarbeit

Die Gruppenarbeit wird vor allem dadurch gefördert, daß die Teilnehmer ihre eigenen Beiträge und die der anderen laufend sichtbar zur Kenntnis nehmen und damit die Problemstellung und der Fortschritt der Problemlösung jederzeit präsent ist. Die Visualisierung der Diskussion bildet ein wesentliches Merkmal der moderierten

Gruppenarbeit dar und beinhaltet die optische Darstellung des Standes einer Gruppendiskussion. Eine Gruppe findet sich in komplexen Gesprächssituationen leichter zurecht, wenn diese permanent visualisiert wird; hierfür lassen sich vor allem folgende Gründe anführen:

- Es erfordert eine hohe Konzentration, das Gehörte über längere Zeiträume hinweg zu behalten. Ohne Visualisierung wird zeitraubendes Wiederholen und Erklären notwendig; rasche Ermüdungserscheinungen sind die Folge.
- Das gleichzeitig Gehörte und Gesehene bleibt besser im Gedächtnis haften.
- Visualisieren erleichtert eine gleiche Interpretation bei allen Betrachtern.
- Visualisierung zwingt den Darstellenden zu einer Selektion zwischen wesentlichen und unwesentlichen Aussagen.
- Visualisierung ermöglicht es, Ergebnisse und Aussagen sofort darzustellen und festzuhalten, so daß weniger Schwierigkeiten bei nachträglichen Zusammenfassungen, Dokumentationen, Informationsweitergaben und Interpretationen auftreten.

Zur Visualisierung werden vor allem Stellwände (Pinwände) und Flipcharts eingesetzt. Bei den sogenannten Pinwänden handelt es sich um große Tafeln mit den Minimalmaßen 125 x 130 cm. Die Wände sind verstellbar und werden mit Packpapier bespannt. Um Gedanken sammeln und ordnen zu können, werden Karten der verschiedensten Form eingesetzt. Diese Karten werden mit Nadeln an den Pinwänden befestigt. Nach dem Sortieren können sie dann endgültig auf das Packpapier geklebt werden.

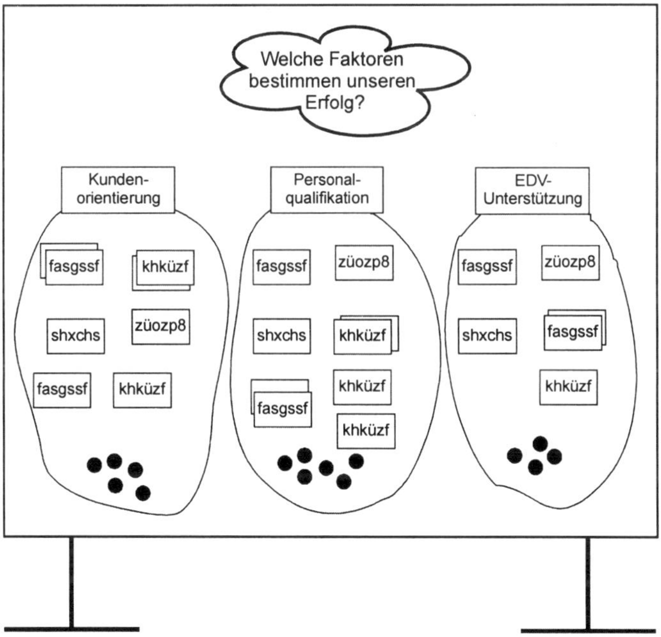

Abb. 6-7: Einsatz der Kartenabfrage

Insbesondere bei der Technik der moderierten **Kartenabfrage** hat jedes Gruppenmitglied die Gelegenheit, seine Meinung zu äußern (*Abb. 6-7*). Zu diesem Zweck erhält jeder Teilnehmer mehrere Karten und einen Stift und wird aufgefordert, zu einer bestimmten Fragestellung stichwortartig alle Antworten auf die Karten zu schreiben, die ihm dazu einfallen. Hierzu werden Filzschreiber mit kräftigem Filz benutzt, so daß die Schrift auch aus einiger Entfernung noch lesbar ist. Dabei gilt als Grundregel, daß für jede Aussage nur eine Karte benutzt werden soll und jede Karte maximal dreizeilig beschriftet wird. Die Teilnehmer können in Ruhe ihre Beiträge aufschreiben. Nach etwa 15 Minuten sind erfahrungsgemäß alle Aussagen notiert, so daß die Karten vom Moderator eingesammelt werden können. Die Karten sollten während des Einsammelns gemischt werden. Vor dem Anstecken der einzelnen Karten an die Pinwand liest der Moderator jede Karte vor und zeigt sie sichtbar den Teilnehmern. Bei Verständnisfragen wird nachgefragt; eventuell sind ergänzende Karten zu schreiben. Der Moderator sollte den Inhalt der Karten jedoch nicht kommentieren. Beim Anheften an die Pinwand wird ab der zweiten Karte gemeinsam mit den Teilnehmern geprüft, ob diese zu bereits angebrachten Karten inhaltlich zugeordnet werden kann. Alle Karten mit ähnlichen oder gar gleichlautenden Aussagen werden zu Gruppen zusammengefaßt. Somit ergeben sich von alleine verschiedene Themenbereiche, sogenannte Cluster. Die Arbeitsgruppe verfolgt diesen Zuordnungsprozeß und kann gegebenenfalls hierzu ihre eigenen Vorstellungen einbringen. Nach Abschluß dieser Clusterbildung werden die einzelnen Themenbereiche auf der Pinwand eingerahmt und mit einer Überschrift versehen. Eine Bewertung der verschiedenen Themenbereiche ist möglich, indem jedes Mitglied der Arbeitsgruppe mit Klebepunkten die aus seiner Sicht besonders wichtigen Themenbereiche markiert; dabei sind Häufungen zugelassen. Anschließend werden Rangplätze der einzelnen Themen entsprechend den Summen der Punkte vergeben. Die Menge der Markierungspunkte, die den Teilnehmern ausgehändigt werden, hängt von der Anzahl der gebildeten Cluster und Teilnehmer ab. *Abbildung 6-8* gibt eine Faustregel für die Anzahl der auszugebenden Punkte wieder.

		Anzahl der Teilnehmer			
		5	10	15	20
Anzahl der Cluster	5	3	2	1	1
	10	6	4	3	2
	15	8	5	4	3
	20	10	6	5	4

Abb. 6-8: Faustregel für die Anzahl auszugebender Punkte
Quelle: Schnelle 1978, S. 31

Moderationstechnik	
Vorteile	• schnelle und umfassende Erhebung des Ist-Zustandes mit geringem Aufwand • leichte und unverfälschte Erfassung auch sensibler Informationen durch anonyme Technik der Kartenabfrage • einheitliche und allgemeinverständliche Darstellungen • Möglichkeit des direkten Nachhakens bei Unklarheiten
Nachteile	• Abhängigkeit der Objektivität der Ergebnisse von der Gruppenzusammensetzung und vom guten Willen der Beteiligten • die ermittelten Informationen beruhen oftmals nur auf Schätzungen und sind im Einzelfall durch andere Erhebungstechniken zu verifizieren
Anwendung	• zur Erhebung und Strukturierung von Schwachstellen • zur Erhebung von Prozeßabläufen und -strukturen • zur Erfassung von subjektiven Einschätzungen und Meinungen • immer dann, wenn die Betroffenen an der Problemlösung mitwirken sollen

Abb. 6-9: Bewertung der Moderationstechnik

1.5 Beobachtung

Die Beobachtung ist eine Erhebungstechnik, mit der vor allem im Rahmen einer Situationsanalyse sinnlich wahrnehmbare Tatbestände aufgenommen und interpretiert werden. Diese Erhebungstechnik ist als Fremdbeobachtung (strukturiert oder unstrukturiert) und als Selbstbeobachtung anwendbar.

Bei der **Fremdbeobachtung** fließen die wahrgenommenen Informationen in einer Richtung, vom beobachteten Prozeß mit seinen Beteiligten zum Beobachter. Eine derartige Beobachtung gibt Aufschluß über den tatsächliche Ablauf von Vorgängen. Beobachtbar sind jedoch keine Sinnzusammenhänge, Motive und dergleichen. Denkprozesse lassen sich ebenfalls kaum beobachten. Die Fremdbeobachtung sollte immer offen durchgeführt werden, das heißt den Beobachteten ist die Anwesenheit eines Beobachters bewußt. Zu den Techniken der Fremdbeobachtung zählen auch die nachfolgend beschriebene Multimomentaufnahme und die Zeitaufnahme.

Wenn ein Sachverhalt durch wenige, gut abgrenzbare Merkmale erhoben werden kann, die Arbeitsprozesse nicht durch Beobachter gestört werden sollen und ein relativ guter Überblick über den Untersuchungsbereich besteht, eignen sich die Verfahren der **Selbstbeobachtung**:

- Bei der personenbezogenen **Selbstaufschreibung** werden die zu erhebenden Informationen über einen längeren Zeitraum von den betroffenen Mitarbeitern selbst in vorbereitete Formulare eingetragen. Die Erfassung erfolgt innerhalb eines festen Zeitraumes und die Notierung jeweils am Ende eines Prozeß- oder Zeitabschnittes.
- Das **Laufzettelverfahren** ist eine objektbezogene oder auch ablaufbezogene Selbstbeobachtung. Der Laufzettel, der an einem Objekt wie beispielsweise an eine Akte, einen Auftragsbeleg oder ein Transportgut angebracht ist, „läuft“ von

Arbeitsplatz zu Arbeitsplatz. Auf ihm werden Eingangs-, Ausgangs- und Bearbeitungszeiten, die Art der Bearbeitung und der Name des Bearbeiters eingetragen.

Selbst wenn diese Aufzeichnungen über einen längeren Zeitraum hinweg geführt werden, sind normalerweise Korrekturen erforderlich - beispielsweise um Vorgänge zu erfassen, die zwar vorkommen, aber im Erhebungszeitraum nicht aufgetreten sind, oder die im Erhebungszeitraum zwar aufgetreten, jedoch über- oder unterrepräsentiert sind.

Fremdbeobachtung	
Vorteile	• relativ geringe Störung des Betriebsablaufes
Nachteile	• relativ hoher Zeitaufwand
Anwendung	• zur Überprüfung von Tatbeständen • zur Erkennung von Engpaßfaktoren

Abb. 6-10: Bewertung der Beobachtung

1.6 Multimomentaufnahme

Eine als Fremdbeobachtung angelegte Dauerbeobachtung ist zeitaufwendig und daher nur selten möglich. Um dennoch die Vorteile der Fremdbeobachtung nutzen zu können, bietet sich eine Beobachtung in zeitlichen Intervallen an.

Die Multimomentaufnahme dient ist ein Verfahren zur direkten Informationsbeschaffung durch die Beobachtung in Zeitabständen. Die Zeitabstände werden durch die Bildung einer Stichprobe so bestimmt, daß eine Aussage für den ganzen Zeitraum abgeleitet werden kann. Aus einer Vielzahl von Einzelbeobachtungen (Momentaufnahmen) können über die richtige Wahl der Stichprobe statistisch gesicherte Mengen- oder Zeitangaben gewonnen werden (vgl. *REFA* 1978b, S. 223 ff.). Für die Genauigkeit der Ergebnisse gelten die Gütekriterien der Statistik. Normalerweise legt man eine statistischen Sicherheit (Aussagewahrscheinlichkeit) von 95 % zugrunde, das heißt in rund 5 % der Fälle stimmt der tatsächliche Wert nicht mit dem ermittelten Ergebnis überein.

Eine Multimomentaufnahme besteht in dem Erfassen der Häufigkeit zuvor festgelegter Ablaufarten mit Hilfe stichprobenmäßig durchgeführter Kurzzeitbeobachtungen.

Ein besonderer Vorteil der Multimomentaufnahme liegt darin, daß die Aufnahme bei ungewöhnlichen Ereignissen, die das Ergebnis verfälschen würden, jederzeit unterbrochen werden kann; sie kann dann fortgesetzt werden, wenn wieder „normale" Verhältnisse herrschen.

Eine Multimomentaufnahme läuft nach folgendem **Schema** ab:

(1) Zielformulierung

Zunächst ist das Ziel der Multimomentaufnahme zu formulieren. Hiermit verbunden ist die Festlegung der zugrundeliegenden Arbeitsplätze und der zu beobachtenden Menschen und Sachmittel.

Beispielhafte Ziele sind etwa die Ermittlung von Zeitanteilen für bestimmte Prozeßaktivitäten an der gesamten Bearbeitungszeit oder die Auslastungsgrade von Mitarbeitern und Sachmitteln.

(2) Beobachtungsmerkmale festlegen

Es ist festzulegen, welche Sachverhalte für die Untersuchung relevant sind und bei der Erhebung unterschieden werden sollen. Diese Sachverhalte müssen durch kurzzeitiges Beobachten eindeutig identifiziert werden können. Dabei sollte man sich auf wenige Merkmale beschränken, da jedes zusätzliche Merkmal den erforderlichen Beobachtungsumfang überproportional erhöht. Andererseits müssen die Beobachtungsmerkmale so gewählt und beschrieben sein, daß alle möglichen beobachtbaren Merkmale auch aufgenommen werden können.

So können beispielsweise zur Analyse von Zeitanteilen die in Abbildung 2-40 aufgeführten Bestandteile der Auftragszeit, zur Erhebung des Auslastungsgrades von Sachmitteln die in Abbildung 2-37 aufgeführten Ablaufarten zugrundegelegt werden.

(3) Rundgangsplan festlegen

Die Rundgangswege und die Beobachtungsstandpunkte werden festgelegt und in einem Rundgangsplan skizzenmäßig dargestellt. Der Beobachtungsstandpunkt ist die räumlich gekennzeichnete Stelle, von der aus die Beobachtung eines Arbeitsplatzes im Augenblick des Vorbeigehens erfolgen soll.

(4) Zahl der Beobachtungen festlegen

Der Stichprobenumfang, das heißt die Anzahl der erforderlichen Beobachtungen, hängt ab von dem geforderten Genauigkeit f′ der Ergebnisse. Die gewünschte Genauigkeit gibt das Intervall an, in dem der tatsächliche Wert von dem durch die Multimomentaufnahme ermittelten Wert nach oben und unten abweichen kann.

Wenn der Anteil der Hauptnutzung an der gesamten Einsatzzeit eines Sachmittels zu 45 % ermittelt wurde, dann bedeutet dies bei einer gewählten Genauigkeit von 2 % und einer Aussagewahrscheinlichkeit von 95 %, daß der tatsächliche Anteilswert innerhalb der Grenzen von 47 % und 43 % liegt, und das mit einer Sicherheit von 95 %. Oder mit anderen Worten: Es ist mit Abschluß der Multimomentaufnahme zu 95 % sicher, daß der wahre, jedoch unbekannte Anteil eines Beobachtungsmerkmals an der Gesamtheit aller Merkmale weniger als ± 2 % von dem Ergebnis der Multimomentaufnahme abweicht. Statische Sicherheit und Genauigkeit stehen dabei in einer gegenläufigen Beziehung zueinander: Je sicherer eine Aussage über einen nicht exakt bekannten Sachverhalt sein soll, desto ungenauer muß sie sein.

Die vermutlich erforderliche Zahl der Beobachtungen n′ hängt - bei gegebener Aussagewahrscheinlichkeit - von der gewünschten Genauigkeit f′ und dem Anteilswert p der einzelnen Beobachtungsmerkmale ab. Je kleiner der Anteil einer interessierenden Ablaufart am Gesamtablauf ist, desto höher wird die Anzahl der erforderlichen Beobachtungen. Auf der Basis einer Aussagewahrscheinlichkeit von 95 % gilt:

$$n' = \frac{1{,}96^2\, p\,(100 - p)}{f'^2}.$$

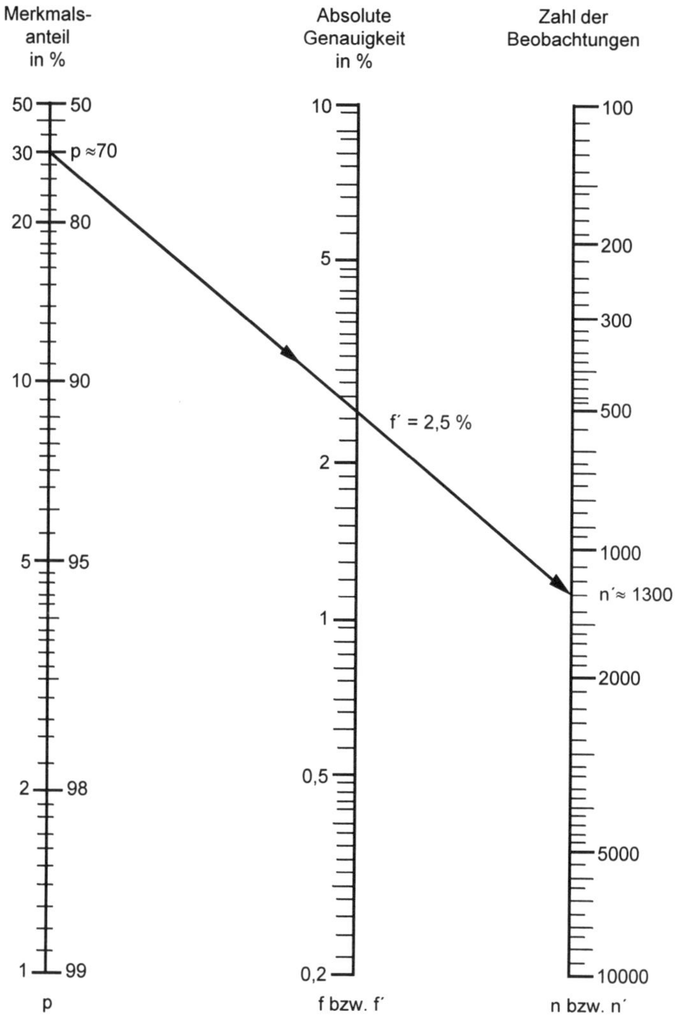

Abb. 6-11: Nomogramm für die Auswertung von Multimomentaufnahmen bei einer Aussagewahrscheinlichkeit von S = 95 %
Quelle: REFA 1978b, S. 234

Als praktisches Hilfsmittel zur Bildung der Stichprobe werden sogenannte **Nomogramme** eingesetzt (*Abb. 6-11*). Die notwendige Anzahl der Beobachtungen wird bei einer vorgegebenen Genauigkeit f abgelesen, indem die Gerade, die den Anteilswert p mit der gewünschten Genauigkeit f′ verbindet, verlängert wird. Da bei einer Multimomentaufnahme der Wert p zu Beginn nicht bekannt ist, muß dieser Wert zunächst geschätzt werden - gegebenenfalls im Rahmen einer Voruntersuchung. Normalerweise werden innerhalb einer Multimomentaufnahme die Anteilswerte mehrerer verschiedener Beobachtungsmerkmale gleichzeitig ermittelt. Die Zahl der Beobachtungen hängt dann von dem Anteilswert p ab, der voraussichtlich am dichtesten bei 50 % liegt. Je mehr der Anteil der interessierenden Merkmalsart an 50 % liegt, desto mehr Beobachtungen sind bei gleichbleibender absoluter Genauigkeit erforderlich.

Je kleiner der Wert von f′ ist, das heißt je höher die geforderte Genauigkeit ist, desto mehr Beobachtungen sind bei einem bestimmten Anteilswert p erforderlich. Es sollte deshalb keine übertriebene Genauigkeit gefordert werden. Bei Anteilswerten in der Größenordnung von p = 25 % sollte eine absolute Genauigkeit von f′ = 2,5 % nicht überschritten werden; die relative Genauigkeit wäre dann 10 %.

Die gewünschte Genauigkeit sei f′ = 2,5 %, der vermutete (geschätzte) Anteilswert sei p = 30 %, dann ergibt sich die Anzahl der erforderlichen Beobachtungen zu n′ = 1.300.

(5) Zahl der Rundgänge festlegen

Die Zahl der erforderlichen Rundgänge ergibt sich aus der Zahl der notwendigen Beobachtungen n und aus der Zahl der je Rundgang zu beobachtenden gleichartigen Arbeitsplätze. Je mehr gleichartige Arbeitsplätze innerhalb eines Rundgangs beobachtet werden können, desto weniger Rundgänge sind erforderlich – vorausgesetzt, an jedem Arbeitsplatz werden auch die gleichen Sachverhalte beobachtet. Die Aussagen der Multimomentaufnahme gelten dann auch nur als Durchschnittswert für alle Arbeitsplätze. Wenn sich die einzelnen Arbeitsplätze jedoch voneinander dermaßen unterscheiden, daß eine bestimmte Aussagewahrscheinlichkeit für jeden einzelnen Arbeitsplatz angestrebt wird, so müssen für jeden einzelnen Arbeitsplatz n Beobachtungen durchgeführt werden.

Bei 6 Arbeitsplätzen und 1.300 durchzuführenden Beobachtungen sind 217 Rundgänge erforderlich. Bei einem Anteilswert von p = 30 % ist die Aussagegenauigkeit über alle Arbeitsplätze 30 % ± 2,5 % und zu 30 % ± 7,5 % für einen einzelnen Arbeitsplatz (bei 130 Beobachtungen je Arbeitsplatz).

(6) Rundgangszeitpunkte bestimmen

Damit den statistischen Bedingungen genügt und auch eine unbewußte Beeinflussung der Ergebnisse durch den Beobachter ausgeschlossen wird, müssen die Zeitpunkte für die einzelnen Rundgänge zufällig gewählt werden.

Zunächst wird festgelegt, wieviele Beobachtungen pro Tag durchgeführt werden sollen. Die Zahl der täglichen Beobachtungen hängt zunächst davon ab, wie lang der Untersuchungszeitraum sein soll und wieviele Beobachter eingesetzt werden können. Wenn die einzelnen Merkmale nur selten wechseln dürfen jedoch nur relativ wenige Beobachtungen pro Tag durchgeführt werden. Die Zeit für die Durchführung der Multimomentaufnahme ist in diesem Fall entsprechend zu verlängern. Dies gilt ebenfalls, wenn aus räumlichen oder personellen Gründen nur wenige Rundgänge pro Tag durchgeführt werden können.

Es seien 1.300 Beobachtungen erforderlich, die in insgesamt 217 Rundgängen durchgeführt werden sollen; der Untersuchungszeitraum wurde zu 2 Wochen bei 5 Arbeitstagen je Woche festgelegt. Daraus ergibt sich, daß insgesamt 217 / 10 ≈ 22 Rundgänge pro Tag durchgeführt werden müssen.

Ist die Zahl der täglichen Rundgänge festgelegt, dann werden für jeden einzelnen Tag des Untersuchungszeitraumes die Startzeitpunkte für die einzelnen Rundgänge und damit also die Beobachtungsmomente bestimmt. Dies erfolgt mit Hilfe von Zufallszahlentabellen (vgl. *REFA* 1978b, S. 241) oder per EDV mit einem Zufallsgenerator. Dabei werden die Zeiten, zu denen keine Rundgänge ausgeführt werden können (weil zum Beispiel der Zeitpunkt außerhalb der Arbeitszeit oder in einer Arbeitspause liegt), gestrichen und durch eine neue Zufallszeit ersetzt.

(7) Beobachtungsbogen entwerfen

Zur Erfassung der Beobachtungen wird ein Formular entworfen, das besondere Spalten für die Rundgangszeitpunkte, die Arbeitsplätze und die Beobachtungsmerkmale enthält (*Abb. 6-12*). Weiter sind Felder für Bemerkungen und Spalten für Auswertungen vorzusehen.

Startzeit	Arbeitsplatz 1					Arbeitsplatz 2					Arbeitsplatz 3					Arbeitsplatz 4					Arbeitsplatz 5					Bemerkungen
	Merkmale					Merkmale					Merkmale					Merkmale					Merkmale					
	a	b	c	d	e	a	b	c	d	e	a	b	c	d	e	a	b	c	d	e	a	b	c	d	e	
07:12	I							I				I							I						I	
07:36			I							I					I		I				I					
07:53			I					I					I					I					I			
08:22					I		I					I						I			I					
:																										
14:43				I				I						I		I								I		
Summe																										
Bemerkungen																										

Abb. 6-12: Beobachtungsbogen für die Multimomentaufnahme

(8) Erhebung

Die Beobachtungen erfolgen durch einen speziell abgestellten Beobachter, der zu zuvor festgelegten Zufallszeitpunkten seine Rundgänge beginnt. Per Strich notiert er auf dem Beobachtungsbogen, welches Beobachtungsmerkmal er im Moment des Vorbeigehens am beobachteten Arbeitsplatz feststellt. Werden bei einer Beobachtung an einem Arbeitsplatz mehrere Merkmale gleichzeitig festgestellt, dann wird dasjenige Merkmal notiert, das beim ersten Hinsehen festgestellt wurde. Wird der Übergang von einem Merkmal zu einem anderen Merkmal angetroffen, so wird grundsätzlich das vorangehende Merkmal notiert.

Mit **Proberundgängen** sollte vor Beginn der eigentlichen Multimomentaufnahme geprüft werden, ob jeder Beobachter jedes Merkmal auch richtig notiert. Dabei können sich die Beobachter auch mit der Aufnahmetechnik näher vertraut machen; außerdem kann der Beobachtungsbogen nochmals hinsichtlich seiner Vollständigkeit und Praktikabilität überprüft werden.

Der **Betriebsrat** hat nach § 90 des Betriebsverfassungsgesetzes ein Informations- und Beratungsrecht, wenn eine Veränderung von Arbeitsplätzen, Arbeitsverfahren und Arbeitsabläufen geplant ist. Da es sich bei der Multimomentaufnahme um eine offene Beobachtung handelt, ist es darüber hinaus unerläßlich, vorher die zu beobachtenden Mitarbeiter über das Ziel der Untersuchung und die Vorgehensweise eingehend zu informieren. Schließlich ist es auch für die Zuverlässigkeit des Ergebnisses entscheidend, daß die beobachtenden Personen ihre Arbeit unbeeinflußt durchführen.

(9) Zwischenauswertung

Mit zunehmender Anzahl an Beobachtungen ergibt sich eine Verteilung der Häufigkeiten der beobachteten Ablaufarten, die sich zunehmend der wirklichen Verteilung annähert, der Vertrauensbereich wird immer kleiner (*Abb. 6-13*). Nach rund 500 Beobachtungen wird im allgemeinen eine Zwischenauswertung vorgenommen. Es wird geprüft, ob die im 4. Schritt geschätzten Merkmalsanteile p genau genug waren und die festgelegte Zahl der erforderlichen Beobachtungen ausreicht, die gewünschte Genauigkeit zu erreichen, oder ob sich die Studie gar verkürzen läßt.

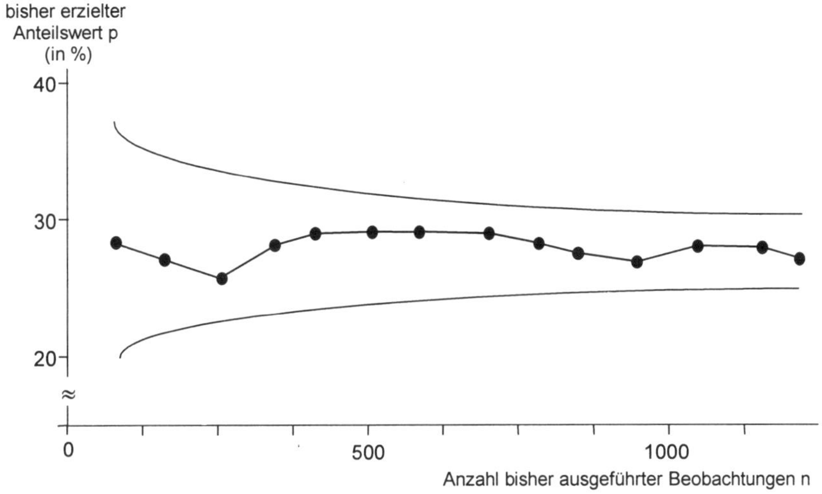

Abb. 6-13: Näherung der Beobachtungen an den wahren Wert in Abhängigkeit von der Beobachtungszahl

Auch die neuen Werte lassen sich - in umgekehrter Ablesefolge - aus dem Nomogramm entnehmen. Ersatzweise können sie anhand der Formel

$$f = 1{,}96 \sqrt{\frac{p\,(100 - p)}{n}}$$

ermittelt werden.

(10) Endauswertung

In der Endauswertung wird zunächst festgestellt, wie häufig jedes einzelne Beobachtungsmerkmal im Untersuchungszeitraum notiert wurde. Der Anteilswert eines jeden Merkmals wird ermittelt, indem die Zahl der Notierungen des Merkmals zu der Gesamtzahl der Notierungen ins Verhältnis gesetzt wird. Abschließend wird die erzielte Genauigkeit für jedes Merkmal aus dem Nomogramm ermittelt.

Es wurden insgesamt n = 1.300 Beobachtungen durchgeführt; dabei wurde ein bestimmtes Merkmal insgesamt 181 mal festgestellt. Dann ergibt sich der Anteil dieses Merkmals zu p = 181 / 1.300 = 13,9 %. Aus dem Nomogramm läßt sich eine Genauigkeit, bezogen auf dieses Merkmal, von f ≈ 1,9 % ablesen. Die Aussage lautet demnach: Der tatsächliche Anteilswert p des beobachteten Merkmals liegt mit 95 % Sicherheit innerhalb des Intervalls von 13,9 ± 1,9 %.

Multimomentaufnahme	
Vorteile	• geringer Aufwand bei einer dem Untersuchungsziel jeweils angemessenen Genauigkeit • relativ hohe Objektivität der ermittelten Informationen • statistisch abgesicherte Genauigkeit in Abhängigkeit vom Verwendungszweck • Möglichkeit der anonymen Auswertung • Aufnahme kann jederzeit unterbrochen und zu einem späteren Zeitpunkt fortgesetzt werden • keine Störung des Betriebsablaufes • gute Eignung für komplexere Aufgabenstellungen
Nachteile	• keine Erfassung geistiger Tätigkeiten möglich • hoher Aufwand zur Auswertung der Strichlisten • die Ergebnisse können Unsicherheiten aufweisen
Anwendung	• zur Erfassung der Tätigkeiten der Mitarbeiter, vor allem bei vielen Arbeitsplätzen mit verschiedenen Tätigkeiten und/oder in verschiedenen Räumen • auch zur Selbstbeobachtung geeignet; dabei liefert ein Zufallsgenerator die zur Selbstnotierung erforderlichen Zeitintervalle • zur Ermittlung der Zeitanteile von Tätigkeiten • zur Ermittlung von Auslastungsgraden • vorwiegend bei materiellen Arbeitsprozessen

Abb. 6-14: Bewertung der Multimomentaufnahme

1.7 Zeitaufnahme

Die Zeitaufnahme (Zeitstudie) setzt eine detaillierte Beschreibung des Arbeitssystems, im besonderen des Arbeitsablaufes und seiner Aktivitäten voraus. Für einzelne Ablaufabschnitte werden direkt und kontinuierlich mit Hilfe von Zeitmeßgeräten die Bearbeitungszeiten erfaßt. Die Zeitaufnahmen werden als Fremdbeobachtung durchgeführt.

Die Zeitaufnahme ist das genaueste Verfahren zur Zeitermittlung. Sie wird angewendet bei häufig wiederkehrenden, gleichförmigen Tätigkeiten. Die ermittelten Zeiten können beispielsweise für die Berechnung der Auslastung von Betriebsmitteln, für eine verursachungsgerechte Kostenverrechnung, für Maßnahmen der Arbeitsgestaltung oder zur Ermittlung des quantitativen Personalbedarfes verwendet werden. Zeitaufnahmen können auch zur Ermittlung von Vorgabezeiten für die Entlohnung dienen.

Zeitaufnahmen finden vor allem bei materiellen Prozessen in der Produktion ihre Anwendung. Für die informationellen Prozesse im Büro- und Verwaltungsbereich werden sie dagegen nur selten angewendet, da hier die Abläufe mit ihren Strukturen sowie ihren Beginn- und Endzeitpunkten wesentlich schwieriger zu erkennen sind und somit die Anwendung sehr problematisch wird. Außerdem wird bei informationellen Prozessen der Anteil der Routinetätigkeiten zunehmend geringer.

Zeitaufnahme	
Vorteile	• je nach Detaillierungsgrad hohe Objektivität der ermittelten Informationen • statistisch absicherbare Genauigkeit der Informationen
Nachteile	• direkte Fremdbeobachtung der Mitarbeiter • hoher Aufwand für die Aufnahme und Auswertung • geistige Tätigkeiten sind nicht erkennbar
Anwendung	• bei häufig wiederkehrenden Prozeßabläufen • vor allem für materielle Prozesse

Abb. 6-15: Bewertung der Zeitaufnahme

2. Techniken der Dokumentation

Bei der organisatorischen Gestaltung werden Regelungen für die Abwicklung von Arbeitsprozessen vorgenommen. Die dabei gebildeten organisatorischen Strukturen müssen aus verschiedenen **Gründen** beschrieben und dokumentiert werden:

- Die betroffenen Mitarbeiter sollen sich über die sie betreffenden Regelungen informieren können; deshalb sind diese eindeutig zu beschreiben.
- Eine übersichtliche Beschreibung ermöglicht bei der Analyse und Kritik bestehender Strukturen und Arbeitsabläufe einen besseren Ein- und Überblick in die Gesamtzusammenhänge.
- Bei der Konzipierung neuer oder veränderter Strukturen und Arbeitsabläufe ist der zu realisierende Soll-Zustand zu fixieren.

Organisationsstrukturen können dabei auf unterschiedliche Weise dargestellt werden:

- **Verbale Beschreibungen** bedienen sich als Texte in erster Linie der natürlichen Sprache;
- **Beziehungsschaubilder** stellen die Verknüpfungen zwischen den Systemelementen grafisch dar;
- **Ablaufdarstellungen** zeigen die logische Aufeinanderfolge von Vorgängen.

Insbesondere zur Darstellung von Arbeitsabläufen eignen sich rein textliche Beschreibungen nur bedingt; komplexere Abläufe können nur anhand grafischer Symbole übersichtlich dargestellt werden. Auf verbale Beschreibungen zum Beispiel in Form von Stellen- oder Aufgabenbeschreibungen wird dagegen zurückgegriffen, wenn organisatorische Tatbestände bezüglich spezifischer Aspekte detaillierter dargestellt werden sollen. In der praktischen Organisationsarbeit werden diese drei Darstellungsformen oft kombiniert eingesetzt; die in den grafischen Darstellungstechniken verwendeten Symbole werden dabei durch verbale Beschreibungen erläutert und ergänzt.

Die organisatorischen Sachverhalte werden häufig in einem **Organisationshandbuch** gegliedert zusammengefaßt. Ein Organisationshandbuch kann als "das Gesetzbuch einer Unternehmung" (*Schmidt* 1994, S. 388) verstanden werden und enthält auch solche Regelungen, die nicht im engeren Sinne als organisatorisch zu bezeichnen sind.

Organisationshandbücher dienen als Nachschlagewerke für die Mitarbeiter eines Unternehmens. Sie können sowohl für das Gesamtunternehmen als auch für Teilbereiche eines Unternehmens oder für bestimmte Geschäftsprozesse ausgelegt sein. Organisationshandbücher können als wesentliche Bestandteile die nachfolgend beschriebenen Darstellungen enthalten.

2.1 Stellenbeschreibung

Die Stellenbeschreibung ist eine formalisierte verbale Beschreibung einer Stelle hinsichtlich ihrer Ziele und Aufgaben, Kompetenzen und Verantwortlichkeiten sowie ihrer wichtigsten Beziehungen zu anderen Stellen.

Die Stellenbeschreibung soll personenneutral, das heißt ohne Berücksichtigung des jeweiligen Stelleninhabers und dessen Qualifikation erstellt werden. Die Stellenbeschreibung wird oft um ein Anforderungsprofil und Beurteilungskriterien erweitert. Mit der Formulierung von Stellenbeschreibungen (Arbeitsplatzbeschreibung, job description, position guide) werden vor allem folgende **Ziele** verfolgt:

- Eine klare und lückenlose Beschreibung der einzelnen Stellen im Unternehmen mit den zugehörigen Aufgaben, Kompetenz und Verantwortlichkeiten;
- die Regelung der Beziehungen zu anderen Stellen;
- eine Beschreibung der aus der Stellenaufgabe resultierenden Anforderungen an den Stelleninhaber;
- eine schriftliche Vorgabe von Leistungsvorgaben und Leistungsnormen
- und damit eine Objektivierung der Lohn- und Gehaltsstruktur.

Der Arbeitgeber ist nach § 81 Abs. 1 Satz 1 BetrVG verpflichtet, den Mitarbeiter "über dessen Aufgabe und Verantwortung sowie über die Art seiner Tätigkeit und ihre Einordnung in den Arbeitsablauf des Betriebes zu unterrichten". Der Gesetzgeber läßt dabei offen, ob dieser Informationspflicht in schriftlicher oder in mündlicher Form nachzukommen ist. Viele Unternehmen bedienen sich hierzu jedoch der Stellenbeschreibung.

Es gibt kein einheitliches Muster für Stellenbeschreibungen; sie unterscheiden sich von Unternehmen zu Unternehmen sowohl nach dem Inhalt als auch nach der Gliederung. Der Umfang und damit auch die Gliederungstiefe hängen dabei von der jeweiligen Zielsetzung und vom Verwendungszweck ab, den die Stellenbeschreibungen in einem Unternehmen haben. Innerhalb eines Unternehmens sollte der formale Aufbau einer Stellenbeschreibung grundsätzlich nach einem einheitlichen Schema erfolgen. Inhaltliche Differenzierungen zwischen den einzelnen Stellen resultieren aus ihrer Position in der Leitungshierarchie: Die Stellen auf den höheren Hierarchieebenen können aufgrund der hohen Veränderlichkeit ihrer Aufgaben weniger präzise beschrieben werden; hier liegt der Schwerpunkt einer Stellenbeschreibung eher bei der Beschreibung von Zielen. Je stärker eine Stelle mit Routineaufgaben betraut ist, desto ausführlicher kann auch die Stellenbeschreibung vorgenommen werden. Für gleichartige Stellen können einheitliche Beschreibungen erstellt werden, die jeweils durch stellenspezifische Angaben ergänzt werden. Die Stellenbeschreibung sollte klar, eindeutig und unmißverständlich formuliert werden. Aufgrund ihrer relativ hohen Detaillierung beinhaltet sie "die höchste Stufe der Fixierung des organisatorischen Aufbaus einer Unternehmung" (*Ulrich/Staerkle* 1969, S. 45).

Im einzelnen kann eine Stellenbeschreibung folgende **Angaben** enthalten (vgl. hierzu *Schwarz* 1983, S. 227 ff.; *Wittlage* 1986, S. 108 ff.; *Weidner* 1987, S. 202 ff.; *Blum* 1991, S. 153 ff.; *Schmidt* 1994, S. 319 ff.):

1. Bezeichnung der Stelle

Die Stellenbezeichnung kennzeichnet den Schwerpunkt des Aufgabenbereichs; sie kann durch ein Stellenkurzzeichen ergänzt werden. Die Stellenbezeichnungen sollten mit denen des Organigramms identisch sein. Weiterhin sind hier der Abteilungsname und der Unternehmensbereich anzugeben, wenn dies nicht deutlich aus der Bezeichnung der Stelle hervorgeht.

2. Rang des Stelleninhabers

Die Einordnung der Stelle in der Leitungshierarchie (z.B. Abteilungsleiter) oder auch weitere, die Bedeutung der Stelle kennzeichnende Eigenschaften (z.B. Prokurist) werden hier aufgeführt.

3. Vorgesetzte(r) des Stelleninhabers

Es wird die Stellenbezeichnung der übergeordneten Leitungsstelle (nicht der Name des Vorgesetzten) angegeben. Bei einer Mehrfachunterstellung sind hier alle Leitungsstellen mit ihren jeweiligen Kompetenzen in fachlicher und disziplinarischer Sicht aufzuführen.

4. Unmittelbar unterstellte Mitarbeiter

Hier sind die Stellenbezeichnungen aller fachlich und disziplinarisch unterstellten Stelleninhaber einschließlich der Teilzeitbeschäftigten anzuführen.

5. Stellvertretung

Sie bezieht sich sowohl auf die Vertretung eines anderen (gleich- oder übergeordneten) Stelleninhabers als auf auch die Vertretung des Stelleninhabers selbst. Sind jeweils mehrere Stellvertreter vorgesehen, so sind die Vertretungsgebiete zu nennen.

6. Zielsetzung der Stelle

Es wird kurz die Zielsetzung und Hauptaufgabe der Stelle festgelegt.

7. Fachaufgaben

Alle dauerhaften Fachaufgaben der Stelle sind so konkret zu beschreiben, daß eine eindeutige Abgrenzung der Zuständigkeiten zu anderen Stellen erreicht wird. Durch eine eindeutige Formulierung der Aufgaben sind gleichzeitig auch die Kompetenzen und Verantwortlichkeiten festgelegt. Insbesondere bei Stellen der Durchführungsebene kann für die einzelnen Aufgaben der prozentuale Zeitanteil an der monatlichen Gesamtarbeitszeit angegeben werden.

8. Sonderaufgaben

Sonderaufgaben erstrecken sich normalerweise auf Planungs-, Organisations- und Personalaufgaben, soweit eine Stelle nicht mit ihrer Fachaufgabe darauf spezialisiert ist.

9. Sonderbefugnisse

Die Zusammenstellung aller besonderen Befugnisse, die über die sich aus den Aufgaben ergebenden Kompetenzen hinausgehen (z.B. Bankvollmachten oder besondere Unterschriftsbefugnisse), können hier aufgeführt werden.

10. Zusammenarbeit mit anderen Stellen

Ist es für bestimmte Aufgaben notwendig, daß sie zusammen mit anderen Stelleninhabern durchgeführt werden, so sind Art und Umfang der Zusammenarbeit zu beschreiben. Die Art der Zusammenarbeit kann dabei informativ, koordinierend, beratend, mitentscheidend oder mitausführend sein.

11. Mitarbeit in Arbeitsgruppen

Die Art und das Ausmaß der Mitarbeit in dauerhaften Arbeitsgruppen werden hier beschrieben. Es ist dabei anzugeben, welche Aufgabenstellung der Arbeitsgruppe übertragen ist und in welchem Turnus Sitzungen stattfinden.

12. Schriftliche Informationen

Hier sind Berichte, Mitteilungen, Statistiken etc. aufzuführen, die der Stelleninhaber im Zusammenhang mit seiner Aufgabenstellung benötigt und erstellt. Die einzelnen Informationen können dabei nach ihrem zeitlichen Anfall (täglich, wöchentlich, monatlich, unregelmäßig) untergliedert werden.

13. Einzelaufträge

Für den Fall, daß unvorhergesehene Aufgaben anfallen, die in keiner Stellenbeschreibung geregelt sind, wird hier festgehalten, von wem der Stelleninhaber derartige Einzelaufträge übertragen bekommen kann.

14. Beurteilungsmaßstäbe

Soll die Stellenbeschreibung auch zur Arbeits- und Leistungsbewertung des Stelleninhabers verwendet werden, so sind Leistungsstandards vorzugeben.

15. Anforderungen an den Stelleninhaber

Die Anforderungen ergeben sich aus den Aufgaben der Stelle. Sie können mit aufgenommen werden, wenn die Stellenbeschreibung bei der Stellenbesetzung und der Ermittlung des qualitativen Personalbedarfes herangezogen werden soll.

Vor der endgültigen schriftlichen Fixierung einer Stellenbeschreibung ist diese mit dem betroffenen Stelleninhaber abzustimmen. Die Stellenbeschreibung tritt erst in Kraft, wenn sie durch den Ersteller, den Stelleninhaber und seinen Vorgesetzten unterschrieben sind. Sie wird mit der **Inkraftsetzung** nicht nur dem Stelleninhaber zugeleitet, sondern auszugsweise auch denjenigen Stellen, mit denen er durch Arbeitsbeziehungen verbunden ist. Sie können dabei in ihrer Gesamtheit neben anderen Dokumentationen in einem Organisationshandbuch zusammengefaßt werden. Je ausführlicher die Stellenbeschreibungen gehalten sind, desto höher wird der Formalisierungsgrad.

Stellenbeschreibungen sind problematisch, da sie einen **augenblicklichen Zustand** beschreiben, der sehr schnell nicht mehr den Anforderungen entsprechen kann. Sollen Stellenbeschreibungen nicht veralten, müssen sie nach ihrem Inkrafttreten laufend überarbeitet werden. Einzelkorrekturen können dabei jederzeit vorgenommen werden; eine Gesamtüberprüfung sollte in regelmäßigen Abständen - nach *Schmidt* (1994, S. 321) mindestens alle zwei Jahre - erfolgen. Der Änderungs- und Pflegeaufwand ist dabei umso größer, je detaillierter die Stellen beschrieben sind.

Stellenbeschreibungen fördern zudem ein Verhalten, bei dem sich die Mitarbeiter auf ihre Aufgabe beschränken. Die starre Fixierung und Abgrenzung der Aufgaben wirken sich als sehr hinderlich aus, wenn man bei den Mitarbeitern Flexibilität fördern und Kreativität freisetzen möchte. Viele Unternehmen arbeiten deshalb ohne Stellenbeschreibungen. Der Gefahr einer **Überorganisation** und Behinderung der persönlichen Initiative kann begegnet werden, indem sich die Stellenbeschreibung auf eine knappe Formulierung der Hauptaufgabe und die Ziele der Stelle beschränkt.

Zudem wurden in vielen Unternehmen umfangreiche Qualitätsmanagement-Handbücher und detaillierte Verfahrensanweisungen erstellt, um den Anforderungen eines Qualitätsmanagementsystem nach DIN ISO 9000 zu genügen. In diesen Dokumenten sind weitgehend auch die in Stellenbeschreibungen aufgeführten Informationen enthaltenen, so daß sich letztere weitgehend erübrigen. Stellenbeschreibungen werden spätestens dann überflüssig, wenn im Zuge einer prozeßorientierten Organisationsgestaltung ausführliche Beschreibungen der Geschäftsprozesse erstellt worden sind.

Stellenbeschreibung (1/2)

01 Bezeichnung der Stelle

Leiter Organisation / Informatik

02 Rang des Stelleninhabers

Abteilungsleiter

03 Vorgesetzte(r) des Stelleninhabers

Leiter des Geschäftsführungsbereiches Betriebswirtschaft

04 Unmittelbar unterstellte Mitarbeiter

- Gruppenleiter Organisation
- Gruppenleiter Systementwicklung
- Gruppenleiter Individuelle Datenverarbeitung
- Gruppenleiter Rechenzentrum
- Sekretärin

05 Stellvertretung

051 Stelleninhaber wird vertreten durch

Gruppenleiter Organisation

052 Stelleninhaber vertritt

Gruppenleiter Organisation

06 Zielsetzung und Hauptaufgabe der Stelle

Gestaltung, Einführung und Überwachung einer wirtschaftlichen und zweckmäßigen Organisations-, Informations- und Kommunikationsstruktur für das Unternehmen

07 Fachaufgaben

- Durchführung von Organisationsanalysen im gesamten Unternehmen
- Planung und Realisation zweckmäßiger Organisations- und Kommunikationsstrukturen
- Initiierung, Planung und Kontrolle von Organisations- und IKS-Projekten
- Festlegung von Methoden und Techniken zur Organisationsplanung und IKS-Entwicklung
- Koordination der Informationsverarbeitung im gesamten Unternehmen
- Durchführung und Aufrechterhaltung des Rechenzentrumbetriebes
- Überwachung der Kommunikationseinrichtungen (Telefon, Netze, Postdienste)
- Sicherstellen der Datenkommunikation (EDI) mit Lieferanten und Kunden
- Beschaffung von Hard- und Software für das gesamte Unternehmen
- Erlassen von Organisationsrichtlinien

08 Sonderaufgaben

081 Planungsaufgaben

- Erstellung und Überwachung des Budgets für den Bereich Organisation / Informatik
- Beratung der Unternehmensleitung in allgemeinen Organisationsfragen

082 Organisationsaufgaben

entfällt

083 Personalaufgaben

- Planung des Ausbildungsbedarfes und Planung von Schulungen gemeinsam mit der Personalabteilung
- Einstellung, Entlassung, Gehaltsfindung von tariflichen Mitarbeitern der Abteilung

084 Sonstige Sonderaufgaben

Entwicklung des IKS-Gesamtkonzeptes

Stellenbeschreibung (2/2)		
09 Sonderbefugnisse Gesamtprokura		
10 Zusammenarbeit mit anderen Stellen fallweise mit allen Abteilungen des Unternehmens		
11 Mitarbeit in Arbeitsgruppen 111 Innerbetrieblich Arbeitsgruppe "Organisationsentwicklung" 112 Außerbetrieblich entfällt		
12 Schriftliche Informationen 121 eingehende Informationen Auszüge aus Vorstandsprotokollen, die organisatorische Maßnahmen betreffen 122 ausgehende Informationen monatlich: Bericht über Stand und Kosten der durchgeführten Projekte an den Leiter des Geschäftsbereichs Betriebswirtschaft jährlich: Revidiertes Gesamtkonzept zur Informations- und Kommunikationsstruktur (strategischer IKS-Plan)		
13 Einzelaufträge Der Stelleninhaber ist verpflichtet, im Rahmen seiner Stellenaufgabe Einzelaufträge Dritter nach Abstimmung und Genehmigung mit seinem Vorgesetzten auszuführen.		
14 Beurteilungsmaßstäbe - Budget- und Terminabweichungen der Projekte - Effizienz und Kosten der IKS-Infrastruktur		
15 Anforderungen an den Stelleninhaber 151 Ausbildung / Qualifikation - betriebswirtschaftliches Hochschulstudium - fundierte EDV-technische Kenntnisse 152 Erfahrung - praktische Erfahrungen auf den Gebieten Organisationsgestaltung, Informationsverarbeitung und Projektmanagement - mehrjährige Erfahrung in der Personalführung 153 Persönliche Eigenschaften - kooperatives Führungsverhalten - Fähigkeit, hochqualifizierte Mitarbeiter zu motivieren - Kooperations- und Teamfähigkeit - Fähigkeit zum analytischen Denken		
Tritt in Kraft am	Nächste Überprüfung am	Anzahl der Seiten: 2
Unterschrift Stelleninhaber __________	Unterschrift Vorgesetzter __________	Unterschrift Verfasser __________

Stellenbeschreibung	
Vorteile	• klare Zuweisung aller Aufgaben, Kompetenzen und Verantwortlichkeiten; hierdurch Vermeidung oder leichtere Lösbarkeit von Kompetenzkonflikten • präzisere Vorgaben für die Stellenbesetzung und Personalentwicklung • leichtere Einarbeitung neuer Stelleninhaber • leichtere Mitarbeiterbeurteilung, Stellvertretung, Lohn- und Gehaltsfindung
Nachteile	• hoher Einführungs- und Änderungsaufwand • Gefahr der Überorganisation durch zu starke Formalisierung, dadurch unzureichende Flexibilität • Behinderung von Initiative und Kreativität • Gefahr der Redundanz mit anderen Dokumentationen (zum Beispiel Verfahrensanweisungen, Prozeßbeschreibungen) • organisatorische Mängel wie Überschneidungen oder Fehlen von Verantwortlichkeiten können nicht erkannt werden
Anwendung	• für Stellen mit sich in ähnlicher Form wiederholenden Aktivitäten • bei einer stabilen Unternehmensumwelt

Abb. 6-16: Bewertung der Stellenbeschreibung

2.2 Funktionendiagramm

Das Funktionendiagramm (Funktionsmatrix, activity distribution chart) ist eine übersichtliche Darstellung der Zuordnung von Aufgaben zu Stelle (vgl. *Joschke* 1980, Sp. 442 ff.; *Schwarz* 1983, S. 215 ff.; *Wittlage* 1986, S. 125 ff.; *Schmidt* 1994, S. 330 ff.). Die Darstellungsform entspricht einer Tabelle oder Matrix (*Abb. 6-17*).

	Stellen				
Aufgaben	**GL**	**VL**	**VKB**	**Vertr**	**AA**
Verkaufspolitik formulieren	E	P			
Verkaufsprogramm erstellen	E	EM			
Marktforschung durchführen		E	A		
Preiskalkulationen vornehmen	EG / EW	EN	A		
Werbung durchführen	EG	E	A		
Kundenbesuche vornehmen		EG		E / A	
Kundenaufträge bearbeiten		EW			EN / A
Fertigwarenlager verwalten		EW			EN / A
Rechnungen ausschreiben			A		

Abkürzungen für die Stellen:
GL = Geschäftsleitung VKB = Verkaufsbüro AA = Auftragsabwicklung
VL = Verkaufsleitung Vertr = Vertreter

Abb. 6-17: Funktionendiagramm (Beispiel Vertrieb)

Die Zeilen des Diagramms enthalten die einzelnen Aufgaben, die Spalten die an der Aufgabendurchführung mitwirkenden Stellen. In den Zellen der Matrix werden die jeweiligen Funktionen durch Kürzel festgehalten. Unter einer Funktion ist in diesem Zusammenhang der Anteil an der Erfüllung einer Aufgabe zu verstehen, der auf eine Person oder Personengruppe entfällt (vgl. *Nordsieck* 1955, S. 40). Funktionen im Sinne von Zuständigkeiten beschreiben demnach den Beitrag einzelner Stellen an der Ausführung einer Aufgabe. Ähnlich wie eine Aufgabe in Teilaufgaben (Aufgabenanalyse) oder ein Prozeß in Teilprozesse (Prozeßdekomposition) gegliedert wird, kann auch eine Funktion in Teilfunktionen unterteilt werden (vgl. *Ulrich/Staerkle* 1969, S. 42 f.; *Schmidt* 1994, S. 334 f.). Die hierbei zu unterscheidenden Teilfunktionen gehen aus *Abbildung 6-18* hervor.

Kürzel	Funktion
X	Gesamtzuständigkeit
P	Planung (Entscheidungsvorbereitung)
E	Entscheidung
EM	Mitentscheidung
EK	Kollektiventscheidung (in Ausschüssen)
EN	Entscheidung im Normalfall
EW	Entscheidung in wichtigen Fällen
EA	Entscheidung im Ausnahmefall
EG	Grundsatzentscheidung
A	Ausführung
AM	Mitwirkung bei der Ausführung
AW	Ausführungsvorbehalt für wichtige Fälle
K	Kontrolle
KE	Ergebniskontrolle
KV	Verfahrenskontrolle

Abb. 6-18: Funktionen und Kürzel von Funktionendiagrammen

Das Funktionendiagramm bildet nur einen kleinen Teil der Informationen ab, die in einer Stellenbeschreibung oder einer Arbeitsablaufdarstellung enthalten sind. Es dient jedoch als Ausgangsbasis für weitere, detailliertere Beschreibungen:

- Die Zeilen des Funktionendiagramms beinhalten alle Funktionen, die zur Erfüllung einer Aufgabe notwendig sind; sie bilden die Grundlage für die Darstellung von Arbeitsabläufen und Informationsbeziehungen.
- In einer Spalte sind alle Funktionen einer Stelle aufgeführt; sie bilden die Grundlage von Stellenbeschreibungen und Anforderungsprofilen.

Funktionendiagramm	
Vorteile	• übersichtliche und knappe Darstellung über die Verteilung von Aufgaben, Kompetenzen und Verantwortlichkeiten • relativ geringer Aufwand bei der Erstellung und Aktualisierung • organisatorische Mängel wie Überschneidungen oder Fehlen von Verantwortlichkeiten können leicht erkannt werden
Nachteile	• eindeutige Definition und Abgrenzung der Funktionen kann schwierig oder nicht möglich sein • die detailliertere Darstellung von organisatorischen Sachverhalten erfordert zusätzliche Darstellungsinstrumente • Übersichtlichkeit leidet bei einer großen Zahl von Symbolen
Anwendung	• Festlegung von Entscheidungsbefugnissen innerhalb einer Abteilung • Abgrenzung von komplexen Aufgaben, an denen mehrere Stellen aus verschiedenen Abteilungen beteiligt sind • Ausgangsbasis für detailliertere Beschreibungen (Stellenbeschreibungen, Aufgabenfolgepläne, Arbeitsablaufdiagramme)

Abb. 6-19: Bewertung des Funktionendiagramms

2.3 Organigramm

Das Organigramm ist eine grafische Darstellung der Leitungsorganisation.

Ein Organigramm (auch Organisationsplan, Organisationsschaubild oder Stellenplan) soll die wesentlichen Regelungen hinsichtlich der Leitungsorganisation grafisch darstellen (vgl. *Schwarz* 1983, S. 227 ff.; *Weidner* 1987, S. 200 ff.; *Schmidt* 1994, S. 324 ff.). Es kann dabei Auskünfte über folgende organisatorische Sachverhalte geben:

- Die Verteilung der betrieblichen Aufgaben auf Stellen und Abteilungen und die Anzahl der damit betrauten Mitarbeiter - bei detaillierten Organigrammen ist somit der Grad der Arbeitsteilung erkennbar;
- die hierarchische Struktur der Leitungsorganisation (Leitungsspanne, Leitungstiefe) und der Weisungsbeziehungen (Anordnungsbeziehungen) zwischen den Stellen;
- die Einordnung von Leitungshilfsstellen;
- die personelle Besetzung der Stellen.

In größeren Unternehmen wird ein Organigramm, das alle Leitungsbeziehungen von der obersten Unternehmensleitung bis zur letzten ausführenden Stelle zeigt, schnell unübersichtlich und unhandlich. Deshalb wird in einem **Übersichtsplan** zunächst die Grobstruktur der gesamten Leitungsorganisation dargestellt; diese wird dann in weiteren **Detailplänen** abteilungsbezogen verfeinert.

Die Symbole für die Darstellung der organisatorischen Elemente sind nicht genormt. In der Praxis haben sich die in *Abbildung 6-20* dargestellten Konventionen eingebürgert.

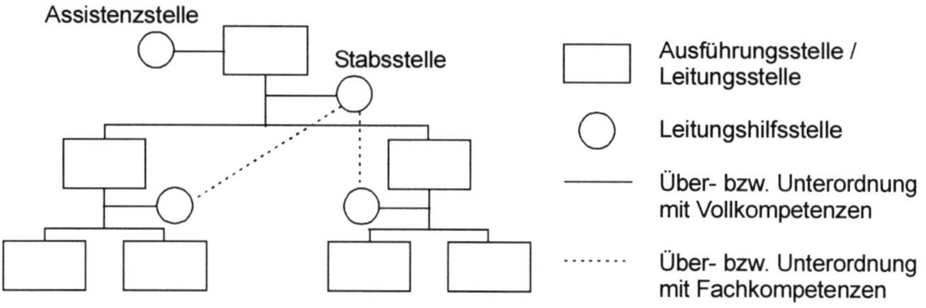

Abb. 6-20: Symbolik von Organigrammen

Mit Linien werden die Über- und Unterordnungen dargestellt, wobei Unterordnungen von oben nach unten oder von links nach rechts ausgewiesen werden. Mit voll ausgezogenen Linien wird die Vollkompetenz, mit gestrichelten Linien die Teilkompetenz (fachliche Weisungsrechte) gekennzeichnet. Sonstige Kommunikationswege werden nicht eingetragen. Leitungshilfsstellen werden direkt unter oder neben der Leitungsstelle dargestellt, der sie zugeordnet sind.

Die in der Praxis üblichen Darstellungsformen sind das horizontale und das vertikale Organigramm sowie Mischformen aus beiden (*Abb. 6-21*):

- Das **vertikale** Organigramm ist eine hierarchische Abbildung in Pyramidenform, in der die oberste Unternehmensleitung auch grafisch zuoberst abgebildet ist. Die Pyramidenform führt bei großen Leitungsspannen zu Darstellungsproblemen: Die Schaubilder gehen stark in die Breite; spätestens ab der vierten Ebene muß das Schaubild in Einzelbilder aufgelöst werden.
- Das **horizontale** Organigramm folgt der normalen Leserichtung von links nach rechts. Es ist damit zwar nicht so anschaulich wie das vertikale Organigramm; aufgrund der dichteren Darstellung wird jedoch der verfügbare Platz besser genutzt.
- Bei einem Organigramm in **Säulenform** werden die ersten zwei bis drei Ebenen vertikal in Pyramidenform dargestellt, die Ebenen darunter horizontal. Somit werden die technischen Nachteile der rein vertikalen Darstellung gemildert.

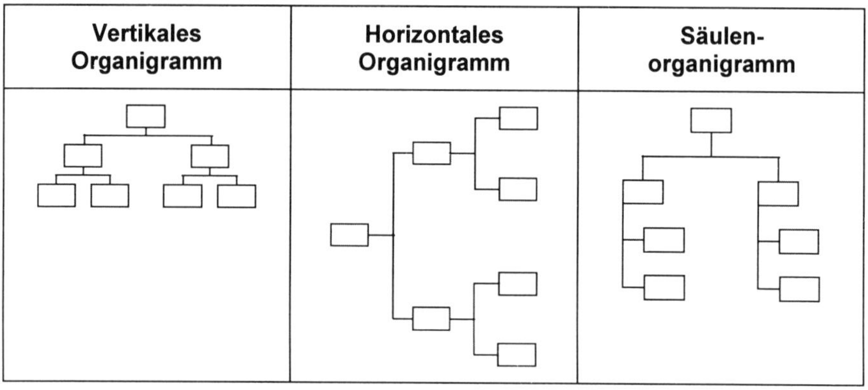

Abb. 6-21: Darstellungsformen von Organigrammen

Die Wahl einer Darstellungsart hängt oftmals von dem Platz ab, der für die Darstellung zur Verfügung steht.

In den Symbolen für die Stellen wird in Kurzform die Stellenbezeichnung oder Hauptaufgabe der Stelle angegeben. In die Stellensymbole können auch noch weitere Informationen aufgenommen werden:

- Der **Name des Stelleninhabers** wird häufig zusätzlich zur abstrakten Bezeichnung der Stelle eingetragen. Oftmals wird der Name noch vor der Stellenbezeichnung genannt. Hierdurch wird das Organigramm sehr viel aussagekräftiger als durch die alleinige Angabe der Stellen- oder Abteilungsbezeichnung. Dem steht der Nachteil eines hohen Änderungsaufwandes entgegen, da personelle Veränderungen sehr viel häufiger als organisatorische Änderungen vorgenommen werden.
- Jede Stelle kann ein bestimmtes **Stellenkurzzeichen** erhalten. Aus dem Kurzzeichen geht eindeutig hervor, in welche hierarchische Kette eine Stelle einzuordnen ist und auf welcher Leitungsebene die Stelle liegt. Das Stellenkurzzeichen kann entweder als numerisches Zeichen aufgebaut sein oder alphanumerisch in Form mnemotechnisch gestalteter Stellenkurzzeichen.
- Durch eine Zahl im Stellensymbol kann angegeben werden, wieviele **Mitarbeiter** über alle untergeordneten Ebenen dieser Stelle zugewiesen sind. Eine mögliche weitere Differenzierung nach Lohn- und Gehaltsempfängern oder nach außertariflichen und tariflichen Mitarbeitern ist in der Regel nur für den internen Gebrauch der oberen Leitungsebene gedacht.
- Zusätzliche **Kommunikationshinweise** wie beispielsweise die Telefonnummer, die E-Mail-Adresse, Orts- und Raumangaben können andere Informationsquellen wie Telefonbücher ersetzen.

Als eine „in vieler Hinsicht zweckmäßige Stellen-Nummer" schlägt *Blum* (1991, S. 99) folgenden Aufbau des Stellenkurzzeichens vor: „Die oberste Leitung erhält die Nummer 1, auf der nächsten Rangstufe werden die Stellen mit 1.1, 1.2, 1.3 usw. bezeichnet. Beim Überspringen einer Rangebene wird eine Null eingesetzt und danach fortlaufend numeriert. Ein derartiges System hat den Vorteil, daß man aus der Folge der Ziffern die Unterstellungsverhältnisse und aus der Stellenzahl den Rang der Stelle ableiten kann. Außerdem ist es eine Hilfe bei der Ist-Aufnahme von Unterstellungsverhältnissen und bei der Konstruktion von Schaubildern in Pyramidenform, die dann analog der Aufnahme und Darstellung von Aufgabenanalysen erfolgen kann."

Wenn das Organigramm um diese zusätzlichen Informationen ergänzt wird, kann von einem **erweiterten Organigramm** gesprochen werden (*Abb. 6-22*).

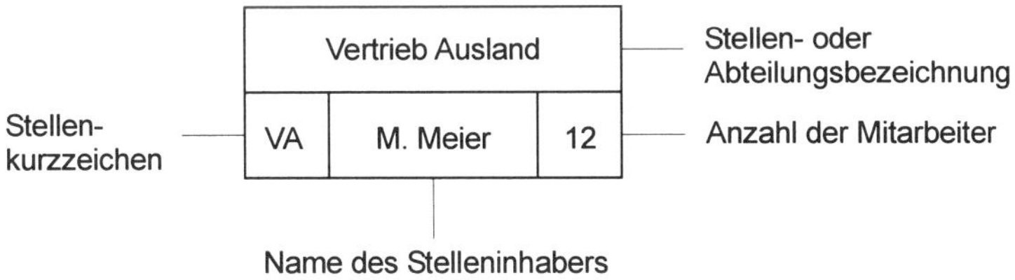

Abb. 6-22: Stellensymbol eines erweiterten Organigramms

Organigramm	
Vorteile	• anschauliche Darstellung der hierarchischen Strukturen • wichtigstes Instrument zur Darstellung der Organisationsform
Nachteile	• stark vereinfachend • mögliche technische Probleme der Darstellung • Pflege- und Änderungsaufwand
Anwendung	• in jeder Organisation • Voraussetzung für weitere, detailliertere Darstellungen der Organisationsstrukturen

Abb. 6-23: Bewertung des Organigramms

2.4 Ablaufdiagramm

Die Zuordnung von einzelnen Ablaufabschnitten eines Geschäftsprozesses zu den an diesen Prozeß beteiligten Stellen sowie der zeitliche Ablauf kann in einem Ablaufdiagramm dargestellt werden (*Abb. 6-24*). Die einzelnen Ablaufabschnitte - dies können umfangreiche Teilprozesse oder auch nur einzelne Aktivitäten sein - werden in den Zeilen aufgelistet; in den Spalten erfolgt die Zuordnung der Ablaufabschnitte an die jeweiligen Organisationseinheiten.

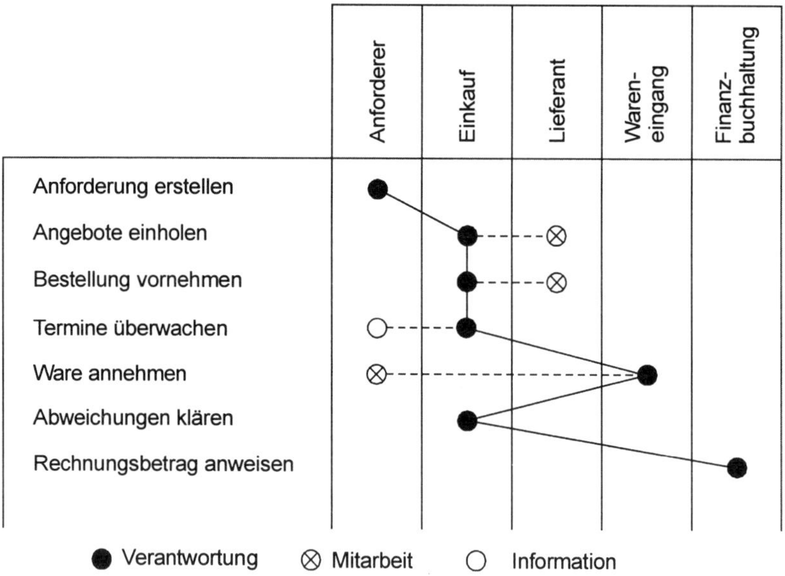

Abb. 6-24: Ablaufdiagramm

Durch standardisierte Symbole wird die jeweilige Funktion der einzelnen Organisationseinheiten angegeben:

- Die Funktion **Verantwortung** erstreckt sich auf die fehlerfreie, termingerechte und kostengünstige Durchführung der Aktivität; für eine Aktivität kann jeweils nur eine Stelle die Durchführungsverantwortung haben.
- Die Funktion **Mitarbeit** beinhaltet die Mitwirkung an der Durchführung einer Aktivität.
- Die Funktion **Information** bedeutet, daß die jeweilige Stelle über die getroffenen Entscheidungen und über Ergebnisse informiert wird.

Das Ablaufdiagramm kann um zusätzliche Angaben wie beispielsweise zu den Durchführungs- und Durchlaufzeiten, den eingesetzten Sachmitteln oder den verwendeten Informationssystemen erweitert werden.

Ablaufdiagramm	
Vorteile	• transparenter Überblick über den Gesamtablauf und alle beteiligten Stellen • leicht lesbar • Erweiterungen problemlos möglich
Nachteile	• verzweigte Abläufe nur schwer darstellbar • logische Abhängigkeiten nicht darstellbar
Anwendung	• bei einfachen Abläufen mit nur einem Bearbeitungsobjekt

Abb. 6-25: Bewertung des Auflaufdiagramms

2.5 Folgeplan

Ein grundlegender Mangel des Ablaufdiagramms liegt darin, daß Verzweigungen und logische Abhängigkeiten nicht oder nur schwer darstellbar sind. Ebenso eignen sich textliche Darstellungen zur Beschreibung von Arbeitsabläufen nur bedingt. Um alle Grundformen von Ablaufbeziehungen darstellen zu können, bedarf es einer Symboltechnik wie sie beispielsweise in Folgeplänen angewendet wird.

(1) Grundformen von Folgebeziehungen

Betriebliche Abläufe können höchst unterschiedlich strukturiert sein. Die Folgebeziehungen der einzelnen Ablaufelemente eines Arbeitsprozesses - dies können Aktivitäten, Teilprozesse, Arbeitsplätze oder auch komplette Arbeitssysteme sein - lassen sich jedoch alle auf sechs unterscheidbare Grundformen von Folgebeziehungen zurückführen (vgl. *REFA* 1985b, S. 14 ff.; *Liebelt/Sulzberger* 1989, S. 40 ff.). Die entsprechenden Symbole sind aus *Abbildung 6-26* ersichtlich. Wenn eine Darstellungsmethode in der Lage ist, diese Grundformen abzubilden, so können mit ihr alle in der Realität vorkommenden Folgebeziehungen erfaßt werden.

1. Bei der **Kette** handelt es sich um eine unverzweigte Aufeinanderfolge von Ablaufelementen; die Flußrichtung des Ablaufes wird durch **Pfeile** dargestellt.
2. Eine **Und-Verzweigung** steht am Beginn von zwei oder mehr Ablaufelementen, die parallel angeordnet sind. Die Aktivitäten in den verschiedenen parallelen Ablaufzweigen erfolgen unabhängig voneinander.

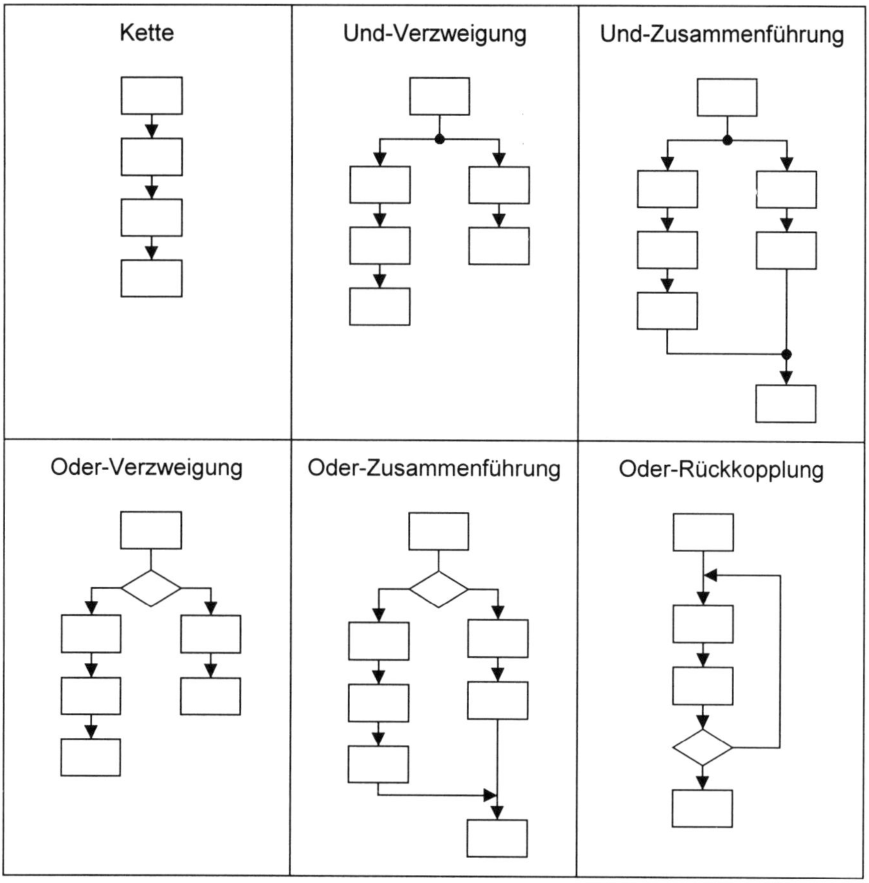

Abb. 6-26: Grundformen von Folgebeziehungen

3. In einer **Und-Zusammenführung** können die nach einer Und-Verzweigung parallel verlaufenden Teilabläufe wieder zusammengeführt und gemeinsam fortgeführt werden. Der einer Zusammenführung direkt folgende Ablaufabschnitt kann erst ausgeführt werden, wenn beide Vorgänger durchlaufen sind. Die Zusammenführung wird durch einen **Punkt** gekennzeichnet.

4. Bei der **Oder-Verzweigung** erfolgt aufgrund von Bedingungskonstellationen mit zwei oder mehr Ausprägungen eine Weichenstellung. Es wird eine Parallelbearbeitung ausgelöst, wobei die parallelen Ablaufelemente alternativ abgewickelt werden. Verzweigungen werden durch eine **Raute** gekennzeichnet; die Raute enthält die Bedingung, von deren Erfüllung die Wahl der Alternative abhängt.

5. In einer **Oder-Zusammenführung** werden - wie bei der Und-Zusammenführung - alternative Teilabläufe zusammengeführt, um gemeinsam fortgesetzt zu werden. Die Zusammenführung wird durch einen **Pfeil** gekennzeichnet.

6. Bei der **Oder-Rückkopplung** handelt es sich grundsätzlich um eine Oder-Zusammenführung nach einer Oder-Verzweigung. Die Besonderheit liegt jedoch darin, daß bei der Oder-Verzweigung nicht nur auf einen oder mehrere im Ablauf nachgelagerte Elemente verzweigt wird, sondern auch an ein im Ablauf vorgela-

gertes Element. Es handelt sich hierbei um die Wiederholung eines Ablaufabschnittes, die in Abhängigkeit von bestimmten Bedingungskonstellationen durchzuführen ist.

Die grundsätzlichen Unterschiede zwischen den verschiedenen Verzweigungs- und Zusammenführungsformen sind in *Abbildung 6-26* im Überblick dargestellt. Die theoretisch denkbare **Und-Rückkopplung** beinhaltet eine Schleife ohne Ende und ist unbedingt zu vermeiden.

	Verzweigung	**Zusammenführung**
Und	**Alle** nachfolgenden Zweige werden durchlaufen.	**Alle** vorhergehenden Ablaufelemente müssen abgeschlossen sein.
Oder	**Ein** nachfolgender Zweig wird durchlaufen.	**Ein** unmittelbar vorhergehendes Ablaufelement muß abgeschlossen sein.

Abb. 6-27: Verzweigungs- und Zusammenführungsformen

(2) Symbole und Regeln der Darstellung

Die in der Organisationspraxis am meisten verwendeten Techniken der Darstellung von Ablaufstrukturen benutzen zum Teil gleiche Begriffe und Symbole (vgl. REFA 1985b, S. 20 ff.; *Liebelt/Sulzberger* 1989, S. 122 ff.; *Schmidt* 1994, S. 363 ff.). Obwohl einige der in der nachfolgenden *Abbildung 6-28* aufgeführten Begriffe zunächst etwas befremdlich anmuten, haben sie sich durchgesetzt und sind in Lehre und Praxis gleichermaßen gebräuchlich.

Aktivitäten werden als **Rechtecke** dargestellt; die Rechtecke werden mit einer **Flußlinie** verbunden. Oder-Verzweigungen werden durch eine **Raute** dargestellt. Oder-Zusammenführungen werden veranschaulicht, indem man mit einem **Pfeil** auf die Flußlinie zurückführt. Und-Verzweigungen und -Zusammenführungen werden durch einen **Punkt** kenntlich gemacht. Rückkopplungen werden vor der Zusammenführung mit **R** gekennzeichnet.

Die **Arena** steht üblicherweise am Anfang und am Ende einer Ablauffolge; sie stellt somit als Quelle oder Senke die Nahtstelle zwischen dem Untersuchungsbereich und dem Systemumfeld dar. Steht sie am Anfang einer Ablauffolge, so repräsentiert sie den externe Impulsgeber, der den jeweiligen Ablauf auslöst. Die Bezeichnung der Quelle oder Senke wird in die Arena eingetragen. Auch innerhalb eines Ablaufes wird die Arena verwendet, wenn einzelne Aktivitäten außerhalb des Untersuchungsbereiches liegen und deshalb nicht näher interessieren, oder wenn sie innerhalb des betrachteten Systems liegen und erst zu einem späteren Zeitpunkt genauer untersucht werden sollen.

Wenn aus Platzgründen ein Ablauf über mehrere Seiten abgebildet werden muß, dienen **Konnektoren** dazu, die Verbindungsstellen eindeutig zu beschreiben. Es wird gekennzeichnet, um welchen Konnektor es sich jeweils handelt (K1, K2, K3 ...) sowie auf welcher Seite die Dokumentation des Ablaufes weiter fortgeführt wird oder auf welcher Seite die vorhergehende Darstellung endete (S1, S2, S3 ...).

Zeitliche Unterbrechungen eines Ablaufes können durch die Angabe von Zeitpunkten und -dauern genauer beschrieben werden. Weiterhin werden spezielle Symbole verwendet, wenn ein Ablauf innerhalb des Untersuchungsbereiches beendet wird oder nicht weiter dargestellt werden soll.

Symbol	Bedeutung	Symbol	Bedeutung
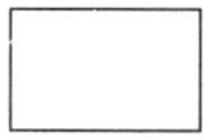	Ablaufelement (Aktivität, Teilprozeß, Arbeitsplatz, Arbeitssystem, Untersystem)	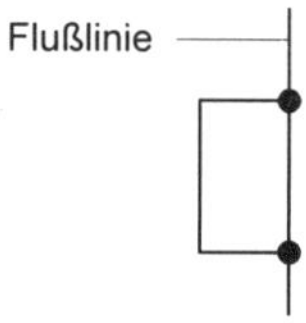	Und-Verzweigung mit Und-Zusammenführung
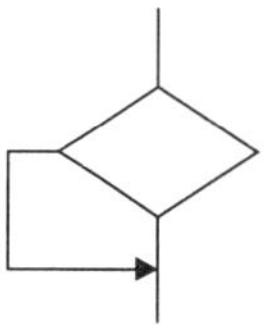	Oder-Verzweigung mit Oder-Zusammenführung	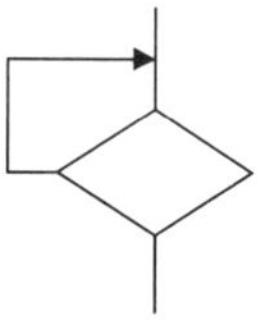	Oder-Rückkopplung
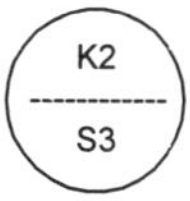	Konnektor (der bei K2 unterbrochene Ablauf wird auf Seite 3 fortgesetzt)	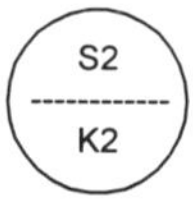	Konnektor (der hier fortgesetzte Ablauf wurde bei K2 auf Seite 2 unterbrochen)
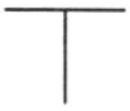	Auflaufbeginn innerhalb des Untersuchungsbereiches (interne Quelle)	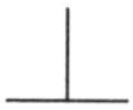	Auflaufende innerhalb des Untersuchungsbereiches (interne Senke)
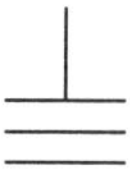	Ablauf soll nicht weiter dargestellt bzw. untersucht werden (Abbruchsenke)	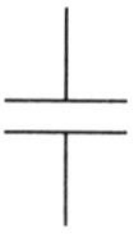	zeitliche Unterbrechung des Ablaufes
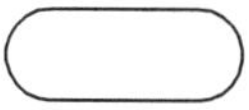	Arena (Ablaufelemente, die außerhalb des Untersuchungsbereiches liegen)		

Abb. 6-28: Symbole zur Darstellung von Ablaufstrukturen

Flußlinien verlaufen grundsätzlich senkrecht oder waagerecht (bei Verzweigungen oder Zusammenführungen). Die Symbole werden entsprechend ihrer zeitlichen Reihenfolge immer von oben nach unten dargestellt. Zusammenführungen erfolgen stets auf der Flußlinie.

In die Symbole der Folgepläne werden erläuternde Angaben geschrieben. Die wichtigsten Symbole und ihre Verwendung werden in einem beispielhaften Folgeplan (*Abb. 6-29*) noch einmal zusammenfassend dargestellt.

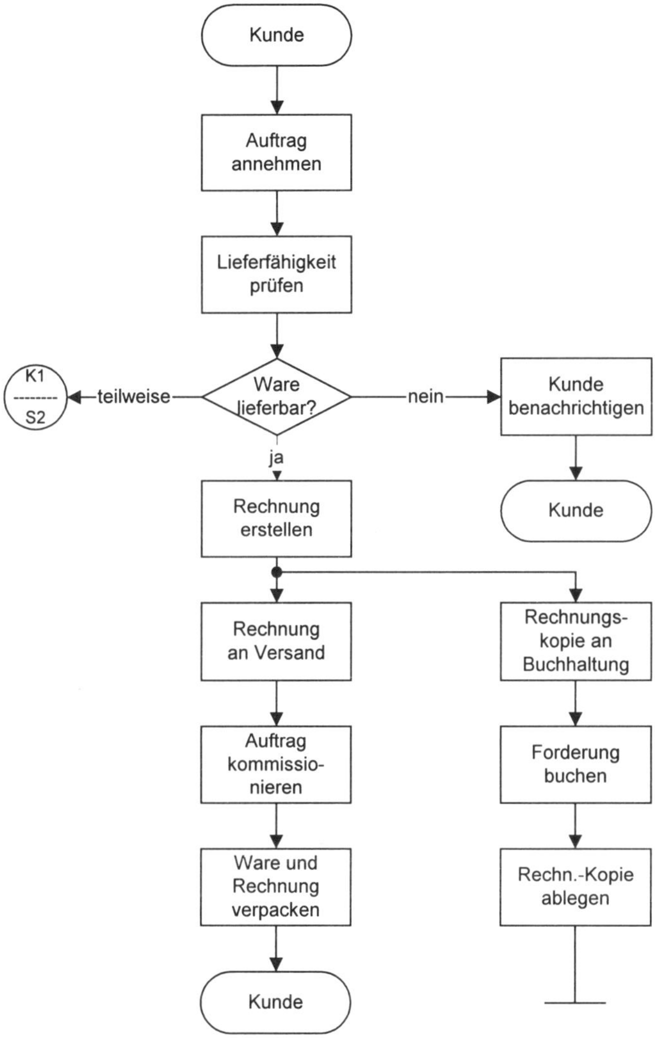

Abb. 6-29: Folgeplan (Beispiel Auftragsabwicklung)

(3) Modifikationen und Erweiterungen

Beim sogenannten **Aufgabenträger-Folgeplan** werden die Symbole für Aktivitäten geteilt und um die Bezeichnung der die Aktivität jeweils durchführende Organisationseinheit ergänzt. Folgepläne können weiterhin durch zusätzliche Symbole erweitert werden, mit denen die ein- und ausgegebenen Informationen, die Informationsträger und Kommunikationsmittel oder die Bearbeitungsobjekte gekennzeichnet werden (*Abb. 6-30*). Ebenso können die Rechtecke zur näheren Beschreibung der Aktivitäten um Mengen- und Zeitangaben ergänzt werden.

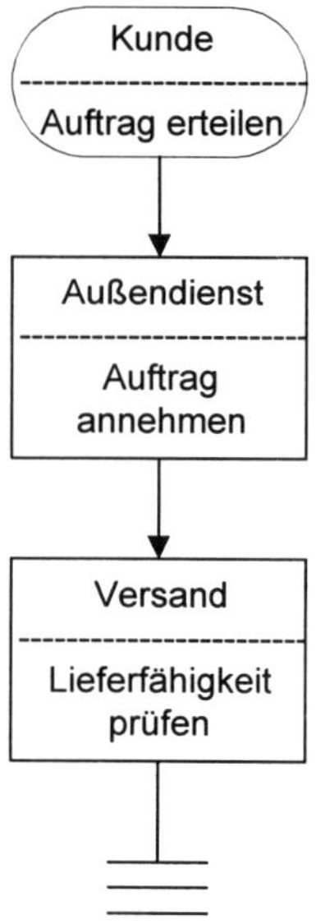

Abb. 6-30: Folgeplan mit Organisationseinheiten

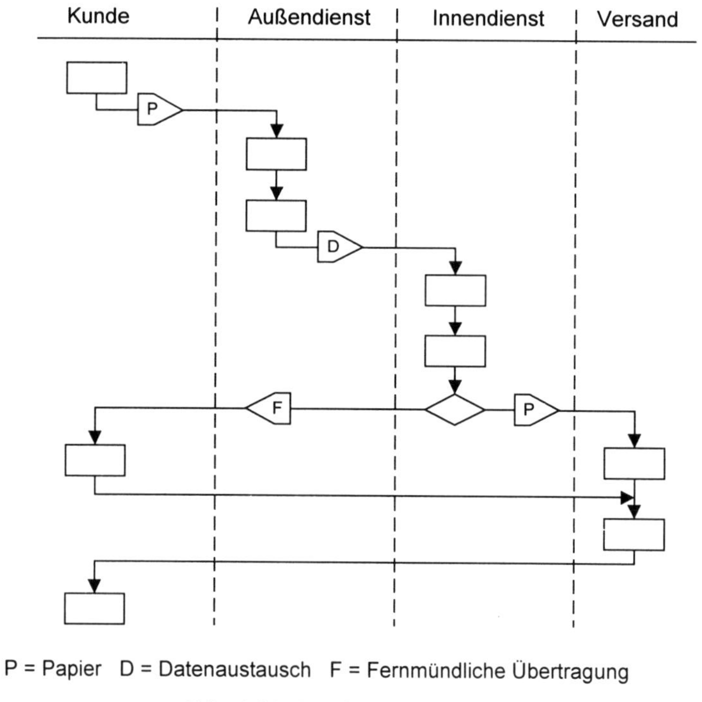

Abb. 6-31: Kombinierter Ablaufplan

Besonders aussagefähig sind **kombinierte Ablaufpläne** gemäß *Abbildung 6-31,* in denen die Technik des Ablaufdiagramms mit der des Folgeplanes verknüpft ist.

Hierbei kann zusätzlich das Kommunikationsmedium in Form von Symbolen angegeben werden.

Folgestrukturen bieten die gleichen Darstellungsmöglichkeiten wie Folgepläne. Durch die Trennung von Symbolen und Text wird es möglich, die Darstellung der Abläufe noch weiter zu verdichten. Die Symbole und die Regeln über den Einsatz dieser Symbole sind weitgehend identisch mit denen der Folgepläne. Der wesentliche Unterschied liegt darin, daß die Texte nicht in die Symbole, sondern in eine getrennte Erläuterungszeile geschrieben werden (vgl. hierzu *Liebelt/Sulzberger* 1989, S. 123 ff.).

Folgeplan	
Vorteile	• übersichtliche Darstellung von Ablaufstrukturen • leicht erlernbar • bei Computerunterstützung sehr schnelle Dokumentation • ergänzende Dokumentation um weitere Ablaufelemente (Organisationseinheiten, Sachmittel, Informationen) leicht möglich
Nachteile	• relativ platzaufwendig
Anwendung	• zur Darstellung von zeitlichen und logischen Ablauffolgen

Abb. 6-32: Bewertung des Folgeplanes

2.6 Organisationsdatenbank

Die organisatorischen Regelungen werden oftmals in **Organisationshandbüchern** dokumentiert. Diese enthalten je nach angestrebten Formalisierungsgrad Stellenbeschreibungen, Organigramme und Ablaufbeschreibungen. Im Zusammenhang mit der Einführung von zertifizierten Qualitätsmanagementsystemen ist die Tendenz zu einer verstärkten Formalisierung verbunden, da alle qualitätsrelevanten Verfahren in Qualitätsmanagement-Handbüchern zu dokumentieren sind. In den Qualitätsmanagement-Handbüchern nach DIN ISO 9000 ff. werden überwiegend organisatorische Sachverhalte dokumentiert, so daß mit der zunehmenden Einführung von Qualitätsmanagementsystemen eine Renaissance derartiger Organisationshandbücher zu verzeichnen ist.

Konventionelle Organisationshandbücher weisen jedoch zwei gravierende Nachteile auf:

1. Der Aufwand zur Erstellung und laufenden Aktualisierung ist sehr hoch.
2. Die Möglichkeit zu umfassenden Auswertungen der in den Handbüchern verfügbaren Informationen ist relativ begrenzt.

Aus diesen Nachteilen heraus bietet es sich an, organisatorische Regelungen EDV-gestützt zu dokumentieren. Hierzu werden in einer **Organisationsdatenbank** alle für ein Unternehmen relevanten organisatorischen Aspekte abgebildet. Hierauf aufbauend kann ein **Organisationsinformationssystem** erstellt werden, mit dem sich im Dialog Abfragen und Auswertungen vornehmen lassen (vgl. *Heilmann/Sach/Simon* 1988, S. 119 ff.; *Kortzfleisch* 1993, S. 31 ff.).

Für die Speicherung von Daten in Informationssystemen ist es notwendig, ihre Strukturen zu analysieren und in geeigneten **Datenmodellen** festzuhalten. Zu den am häufigsten verwendeten Hilfsmitteln für die Datenmodellierung gehören die sogenannten **Entity-Relationship-Diagramme**, mit denen Datenstrukturen grafisch in sehr übersichtlicher und transparenter Form dargestellt werden können. Im folgenden wird in elementarer Form ein Entity-Relationship-Modell für eine Organisationsdatenbank vorgestellt. Zum besseren Verständnis des Modells werden jedoch zunächst die wichtigsten theoretischen Grundlagen der Datenmodellierung behandelt.

2.6.1 Theoretische Grundlagen der Datenmodellierung

In einem konzeptionellen Datenmodell werden die Daten und Datenbeziehungen beschrieben, die für den Gegenstandsbereich eines Informationssystems relevant sind. Das konzeptionelle Datenmodell beschreibt die Daten unabhängig von Gesichtspunkten der Informationsverarbeitung auf der logischen Ebene. Es basiert auf eindeutigen Fachbegriffen, die für die weitere Entwicklung und Nutzung des Informationssystems verbindlich festzulegen sind.

(1) Grundelemente eines Datenmodells

Ein weit verbreitetes Verfahren zum Entwurf von Datenmodellen ist das Entity-Relationship-Modell (ERM) (vgl. *Chen* 1976, S. 9 ff.; *Scheer* 1994, S. 31 ff.). Die Grundelemente des Entity-Relationship-Modells sind Entities, Attribute und Beziehungen.

Ein **Entity** ist ein individuelles und identifizierbares Exemplar von Dingen, Personen oder Begriffen der realen oder der abstrakten Welt. Jedes Entity muß eindeutig zu beschreiben und damit von den anderen Entities zu unterscheiden sein. Die Beschreibung erfolgt im allgemeinen durch Merkmale (Attribute). Entities, die sich in bestimmten Eigenschaften oder Merkmalen gleichen, lassen sich zu Mengen zusammenfassen, die als **Entitytypen** bezeichnet werden. Entitytypen werden im ERM-Diagramm durch Kästchen dargestellt.

Attribute beschreiben eine bestimmte Eigenschaft der Entities eines Entitytyps. Die Menge der Werte, die ein Attribut annehmen kann, ist sein **Wertebereich** (oder auch Domäne). In einem Entitytyp existiert immer ein Attribut oder eine Kombination von Attributen, mit dessen Hilfe die einzelnen Entities eindeutig zu identifizieren und voneinander zu unterscheiden sind. Ein derartiges Attribut bezeichnet man als **Schlüsselattribut**.

Der Entitytyp "Organisationseinheit" umfaßt alle Stellen und Abteilungen eines Unternehmens. Ein Entity ist dann eine bestimmte organisatorische Einheit. Es läßt sich durch Attribute wie seine Bezeichnung (Einkauf) oder seine Art (Abteilung) charakterisieren.

Eine **Beziehung** (relationship) ist eine logische Verknüpfung zwischen zwei oder mehreren Entities. Während Entitytypen in der Regel durch Substantive beschrieben werden, lassen sich Beziehungen auch durch Verben kennzeichnen. Die Beziehungen zwischen Entitytypen lassen sich als Beziehungstypen klassifizieren; diese werden nach der Anzahl der durch sie verbundenen Entities in 1-, 2- oder n-stelligen Beziehungen unterschieden. Beziehungstypen werden im ERM-Diagramm durch

Rauten dargestellt und mit den entsprechenden Entitytypen verbunden. Auch den Beziehungstypen können Attribute zugeordnet werden.

Die **Kardinalität einer Beziehung** gibt an, in welchem Verhältnis zwei Entitytypen über einem bestimmten Beziehungstyp miteinander verbunden sind. Folgende Kardinalitätsverhältnisse werden beim ERM unterschieden (*Abb. 6-33*):

- Bei einer **1:1-Beziehung** wird jedem Element aus der Menge des ersten Entitytyps genau ein Element aus der Menge des zweiten Entitytyps zugeordnet und umgekehrt.
- Bei einer **1:n-Beziehung** wird jedem Element aus der Menge des ersten Entitytyps genau ein Element aus der Menge des zweiten Entitytyps zugeordnet, jedem Element der zweiten Menge aber mehrere Elemente der ersten Menge.
- Bei einer **n:1-Beziehung** werden jedem Element der ersten Menge mehrere Elemente der zweiten Menge zugeordnet, jedem Element der zweiten Menge jedoch genau ein Elemente der ersten Menge.
- Bei einer **n:m-Beziehung** werden jedem Element der ersten Menge mehrere Elemente der zweiten Menge zugeordnet und umgekehrt.

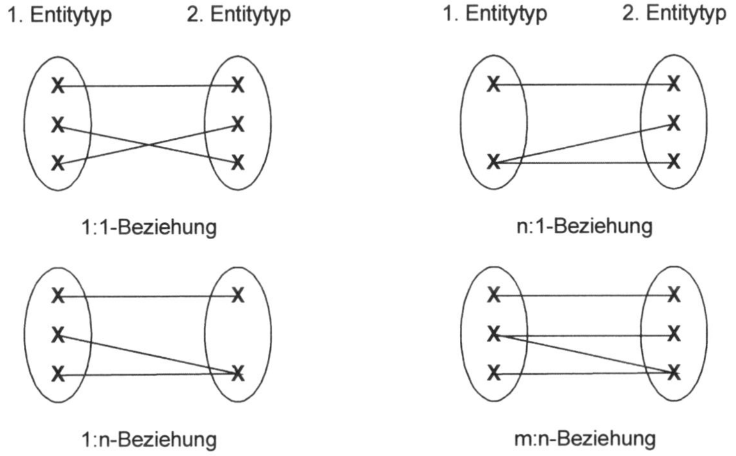

Abb. 6-33: Kardinalitäten der Beziehungen zwischen zwei Entitytypen

Die Kardinalitäten geben keine Auskunft darüber, ob ein bestimmter Entitytyp in einem bestimmten Beziehungstyp enthalten sein kann oder genau einmal enthalten sein muß. Derartige strukturelle Bedingungen können zusätzlich angeben werden, indem zwischen einem Entitytyp und einem Beziehungstyp die mögliche Anzahl der Beziehungsausprägungen aufgeführt werden:

- Ist ein Entity **genau einmal** an einer Beziehung beteiligt, so wird dies durch die Zahl 1 gekennzeichnet (einfache Assoziation).
- Ist ein Entity **entweder nicht oder genau einmal** an einer Beziehung beteiligt, so wird dies durch den Buchstaben c (choice)angegeben (konditionelle Assoziation).
- Ist ein Entity **mindestens einmal** an einer Beziehung beteiligt, so wird dies durch den Buchstaben m (multiple) angegeben (multiple Assoziation).

- Ist ein Entity **nicht, einmal oder mehrfach** an einer Beziehung beteiligt, so wird dies durch die Buchstabenkombination mc angegeben (multiple-konditionelle Assoziation).

Generell gilt, daß eine Beziehung immer nur für zwei Entitymengen gilt, während zwischen zwei Entitymengen beliebig viele Beziehungen existieren können. Beziehungen werden im ERM-Diagramm durch Kanten dargestellt, die mit Namen gekennzeichnet werden können. An den Enden der Kanten werden die Kardinalitäten und die strukturellen Bedingungen eingetragen (*Abb. 6-34*).

Wenn beispielsweise einer Stelle in einem Unternehmen kein, ein oder mehrere Sachmittel zugeordnet werden können und ein Sachmittel von mindestens einer Stelle in Anspruch genommen werden muß, so liegt eine n:mc-Beziehung vor.

Abb. 6-34: Beispiel für eine n:mc-Beziehung

(2) Generalisierung / Spezialisierung und Gruppierung

Bei der **Generalisierung** werden ähnliche Objekttypen zu einem übergreifenden Entitytyp zusammengefaßt. Eigenschaften, die den Ausgangsobjekten gemeinsam sind, werden dem generalisierten Entitytyp zugeordnet. Der umgekehrte Fall der **Spezialisierung** tritt auf, wenn ein Objekttyp weiter differenziert werden soll und in weitere Teilobjekte aufgespalten werden soll. Bei der Spezialisierung werden Eigenschaften des generalisierten Objekttyps auf die spezialisierten Objekttypen vererbt; diese können daneben auch eigene Attribute besitzen. Sowohl Generalisierung als auch Spezialisierung werden grafisch durch ein Dreieck ausgedrückt, das als „is-a"-Beziehung bezeichnet wird (*Abb. 6-35*).

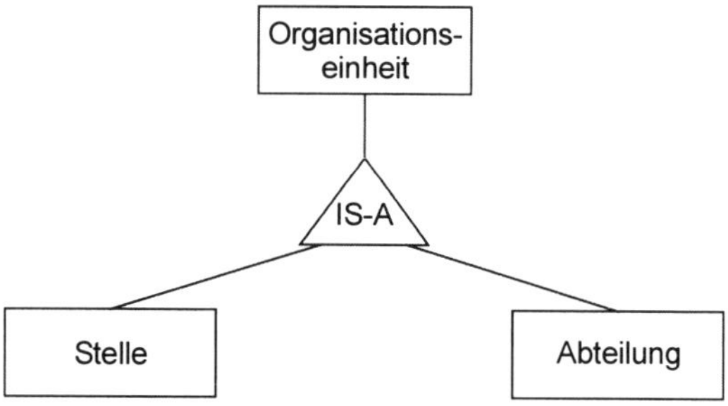

Abb. 6-35: Generalisierung / Spezialisierung

Bei der **Gruppierung** werden aus den Elementen einer Entitymenge Gruppen gebildet. So werden beispielsweise die Stellen in einem Unternehmen zu Abteilungen gruppiert. Das Objekt "Abteilung" kann dann durch eigene Attribute wie den Namen des Abteilungsleiters beschrieben werden.

Eine Gruppierung läßt sich durch eine 1:n-Beziehung beschreiben. Der Beziehungstyp einer Gruppierung kann global mit "gehört zu" benannt werden und muß allgemein nicht durch zusätzliche Attribute beschrieben werden. Um das nachfolgend dargestellte ERM einer Organisationsdatenbank möglichst übersichtlich im ERM-Diagramm dokumentieren zu können, wird dieser Beziehungstyp lediglich durch eine Kante dargestellt.

2.6.2 Datenmodell einer Organisationsdatenbank

In der *Abbildung 6-36* wird ein konzeptionelles Datenmodell dargestellt, in dem die einzelnen Objekte der Organisation als Entitytypen erfaßt sind. Das Datenmodell ist prozeßorientiert und verfügt daher nicht über ein Entitytyp mit der Bezeichnung "Aufgabe". Die Aufgabenbeschreibung ist in dem Entitytyp "Aktivität" als Attribut enthalten. Das ganze Modell läßt sich in acht Entitygruppen unterteilen, die durch Beziehungen miteinander verknüpft sind. Auch innerhalb der Gruppen bestehen zwischen den einzelnen Entitytypen Beziehungen.

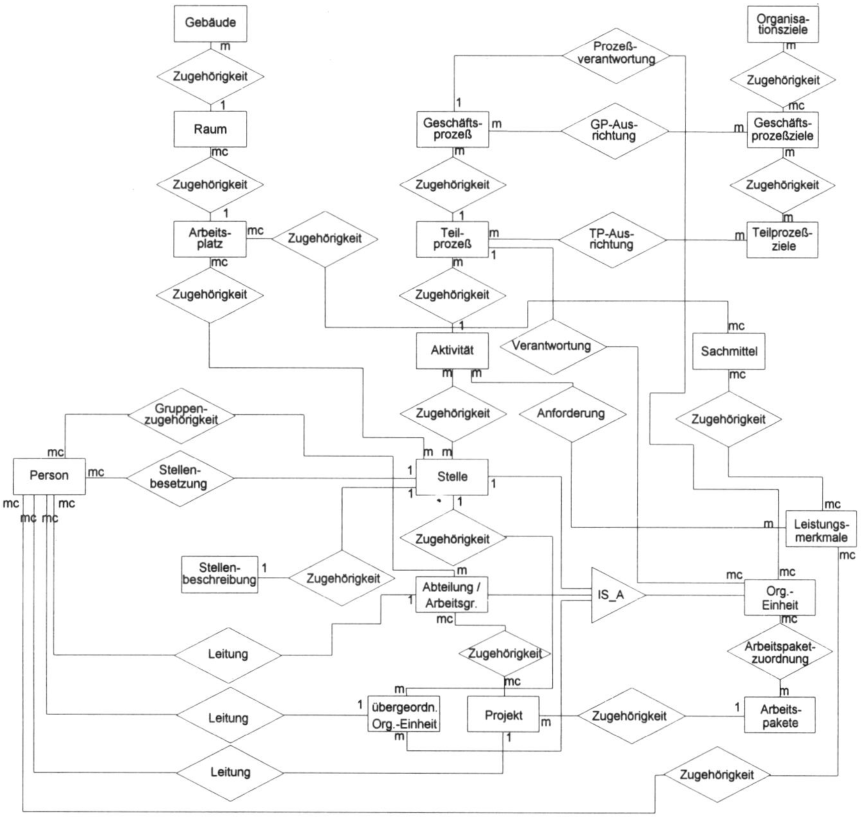

Abb. 6-36: Datenmodell einer Organisationsdatenbank

1. Die Aufgliederung der **Örtlichkeiten** erfolgt vom Groben zum Detail. Die oberste Ebene bilden die Gebäude. Ein Gebäude kann aus vielen Räumen, ein Raum kann aus vielen Arbeitsplätzen bestehen.
2. Die **Prozesse**, insbesondere die Geschäftsprozesse sind der zentrale Kern des Datenmodells. Jeder Prozeß kann in Teilprozesse, diese wiederum in Aktivitäten

differenziert werden. Die Aktivitäten als kleinste Elemente bilden die unterste Ebene der Prozeßgliederung.

3. Die **Ziele** einer Organisation sind hierarchisch strukturiert. Organisationsziele bilden die oberste Ebene. Die zweite Ebene bilden die Geschäftsprozeßziele. Jedes Geschäftsprozeßziel kann einem oder mehreren Organisationszielen zugeordnet werden, zu dessen Erreichung es beiträgt. Das gleiche gilt auch für die Teilprozeßziele, die den Geschäftsprozeßzielen zugeordnet werden.
4. Die **Sachmittel** werden in vier Arten von Sachmitteln unterschieden: Einrichtungen, Maschinen / Werkzeuge, Software sowie IuK-technische Sachmittel. Diese Spezialisierung des Entitytyps "Sachmittel" ist aus darstellungstechnischen Gründen nicht in der *Abbildung 6-36* abgebildet.
5. **Leistungsmerkmale** dienen zur Beschreibung des Leistungsfähigkeit von Personen und Sachmitteln (Fähigkeitsprofil) sowie der Leistungsanforderungen seitens der Aktivitäten (Anforderungsprofil).
6. **Organisationseinheiten** können als Stellen durch einzelne Personen gebildet werden, sie können aber auch in Form einer Abteilung oder Arbeitsgruppe bestehen. Für die Stelle als kleinste organisatorische Einheit werden detailliertere Informationen in Stellenbeschreibungen gespeichert. Die hierarchischen Beziehungen zwischen den Organisationseinheiten werden durch den Entitytyp übergeordnete Organisationseinheit abgebildet.
7. **Projekte** sind temporäre Vorhaben und werden aufgrund ihrer Besonderheiten gesondert abgebildet. Die Projektarbeit wird in Arbeitspakete gegliedert. Diese stellen neben den Prozeßaktivitäten eine zweite Aktivitätenart dar.
8. Die einzelnen Organisationsmitglieder werden im Entitytyp **Person** dargestellt.

Organisationsdatenbank	
Vorteile	• geringer Aufwand zur laufenden Aktualisierung der organisationsbezogenen Informationen • flexible Anpassung an neue Anforderungen möglich • umfassende Auswertungen möglich
Nachteile	• hoher Aufwand zur erstmaligen Erstellung • fundiertes Informatikwissen erforderlich
Anwendung	• zur Darstellung und Dokumentation organisatorischer Strukturen und Sachverhalte

Abb. 6-37: Bewertung der Organisationsdatenbank

3. Techniken der Analyse

Bei einer Situationsanalyse folgt nach der Aufnahme des Ist-Zustandes und seiner Dokumentation die eigentliche Analyse, das heißt die kritische Auseinandersetzung mit dem Ist-Zustand. Organisatorische Schwachstellen und Mängel sollen identifiziert und gleichzeitig Ansatzpunkte für Lösungsmöglichkeiten erkannt werden. Geeignete Techniken können diesen Prozeß effizient unterstützen (vgl. hierzu u.a. *Blum* 1986, S. 197 ff.; *Schmidt* 1994, S. 249 ff.).

3.1 Checkliste

Ein geeignetes Hilfsmittel für die Identifikation von organisatorischen Problemen sind Checklisten (auch Prüflisten). Diese sind in Katalogen zusammengefaßt und basieren auf typischen Schwachstellen, die aus der Erfahrung bekannt sind. Sie ermöglichen einen Vergleich zwischen einem gedachten Ideal-Zustand ohne Schwachstellen und dem Ist-Zustand.

Checklisten haben vor allem den Zweck, daß mit gezielten Fragen Denkprozesse angestoßen werden und somit die Kreativität gefördert wird. In ihnen werden die verschiedenen Aspekte angesprochen, die für ein Problemfeld von Bedeutung sein können. Durch die Beantwortung der Prüffragen sollen schlüssige Ursache-Wirkungs-Beziehungen ermittelt sowie Ziele und Lösungsansätze formuliert werden können. Checklisten können den Sachverstand nicht ersetzen; ihr effizienter Einsatz erfordert vielmehr eine Kenntnis der problemspezifischen Sachverhalte, Zusammenhänge und Lösungsmöglichkeiten.

Checklisten haben keine allgemeingültige Struktur und sind daher ausschließlich situationsbezogen zu gestalten. Sie können die Organisationsplanung nur dann wirksam unterstützen, wenn die gestellten Fragen aus der Kenntnis über die realen Zusammenhänge der Abläufe im Problemfeld gewonnen wurden. Da Checklisten immer nur ganz spezielle Problemfälle ansprechen, muß folglich für jedes Problemfeld eine individuelle Checkliste aufgestellt werden (*Abb. 6-38*). Die in der Literatur zu findenden Standard-Checklisten weisen höchst unterschiedliche Gliederungen auf (vgl. *Wittlage* 1986, S. 198 f.); bei der praktischen Anwendung sind sie zudem häufig an die der jeweiligen Untersuchung zugrundeliegende Fragestellung anzupassen.

Prüfliste	5	**PERSONAL**				
Prüfbereich	51	**Bereitstellung und Verwaltung**				
Prüfaspekt	512	Personalkosten				
Prüffrage			ja	teil-weise	nein	Bemer-kungen
01		Sind in Ihrem Betrieb die Personalkosten in der Verwaltung in den letzten Jahren im Vergleich zu den übrigen Personalkosten gleich oder weniger stark gestiegen?	O	O	O	
02		Entspricht die Fluktuationsrate insgesamt in etwa dem Branchendurchschnitt?	O	O	O	
03		Sind die Fluktuationsraten der einzelnen Abteilungen relativ gleich?	O	O	O	
04		Liegt die Fluktuation im Bürobereich im oder unter dem Branchendurchschnitt?	O	O	O	
05		Liegt die Fehlzeit im Bürobereich im oder unter dem Branchendurchschnitt?	O	O	O	
06		Werden die einzelnen Abteilungen regelmäßig auf personelle Überkapazitäten hin kontrolliert?	O	O	O	
07		Sind Überstunden selten?	O	O	O	
08		Wird systematisch und von einer bestimmten Stelle nach Möglichkeiten gesucht, Personalkosten einzusparen?	O	O	O	
09		Existiert ein Dauerprogramm "Personalkostensenkung" für alle Abteilungs- und/oder Gruppenleiter?	O	O	O	

Abb. 6-38: Prüfliste zur Kostensenkung bei der Personalbereitstellung und -verwaltung
Quelle: Grochla/Lippolt/Breithardt 1986, S. 5/30

Checkliste	
Vorteile	• vielfältige Checklisten in der Literatur vorhanden • stoßen zu kreativen Denkprozessen an • können verhindern, daß einzelne Aspekte nicht beachtet werden
Nachteile	• problemspezifischer Aufbau • Komplexität von Zusammenhängen schwer darstellbar • hoher Aufwand bei der Erstellung • bei unvollständigen Checklisten ist die Problemidentifikation eher zufällig
Anwendung	• zum Erkennen von Routineproblemen

Abb. 6-39: Bewertung der Checkliste

3.2 Ursache-Wirkungs-Diagramm

Das Ursache-Wirkungs-Diagramm (Cause-and-Effect-Diagram) ist eine einfache Technik zur systematischen Ermittlung von Problemursachen. Die möglichen und bekannten Ursachen, die zu einer bestimmten Wirkung führen, werden in Haupt- und Nebenursachen zerlegt und in einer übersichtlichen Gesamtbetrachtung grafisch strukturiert. Auf diese Weise sollen alle Problemursachen identifiziert und mit Hilfe des Diagramms ihre Abhängigkeiten dargestellt werden.

Das Ursache-Wirkungs-Diagramm wurde Anfang der 50er Jahre von *Ishikawa* entwickelt; es auch oft als **Ishikawa-Diagramm** oder nach seinem Aussehen als Tannenbaum- oder **Fischgrätendiagramm** (Fishbone-Diagram) bezeichnet (*Abb. 6-40*). Die Technik wurde ursprünglich zur Analyse von Qualitätsproblemen und deren Ursachen entwickelt und findet insbesondere in Qualitätszirkeln ihre Anwendung. Sie läßt sich aber auch auf viele andere Problemfelder übertragen und hat inzwischen eine weltweite Verbreitung gefunden. Das Ursache-Wirkungs-Diagramm wird in Gruppensitzungen eingesetzt, wobei das bei den Teilnehmern vorhandene Wissen gesammelt und dargestellt wird.

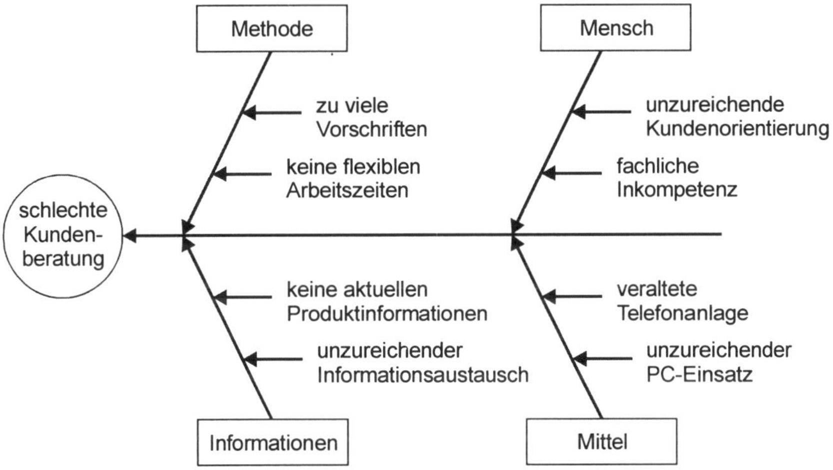

Abb. 6-40: Ursache-Wirkungs-Diagramm (Beispiel)

Die Vorgehensweise zur Erstellung eines Ursache-Wirkungs-Diagramms besteht aus sechs aufeinanderfolgenden Schritten, wobei zunächst das zu analysierende Problem benannt werden muß.

(1) Ursache-Wirkungs-Diagramm zeichnen und Haupteinflußgrößen eintragen

Das Ursache-Wirkungs-Diagramm verwendet Pfeile, um Ursache-Wirkungs-Beziehungen zu veranschaulichen. Die Konstruktion des Diagramms beginnt mit einem horizontalen Pfeil, der auf das zu untersuchende Problem gerichtet ist. Darauf stoßen die Pfeile der Haupteinflußgrößen in der Art eines Fischgrätenmusters. Typische Haupteinflußgrößen bei organisatorischen Problemen sind die Menschen, die eingesetzten Methoden und Mittel sowie die in einem Arbeitsprozeß erforderlichen Informationen.

(2) Neben- und Unterursachen erarbeiten

Unter Verwendung von Kreativitätstechniken werden für jede Haupteinflußgröße potentielle Ursachen ermittelt; diese werden an die Enden von etwas kleineren Pfeilen beschrieben, die auf die Linie der jeweiligen Haupteinflußgröße zeigen. Liegen diesen Ursachen wiederum weitere Ursachen zugrunde, so kann weiter verzweigt werden; somit ergibt sich eine immer feinere Verästelung.

(3) Vollständigkeit überprüfen

Zuletzt wird überprüft, ob alle denkbaren Ursachen im Diagramm aufgenommen worden sind. Aufgrund der Visualisierung kommen den Beteiligten häufig noch weitere Ideen.

(4) Auswahl der wahrscheinlichsten Ursache

Die möglichen Ursachen werden durch die Teilnehmer bezüglich ihrer Bedeutung und Einflußnahme auf das Problem gewichtet. Anschließend wird die Ursache mit der höchsten Wahrscheinlichkeit bestimmt.

(5) Überprüfung der wahrscheinlichsten Ursache auf Richtigkeit

In einer weiteren Untersuchung wird geprüft, ob auch tatsächlich die richtige Ursache für das Problem identifiziert wurde. Hierzu wird eventuell auf die Kenntnisse und Erfahrungen weiterer Fachleute zurückgegriffen.

Bei der Erarbeitung von Ursache-Wirkungs-Diagrammen wird deutlich, welche Kenntnisse über das Problemfeld in der Arbeitsgruppe vorliegen. Außerdem wird durch die Gewichtung der Ursachen klar, wo den Mitgliedern der Arbeitsgruppe erfolgversprechende Einflußnahmen möglich erscheinen.

Ursache-Wirkungs-Diagramm	
Vorteile	• gute Diskussionsgrundlage bei Gruppenarbeit • geringer Aufwand zur Durchführung; keine hohen Anforderungen an die Moderation • Förderung eines besseren Verständnis von Problemen und ihrer vielfältigen Ursachen
Nachteile	• keine vernetzten Ursache-Wirkungs-Zusammenhänge darstellbar
Anwendung	• systematische und vollständige Erfassung von Problemursachen • für alle Problemstellungen geeignet

Abb. 6-41: Bewertung des Ursache-Wirkungs-Diagramms

3.3 Netzwerktechnik

Problemsituationen sind in der Regel das Resultat einer Vielzahl von Einflußgrößen; dabei hängen eher selten Ursachen und Wirkungen ausschließlich linear und einstufig zusammen. Bereits bei relativ einfachen Sachverhalten haben einige Wirkungen mehrere Ursachen, während einige Ursachen sich mehrfach auswirken. Die Netzwerktechnik stellt ein Instrument dar, mit der Problemkomplexe in ihren Zusammenhängen und Beziehungen beschrieben werden können. Sie wird in den nachfolgend beschriebenen vier Schritten angewendet (vgl. *Probst/Gomez* 1991, S. 11 ff.; *Nagel* 1992, Sp. 2019 f.; *Probst* 1993, S. 260 ff.).

(1) Benennung der Problemelemente

Zunächst sind die einzelnen Elemente zu benennen, die als problemrelevant erkannt wurden. Durch sie wird die Problemsituation charakterisiert; es handelt sich hierbei vor allem um die festgestellten Teilprobleme sowie um die auf das Problemfeld einwirkenden Einflußgrößen. Die Ermittlung der Problemelemente geschieht mit Hilfe des → *Brainstorming*, in Workshops oder durch Expertenbefragungen. Als Ergebnis des ersten Schrittes liegt ein Katalog der erkannten Einflußfaktoren und Problemindikatoren vor, durch die das Problemfeld beschrieben werden kann.

Es kann sich hierbei um funktionale Problemelemente (z.B. eine zu geringe Lieferbereitschaft, zu lange Durchlaufzeiten, zu viele Medienbrüche), um finanzielle Elemente (z.B. zu hohe Kosten), um soziale Elemente (zu hohe Fluktuation, geringe Motivation) oder um Kundenaspekte (z.B. zu viele Reklamationen) handeln.

(2) Analyse der Wirkungsbeziehungen

Anschließend stellt sich die Frage, in welcher Richtung ein Problemelement eine Wirkung bei den anderen Problemelementen erzeugt. Die Wirkungen können in dieselbe Richtung zielen und sich verstärken, sie können aber auch eine entgegengesetzte, abschwächende Wirkung aufweisen.

So kann eine prozeßorientierte Organisationsgestaltung zu besser motivierten Mitarbeitern und damit letztlich zu einer höheren Kundenzufriedenheit führen. Sie setzt jedoch einen insgesamt höheren Bedarf an Sachmitteln voraus und führt somit zu höheren Kosten.

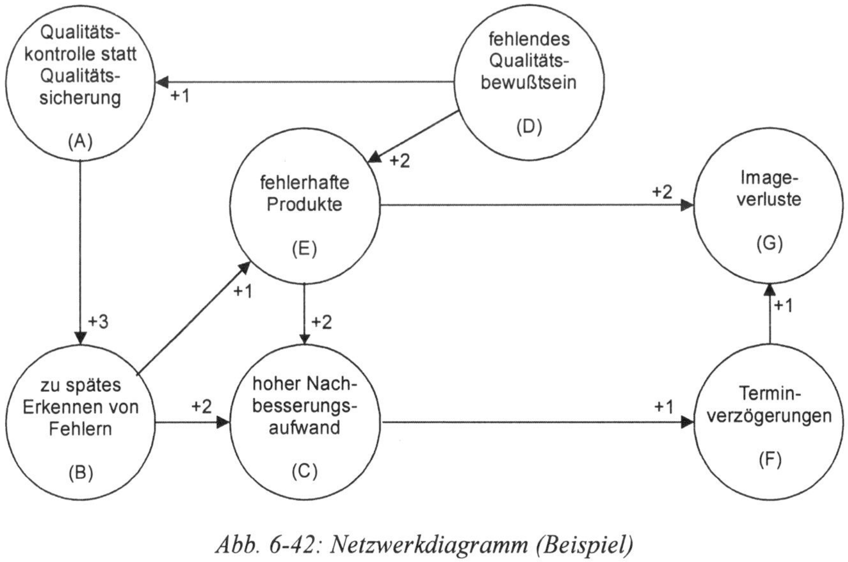

Abb. 6-42: Netzwerkdiagramm (Beispiel)

Die einzelnen Problemelemente und ihre Wirkungsbeziehungen werden im **Netzwerkdiagramm** grafisch dargestellt (*Abb. 6-42*). Zur Kennzeichnung der Wirkungsrichtung wird ein Pluszeichen (+) für Wirkungen sich verstärkender Art und ein Minuszeichen (-) für entgegengesetzte Wirkungen verwendet. Das Netzwerkdiagramm ist somit ein Instrument zur transparenten Darstellung von Wirkungsmechanismen. Es macht auch schwierige Beziehungszusammenhänge nachvollziehbar und ermöglicht es, daß alle am Problemlösungsprozeß beteiligten Personen ein weitgehend gleiches Problemverständnis erhalten.

(3) Quantifizierung der Wirkungsintensitäten

Zur Analyse der Zusammenhänge zwischen den Problemelementen gehört auch die Beschreibung der Intensität der Beziehungen. Nicht alle Beziehungen wirken gleich stark, so daß die Wirkungen bezüglich ihrer Intensitäten zu quantifizieren sind. Die Wirkungsintensitäten können häufig nur intuitiv geschätzt werden; zur Beurteilung werden drei Stufen unterschieden: 1 = geringe Wirkungsintensität; 2 = mittlere Wirkungsintensität; 3 = starke Wirkungsintensität.

(4) Bestimmung der Beeinflußbarkeit und der Einflußnahme

Auf der Basis der festgelegten Problemelemente und ihrer Wirkungsbeziehungen wird eine **Einflußmatrix** erstellt (*Abb. 6-43*). Hierbei wird jedes Problemelement mit jedem anderen paarweise verglichen und dahingehend untersucht, ob es im Netzwerk eher eine aktive, eine reaktive, eine kritische oder eine träge Rolle spielt.

	Einfluß auf							
Einfluß von	A	B	C	D	E	F	G	Summe E (Einflußnahme)
A	-	3						3
B		-	2		1			3
C			-			1		1
D	1			-	2			3
E			2		-		2	4
F						-	1	1
G							-	0
Summe B (Beeinflußbarkeit)	1	3	4	0	3	1	3	-

Abb. 6-43: Einflußmatrix

Die Einflußmatrix enthält folgende vier **Typen von Problemelementen**:

1. Elemente, die andere stark beeinflussen, selbst aber von anderen wenig beeinflußt werden (relativ hoher Wert für "Summe E" und geringer Wert für "Summe B"); sie sind **aktiv** und ideal für Eingriffe.
2. Elemente, die andere nur schwach beeinflussen, selbst aber von anderen stark beeinflußt werden (relativ hoher Wert für "Summe B" und geringer Wert für "Summe E"); sie sind passiv oder **reaktiv** und für Eingriffe wenig geeignet.
3. Elemente, die andere stark beeinflussen, selbst aber auch von anderen stark beeinflußt werden (relativ hoher Wert sowohl für "Summe E" als auch für "Summe B"); sie sind **kritisch**.

4. Elemente, die andere nur schwach beeinflussen und auch von anderen nur schwach beeinflußt werden (relativ geringer Wert sowohl für "Summe E" als auch für "Summe B"); sie sind **träge** und für Eingriffe nicht geeignet.

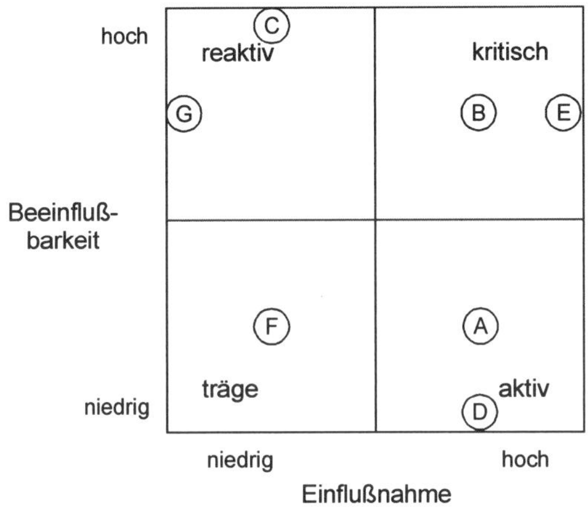

Abb. 6-44: Einflußportfolio

Die Ergebnisse der Einflußmatrix werden abschließend in einer Portfolio-Darstellung visualisiert (*Abb. 6-44*). Problemelemente mit einer hohen Einflußnahme haben - bezogen auf das definierte Problemfeld - den Charakter einer Problemursache, während eine hohe Beeinflußbarkeit eher auf eine Problemwirkung schließen läßt. Wirksame Eingriffsmöglichkeiten zur Problemlösung - dies ist gleichbedeutend mit dem Eingriffsbereich eines Problemfeldes - sind deshalb in erster Linie bei den aktiven und kritischen Elementen zu suchen.

Netzwerktechnik	
Vorteile	• ganzheitliche Darstellung komplexer Zusammenhänge • gute Übersichtlichkeit und Lesbarkeit für geschulte Personen
Nachteile	• schwer anzuwenden • für ungeschulte Personen schwer verständlich
Anwendung	• zur Darstellung von vernetzten Ursache-Wirkungs-Zusammenhängen • zur Ermittlung des Eingriffsbereichs eines Problemfeldes

Abb. 6-45: Bewertung der Netzwerktechnik

3.4 Strukturierte Analyse

Die strukturierte Analyse (Structured Analysis - SA) wurde zur Unterstützung der Softwareentwicklung, speziell für die Analyse und Definition der Anforderungen entwickelt. Sie eignet sich jedoch nicht nur zur Beschreibung von Soll-Zuständen, sondern auch zur Analyse von Ist-Abläufen. Die Methode kommt mit wenigen Beschreibungsmitteln und Regeln aus und ist daher nicht nur für den Systemanalytiker, sondern auch für den Benutzer von EDV-Systemen verständlich.

Kern der strukturierten Analyse, die auf *De Marco* (1978) zurückgeht, ist die Analyse der Datenflüsse. Die Daten, die verarbeitet werden sollen, werden im Hinblick auf ihre Entstehung, Verwendung und Veränderung hin untersucht und dargestellt. Durch diese Betrachtungsweise wird eine prozeßorientierte Analyse der Aktivitäten erreicht.

Systemmodelle, die mit dieser Methode erstellt werden, bestehen aus den drei Komponenten: die Datenflußdiagramme, das Datenwörterbuch und die Prozeßbeschreibungen. Mit diesen drei Elementen lassen sich die funktionalen Anforderungen an ein Softwaresystem vollständig und exakt beschreiben. Ausführliche konzeptionelle Richtlinien für die strukturierte Analyse sind bei *McMenamin/Palmer* (1988) zu finden.

(1) Datenflußdiagramme

Bei der Methode der SA stehen die Datenflüsse im Vordergrund. Ein Datenfluß wird als Informationskanal verstanden, durch den Informationen zwischen dem System und seiner Umwelt und zwischen den Untersystemen und Elementen ausgetauscht werden. Die Datenflüsse werden mit Hilfe von Datenflußdiagrammen (Data Flow Diagram - DFD) dargestellt; diese stellen den Zusammenhang von Eingabe- und Ausgabedaten, die Datenveränderungen und ihre Speicherung grafisch dar. Datenflußdiagramme bestehen aus den vier Elementen Datenfluß, Prozeß, Datenspeicher und Endknoten (*Abb. 6-46*).

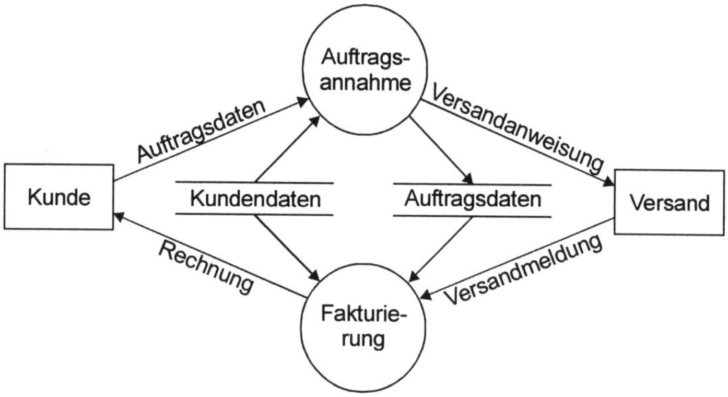

Abb. 6-46: Elemente eines Datenflußdiagramms

Ein **Datenfluß** wird grafisch durch einen Pfeil dargestellt, wobei die Pfeilspitze zum Ziel hinweist, also die Flußrichtung angibt. Ein Datenfluß wird mit einer eindeutigen und sprechenden Bezeichnung versehen. Im Datenwörterbuch erhält jeder Datenfluß eine formalisierte Beschreibung seines Inhalts. Der materielle Gehalt eines Datenflusses besteht in Informationen, die von einem Prozeß an einen anderen übergeben werden. Prozesse können selbst ebenfalls Datenflüsse enthalten. Demnach läßt sich zwischen äußeren Datenflüssen und internen Datenflüssen unterscheiden:

- Ein **äußerer** Datenfluß fließt in das System hinein oder aus ihm heraus und stellt eine Schnittstelle zum Umsystem dar.
- Ein **interner** Datenfluß fungiert innerhalb des Systems als Schnittstelle zwischen Teilprozessen und/oder Datenspeichern.

Die eigentlichen **Prozesse** der Datentransformation werden grafisch als Kreise dargestellt. Sie müssen einen eindeutigen Namen haben, der die Art der Transformation beschreibt. Aufgrund der Kreisdarstellung werden die Prozesse auch als "Knoten" bezeichnet. Ein Prozeß muß mindestens einen Input und einen Output haben, denn ohne Input kann nichts verarbeitet werden, und eine Verarbeitung ohne Resultat macht keinen Sinn. Im Datenwörterbuch erhält jeder Prozeß eine verbale Beschreibung über die Art der Verarbeitung.

Endknoten (Terminatoren) sind Quellen und Senken, die den Anfangs- oder Endpunkt des gesamten betrachteten Prozesses darstellen. Sie liegen außerhalb der Systemgrenzen und werden durch ein benanntes Quadrat dargestellt. Ein Endknoten kann eine Person, eine Institution, ein anderes System oder auch - in technischen Prozessen - eine Maschine darstellen. Für welchen Zweck die Daten in den Endknoten verwendet werden, ist für das System ohne Relevanz.

Ein **Datenspeicher** ist eine Ablage für Informationen. Darstellungsmäßig erscheint ein Datenspeicher in Form von zwei Balken; der Inhalt wird wiederum durch den Namen des Datenspeichers angedeutet. Mit dem Datenspeicher werden alle Formen von Informationsablagen bezeichnet. Es kann sich dabei sowohl um eine einzelne Datei oder Kartei, aber auch um eine Verknüpfung mehrerer Dateien bis hin zu einer ganzen Datenbank handeln. Während der Anforderungsdefinition kommt es lediglich darauf an, daß ein bestimmter Datenspeicher logisch zusammengehörige Informationen aufnimmt. Der Datenspeicher erhält einen Eintrag im Datenwörterbuch, der seine Zusammensetzung aus einzelnen Datenelementen beschreibt. Die Datenflüsse zwischen Datenspeichern und Prozessen brauchen nur dann benannt werden, wenn von dem entsprechenden Prozeß nicht alle, sondern nur ganz bestimmte Datenelemente verwendet werden. Geht der Pfeil in den Speicher hinein, handelt es sich um einen schreibenden Zugriff; lesende Zugriffe werden durch einen Pfeil aus dem Speicher heraus dargestellt.

(2) Datenwörterbuch

Das Datenwörterbuch (Data Dictionary - DD) beschreibt die einzelnen Datenelemente, Datenflüsse und Datenspeicher inhaltlich; es übernimmt die Aufgaben eines zentralen Verzeichnisses, in dem alle Elemente des Systemmodells definiert, dokumentiert und verwaltet werden. Das Datenwörterbuch dient ähnlich wie ein Datenmodell als Grundlage für eine einheitliche Terminologie aller an der Problemlösung beteiligten Personen. Neben den Bezeichnungen der Systemelemente wird im Datenlexikon vor allem der Inhalt und die Struktur der Datenflüsse und Datenspeicher beschrieben.

(3) Prozeßbeschreibungen

In Prozeßbeschreibungen (Mini-Specification - MSP) werden die Transformationsaktivitäten beschrieben, die mit den Daten vorgenommen werden. Die Beschreibung der Prozesse wird, ausgehend von einer sehr groben Übersicht, schrittweise bis zum erforderlichen Detaillierungsgrad verfeinert. Dabei entsteht eine Hierarchie von Datenflußdiagrammen. Die Prozesse auf der untersten Hierarchieebene werden in sogenannten Mini-Spezifikationen kurz dokumentiert. Es handelt sich hierbei um eine knappe, möglichst einfach gehaltene Beschreibung der Aktionen, mit denen die Eingabedaten in die Ausgabedaten transformiert werden. Für diese Beschreibung können wiederum verschiedene Techniken angewendet werden wie beispielsweise Pseudocode, Entscheidungstabellen oder freier Text.

Strukturierte Analyse	
Vorteile	• leicht zu erlernen • nur wenige Beschreibungsmittel und Regeln • Unterstützung der Dokumentation durch Softwarehilfsmittel möglich
Nachteile	• es können keine materiellen Prozeßelemente (z.B. Speichermedien) angegeben werden • es können keine Verzweigungen, Zusammenführungen oder Rückkopplungen dargestellt werden
Anwendung	• zur Definition der Anforderungen für die Entwicklung von Software • zur Erfassung und Analyse von informationellen Prozeßabläufen

Abb. 6-47: Bewertung der strukturierten Analyse

3.5 Ereignisgesteuerte Prozeßkette

Die Methode der ereignisgesteuerten Prozeßkette (EPK) wurde entwickelt, um auch komplexe betriebliche Prozesse mit vielen Verzweigungen und Parallelen einfach, übersichtlich und trotzdem eindeutig darstellen zu können. Die EPK beschreibt die zeitlich-logischen Abhängigkeiten von Ereignissen und Funktionen beziehungsweise von Ereignissen und Prozessen (vgl. *Keller/Nüttgens/Scheer* 1992). Das Softwarehaus SAP verwendet die Methode der ereignisgesteuerten Prozeßkette, um die in seiner betriebswirtschaftlichen Standardsoftware implementierten Lösungen in einem Referenzmodell grafisch abzubilden und so den Kunden transparent zu machen (vgl. *Keller/Popp* 1996, S. 12ff.).

Der Kunde von SAP kann mit Hilfe des Referenzmodells die Funktionalität der Standardsoftware analysieren und auf der Basis von konfigurierbaren Prozeßbausteinen an seine spezifischen Anforderungen anpassen. Das Konfigurieren von Software durch ein Zusammenfügen derartiger Bausteine wird auch als Computer Aided Software Assembly bezeichnet.

In ihrem Grundaufbau besteht die EPK aus aktiven Komponenten (Funktionen), die etwas durchführen, und aus passiven Komponenten (Ereignissen), die aufgrund ihres Eingetretenseins Aktivitäten auslösen. Mit diesen beiden Grundelementen, die über verschiedene Verknüpfungsoperatoren miteinander verbunden werden, ist die Prozeßstruktur beschreibbar.

- Ein **Ereignis** charakterisiert einen eingetretenen betriebswirtschaftlich relevanten Zustand, der eine oder mehrere Funktionen auslöst. Ein Ereignis ist die Momentaufnahme einer Situation, wie zum Beispiel „Lieferant wurde ermittelt" oder "Korrespondenz ist erledigt".
- Eine **Funktion** beschreibt die Transformation von einem Eingangszustand in einen Zielzustand und entspricht somit dem Prozeßelement der Aktivität. Sie zeigt die Aktivität an, die als Antwort auf ein Ereignis vorgenommen werden soll, beispielsweise "Lieferant ermitteln" oder "Korrespondenz erledigen".

- **Prozeßwegweiser** verweisen auf vorgelagerte oder nachfolgende (Teil-)Prozesse innerhalb eines umfangreicheren Prozeßablaufes.
- Der logische Verknüpfungsoperator „**und**" (∧) wird verwendet, um mehrere Pfade darzustellen, die alle weiter verfolgt werden müssen.
- Der Verknüpfungsoperator „**oder**" (∨) wird gebraucht, um mindestens einen Pfad darzustellen, der weiter verfolgt werden muß.
- Der logische Verknüpfungsoperator „**exklusiv oder**" (XODER) wird benutzt , um alle Pfade darzustellen, die verfolgt werden können; es wird jedoch nur einer dieser Pfade weiter verfolgt.

Ereignisse stoßen einzelne Funktionen an und determinieren somit die Ablauflogik. Durch die Zuordnung von Ereignissen zu Funktionen, die wiederum ein oder mehrere Ereignisse erzeugen können, erhält man eine zusammengehörende Ablauffolge von Funktionen. Die Grundobjekte der Prozeßstruktur "Ereignis" und " Funktion" werden über eine gestrichelte Linie miteinander verbunden (Kontrollfluß). Wichtig ist, daß eine ereignisgesteuerte Prozeßkette immer mit mindestens einem Ereignis (Startereignis) beginnt und mit mindestens einem Schlußereignis (Endereignis) abgeschlossen wird. Die mit der Durchführung der einzelnen Aktivitäten betrauten **Organisationseinheiten** sowie die in eine Aktivität ein- und ausgehenden **Informationsobjekte** komplettieren die Prozeßstruktur zu einer ganzheitlichen Prozeßbeschreibung. Die grafischen Symbole für die einzelnen Elemente der ereignisgesteuerten Prozeßkette sind in *Abbildung 6-48* dargestellt.

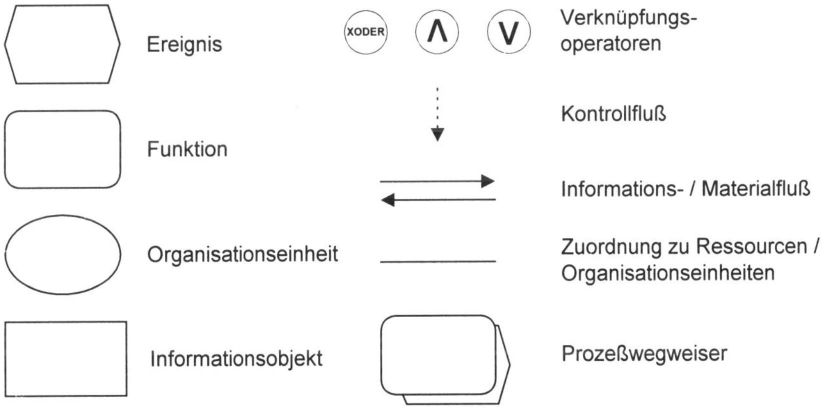

Abb. 6-48: Elemente der ereignisgesteuerten Prozeßkette

Da die Ereignisse die Funktionen steuern, wird der Gesamtzusammenhang als "ereignisgesteuerte Prozeßkette" bezeichnet. Durch die Verbindung der Ereignisse und Funktionen über Verknüpfungsoperatoren können auch komplexe betriebswirtschaftliche Abläufe transparent gemacht werden. Neben der Darstellung der Prozeßstruktur als Kontrollfluß können je nach Fragestellung auch die eingehenden oder von einer Aktivität erzeugten Information innerhalb der Prozeßanalyse wichtig sein. *Abbildung 6-49* zeigt beispielhaft die ereignisgesteuerte Prozeßkette der Wareneingangsbearbeitung. Die Navigation zwischen einzelnen Prozeßmodellen erfolgt dabei über die Start- und Endereignisse. Um den Zusammenhang zwischen einzelnen Prozessen und Teilprozessen zu verdeutlichen, werden die Prozeßwegweiser verwendet.

So werden für die Funktion "Ware prüfen" die Bestellung und der Lieferschein zur Prüfung benötigt, die von der Funktion erzeugte Information ist das Prüfergebnis, das eventuelle vom Einkauf zur Lieferantenbeurteilung benötigt wird. Der Prozeß Wareneingangsprüfung hat als ein Endereignis "Ware ist freigegeben". Hinter diesem Endereignis ist aufgeführt, daß der Prozeß Fertigungsdurchführung folgt; im Prozeß Fertigungsdurchführung ist das Ereignis "Ware ist freigegeben" dann wiederum ein Startereignis. Die Informationen "Bestellung", "Lieferschein" und "Prüfergebnis" haben keinen Steuerungscharakter; sie werden lediglich als Input oder Output einer Funktion zugeordnet. Auf dieser Basis kann dann zusätzlich ein Informationsflußdiagramm als eigenständiges Modell neben dem EPK erstellt werden.

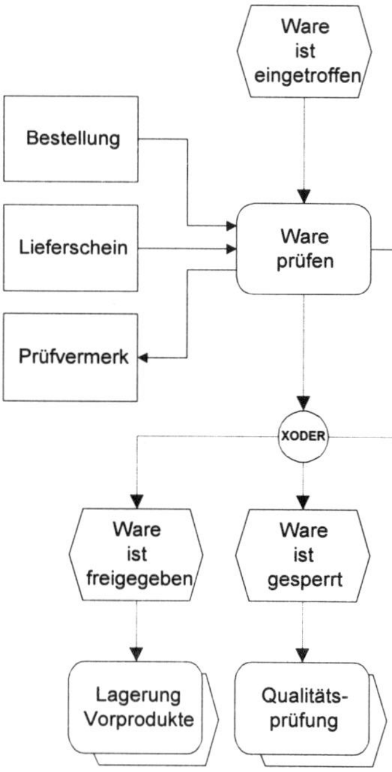

Abb. 6-49: Ereignisgesteuerte Prozeßkette (Beispiel Wareneingangsbearbeitung) Quelle: in Anlehnung an Keller/Popp 1996, S. 14

Eine ereignisgesteuerte Prozeßkette besteht aus den speziell zur Erstellung von EPK-Diagrammen entworfenen Knoten. Für die Erstellung eines EPK-Diagramms gelten die folgenden **Regeln**:

- Ein Knoten muß ein Ereignis, eine Funktion, ein Prozeßwegweiser oder ein logischer Verknüpfungsoperator sein.
- Jeder Pfad in einem EPK-Diagramm muß entweder bei einem Ereignisknoten oder einem Prozeßwegweiser beginnen und enden.
- Ein EPK-Diagramm muß mindestens eine Funktion enthalten.

- Funktions- und Ereignisknoten müssen sich abwechseln; einem Ereignis darf somit kein Ereignis folgen und einer Funktion darf keine Funktion folgen.
- Ein Knoten muß mindestens eine eingehende oder eine ausgehende Linie haben. Isolierte Knoten sind nicht zulässig.

Um die Beziehungen zwischen Ereignis, Prozeßwegweiser und Funktionsknoten anzuzeigen, werden die logische Verknüpfungsoperatoren benutzt:

- Ein Verknüpfungsoperator wird immer dafür verwendet, andere Knoten zu verbinden oder eine Verzweigung in der Prozeßkette zu erstellen.
- Um andere Knoten anzuschließen, müssen die Verknüpfungsoperatoren mindestens über zwei eingehende Linien und eine ausgehende Linie verfügen.
- Um eine Verzweigung in einem Prozeß darzustellen, müssen die Verknüpfungsoperatoren eine eingehende und mindestens zwei ausgehende Linien aufweisen.
- Einem Ereignis darf kein „oder"- oder „exklusiv oder"-Verknüpfungsoperator folgen, der eine Verzweigung im Prozeß erstellt.

Die ergänzende Zuordnung von organisatorischen Einheiten zu den einzelnen Funktionen einer ereignisgesteuerten Prozeßkette kann deutlich machen, welche Stellen und Abteilungen an der Abwicklung eines Prozesses beteiligt sind. Von besonderer Bedeutung im Rahmen der Prozeßverbesserung sind die Analyse von Medienbrüchen und die durch den Wechsel der Aktionseinheiten bedingten Unterbrechungen des Ablaufes, die dann oft zu langen Durchlaufzeiten führen.

Ereignisgesteuerte Prozeßkette	
Vorteile	• leicht zu erlernen und zu verstehen • übersichtliche Darstellung • nur wenige Beschreibungselemente und Regeln • Unterstützung der Dokumentation durch Software möglich
Nachteile	• relativ platzaufwendige Darstellung • teilweise redundante Darstellung
Anwendung	• zur Beschreibung der Geschäftsprozesse zwecks Anpassung von modular aufgebauter betriebswirtschaftlicher Standardsoftware • zur Erstellung von Referenzmodellen

Abb. 6-50: Bewertung der ereignisgesteuerten Prozeßkette

3.6 ABC-Analyse

Die ABC-Analyse ist eine allgemein anwendbare Methode, um mengenmäßig erfaßbare Sachverhalte (Produkte, Prozesse, Aktivitäten, Aufträge ...) zu gewichten und einzugrenzen. Die erhobenen Informationen werden hierbei nach einem bedeutsamen, aus dem Untersuchungsziel abgeleiteten Kriterium (Umsatz, Bestand, Aufwand, Kosten, Fehler, Durchlaufzeiten, ...) sortiert, um wesentliche Fälle von unwesentlichen Fällen zu trennen und Schwerpunkte für einzuleitende organisatorische Maßnahmen festzulegen.

Mit der ABC-Analyse wird eine **Dreiteilung** von Massenphänomenen vorgenommen:

- Eine kleinere Menge von Elementen des Sachverhaltes (Kategorie A) hat einen hohen Einfluß in bezug auf das der Analyse zugrundeliegende Kriterium;
- eine deutlich größere Menge von Elementen (Kategorie C) hat einen geringen Einfluß und
- der restliche mittelgroße Teil (Kategorie B) hat einen mittleren Einfluß hinsichtlich des zugrundeliegenden Kriteriums.

Die ABC-Analyse geht auf *Vilfredo Pareto* zurück. Dieser hatte entdeckt, daß nahezu für jedes Problem der wesentliche Einfluß (80 %) auf 20 % aller Einflußgrößen zurückzuführen ist.

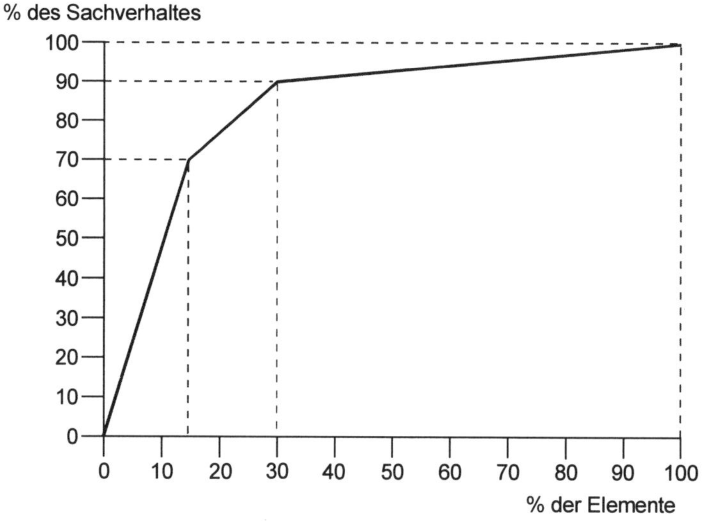

Abb. 6-51: Lorenz-Kurve

Die ABC-Analyse ermöglicht es, eine zunächst unübersichtliche Informationsmenge anschaulich und überzeugend nach Wichtigkeit zu strukturieren. Die Ergebnisse einer ABC-Analyse lassen sich durch eine **Pareto-** oder **Lorenz-Kurve** grafisch veranschaulichen (*Abb. 6-51*). Dabei wird häufig folgende Aufteilung festgestellt:

- A-Elemente machen mengenmäßig nur 15 % aller Elemente aus, tragen jedoch zu 70 % zum untersuchten Sachverhalt bei;
- B-Elemente machen mengenmäßig weitere 15 bis 30 % aller Elemente aus und tragen zu 20 % zum untersuchten Sachverhalt bei;
- C-Elemente machen mengenmäßig die letzten 55 bis 70 % aller Elemente aus, tragen jedoch zu nur 10 % zum untersuchten Sachverhalt bei.

Im konkreten Einzelfall sind selbstverständlich Abweichungen von diesen Grenzen möglich.

So kann eine ABC-Analyse in einem Fertigwarenlager ergeben, daß 10 % aller Artikel (die sogenannten Schnelläufer) 60 % des gesamten Lagerumschlags ausmachen und 70 % der Artikel (die sogenannten Ladenhüter) mit lediglich 10 % am gesamten Umschlag beteiligt sind (vgl. z.B. *Schulte-Zurhausen* 1982, S. 97 ff.).

Bei der Untersuchung eines Arbeitssystems bietet sich eine ABC-Analyse immer dann an, wenn Art, Umfang und Struktur der vom System durchzuführenden Arbeitsprozesse nicht genügend bekannt sind und keine sicheren Angaben über wichtige Systemeigenschaften beziehungsweise weniger wichtige Systemeigenschaften vorliegen. Sofern nicht bereits EDV-gestützte Daten zur Auswertung vorliegen, ist zur Informationsbeschaffung entweder eine umfangreiche Dokumentenauswertung oder sogar eine langwierige und aufwendige Studie zur Datenerfassung erforderlich. Die eigentliche ABC-Analyse selbst kann durch leistungsfähige Tabellenkalkulationsprogramme oder Datenbanken mit Grafikfunktionen wirkungsvoll unterstützt werden.

Die ABC-Analyse wird im Rahmen der praktischen Organisationsarbeit insbesondere zur der Trennung der **Normalfälle** von den **Sonderfällen** herangezogen. Die weitere organisatorische Problemlösung könnte dann darin bestehen,

- für A- und B-Elemente jeweils unterschiedliche organisatorische Lösungen zu entwickeln;
- C-Elemente möglichst zu eliminieren oder – sofern dies nicht angebracht ist – hierfür lediglich einen groben organisatorischen Rahmen für dispositive Entscheidungen zu schaffen.

ABC-Analyse	
Vorteile	• einfache Handhabung
Nachteile	• hoher Aufwand zur Erhebung der Basisinformationen
Anwendung	• zur Trennung der wichtigen Fälle von den Unwichtigen • zur Festlegung von Prioritäten

Abb. 6-52: Bewertung der ABC-Analyse

4. Techniken der Lösungssuche

Bei schlecht strukturierten, offenen Problemen ist die Zahl und Art der möglichen Lösungen nicht vorgegeben; jedes Ergebnis des Lösungsprozesses ist nur eine relativ optimale Lösung zu einem bestimmten Zeitpunkt. Logik allein führt hier nicht immer zu einer guten Lösung. **Kreativitätstechniken** dienen dazu, die Gedankengänge bei der Lösungssuche zu stimulieren und den Lösungsbereich zu vergrößern (*Abb. 6-53*). Sie können somit die Wahrscheinlichkeit erhöhen, daß für eine Problemstellung eine relativ optimale Lösung gefunden wird.

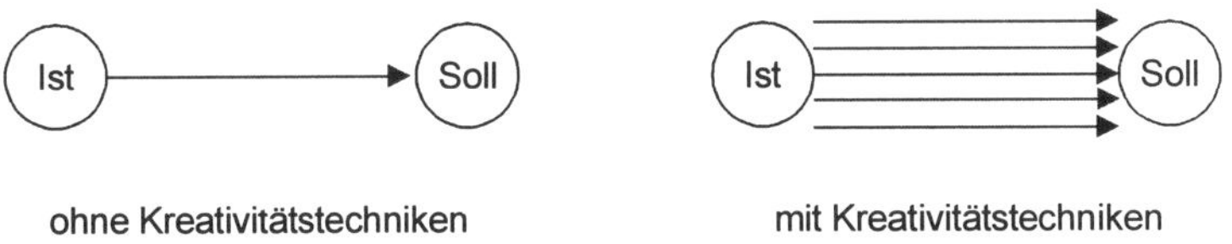

Abb. 6-53: Vergrößerung des Lösungsbereichs durch Kreativitätstechniken

Im Folgenden sollen nur die wichtigeren und bekannteren Kreativitätstechniken kurz behandelt werden (vgl. hierzu u.a. *Siemens* 1974, S. 279 ff.; *Steinbuch* 1990, S. 252 ff.; *Schmidt* 1994, S. 274 ff.).

4.1 Brainstorming

Das Brainstorming ("the brain to storm a problem") ist die bekannteste und am häufigsten angewendete Kreativitätstechnik. Sie geht auf *Alex F. Osborn* (1957) zurück, der in den 30er Jahren mit dieser Technik in seinem Unternehmen die Effizienz von Problemlösungssitzungen zu erhöhen versuchte.

Das Brainstorming zählt zu den Techniken, bei denen Lösungsideen intuitiv und assoziativ gefunden werden sollen. Diese Kreativitätstechniken im engeren Sinne sind speziell daraufhin ausgerichtet, kreative Denkansätze im Problemlösungsprozeß anzuregen und zu verstärken. Durch wechselseitige Assoziation, Stimulation, Analogiebildung sowie spontane Einfälle aus dem Unterbewußtsein soll das Entstehen von Ideen gefördert werden. Die Teilnehmer werden aufgefordert, möglichst viele Ideen und Lösungen vorzuschlagen, die später näher analysiert werden. Durch die erst nachträglich vorgenommene Bewertung sollen Vernunft und Logik zunächst ausgeschaltet bleiben und Denkblockaden abgebaut werden.

Beim Brainstorming gelten vier grundsätzliche Regeln:

1. **Keine Kritik:** Jeder Brainstorming-Teilnehmer kann seine Ideen vorbringen, ohne Rücksicht auf ihren Wert oder ihre Anwendbarkeit. Die Bewertung wird auf eine gesonderte, nachfolgende Phase verschoben, so daß der Ideenfluß nicht unterbrochen wird und die Teilnehmer sich freier äußern können. Durch die Trennung von Bewertung und Ideenproduktion werden erfahrungsgemäß wesentlich mehr und bessere Ideen pro Zeiteinheit produziert werden als bei einer sofortigen

Kritik. Dies gilt sowohl für die Ideenproduktion in Gruppen als auch bei Einzelpersonen.

2. **Kombinieren und Aufgreifen von bereits geäußerten Ideen:** Die Teilnehmer sollen sich nicht mit den vorgebrachten Ideen zufrieden geben, sondern diese weiterentwickeln. Die Teilnehmer einer Brainstorming-Sitzung können auch kein Urheberrecht auf ihre Beiträge geltend machen.
3. **Quantität ist erwünscht:** Je größer die Anzahl der Ideen, desto wahrscheinlicher ist es, daß darunter auch verwertbare Ideen enthalten sind. Es gilt also der Grundsatz "Quantität erzeugt Qualität". Je nach Problemstellung ist es für die Brainstorming-Gruppe ohne weiteres möglich, während einer 20- bis 30-minütigen Sitzung zwischen 50 und 100 Ideen zu produzieren.
4. **Freies Assoziieren und Phantasieren ist erlaubt:** Diese Regel soll dem Teilnehmer die psychologische Sicherheit geben, daß sein Beitrag in jedem Falle akzeptiert wird, sei er auch noch so phantastisch. Die Äußerung von Killerphrasen während des eigentlichen Brainstorming ist untersagt. Phantastischen, teilweise sinnlosen Ideen können wieder neue, konstruktive und originelle Ideen folgen.

In den ersten fünf bis zehn Minuten des Brainstorming werden die spontanen Ideen geäußert. Darauf folgen Phasen der Neubildung von Ideen, die meistens auch bessere, originellere Lösungsvorschläge beinhalten. Über 70% der guten Ideen werden in der letzten Hälfte des Brainstormings geäußert. Nach 25 bis 30 Minuten kann das Brainstorming abgebrochen werden, der Ideenfluß geht dann rasch zurück.

Die **ideale Gruppengröße** liegt bei fünf bis sieben Teilnehmern, die maximale Gruppengröße bei zwölf Teilnehmern. Bei größeren Gruppen muß mit kommunikativen Störungen gerechnet werden, die sich als mangelnde Gelegenheit zur Äußerung, als Bildung von kleineren Diskussionsrunden oder als Durcheinanderreden äußern. Bei zu kleinen Gruppen ist oft das assoziative Potential zu gering, um einen ausreichenden Ideenfluß zu erzeugen. Die Gruppe sollte auch keine größeren hierarchischen Rangunterschiede der Teilnehmer aufweisen, um Hemmungen oder Angst vor einer Beurteilung zu vermeiden. Die Gruppe sollte weiterhin interdisziplinär besetzt werden, damit Ideen aus verschiedenen Wissensbereichen einfließen können. Eine Mischung zwischen Fachleuten für das zu lösende Problem und Laien ist anzustreben. Die Erfahrung zeigt aber, daß auch Gruppen, die diesen Idealregeln nicht entsprechen, mit Brainstorming gute Resultate erzielen.

Innerhalb der Brainstorming-Gruppe sollte ein Moderator die Gruppe in die Problemstellung einführen, die Brainstorming-Regeln bekanntgeben, ihre Einhaltung überwachen und die Kommunikation innerhalb der Gruppe steuern. Sachlich sollte sich der Moderator zurückhalten, damit die Teilnehmer nicht das Gefühl haben, sie würden in eine bestimmte Richtung manipuliert. Der Moderator sollte weiterhin die Beiträge der Teilnehmer mit Hilfe eines Flipcharts, eines Overhead-Projektors oder einer Pinwand festhalten und visualisieren.

Eine erste Grobauswertung und Gruppierung der Ideen kann direkt im Anschluß an die Ideenfindung durch die Gruppe vorgenommen werden. Die Vorschläge sollten dabei gruppiert werden in unbrauchbare Ideen, in unmittelbar umsetzbare Ideen sowie in Ideen, deren weitere Bearbeitung als sinnvoll erachtet wird.

Die Effizienz bei der Anwendung von Kreativitätstechniken kann durch den Einsatz spezieller Software (Group Decision Support-Systeme, Meetingware) gesteigert werden. Im Konferenzraum ist jeder Sitzplatz mit einem Personalcomputer ausgestattet, die untereinander vernetzt sind. Sämtliche Ideenbeiträge werden unverzüglich in den PC eingegeben und erscheinen auf allen Bildschirmen gleichzeitig. Der jeweilige Autor bleibt anonym. Durch Meetingware läßt sich die Konferenzdauer bei unveränderter Erfolgsquote ungefähr auf die Hälfte senken. Außerdem wird eine völlig neue Gruppendynamik erzeugt: Während in herkömmlichen Konferenzen 20 % der Teilnehmer rund 80 % der Zeit für sich in Anspruch nehmen, kann beim elektronischen Brainstorming jeder gleichermaßen zu Wort kommen. Alle Ideen haben dabei - unabhängig von Rang und Status des jeweiligen Teilnehmers - das gleiche Gewicht. Zudem kann niemand wegen einer unkonventionellen Idee kritisiert werden, da alle Beiträge anonymisiert sind.

Brainstorming	
Vorteile	• einfache zu handhaben • geringe Kosten • Ausnutzung von Synergieeffekten infolge der Gruppenbildung
Nachteile	• Gefahr der Abschweifung • aufwendige Selektion geeigneter Ideen • Gefahr von gruppendynamischen Konflikten
Anwendung	• für Problemarten einfacher Komplexität • insbesondere für die Zielformulierung und Lösungssuche

Abb. 6-54: Bewertung des Brainstorming

4.2 Methode 635

In Anknüpfung und als weitere Abwandlung des Brainstorming wurde das **Brainwriting** entwickelt. Brainwriting bedeutet das schriftliche Festhalten und Entwickeln von Ideen. Die einzelnen Teilnehmer notieren ihre Ideen individuell auf einem Ideenzettel; die Ideen werden anschließend den anderen Teilnehmern zur Kenntnis gebracht und von ihnen weiterentwickelt (*Abb. 6-55*).

Problem:						
Name						
Runde	1 (5 min)	2 (6 min)	3 (7 min)	4 (8 min)	5 (9 min)	6 (10 min)
1. Idee						
2. Idee						
3. Idee						

Abb. 6-55: Ideenzettel für die Methode 635

Die Methode 635 ist ein schriftlich vorprogrammiertes Brainstorming. Sie gründet auf der Erkenntnis, daß Brainstorming immer dann besonders erfolgreich ist, wenn die Idee eines Teilnehmers von den anderen Gruppenmitgliedern aufgegriffen und weiterentwickelt wird. **Sechs** Teilnehmer bringen jeweils **drei** Vorschläge zu Papier, insgesamt werden die Blätter **fünf**mal weitergereicht (deshalb die Bezeichnung "635"). Aufbauend auf den vorliegenden Gedanken sollen die Teilnehmer jedes Blatt um weitere Ideen zur Problemlösung ergänzen; sie sollen sich dabei möglichst an die bereits aufgezeichneten Ideen anlehnen und diese weiterentwickeln. Ein logischer Aufbau ist nicht unbedingt erforderlich. Es genügt, wenn nach genauer Durchsicht der bereits produzierten Ideen drei neue Gedanken zum gegebenen Problem entwickelt werden.

Im Gegensatz zum Brainstorming fallen Moderations- und Protokollaufgaben weg. Die Definition und Analyse der Problemstellung vor der Anwendung der Methode sind wichtig. Auch das Prinzip der "hinausgeschobenen Beurteilung" ist bei der Methode 635 gewährleistet.

Folgende Zeitvorgaben haben sich als geeignet erwiesen: Für die erste Runde fünf Minuten, für die zweite Runde sechs Minuten, für die weiteren Runden jeweils immer eine Minute mehr, so daß die gesamte Dauer der Sitzung rund 45 Minuten beträgt. Durch diese Zeiteinteilung haben die Teilnehmer genügend Zeit, die vorausgegangenen Ideen zu lesen, weiterzuentwickeln und auch neue Ideen zu entwickeln. Es ist zulässig, von der Teilnehmerzahl sechs geringfügig abzuweichen; bei zu wenigen Teilnehmern werden die Ideen jedoch nicht ausreichend vertieft, während bei zu vielen Teilnehmern die Konzentration gegen Ende der Sitzung aufgrund der zu langen Dauer stark nachläßt.

Methode 635	
Vorteile	• einfach zu handhaben • viele Ideen in relativ kurzer Zeit • Ideen werden nicht zerredet • keine Moderation und Protokollführung notwendig
Nachteile	• kein direktes Feedback • der starre Ablaufmechanismus kann die Kreativität stören
Anwendung	• für Problemarten geringer bis mittlerer Komplexität • als Folgeaktion auf das Brainstorming zur systematischen Vertiefung der Grundideen

Abb. 6-56: Bewertung der Methode 635

4.3 Morphologische Analyse

Im Gegensatz zum Brainstorming, wo die Intuition vorherrscht, überwiegt bei der morphologischen Analyse das **rationale Denken**. Sie ist analytischer Natur und hat die vollständige Erfassung eines komplexen Problembereiches zum Ziel. Alle möglichen Lösungen sollen vorurteilslos betrachtet werden, ohne daß weitliegende Lösungen unterdrückt werden.

Kernstück der morphologischen Analyse ist die Matrix (*Abb. 6-57*). In der Vorspalte werden die voneinander unabhängigen Einflußgrößen des Problems aufgelistet, in den übrigen Spalten für jede Einflußgröße alle nur denkbaren Ausprägungen aufgeführt. Jede Kombination der Ausprägungen ergibt eine theoretisch mögliche Lösungsalternative. Gedanklich oder durch Linien in der Matrix werden realistische

Kombinationen der möglichen Ausprägungen spontan bezüglich ihrer Qualität bewertet und zu ganzheitlichen Lösungsalternativen zusammengestellt. Durch diese Formalisierung können schematisch und spielerisch originelle Lösungen gefunden werden.

	Ausprägungen				
Merkmale	**1**	**2**	**3**	**4**	**5**
Seminarziel	Weiter-bildung	Vermittlung von Grund-lagenwissen	Erfahrungs-austausch	Problem-lösungen	Motivation ●
Stofflicher Schwer-punkt	individuelle Arbeits-technik	Kreativitäts-techniken	Führungs-stil ●	zielgruppen-bezogene Sach-themen	
Seminarstil	Einzel-vortrag	Team-Teaching	Plenums-diskussion	Gruppen-diskussion ●	Gruppen-arbeit
Unterbringu ng	Erholungs-zentrum ●	Hotel	Berghütte	keine	Camping-platz
Referenten-auswahl	externe Spezialisten	interne Spezialisten	Mitarbeiter ● des Unter-nehmens	professio-nelle Lehrkräfte	Vorstands-mitglied

Abb. 6-57: Morphologische Matrix (Beispiel Seminarplanung)
Quelle: Siemens 1974, S. 303

Vor Anwendung der morphologischen Analyse müssen die wesentlichen Einflußgrößen bekannt sein. Die einzelnen Einflußgrößen sollten dabei möglichst klar voneinander abgegrenzt und unabhängig voneinander sein, damit jede Kombination von Ausprägungen eine zulässige Lösung darstellt. Eventuell müssen stark miteinander verflochtene Einflußgrößen unter einem Oberbegriff zusammengefaßt werden. Man sollte nur fünf bis zehn Einflußgrößen und Ausprägungen zulassen, da sonst der Auswertungsaufwand zu hoch wird. Eine morphologische Matrix der Dimension 4 x 4 ergibt bereits $4^4 = 256$ theoretische Lösungsmöglichkeiten.

Morphologische Analyse	
Vorteile	• berücksichtigt alle wesentlichen Aspekte eines Problems • Kombination von analytischem und kreativem Denken • keine Moderation und Protokollführung notwendig
Nachteile	• zeit- und arbeitsaufwendig • schwierige Auswahl der Lösungsalternativen • eventuell keine gesamtheitliche Lösung feststellbar
Anwendung	• universelle Anwendbarkeit für gut strukturierbare Probleme

Abb. 6-58: Bewertung der morphologischen Analyse

5. Techniken der Bewertung

Im folgenden sollen die am häufigsten zur Bewertung organisatorischer Problemlösungen eingesetzten Techniken beschrieben werden (vgl. hierzu u.a. *Brauchlin* 1984, S. 217 ff.; *Wittlage* 1986, S. 224 ff.; *Daenzer/Huber* 1992, S. 196 ff.; *Schmidt* 1994, S. 300 ff.); es sind dies die verbale Bewertung, die Kostenvergleichsrechnung, die Nutzwertanalyse und die Kosten-Wirksamkeits-Analyse.

5.1 Verbale Bewertung

Die Grundidee der verbalen Bewertung besteht darin, die Vorteile und Nachteile der einzelnen Lösungsalternativen systematisch in Form verbaler Argumente gegenüberzustellen. Die verbale Bewertung ist fundierter als ein rein intuitives Vorgehen; sie eignet sich jedoch lediglich für relativ einfache Entscheidungssituationen. Hinsichtlich der Wertsynthese sind auch bei der verbalen Bewertung nur mehr oder weniger intuitive Aussagen möglich.

Verbale Bewertung	
Vorteile	• einfaches Verfahren; keine Spezialkenntnisse erforderlich • geringer Aufwand, somit schnell durchführbar • universell einsetzbar
Nachteile	• nur für einfache Probleme anwendbar • mangelnde Operationalität der Aussagen • begrenzte Objektivität; aufgrund der rein intuitiven Wertsynthese Gefahr von Fehlurteilen
Anwendung	• zur raschen und überschlägigen Abschätzung von Lösungen • wenn genauere Informationen nicht erhältlich sind oder ihre Beschaffung zu aufwendig ist • bei zwei konträren Alternativen, bei denen die Vorteile der einen Alternative die Nachteile der anderen sind und umgekehrt • immer dann, wenn man ansonsten rein intuitiv entschieden würde

Abb. 6-59: Bewertung der verbalen Bewertung

5.2 Kostenvergleichsrechnung

Die betriebswirtschaftliche Investitionslehre betrachtet als Zielgrößen einer Investition Überschüsse und Defizite; das Hauptkriterium für die Investitionsentscheidung ist der monetär erfaßbare Überschuß einer Maßnahme. Die Investitionslehre hat eine ganze Reihe von Rechenverfahren zur Beurteilung von Investitionen entwickelt, die sich hauptsächlich im theoretischen Genauigkeitsgrad sowie in der Schwierigkeit und im Aufwand bei der praktischen Durchführung voneinander unterscheiden (vgl. u.a. *Kern* 1974; *Schneider* 1975; *Blohm/Lüder* 1983; *Spremann* 1990).

Die sogenannten statischen Verfahren der Investitionsrechnung gehen von Kosten-, Gewinn und Rentabilitätsvergleichen aus. Im Gegensatz zu den dynamischen Verfahren berücksichtigen sie nicht die im Zeitverlauf sich ergebenden Änderungen der zu berücksichtigenden Ertrags-, Aufwands- und Kostengrößen. In der Praxis sind sie jedoch weit verbreitet, was nicht zuletzt an ihrer unkomplizierten Handhabung liegt. Kostenvergleichsrechnungen sind immer dann anwendbar, wenn den zu vergleichenden Problemlösungen unmittelbar oder mittelbar über Schlüsselgrößen Kosten zugerechnet werden können. Im Zusammenhang mit organisatorischen Maßnahmen wird die Kostenvergleichsrechnung vereinzelt für Auswahlentscheidungen über alternativen Problemlösungen herangezogen, insbesondere wenn es um die Auswahl von alternativen Sachmitteln geht.

	Lösung A	Lösung B
1. Abschreibungen		
abschreibungsfähige Investitionen (1.000 €)	300	400
Lebensdauer (Jahre)	10	10
Abschreibungen (1.000 € / Jahr)	30	40
2. Zinskosten		
Investitionen (1.000 €)	300	400
durchschnittliche Kapitalbindung (1.000 €)	150	200
Zinssatz (%)	10	10
Zinskosten (1.000 € / Jahr)	15	20
3. Personalkosten (1000 € / Jahr)	400	300
4. Sonstige fixe Kosten (1.000 € / Jahr)		
Raum- und Gebäudekosten	130	130
Wartungskosten	20	20
Softwarelizenzen	20	30
5. Variable Kosten (1.000 € / Jahr)		
Kommunikationskosten	10	10
Verbrauchsmaterial	10	5
6. Gesamtkosten (1.000 € / Jahr)	635	555
7. Leistung (1.000 Einheiten / Jahr)	10	8
8. Stückkosten (€ / Einheit)	63,5	69,4

Abb. 6-60: Kostenvergleichsrechnung (Beispiel)

Zunächst sind die Kosten der Lösungsalternativen, insbesondere Personalkosten (Löhne, Gehälter, Nebenkosten) und die Sachmittelkosten (Abschreibungen, Verzinsung des gebundenen Kapitals, Instandhaltung, Materialverbrauch) als Jahresdurchschnittsgrößen zu ermitteln (*Abb. 6-60*). Anschließend werden die jährlichen Gesamtkosten der Lösungsalternativen vergleichend gegenübergestellt. Da ein einheitlicher, monetärer Maßstab zugrundegelegt wird, ist eine Wertsynthese unproblematisch: Bei ansonsten gleichen Eigenschaften bezüglich der funktionalen und der sozialen Zielsetzungen ist die Alternative am günstigsten, welche die geringsten Gesamtkosten aufweist. Sind dagegen die Lösungsalternativen hinsichtlich ihrer Leistungen und sozialen Auswirkungen nicht weitgehend identisch, ist die alleinige Anwendung der Kostenvergleichsrechnung zur Bewertung ungeeignet. Wenn lediglich die mengenmäßigen Leistungen der Lösungsalternativen voneinander abweichen, kann der Vergleich der jährlichen Gesamtkosten durch einen Vergleich der Stückkosten ersetzt werden. Bei Organisationsproblemen wird jedoch in der Regel eine bestimmte Systemleistung gefordert, deren Unterschreiten nicht zulässig und deren Überschreiten oft nicht mit einem entsprechenden Zusatznutzen verbunden ist. Somit hilft hier ein Stückkostenvergleich nur äußerst selten weiter.

Kostenvergleichsrechnung	
Vorteile	• unproblematische Wertsynthese • einfache Anwendung
Nachteile	• monetär nicht quantifizierbare Bewertungskriterien können nicht berücksichtigt werden
Anwendung	• die Alternativen weisen bezüglich der nicht-monetären Zielkriterien gleiche Zielwerte auf • in Ergänzung oder als Bestandteil anderer Bewertungsverfahren, insbesondere der Kosten-Wirksamkeits-Analyse

Abb. 6-61: Bewertung der Kostenvergleichsrechnung

5.3 Nutzwertanalyse

Die Nutzwertanalyse kann nach *Zangemeister* (1976, S. 45) definiert werden als "Analyse einer Menge komplexer Handlungsalternativen mit dem Zweck, die Elemente dieser Menge entsprechend den Präferenzen des Entscheidungsträgers bezüglich eines multidimensionalen Zielsystems zu ordnen." Diese Ordnung wird auf der Grundlage eines gewichteten Zielsystem ermittelt und über die Nutzwerte der Alternativen abgebildet.

Das Grundmodell der Nutzwertanalyse läßt sich durch folgende **Merkmale** beschreiben (*Zangemeister* 1976, S. 55 ff.):

- Es liegen m verschiedene, prinzipiell als brauchbar erachtete Lösungsalternativen A_i ($i = 1, 2, ..., m$) vor, die jedoch unterschiedlich ausgeprägte Vor- und Nachteile aufweisen.
- Bei der Beurteilung der Alternativen sind n unterschiedliche Teilziele Z_j ($j = 1, 2, ..., n$) zu berücksichtigen, die durch unterschiedliche Maßstäbe beschrieben werden.
- Entsprechend den Präferenzen des Entscheidungsträgers wird den einzelnen Zielkriterien eine unterschiedliche Bedeutung beigemessen. Den Zielen Z_j wird deshalb je nach Bedeutung für die Gesamtbeurteilung ein Gewicht g_j zugeteilt.

Das zentrale Problem der Bewertung besteht darin, die Zielerfüllung der einzelnen Lösungsalternativen - gemessen mit unterschiedlichen Maßstäben - zu einer einzigen Kennziffer, dem Nutzwert zu aggregieren. Unter dem **Nutzwert** einer Lösungsalternativen ist sein subjektiver, durch die Tauglichkeit zur Zielerreichung bestimmter Wert zu verstehen.

Eine systematische Nutzwertanalyse wird gemäß *Abbildung 6-62* in folgenden **Schritten** durchgeführt:

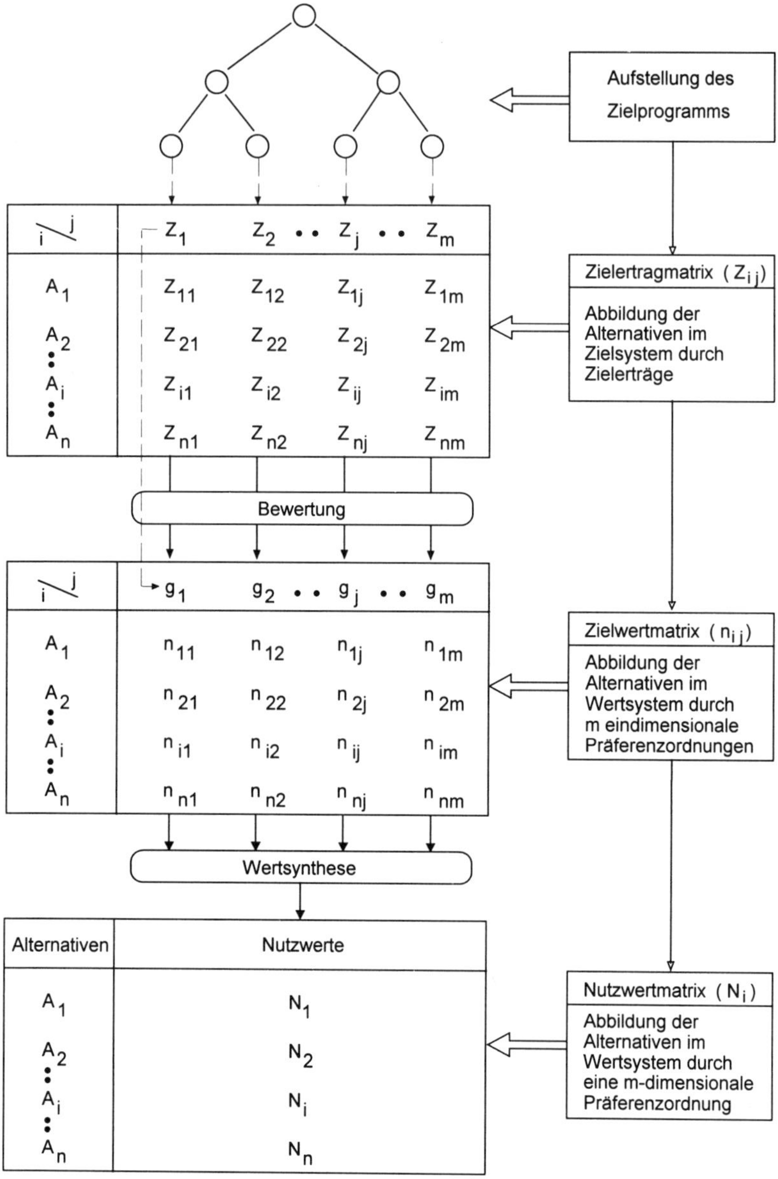

Abb. 6-62: Grundmodell der Nutzwertanalyse
Quelle: nach Zangemeister 1976, S. 73

(1) Aufstellen eines Zielsystems

Es ist ein zweckmäßigerweise hierarchisch strukturiertes Zielsystem aufzustellen mit den entscheidungsrelevanten operationalisierten Zielkriterien Z_j als Endglieder.

(2) Gewichtung der Zielkriterien

Die Zielkriterien Z_j werden entsprechend den Präferenzen des Entscheidungsträgers gewichtet. Die Gewichtung erfolgt, indem hundert Prozentpunkte so auf die Zielkriterien verteilt werden, daß jedes Zielkriterium entsprechend seiner Bedeutung im Verhältnis zu den anderen Zielkriterien einen Teilbeitrag g_j erhält.

(3) Ermittlung der Zielerträge

Für die verschiedenen Lösungsalternativen A_i werden die Zielerträge Z_{ij} ermittelt. Dabei werden die Alternativen in ihren Auswirkungen bezüglich der einzelnen Zielkriterien beschrieben. Die Zielerträge können sowohl verbal als auch numerisch formuliert werden, je nachdem, ob ein quantitativer Maßstab angegeben werden kann oder nicht.

(4) Bewertung der Zielerträge

Die Zielerträge der einzelnen Lösungsalternativen werden bewertet, indem jedem Zielertrag Z_{ij} ein Zielwert n_{ij} zugeordnet wird. Dieser repräsentiert die relative Stellung der Alternative A_i bezüglich des Zielkriteriums Z_j. Hierzu ist die Methode der **direkten Intervallskalierung** in der Praxis weit verbreitet. Das Urteilsschema besteht dabei gewöhnlich aus einer diskreten Zahlenfolge in Form einer Notenskala. Den bezüglich eines Zielkriteriums zu vergleichenden Objekten werden die Noten n_{ij} so zugeordnet, daß numerische Unterschiede zwischen den Zahlen dem Nutzenunterschied zwischen den Objekten entspricht.

(5) Wertsynthese

Im Rahmen der Wertsynthese werden die Zielwerte n_{ij} sinnvoll zu den Nutzwerten N_i aggregiert. Hierzu ist eine Bewertungsregel notwendig, welche die unterschiedlichen Gewichte g_j der Zielkriterien berücksichtigt und zu einer widerspruchsfreien und vollständigen Rangordnung der Lösungsalternativen führt.

Die wichtigste Bewertungsregel zur Wertsynthese stellt die **allgemeine Additionsregel** dar; der Nutzwert N_i einer Lösungsalternative errechnet sich hiernach aus der Summe der gewichteten Zielwerte zu

$$N_i = \sum_{j=1}^{n} g_j \, n_{ij} \, .$$

Als Bewertungsregel gilt, daß jene Alternative als die beste anzusehen ist, welche die größte Gesamtzielerfüllung, d.h. den höchsten Wert von N_i erreicht (*Abb. 6-63*).

Die allgemeine Additionsregel ist nur anwendbar, wenn **absolut fixierte** Zielwertskalen vorliegen, das heißt wenn die Bewertungsskalen eine gemeinsame Bewertungseinheit und einen gemeinsamen Skalenursprung aufweisen. Diese Voraussetzung ist sehr oft nicht gegeben, insbesondere, wenn die Bewertung von verschiedenen Experten vorgenommen wird, die jeweils für nur einen Teil der relevanten Kriterien sachverständig sind. Dennoch wird diese Regel in der Praxis bei der Nutzwertanalyse am häufigsten angewendet. Um die der allgemeinen Additionsregel zugrundeliegenden Annahmen rechtfertigen zu können, bedarf es jedoch einer genauen Instruktion der an der Bewertung beteiligten Personen über die gemeinsame Bewertungseinheit und den gemeinsamen Bezugspunkt. Bei Reorganisationsmaßnahmen wird der Bezugspunkt zweckmäßigerweise durch die Lösungsalternative "Beibehaltung des Ist-Zustandes" gebildet; die Zielwerte dieser Alternative repräsentieren dabei bezüglich sämtlicher Zielkriterien das gleiche Nutzenniveau null.

		Lösungsalternativen A_i					
Ziele	Gewicht	A_1		A_2		A_3	
Z_j	g_j	n_{ij}	$g_j\,n_{ij}$	n_{ij}	$g_j\,n_{ij}$	n_{ij}	$g_j\,n_{ij}$
Z_1	30	5	150	8	240	6	180
Z_2	40	4	160	2	80	3	120
Z_3	20	10	200	7	140	5	100
Z_4	10	5	50	3	30	7	70
	$\Sigma = 100$	$N_1 =$	560	$N_2 =$	490	$N_3 =$	470

Abb. 6-63: Tabelle einer Nutzwertanalyse (Wertsynthese nach der allgemeinen Additionsregel)

Bei der praktischen Anwendung der Nutzwertanalyse können sehr gute Lösungen die Note 10, gerade noch genügende Lösungen die Note 1 erhalten; für Lösungsalternativen, die ein Zielkriterium ungenügend oder gar nicht erfüllen, wird die Note 0 erteilt. Unter der Voraussetzung, daß die Kriteriengewichte in der Summe 100 ausmachen, ergeben sich dann bei absolut fixierten Zielwertskalen die Nutzwerte der Lösungsalternativen im Intervall $0 \leq N_i \leq 1000$, wobei die denkbar beste, in der Praxis normalerweise nicht erreichbare Lösung den Nutzwert 1000 erhalten würde. Somit werden nicht nur die Nutzen der erarbeiteten Lösungsalternativen zueinander ins Verhältnis gesetzt, sondern auch in bezug auf eine fiktive, theoretisch optimale Lösung.

Wenn zwar für alle Zielkriterien eine gemeinsame Bewertungseinheit vorliegt, die Skalenursprünge der Bewertungsskalen jedoch nicht zusammenfallen, so liegen **intervallfixierte** Zielwertskalen vor. Dies ist bei der praktischen Organisationsarbeit der Normalfall. Eine Bewertung kann dann nur auf der Basis der Zielwertdifferenzen getroffen werden; eine Wertsynthese erfolgt dann gemäß der **Additionsregel** (vgl. *Abb. 6-64*) zu

$$N_i = \sum_{j=1}^{n} g_j \sum_{k=1}^{m} (n_{ij} - n_{kj}) \,.$$

		Lösungsalternativen A_i								
Ziele	Gewicht	A_1			A_2			A_3		
Z_j	g_j	n_{ij}	(1)	(2)	n_{ij}	(1)	(2)	n_{ij}	(1)	(2)
Z_1	30	5	- 4	- 120	8	5	150	6	- 1	- 30
Z_2	40	4	3	120	2	- 3	- 120	3	0	0
Z_3	20	10	8	160	7	- 1	- 20	5	- 7	- 140
Z_4	10	5	0	0	3	-6	- 60	7	6	60
	$\Sigma = 100$		$N_1 =$	160		$N_2 =$	- 50		$N_3 =$	- 110

$$(1) = \sum_{k=1}^{m} (n_{ij} - n_{kj}) \qquad (2) = g_j \sum_{k=1}^{m} (n_{ij} - n_{kj})$$

Abb. 6-64: Tabelle einer Nutzwertanalyse (Wertsynthese nach der Additionsregel)

Bei intervallfixierten Zielwertskalen summieren sich sowohl die zielbezogenen Nutzwerte ΣN_{ij} als auch die Gesamtnutzwerte ΣN_i der Lösungsalternativen jeweils zu 0.

Nutzwertanalyse	
Vorteile	• Zwang, die für die Bewertung entscheidenden Ziele klar zu definieren • hohe Transparenz, da der Bewertungsprozeß in logisch aufeinander aufbauende Einzelschritte zerlegt ist • die Bewertung ist leicht nachzuvollziehen • einzelne Teile der Bewertung können Experten vornehmen • der gesamte Nutzen einer Lösung, nicht nur der monetär quantifizierbare Nutzen wird berücksichtigt • die Stabilität der Bewertung läßt sich durch eine Empfindlichkeitsanalyse überprüfen • einfache Handhabung, damit schnelle Durchführung • Aussage möglich, inwieweit eine fiktive Ideallösung erreicht ist
Nachteile	• der Kriterienkatalog ist nur selten vollständig • das Ergebnis der Bewertung ist abhängig vom durchführenden Personenkreis, dadurch starke Subjektivität möglich • das Ergebnis der Nutzwertanalyse ist durch entsprechende Variation der Zielkriterien, der Zielgewichte und der Bewertung manipulierbar • Bewertungskriterien sind nicht immer unabhängig voneinander
Anwendung	• die Bewertung muß vielen Personen verständlich gemacht werden • die Bewertung beinhaltet viele Aspekte und ist von großer Tragweite

Abb. 6-65: Bewertung der Nutzwertanalyse

5.4 Kosten-Wirksamkeits-Analyse

Die Kosten-Wirksamkeits-Analyse (Cost-Effectiveness-Analysis) unterscheidet sich von der Nutzwertanalyse dadurch, daß die Kostenkriterien zunächst getrennt von den übrigen Kriterien betrachtet werden. Die Kostenkriterien brauchen dabei nicht gewichtet zu werden. Die Zielerträge bezüglich der übrigen Kriterien werden wie bei der Nutzwertanalyse bewertet und - entsprechend dem Nutzwert bei der Nutzwertanalyse - zur Wirksamkeit zusammengefaßt.

Im Gegensatz zur Nutzwertanalyse werden die Wirksamkeits- und Kostenzahlen nicht addiert, sondern durch Division zueinander ins Verhältnis zueinander gesetzt. Als Ergebnis erhält man eine **Kosten-Wirksamkeits-Kennziffer**, die ausdrückt, mit welchen Kosten ein Punkt auf der Wirksamkeitsskala verbunden ist. Die Kennziffern ermöglichen eine eindeutige Rangfolge der Problemlösungen. Als Entscheidungsregel gilt, daß jene Lösungsalternative zu bevorzugen ist, welche den kleinsten Kosten-Wirksamkeits-Quotienten aufweist. Die Ergebnisse können entsprechend *Abbildung 6-66* grafisch dargestellt werden. Eine hohe Wirksamkeit bei geringen Kosten fällt dabei in den positiven Bereich und umgekehrt.

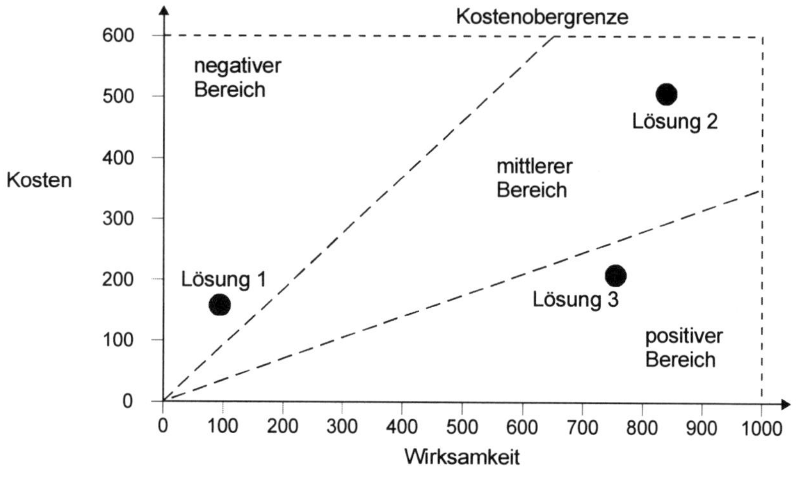

Abb. 6-66: Kosten-Wirksamkeits-Analyse

Die Kosten-Wirksamkeits-Betrachtung eignet sich besonders für jene Bewertungs- und Entscheidungssituationen, bei denen die Kosten eine wichtige Rolle spielen und deshalb getrennt ausgewiesen werden sollen.

Die Kosten-Wirksamkeits-Analyse ist zu unterscheiden von der Kosten-Nutzen-Analyse (Cost-Benefit-Analysis), die vor allem für die Bewertung von Projekten der öffentlichen Hand eingesetzt wird. Während bei der Kosten-Wirksamkeits-Analyse nur die Kostenkriterien monetär bewertet werden, werden bei der Kosten-Nutzen-Analyse auch die übrigen Kriterien in monetären Größen ausgedrückt.

Kosten-Wirksamkeits-Analyse	
Vorteile	• Vorteile der Nutzwertanalyse • stark objektivierte Größen ("Kosten") und stärker subjektiv beeinflußte Größen ("Wirksamkeit") werden getrennt ausgewiesen
Nachteile	• Nachteile der Nutzwertanalyse • zweigeteilte Bewertung, die nicht mehr auf einem einheitlichen Zielsystem beruht
Anwendung	• Anwendung wie bei der Nutzwertanalyse • die Kosten einer jeden Lösungsalternative sind eindeutig feststellbar • die monetären Bewertungskriterien haben ein in etwa gleich hohes Gewicht wie die nicht-monetären Kriterien

Abb. 6-67: Bewertung der Kosten-Wirksamkeits-Analyse

6. Techniken des Projektmanagements

6.1 Grundlagen der Terminplanung

Terminierungstechniken dienen der zeitlichen Planung des Projektablaufes. Die Terminplanung von Organisationsprojekten umfaßt sowohl die Planung von wichtigen Zwischenterminen wie Meilensteintermine als auch von Beginn- und Endterminen für die einzelnen durchzuführenden Vorgänge. Voraussetzung für eine Terminplanung ist, daß die nachfolgend genannten Informationen vorliegen:

- Grundlage einer Terminplanung sind die **Arbeitspakete** des Projektstrukturplanes (Projekt-Grobplanung) oder die im Aktivitätenplan aufgeführten **Aktivitäten** (Projekt-Feinplanung). Im Zusammenhang mit der Netzplantechnik wird hierfür gemäß der *DIN 69 900* der Begriff des **Vorgangs** verwendet. Dieser ist im Zusammenhang mit der Feinplanung von Projekten dem der Aktivität gleichzusetzen; im Zusammenhang mit der Grobplanung entspricht ein Vorgang einem Arbeitspaket.
- Die logischen und zeitlichen **Abhängigkeiten** zwischen den Vorgängen ist ebenfalls notwendige Voraussetzung für die Terminplanung; für jeden Vorgang ist die Kenntnis der vorausgehenden und der nachfolgenden Vorgänge erforderlich.
- Aus der Aufwandsplanung des Projektes läßt sich der **Zeitbedarf** für jeden Vorgang entnehmen.

Eine wesentliche Unterscheidung der Terminierungsmethoden basiert auf unterschiedlichen Ausgangspunkten bei der Terminplanung:

- Ausgangspunkt der **progressive** (Vorwärts-) Terminierung ist der Projektanfang; vom Projektanfang wird vorwärts in die Zukunft hinein terminiert, um den **Projektendtermin** zu ermitteln.
- Die **retrograde** (Rückwärts-) Terminierung wird dann angewandt, wenn das Projektende vorgegeben ist. Es wird vom Projektende rückwärts in die Gegenwart terminiert, um den **Projektbeginntermin** zu ermitteln. Dabei kann es vorkommen, daß der Projektbeginn in der Vergangenheit liegt. Durch Änderung von Terminierungsvoraussetzungen, wie beispielsweise durch Verkürzung des Zeitbedarfes für einen Vorgang oder durch die Planung des Einsatzes von zusätzlichen Projektmitarbeitern, kann mit einer neuen Terminierung ein besseres Ergebnis erreicht werden.

Für die Terminierung stehen eine Reihe von Terminierungstechniken zur Verfügung. Welche Technik bei der Projektplanung zur Terminierung angewandt wird, hängt vornehmlich von Umfang und Komplexität des Projektes ab. Die Terminierung erfolgt üblicherweise in der Maßeinheit Arbeitstage; bei sehr umfangreichen Oranisaitionsprojekten mit einer Laufzeit von mehr als einem halben Jahr kann es zweckmäßiger sein, Wochen als Zeiteinheit zu verwenden. Nach Abschluß der Terminplanung werden die Terminierungsergebnisse in Kalendertermine umgesetzt.

6.2 Terminliste

Bei der Terminliste werden die einzelnen Vorgänge analog zur **Aktivitätenliste** in einer Liste gereiht. Die Dauer des jeweiligen Projektteiles wird ausgewiesen, und in Abhängigkeit von der Projektstruktur werden für die einzelnen Vorgänge die Anfangs- und Endtermine errechnet und eingetragen (*Abb. 6-68*). Zusätzlich kann für einen Vorgang angegeben werden, welche Vorgänger zuvor abgeschlossen sein müssen beziehungsweise welche Nachfolger erst nach Abschluß des jeweiligen Vorgangs begonnen werden können.

Nr. (1)	Vorgang (2)	Vor- gänger (3)	Nach- folger (4)	Dauer (AT) (5)	Anfang (6)	Ende (7)
1	*Schwachstellenanalyse Auftragsabwicklung*	-	*3*	*10*	*28.09.*	*09.10.*
2	*Schwachstellenanalyse Lagerwesen*	-	*4*	*6*	*28.09.*	*05.10.*
3	*Anforderungsdefinition Auftragsabwicklung*	*1*	*5*	*10*	*12.10.*	*23.10.*
4	*Anforderungsdefinition Lagerwesen*	*2*	*5*	*6*	*06.10.*	*13.10.*
5	*Entwicklung Rahmenkonzept*	*3 + 4*	*6*	*20*	*26.10.*	*20.11.*
6	*Anwenderabstimmung*	*5*	-	*6*	*23.11.*	*30.11.*
...	...	...	...	...	...	...

Abb. 6-68: Terminliste

Terminliste	
Vorteile	• minimaler Planungsaufwand
Nachteile	• unübersichtliche Darstellung
Anwendung	• bei einer Terminierung mit wenigen Vorgängen • bei linearen Abläufen ohne Vernetzungen

Abb. 6-69: Bewertung der Terminliste

6.3 Balkendiagramm

Das Balkendiagramm ist wohl die älteste Technik zur Darstellung eines von Projektablaufes. Es ist in zwei Ausprägungen anzutreffen:

1. Die **Gantt-Technik** (*Henry Laurence Gantt*), die auch als einfache Balkendiagrammtechnik bezeichnet wird, vereinfacht die Terminplanung durch eine grafische Darstellung. Über die Zeitachse werden die einzelnen Vorgänge analog ihrer zeitlichen Dauer abgetragen.

2. Die **PLANNET-Technik** (PLANning NETwork) ist eine Weiterentwicklung der Gantt-Technik. Der wesentlichen Nachteil der Gantt-Technik, daß die terminlichen Abhängigkeiten nicht erkennbar sind, wird dadurch vermieden, daß diese mit verbindenden Strichen dargestellt werden. Hiermit ergibt sich automatisch der Ausweis von Pufferzeiten. Diese Zeiten werden gestrichelt dargestellt (*Abb. 6-70*).

Die Pufferzeit ist die Zeitspanne, um welche die Lage eines Vorganges verändert werden kann, ohne daß sich dies auf die Projektdauer auswirkt.

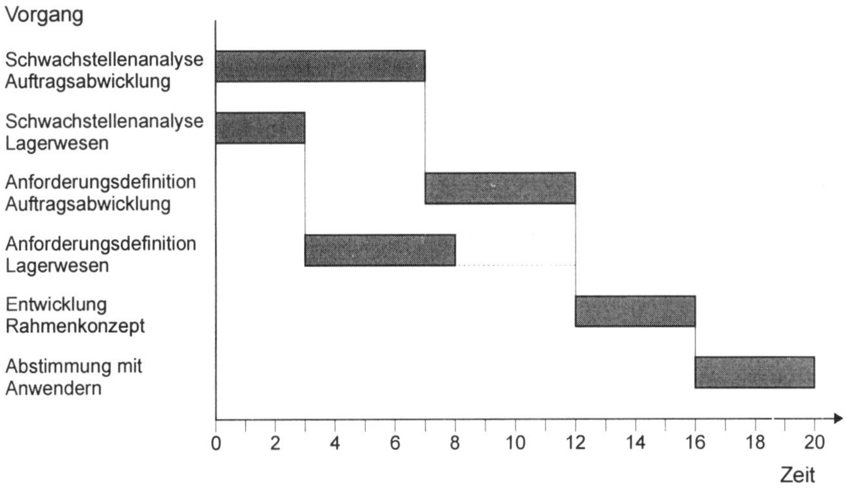

Abb. 6-70: Balkendiagramm (PLANNET-Technik)

Balkendiagramm	
Vorteile	• mittlerer Planungsaufwand • gute Visualisierung
Nachteile	• Abhängigkeiten nur bedingt darstellbar
Anwendung	• bei einer Terminierung mit wenigen Vorgängen • bei Notwendigkeit einer optisch überzeugenden Darstellungsform

Abb. 6-71: Bewertung des Balkendiagramms

6.4 Netzplantechnik

Die Netzplantechnik beinhaltet "alle Verfahren zur Analyse, Beschreibung, Planung, Steuerung von Abläufen" (*DIN 69 900*); sie stellt ein Hilfsmittel dar, das vor allem folgenden **Zwecken** dient:

- Die logischen Zusammenhänge eines Projektes vom Anfang bis zum Abschluß können übersichtlich dargestellt werden.

- Für alle Vorgänge eines Projektes kann mit Hilfe der Netzplantechnik ein Zeitplan entwickelt werden.
- Kritische Vorgänge und Ressourcenengpässe, welche die Einhaltung des Endtermins gefährden können, lassen sich leicht identifizieren.
- Netzpläne bilden die Basis für die laufende Projektkontrolle und Terminüberwachung.

Die Netzplantechnik basiert auf der Graphentheorie; diese mathematische Disziplin dient dazu, in einer Reihe von verschiedenen empirischen Gegebenheiten gleichartige Strukturen festzustellen und deren Gesetzmäßigkeiten zu studieren und dokumentieren. Die Netzplantechnik gehört zu den wenigen Operations-Research-Methoden, die auch in kleinen und mittleren Unternehmen eine weitgehende Verbreitung gefunden haben. Sie wird seit längerer Zeit auch erfolgreich als Hilfsmittel bei der Leitung von Organisationsprojekten eingesetzt.

Die Netzplantechnik wurde ursprünglich zur Terminierung von technischen Großprojekten entwickelt und wurde in den Jahren 1956 bis 1958 erstmalig erfolgreich eingesetzt. Für öffentliche und zivile Großprojekte wurden in dieser Zeit drei verschiedene Planungsmethoden der Netzplantechnik entwickelt: Die **Critical Path Method** (CPM) wurde in den USA entwickelt, um in der chemischen Industrie die Stillstandszeiten hochwertiger Anlagen während der Wartungsarbeiten zu verkürzen. Mit Hilfe der Netzplantechnik konnte die Zeit für Wartungs- und Instandhaltungsarbeiten auf ca. 60 % reduziert werden. Die **Metra Potential Method** (MPM) wurde 1958 in Frankreich zur Planung von Atomkraftwerken entworfen. Die **Program Evaluation und Review Technique** (PERT) wurde 1958 von der US-Navy für die Planung des Polaris-Raketenprogramms entwickelt. Mehr als 3000 Unternehmen waren an diesem Projekt beteiligt und zu koordinieren. Die Entwicklung der Polaris-Rakete soll infolge dieser Planungstechnik rund zwei Jahre früher als ursprünglich geschätzt abgeschlossen worden sein. Aufbauend auf diesen drei Methoden wurden eine Vielzahl von Verfeinerungen und Erweiterungen vorgenommen. Die meisten Systeme gehen davon aus, daß die logische Struktur der zu planenden Aufgabe in Form von Netzwerken (net works) dargestellt werden. Sie unterscheiden sich vor allem in der Darstellung und der Analyse der Aufgabenstruktur.

6.4.1 Grundbegriffe

Die im Zusammenhang mit der Netzplantechnik verwendeten Begriffe und Abkürzungen stützen sich im wesentlichen auf die Netzplantechnik-Norm *DIN 69 900* (1983):

- Ein **Vorgang** ist ein zeiterforderndes Geschehen mit definiertem Anfang und Ende. Vorgänge sind in der Regel Abschnitte des Projektablaufes; beim Ausnahmefall des Wartevorgangs findet jedoch kein Ablauf statt.
- Ein **Ereignis** ist das Eintreten eines definierten Zustandes im Ablauf. Ereignisse stellen Zeitpunkte dar, zu denen bestimmte Teilvorgänge beendet sind oder andere beginnen sollen; der Anfang und das Ende eines Vorganges sind folglich Ereignisse. Ein Ereignis hat keine zeitliche Ausdehnung.
- Die **Dauer** ist die Zeitspanne vom Anfang bis zum Ende eines Vorgangs.
- **Anordnungsbeziehungen** kennzeichnen die logischen Abhängigkeiten zwischen Ereignissen oder zwischen Vorgängen.
- Die **Ablaufstruktur** eines Netzplanes wird durch die Gesamtheit der Anordnungsbeziehungen dargestellt.

6.4.2 Netzplanarten

Die strukturellen Elemente eines Netzplanes (Vorgänge, Ereignisse, Anordnungsbeziehungen) können durch die formalen Elemente **Pfeile** und **Knoten** (Kreise oder Rechtecke) dargestellt werden. Unterschiedliche Zuordnungen der strukturellen zu den formalen Elementen führen zu verschiedenen Arten der Darstellung; die Elemente lassen sich gemäß *Abbildung 6-72* zu drei **Netzplanarten** kombinieren:

- Im **Vorgangspfeil**-Netzplan werden die Vorgänge beschrieben und durch Pfeile dargestellt.
- Im **Vorgangsknoten**-Netzplan werden die Vorgänge beschrieben und durch Knoten dargestellt; die Ereignisse sind Teil der einzelnen Knoten.
- Im **Ereignisknoten**-Netzplan werden die Ereignisse beschrieben und durch Knoten dargestellt.

Netzplanverfahren	Darstellung	Beispiel
Vorgangspfeil Vorgänge = Pfeile Ereignisse = Knoten Anordnungsbeziehungen = Pfeile	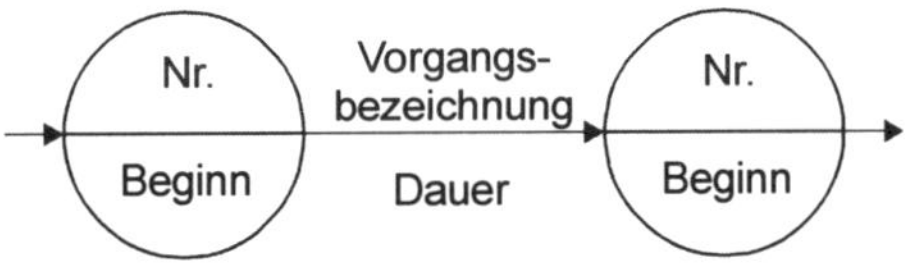	CPM
Vorgangsknoten Vorgänge = Knoten Ereignisse entfallen Anordnungsbeziehungen = Pfeile	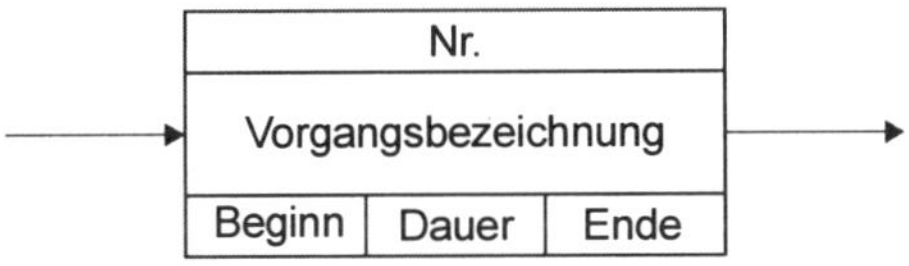	MPM
Ereignisknoten Vorgänge entfallen Ereignisse = Knoten Anordnungsbeziehungen = Pfeile	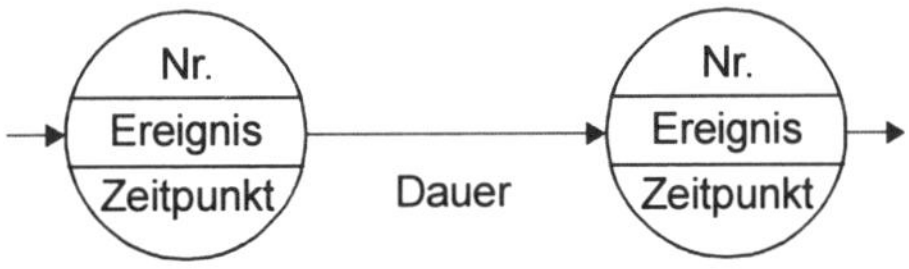	PERT

Abb. 6-72: Netzplanarten

Eine manuelle Erstellung von Netzplänen erfolgt nur noch in Ausnahmefällen; hier weist der Vorgangsknoten-Netzplan im Vergleich zu den beiden anderen Netzplantypen einige Vorteile auf (*Abb. 6-73*). Da der Vorgangsknoten-Netzplan auch bei den Projektmanagementsoftware-Systemen weit verbreitet ist, sollen sich die weiteren Ausführungen auf diese Art der Darstellung beschränken.

	Vorgangspfeil-Netzplan	Vorgangsknoten-Netzplan	Ereignisknoten-Netzplan
Entwerfen	schwierig	einfach	einfach
Zeichnen	aufwendig	weniger aufwendig	weniger aufwendig
Hilfsmittel	keine geeigneten	Planungstafeln, Stempel, Etiketten	keine geeigneten
Änderungen	schwierig	leicht	leicht
Lesbarkeit	leicht	leicht	weniger leicht
Anordnungs-beziehungen	nur einfache	alle	nur einfache

Abb. 6-73: Gegenüberstellung der verschiedenen Netzplanarten
Quelle: Schwarze 1994, S. 60

6.4.3 Ablaufstrukturen

Die Ablaufstruktur eines Projektes läßt sich unter Verwendung von vier möglichen Anordnungsbeziehungen in einem Vorgangsknoten-Netzplan darstellen; diese sind in *Abbildung 6-74* wiedergegeben.

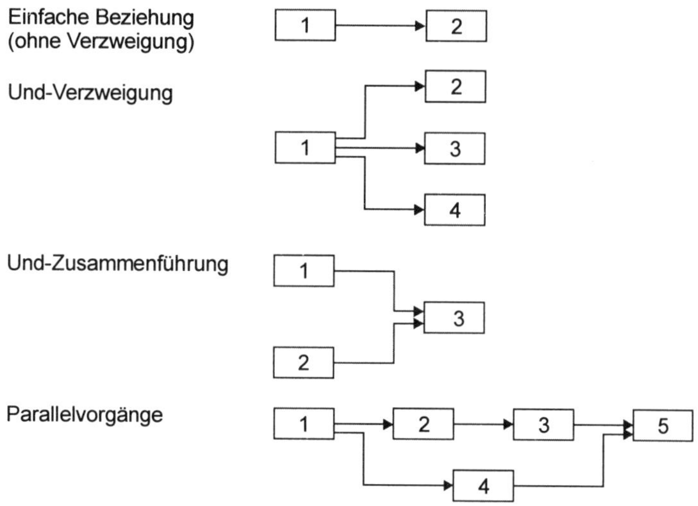

Abb. 6-74: Anordnungsbeziehungen in einem Vorgangsknoten-Netzplan

- Eine **einfache Beziehung** ohne Verzweigung liegt vor, wenn zwei Vorgänge aufeinanderfolgen.
- Eine Beziehung mit **Und-Verzweigung** ergibt sich, wenn ein Vorgang mehrere Nachfolger hat.
- Eine Beziehung mit **Und-Zusammenführung** liegt vor, wenn mehrere Vorgänger einen gemeinsamen Nachfolger haben.

- Bei **Parallelvorgängen** folgt einer Und-Verzweigung eine Und-Zusammenführung.

Ein Vergleich mit den Grundformen von Abläufen eines → *Folgeplans* zeigt, daß in Netzplänen Strukturen mit Oder-Verzweigungen nicht zulässig sind. Ein Netzplan darf keine Schleifen enthalten, da Vorgänge grundsätzlich zeitlich nacheinander durchgeführt werden. Eine Schleife würde dieser Ablauflogik widersprechen, da man hier von einem Vorgang über einen oder mehrere andere Vorgänge wieder zu diesem Vorgang zurückkommt.

Der Netzplan gibt den strukturellen Projektablauf wieder und wird üblicherweise unabhängig vom zeitlichen Ablauf und von Terminvorgaben gezeichnet. Jeder Knoten im Vorgangsknoten-Netzplan erhält genau eine Nummer zur eindeutigen Identifikation von Vorgängen. Die **Numerierung** ist dabei systematisch vorzunehmen:

- Beim **Startknoten** des Netzplanes, das heißt dem Knoten, in den kein Pfeil einmündet, wird mit der Numerierung begonnen.
- Beim **Zielknoten** des Netzplanes, das heißt dem Knoten, von dem kein Pfeil ausgeht, endet die Numerierung.

Damit erhält der Netzplan eine aufsteigende Numerierung. Um in einen bestehenden Netzplan nachträglich zusätzliche Vorgänge einfügen zu können, wird die Numerierung zweckmäßigerweise in Zehnersprüngen durchgeführt.

Projektstart und Projektziel werden bisweilen durch Kreise dargestellt, um kenntlich zu machen, daß es sich nicht um Vorgänge, sondern um Ereignisse handelt. Ebenso werden oftmals Meilensteintermine durch besondere Symbole im Netzplan gekennzeichnet. Derartige **Scheinvorgänge** (Dummies) sind zeitlose Vorgänge, die jedoch wie alle anderen Vorgänge behandelt werden.

6.4.4 Errechnen der Zeitpunkte

Die Ermittlung der Dauer der einzelnen Vorgänge erfolgt meistens durch Vergleichen und Schätzen. Das Errechnen der Zeitpunkte für die einzelnen Vorgänge und die sich daraus ergebenden Pufferzeiten bildet einen besonderen Schwerpunkt der Netzplantechnik.

> *Ein Zeitpunkt ist ein festgelegter Punkt im Ablauf, dessen Lage durch Zeiteinheiten beschrieben und auf einen Nullpunkt bezogen sind.*

Jedes Ereignis und jeder Vorgang haben im zeitlichen Ablauf eine früheste (mögliche) und eine späteste (erlaubte) Lage. Beim Vorgangsknoten-Netzplan werden die Vorgänge durch Knoten dargestellt, die als Rechtecke gezeichnet werden. Diese Rechtecke enthalten - wie in *Abbildung 6-75* aufgeführt - den frühesten und spätesten Anfangs- und Endzeitpunkt des Vorgangs.

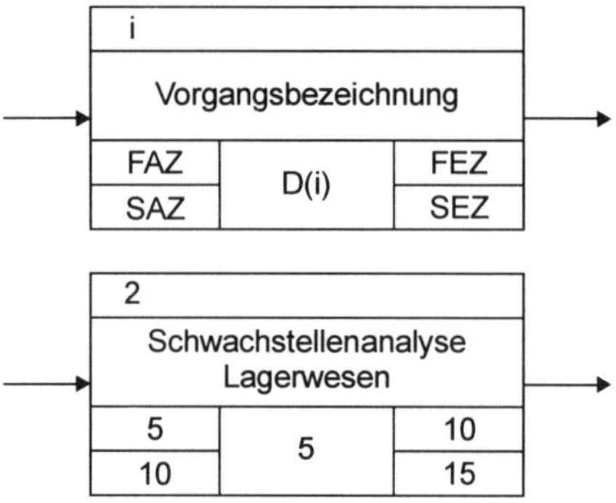

i = Vorgangsnummer
D(i) = Vorgangsdauer von i
FAZ = frühester Anfangszeitpunkt
FEZ = frühester Endzeitpunkt
SAZ = spätester Anfangszeitpunkt
SEZ = spätester Endzeitpunkt

Abb. 6-75: Informationen eines Vorgangsknoten-Netzplanes

Das Errechnen der Zeitpunkte erfolgt bei der Netzplantechnik grundsätzlich in zwei Schritten:

1. Zunächst erfolgt eine **Vorwärtsrechnung**, bei der ausgehend vom geplanten frühesten Startzeitpunkt des Projektes nacheinander für alle Vorgänge in die Zukunft hinein gerechnet werden. Damit ergeben sich die frühesten Anfangs- und Endzeitpunkte aller Vorgänge.
2. Bei der **Rückwärtsrechnung** wird umgekehrt vorgegangen; vom Zeitpunkt des geplanten Projektendes wird nun in Richtung der Gegenwart gerechnet. Es ergeben sich die spätesten Anfangs- und Endzeitpunkte der einzelnen Vorgänge.

Durch die zwei Rechnungen erhält man für jeden Vorgang den frühesten Anfangs- und Endzeitpunkt einerseits sowie den spätesten Anfangs- und Endzeitpunkt andererseits. Besteht für einen Vorgang zwischen dem Ergebnis der Vor- und der Rückwärtsrechnung eine Differenz, so liegt eine **Pufferzeit** vor. Ein Vorgang, der eine Pufferzeit besitzt, kann zwischen seinem frühesten Anfangstermin und seinem spätesten Endtermin um diese Pufferzeit verschoben werden, ohne daß dadurch das Projekt beeinflußt wird. Pufferzeiten erweitern somit den Spielraum bei der Projektplanung und -steuerung. Es wird üblicherweise zwischen zwei Arten von Puffern unterschieden:

1. Die **gesamte Pufferzeit** umfaßt die maximale Zeitspanne, um die ein Vorgang verschoben werden kann, ohne daß dadurch der Zeitpunkt des Projektendes verschoben wird. Diese Pufferzeit ist demnach nicht nur einem einzelnen Vorgang, sondern einer Reihe aufeinanderfolgender Vorgänge zugeordnet.
2. Die **unabhängige Pufferzeit** beinhaltet die Zeitspanne, die zwischen dem spätesten Zeitpunkt des vorhergehenden Vorgangs und dem frühesten Zeitpunkt des nachfolgenden Vorgangs besteht. Diese Pufferzeit kann folglich von einem einzelnen Vorgang benutzt werden, ohne daß dadurch Einflüsse auf andere Vorgänge gegeben sind.

Die Pufferzeiten berechnen sich wie in *Abbildung 6-76* angegeben. Sind für einen Vorgang die frühesten und die spätesten Zeitpunkte gleich, so liegt dieser Vorgang auf dem kritischen Weg.

Der kritischer Weg ist eine Verbindung aller Vorgänge, deren früheste und späteste Zeitpunkte gleich sind.

Jedes Projekt muß logischerweise einen, kann aber auch zwei oder mehrere kritische Wege besitzen. Der kritische Weg ist zeitbestimmend. Die Summe der Dauern jener kritischen Vorgänge, die auf diesem Weg liegen, ergibt die Gesamtdauer des Projektes. Die Bezeichnung kritischer Weg resultiert daher, daß eine zeitliche Verzögerung bei kritischen Vorgängen eine entsprechende Verspätung des gesamten Projektes zur Folge hat. Die kritischen Wege werden in Netzplänen besonders gekennzeichnet.

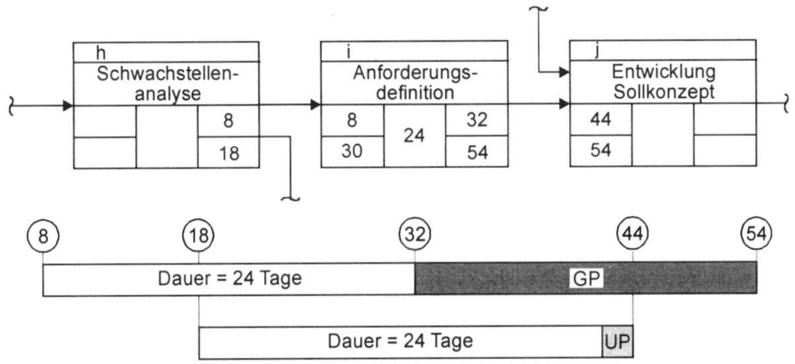

Gesamte Pufferzeit GP: GP = SAZ(i) - FAZ(i) oder GP = SEZ(i) - FEZ(i)
(30 - 8 = 54 - 32 = 22)

Unabhängige Pufferzeit UP: UP = min [FAZ(j)] - D(i) - max [SEZ(h)]
(44 - 24 - 18 = 2)

Abb. 6-76: Pufferzeiten von Vorgängen
Quelle: in Anlehnung an REFA 1985g, S. 49

6.4.4 Terminierung

Die Anwendung der Netzplantechnik endet damit, daß auf der Grundlage der berechneten Zeitpunkte die Termine ermittelt werden, an denen die Ereignisse stattfinden bzw. die Vorgänge beginnen oder enden sollen.

Ein Termin ist ein durch das Kalenderdatum und die Uhrzeit ausgedrückter Zeitpunkt.

Bei der Festlegung der Termine muß berücksichtigt werden, daß nicht jeder Tag ein Arbeitstag ist. Deshalb wird der Terminierung ein Betriebskalender zugrundegelegt, der Sonn- und Feiertage sowie Betriebsferien berücksichtigt.

Netzplantechnik	
Vorteile	• verständliche, anschauliche und aussagekräftige Darstellung des gesamten Projektablaufes • schnell erfaßbar, leicht aktualisierbar • kritische Vorgänge und Engpässe sind leicht erkennbar • Notwendigkeit, das gesamte Projekt zu durchdenken • Unterstützung durch Projektmanagementssoftware gegeben
Nachteile	• kein Hinweis auf die Auslastung der ausführenden Personen • nur lineare Darstellungen möglich, Rückwirkungen können nicht aufgezeigt werden
Anwendung	• zur Planung und Steuerung von kleinen, mittleren und großen Projekten

Abb. 6-77: Bewertung der Netzplantechnik

6.5 Earned-Value-Analyse

Das Instrument der **Earned-Value-Analyse** verfolgt das Ziel, auf der Basis des bisherigen Projektverlaufs die künftige Projektentwicklung zu prognostizieren und damit ein möglichst auf fundierten Zahlen basierendes Frühwarnsystem zu schaffen. Grundlage für die Erstellung einer Earned-Value-Analyse ist der sogenannte "Fertigstellungswert" (earned value). Dieser wird errechnet, indem die bisher erbrachte Leistung mit dem ursprünglichen Planwert bewertet wird. Das bedeutet, wenn das Projekt zu 100 % abgeschlossen ist, sind Fertigstellungswert und Soll-Kosten identisch.

Zum Stichtag seien insgesamt fünf Arbeitspakete abgeschlossen, eines sei zu 40 % fertiggestellt. Wenn für jedes der Arbeitspakete ursprünglich 5.000 € an Kosten geplant waren, ergibt sich demnach ein gesamter Fertigstellungswert von 27.000 €.

Dem Fertigstellungswert werden nun einerseits die für diesem Stichtag ursprünglich geplanten kumulierten Soll-Kosten und andererseits die tatsächlich angefallenen kumulierten Ist-Kosten gegenübergestellt (*Abb. 6-78*). Dabei lassen sich folgende mögliche Aussagen ableiten:

- Fertigstellungswert = 27, Soll-Kosten = 30, Ist-Kosten = 36: Bisher sind für weniger Leistung als geplant mehr Kosten angefallen als geplant. Wenn das Projekt in dieser Form weiter fortgeführt wird, wird es insgesamt voraussichtlich 10 % länger dauern und 33 % mehr kosten.
- Fertigstellungswert = 27, Soll-Kosten = 27, Ist-Kosten = 30: Es wurde genauso schnell wie geplant gearbeitet, allerdings wird das Projekt voraussichtlich 10 % teurer als ursprünglich geplant.
- Fertigstellungswert = 27, Soll-Kosten = 30, Ist-Kosten = 27: Die Arbeit schreitet langsamer als geplant voran, liegt aber im geplanten Kostenrahmen.
- Fertigstellungswert = 30, Soll-Kosten = 27, Ist-Kosten = 30: Es wurde schneller als geplant gearbeitet, das Projekt wird voraussichtlich früher fertig werden, die geplanten Projektkosten werden voraussichtlich eingehalten.

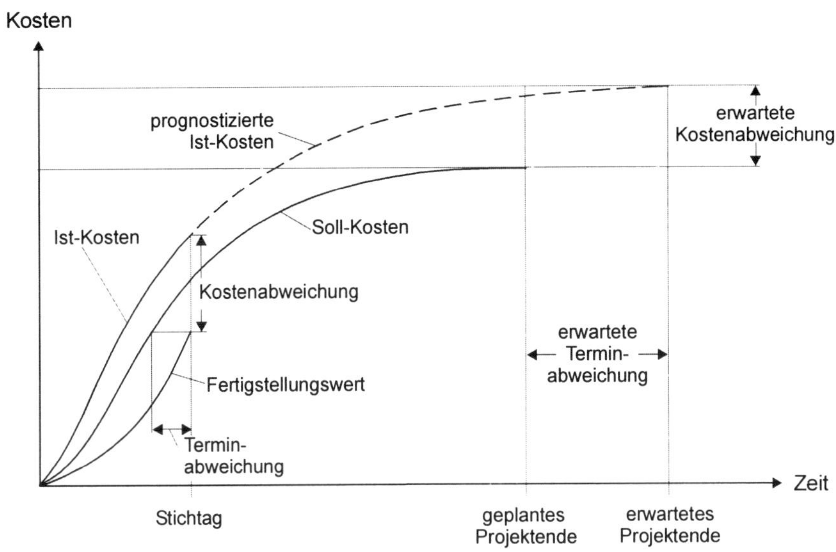

Abb. 6-78: Earned-Value-Analyse

Insbesondere das letzte hier aufgeführte Beispiel verdeutlicht, daß die Earned-Value-Analyse eine wesentlich bessere Aussage liefert als ein reiner Soll-/Ist-Vergleich. Letzterer würde lediglich aussagen, daß bisher 10 % mehr Kosten angefallen sind als ursprünglich geplant und nicht berücksichtigen, daß auch bereits mehr Leistung erbracht wurde. Andererseits kann die Prognose, die sich aus der Earned-Value-Analyse ergibt, unter Umständen zu einer falschen Aussage führen - dann nämlich, wenn der Grund für einen Verzug eine unvorhergesehene Unterbrechung und nicht eine permanente Verzögerung war.

Die Earned-Value-Analyse kommt insbesondere zur Kontrolle von extern durchgeführten Organisationsprojekten in Frage, bei denen eine Unternehmensberatungsgesellschaft auf der Basis eines fest umrissenen Beratungsvertrages das Projekt durchführt und durch eine strenge Kostenkontrolle die Rentabilität des Projektauftrages überwacht werden soll.

Earned-Value-Analyse	
Vorteile	• zukunftsorientiertes Kontrollinstrument • einfache Algorithmen • Trennung von leistungs- und kostenmäßigem Projektfortschritt
Nachteile	• hoher Aufwand zur Erfassung objektiver Daten
Anwendung	• zur Kontrolle von großen Projekten • zur Kosten- und Rentabilitätskontrolle von externen Projekten

Abb. 6-79: Bewertung der Earned-Value-Analyse

6.6 Meilenstein-Trendanalyse

Die Meilenstein-Trendanalyse ist ein sehr einfaches und übersichtliches Instrument zur Darstellung des Projektstatus. Voraussetzung für ihre Anwendung ist ein realistischer Terminplan in Form von sorgfältig definierten Meilensteinen.

Die Meilenstein-Trendanalyse wird während der gesamten Projektdauer in einem einzigen Diagramm fortgeschrieben (vgl. *Abb. 6-80*). Die horizontale Zeitachse kennzeichnet dabei den jeweiligen Berichtstermin; die vertikale Zeitachse die zu den jeweiligen Berichtszeitpunkten geplanten beziehungsweise aktualisierten Meilensteintermine. Regelmäßig (beispielsweise alle zwei oder vier Wochen) werden die Verantwortlichen der Meilensteine um eine Aussage gebeten, wann ihr Meilenstein vollständig erreicht sein wird. Dieser Termin wird dann entsprechend in das Diagramm eingetragen. Erfolgt eine Änderung des Plantermins oder der angestrebten Ergebnisse des Meilensteins, so muß dieses dokumentiert werden. Auf diese Art und Weise entsteht von selbst eine Dokumentation der wichtigsten Planänderungen und deren Gründe im Projektverlauf.

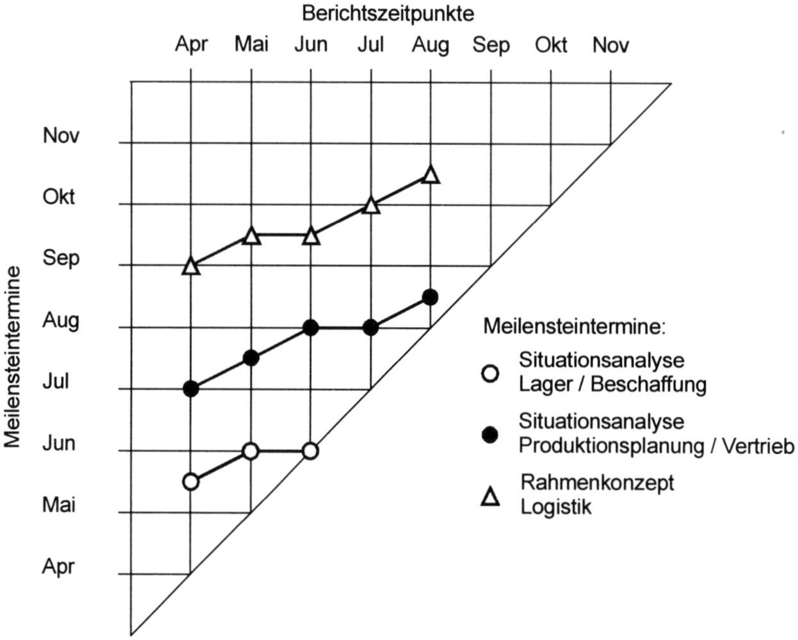

Abb. 6-80: Meilenstein-Trendanalyse

Mit der Zeit entsteht für jeden Meilenstein eine Kurve, an dem sich der Trend des Projektes ablesen läßt:

- Weist die Kurve nach oben, so liegt ein Terminverzug vor.
- Bleibt die Kurve horizontal, so befinden sich die Projekttermine im Plan.
- Weist die Kurve nach unten, so ist eine frühere Fertigstellung als geplant zu erwarten.

Aus dem obigen Diagramm läßt sich beispielsweise ersehen, daß im April die Fertigstellung des Rahmenkonzeptes für Ende August geplant war. Dieser Meilensteintermin hat sich jedoch immer weiter nach hinten verschoben, so daß nach dem letzten Planungsstand (August) mit einer Fertigstellung für Mitte Oktober gerechnet wird. Die Situationsanalyse Lager / Beschaffung wurde Ende Mai mit einem Verzug von einem halben Monat abgeschlossen.

Die einfache Erstellung der Meilenstein-Trendanalyse erfordert keine Toolunterstützung. Durch die einfache Interpretation ist sie auch für Präsentationen des Projektstatus vor dem Auftraggeber geeignet. Die unmißverständliche Darstellung von voraussichtlichen Terminverzögerungen motiviert das Projektteam frühzeitig zu Korrekturen.

Meilenstein-Trendanalyse	
Vorteile	• einfache Erstellung • zukunftsbezogenes Steuerungsinstrument • einfache Interpretation
Nachteile	• keine
Anwendung	• zur Kontrolle von terminkritischen Projekten

Abb. 6-81: Bewertung der Meilenstein-Trendanalyse

6.7 Analyse potentieller Probleme

Die Analyse potentieller Probleme (*Kepner/Tregoe* 1973 und 1991) dient der sorgfältigen Absicherung von geplanten Vorgehensweisen durch systematisches Fragen nach zukünftigen Ereignissen, die den Erfolg in Frage stellen können. Hierdurch sollen potentielle Probleme, das heißt mögliche Abweichungen von den gesetzten Zielen, vorweg erkannt werden. Die Analyse dient dazu,

- geeignete Maßnahmen zu erwägen, um die erkannten Probleme zu verhindern oder deren Auswirkungen zu verringern;
- Zeit und Aufmerksamkeit auf die kritischen, problemverursachenden Situationen zu konzentrieren;
- festzustellen, welche Risiken akzeptiert werden und welche nicht.

Die Basis der Analyse potentieller Probleme ist immer ein Vorgehensplan, d.h. eine Beschreibung der zur Zielerreichung notwendigen Aktivitäten in der zeitlichen Folge - beispielsweise ein Meilensteinplan mit Arbeitspaketen oder ein Terminplan mit Aktivitäten. Mögliche Bedrohungen auf den Erfolg können nur mit einer mehr oder weniger großen Wahrscheinlichkeit vorausgesagt werden.

Die Analyse potentieller Probleme vollzieht sich in den nachfolgend beschriebenen fünf Schritten.

(1) Auffinden kritischer Teilschritte

Jeder Teilschritt des Vorgehensplans (beispielsweise Arbeitspakete oder Aktivitäten) wird daraufhin überprüft, ob er besonders bedroht ist von potentiellen Problemen. Potentielle Probleme können beispielsweise durch sich verändernde Einflußgrößen, durch eine knappe Terminsetzung, durch nicht klar definierte Teilschritte, durch neuartige Aktivitäten ohne Erfahrungsgrundlage oder durch unsichere Annahmen verursacht werden.

(2) Erkennen potentieller Probleme

Die kritischen Teilschritte werden auf potentielle Probleme untersucht, indem gefragt wird, was könnte wo und wann schiefgehen.

(3) Bewerten der potentieller Probleme

Für die so identifizierten potentiellen Probleme wird anschließend das Risiko anhand folgender Fragestellungen abgeschätzt:

- Welche Wahrscheinlichkeit besteht, daß die einzelnen potentiellen Probleme eintreten?
- Wie groß ist die Tragweite des Problems, das heißt wie groß wäre der negative Einfluß auf den Plan, sollte ein potentielles Problem tatsächlich auftreten?

Dabei bedeutet eine Beurteilung der Wahrscheinlichkeit mit dem Wert 10 ein Eintreten mit Sicherheit, eine Beurteilung der Tragweite mit 10 kann als Katastrophe angesehen werden.

Für jedes potentielle Problem wird anschließend das Produkt aus Wahrscheinlichkeit und Tragweite errechnet und die Summe je Teilschritt gebildet. Der Summenwert kann als Kennziffer für das Gesamtrisiko eines Teilschrittes angesehen werden (*Abb. 6-82*).

Kritischer Teilschritt	Potentielles Problem	T	W	T · W
Realisierung Software	*Verzögerungen bei der Programmierung*	*6*	*9*	*54*
Einführung DV-System	*Schulung nicht ausreichend*	*4*	*5*	*20*
	Lieferverzögerung Hardware	*6*	*3*	*18*

T = Tragweite (0 = keine Auswirkung / 10 = Katastrophe)
W = Wahrscheinlichkeit (0 = unwahrscheinlich / 10 = höchstwahrscheinlich)
T · W = Risiko

Abb. 6-82: Matrix für die Risikoanalyse

(4) Denkbare Ursachen identifizieren

In einem nächsten Schritt werden die Faktoren identifiziert, die ein potentielles Problem auslösen könnten.

(5) Maßnahmen planen

Zur Reduktion des Risikos und zur Absicherung des Planes können vorbeugende oder einschränkende Maßnahmen vorgesehen werden:

- Vorbeugende Maßnahmen dienen der **Vermeidung** von denkbaren Ursachen potentieller Probleme.

- Einschränkende Maßnahmen dienen der **Abschwächung** der negativen Folgen von potentiellen Problemen. Sie werden vorgesehen für den Fall, daß entweder keine vorbeugenden Maßnahmen eingeleitet werden können oder die mögliche Abweichung trotz vorbeugender Maßnahmen eintritt.

Analyse potentieller Probleme	
Vorteile	• mögliche Probleme in der Projektabwicklung können frühzeitig erkannt und bewertet werden
Nachteile	• Wahrscheinlichkeit des Problemeintrittes ist nur schwer abzuschätzen
Anwendung	• für kritische Teilschritte in der Projektabwicklung • zur systematischen Abschätzung von Projektrisiken

Abb. 6-83: Bewertung der Analyse potentieller Probleme

Literaturverzeichnis

Abkürzungen:

ASQ	Administrative Science Quarterly
BFuP	Betriebswirtschaftliche Forschung und Praxis
DBW	Die Betriebswirtschaft
DU	Die Unternehmung
HBR	Harvard Business Review
HWO	Enzyklopädie der Betriebswirtschaftslehre-Handwörterbuch der Organisation
HWPlan	Enzyklopädie der Betriebswirtschaftslehre-Handwörterbuch der Planung
HWProd	Enzyklopädie der Betriebswirtschaftslehre-Handwörterbuch der Produktion
IM	Information Management
IOM	IO Management Zeitschrift
OM	Office Management
VDI-Z	VDI-Zeitschrift
WI	Wirtschaftsinformatik
WiSt	Wirtschaftswissenschaftliches Studium
ZfB	Zeitschrift für Betriebswirtschaft
ZfbF	Schmalenbachs Zeitschrift für betriebswirtschaftliche Forschung
ZfO	Zeitschrift für Organisation
ZFuO	Zeitschrift Führung + Organisation
ZwF	Zeitschrift für wirtschaftliche Fertigung

Acker, H. B. (1966): Organisationsanalyse. Verfahren und Techniken praktischer Organisationsarbeit. 2. Aufl., Baden-Baden 1966.

Ackoff, R. (1974): Redesigning the future. A systems approach to societal problems. New York 1974

Aggteleky, B.; Bajna, N. (1992): Projektplanung. Ein Handbuch für Führungskräfte. München-Wien 1992

Agthe, K. (1989): Organisation der Unternehmensführung in Europa und in den USA. In: *Seidel, E.; Wagner, D.* (Hrsg.): Organisation. Evolutionäre Interdependenzen von Kultur und Struktur der Unternehmung. Wiesbaden 1989, S. 165-175

Antony, R. N.; Dearden, J.; Vancil, R. F. (1972): Key Economic Variables. In: Management Control Systems. Homewood 1972

Arbeitskreis "Langfristige Unternehmensplanung" der Schmalenbach-Gesellschaft (1977): Strategische Planung. In: ZfbF 1/1977, S. 1-20

Ashby, W. R.. (1956): An Introduction to Cybernetics. London 1956

Baumgartner, B. (1980): Die Controller-Konzeption. Bern-Stuttgart 1980

Becker, J. (1992): Marketing-Konzeption. Grundlagen des strategischen Marketing-Managements. 4. Aufl. München 1992

Bellmann, K. B. (1989): Kostenoptimale Arbeitsteilung im Büro. Der Einfluß neuer Informations- und Kommunikationstechnik auf Organisation und Kosten der Büroarbeit. Berlin 1989

Bellmann, K.; Hippe, A. (1996): Netzwerkansatz als Forschungsparadigma im Rahmen der Untersuchung interorganisationaler Unternehmensbeziehungen. In: *Bellmann, K.; Hippe, A.* (Hrsg.): Management von Unternehmensnetzwerken. Interorganisationale Konzepte und praktische Umsetzung, Wiesbaden 1996, S. 3-18

Bendixen, P. (1980): Teamorientierte Organisationsformen. In: HWO, 2. Aufl., Stuttgart 1980, Sp. 2227-2236
Berg, C. C. (1981): Darstellung und Kritik traditioneller Organisationstechniken. In: *Kieser, A.* (Hrsg.): Organisationstheoretische Ansätze. München 1981, S. 34-50
Bertalanffy, L. v. (1951): General systems theory. A new approach to the unity of science. In: Human Biology 23/1951, S. 302-361
Berthel, J. (1975): Betriebliche Informationssysteme. Stuttgart 1975
Berthel, J. (1992): Informationsbedarf. In: HWO, 3. Aufl., Stuttgart 1992, Sp. 872-886
Bestmann, U. (1992): Kompendium der Betriebswirtschaftslehre. 6. Aufl., München-Wien 1992
Bidlingmaier, J. (1964): Unternehmerziele und Unternehmerstrategien. Wiesbaden 1964
Bierfelder, W. (1991): Entwicklungsdynamik von Unternehmen. Gestaltung von Übergängen und Selbstorganisation. Wiesbaden 1991
Biervert, B.; Monse, K.; Bruns, H.-J.; Reimers, K. (1992): Unternehmensvernetzung. Konzepte und Fallstudien. Wiesbaden 1992.
Blake, R. R.; Mouton, J. S. (1964/1968): The managerial grid. Houston 1964 (Deutsche Übersetzung: Verhaltensspsychologie im Betrieb. Düsseldorf-Wien 1968)
Blau, P. M.; Schoenherr, F. (1971): The Structure of Organizations. New York 1971
Bleicher, K. (1969): Span of control. In: HWO, 1. Aufl., Stuttgart 1969, Sp. 1531-1536
Bleicher, K. (1970): Ein systemorientiertes Organisations- und Führungsmodell. ZfO 39/1970, S. 166-176
Bleicher, K. (1971): Perspektiven für die Organisation und Führung von Unternehmungen. Baden-Baden-Bad Homburg v.d.H. 1971
Bleicher, K. (1980): Verantwortung. In: HWO, 2. Aufl., Stuttgart 1980, Sp. 2283-2292
Bleicher, K. (1991): Organisation. Strategien-Strukturen-Kulturen. 2. Aufl., Wiesbaden 1991
Bleicher, K. (1991b): Das Konzept Integriertes Management. Frankfurt-New York 1991
Bleicher, K. (1992): Change Management-Das Prinzip Vertrauen als neue Herausforderung. In: *Burckhardt, W.* (Hrsg.): Schlank, intelligent und schnell. Wiesbaden 1992, S. 185-205
Bleicher, K. (1992b): Konzernorganisation. In: HWO, 3. Aufl., Stuttgart 1992, Sp. 1151-1164
Blohm, H (1977): Organisation, Information und Überwachung. 3. Aufl., Wiesbaden 1977
Blohm, H.; Lüder, K. (1983): Investition. 5. Aufl., München 1983
Blum, E. (1991): Betriebsorganisation. Methoden und Techniken. 3. Aufl., Wiesbaden 1991
BMW AG (1990): BMW Lernstatt. Organisationsentwicklung im Unternehmen. 4. Aufl., München 1990
Böhrs, H. (1963): Organisation des Industriebetriebes. Wiesbaden 1963
Bösenberg, D.; Metzen, H. (1993): Lean Management. Vorsprung durch schlanke Konzepte. 2. Aufl., Landsberg/Lech 1993
Brand, M. (1974): Projektmanagement. St. Gallen 1974
Brauchlin, E. (1984): Problemlösungs- und Entscheidungsmethodik. Eine Einführung. 2. Aufl., Bern-Stuttgart 1984
Brockhoff, K. (1989): Schnittstellen-Management. Abstimmungsprobleme zwischen Marketing und Forschung und Entwicklung. Stuttgart 1989
Brooks, F. P. (1974): The mystical man-month. In: Datamation 12/1974, S. 30 ff.
Brooks, F. P. (1987): Vom Mythos des Mann-Monats. München 1987
Bühner, R. (1985): Strategie und Organisation. Analyse und Planung der Unternehmensdiversifikation mit Fallbeispielen. Wiesbaden 1985
Bühner, R. (1987): Management-Holding. In: Die Betriebswirtschaft 1/1987, S. 40-49
Bühner, R. (1992): Betriebswirtschaftliche Organisationslehre. 6. Aufl., München-Wien 1992
Bühner, R.; Pharao, I. (1993): Erfolgsfaktoren integrierter Gruppenarbeit. In: VDI-Z 1/2/1993, S. 46-57
Bullinger, H.-J.; Fröschle, H.-P.; Bettreich-Teichmann, W. (1993): Informations- und Kommunikationsinfrastrukturen für innovative Unternehmen. In: ZfO 4/1993, S. 225-234
Bundesminister für Wirtschaft (1986): Unternehmengrößenstatistik 1985 - Daten und Fakten. Bonn 1986
Burckhardt, W. (Hrsg.) (1992): Schlank, intelligent und schnell: So führen Sie Ihr Unternehmen zur Hochleistung. Wiesbaden 1992
Busch, U. (1991): Produktivitätsanalyse. Wege zur Steigerung der Wirtschaftlichkeit - eine Anleitung für Organisation, Controlling und Unternehmensberatung. 3. Aufl., Berlin 1991
Chandler, A. D. (1962): Strategy and Structure. Chapters in the History of the Industrial Enterprise. Cambridge, Mass. 1962

Chen, P.P. (1976): The Entity-Relationship Model. Towards a Unified View of Data. In: ACM Transactions on Database-Systems 1/1976, S. 9-36

Chestnut, H. (1973): Methoden der Systementwicklung. München 1973

Child, J. (1962): Organizational Structure, Environment and Performance-The Role of Strategic Choice. In: Sociology 6/1972, S. 1-22

Coenenberg, A. G.; Fischer, T. M. (1991): Prozeßkostenrechnung. Strategische Neuorientierung in der Kostenrechnung. In: DBW 1/1991, S. 21-38

Clelan, D.I.; King, W. R. (1968): System Analysis and Project Management. New York 1968

Conrad, P. (1983): Maslow-Modell und Selbsttheorie. In: DU 37/1983, S. 258-277

Corsten, H. (1990): Produktionwirtschaft. Einführung in das industrielle Produktionsmanagement. München-Wien 1990

Daenzer, W. F. (Hrsg.) (1976): Systems Engineering. Leitfaden zur methodischen Durchführung umfangreicher Planungsvorhaben. 2. Aufl., Zürich 1978/79

Daenzer, W. F.; Huber, F. (Hrsg.) (1992): Systems Engineering. Methodik und Praxis. 7. Aufl., Zürich 1992

Daniel, R. D. (1961): Management information crisis. In: HBR September/October 1961, S. 111-121

Dale, E. (1952): Planning and developing the company organization structure. American Management Association, Research report No. 20, New York 1952

Dalton, M. (1950): Conflicts between Staff and Line Managerial Officers. In: American Sociological Review 15/1950, S. 343-351

Davenport, T. H.; Nohria, N. (1995): Der Geschäftsvorfall ganz in einer Hand - Case Management. In: Harvard Business Manager 1/1995, S. 81-90

Davidow, W. H.; Malone, M. S. (1992): The Virtual Corporation. Structuring and revitalizing the corporation for the 21st century. New York 1992

Davis, S. M.; Lawrence, P. R. (1977): Matrix. Reading, Mass. 1977

De Marco, T. (1978): Structured Analysis and System Specification. New York 1978

Deppe, J. (1990): Quality Circle und Lernstatt. Ein integrativer Ansatz. 2. Aufl., Wiesbaden 1990

Deym, A. von (Mitarb.) (1974): Organisationsplanung. Planung durch Kooperation. 2. Aufl., Berlin-München 1974

Dill, P. (1987): Unternehmenskultur. Bonn 1987

Deutscher Normenausschuß (Hrsg.): DIN 69 900: Netzplantechnik. Frankfurt 1983

Deutscher Normenausschuß (Hrsg.): DIN 69 901: Projektmanagement. Berlin 1987

Deutscher Normenausschuß (Hrsg.): DIN ISO 9000: Qualitätsmanagement- und Qualitätssicherungsnormen. Leitfaden zur Auswahl und Anwendung. Berlin 1990

Domsch, M. (1985): Qualitätszirkel - Baustein einer mitarbeiterorientierten Führung und Zusammenarbeit. In: ZfbF 1985, S. 428-441

Dorr, H.-J.; Flocken, P. (1992): Wie setze ich Qualitätszirkel in der Praxis ein? In: *Bungard W.* (Hrsg.): Qualitätszirkel im Umbruch. Ludwigshafen 1992, S. 97-117

Drexel, G. (1987): Organisatorische Verankerung strategischer Geschäftsfelder. In: DU 2/1987, S. 148-162

Drucker, P. (1956): Praxis des Managements. Ein Leitfaden für die Führungsaufgaben in der modernen Wirtschaft. 4. Aufl., Düsseldorf 1956

Duncan, R. B. (1974): Modifications in Decision Structure in Adapting to the Environment: Some Implications for Organizational Learning. In: Decision Sciences 5/1974, S. 705-725

Dunst, K. H. (1979). Portfolio Management. Konzeption für die strategische Unternehmensplanung. Berlin-New York 1979

Ebers, M. (1981): Aufgaben und Ziele der Organisationsforschung. In: *Kieser, A.* (Hrsg.): Organisationstheoretische Ansätze. München 1981, S. 1-24

Ebers, M. (1992): Organisationstheorie, situative. In: HWO, 3. Aufl., Stuttgart 1992, Sp. 1817-1838

Eiff, W. v. (1991): Organisation - Unternehmerische Gestaltungsaufgabe im gesellschaftlichen und marktwirtschaftlichen Spannungsfeld. In: *Eiff, W. v.* (Hrsg.): Organisation - Erfolgsfaktor der Unternehmensführung. Landberg/Lech 1991, S. 19-78

Einsiedler, H. E.; Knura, B. (1984): Die "Lernstatt" - eine Alternative zum Quality Circle? In: ZfbF 8/9/1984, S. 746-755

Eisenführ, F. (1970): Zur Entscheidung zwischen funktionaler und divisionaler Organisation. In: Zeitschrift für Betriebswirtschaft, 40 (1970) S. 725-746

Eisenführ, F. (1980): Divisionale Organisation. In: HWO, 2. Aufl., Stuttgart 1980, Sp. 558-568

Elgin, D. (1977): Limits to the management of large, complex systems. In: Assessment of future national and internatioal problem areas. Part IV, Volume II, Menlo Park 1977

Emerson, H. (1913): The Twelve Principles of Efficiency. New York 1913

Emery, J. C. (1969): Organizational Planning and Control Systems. Theory and Technology. London 1969

Emmerich, V.; Sonnenschein, J. (1992): Konzernrecht. Das Recht der verbundenen Unternehmen bei Aktiengesellschaft, GmbH und Personengesellschaften. 4. Aufl., München 1992

Fayol, H. (1916/1929): Administration industrielle et génèrale. Paris 1916 (Deutsche Übersetzung: Allgemeine und industrielle Verwaltung. München-Berlin 1929)

Feigenbaum, A.V. (1983): Total Quality Control. McGraw-Hill, New York 1983

Felsner, J. (1983): Kriterien zur Planung und Realisierung von Logistik-Konzeptionen in Industrieunternehmen. Berlin 1983

Ford, H. (1923): Mein Leben und Werk. Leipzig 1923

Franz, K.-P. (1990): Die Prozeßkostenrechnung. Darstellung und Vergleich mit der Plankosten- und Deckungsbeitragsrechnung. In: *Ahlert, D.; Franz, K.-P.; Göppl, H.* (Hrsg.): Festschrift für H. Vormbaum. Wiesbaden 1990, S. 109-136

Freeman, R.E. (1984): Strategic management: A stakeholder approach. Boston etc. 1984

Frehr, H.-U. (1993): Total Quality Management: Unternehmensweite Qualitätsverbesserung. Ein Praxis-Leitfaden für Führungskräfte. München-Wien 1993

Freimuth, J. (1986): Das Management von Schnittstellen. In: ZFuO 4/1986, S. 235-242

Frese, E. (1979): Aufbauorganisation. 2. Auf., Gießen 1979

Frese, E. (1987): Unternehmensführung. Landsberg am Lech 1987.

Frese, E. (1988): Grundlagen der Organisation. Die Organisationsstruktur der Unternehmung. 4. Aufl., Wiesbaden 1988

Frese, E. (1992a): Organisationstheorie. Historische Entwicklung - Ansätze - Perspektiven. 2. Aufl., Wiesbaden 1992

Frese, E. (1992c): Organisationsstrukturen, mehrdimensionale. In: HWO. 3. Aufl., Stuttgart 1992, Sp. 1670-1688

Frese, E. (1992d): Organisationstheorie. In: HWO, 3. Aufl., Stuttgart 1992, Sp. 1706-1733

Frese, E. (Hrsg) (1992b): HWO. 3. Aufl., Stuttgart 1992

Frese, E.; von Werder, A. (1989): Kundenorientierung als organisatorische Gestaltungsoption der Informationstechnologie. In: *Frese, E.; Maly, W.* (Hrsg.): Kundennähe durch moderne Informationstechnologien. ZfbF-Sonderheft 25/1989, S. 1-26

Fromm, H. (1994): Benchmarking. In: *Masing W.* (Hrsg.): Handbuch Qualitätsmanagement. 3. Aufl., München-Wien 1994, S. 121-128

Gabele, E. (1983): Das Management des geplanten Wandels von Organisationen. Stuttgart 1983

Gagsch, S. (1980): Subsystembildung. In: HWO, 2. Aufl., Stuttgart 1980, Sp. 2156-2171

Gaitanides, M. (1983): Prozeßorganisation. Entwicklung, Ansätze und Programme prozeßorientierter Organisationsgestaltung. München 1983

Gaitanides, M.; Scholz, R.; Vrohlings, A.; Raster, M. (1994): Prozeßmanagement. Konzepte, Umsetzungen und Erfahrungen des Reengineering. München-Wien 1994, S. 57-98

Gaitanides, M.; Westphal, J.; Wiegels, I. (1991): Zum Erfolg von Strategie und Struktur des Kundenmanagements. In: ZFuO 1/1991, S. 15-21

Galbraith, J. R. (1973): Designing complex organizations. Reading, Mass. 1973

Galbraith, J. R. (1977): Organization design. Reading, Mass. 1977

Galbraith, J. R. (1983): Strategy and Organization Planning. In: Human Resources Management 1/2/1983, S. 63-77.

Gälweiler, A. (1979): Strategische Geschäftseinheiten (SGE) und Aufbau-Organisation der Unternehmung. In: ZO 5/1979, S. 252-260

Gaster, D. (1987): Aufbauorganisation der Qualitätssicherung. Berlin 1987

Gaugler, E. (1980): Instanzenbildung. In: HWO, 2. Aufl., Stuttgart 1980, Sp. 959-969

Gehle, F. (1950): Internationale Tagung über Arbeitsbewertung in Genf. In: REFA-Nachrichten 1950, S. 32-34

Gerl, K.; Roventa, P. (1981): Strategische Geschäftseinheiten - Perspektiven aus der Sicht des Strategischen Managements. In: ZfbF 9/1981, S. 843-858

Glaser, H. (1992): Prozeßkostenrechnung - Darstellung und Kritik. In: ZfbF 1992, S. 275-288

Golembiewski, R. T. (1967): Organizing Men and Power: Patterns of Behavior and Line-Staff-Models. Chicago 1967

Gomez, P. (1981): Modelle und Methoden des systemorientierten Managements. Bern-Stuttgart 1981

Gomez, P. (1992): Neue Trends in der Konzernorganisation. In: ZfO 3/1992, S. 166-172

Gomez, P.; Probst, J. B. (Hrsg.) (1991): Vernetztes Denken. Ganzheitliches Führen in der Praxis. 2. Aufl., Wiesbaden 1991

Gomez, P.; Zimmermann, T. (1993): Unternehmensorganisation. Profile, Dynamik, Methodik. 2. Aufl., Frankfurt-New York 1993

Grap, R. (1998): Produktion und Beschaffung. Eine praxisorientierte Einführung. München 1998

Greiner, L. E. (1972): Evolution and revolution as organizations grow. In: Harvard Business Review 4/1972, S. 37-46

Griese, J. (1992): Auswirkungen globaler Informations- und Kommunikationssysteme auf die Organisation weltweit tätiger Unternehmen. In: *Staehle, W. H.; Conrad, P.* (Hrsg.): Managementforschung 2, Berlin-New York 1992, S. 163-175

Grochla, E. (Hrsg.) (1969): HWO. 1. Aufl., Stuttgart 1969

Grochla, E. (1972): Unternehmungsorganisation. Neue Ansätze und Konzeptionen. Reinbeck 1972

Grochla, E. (1974): Neue Konzepte der Unternehmungsorganisation. Eine Strukturanalyse. In: *Wild, J.* (Hrsg.): Unternehmensführung. Festschrift für E. Kosiol zu seinem 75. Geburtstag. Berlin 1974, S. 299-322

Grochla, E. (1978): Einführung in die Organisationstheorie. Stuttgart 1978

Grochla, E. (Hrsg.) (1980): HWO. 2. Aufl., Stuttgart 1980

Grochla, E. (1982): Grundlagen der organisatorischen Gestaltung. Stuttgart 1982

Grochla, E.; Lippold, H.; Breithardt, J. (1986): Prüflisten zur Schwachstellenermittlung in Büro und Verwaltung. Baden-Baden-Frankfurt am Main 1986

Grochla, E.; Thom, N. (1977): Die Matrix-Organisation. Chancen und Risiken einer anspruchsvollen Strukturierungskonzeption. In: ZfbF, Kontaktstudium 29/1977, S. 193-203

Grochla, E.; Thom, N. (1980): Organisationsformen, Auswahl von. In: HWO, 2. Aufl., Stuttgart 1980, Sp. 1494-1517

Groeben, F. (1978): Schnittstellen-Management mobilisiert Reserven. In: Absatzwirtschaft 10/1978, S. 118-121

Grün, J. (1993): Qualifizierung und verbesserte betriebliche Qualifikation durch Gruppenarbeit. In: IOM 6/1993, S. 50-55

Grün, O. (1992): Projektorganisation. In: HWO, 3. Aufl., Stuttgart 1992, Sp. 2102-2116

Guilford, J. P. (1967): The Nature of Human Intelligence. New York-London 1967

Gutenberg, E. (1951/1975): Grundlagen der Betriebswirtschaftslehre. Erster Band: Die Produktion. Berlin-Heidelberg-New York 1951, 21. Aufl. 1975

Gutenberg, E. (1962): Unternehmensführung. Organisation und Entscheidungen. Wiesbaden 1962

Gutenberg, E. (1969): Unternehmensführung. In: HWO, 1. Aufl., Stuttgart 1969, Sp. 1674-1685

Haberfellner, R. (1992): Projektmanagement. In: HWO, 3. Aufl., Stuttgart 1992, Sp. 2090-2102

Hackman, J. R.; Lawler, E. E. (1971): Employee Reactions to Job Characteristics. In: Journal of Applied Psychology Monograph 1971, S. 259-286

Hackman, J. R.; Oldham, G.; Janson, R.; Purdy, K. (1975): A new strategy for job enrichment. In: California Management Review 17/1975, S. 57-71

Hackstein, R. (1977): Arbeitswissenschaft im Umriß. 2 Bände, Essen 1977

Hahn, D. (1980): Fertigung, Organisationstypen der. In: HWO, 2. Aufl., Stuttgart 1980, Sp. 690-698

Hahn, D.; Bleicher, K. (1990): Organisationsplanung als Gegenstand der strategischen Planung. In: *Hahn, D.; Taylor, B.* (Hrsg.): Strategische Unternehmensplanung / Strategische Unternehmensführung. 5. Aufl. Heidelberg 1990, S. 367 -381

Hahn, D.; Link, J. (1975): Motivationsfördernde Arbeitsfeldstrukturierung in der Industrie. In: ZfO 44/1975, S. 65-71

Haist, F; From, H. (1991): Qualität im Unternehmen. Prinzipien - Methoden - Techniken. 2. Aufl., München-Wien 1991

Hall, A. D. (1962): A Methodology for Systems Engineering. Princeton, N.J. 1962

Hall, R. H. (1982): Organizations: Structure and Process. 3. Aufl., Englewood Cliffs, N.J. 1982

Hamel, W. (1992): Zielsysteme. In: HWO, 3. Aufl., Stuttgart 1992, Sp. 2634-2652

Hammer, M.; Champy, J. (1993/1994): Reengineering the Corporation. New York 1993 (Deutsche Übersetzung: Business Reengineering. Die Radikalkur für das Unternehmen. Frankfurt-New York 1994)

Hansen, H. R. (1992): Wirtschaftsinformatik I. Einführung in die betriebliche Datenverarbeitung. 6. Aufl., Stuttgart-Jena 1992

Harlander, N.; Heidack, C.; Köpfler, F.; Müller, K.D. (1991): Praktisches Lehrbuch der Personalwirtschaft. 2. Auflage., Landsberg/Lech 1991

Hauschildt, J. (1970): Zur Artikulation von Unternehmenszielen. In: ZfbF 22/1970, S. 545-559

Hauschildt, J. (1973): Die Struktur von Zielen in Entscheidungsprozessen. In: ZfbF 11/1973, S. 709

Hauschildt, J. (1980): Zielsysteme. In: HWO, 2. Aufl., Stuttgart 1980, Sp. 2419-2430

Hauschildt, J. (1980): Innovationsmanagement. In: HWO, 3. Aufl., Stuttgart 1992, Sp. 1029-1041

Hedberg, B.; Nyström, P.; Starbuck, W. (1976): Camping on seesaws: Precriptions for a self-designing organization. In: ASQ 21/1976, S. 41-65

Heeg, F.-J. (1988): Moderne Arbeitsorganisation. Grundlagen der organisatorischen Gestaltung von Arbeitssystemen bei Einsatz neuer Technologien. München-Wien 1988

Heeg, F.-J. (1992): Projektmanagement. Grundlagen der Planung und Steuerung von betrieblichen Problemlöseprozessen. München 1992

Hegi, O. (1971): Projekt-Management, ein Fremdkörper in der Stab-Linien-Organisation. In: IOM 9/1971, S. 381-384

Heilmann, H.; Sach, W.; Simon, M. (1988): Organisationsdatenbank und Organisationsinformationssystem. In: Handbuch der modernen Datenverarbeitung, 142/1988, S. 119-129

Heinen, E. (1966): Das Zielsystem der Unternehmung. Wiesbaden 1966

Heinen, E. (1976): Grundlagen betriebswirtschaftlicher Entscheidungen. Das Zielsystem der Unternehmung. 3. Aufl., Wiesbaden 1966

Heinrich, L. J.; Burgholzer, P. (1987a): Systemplanung. Die Planung von Informations- und Kommunikationssystemen. Band 1: Der Prozeß der Systemplanung, der Vorstudie und der Feinstudie. 3. Aufl., München-Wien 1987

Heinrich, L. J.; Burgholzer, P. (1987b): Systemplanung. Die Planung von Informations- und Kommunikationssystemen. Band 2: Der Prozeß der Grobprojektierung, der Feinprojektierung und der Implementierung. 3. Aufl., München-Wien 1987

Heinrich, L. J.; Burgholzer, P. (1988): Informationsmanagement. Planung, Überwachung und Steuerung der Informations-Infrastruktur. 2. Aufl., München-Wien 1988

Henderson, B. D. (1984): Die Erfahrungskurve in der Unternehmensstrategie. 2. Aufl., Frankfurt-New York 1984

Hentze, J. (1980): Arbeitsbewertung und Personalbeurteilung. Stuttgart 1980

Hentze, J.; Brose, P. (1985): Studienbibliothek Organisation. Landsberg am Lech 1985

Henzler, H. (1978): Strategische Geschäftseinheiten (SGE): Das Umsetzen von Strategischer Planung in Organisation. In: ZfB 1978, S. 912-919

Herzberg, F.; Mausner, B.; Snyderman, B. (1959): The Motivation to Work. 2. Aufl., New York 1959

Hilf, H. (1957): Arbeitswissenschaft. München 1957

Hill, W.; Fehlbaum, R.; Ulrich, P. (1989): Organisationslehre 1. Ziele, Instrumente und Bedingungen der Organisation sozialer Systeme. 4. Aufl., Bern-Stuttgart 1989

Hill, W.; Fehlbaum, R.; Ulrich, P. (1992): Organisationslehre 2. Theoretische Ansätze und praktische Methoden der Organisation sozialer Systeme. 4. Aufl., Bern-Stuttgart 1992

Hinterhuber, H. H. (1980): Strategische Unternehmensführung. 2. Aufl., Berlin-New York 1980

Hinterhuber, H. H. (1982): Wettbewerbsstrategie. Berlin-New York 1982

Hinterhuber, H. H. (1984): Strategische Unternehmensführung. 3. Aufl., Berlin u.a. 1984

Hinterhuber, H .H. (1978): Die organisatorische Umsetzung der strategischen Planung im Unternehmen. In: ZfB 1978, S. 425-429

Hinterhuber, H. H. (1984): Strategische Unternehmensführung. 1. Strategisches Denken. 6. Aufl., Berlin-New York 1996

Hirschmann, P.; Scheer, A.-W. (1994): Entscheidungsorientiertes Management von Geschäftsprozessen. In: Management & Computer 3/1994, S. 189-195

Hirzel, M. (1985): Phasenorientierte Projektorganisation. In: ZfO 5/1975, S. 255-260

Hoch, P. (1968): Zur Reihenfolgeoptimierung bei langfristiger Einzelfertigung. In: *Bussmann, K. F.; Mertens. P.* (Hrsg.): Operations Research und Datenverarbeitung in der Produktionsplanung. Stuttgart 1968, S. 270-285

Hoefert, H.-W. (1989): Der Mensch in der Organisation. 2. Aufl., Gießen 1989

Hoff, J. (1986): Qualitätsgruppen im Verwaltungsbereich der Siemens AG - Geschäftsbereich Privat- und Sonderkommunikationsnetze. In: *Zink K. J.* (Hrsg.): Quality Circles. München-Wien 1986, S. 85-89

Hoffmann, F. (1980): Führungsorganisation. Band 1: Stand der Forschung und Konzeption. Tübingen 1980

Hoffmann, F. (1992): Konzernorganisationsformen. In: WiSt 11/1992, S. 552-556

Höhn, R. (1977): Führungsbrevier der Wirtschaft. 9. Aufl., Bad Harzburg 1977

Höring, K. (1990): Theoretische und konzeptionelle Grundlagen der Bürosystem-Planung. Bergisch-Gladbach-Köln 1990

Horváth, P (1986): Controlling. München 1986

Holzhuber, Th. (1984): Strategische Unternehmensführung in Klein- und Mittelbetrieben. Wien 1984.

Hub, H. (1982): Unternehmensführung. Wiesbaden 1982

Hüsch, H.-J. (1991): Schnittstellen-Management. Organisatorische Gestaltungsoptionen für den Vertriebsbereich. In: Investitionsgütervertrieb im Europäischen Wachstumsmarkt, VIT'91, VDI-Berichte 889, Düsseldorf 1001, S. 59-85

IBM Deutschland GmbH (1982): Business Systems Planning. Handbuch zur Planung von Informationssystemen. Stuttgart 1982

IBM Deutschland GmbH (1993): Business Process Management Leitfaden. Stuttgart 1993

Ihde, G. B. (1984): Transport, Verkehr, Logistik. München 1984

Imai, M. (1992): Kaizen. Der Schlüssel zum Erfolg der Japaner im Wettbewerb. 2. Aufl., Berlin-Frankfurt/Main 1992

Irle, M. (1971): Macht und Entscheidungen in Organisationen. Studie gegen das Stab-Linie-Prinzip. Frankfurt a.M. 1971

Jakob, H. (1980): Unternehmensorganisation. Gestaltung und Entwicklung sozio-technischer Systeme. Stuttgart u.a. 1980

Joschke, H. K. (1980): Darstellungstechniken. In: HWO, 2. Aufl., Stuttgart 1980, Sp. 1432-1462

Juran, J.M. (1993): Der neue Juran - Qualität von Anfang an. Landsberg/Lech 1993

Kainz, G. A.; Walpoth, G. (1992): Die Wertschöpfungskette als Instrument der IS-Planung. In: IM 5/1992, S. 48-57

Kamiske, G.; Malorny C. (1992): Total Quality Management: Ein bestechendes Führungsmodell mit hohen Anforderungen und großen Chancen. In: ZfO 5/1992, S. 274-278

Kanter, R. M. (1983): The change masters. New York 1983

Katz, D.; Kahn, R. L. (1978): The social psychology of organizations. 2. Aufl., New York-London 1972

Keller, G.; Nüttgens, M.; Scheer, A.-W. (1992): Semantische Prozeßmodellierung auf der Basis „Ereignisgesteuerter Proezßketten (EPK)". In: *Scheer, A.-W.* (Hrsg.): Veröffentlichungen des Instituts für Wirtschaftsinformatik. Heft 89. Saarbrücken 1992.

Keller, G.; Popp, K. (1996): Neue Epoche der Softwarekonfiguration. In: SAP info, März 1996, S. 12-18.

Kepner, C. H.; Tregoe, W. B. (1973): Rationales Management. Probleme lösen - Entscheidungen fällen. Wiesbaden 1973

Kepner, C. H.; Tregoe, W. B. (1991): Entscheidungen vorbereiten und richtig treffen. Rationales Management - neue Herausforderung. Landsberg/Lech 1991

Kern, W. (1974): Investitionsrechnung. Stuttgart 1974

Kern, W. (Hrsg.) (1979): HWProd. 7. Aufl., Stuttgart 1979

Khandwalla, P. N. (1975): Unsicherheit und die optimale Gestaltung von Organisationen. In: *Grochla, E.* (Hrsg.): Organisationstheorie, 1. Teilband. Stuttgart 1975, S. 140-156

Kieser, A. (1973): Einflußgrößen der Unternehmungsorganisation. Der Stand der empirischen Forschung und Ergebnisse einer eigenen Erhebung. Köln 1973

Kieser, A. (1981): Klassische Organisationslehre, empirische Organisationsforschung und Organisationspraxis. In: *Kieser, A.* (Hrsg.): Organisationstheoretische Ansätze. München 1981, S. 201-214

Kieser, A. (1993a): Anleitung zum kritschen Umgang mit Organisationstheorien. In: *Kieser, A.* (Hrsg.): Organisationstheorien. Stuttgart-Berlin-Köln 1993, S. 1-35

Kieser, A. (1993b): Max Webers Analyse der Bürokratie. In: *Kieser, A.* (Hrsg.): Organisationstheorien. Stuttgart-Berlin-Köln 1993, S. 37-62

Kieser, A. (1993c): Managementlehre und Taylorismus. In: *Kieser, A.* (Hrsg.): Organisationstheorien. Stuttgart-Berlin-Köln 1993, S. 63-94

Kieser, A. (1993d): Human Relations-Bewegung und Organisationspsychologie. In: *Kieser, A.* (Hrsg.): Organisationstheorien. Stuttgart-Berlin-Köln 1993, S. 95-126

Kieser, A. (1993e): Der Situative Ansatz. In: *Kieser, A.* (Hrsg.): Organisationstheorien. Stuttgart-Berlin-Köln 1993, S. 161-191

Kieser, A.; Kubicek, H. (1978): Organisationstheorien. 2 Bände, Berlin 1978

Kieser, A.; Kubicek, H. (1992): Organisation. 3. Aufl., Berlin-New York 1992

Kieser, A.; Segler, T. (1981): Die betriebswirtschaftliche Organisationslehre. In: *Kieser, A.* (Hrsg.): Organisationstheoretische Ansätze. München 1981, S. 25-33

Kirsch, W.; Trux, W. (1983): Vom Marketing zum Strategischen Management. Berlin-New York 1983

Kirsch, W.; Meffert, H. (1970): Organisationstheorien und Betriebswirtschaftslehre. Band 1, Wiesbaden 1970.

Kleinsorge, P. (1994): Geschäftsprozesse. In: *Masing, W.* (Hrsg.): Handbuch Qualitätsmanagement. 3. Aufl. 1994, München-Wien, S. 49-64

Köhler, R. (1980): Produkt-Management, Organisation des. In: HWO, 2. Aufl., Stuttgart 1980, Sp. 1923-1942

Kolks, U. (1990): Strategieimplementierung. Ein anwenderorientiertes Konzept. Wiesbaden 1990

Kolligs, H. (1990): Einführung eines Total-Quality-Managements-Konzepts. In: Qualität und Zuverlässigkeit 10/1990, S. 573-576

Kortzfleisch, H.F.O. (1993): Rechnergestützte Organisationsmodellierung zur Unterstützung der Tätigkeit von Organisatoren. In: IM 3/1993, S. 30-39

Kosiol, E. (1962): Organisation der Unternehmung. Wiesbaden 1962 (2. Aufl. 1976)

Kosiol, E. (1980): Kollegien. In: HWO, 2. Aufl., Stuttgart 1980, Sp. 1014-1019

Krcmar, H. (1992): Computerunterstützung für die Gruppenarbeit - Zum Stand der Computer Supported Cooperative Work Forschung. In: WI 4/1992, S. 425-437

Kreikebaum, H. (1987): Strategische Unternehmensplanung. 3. Aufl., Stuttgart u.a. 1989

Krieg, H. (1975): Autonome Arbeitsgruppen, selbstfahrende Montagestationen und erweiterter Computereinsatz im Werkstattbereich. In: Industrielle Organisation, 44 (1975), S. 3-8

Krüger, M.; Röhr, M. (1981): Human Relations-Konzept der Praxis und organisationstheoretischer Ansatz. In: *Kieser, A.* (Hrsg.): Organisationstheoretische Ansätze. München 1981, S. 95-102

Krüger, W. (1980): Aufgabenanalyse. Wiesbaden 1980

Krüger, W. (1983): Grundlagen der Organisationsplanung. Gießen 1983

Krüger, W. (1987): Problemangepaßtes Management von Projekten. In: ZFuO 4/1987, S. 207-216

Krüger, W. (1992): Aufgabenanalyse und -synthese. In: HWO, 3. Aufl., Stuttgart 1992, Sp. 221-236

Krüger, W. (1992b): Organisationsmethodik. In: HWO, 3. Aufl., Stuttgart 1992, Sp. 1572-1589

Krüger, W. (1993): Organisation der Unternehmung. 2. Aufl., Stuttgart 1993

Krüger, W. (Hrsg.) (1986): Projekt-Management in der Krise. Probleme und Lösungsansätze. Frankfurt/M. 1986

Krulis-Randa, G. (1984): Reflexionen über die Unternehmenskultur und ihre Bedeutung für den Erfolg schweizerischer Unternehmungen. In: DU 4/1984, S. 358-372

Kuba, R. W. (1987): Computerunterstützte Projektorganisation. Köln 1987

Kubicek, H.; Kieser, A. (1980): Organisationsforschung, vergleichende. In: HWO, 2. Aufl., Stuttgart 1980, Sp. 1533-1557

Kummer, W. A.; Spühler, R. W.; Wyssen, R. (1985): Projekt-Management. Leitfaden zu Methode und Teamführung in der Praxis. Zürich 1985

Küpper, H.-U. (1979): Produktionstypen. In: HWProd, 7. Aufl., Stuttgart 1979, Sp. 1636-1647

Küting, K. (1980): Zur Systematisierung der Konzernstrukturen. In: WiSt 1/1980, S. 6-10

Lachnit, L. (1989): EDV-gestützte Unternehmensführung in mittelständischen Betrieben. Controllingsysteme zur integrierten Erfolgs- und Finanzlenkung auf operativer und strategischer Basis. München 1989

Laßmann, A. (1992): Organisatorische Koordination: Konzepte und Prinzipien zur Einordnung von Teilaufgaben. Wiesbaden 1992

Laux, H.; Liermann, F. (1987): Grundformen der Koordination in der Unternehmung. Die Tendenz zur Hierarchie. In: ZfbF 9/1987, S. 807-829

Lawrence, P. R.; Lorsch, J. W. (1967): Organization and Environment. Managing Differentiation and Integration. Boston 1967

Lehmann, H. (1992a): Organisationslehre, betriebswirtschaftliche. In: HWO, 3. Aufl., Stuttgart 1992, Sp. 1537-1554

Lehmann, H. (1992b): Organisationstheorie, systemtheoretisch-kybernetisch orientierte. In: HWO, 3. Aufl., Stuttgart 1992, Sp. 1838-1853

Lehner, F.; Auer-Rizzi, W.; Bauer, R.; Breit, K.; Lehner, J.; Reber, G. (1991): Organisationslehre für Wirtschaftsinformatiker. München-Wien 1991

Leumann, P. (1979): Die Matrix-Organisation. Unternehmensführung in einer mehrdimensionalen Struktur. Theoretische Darstellung und praktische Anwendung. Bern-Stuttgart 1979

Liebelt, W.; Sulzberger, M. (1989): Grundlagen der Ablauforganisation. Gießen 1989

Lievegoed, B. C. J. (1974): Organisationen im Wandel. Bern-Stuttgart 1974

Likert, R. (1967): The human organization: Its management and value. New York 1967

Likert, R. (1975): Die integrierte Führungs- und Organisationsstruktur. Frankfurt-New York 1975

Link, J. (1985): Organisation der Strategischen Planung. Aufbau und Bedeutung strategischer Geschäftseinheiten sowie strategischer Planungsorgane. Heidelberg-Wien 1985

Link, J. (1990): Organisation der strategischen Unternehmensplanung. In: *Hahn, D.; Taylor, B.* (Hrsg.): Strategische Unternehmensplanung / Strategische Unternehmensführung. 5. Aufl. Heidelberg 1990, S. 609-634

Litke, H.-D. (1991): Projektmanagement. Methoden, Techniken, Verhaltensweisen. München-Wien 1991

Luczak, H. (1993): Arbeitswissenschaft. Berlin-Heidelberg 1993

Lundeberg, M.; Goldkuhl G.; Nilsson, A. (1981): Information Systems Develeopment - a Systematic Approach. Prentice-Hall 1981

March, J. G.; Simon, H. A. (1958): Organizations. New York 1958 (Deutsche Übersetzung: Organisation und Individuum: Menschliches Verhalten in Organisationen. Wiesbaden 1976)

Madauss, B. J. (1990): Handbuch Projektmanagement. 3. Aufl. Stuttgart 1990

Malik, F. (1984): Strategie des Managements komplexer Systeme. Ein Beitrag zur Management-Kybernetik evolutionärer Systeme. Bern-Stuttgart 1984

Martin, J. (1986): Information Engineering. Lancashire 1986

Martiny, L.; Klotz, M. (1989): Strategisches Informationsmanagement. Bedeutung und organisatorische Umsetzung. München-Wien 1989

Masing, W. (1989): Einführung in die Qualitätslehre. 7. Aufl., Berlin 1989

Masing, W. (1994): Qualitätsmanagement in der Verwaltung. In: *Masing W.* (Hrsg.): Handbuch Qualitätsmanagement. 3. Aufl., München-Wien 1994, S. 869-876

Maslow, A.H. (1954): Motivation and Personality. New York 1954 (Deutsche Übersetzung: Motivation und Persönlichkeit. Olten/Freiburg i.B. 1977)

Mayer, A. (Hrsg.) (1978): Organisationspsychologie. Stuttgart 1978

Mayntz, R. (1963): Soziologie der Organisation. Hamburg 1963

McGregor, D. (1960): The Human Side of Enterprise. New York 1960 (Deutsche Übersetzung in: Der Mensch im Unternehmen. Düsseldorf-Wien 1970)

McMenamin, S. M.; Palmer, J. F. (1988): Strukturierte Systemanalyse. München-Wien 1988

Meffert, H. (1980): Marketing. Einführung in die Absatzpolitik. 5. Aufl., Wiesbaden 1980

Meffert, H. (1992): Kundenmanagement(s), Organisation des. In: HWO, 3. Aufl., Stuttgart 1992, Sp. 1215-1228

Mertens, P.; Faisst, W. (1995): Virtuelle Unternehmen – eine Organisationsstruktur für die Zukunft? In: Technologie & Management 2/1995, S. 61-68

Meyer, R. (1986): Integration der Informationsverarbeitung im Büro. Konzeptionelle und empirische Ansätze zur organisatorischen Gestaltung der betrieblichen Informationsverarbeitung. Bergisch-Gladbach-Köln 1986

Mills, D. Q. (1991): Rebirth of the corporation. New York 1991

Mintzberg, H. (1979): The structuring of organizations. Englewood Cliffs, N.J. 1979

Mintzberg, H. (1983/1992): Structure in fives: Designing effektive organizations. Englewood Cliffs, N.J. 1983 (Deutsche Übersetzung: Die Mintzberg-Struktur: Organisationen effektiver gestalten. Landsberg/Lech 1992)

Mintzberg, H. (1983b): Power in and around organizations. Englewood Cliffs, N.J. 1983

Mintzberg, H. (1991): Mintzberg über Management. Führung und Organisation, Mythos und Realität. Wiesbaden 1991

Mintzberg, H. (1992): Die Mintzberg-Struktur: Organisationen effektiver gestalten. Landsberg/Lech 1992

Morton, J. A. (1959): Integration of Systems Engineering with Component Development. In: Electrical Manufacturing 8/1959, S. 85-92

Mueller, R. K. (1986): Betriebliche Netzwerke. Freiburg 1986

Müller, G.; Thomas, A. (1974): Einführung in die Sozialpsychologie. Göttingen 1974

Müller, H.; Schreyögg, G. (1982): Das Stab-Linie-Konzept. In: WiSt 5/1982, S. 205-212

Müller, W. (1980): Kontrolle, Organisation der. In: HWO, 2. Aufl., Stuttgart 1980, Sp. 1082-1091

Müller, W. (1980b): Leitungsspanne. In: HWO, 2. Aufl., Stuttgart 1980, Sp. 1199-1205

Müller-Merbach, H. (1985): Ansätze zu einer informationsorientierten Betriebswirtschaftslehre. In: *Ballwieser, W.; Berger, K.-H.* (Hrsg.): Information und Wirtschaftlichkeit. Wissenschaftliche Tagung des Verbandes der Hochschullehrer für Betriebswirtschaft e.V. an der Universität Hannover. Wiesbaden 1985, S. 117-144

Müller-Pleuss, J. H. (1972): Organisationsmethoden. 3. Aufl., Heidelberg 1972

Müller-Pleuss, J. H. (1985): Projektmanagement. Ein Beispiel aus der Praxis. In: ZFuO 8/1985, S. 443-454

Muglar, J.; Lampe, R. (1987): Betriebswirtschaftliche Beratung von Klein- und Mittelbetrieben - Diskrepanz zwischen Angebot und Nachfrage und Ansätze zu ihrer Verminderung. In: BFuP 1987, S. 477-493

Nagel, P. (1992): Problemanalyse und -lösung, Techniken der. In: HWO, 3. Aufl., Stuttgart 1992, Sp. 2014-2024

Neuberger, O. (1977): Organisation und Führung. Stuttgart u.a. 1977

Nordsieck, F. (1932): Die schaubildliche Erfassung und Untersuchung der Betriebsorganisation. Stuttgart 1932 (5. Aufl. 1956)

Nordsieck, F. (1934): Grundlagen der Organisationslehre. Stuttgart 1934

Nordsieck, F. (1955): Rationalisierung der Betriebsorganisation. 2. Aufl., Stuttgart 1955

Nordsieck, F. (1962): Betriebsorganisation. 4. Aufl., Stuttgart 1962

Nystrom, P. C.; Starbuck, W. H. (1977): Why prescription is prescribed. In: *Nystrom, P.C.; Starbuck, W.H.* (Hrsg.): Prescriptive Models of Organizations. Amsterdam u.a. 1977

Odiorne, G. S. (1965): Management by objectives. New York 1965 (Deutsche Übersetzung: Management by Objectives. Führung durch Vorgabe von Zielen. München 1967)

Oechsler, W. A. (1992): Personal und Arbeit. Einführung in die Personalwirtschaft unter Einbeziehung des Arbeitsrechts. München-Wien 1992

Oess, A. (1993): Total Quality Management. Die ganzheitliche Qualitätsstrategie. 3. Aufl., Wiesbaden 1993

Opitz, H. (1965): Die Grundidee der Teilefamilienfertigung. In: IOM 34/1965, S. 270-281

Osborn, A. F. (1957): Applied imagination. Principles and procedures of creative thinking. New York 1957

Osterloh, M.; Frost, J.(1994): Business Reengineering: Modeerscheinung oder „Business Revolution“? In: ZfO 6/1994, S. 356-363

Parkinson, C. N. (1992): Parkinsons Gesetz und andere Studien über die Verwaltung. Düsseldorf 1992.

Pechhold, E. (1974): 50 Jahre REFA. Berlin u.a. 1974

Peters, G. (1989): Ablauforganisation und Informationstechnologie im Büro. Konzeptionelle Überlegungen und empirisch-explorative Studie. 2. Aufl., Köln 1989

Peters, H. (1986): Qualitäts-Zirkel im Zentralen Vertrieb SIMRIT bei Freudenberg. In: *Zink, K. J.* (Hrsg.): Quality Circles. München-Wien 1986

Peters, T. J.; Watermann, R. H. (1982/1991): In search of excellence. Lessons from America´s best-run companies. New York 1982 (Deutsche Übersetzung: Auf der Suche nach Spitzenleistungen. Was man von den bestgeführten US-Unternehmen lernen kann. 3. Aufl., München 1991)

Pfeifer, T. (1993): Qualitätsmanagement. Strategien, Methoden, Techniken. München-Wien 1993

Pfohl, H.-C. (1980): Aufbauorganisation der betriebswirtschaftlichen Logistik. In: ZfB 1980, S. 1201-1228.

Pfohl, H.-C. (1990): Logistiksysteme. 4. Aufl., Berlin-Heidelberg-New York 1990

Pfohl, H.-C., Kellerwessel, P. (1982): Abgrenzung der Klein- und Mittelbetriebe von Großbetrieben. In: *Pfohl, H.* (Hrsg.): Betriebswirtschaftslehre der Mittel- und Kleinbetriebe. Berlin 1982, S. 9-34

Picot, A.; Reichwald, R. (1987): Bürokommunikation. Leitsätze für den Anwender. 3. Aufl., Hallbergmoos 1987

Picot, A.; Franck, E. (1993): Aufgabenfelder eines Informationsmanagement. In: WiSt 5/1993, S. 433-437 und 6/1993, S. 520-526

Piegrzyk, I., Schulte-Zurhausen, M. (1995): Deutsch-polnische Joint-Ventures - Eine Bestandsaufnahme. In: Beschaffung aktuell 11/1995, S. 50-51

Platz, J. (1987): Projektmanagement erfolgreich einführen. Überlegungen und praktische Erfahrungen beim Aufbau eines Einführungskonzeptes. In: ZfO 4/1987, S. 217-225

Platz, J.; Schmelzer, H. (1986): Projektmanagement in der industriellen Forschung und Entwicklung. Einführung anhand von Beispielen aus der Informationstechnik. Berlin-Heidelberg-New York 1986

Poensgen, O. H. (1973): Geschäftsbereichsorganisation. Opladen 1973

Poensgen, O. H. (1980): Koordination. In: HWO, 2. Aufl., Stuttgart 1980, Sp. 1130-1141

Porter, L. W.; Lawler, E. E.; Hackmann, J. R. (1975): Behavior in organizations. New York 1975

Porter, M. E. (1992): Wettbewerbsvorteile (Competitive Advantage). Spitzenleistungen erwarten und behaupten. 3. Aufl., Frankfurt 1992

Porter, M. E.; Millar, V. (1986): Wettbewerbsvorteile durch Information. Die Informationstechnik revolutioniert Branchen und Märkte. In: Harvard Manager 1/1986, S. 26-35

Probst, G. J. B. (1993): Organisation. Strukturen, Lenkungsinstrumente, Entwicklungsperspektiven. Landsberg/Lech 1993

Probst, G. J. B.; Gomez, P. (1991): Die Methodik des vernetzten Denkens zur Lösung komplexer Probleme. In: *Probst, J. B.; Gomez, P.* (Hrsg.): Vernetztes Denken. Ganzheitliches Führen in der Praxis. 2. Aufl., Wiesbaden 1991, S. 3-20

Pugh, D. S.; Hickson, D. J.; Hinings, C. R.; Turner, C. (1968): Dimensions of Organization Structure. In: ASQ 1968, S. 65-105

Redel, W. (1982): Kollegienmanagement. Effizienzaussagen über Einsatz und interne Gestaltung betrieblicher Kollegien. Bern-Stuttgart 1982

REFA (1978a): Methodenlehre des Arbeitsstudiums. Teil 1: Grundlagen. 6. Aufl., München 1978

REFA (1978b): Methodenlehre des Arbeitsstudiums. Teil 2: Datenermittlung. 6. Aufl., München 1978

REFA (1978c): Methodenlehre des Arbeitsstudiums. Teil 3: Kostenrechnung, Arbeitsgestaltung. 6. Aufl., München 1978

REFA (1985a): Methodenlehre der Organisation für Verwaltung und Dienstleistung. Teil 1: Grundlagen. München 1985

REFA (1985b): Methodenlehre der Organisation für Verwaltung und Dienstleistung. Teil 2: Ablauforganisation. München 1985

REFA (1985c): Methodenlehre der Organisation für Verwaltung und Dienstleistung. Teil 3: Aufbauorganisation. München 1985

REFA (1985d): Methodenlehre des Arbeitsstudiums. Teil 3: Kostenrechnung, Arbeitsgestaltung. 7. Aufl., München 1985

REFA (1985e): Methodenlehre des Arbeitsstudiums. Teil 4: Anforderungsermittlung (Arbeitsbewertung). 5. Aufl., München 1985

REFA (1985f): Methodenlehre der Planung und Steuerung. Teil 3: Durchlaufzeit- und Terminermittlung, Arbeitsunterlagen, Werkstattsteuerung. 4. Aufl., München 1985

REFA (1985g): Methodenlehre der Planung und Steuerung. Teil 5: Netzplantechnik, Projektmanagement, Betriebsstättenplanung. 4. Aufl., München 1985

REFA (1993): Methodenlehre der Betriebsorganisation. Grundlagen der Arbeitsgestaltung. 2. Aufl., München 1993

Reichel, E.-E.; Siegrist, N. H. (1989): Bürokommunikation. Von der Planung bis zur Erfolgskontrolle. Baden-Baden 1989

Reichwald, R. (1991): Entwicklungstrends in der Büroautomation. In: *Bullinger, H.-J.* (Hrsg.): Handbuch des Informationsmanagements im Unternehmen. Technik, Organisation, Recht, Perspektiven. München 1991, S. 375-414

Reichwald, R.; Dietel, B. (1991): Produktionswirtschaft. In: *Heinen, E.* (Hrsg.): Industriebetriebslehre. Entscheidungen im Industriebetrieb. 9. Aufl., Wiesbaden 1991, S. 395-622

Remer, A. (1989): Organisationslehre. Eine Einführung. Berlin-New York 1989

Reschke, H.; Swoboda, M. (1984): Projektmanagement. Konzeptionelle Grundlagen. München 1984

Rinza, P. (1994): Projektmanagement. Planung, Überwachung und Steuerung von technischen und nichttechnischen Vorhaben. 3. Aufl., Düsseldorf 1994

Risse, W. (1989): Marketing für die Beratung. Beruf und Rolle des Wirtschafts- und Unternehmensberaters in Klein- und Mittelbetrieben. Wiesbaden 1989

RKW-Rationalisierungskuratorium der Deutschen Wirtschaft (1990): RKW-Handbuch Personalplanung. 2. Aufl., Neuwied 1990

Roethlisberger, F. J. (1954): Betriebsführung und Arbeitsmoral. Köln-Opladen 1954

Rohmert, W.; Weg, F.J. (1976): Organisation teilautonomer Gruppenarbeit. München-Wien 1976

Rommel, G.; Brück, F.; Diederichs, R.; Kempis, R.-D.; Kluge, J. (1993): Einfach überlegen. Das Unternehmenskonzept, das die Schlanken schlank und die Schnellen schnell macht. Stuttgart 1993

Rosenkranz, R. (1966): Die notwendigen und die tatsächlichen Verteilzeit-Zuschlags-Faktoren. In: Das Rationelle Büro 9/1966, S. 11-17

Rosenstiel, L. v. (1978): Arbeitsgruppe. In: *Mayer, A.* (Hrsg.): Organisationspsychologie. Stuttgart 1978, S. 236-271

Rosenstiel, L. v. (1980): Grundlagen der Organisationspsychologie. Stuttgart 1980

Rosenstiel, L. v.; Molt, W.; Rüttinger, B. (1988): Organisationspsychologie. 7. Aufl., Stuttgart u.a. 1988

Ross, D. T.; Schoman, K. E. (1977): Structured Analysis for Requirements Definition. In: IEEE Transactions on Software Engineering 1/1977, S. 6-15

Rühl, G. (1973): Untersuchungen zur Arbeitsstrukturierung. In: Industrial Engineering 3/1973, S. 147-197

Rühli, E. (1973): Unternehmensführung und Unternehmenspolitik. Band 1. Bern-Stuttgart 1973

Rühli, E. (1992): Koordination. In: HWO, 3. Aufl., Stuttgart 1992, Sp. 1164-1175

Sader, M. (1976): Psychologie der Gruppe. München 1976

Schanz, G. (1982): Organisationsgestaltung: Struktur und Verhalten. München 1982

Scheer, A.-W. (1990): CIM (Computer Integrated Manufacturing). Der computergesteuerte Industriebetrieb. 4. Aufl., Berlin u.a. 1990

Scheer, A.-W. (1994): Wirtschaftsinformatik. Referenzmodelle für industrielle Geschäftsprozesse. 4. Aufl., Berlin-Heidelberg 1994
Schein, E. H. (1985): Organizational culture and leadership. San Francisco-Washington-London 1985
Schertler, W. (1985): Unternehmensorganisation. Lehrbuch der Organisation und der strategischen Unternehmensführung. 2. Aufl., München-Wien 1985
Schmidt, G. (1980): Die Entwicklung von Organisationsmethoden und Techniken. In: ZfO 6/1980, S. 322-335
Schmidt, G. (1985): Grundlagen der Aufbauorganisation. Gießen 1985
Schmidt, G. (1994): Methode und Techniken der Organisation. 10. Aufl., Gießen 1994
Schmidt-Leithoff, Ch. (1992): Beauftragte, rechtlich vorgesehene. In: HWO, 3. Aufl., Stuttgart 1992, Sp. 281-292
Schneider, D. (1975): Investition und Finanzierung. 4. Aufl., Opladen 1975
Schneider, P. (1972): Kriterien der Subordinationsspanne. Berlin 1972
Schnelle, E. (1978): Neue Wege der Kommunikation. Königstein/Ts. 1978
Schnelle, E. (1982): Werkstatt des Handelns. In: Harvard Manager 4/1982, S. 32-36
Scholz, C. (1987): Strategisches Management. Ein integrativer Ansatz. Berlin-New York 1987
Scholz, C. (1992): Matrix-Organisation. In: HWO, 3. Aufl., Stuttgart 1992, Sp. 1302-1315
Scholz, C. (1996): Virtuelle Organisation. Konzeption und Realisation. In: ZfO 4/1996, S. 204-210
Scholz, R.; Vrohlings, A. (1994): Prozeß-Redesign und kontinuierliche Prozeßverbesserung. In: *Gaitanides, M.; Scholz, R.; Vrohlings, A.; Raster, M.*: Prozeßmanagement. Konzept, Umsetzungen und Erfahrungen des Reengineering. München-Wien 1994, S. 99-122
Schrader, A. (1971): Einführung in die empirische Sozialforschung. Stuttgart-Berlin 1971
Schrello, D. M. (1974): Improving Your Competitive Position. Long Beach, Cal. 1974
Schreyögg, G. (1984): Unternehmensstrategie. Grundfragen einer Theorie strategischer Unternehmensführung. Berlin-New York 1984
Schreyögg, G. (1996): Organisation. Grundlagen moderner Organisationsgestaltung. Wiesbaden 1996
Schröder, H. J. (1970): Projekt-Management. Wiesbaden 1970
Schröder, E. F. (1988): Modernes Unternehmens-Controlling. Handbuch für die Unternehmenspraxis. 3. Aufl., Ludwigshafen 1988
Schubert, M. (1994): Qualitätszirkel. In: *Masing W.* (Hrsg.): Handbuch Qualitätsmanagement. 3. Aufl., München-Wien 1994, S. 1075- 1100
Schuller-Götzburg, V. v. (1968): Methoden der langfristigen Unternehmensplanung. In: IO 3/1968, S. 147-152
Schulte-Zurhausen, M. (1982): Planung von Blocklagersystemen. Berlin-Köln 1982
Schulte-Zurhausen, M. (1994): Integration und unternehmensinterne Verteilung von EDI-Daten. In: WI 1/1994, S. 57-65
Schwarz, H. (1983): Betriebsorganisation als Führungsaufgabe. Organisation - Lehre und Praxis. 9. Aufl., Landsberg am Lech 1983
Schwarze, J. (1990): Betriebswirtschaftliche Aufgaben und Bedeutung des Informationsmanagements. In: WI 2/1990, S. 104-115
Schwarze, J. (1991): Einführung in die Wirtschaftsinformatik. 2. Aufl., Herne-Berlin 1989
Schwarze, J. (1994): Netzplantechnik. Eine Einführung in das Projektmanagement. 7. Aufl., Herne-Berlin 1994
Scott, W. R. (1987/1986): Organizations: rational, natural, and open systems. 2. Aufl., Englewood Cliffs, N.J. 1987 (Deutsche Übersetzung: Grundlagen der Organisationstheorie. Frankfurt-New York 1986)
Seidel, E. (1976): Zur Bestimmung der Grenzen dezentraler Unternehmensführung. In: Journal für Betriebswirtschaft 1976, S. 163-177
Seidel, E.; Redel, W. (1987): Führungsorganisation. München-Wien 1987
Seidel, E. (1992): Gremienorganisation. In: HWO, 3. Aufl., Stuttgart 1992, Sp. 714-724
Sempf, U. (1993): Steigerung der organisatorischen Leistungsfähigkeit durch Geschäftsprozeß-Optimierung. In: *Scharfenberg, H.* (Hrsg.): Strukturwandel in Management und Organisation. Baden-Baden 1993, S. 365-381
Shannon,C.; Weaver, W. (1976): Mathematische Grundlagen der Informationstheorie. München-Wien 1976
Siebert, H. (1991): Ökonomische Analyse von Unternehmensnetzwerken. In: *Staehle, W. H.; Sydow, J.* (Hrsg.): Managementforschung 1, Berlin-New York 1991, S. 291-311
Siemens AG (Hrsg.) (1974): Organisationsplanung. Planung durch Kooperation. Berlin-München 1974
Simon, H. A. (1966): Perspektiven der Automation für Entscheider. Quickborn 1966

Smith, A. (1905): Untersuchung über das Wesen und die Ursachen des Volkswohlstandes. Berlin 1905
Smith, P. B. (1973): Groups within Organizations. London 1973
Sommerlatte, T.; Wedekind, E. (1991): Leistungsprozesse und Organisationsstruktur. In: *Arthur D. Little* (Hrsg.): Management der Hochleistungsorganisation. 2. Aufl., Wiesbaden 1991
Spremann, K. (1990): Investition und Finanzierung. 3. Aufl., München 1990
Stahlknecht, P. (1991): Einführung in die Wirtschaftsinformatik. 5. Aufl., Berlin u.a. 1991
Staehle, W. H.; Grabatin, G. (1979): Effizienz von Organisationen. In: DBW 1/1979, S. 89-102
Staehle, W. H. (1989): Management. Eine verhaltenswissenschaftliche Perspektive. 4. Aufl., München 1989
Staerkle, R. (1980): Stabsstellen. In: HWO, 2. Aufl., Stuttgart 1980, Sp. 2097-2107
Statistisches Bundesamt (1968): Systematische Verzeichnisse: Internationale Standardklassifikationen der Berufe (ISCO). Stuttgart-Berlin-Köln-Mainz 1971
Steinbuch, P. A. (1990): Organisation. 8. Aufl., Ludwigshafen 1990
Steinle, C. (1992): Stabsstelle. In: HWO, 3. Aufl., Stuttgart 1992, Sp. 2310-2321
Steinmann, H.; Schreyögg, G. (1993): Management - Grundlagen der Unternehmensführung. Konzepte - Funktionen - Fallstudien. 3. Aufl., Wiesbaden 1993
Stierli, P. (1986): Die Matrixorganisation und ihre Realisierung. St. Gallen 1986
Stommel, H.-J.; Kunz, D. (1973): Untersuchungen über Durchlaufzeiten in Betrieben der metallverarbeitenden Industrie mit Einzel- und Kleinserienfertigung. Opladen 1973
Striening, H.-D. (1988): Prozeß-Management. Versuch eines integrierten Konzeptes situationsadäquater Gestaltung von Verwaltungsprozessen. Frankfurt 1988
Striening, H.-D. (1989): Qualität im indirekten Bereich durch Prozeß-Management. In: *Zink, K. J.* (Hrsg.): Qualität als Managementaufgabe. Total quality management. Landsberg/Lech 1989, S. 145-175
Strombach, M. (1984): Qualitätszirkel und Kleingruppenarbeit in der Bundesrepublik Deutschland. In: *Strombach, M.* (Hrsg.): Qualitätszirkel und Kleingruppenarbeit als praktische Organisationsentwicklung. Frankfurt 1984, S. 4-29
Sweeney, G. P. (1983): Innovation in kleinen und mittleren Betrieben. Frankfurt-New York 1983
Sydow, J. (1993): Strategische Netzwerke. Evolution und Organisation. Wiesbaden 1993
Szyperski, N. (1961): Analyse der Merkmale und Formen der Büroarbeit. In: *Kosiol, E.* (Hrsg.): Bürowirtschaftliche Forschung. Berlin 1961, S. 75-132
Szyperski, N.; Grochla, E.; Höring, K.; Schmitz, P. (1982): Bürosysteme in der Entwicklung. Studien zur Typologie und Gestaltung von Büroarbeitsplätzen. Braunschweig 1982
Szypersky, N.; Winand, U. (1979): Duale Organisation - Ein Konzept zur organisatorischen Integration der strategischen Geschäftsplanung. In: ZfbF-Kontakt-Studium 1979, S. 195-205
Szypersky, N.; Winand, U. (Hrsg) (1989): HWPlan. Stuttgart 1989
Tannenbaum, R.; Schmidt, W.H. (1958): How to choose a leadership pattern. In: Harvard Business Review 2/1958, S. 95-101
Taylor, F. W. (1903/1920): Shop Management. In: Transactions of the American Society of Mechanical Engineers Vol. 24, 1903, S. 1337-1456 (Deutsche Übersetzung: Die Betriebsleitung - insbesondere der Werkstätten. 3. Aufl., Berlin 1920)
Taylor, F. W. (1911/1913): The Principles of Scientific Management. New York 1911 (Deutsche Übersetzung: Die Grundsätze wissenschaftlicher Betriebsführung. München 1913)
Taylor, F. W. (1977): Die Grundsätze wissenschaftlicher Betriebsführung. Nachdruck der autorisierten Ausgabe von 1913. Weinheim-Basel 1977
Teboul, J. (1991): Managing quality dynamics. Hertfordshire 1991
Thom, N. (1992): Stelle, Stellenbildung und -besetzung. In: HWO, 3. Aufl., Stuttgart 1992, Sp. 2321-2333
Thompson, J. P. (1967): Organizations in action. New York 1967
Tietz, B. (1992): Produktmanagement(s), Organisation des. In: HWO, 3. Aufl., Stuttgart 1992, Sp. 2067-2089
Toffler, A. (1985): The adaptive corporation. Aldershot 1985
Trebesch, K. (1980): Teamarbeit. In: HWO, 2. Aufl., Stuttgart 1980, Sp. 2217-2227
Trist, E. L.; Higgin, G. W.; Murray, H.; Pollock, A. B. (1963): Organizational Choice. London 1963.
Trist, E.L. (1990): Sozio-technische Systeme. Ursprünge und Konzepte. In: Organisationsentwicklung 4/1990, S. 10-26
Tuckmann, B. W. (1967): Development sequence in small groups. In: Psychological Bulletin 1965, S. 384-396

Udell, J. G. (1967): An empirical test of hypotheses relating to span of control. In: ASQ 1967, S. 420-439
Ulich, E. (1972): Arbeitswechsel und Aufgabenerweiterung. In: REFA-Nachrichten 1972, S. 265-278
Ullrich, O. (1979): Technik und Herrschaft. Vom Hand-Werk zur verdinglichten Blockstruktur industrieller Produktion. Frankfurt/Main 1979
Ulrich, H. (1949): Betriebswirtschaftliche Organisationslehre. Bern 1949
Ulrich, H. (1961): Kontrollspanne und Instanzenaufbau. In: *Schnaufer, E.; Agthe, K. (Hrsg):* Organisation. TFB-Handbuchreihe, Bd. 1, Berlin-Baden-Baden 1961, S. 267-288
Ulrich, H. (1968): Die Unternehmung als produktives soziales System. 2. Aufl., Bern 1970
Ulrich, H. (1978): Unternehmungspolitik. Stuttgart u.a. 1978
Ulrich, H. (1985): Organisation und Organisieren in der Sicht der systemorientierten Managementlehre. In: ZfO 1/1985, S. 7-11
Ulrich, H.; Staerkle, R. (1969): Verbesserung der Organisationsstruktur von Unternehmungen. 3. Aufl., Bern 1969
Urwick, L.F. (1935): Executive Dezentralization with Functional Coordination. In. Management Review 1935, S. 255-368
Vahrenkamp, R. (1977): Federick Winslow Taylor - Ein Denker zwischen Manufaktur und Großindustrie. In: *Taylor, F. W.*: Die Grundsätze wissenschaftlicher Betriebsführung. Nachdruck der autorisierten Ausgabe von 1913. Weinheim-Basel 1977, S. LII-IXC
Vahs, D. (1997): Organisation. Einführung in die Organisationstheorie und -praxis. Stuttgart 1997
Vetter, M. (1990): Strategie der Anwendungssoftware-Entwicklung. Planung, Prinzipien, Konzepte. 2. Aufl., Stuttgart 1990
Voßbein, R. (1989): Organisation. 3. Aufl., München 1989
Vroom, V. H. (1964): Work and Motivation. New York-London-Sydney 1964
Vroom, V. H.; Yetton, P. W. (1973): Leadership and decision-making. Pittsburgh 1973
Weber, M. (1972): Wirtschaft und Gesellschaft. 5. Aufl., Tübingen 1972
Weidner, W. (1984): Organisation in der Unternehmung. 2. Aufl., München-Wien 1984
Welge, M. K. (1975): Profit-Center Organisation. Wiesbaden 1975
Welge, M. K. (1987): Unternehmensführung. Band 2: Organisation. Stuttgart 1987
Welge, M. K. (1988): Unternehmensführung. Band 3: Controlling. Stuttgart 1988
Weltz, F.; Bollinger H.; Ortmann R.G. (1989): Qualitätsförderung im Büro: Konzepte und Praxisbeispiele. Frankfurt/Main 1989
Weßling, M. (1992): Unternehmensethik und Unternehmenskultur. Münster-New York 1992
Widmer, K.; Krummenacher, S. (1994): ISO 9001 geschafft - und jetzt? In: IOM 1/1994, S. 63-65
Wiendahl, H.-P. (1983): Betriebsorganisation für Ingenieure. München-Wien 1983
Wiener, N. (1948): Cybernetics. Or control and communication in the animal and the machine. New York 1948 (Deutsche Übersetzung: Kybernetik. Regelung und Nachrichtenübertragung in Lebewesen und Maschine. Düsseldorf-Wien 1963)
Wieser, W. (1959): Organismen, Strukturen, Maschinen. Zu einer Lehre vom Organismus. Frankfurt 1959
Wild, J. (1981): Grundlagen der Unternehmensplanung. 3. Aufl., Opladen 1981
Wildemann, H. (1992): Das Just-in-Time-Konzept. Produktion und Zulieferung auf Abruf. 3. Aufl., St. Gallen 1992
Williamson, O. E. (1975): Markets and Hierarchies. New York 1975
Winand, U.; Mußhoff, H. J. (1989): Strategische Geschäftsfeldsegmentierung. In: HWPlan, Stuttgart 1989, Sp. 580-590
Wiswede, G. (1992): Gruppen und Gruppenstrukturen. In: HWO, 3. Aufl., Stuttgart 1992, Sp. 735-754
Witte, E. (1989): Objektwandel in der Organisationsforschung. In: *Seidel, E.; Wagner, D.* (Hrsg.): Organisation. Evolutionäre Interdependenzen von Kultur und Struktur der Unternehmung. Wiesbaden 1989
Wittlage, H. (1986): Methoden und Techniken praktischer Organisationsarbeit. 2. Aufl., Herne-Berlin 1986
Wittlage, H. (1987): Die Organisation mittelständischer Unternehmen - Wahrnehmung der Organisationsaufgaben und Gestaltung der Organisationsstruktur, Ergebnisse einer empirischen Untersuchung. In: Betriebswirtschaftliche Forschung und Praxis 6/1987, S. 562-583
Wittlage, H. (1989): Unternehmensorganisation. Einführung und Grundlegung mit Fallstudien. 4. Aufl., Herne-Berlin 1989
Wittmann, W.: Information. In: HWO, 1. Aufl., Stuttgart 1969, Sp. 699-707
Wollnik, M. (1980): Einflußgrößen der Organisation. In: HWO, 2. Aufl., Stuttgart 1980, Sp. 592-613

Woodward, J. (1965): Industrial Organization: Theory and Practice. London u.a. 1965

Wu, Y.; Moore, W. H. (1986): Quality Engineering, Product and Process Optimization. Dearborn, USA 1986

Zäpfel, G. (1982): Produktionswirtschaft. Operatives Produktions-Management. Berlin-New York 1982

Zander, E. (1992): Personal- und Organisationsabteilung, Zusammenarbeit zwischen. In: HWO, 3. Aufl., Stuttgart 1992, Sp. 1914-1923

Zangemeister, Ch. (1976): Nutzwertanalyse in der Systemtechnik. Eine Methodik zur multidimensionalen Bewertung und Auswahl von Projektalternativen. 4. Aufl., München 1976

Zangl, H. (1985): Durchlaufzeiten im Büro. Prozeßorganisation und Aufgabenintegration als effizienter Weg zur Rationalisierung der Büroarbeit mit neuen Bürokommunikationstechniken. Berlin 1985

Zink, K.J. (1989): Qualität als Herausforderung. In: *Zink K.J.* (Hrsg.): Qualität als Managementaufgabe. Landsberg/Lech 1989, S. 9-46

Zink, K.J. (1990): Total Quality Management: Eine unternehmerische Herausforderung. In: Schweizer Maschinenmarkt 12/1990, S. 24-33

Zink, K.J.; Schildknecht, R. (1989): Total Quality Konzepte-Entwicklungslinien und Überblick. In: *Zink, K.J.* (Hrsg.): Qualität als Managementaufgabe. Landsberg/Lech 1989, S. 67-100

Sachverzeichnis